U0717201

〔清〕黄宗羲原著
全祖望補修
陳金生
梁運華 點校

宋元學案

（第三册）

中華書局

宋元學案卷五十二

艮齋學案　黃宗羲原本　黃百家纂輯　全祖望補定

艮齋學案表

薛季宣（微言子。袁氏門人。二程、武夷再傳。安定、濂溪三傳。泰山四傳。）
- 從子叔似——郭澄別見麗澤諸儒學案。
- 陳傅良別爲止齋學案。
- 徐元德
- 王枏
- 沈有開別見嶽麓諸儒學案。
- 樓鑰別見丘劉諸儒學案。
- 象先、合齋學侶。

鄭伯熊別見周許諸儒學案。

鄭伯英附見周許諸儒學案。

劉夙

劉朔並見艾軒學案。

並艮齋講友。

葉適別爲水心學案。

陳亮別爲龍川學案。

並艮齋學侶。

張淳

艮齋同調。

敖繼公——倪淵——楊維楨——鄭真別見深寧學案。

忠甫續傳。

倪淵——趙孟頫別見雙峯學案。

艮齋學案序録

祖望謹案：永嘉之學統遠矣，其以程門袁氏之傳爲別派者，自艮齋薛文憲公始。艮齋之父學於武夷，而艮齋又自成一家，亦人門之盛也。其學主禮樂制度，以求見之事功。然觀艮齋以參前倚衡言持敬，則大本未嘗不整然，述艮齋學案。梓材案：梨洲原本合下止齋爲永嘉學案之二，自謝山始別是卷爲艮齋學案，下卷爲止齋學案。

袁氏門人程、胡再傳。

文憲薛艮齋先生季宣

薛季宣，字士龍，永嘉人。父徽言。梓材案：先生父爲胡文定高弟。詳見武夷學案。先生年十七，辟爲荆南書寫機宜文字，獲事袁道潔溉。問道潔以義理之辨，道潔曰：「學者當自求之。他人之言善，非吾有。」道潔之學，自六經百氏，下至博弈小數、方術兵書，無所不通。先生得其所傳，無不可措之用也。召爲大理寺主簿，除大理正，出知湖州。改常州，未上，卒，年四十。雲濠案：謝山學案劄記：「先生著有書古文訓義、詩性情說、春秋經解指要、大學說、論語小學約說、伊洛禮書補亡、伊洛遺禮、通鑑約說、漢兵制、九州圖志、武昌土俗編，校讎陰符、山海經、風后握奇經。」

百家謹案：汝陰袁道潔溉問學于二程，又傳易于薛翁。已侍薛于宣，器之，遂以其學授焉。季宣既得道潔之傳，加以考訂千載，凡夫禮樂兵農莫不該通委曲，真可施之實用。又得陳傅良繼之，其徒益盛。此亦一時燦然學問之區也，然爲考亭之徒所不喜，目之爲功利之學。

艮齋浪語集

夫道之不可邇，未遽以體用論。見之時措，體用宛若可識，卒之何者爲體？何者爲用？即以徒善徒法爲體用之別，體用固如是邪？上形下形，曰道曰器，道無形舍，器將安適哉！且道非器可名，然不遠物，則常存乎形器之內。昧者離器于道，以爲非道，遺之，非但不能知器，亦不知道矣。下學上達，惟天知之。知天而後可以得天之知，決非學異端遺形器者之求之見。禮儀威儀，待夫人而後行。且苟不至德，誰能知味？日用自知之謂，其切當矣乎！曾子日且三省其身，吾曹安可輒廢檢察。且「不識不知，順帝之則」者，古人事業，學不至此，恐至道之不凝。此事自得，則當深知，殆未可以言言之也。以同甫天資之高，檢察之至，信如有見，必能自得諸心。如曰未然，則凡平日尚論古人，下觀當世，舉而措之于事者，無非小知謏聞之累，未可認以爲實。第于事物之上，習于心無適莫，則將天理自見，持之以久，會當知之。洪範「無黨無偏」，大學「不得其正」，真萬病之鍼石，獨無意于斯乎！答陳同甫書。

梓材謹案：梨洲所録浪語集六條，其第一條與朱晦翁書移入安定學案。

自大學之不明，其道散在天下，得其小者，往往自名一家，高者淪入虛無，下者凝滯于物，狂狷異俗，要非中庸，先王大經，遂皆指爲無用，滔滔皆是，未易奪也。故須拔萃豪傑，超然遠見，道揆法守，渾爲一途，蒙養本根，源泉時出，使人心悦誠服，得之觀感而化，乃可爲耳。此事甚大，既非一日之積，又非盡智窮力所到，故聖人難言之。後世昧于誠明明誠之分，遂謂有不學而能者。彼天之道，何與于人之道？致曲未盡，何以能有誠哉！孟子「必有事焉而勿正，心勿忘，勿助長也」之説，雖非聖人優之柔之使自求之之意，學者于此從事，思過半矣。顔氏之子，其過與怒，寧與人異？不可及處，正在不以怒遷，不以過貳一節。法守之事，此吾聖人所以異于二本者。空無之學，不可謂無所見，迄無所用，不知所以不二者爾。未明道揆通于法守之務，要終爲無用。灑埽應對進退，雖爲威儀之一，古人以爲道無本末者，其視任心而作，居然有間。然云文、武之道，具在方策，其人存，其政舉，苟非其人，道不虛行，要須自得之也。學不至于「不識不知，順帝之則」，竟亦何用？有如未辨澡心藏密，莫若去故去智。古人讀書百徧，其義自見，未易以淺近奪，信能反復涵泳，會當有得。得之大小，則繫乎精誠所至。時文稱于一經之內，有一言之悟，則六經之義粲然矣，不可以人廢言也。與沈應先書。

某竊嘗喜易，讀之將數百過，而弗知其際也。夫以先天之卦，見之三畫，重易之象，繫之六爻，天地之大，昆蟲之細，與夫聖人之道，先王之治，君子小人之事，工師卜祝之流，幽而鬼神，遠而造化，凡有可推之數，可形之象，可行之事，靡不備在此書。微若書不可言，亦求斯得之矣。六經之義，于易備焉。以爲通疑「動」字。足以盡之，則太極之體，未嘗動也。以爲定足以周之，則作易之道變爲占，是皆本諸吾身，參諸天地，擬諸變化，可由而不可測者，某安足以知之。不知易而施諸民，猶宵行而瞽者也。思得通儒而與之論，未之能得。執事不以某爲不肖，惠然辱枉臨之，詒我以書，縱言而及于易也。惟學有倫有要，執事其知之矣。善乎，書之論政體也，曰：「當仁明而通變，舍是則爲姑息，爲苛察矣。」易曰：「通其變，使民不倦。」此黃帝、堯、舜之治，某何德以堪之？高山仰止，敢不欽服訓誨！雖然，切有必酬之誼，故某謹布其腹心。今夫煦煦之仁，察察之明，而後有姑息苛察之事，信能仁並天地，明等日月，則何二弊之能有！某學也未造乎此，其能億一儀二曜之仁明！若夫易之通變，後世失之遠矣。執中無權，猶執一也，苟知變而不知止，則必若晉人之爲通。大傳有之：「無思也，無爲也，寂然不動，感而遂通天下之故。」變通之道，盡此贊矣。復張人傑學論書。

巧匠不世生，其法具乎規矩繩墨。聖人不世出，其言在乎易、禮、詩、書。然則，易、禮、詩、書與夫規矩繩墨，往之所以貽後，今之所以求古也。即規矩繩墨以爲方員，雖非巧匠，而巧匠之制作于是乎在。由易、禮、詩、書以趨理義，雖非聖人，而聖人之精微備于吾身。學者爲道而舍經，猶工人而去其規墨也，雖有工倕之指，其能制器乎！論語直解序。

吾道貫一而無方，老氏致虛而無極，若釋氏則歸空而無物矣。三者若同，而偏反若霄壤之卑高。孟氏于孔氏之門爲有功，其氣豪而辭辯，無聲無臭，豈其然乎！比而同之，其害有不可勝言者。讀其書而知其旨，能内參諸其心，仰觀聖人之形容，察其像似而自識其真僞，從而爲取舍焉，不隨波于末流，真好學者也。妄意如此，明者必有以辨之。直解序附言。補。

記有之曰：「人莫知苗之碩，莫知子之惡。」言蔽物也。有己而蔽于物，則古之性情與今先儒之説，未知其孰通。信能復性之初，得心之正，豁蔽以明，因詩以求序，則反古之説，其殆庶幾乎！序反古詩説。補。

易繫：「天垂象，見吉凶，聖人象之。河出圖，洛出書，聖人則之。」其言蓋有敍，觀之以理，無晦也。説者或謂河圖、洛書本皆無有，聖人爲此説者，以神道設教也。是非唯不知聖人，直不達不言而化之義，烏足與校是非理道哉！或者又以爲，當伏羲之時，河嘗出龍馬負圖，自神農至于周公，洛水皆出龜書。此則似是而非，無所考徵。就龍龜之説，成無驗之文，自漢儒啓之，後世宗之，徵引釋經，如出一口，而聖人之道隱，巫史之説行，後世暗君庸夫、亂臣賊子據之，假符命，惑匪彝，爲天下患害者，比比而是。聖人憂深慮遠，肯爲此妖僞殘賊哉！蓋亦有其説也。傳註求其事而弗得，于是託涣漫以駕其游誣，雖知惑世害人，不暇恤也。且聖人之作易，仲尼固嘗已于大傳詳之。大傳無文，其可鑿以胸臆！就如其説垂象，爲象降自天乎？走嘗竊痛之，爲反覆以思之者更歲。推之久，究之至，而後乃得之。傳不云乎：「伏羲氏之作易也，仰以觀于天文，俯以察于地理，觀鳥獸之文，近取諸身，遠取諸物，始畫八卦。」圖、書之説，從可知矣。夫易之有卦，所以縣法也。畫卦之法，原于象數，則象數者，易之根株也。河圖之數四十有五，乾元用九之數也。洛書之數五十有五，大衍五十之數也。究其始終之數，則九實尸之，故地有九州，天有九野，傳稱河、洛皆九曲，豈取數于是乎！春秋命歷序：「河圖帝王之階，圖載江河山川州界之分野。讖緯之説，雖無足深信，其有近正，不可棄也。」信斯言也，則河圖、洛書乃山海經之類，在夏爲禹貢，周爲職方氏所掌，今諸路閏年圖經、漢司空輿地圖、地理志之比也。按山海經所言，皆地之物産，鳥獸蟲魚草木之屬，其古史職方之意，與仲尼所言幾不外是。其曰河、洛之所自出，川師上之之名也。走不能遠引，請以官儀爲徵。凡古今官書之所爲名稱者，必以某官司某郡國，自是而後，具其職官。如春秋他國之事，漢官府上尚書，其傳于人，書于史，亦第稱某所行某事，言某事，上某事，而于其職事皆略。聞者皆斷然不惑者，以官師郡縣必有主之者，非能自爾也。然則，圖、書爲川師上，何獨至古而惑之哉！或曰：「是則然矣。圖與書奚辨？」曰：「圖、書者，詳略之云也。河源遠，中國不得而包之。可得而聞者，其形之曲直，源委之趣向也。洛源在九州之内，經從之地，與其所麗名物，人得而詳之。史闕其所不知，古道然也。是故以書言洛，河則第寫于圖，理當然耳。昔者，周天子之立也，河圖與大訓並列，時九鼎亦寶于周室，皆務以辨物象而施地政，所謂據九鼎按圖籍者也。仲尼作于周末，病禮樂之廢壞，職方之職不舉，所謂發歎鳳、圖者，非有他也。龜龍之說，果何稽乎？第觀垂象之文，其義可以自見。」河圖洛書辯。

宗羲案：永嘉之學，教人就事上理會，步步著實，言之必使可行，足以開物成務。蓋亦鑒一種閉眉合眼，矇瞳精神，自附道學者，于古今事物之變，不知爲何等也。夫豈不自然而馴致其道，以計較億度之私，蔽其大中至正之則，進利害而退是非，與刑名之學殊途而同歸矣。此在心術，輕重不過一銖，茫乎其難辨也。

附錄

張南軒與呂伯恭書曰：「士龍正欲詳聞其爲人，事功固有所當爲，若曰喜事功，則喜字上煞有病。」

又答先生書曰：「聞欲招陳君舉來學中，此固善。但欲因程文而誘之讀書，則未正。今日士子耳剽口誦，用資進取，轉趨于薄，此極害事。」

呂東萊與朱侍講書曰：「薛士龍歸途道此，留半月。向來喜事功之意頗鋭，今經歷一番，卻甚知難。雖尚多當講畫處，然胸中坦易無機械。勇于爲善，于田賦兵制地形水利甚下工夫，眼前殊少見其比。義理不必深窮之說，亦嘗叩之，云初無是言也。」

又曰：「士龍坦平堅決，所學確實有用，甚虚心，方欲廣咨博訪，不謂止此。」

又與陳同甫書曰：「士龍所學，固不止于所著書，但終尚有合商量處。」

艮齋講友

文肅鄭景望先生伯熊別見周許諸儒學案。

判官鄭歸愚先生伯英附見周許諸儒學案。

著作劉先生夙

正字劉先生朔並見艾軒學案。

艮齋學侶

文定㊀葉水心先生適別爲水心學案。

文毅陳龍川先生亮別爲龍川學案。

艮齋同調

監嶽張忠甫先生淳

張淳，字忠甫，永嘉人也。五試禮部，不中，授特奏名官，棄去養母。或薦之朝，禄以監嶽。先生以

㊀「文定」，葉適本傳作「忠定」，據一九六〇年出土墓誌，當以「文定」爲是。

爲徒費縣官俸，歷三任，不食禄，亦不書考。居母喪，無不與士喪禮合。閒爲族姻治喪，亦斷斷持古制。時爲文章銘人墓，有諷有勸，皆不虛書負其學。自刻苦忍窮以死。爲人嚴重深博，善忍事鎮物。絶有材智，抑不使出，其爲止齋所述如此。攻媿亦嘗述其言曰：「今之仕者，皆非出于古之道。」或問之，曰：「始至則朝拜，遇國忌則引緇黄而薦在天之靈，古有之乎？是以雖貧不願禄也。」嗚呼！先生斯言，可謂得禮之精，而能以之自持，豈徒考度數之末文者哉！永樂大典中有古禮十七卷、釋文一卷、識誤三卷，雲濠案：謝山學案劄記作釋説一卷。則先生所校定也。補。

謝山永嘉張氏古禮序曰：「宋中興藝文志謂儀禮既廢，學者幾不復知有此書，忠甫始識其誤，則是經在宋當以忠甫爲功臣之首。」又曰：「永嘉自九先生而後，伊川之學統在焉，其人才極盛。宋史不爲忠甫立傳，故其本末闕然。獨見于陳止齋所作墓志，乃知其與薛士龍、鄭景望齊名，固乾、淳閒一大儒也。」

艮齋家學程、胡三傳。

文節薛象先先生叔似

薛叔似，字象先，其先河東人，後徙永嘉。遊太學，解褐國子録。對論稱旨，遷太常博士。未幾，孝宗自除先生左補闕。論劾首相王淮去位。光宗受禪，抗疏金人使名未正，不宜遽納其使。上奮然開納。除將作監，出爲江東運判。俄以諫臣論罷，主管沖佑觀，累除祕書監、權户部侍郎，提舉太史局。

尋兼樞密都承旨，以劉德秀疏罷。起知贛州，移廬州，召除在京宮觀，兼國用司參議官。奏蠲兩浙身丁錢。歷除兵部尚書、宣撫使。時韓侂胄開邊，先生亦以功業自期，而委任失當，以言者論，奪職罷祠。侂胄誅，再謫福州。久之，許自便。嘉定十四年卒，贈銀青光禄大夫，謚恭翼，改謚文節。先生雅慕朱子，窮道德性命之旨，談天文、地理、鍾律、象數之學，有稿二十卷。參史傳。雲濠案：謝山學案劄記有薛文節公集，蓋本永樂大典。梓材謹案：先生爲艮齋兄子，浪語集有與象先姪書。

附錄

水心祭薛象先曰：「彼建安之裁量，外永嘉而弗同。幸于公而無疑，亦莫知其所從。」

艮齋門人

文節陳止齋先生傅良別爲止齋學案。

教授徐先生元德

徐元德，字居厚，瑞安人也。艮齋弟子，淳熙進士。爲福建軍學教授，身先矩矱，爲多士倡。已而添差通判徽州。誠齋楊文節公狀其治行以薦曰：「具官東浙名儒，朝列正士，持論鯁挺，特立不阿。徽州倅乃員外置，凡州郡迎幹之數，厨傳之儀，皆無故實，出于創爲，緜蕞者，如挈攜囊衣則有僦僕之弊，如下禬宴集則有折俎之弊，率爲緡錢者數百。元德問之故府，咸曰無之，則舉而付之郡庠，以爲養士之費，于是民皆知其廉潔。江東一路，徽最多訟，使者皆以委元德審決。元德一一繙閲文案，至忘寢食。吏牘山積，迎刃而解，于是民皆稱其明斷。欲望聖慈特賜陞擢。」晉知通州。先生精于考索，周官制度精華二十卷，前半乃止齋，後半皆先生之筆也。補。

附錄

吕東萊與陳同甫書曰：「徐居厚極有立作，士人中殊難得。」

又曰：「居厚病，知已平復，但渠須是調伏得性氣，然後養生處世，方少齟齬。不然，憂未艾也。」

祕監王合齋先生枏

王枏，字木叔，號合齋，故順州人，石晉以其地入契丹，徙永嘉。乾道丙戌進士，爲婺州推官。孝宗嘗疑諸州上供有滲漏，漕司遽令婺州增斛一萬，守以下不敢争。先生言：「今苗畝七升，羅四十餘千，較他郡已重，又無故增二萬，何以共命！」新守周權以書奏之，孝宗愕然曰：「朕未嘗加賦也。」由是凡議滲漏者皆免。移台州，能決冤獄。知績溪縣，積錢買田，爲新塘六十八堨六，浚舊陂百頃，歲無憂旱。監進奏院太常寺簿，以僞學罷知江陰軍。蔡涇者，江海之交也，淤閼，先生開渠港五百餘里，漕運以通。民事妖神，巫故爲陰廡複屋，詭其像設，先生鞭巫，撤祠壞像，而民以安。召爲大理丞、禮部員外郎。初，周益公在政府，招先生，既見，清談之外，絶無所言。至是，蘇師旦欲見之，許以遷。先生曰：「吾義不交匪人，寧止于此。」鄧友龍議北伐，援以爲助，曰：「前日有發策者驟用矣。」先生力言無草草，國與身且俱不利。友龍曰：「何怯也？」竟取宣撫去，出先生提舉江東常平茶鹽兼知池州。先生言：「池州城甚惡，何以待敵！」請城之，不報。乃募得緡錢八萬，請自城之，又不許。乃補其穿穴，深其濠，抽兵嚴備，池人得少安。召爲吏部郎、國子司業、祕書少監，兼侍左郎。韓侂胄死，緣坐者多，先生言：「無使滋蔓。」執政善之，不能用。錢相象祖，雅慕先生，欲進用之。忌者因罷先生以撼錢，先生奉祠，而錢亦不安其位矣。起知贛州，諭其耆老曰：「元祐黨籍，贛人一十有四，何多君子也！汝曹勉之。」課桑麻，清鹽禁，提刑者惡之，復毀先生，予祠。贛人雪涕留之不得，賦詩而別。先生少與永嘉諸公同學，及仕于台，寮屬如尤遂初、樓攻媿，以及彭子復、石應之輩，皆相砥礪，崖峭孤特，不輕徇物。尤工于文，所著有王祕監詩文集共二十卷。補。 雲濠案：謝山學案劄記，王合齋集十六卷、詩四卷。

梓材謹案：劄記又一條云：「王枏，字和叔，永嘉人。嘗以經世之學授樓攻媿。」攷攻媿跋汪季路所藏邵康節觀物篇云：「余始在永嘉得先天、方圓二圖于薛象先叔似，傳皇極經世之書于王木叔枏。」是和叔即木叔也。又案：謝山補傳謂先生少與永嘉諸公同學，學案原表亦列先生于艮齋之門，當是也。

直閣沈先生有開 別見嶽麓諸儒學案。

薛王學侶 程、胡四傳。

主簿郭先生澄 別見麗澤諸儒學案。

王氏門人

宣獻樓攻媿先生鑰別見丘劉諸儒學案。

忠甫續傳

教授敖先生繼公

敖繼公㊀，字君善，長樂人。後寓家吴興，築一小樓，坐卧其中，冬不爐，夏不扇，日從事經史。初仕定成尉，以父任當補京官，讓于弟。尋擢進士，對策忤時相，遂不仕，益精討經學。嘗以魯高堂生傳士禮十七篇，卽今儀禮也；生之傳既不存，而王肅、袁準、孔倫、陳銓、蔡超、宗田、僧紹諸家註亦未流傳于世，鄭康成舊註儀禮疵多醇少，學者不察，因復删定，取賈疏及先儒之説補其闕，猶未足，附以己意，名曰儀禮集説，凡十七卷。成宗大德中，以江浙平章高彦敬薦，雲豪案：高彦敬一作高顯卿。擢信州教授，未任而卒。從黄氏補本録人。

儀禮集説自序

儀禮何代之書也？曰，周書也。先儒皆以爲周公所作，愚亦意其或然也。何以言之？周自武王始有天下，然其時已老矣，未必暇爲此事。至周公相成王，始制禮作樂，以致太平，故以其時考之，當是周

㊀「繼公」，倪燦傳作「繼翁」，萬姓統譜作「繼翁」。

公之書。又以其書考之，辭意簡嚴，品節詳備，非聖人莫能爲也。然周公此書，乃爲侯國而作，而王朝之禮不與焉。何以知其然也？書中十七篇，冠、昏、相見、鄉飲、鄉射、士喪、既夕、士虞、特牲饋食凡九篇，皆言侯國之士禮，少牢饋食上、下二篇，皆言侯國之大夫禮，聘、食、燕、大射四篇，皆言諸侯之禮，唯覲禮一篇，則言諸侯朝天子之禮，然主于諸侯而言也，喪服篇中言諸侯及公子大夫士之服詳矣，其閒雖有諸侯與諸侯之大夫爲天子之服，然亦皆主于諸侯與其大夫而言也。然則，聖人必爲侯國作此書者何也？夫子有言曰：「夫禮必本于天，殽于地，列于鬼神，達于喪祭、冠昏、射御、朝聘。聖人以禮示之，故天下國家可得而正也。」以此言證之，則是書也，聖人其以爲正天下之具也與！故當是時，天下五等之國，莫不寶守是書，而藏之有司，以爲典籍。無事，則其君臣相與講明之；有事，則皆據此以行禮；又且頒之于國，以教其人。此有周盛時，所以國無異禮，家無殊俗，兵寢刑措，以躋太平者，其以是乎！其後王室衰微，諸侯不道，樂于放縱，而憚于檢束，于是惡典籍之不便于己，而皆去之，則其㱕之受于王朝者，不復藏于有司矣。㱕之藏于有司者，或私傳于民閒矣，此十七篇之所以不絕如綫而幸存以至今日也。或曰：「此十七篇，爲侯國之書，固也。其本但如是已乎？抑或有亡逸而不具者乎？」曰，是不可知也。但以經文與其禮之類考之，恐其篇數本不止此。但經之言士禮特詳，其于大夫則但見祭禮，而昏、喪無聞焉，此必其亡逸者也。公食大夫禮云：「設洗如饗。」謂其如公饗大夫之禮也，而今之經乃無是禮焉，則是逸之也明矣。又諸侯之有覲禮，但用于王朝耳，若其邦交，亦當有相朝、相饗、相食之禮；又諸侯亦當有喪、祭禮。而今皆無聞焉，是亦其亡逸者也。然此但以經之所嘗言、禮之所可推者知之也，況其閒又有不盡然者。由此言之，則是經之篇數，不止于十七，亦可見矣。記有之曰：「經禮三百，曲禮三千。」所謂經禮，卽十七篇之類也。其數乃至于三百者，豈其合王朝與侯國之禮而言之與？若所謂曲禮，則又在經禮之外者，如內則、少儀所記之類是也。先王之世，人無貴賤，事無大小，皆有禮以行之。蓋以禮有所闕，卽事有所遺，故其數不容不如是之多也。去古既遠，而其所存者，乃不能十一，可勝歎哉！繼公半生遊學，晚讀此書，沈潛既久，忽若有得。每一開卷，則心目之閒，如親見古人而與之揖讓周旋于其際。此書舊有鄭康成註，然其疵多而醇少，學者不察也。今輒删其不合于經者，而存其不謬者；意義有未足，則取疏、記或先儒之説補之；又未足，則附以一得之見焉，因名曰儀禮集説。其于初學之士，未必無小補云。

梓材謹案：敖先生傳，黃氏補本列李俞諸儒學案，兹以其爲儀禮之學，繫之忠甫續傳，以明宋、元兩朝禮學之不絕有自云。

敖氏門人

主簿倪文静先生淵

倪淵，字仲深，烏程人。生而卓異，精敏絶人。既長，刻意聖賢之學。三山敖先生繼翁㊀深于三禮，而尤善易，先生從之遊，于節文度數之詳，辭變象古之妙，靡不博考洞究。用薦署本郡儒學録。調杭州學正、教授，湖州教授。累考入流，授太平路當塗縣主簿。時長官皆以放免去，先生獨理縣事。延

㊀「繼翁」，本傳作「繼公」（見前），萬姓統譜作「繼翁」。

祐初，經理田土，考覈多失其實，賦斂不均，公私咸以爲患。先生分畫編次，以爲圖籍，出其隱匿，而去其增加，二稅乃如期而集。歲適大祲，民以狀言災傷，郡戒縣勿受。先生争之不得，即解印求去。郡遣吏謝，且以檢視之事悉諉之。先生躬履阡陌，不避其勤，民賴以甦。以年垂七十致仕。少嘗從星官歷翁治其術，運算尤精。既老于家，杜門罕與人事接，潛心于易，著易集説二十卷，圖説、序例各一卷。參黄文獻集。

文敏趙松雪先生孟頫別見雙峰學案。

倪氏門人敖氏再傳。

縣尹楊鐵崖先生維楨

楊維楨，字廉夫，諸暨人。雲濠案：貝清江所作傳云，世爲紹興山陰縣人。泰定丁卯進士，授天台尹，罷去。張士誠據浙西，屢使求致，不能屈。明太祖登位，敦迫至京，作老客婦謡以見意。笑而遣之，還淞江卒。先生初遊甬東，得黄氏日鈔歸，學業日進。居鐵崖山下，自號鐵崖。先生好吹鐵笛，亦號鐵笛子。與人交，無疑貳，尤喜接引後生，識不識稱爲長者。惜不得大用，然亦以是得肆力于文章，崖鐫野刻，布列東南。宋景濂有言曰：「元之中世，有文章鉅公起于淛河之閒，曰鐵崖先生。聲光殷殷，摩戛霄漢。撫其論撰，如覩商敦周彝，雲靁成文，而寒芒横逸，奪人目睛。于詩尤號名家，震蕩淩厲，神出鬼没。其文中之雄乎！」所著諸集通數百卷。參兩浙名賢録。

梓材謹案：先生爲倪處士墓志云：「維楨爲文靜先生門生也。」又云：「某父事先生。」則先生嘗及倪氏之門。

楊氏門人敖氏三傳。

教授鄭先生真別見深寧學案。

宋元學案卷五十三

止齋學案

黄宗羲原本　黄百家纂輯　全祖望補定

止齋學案表

陳傅良（艮齋、鄭氏、芮氏門人。袁氏、徐氏再傳。二程、武夷三傳。安定、濂溪四傳。泰山五傳。）
- 從弟説
- 蔡幼學
  - 子範
  - 周端朝（別見嶽麓諸儒學案。）
  - 李元白（別見廣平學案。）
- 曹叔遠
- 吕聲之
- 吕沖之
- 章用中
- 陳端己
- 林頤叔

林淵叔

沈昌

洪霖

朱黼

胡時

高松

倪千里——虞復

徐雲

黃章

袁申儒

林子燕

吳漢英

吳琚

沈體仁

胡大時別見嶽麓諸儒學案。

沈有開別見嶽麓諸儒學案。

趙希錧別見徐陳諸儒學案。

木天駿別見南軒學案。

止齋續傳。

陳武 芮氏門人。

陳謙

黃度——子章 見上止齋門人。

　　　　周南 別見水心學案。

徐誼 別爲徐陳諸儒學案。

薛叔似 別見艮齋學案。

鄭鑑 並止齋學侶。

唐仲友 別爲說齋學案。

錢文子 別見徐陳諸儒學案。

戴溪——胡大時

　　　　周奭 並見嶽麓諸儒學案。

　　　　宋之源 別見淸江學案。

並止齋同調。

止齋學案序録

祖望謹案：永嘉諸子，皆在艮齋師友之閒，其學從之出，而又各有不同。止齋最稱醇恪，觀其所得，似較艮齋更平實，占得地步也。述止齋學案。梓材案：序録原底有云：「止齋實從艮齋分派，而非弟子。」是謝山不以標目薛氏門人爲然。然考艮齋浪語集末卷所載行狀云：「乾道九年門人迪功郎新泰、忻州教授陳傅良狀。」則先生故薛氏門人。又案：蔡行之爲先生行狀云：「宗正少卿鄭公伯熊、大理正薛公季宣皆以經學行義聞于天下，公每見二公，必孜孜求益，修弟子之禮。」是先生亦鄭氏門人也。

鄭薛門人袁、徐再傳。

文節陳止齋先生傅良

陳傅良，字君舉，温州瑞安人。少有重名，授徒僧舍，士子莫不歸敬。薛艮齋過之，啓以其端，已而束書屏居。艮齋又過之，問治何業，先生陳其所得。艮齋曰：「吾懼子之累于得也。」于是往依艮齋而卒學焉。茅茨一閒，聚書千餘卷，日考古咨今于其中，蓋從遊者凡七八年。伊洛之學，東南之士自龜山、鷹山之外，紹興以後，言理性之學者，宗永嘉。艮齋後出，加以考訂千載，自井田、王制、司馬法、八陣圖之屬，該通委曲，真可施之實用。先生既得之，而又解剥于周官、左史，變通當世之治具條畫，本末粲如也。乾道八年，登進士第，授泰州教授。未上，召爲太學録。出判福州，罷，主管崇道觀。起知桂陽軍。

歷提舉荆湖南路常平茶鹽事、轉運判官、兩浙提點刑獄。入奏事，留爲吏部員外郎。擢祕書少監，兼嘉王府贊讀。除起居舍人、起居郎。光宗不過重華，挂冠而出。寧宗卽位，以中書舍人召還，兼侍講、兼直學士院、同國史院修撰。罷而奉祠。嘉泰三年，授寶謨閣待制，卒于家，年六十七，謚文節。學者稱止齋先生。雲濠案：謝山劄記「先生所著，有周禮説三卷，春秋後傳、左氏章指共四十二卷，毛詩解詁二十卷，建隆編一卷，讀書譜一卷，西漢史鈔十七卷，止齋文集五十二卷。」

謝山奉臨川帖子曰：「陳止齋入太學，所得于東萊、南軒爲多，然兩先生皆莫能以止齋爲及門。」

經筵孟子講義

聖王不作，諸侯放恣，處士横議，楊朱、墨翟之言盈天下。天下之言，不歸楊，則歸墨。楊氏爲我，是無君也；墨氏兼愛，是無父也。無父無君，是禽獸也。公明儀曰：「庖有肥肉，廐有肥馬，民有飢色，野有餓莩，此率獸而食人也。」楊、墨之道不息，孔子之道不著，是邪説誣民，充塞仁義也。仁義充塞，則率獸食人，人將相食。吾爲此懼，閑先聖之道，距楊、墨，放淫辭，邪説者不得作。作於其心，害于其事；作于其事，害于其政。聖人復起，不易吾言矣！

聖王不作者，言周之衰，上無明天子也。諸侯放恣者，言上無明天子，則下無賢方伯，凡有國之君，皆得自便，縱欲而專利也。處士横議者，言自天子至于諸侯，皆失其道，不復以明教化爲務，則天下蕩然，學術無統紀，而世之處士，各橫爲議論，人自爲一說，家自爲一書也。楊朱、墨翟之言盈天下者，言處士橫議者雖多于其中，獨有楊朱、墨翟之教盛行而莫之抗也。天下之言，不歸楊，則歸墨，言從其說者之衆也。舉天下之能言者，不以楊朱爲師，則以墨翟爲師，而堯、舜、禹、湯、文武、周公、孔子之教□□道也。楊氏爲我，是無君也者，此孟子之所以闢楊朱也。何也？朱之爲說曰：「拔一毛而利天下，弗爲也。」且夫惟天生民，有欲無主乃亂。故人主者，天之所置，非天下徒尊之也。葵藿之于太陽，江、漢之于海，鳥獸之于麟鳳，皆此物也，而誰敢易之！是故天下之士，忘身以爲主，忘家以徇國，非直苟利祿也。假使世之學者，皆操楊朱之心，雖損一毛而不以利物，是無與事君者也，故曰是無君也。墨氏兼愛，是無父也者，此孟子所以闢墨翟也。何也？翟之爲說曰：「摩頂放踵，利天下爲之。」且天之生物也，使之一本，父母是也。今夫人有父母，有兄弟，有夫婦，均此愛也，而先王立教，每爲之差，而獨隆于父。記曰：「爲人子者，不可不私其父。不私其父，不可以爲人子矣！是故有東宮，有西宮，有南宮，有北宮。」此言苟私其父，雖其父之伯仲，不可以不異宮也。又曰：「資于事父以事母而愛同，天無二日，土無二王，國無二主，家無二尊，以一治之也。故父在爲母齊衰期者，無二尊也。」此言苟尊其父，雖父之妃，不可以不殺服也，是之謂一本。假使世之學者，皆操墨翟之心，愛無差等，是人人而父也，故曰是無父也。無父無君，是禽獸也者，孟子極其弊而言之也。人所以相羣而不亂者，以其有君父也。有君在，則上下尊卑貴賤之分定；有父在，則長幼嫡庶親疏之分定，定則不亂矣。苟無君父，則凡有血氣者，皆有争心。苟有争心，不奪不饜，是人心與禽獸無擇也。公明儀曰：「庖有肥肉，廐有肥馬，民有飢色，野有餓莩，此率獸而食人」也者，此孟子舉公明儀之語，推廣言之也。公明儀以爲，國君之肥馬在廐，而民飢莩在野，是爲君者率獸而食人也。楊、墨之道不息，孔子之道不著，是邪説誣民，充塞仁義。仁義充塞，則率獸而食人，人將相食者，蓋孟子終言楊、墨之害，與禽獸無異也。且夫孔子之道所以尊信于萬世者，非儒者能强之也，誠以三綱五常不可一日殄滅故也。三綱五常不明而殄滅，則天地不位，萬物不育矣！自古及今，天地無不位之理，萬物無不育之理，則三綱五常無絶滅之理。三綱五常無絶滅之理，則孔子之道無不足尊信之理。今楊、墨者，自信其私説，而不信孔子，故楊、墨之道不息，則孔子之道不著。如此，則邪説行而仁義廢。今夫人之所以老者相供養，幼者相撫字，敵已者相往來，以其本諸仁義之心也。無君則不義，無父則不仁矣！此心苟亡，則私欲横流，弱者之肉，强者之食爾。故曰：「人將相食，吾爲此懼。閑先聖之道，距楊、墨，放淫辭，邪説者不得作。」此孟子以衛道自任之言也。且孟子非好辯也，懼斯道之不明，而人心淪胥，至于□□□□□□□□□□□□□謂君不君，臣不臣，父不父，子不子，雖有粟，吾得而食諸？雖有天下，不能一朝居也。此聖賢之所大懼也。作于其心，害于其事；作于其事，害于其政者，言淫辭邪説之初，亦甚微也，不過其門人弟子轉相傳〔一〕授，以爲可行而深信之焉耳。夫苟有是説也，在于人心，則不見之于行事，斯已矣！苟見之于行事，則必害及于其事，不施之于有政，斯已矣！苟施之于有政，則必害及于其政。孟子逆知二氏之學，一日得志于天下，其害有不可勝言者。聖人復起，不易吾言矣者，孟子篤于自信之辭也。臣聞之曰，天下未嘗一日無邪

〔一〕「傳」，原本作「轉」，涉上文「轉」並形近而誤，據龍本改。

説也。聖王在上，教明而禁立，雖有邪説而不得行耳。反道敗德，侮慢自賢，有苗氏之邪説也，而虞舜遷之。威侮五行，怠棄三正，有扈氏之邪説也，而夏啓征之。謂祭無益，謂暴無傷，謂己有天命，謂敬不足行，商紂之邪説也，而周武滅之。然則道術分裂，閒爲異端，自唐、虞、三代有焉，而卒不足以干大中至正之統者，聖王在上故也。今夫楊、墨非有王公貴人之勢也，非有醲賞以誘率人、嚴刑以驅迫人也，又未得嘗試其術于戰國之際也，而天下翕然從之，不歸楊，則歸墨，是豈一人之力，一朝一夕之故哉！蓋聖王不作，則教不明，禁不立。教不明，則曲學之論興；禁不立，則朋邪之類勝，及其末流而莫之救也。由此觀之，凡不本于孔子而敢爲異説者，豈不甚可畏哉！有聖王者作，豈可不深察哉！

昔者，禹抑洪水而天下平，周公兼夷、狄，驅猛獸，而百姓寧；孔子成春秋而亂臣賊子懼。詩云：「戎、狄是膺，荆、舒是懲，則莫我敢承。」無父無君，是周公所膺也。我亦欲正人心，息邪説，距詖行，放淫辭，以承三聖者。豈好辯哉？予不得已也。能言距楊、墨者，聖人之徒也。

抑，遏也。兼，并也，言并治之也。膺，當也，言北當戎與狄也。懲，艾也，言南艾荆楚及羣舒也。承，止也，言天下莫敢禦之也。聞之曰，聖賢之生斯世，必以天下爲己任。當堯之時，洪水爲天下害。商之末，夷、狄禽獸爲天下害。周之衰，亂臣賊子爲天下害。戰國之際，邪説詖行爲天下害。洪水夷、狄之害，則生人不得安其居。不得安其居，則不得適其性矣！亂臣賊子之害，則生人不得定其分。不得定其分，則不得適其性矣！邪説詖行之害，則生人不得修其學。不得修其學，則亦不得適其性矣！是皆人心之所由紛亂而皆蔽也。聖賢者，天民之先覺，將使之啓迪人心，而歸于正者也。則以生人爲己任者，聖賢之責，此正人心以承三聖，孟子所以不得辭也。是故禹不抑洪水，周公不兼夷、狄，驅猛獸，使斯人脱于不安其生之患，而君臣、父子、兄弟、夫婦相保也，則禹、周公之責不塞。孔子不明亂臣賊子之罪，使斯人脱于不定其分之患，而君臣、父子、兄弟、夫婦相保也，則孔子之責不塞。孟子不辯邪説詖行之非，使斯人知所學，而君臣、父子、兄弟、夫婦相保也，則孟子之責不塞。禹、周公得君以行其道，則見之立功。孔、孟不得君以行其道，則見之立言。凡以盡聖賢之責而已。且夫禹、周公，人臣也。孔、孟，布衣也。夫爲人臣，爲布衣，不敢不以天下爲己任，况尊爲天子，富有四海之内乎！今敵國之爲患大矣！播遷我祖宗，丘墟我陵廟，羶腥我中原，左衽我生靈，自開闢以來，夷、狄亂華，未有甚于此者也。高宗崎嶇百戰，撫定江左，將以討賊，而沮于議和。孝宗憂勤十閏，經營富彊，將以雪恥，而屈于孝養。二聖人之責，至今猶未塞也。陛下以仁聖之資，嗣有神器，豈得一日而忘此邪？陛下誠一日不敢忘此，則當以天下爲己任，而不敢以位爲樂。所謂一日不敢忘此，則不敢以位爲樂者，每行一事，每用一人，必自警曰：「得無爲敵國所侮乎？吾民困窮如此，吾士卒驕惰如此，吾内外之臣背公營私如此，吾父子之閒歡意未洽如此，吾將何以待敵國也？」常持此心，常定此計，周公豈欺我哉！則大義可明，大功可立矣！雖然，臣特因兼夷、狄發明一事爾。若夫人心不正，豈止于此，皆陛下之所當講也。

止齋文集

王道至于周，備矣。周之作誥曰：「上下勤恤，惟㊀曰，我受天命，丕若有夏歷年，式勿替有商歷年。」處心積慮，蓋庶幾兼夏、商之祚。訖于暴秦，略如其言。是道也，惟孔、孟知之。孔子曰：「周監于二代，郁郁乎文哉！吾從周。」孟子亦曰：「周公思兼三王，以施四事。」是故合族以五世，自夏、商用之，至周則繫之以姓而弗別，雖百世而婚姻弗通。諸侯以五服，自夏、商用之，至周九州之外，猶以爲夷服、鎮服、蕃服。世一見，嗚呼備矣！後之傷今思古之士，往往謂周文弊。學者尚論三代，要當折衷于孔、孟。且夫天命之難諶，非兢畏不能有也，人心之同然，非惻怛不能懷也。文、武、成、康積行累功之勤，誠有見于此者。讀書至刑人、殺人、劓刖人，君臣相勑，甚敬甚懼，服念誥教，至于旬時，至于再三。讀詩南、雅，羣臣、嘉賓、兄弟、朋友、故舊、戍役之際，徒一觴豆，皆深致其好，備禮盛樂。以后妃之尊，猶知以酒醴勞慰行役僕馬辛苦。夫苟燕樂之，即詠歌嗟歎之不足。夫苟刑戮之，即戰戰焉有憂色。此非有利爲之也，畏天命焉耳，卽人心焉耳。嘗緣詩、書之義，以求文、武、周公、成、康之心，考其行事，尚多見于周禮一書，而傳者失之，見謂非古。彼二鄭諸儒，崎嶇章句，窺測皆薄物細故，而建官分職，關于盛衰，二三大指，悉晦弗著，後學承誤，轉失其真。漢、魏而下，號爲興王，頗采周禮，亦無過輿服、官名、緣飾淺事，而王道缺焉盡廢。恭惟本朝，純用周政。千載一時，爰自藝祖，不忍役一夫之力而養禁旅，不

㊀「惟」，經文作「共」。

欲使天下一吏得以專政而罷方鎮。制度文爲，雖非周舊，而深仁厚澤，意已獨至。肆我列聖，浸以寬大，任子及于異姓，取士及于特奏，養兵及于剩員，甚者汙吏有敍復，重辟有奏裁。論議之臣，每不快此，而國家世守，重于更定。蓋周衰且千載，而詩、書之意，于是焉在，豈不盛哉！熙寧用事之臣，經術舛駁，顧以周禮一書，理財居半之説，售富强之術。凡開基立國之道，斲喪殆盡，而天下日益多故，迄于夷、狄亂華，中原化爲左衽。老生宿儒，發憤推咎，以是爲用周禮之禍，抵排不遺力。幸以進士舉，猶列于學宫。至論王道不行，古不可復，輒以熙寧嘗試之效藉口，則論著誠不得已也，故有格君心、正朝綱、均國勢説各四篇，而爲之序如此。進周禮説序。

謂周禮爲非聖人之書者，則以説之者之過，嘗試之者不得其傳也。周禮説甚衆，獨鄭氏學至今行于世。鄭經生志以爲之傳焉耳，于其説不合，即出己見附會穿鑿。其舉而措之斯世，可不可復古，鄭盧不及此也。故曰説之者過。自劉歆以其術售之新室，民不聊生。東都之輿服，西魏之官制，亦頗采周禮，然往往抵牾。至本朝熙寧閒，荆公王安石又本之爲青苗、助役、保甲之法，士大夫争以爲言。安石謂俗儒不知古誼，竟下其法，争不勝。自是百年，天下始多故矣。故曰，嘗試之者，不得其傳也。以是二者，至廢周禮，此與因噎廢食者何異？讀夏君休所著井田譜，亦有志矣。鄭氏井邑若畫棊然，蓋祖王制。王制晚雜出。漢文帝時，以海内畫爲九州，州必方千里，千里必爲國二百一十。其後，班固食貨志亦謂井方一里，八家各私田百畝，公田十畝，是爲八百八十畝，爲廬舍，蓋人二畝半云。且若此，夏君皆不取。漢以來，諸儒鮮或知之者。其説畿内廣成萬步謂之都，不能成都謂之鄙，即成縣者與之爲縣，成甸者與之爲甸，至一丘一邑盡然。以其不能成都成鄙，故謂之閒田。以其不可爲軍爲師，而無所專係，故謂之閒民。鄉遂市官皆小者兼大者，他亦上下相攝備其數，不必具其員。歲登下民數于策，損益之，是謂相除之法。皆通論也。餘至纖至悉，雖泥于數度，未必皆叶，然其意要與時務合，不爲空言。去聖人遠，周禮一經，尚多三代經理遺跡。世無覃思之學，顧以說者謬，嘗試者復大謬，乃欲一切駮盡爲慊，苟得如井田譜與近時所傳林勛本政書者數十家，各致其說，取其通如此者，去其泥不通如彼者，則周制可得而考矣。周制可得而考，則天下亦幾于理矣。夏休井田譜序。

盧鎬跋止齋集曰：「余年二十四五時，從謝山全太史處借讀止齋集，最愛其歌詩，醇古經腴充滿。而亡友范子冬齋亦酷嗜之，手鈔口誦，舉筆輒奉爲圭臬。太史没後，此書不得復見。碌碌三十年亦未暇尋訪。既官于甌，思購之瑞邑，而書板適于癸巳初冬遭燬。因不復可得，乃以止齋春秋後傳從孝廉余君永森易得此册。乙未十月望前，寓于郡城，風雨瀟瀟，時一展卷，如隔夢寐，舊學荒蕪，愧無以慰我故人也。」

梓材謹案：謝山修補止齋門人諸傳，皆據止齋本集，知其有關學要者必多采録。近歲甲午陳少宗伯碩士師與富海颿中丞重槧止齋詩集五卷、文集十九卷、附録一卷。梓材及馮君雲濠開預校讎，旋檢月船生盧氏跋語，知前人多惓惓于是集有如此。

附録

寧皇以舊學思止齋，嘗謂韓侂胄曰：「陳傅良今何在？卻是好人。」對曰：「臺諫論其心術不正。」上遂不復召。寧宗之立，止齋豫有贊策功。

寧宗每見左右有請，輒曰：「無作聰明亂舊章。」蓋止齋教也。補。

呂東萊與朱侍講書曰：「示論明白勁正，誠中近歲諸人之病。蓋所謂委曲將護者，其實夾雜患失之病，豈能有所孚格！君舉近來議論簡徑，無向來崎嶇周遮氣象，甚可喜也。」

又答潘叔度書曰：「陳君舉最長處，是一切放下如初學人，正未易量。」

陳龍川與先生書曰：「亮與元晦所論，本非爲三代、漢、唐設，且欲見此道在天地閒，如明星皎月，閉眼之人，開眼卽是，安得有所謂暗合者。天理人欲，豈是同出而異用？只是情之流乃爲人欲耳。人欲如何主持得世界，而尊兄乃名以跳踉叫呼，擁戈直上。元晦之論，只是與二程主張門户，而尊兄乃名之以正大，且地步平正，嗟乎冤哉！吾兄一世儒者巨擘，其論如此，亮便應閉口藏舌，不復更下注脚。」

葉水心題張君所注佛書曰：「蜀人范東叔在學省，每晨必誦楞嚴。陳君舉與鄰省，問爲誰。東叔拱而後對。君舉戲曰：『吾以爲老卒所課耳！』予問東叔要義何在，東叔沈思久之曰：『如雞候鳴，顧瞻東方已有晴色。此是逼撲到緊切處。』予聞而太息。夫其所知，止于此乎！」

止齋學侶

知州陳先生武

陳武，字蕃叟，瑞安人，止齋先生族弟也。于書無所不讀，尤長于春秋，芮祭酒雅重之。成淳熙進士。累官至國子正，入慶元黨籍。學禁解，起爲祕書丞，累遷國子司業，進祕書監。乞外，制辭有曰：「爾早以經學，藹然時名。退之方誨于諸生，下惠遽甘于三黜。逮改絃而更張，旋拔茅而彙進，方諸士論，乃控忱辭。」其後以右文殿修撰知泉州。先生與止齋同學，而名齊之。其論文不喜南豐。補。

祖望謹案：朱子文集、語類有講學語。

副使陳易庵先生謙

陳謙，字益之，止齋之從弟也。乾道壬辰進士。歷官寶謨閣待制，江西、湖北副宣撫使。著毛詩解詁、周禮說。補。雲濠案：謝山劄記：「先生著有續周禮說、續毛詩解、續春秋後傳、續左氏章指、易庵集、永寧編、雁山詩記。」

謝山跋宋史陳謙傳曰：「開禧用兵，而慶元之黨禁弛，然諸君子雖少挺，而又以言恢復事遺物論矣。水心、稼軒且不免，何況其他。嗟乎！開禧之事，時也；其人，非也。然知其不可而爲之，則機有可乘，雖公山、佛肸當爲一出，況平原託王命以行之者乎。若水心之固辭草詔，其胸中早秩然矣。平原既死，羣小借此口實，以逐去諸君子。黑白混淆，宋之所以終于不競也。陳益之，淳熙遺老，晚以邊才復用，再起再蹶。其料皇甫斌安襄城，保漢陽，水心所謂有三大功，不特無銖寸之賞，而反以爲罪者。宋史詆其呼侂胄爲我王。以予考之說部，則莆田陳讜之事也，讜與謙字相近，遂妄加之，曾謂以益之風節而出此乎！」

宣獻黃文叔先生度

黃度，字文叔，新昌人。好學讀書。祕書郎張淵見其文，謂似曾子固。登隆興進士，知嘉興縣。入監登聞鼓院，行國子監簿。疏請屯田、復府衛，以銷募兵，具屯田、府衛十六篇上之。遷監察御史。時光宗以疾，不過重華宮，先生上書切諫。又與臺諫官劾內侍陳源、楊舜卿、林億年。上不聽，遂出修門㊀，上諭使安職。先生奏：「有言責者，不得其言則去。」寧宗立，詔復爲御史，改右正言。韓侂胄驟竊政柄，先生具疏論其姦狀。侂胄假御筆，除先生直顯謨閣、知平江府。先生言：「諫臣不得效一言，非國之利。」固辭。乃詔以沖佑祿歸養。俄知婺州。自是紀綱一變，大權盡出侂胄，而先生爲沖佑觀者六，然侂胄素嚴憚先生，不敢加害。起知泉州，辭，乃進寶文閣，奉祠如故。侂胄誅，召除太常少卿，累遷江、淮制置使，賜金帶以行。至金陵，罷科糴輸送之擾，活饑民無算。遷寶謨閣直學士。先生以人物爲己任，推挽不休，每曰：「無以報國，惟有此耳。」十上引年之請，不許，爲禮部尚書兼侍讀。旋以煥章閣學士知隆興府。歸越，提舉萬壽宮。嘉定六年卒，進龍圖閣學士，贈通奉大夫，謚宣獻。先生志在經世，而以學爲本。作詩、書、周禮說。雲濠案：葉水心作先生墓誌稱：「有詩、書五十卷，周禮五卷。」著史通，抑僭竊，存大分，別爲編年，不用前史法。至于天文、地理、井田、兵法，即近驗遠，可以據依，無迂陋牽合之病。又有藝祖憲監、仁皇從諫録、屯田便宜、歷代邊防行于世。壻周南仲，爲池州教授。會先生以言忤當路，御史劾先生，并罷之。先生與南仲俱入僞學黨。參史傳。

梓材謹案：先生著有書說七卷。直齋書録解題謂其「篤學窮經，老而不倦，晚年制閫江、淮，著述不輟。時得新意，往往晨夜、叩書塾爲友朋道之」。又案：梨洲原表列先生于艮齋之門，而徧考載籍，殊無明文。以與止齋一見如故，列爲止齋學侶可也。其謚宣獻，見呂氏光洵所作書說序，而宋史遺之。

㊀「修門」，宋史本傳作「脩門」。

忠文徐宏父先生誼別爲徐陳諸儒學案。

文節薛象先先生叔似別見艮齋學案。

太學鄭先生鑑

鄭鑑，字自明，長樂人。爲太學諸生，數與止齋遊。試進士不第，以釋褐仕于朝。以喜事嫉邪、取名于世而死。止齋哀之曰：「自明若不愛其死者，然其事母孝，不敢違。晚得師友，務爲靖恭閒雅，不苟坐立。雖一飲食，亦必揣度無害乃下口。自明可謂重其死矣！」參止齋文集。

附錄

張南軒與朱元晦書曰：「鄭自明直言亦不易，朝廷容受固可喜。但未見用其言，而自明兩遷矣！在言者亦更須審顧也。」

止齋同調

提刑唐說齋先生仲友別爲說齋學案。

少卿錢白石先生文子別見徐陳諸儒學案。

文端戴岷隱先生溪

戴溪，字肖望，雲濠案：沈光作先生春秋講義序，稱先生字少望。永嘉人。少有文名。淳熙五年，爲别頭省試第一，監潭州南嶽廟。紹熙初，主管吏部架閣文字，除太學録兼實録院檢討官。正録兼史職，自先生始。升博士，奏兩淮當立農官，若漢稻田使者，主客均利，以爲救農之策。除慶元府通判，未行，改宗正簿。累官兵部郎。張嚴督師京口，除授參議軍事。數月，召爲資善堂説書。由禮部郎六轉爲太子詹事兼祕書監。景獻太子命先生講中庸、大學，復命類易、詩、書、春秋、語、孟、資治通鑑，各爲説以進。權工部尚書，除華文閣學士。嘉定八年，以宣奉大夫、龍圖閣學士致仕。卒，贈特進、端明殿學士。理宗賜謚文端。參史傳。雲濠案：謝山劄記：「先生著有易經總説二卷，曲禮口義二卷，學記口義二卷，詩説續、讀詩記各三卷，春秋説三卷，通鑑筆議三卷，石鼓、論語、孟子答問各三卷，岷隱文集，復緑對清源志。」

止齋家學

陳先生説

陳説，字習之，永嘉人。從學于止齋。其兄謙，以文字知名當世，所交多聞人，先生因得從之問學。梓材謹案：先生爲易庵弟，則亦止齋從弟也。

止齋門人袁、徐三傳。

文懿蔡先生幼學

蔡幼學，字行之，瑞安人。未冠，從止齋遊，朝夕侍側者十年，止齋勉以前輩學業。中乾道八年進士第，授廣德教授。歷敕令所删定官、武學博士、太學博士、祕書省正字、校書郎、著作佐郎。出提舉福建常平茶事。奉祠凡八年。知黃州、福建提刑，未上。召爲吏部郎官、國子司業、兼權中書舍人、宗正少卿。遷中書舍人兼侍講。除刑部、吏部侍郎，兼直學士院，改兼侍讀。出知泉州。尋提舉興國宮，知建寧府。復提舉萬壽宮。嘉定十年，召權兵部尚書，兼太子詹事，卒。陳同甫亮言：「吾常與陳君舉極論，往往擊杯案，聲撼林木。行之在旁，邈若無聞。客散，忽語吾：『道一爾，奚皇帝王霸之云。』吾方數辯，而行之横啓縱闔，援古證今，抵夜接日，若懸江河。吾謝不能，乃已。」嘗續司馬温公公卿百官表、年歷、大事記、備忘、辨疑、編年政要、列傳舉要百餘篇。修。

梓材謹案：先生所著國史編年政要四十卷，國朝實録舉要十二卷，宰輔拜罷録一卷，續百官公卿表二十卷，質疑十卷，育德外制集八卷，內制集三卷。年歷、大事記、文懿公集、西垣集、春秋解訓、宋通志五百卷，謝山學案劄記誤屬其子範。

謝山奉臨川帖子二曰：「閣下于徐忠文公而下，牽連書蔡文懿公幼學、呂太府祖儉、項龍圖安世、戴文端公溪皆爲陸子弟子，則愚不能無疑焉。浙學于南宋爲極盛，然自東萊卒後，則大愚守其兄之學爲一家，葉、蔡宗止齋以紹薛，鄭之學爲一家，遂與同甫之學鼎立，皆左袒非朱，右袒非陸，而自爲門庭者。故大愚與朱子書且有『江西學術，全無根柢』之言，而朱子非之。蔡行之曾見陸子，有問答，見年譜。然行之爲鄭監嶽壻，少即從監嶽之兄敷文講學，而止齋乃敷文高弟，故行之復從止齋。今觀行之所著書，大率在古人經制治術講求，終其身固未嘗名他師也。肖望亦爲其鄉里之學。項平甫來往于朱、陸之閒，然未嘗偏有所師。要未有確然從陸子者。儻以陸子集中嘗有切磋鏃厲之語，遂謂楊、袁之徒侶焉，則譜系紊，而宗傳混，適所以爲陸學之累也。

文肅曹先生叔遠

曹叔遠，字器遠，瑞安人。少學于止齋。年十九，以春秋魁鄉薦。登紹熙第。久之，薦爲國子録，忤韓侂胄，罷。通判涪州。歷四川節麾，守遂寧，瞥卒之亂，過境不敢肆暴，曰：「此江南好官員也。」入朝，爲工部郎，出知袁州。以太常少卿召，權禮部侍郎，終徽猷閣待制，謚文肅。所著有周官講議。雲濠案：謝山劄記：「先生又著永嘉年譜、地譜、名譜、人譜二十四卷。」

推官呂先生聲之

簽判呂先生沖之合傳。

呂聲之，字大亨，新昌人。以能詩名。師陳止齋，而友蔡行之。同升太學，壁記題名，先生在止齋之下，行之之上。是年，止齋、行之皆登進士，而先生不第。或戲之曰：「所謂厄于陳、蔡之間者也。」嘉定間，累官昭信節度推官。有沃洲雜詠。從弟沖之，亦師止齋。簽判南康軍，講道白鹿書院，有壁經宗旨。修。

章先生用中

章用中，字端叟，平陽人。先生從止齋最久，又因止齋之金華依呂東萊，之雲州依薛艮齋，由是題名。

陳先生端己

陳端己，字子益，平陽人。從止齋學。

主簿林先生頤叔

林頤叔，字正仲，瑞安人。與弟淵叔俱受業止齋。先生寬整有局量。登乾道第。任羅源簿，民俗火葬，先生導以冢甓，惡俗始革。有大辟坐刃殺者，辨其屍爲瘡且溺死也，釋之。遷建康户部酒庫監。丁父憂，哀毁成疾。臨殁，誦夢中語曰：「世衰道不淪，作者興起。」因振手而逝。修。

司户林先生淵叔

林淵叔，字懿仲，瑞安人。登淳熙十一年進士第。終于揚州司户。先生從陳止齋學于城南書社。其後，止齋所至，先生亦僦旁舍不去。永嘉崇重師友，前一輩盡，學緒幾墜，先生復修故事，後一輩趨和之，而後知有師弟子之禮。

沈先生昌

沈昌，字叔阜，瑞安人。與蔡行之同門，年皆少，皆有俊聲，而先生早夭。

洪先生霖

洪霖，天台人。事止齋甚謹。

隱君朱先生黼

朱黼，字文昭，平陽人也。學于止齋，不事舉業。嘗著紀年備遺一百卷，統論一卷，始堯、舜，迄五代，若呂、武、莽、丕等皆削其紀年。水心爲之序，且曰：「此書一出，義理所會，寶藏充斥。」人始知其能傳陳氏學也。躬耕南蕩山以老。修。

朱文昭語

三代以上，不過曰天而止。春秋以來，一變而爲諸侯之盟詛，再變而爲燕、秦之仙怪，三變而爲文、景之黄、老，四變而爲巫蠱，五變而爲災祥，六變而爲符讖，人心泛然無所底止，而後西方異説乘其虛而誘惑之。補。

教授胡先生時

胡時，字伯正，樂清人也。乾道進士。風姿粹美。初得第，權貴欲妻以女，且示以奩具之盛，辭曰：「老姑家貧，曾許以女嫁我，不可負約。」時人義之。師事止齋，官袁州教授。補。

教授高先生松

高松，字國楹，福寧人。少遊止齋之門，不專事科舉之學。黎明而起，夜丙而止，讀書益多，聞見益廣，華枝蔓葉，自然消落，以是不合于俗。同學多先達，而先生晚始得成進士。又洊丁艱，益肆力于學。尋授台州教授，啓迪有方，一時州縉紳皆出其門，故例撰講章，據案抗聲讀，名曰讀書。笑曰：「是何所發明邪！」令更進迭問，疑難交發，滿意而退。士人歎服，學校大舉，而病卒矣。葉水心銘其墓。修。

雲濠謹案：萬季野輯儒林宗派朱子門人：「高松，字子合，龍溪人。」是同時有兩高松也，故謝山于是傳初註「又從朱文公學」六字，而旋抹之。

梓材謹案：止齋集有送長溪高國楹從學朱元晦詩云：「洛學今無恙，東南屬此翁。從遊雖已晚，趣向竟誰同。一第收良易，遺經語未終。歸期定何日，我欲叩新功。」據此，則謝山初注「又從朱文公學」是也。

侍講倪先生千里

倪千里，字起萬，東陽人也。學于止齋，傳其春秋之學。淳熙進士。户外之屨恆滿。累官監察御史，公饋不入門，私書不出閾，退食蕭然如山居。遷右正言，以論事忤大臣，除起居舍人，至侍講。卒，贈右文殿修撰。補。

梓材謹案：東陽縣志載：「先生七歲能熟誦九經、諸子。」又稱其受學于吕祖謙，則先生亦東萊門人也。金華府志載：「其入上庠，月書麗列，學者宗之。」

知州徐先生筠

徐筠，字孟堅，清江人。進士，知金州。周禮微言十卷，記其所聞于止齋者。嘗述止齋之言曰：「周禮綱領有三，養君德，正紀綱，均國勢。鄭氏註誤有三，以漢儒之書釋周禮，以司馬法之兵制釋旧制，以漢官制之襲秦者比周官。」補。

幹官黄先生章

黄章，字觀復，新昌人，禮部尚書度中子也。學于止齋，嘗爲幹官。檢身以正，與人以恕，講學以達于道德性命，應事以通于變故倉猝。其卒也，師友皆痛惜之。水心爲銘其墓。補。

袁先生申儒

袁申儒者，建陽人也。學于止齋，爲其詩傳序。補。

社令林先生子燕

林子燕，字申甫，樂清人也。止齋之壻，慶元進士。官太社令，有孝行。補。

兵部吴先生漢英

吴漢英，字長卿，江陰人也。乾道進士，累仕至湖南運幕。陳文節公止齋將漕時，率諸生與寮屬之好學者，講道嶽麓。一日，叩先生所學，以「毋自欺」對，止齋歎曰：「吾得友矣！」而先生亦自是從止齋日親。光宗即位，有旨減湖南月樁之太重者，止齋盡以委先生斟酌行之。喜曰：「君所謂『非苟知之，亦允蹈之』者也。」遂薦于朝，謂「奮自儒科，期爲有用之學；見于吏事，本之不欺之心」。知繁昌縣，通判滁州，皆有聲。詔與六院差遣。安豐奏淮北流民四十萬且叩淮，政府以問，先生疑其爲妄，已而果然。除監都進奏院給事中。鄧友龍以邊議爲南淮宣諭使，問曰：「何以助我？」先生不答，退而以書止之。友龍不悅，竟潰而歸。除大理丞。韓侂胄之死也，堂吏三人下獄。先是，朝臣多結此三人者，獄起洶洶，先生懼爲薦紳禍，得其所與往來書盡焚，但竄籍三人而已。嘉定元年，除大宗正丞，條上三事，曰順祖宗之法，曰清中書之務，曰減四川之賦。除太常丞，中貴人營園亭于郊丘前，先生欲劾之，中貴人遽撤去之。遷權兵部郎，面陳三事，一論沿邊形勢，二論銅鏹漏泄，三論宗室有罪，久閉非宜，上皆嘉納施行。丞相錢象祖方倚先生爲助，史彌遠忌之，因其乞外，罷官予祠。先生平居無媟語，無慢容，縑素之衣，十年不易，皆其「毋自欺」之學所得也。而于國朝典故，考討尤詳，是則止齋之瓣香歟！所著有歸休集十九卷。補。

節度吳雲壑先生琚

吳琚，字居父，一字雲壑，憲聖太后猶子也。止齋在太學，執弟子禮，惜名畏義，不以戚畹自驕。范石湖、陸放翁輩引爲師友，項平甫輩則其客也。尤工翰墨，孝宗萬幾之餘，即命中使召之，論詩作字，呼之爲哥。光宗呼之爲舅。滿朝之争過宫也，先生密奏孝宗，謀所以安光宗者，因擬進諭旨曰：「予與皇帝之情，初無疑閒，比以過宫稍希，臣寮勸請，反涉形迹。殊不知三宫聲問絡繹，豈在一月四朝方爲盡禮？今天氣尚暑，過宫常禮宜免，如欲相見，予當自招皇帝矣。」會孝宗崩，不果。趙忠定公之定策也，先謀于先生。先生密奏憲聖曰：「某官傳道聖語，敢不控竭。竊觀今日事體，莫如早決大策，以安人心。垂簾之事，止可行之旬浹，久則不可，願聖意察之。」憲聖曰：「是吾心也。」于是大計遂定。忠定欲先生出入通宫禁廟堂之意，先生欲重體貌，求慈福宫使，否則提舉中秘書，忠定難之，乃以韓侂胄任之。侂胄佯爲曲謹，雖一秩必以請。忠定墮其計，遂爲所陷。垂殁，謂其從子崇龢曰：「悔不用居父，以至今日。」先生與侂胄爲密姻，黨事既起，先生畏遠權勢，委曲遜之，然密爲諸君子地，言于憲聖，以不宜進究往事，外人多不知也。侂胄忌之，謂其弟曰：「二哥祇喜引許多秀才上門，何也？」然以憲聖故，不敢有加于先生。一日，招同賞花，極歡閒，問先生曰：「肯爲成都之行否？」先生對曰：「更萬里亦不辭。」侂胄笑曰：「恐太母不肯放兄遠去耳！」然終不欲其在朝。歷帥荆、襄、鄂三路，終于開府儀同三司、鎮安軍節度使、判建康府江南東路安撫使兼行營留守。吴曦之復帥蜀，惟先生言其必反，後果驗。太常議謚，謂其功有人所不盡知者。朝廷後卹忠定，先生子鋼亦以密奏進其始末。史彌遠以吴、韓本密姻，疑之不録，時人以爲屈。補。

沈先生體仁

沈體仁，字仲一，瑞安人，石經先生彬老之後也。雲濠案：慈湖集深明閣記以彬老爲先生族曾王父。彬老自汴都揭石經春秋以歸，戒子孫世守之，不得以學官廢春秋輟其業，先生築深明閣以奉之。志意閎雅，鄙遠聲利。師事止齋，記其言，觀其行，老而益恭。其取友適館授粲，死而不貳。歲或饑，即發施。或有所建置，及荒，賑而不以爲德。役成而不以爲功，或偶汗漫敗事，亦無恨意，不追誚首議者。雅愛水心之文，手鈔自甲至癸。將卒，戒其子曰：「必得其文，以銘吾墓。」補。

胡季隨先生大時

直閣沈先生有開並見嶽麓諸儒學案。

少保趙先生希錧別見徐陳諸儒學案。

黃氏家學

幹官黃先生章見上止齋門人。

黃氏門人

正字周山房先生南別見水心學案。

戴氏門人

胡季隨先生大時

周斂[一]齋先生奭並見嶽麓諸儒學案。

郡守宋先生之源別見清江學案。

蔡氏家學袁、徐四傳。

侍郎蔡先生範

蔡範，字遵甫，文懿第四子。編宋通志五百卷。守衢，化行山峒。終吏部侍郎。參温州舊志。

蔡氏門人

忠文周先生端朝別見嶽麓諸儒學案。

博士李三江先生元白別見廣平定川學案。

[一]「斂」，原本作「歛」，據嶽麓諸儒學案本傳、龍本改。

倪氏門人

知州虞遠齋先生復

虞復，字從道，義烏人也。學于倪起萬。以進士爲楊村酒官，上四十八規，理宗大喜。累官大宗正丞知信州。史嵩之開督府，以御札盡收列郡利權，先生以上表進愛養根本之説，忤旨，除都官郎。御史金淵因承望劾之，奉祠。已而知興化軍，不赴。鄭清之再相，亦惡之。退居東巖十有五年。董文清公槐相，力薦于朝，改尚書郎官。輪對，舉大學正心誠意爲綱領，分好樂忿懥爲節目，援漢文帝止造露臺以爲戒，上嘉納之。知瑞州，以疾辭。著有成己集、告蒙集、告忠集、遠齋集共八十卷。補。

止齋續傳

宗正木先生天駿

別見南軒學案。

宋元學案卷五十四

水心學案上

黄宗羲原本　黄百家纂輯　全祖望補定

水心學案表

葉適（鄭氏門人。徐氏再傳。安定四傳。）

陳耆卿——吴子良——舒嶽祥——戴表元（别見深寧學案。）

　　　　　　　　　　　　　　　林處恭

　　　　　　　　　劉莊孫

　　　　　車若水（别見南湖學案。）

王象祖

王汶

丁希亮

方來

周南

孫之宏——從孫嶸叟

林居安
趙汝鐸
王植
滕宬
孟猷
孟導
邵持正
陳昂
祖堯英。
趙汝讜
夏庭簡
王大受
鄧傳之
附師曾丰。
宋駒
王度
厲仲方
戴栩

孔元忠父道。
袁聘儒
趙汝談別見滄洲諸儒學案。
葉紹翁
毛當時
張垓
周端朝別見嶽麓諸儒學案。
陳埴別爲木鐘學案。
陳韡
戴許
蔡仍
吴子良見下篔牕門人。

陳亮別爲龍川學案。
劉愚——余嶸
項安世
陳景思並見晦翁學案。
王綽——尤焴

並水心學侶

薛蒙

戴許見上水心門人。

蔡仍見上水心門人。

王汶見上水心門人。

水心學案序録

祖望謹案：水心較止齋又稍晚出，其學始同而終異。永嘉功利之説，至水心始一洗之。然水心天資高，放言砭古人多過情，其自曾子、子思而下皆不免，不僅如象山之詆伊川也。要亦有卓然不經人道者，未可以方隅之見棄之。乾、淳諸老既歿，學術之會，總爲朱、陸二派，而水心斷斷其間，遂稱鼎足。然水心工文，故弟子多流于辭章。述水心學案。

梓材案：是卷原本併人永嘉學案，自謝山别爲水心學案。

鄭氏門人季節再傳。

忠定葉水心先生適

葉適，字正則，永嘉人。擢淳熙五年進士第二，授平江節度推官。召爲太學正。由秘書郎出知蘄州。入爲尚書左選郎官。贊趙忠定定内禪，遷國子司業。力求補外。趙公貶，先生亦降兩官，奉祠。起爲湖南轉運判官，知泉州。召入權兵部侍郎，丁憂。服除，權工部侍郎。以用兵除知建康府兼沿江制置使。兵罷，奪職。奉祠凡十三年而卒，年七十四，謚忠定㊀。梓材案：以上係梨洲原本，以下則謝山所補也，今合爲一傳。

開禧用兵之説起，以人望召入朝。先生當淳熙時，屢以大仇未復爲言，至是謂韓侂胄曰：「是未可易言也。請先擇瀕淮沿漢數十州郡，牢作家計。州以萬家爲率，國家大捐緡錢二千萬，爲之立廬舍，具牛種，置器仗，耕織之外，課習戰射。計一州有二萬人勝兵，三數年閒，家計完實，事藝精熟，二十萬人，聲勢聯合，心力齊同，敵雖百萬，不敢輕撓。如其送死，則長弓勁矢，倚塹以待。當是時，我不渝約，挑彼先動，因其際會，河南可復。既復之後，于已得之地，更作一重。氣壯志彊，實力足恃，雖無大戰，敵自消縮，況謀因力運，雖大戰亦無難。此所謂先爲不可勝以待可勝者也。」侂胄意方鋭，不聽。先生上劄子曰：「我朝係積弱之後。宣和之際，以關、陝驍悍之卒，疑若可以分女真之功，而卒不能。自是以來，京城陷，中原失，渡江航海，莫有能與抗者。其後有大儀、順昌、柘皋之捷，始得定和。完顔亮自殞，始得以敵國並立，則紹興、隆興之際，疑若可盡用其力，以報女真之仇，而卒不敢。今欲改弱爲彊，作東南幸安之氣，爲問罪驟興之舉，此至大至重事也，誠宜深謀熟慮，百前而不慴，不宜一卻而不收，備成而

㊀「忠定」，宋史本傳同。一九六〇年出土葉適墓志銘作「文定」，見文物一九六二年第九期。卷五二艮齋學侶亦作「文定」。

後動，守定而後戰。或謂敵已衰弱，有天變，有外患，怵輕勇試進之計，用麤武直上之策，姑開先釁，不懼後艱，求宣和之所不能，爲紹興、隆興之所不敢，此至險至危事也。願陛下先定其論。論定而後修實政，行實德，變弱爲彊，誠無難者。所謂『備成而後動，守定而後戰，以修實政』者：臣伏覩渡江之後，非不欲固守兩淮、襄、漢，而敵人衝突無常，勢不暇及。既議和，則收兵撤戍，有定約，又不敢謀，故淮、漢千餘里，常蕩然不自保。今雖分兵就邊，稍圖外向，然我既能往，彼必能來。是時淮、漢守備不全，倉猝不過移治，而專倚大軍迎敵，勝負不可知。要必扼江而後止，如此則往者未足以係西北之望，而來者已足以搖東南之心，萬一搖動，將何賴焉！故臣欲經營瀕淮沿漢諸郡，各做家計，牢實自守，敵雖擁衆而至，阻于堅城，彼此策應，首尾相接，藩牆禦捍，堂奧不動，然後進取之計可言，此所謂實政之一也。四處御前大兵，國家倚以爲命，歲費緡錢數千萬，米斛數百萬，東南事力盡矣！譬如亭子，所賴四楹，一楹有闕，累及三楹，無獨全者。其閒統副將校，人馬器甲，營伍隊陳，進戰退守，必未能一一皆是。若所委付果得人，尤宜曉夕用心，事事理會，若其人未當，則利害甚多，伏惟陛下審之重之。此兵幾三十萬，未望一可當十，十可當百，但一人真有一人之用，淮、漢能守，此兵能戰，數年之內，制敵有餘，此實政之二也。圖此大事，莫先人材。陛下比年首以大事倡率，而在廷之臣，和者極寡，此未必皆怯懦，首鼠不可任責也，積安之久，素所不習，耳聞目見，茫然生疏。然天下亦非無知意才力願得自效者。若淮、漢千里，果能固守，四處大軍，果能精練，四方之才，使之觀事揆策，自能習熟，易脆腐而爲堅彊，勁敵在前，行者思奮，此實政之三也。至于號令賞罰，黜虛崇實，條目甚煩，然總是三者，則其餘可次第舉矣。所謂『行實德』者：臣竊觀仁宗、英宗號極盛之世，而不能得志于西北二敵，蓋以增兵既多，經費困乏，寧自屈己，不敢病民也。王安石大挈利柄，封椿之錢，所在充滿，紹聖、元符間，拓地進築，而斂不及民，熙寧舊人，矜伐其美。然陳瓘譏切，曾布以爲轉天下之積，耗之西邊，邦本自此撥矣。于是蔡京變茶鹽法，括商賈所得千百萬，内窮奢侈，外熾兵革。宣和之後，方臘甫平，理傷殘之地，則七邑始立，燕、雲乍復，急新邊之用，而免夫又興。自是以來，羽檄交警，增取東南之賦，遂至八千萬緡。多財本以富國，財既多而國愈貧，加賦本以就事，賦既加而事愈散，然則英主身濟非常之業，豈以財之多少爲拘。近者詔書期于名實不欺，用度有紀，式寬民力，永底阜康，兩浙鹽丁，既盡免矣，而國用置司，偶當警飭武備之際，外人疑將復取，臣以爲必不至是。參攷内外財賦所入，經費所出，一切會計而總覈之，理固當然，然國家之體，當先論其所入，所入或悖，足以殃民，則所出非經，蠹國審矣！今經總制月輸、青苗、折估等錢，雖稍已減損，猶患太重，和買、折帛之類，民間至用一半以上輸納貪吏，展轉科折，民窮極矣！以此自保，尚無善後之計，況欲規恢，宜有大賚之澤！伏乞詔國用司詳議：何名之賦，害民最甚？何等横費，裁節宜先？減所入，定所出，和氣融浹，小民自活，實政與實德交修，所以能累戰而不屈，必勝而無敗也。改弱以就彊，孰大于是？」蓋先生之意，在修邊而不急于開邊，整兵而不急于用兵，而其要尤在節用減賦，以寬民力。時以爲迂緩，不用，但欲借先生之名以草詔，先生力辭。已而皇甫斌、李爽、郭倬之徒出淮、漢間，俱大敗，或不戰潰。先生歎曰：「所謂用兵，乃如是乎！」于是乃出先生安集兩淮。先生上狀樞府，言「濠、盱、楚、廬、安、豐和揚七郡之民，凍餓疾疫而死，被敵驅掠而去，或散爲盜賊者不論，其奔迸求活者，尚三十萬家，皇皇無所歸宿，無以處之，則地爲棄地，而國誰與守！設令歲邊報復急，此三十萬家者，且盡喪其生。春秋、戰國之時，畫國而守，大爲城邑，小爲壁壘，百里之國，皆有邊面，南、北、六朝，人在戰地者，各有堡塢，得自爲家，未有如本朝之混然一區，無有捍蔽者。一旦胡塵猝起，星飛雲散，莫能自保，生聚蕩然。故某昨于訾度規恢之初，謂未須便動，且當于邊淮先募弓弩手，耕極邊三十里之地，西至襄、漢，東盡楚、泗，列屋而居，使邊面牢實，敵人不得踰越。今事已無及！長、淮之險，與彼共之，唯有因民之欲，令其依山阻水，自相保聚，用其豪傑，借其聲勢，縻以小職，濟其急難。春夏散耕，秋冬入保，大將憑城郭，諸使總號令，敵雖大入，扣城不下，攻壁不入，然後設伏以誘其進，縱兵以擾其歸。此謀果定，行之有成，何畏乎敵」。于是以先生兼江、淮制置，措置屯田。初，先生之至建康也，討論防江事宜，諸將各呈故事，曰葺治戰艦，曰布列岸兵，曰栽埋鹿角，曰釘設暗樁，曰開掘潢塹，皆數里而屯，計步而守。先生深憂之曰：「恐皆不足賴也。夫此數者易耳，其如人心已摇，敵兵一至，皆棄之走，誰與力拒！」已而復傳金人南下，淮民渡江億萬，所在震動。一日，有兩騎僞效金裝，躍馬江岸，皆相傳曰：「敵至矣！」渡舟斫纜離岸，櫓楫失措，争濟者攀舟至覆溺。吏持文書至官，皆手顫不能出語。先生歎曰：「今竟何如！吾乃知建炎之徑渡，真非難事，而逆亮之不得濟而殞者，幸也。」乃用門下士滕宬計，捐重賞，募勇士，别渡江北，劫其營于石跋、定山，上下之間，凡十數往返，俘馘踵至，士氣稍奮，人心稍安。金人乃解兵去，而舟師之在江中者，終無尺寸之功也。然渡江之兵，終苦無所駐足。先生相度形勢，謂「石跋足以蔽采石，定山足以蔽靖安，瓜步足以蔽東陽，下蜀西護歷陽，東連儀真」，乃修其故塢，收聚居民，募兵共守。敵若窺江，則堡塢足制其後，舟師之在江中者，不至望風而走，雖登岸擊逐，亦有接應。若攻堡塢，則舟師之在江中者，以彊弩前救之。若舍堡塢而攻和、滁等城，則堡塢分出其前後以襲逐之。且曰：「此近江第一層耳。」由此而北，豪傑團結山水爲寨者四十有七。此時官司之力，無緣周遍，事稍有緒，次第入保可矣。是役也，不用先生之言以取敗。事急而出先生以救之，然斫營劫寨之策，宣司初不敢行，先生爲備陳南人唯長于此技，且援北魏太武之言以證之，彊而後可。宣司猶深憂以爲生事，先生笑曰：「敵實不能戰也？所以勝我，由于此閒之自爲瓦解耳！」及行之，而金人卒以此去。時中朝方急于求和，先生以爲不必，但請力修堡塢以自固，乃徐爲進取之漸。而韓侂冑死，朝事又一變。許及之、雷孝友本韓黨也，至是畏罪，乃反劾先生附會侂冑起兵端，并以此追削辛棄疾諸人官，而先生前此封事，具在廟堂，竟莫能明其本末，蓋大臣亦藉此以去君子。先生杜門家居，絕不自辯也，嘗歎息曰：「女真崛起暴彊，據吾太平之土壤，已五六十年矣！使其復爲，天祚盛極將亡，他人必出而有之，不可畏哉！」蓋其先見如此。修。雲濠案：謝山學案劄記：「先生著有習學記言五十卷，水心文集二十八卷，拾遺一卷，別集十六卷，制科進卷九卷，外稾六卷，荀楊問答。」

祖望謹案：許及之、雷孝友之劾先生也，當時無以爲然者。自方回始據之以詆先生，其意特以先生論學有所異同于朱子，遂拾小人之說以毀之。宋史亦不復白其誣。予續修學案，始別爲立傳，而特詳具其事跡以明之。

總述講學大旨因苑育序正蒙，遂述此篇。

道始于堯，「欽明文思安安」，「允恭克讓」。易傳雖有包犧、神農、黄帝在堯之前，而書不載，稱「若稽古帝堯」而已。「命義和，歷象日月星辰，敬授人時」。呂刑「乃命重、黎，絶地天通，罔有降格」。左氏載尤詳。堯敬天至矣！歷而象之，使人事與天行不差。若夫以術下神，而欲窮天道之所難知，則不許也。

次舜，「濬哲文明，温恭允塞」。「在璿璣玉衡，以齊七政」。舜之知天，不過以器求之。日月五星齊，則天道合矣。其微言曰：「人心惟危，道心惟微，惟精惟一，允執厥中。」人心至可見，執中至易知，至易行，不言性命。子思贊舜，始有大知執兩端用中之論。孟子尤多，皆推稱所及，非本文也。

次禹，「后克艱厥后，臣克艱厥臣」。「惠迪吉，從逆凶，惟影響」。洪範者，武王問以天，箕子亦對以天，故曰「不畀縣洪範九疇」，「乃錫禹洪範九疇」。明水有逆順也。孔子因箕子、周公之言，故曰「鳳鳥不至，河不出圖」，歎治有興廢也。前世以爲龍馬負圖，自天而降，洛書九疇，亦自然之文，其説怪誕，甚至有先天後天之説，今不取。

次皋陶，訓人德以補天德，觀天道以開人治，能教天下之多材，自皋陶始。禹以才難得、人難知爲憂，皋陶言「亦行有九德，亦言其人有德」，卿大夫諸侯皆有可任，「翕受敷施，九德咸事」。以人代天，典禮賞罰，本諸天意，禹相與共行之，夏、商、周一遵之。

次湯，「惟皇上帝，降衷于下民，若有恒性，克綏厥猷惟后」，其言性蓋如此。

次伊尹，言：「德惟一。」又曰：「終始惟一。」又曰：「善無常主，協于克一。」湯自言：「聿求元聖，與之戮力，以與爾有衆請命。」伊尹自言：「惟尹躬暨湯咸有一德，克享天心，受天明命。」故以伊尹次之。

嗚呼！堯、舜、禹、皋陶、湯、伊尹于道德性命、天人之交、君臣民庶均有之矣。

祖望謹案：學統似不應遺傳說。

次文王，「肆戎疾不殄，烈假不遐。不聞亦式，不諫㊀亦入。雝雝在宮，肅肅在廟。不顯亦臨，無射亦保。無然畔援，無然歆羨。誕先登于岸，不大聲以色，不長夏以革。不識不知，順帝之則」。文王備道盡理如此。豈特文王爲然哉！固所以成天下之材，而使皆有以充乎性，全乎命也。

案：中庸言：「『鳶飛戾天，魚躍于淵』，言其上下察也。」「『德輶如毛』，毛猶有倫。『上天之載，無聲無臭』，至矣！」夫鳥至于高，魚趨于深，言文王作人之功也。「德輶如毛」，舉輕以明重也。「上天之載，無聲無臭」，言天不可即，而文王可象也。古人患夫道德之難知而難求也，故自「允恭克讓」，以至「主善

㊀「諫」，道本作「見」，據葉適集、龍本改。

協一」，皆盡己而無所察于物也，皆有倫而非無聲臭也。今顛倒文義，指其至妙以示人。後世冥惑于性命之理，蓋自是始，不可謂文王之道固然也。

次周公，治教並行，禮刑兼舉，百官衆有司雖名物卑瑣，而道德義理皆具。自堯、舜以來，聖賢繼作，措于事物，其該括演暢，皆不得如周公。不惟周公，而召公與焉，遂成一代之治，道統歷然如貫聯不可違越。

次孔子，周道既壞，上世所存皆放失。諸子辯士，人各爲家。孔子蒐補遺文墜典，詩、書、禮、樂、春秋有述無作，惟易著彖、象。

舊傳删詩、定書、作春秋，予考詳，始明其不然。

案：論語「子罕言利，與命與仁」，而考孔子言仁多于他語，豈有不獲聞者，故以爲罕邪？

然後唐、虞、三代之道賴以有傳。

孔子殁，或言傳之曾子。曾子傳子思。子思傳孟子。

案：孔子自言「德行顔淵」而下十人無曾子，曰：「參也魯。」若孔子晚歲，獨進曾子，或曾子于孔子殁後，德加尊，行加修，獨任孔子之道，然無明據。又案：曾子之學，以身爲本，容色辭氣之外，不暇問，于大道多遺略，未可謂至。又案：孔子嘗言「中庸之德民鮮能」，而子思作中庸。若以爲遺言，則顔、閔猶無是告，而獨閟其家，非是。若所自作，則高者極高，深者極深，非上世所傳也。然則言孔子傳曾子，曾子傳子思，必有謬誤。

孟子亟稱堯、舜、禹、湯、伊尹、文王、周公，所願則孔子，聖賢統紀，既得之矣。養氣知言，外明內實，文獻禮樂，各審所從矣。夫謂之傳者，豈必曰授之親而受之的哉！世以孟子傳孔子，殆或庶幾，然開德廣，語治驟，處己過，涉世疏。學者趨新逐奇，忽亡本統，使道不完而有迹。

案：孟子言性言命，言仁言天，皆古人所未及，故曰「開德廣」。齊、滕大小異，而言行王道皆若建瓴，故曰「語治驟」。自謂「庶人不見諸侯」，然以彭更言考之，後車從者之盛，故曰「處己過」。孔子亦與梁丘據語，孟子不與王驩言，故曰「涉世疏」。學者不足以知其統，而襲其迹，則以道爲新說奇論矣。

自是而往，爭言千載絕學矣！易不知何人所作，雖曰伏羲畫卦，文王重之。案周太卜掌三易，經卦皆八，別皆六十四，則畫非伏羲，重非文王也。又周有司以先君所爲書爲筮占，而文王自言「王用享于岐山」乎？亦非也。有易以來，筮之辭義不勝多矣。周易者，知道者所爲，而有司所用也，孔子爲之著彖、象，蓋惜其爲他異說所亂，故約之中正，以明卦、爻之指，黜異說之妄，以示道德之歸。其餘文言、上下繫、說卦諸篇，所著之人，或在孔子前，或在孔子後，或與孔子同時，習易者，彙爲一書，後世不深考，以爲皆孔子作，故彖、象揜鬱未振，而十翼講誦獨多。魏、晉而後，遂與老、莊並行，號爲孔、老。佛學後出，其變爲禪。喜其說者，以爲與孔子不異，亦援十翼以自況，故又號爲儒、釋。本朝承平時，禪說尤熾。豪傑之士，有欲修明吾說以勝之者，而周、張、二程出焉，自謂出入于老、佛甚久，已而曰「吾道固有之矣」。故無極太極，動靜男女，太和參兩，形氣聚散，絪緼感通，有直內，無方外，不足以入堯、舜之道，皆本于十翼，以爲此吾所有之道，非彼之道也。及其啓教後學，于子思、孟子之新說奇論，皆特發明之，大抵欲抑浮屠之鋒鋭，而示吾所有之道若此。然不悟十翼非孔子作，則道之本統尚晦，不知夷、狄之學，本與中國異。

案：佛在西南數萬里外，未嘗以其學求勝于中國。其俗無君臣父子，安得以人倫義理責之。特中國好異者，折而從彼，蓋禁令不立而然。聖賢在上，猶反手，惡在校是非，角勝負哉！而徒以新説奇論闢之，則子思、孟子之失遂彰。范育序正蒙，謂「此書以六經所未載，聖人所不言者，與浮屠、老子辯，豈非以病爲藥，而與寇盜設郛郭，助之捍禦乎」？嗚呼！道果止于孟子而遂絶邪？其果至是而復傳邪？孔子曰「學而時習之」，然則不習而已矣！

案：浮屠書言識心，非曰識此心；言見性，非曰見此性；其滅，非斷滅，其覺，非覺知；其所謂道，固非吾所有，而吾所謂道，亦非彼所知也。予每患自昔儒者與浮屠辯，不越此四端，不合之以自同，則離之以自異，然不知其所謂而彊言之，則其失愈大，其害愈深矣。予欲析言，則其詞類浮屠，故略發之而已。昔列禦寇自言「忘其身而能御風」，又言「至誠者，入火不燔，入水不溺」。以是爲道，大妄矣。若浮屠之妄，則又何止此。其言「天地之表，六合之外，無際無極，皆其身所親歷，足所親履，目習見而耳習聞也」。以爲世外瓌特廣博之論，置之可矣。今儒者乃援引大傳「天地絪緼」，「通晝夜之道而知」，「不疾而速，不行而至」，子思「誠之不可揜」，孟子「大而化」，「聖而不可知」，而曰「吾所有之道，蓋若是也」。譽之者以自同，毁之者以自異。嘻，末矣！以上謝山補。

舜言精一而不詳，伊尹言一德詳矣。至孔子于道及學，始皆言「一以貫之」。夫行之于身，必待施之于人，措之于治，是一將有時而隱。孔子不必待其人與治也。道者，自古以爲微眇難見。學者，自古以爲纖悉難統。今得其所謂一，貫通上下，萬變逢原，故不必其人之可化，不必其治之有立，雖極亂大壞絶滅蠹朽之餘，而道固常存，學固常明，不以身歿而遂隱也。然予嘗疑孔子既以一貫語曾子，直唯而止，無所問質，若素知之者，以其告孟敬子者考之，乃有粗細之異，貴賤之別，未知于一貫之理果合否？曾子又自轉爲忠恕。忠以盡己，恕以盡人，雖曰内外合一，而自古聖人經緯天地之妙用，固不止于是。疑此語未經孔子是正，恐亦不可便以爲準也。子貢雖分截文章性命，自絶于其大者而不敢近，孔子丁寧告之，使決知此道雖未嘗離學，而不在于學，其所以識之者，一以貫之而已。是曾子之易聽，反不若子貢之難曉。至于近世之學，但夸大曾子一貫之說，而子貢之所聞者，殆置而不言。此又予之所不能測也。

「曾子有疾，孟敬子問之」。近世以曾子爲親傳孔子之道，死復傳之于人，在此一章。案曾子未後，語不及正于孔子。以爲曾子自傳其所得之道則可，以爲得孔子之道而傳之則不可。自堯、舜、禹、湯、文、武、周公、孔子，所傳皆一道。孔子以教其徒，而所受各不同。以爲雖不同，而皆受之孔子則可，以爲堯、舜、禹、湯、文、武、周公、孔子之所以一者，而曾子獨受而傳之人，大不可也。孔子嘗告曾子「吾道一以貫之」，曾子既唯之，而自以爲忠恕。案孔子告顏子「一日克己復禮，天下歸仁焉」，蓋己不必是，人不必非，克己以盡物可也。若「動容貌而遠暴慢，正顏色而近信，出辭氣而遠鄙倍」，則專以己爲是，以人爲非，而克與未克，歸與不歸，皆不可知，但以己形物而已。且其言謂「君子所貴乎道者三」，而「籩豆之事，則有司存」，尊其所貴，忽其所賤，又與一貫之指不合，故曰「非得孔子之道而傳之」也。夫堯、舜、禹、湯、文、武、周公、孔子之所以一者，非特以身傳也，存之于書，所以考其德，得之于言，所以知其心，故孔子稱「天之未喪斯文」爲己之責，獨顏淵謂「博我以文，約我以禮，欲罷不能，既竭吾才」，餘無見焉。夫託孤寄命，雖曰必全其節，任重道遠，可惜止于其身。然則繼周之損益爲難知，六藝之統紀爲難識，故曰非得堯、舜、禹、湯、文、武、周公、孔子之所以一者受而傳之也。傳之有無，道之大事也。世以曾子爲能傳，而予以爲不能，予豈與曾子辯哉！不本諸古人之源流，而以淺心狹志自爲窺測者，學者之患也。

案：洪範，耳目之官不思，而爲聰明。自外入以成其內也，「思曰睿」。自內出以成其外也，故聰入作哲，明入作謀，睿出作聖。貌言亦自內出而成于外。古人未有不內外交相成而至于聖賢，故堯、舜皆備諸德，而以聰明爲首。孔子告顏淵「非禮勿視，非禮勿聽」，學者事也，然亦不言思，故曰：「學而不思則罔，思而不學則殆。」又曰：「吾嘗終日不食，終夜不寢，以思，無益，不如學也。」「季文子三思而後行，子聞之曰：『再，斯可矣。』」又物之是非邪正，終非有定，詩云：「有物有則。」子思稱「不誠無物」，而孟子亦自言「萬物皆備于我矣」。夫古人之耳目，安得不官而蔽于物？而思有是非邪正，心有人危道微，後人安能常官而得之！舍四從一，是謂不知天之所與，而非天之與此而禁彼也。蓋以心爲官，出孔子之後，以性爲善，自孟子始。然後學者盡廢古人之條目，而專以心爲宗主，致虛意多，實力少，測知廣，凝聚狹，而堯、舜以來，内外相成之道廢矣！

皇極言淫朋比德，則民有罪焉。下無好德，而上之福則不錫焉。王義王路，以我爲正，而民之情不敢自任焉。蓋待于民者已狹，而出于君者，民已不可忤矣，猶曰未至于虐而已。然則夏、商之季，俗壞民薄，而堯、舜、禹、湯之道已不可復反乎？臯陶曰：「天聰明自我民聰明，天明威自我民明威。」箕子之言，無乃異是與？蓋亦有不得已者與？然則成、康之後，遂爲雜霸，不復古人之萬一者，其兆見矣。九疇于古無見也，禹稱九功，或者幾近之。

儒者争言古税法必出于十一，又有貢、助、徹之異，而其實不過十一。夫以司徒教養其民，起居飲食，待官而具，吉凶生死，無不與偕，則取之雖或不止于十一，固非爲過也。後世芻狗百姓，不教不養，貧富憂樂，茫然不知，直因其自有而遂取之，則就能止于十一，而已不勝其過矣，亦豈得爲中正哉！况合天下以奉一君，地大税廣，上無前代封建之煩，下無近世養兵之衆，則雖二十而一可也，三十而一可也，豈得以孟子貉道之言爲斷邪！

曲禮中三百餘條 人情物理，的然不違。餘篇如此要切言語，可併集爲上下篇，使初學者由之而入。豈惟初入，固當終身守而不畔。蓋一言行，則有一事之益，如鑑覩像，不得相離也。古人治儀，因儀以知事。曾子所謂籩豆之事，今儀禮所遺與周官戴氏雜記者是也。然孔子教顔淵「非禮勿視，非禮勿聽，非禮勿言，非禮勿動」，蓋必欲此身常行于度數折旋之中。而曾子告孟敬子，乃以爲所貴者「動容貌，正顔色，出辭氣」三事而已，是則度數折旋皆可忽略而不省，有司徒具其文，而禮因以廢矣。故予以爲，一貫之語，雖唯而不悟也。今世度數折旋既已無復可考，則曾子之告孟敬子者，宜若可以遵用，然必有致于中，有格于外，使人情事理不相踰越，而後其道庶幾可存。若他無所用力，而惟三者之求，則厚者以株守爲固，而薄者以捷出爲僞矣。

案：經傳諸書，往往因事該理，多前後斷絶，或彼此不相顧，而大學自心意及身，發明功用，至于國家天下，貫穿通徹，本末全具，故程氏指爲學者趨詣簡捷之地。近世講習尤詳，其閉極有當論者。堯典「克明峻德」，而此篇以爲自明其德。其修身、齊家、治國、平天下之條目，略皆依倣而云也。然此篇以致知格物爲大學之要，在誠意正心之先，最合審辨。樂記言「知誘于外」、「好惡無節于内」、「物至而人化」，知與物皆天理之害也。予固以爲非。此篇言誠意必先致知，則知者心意之師，非害也。若是則物宜何從？以爲物欲而害道，宜格而絶之邪？以爲物備而助道，宜格而通之邪？然則物之是非固未可定，而雖爲大學之書者亦不能明也。程氏言：「格物者，窮理也。」案：此篇心未正當正，意未誠當誠，知未至當致，而君臣父子之道，各有所止，是亦入德之門耳，未至于能窮理也。若窮盡物理，矩矱不踰，天下國家之道，已自無復遺蘊，安得意未誠、心未正、知未至者而先能之！詩曰：「民之靡盈，誰夙知而莫成。」疑程氏亦非也。若以爲未能窮理，而求窮理，則未正之心，未誠之意，未致之知，安能求之！又非也。然所以若是者，正謂爲大學之書者，自不能明，故疑誤後學爾。以此知趨詣簡捷之地，未易求而徒易惑也。案：舜「人心惟危，道心惟微」，孔子非禮勿視、聽、言、動，皆不論有物無物。「喜怒哀樂之未發」，非無物；「發而皆中節」，非有物。三章真學者趨詣簡捷之地也，其他未有繼者。今欲以大學之語繼之，當由致知爲始，更不論知以上有物無物，物爲是，物爲非，格爲絶，格爲通也。若是則所知靈悟，心意端一，雖未至于趨詣簡捷之地，而身與家國天下之理貫穿通徹，比于諸書之言，先後斷絶，彼此不相顧者，功用之相去遠矣。坐一物字，或絶或通，自知不審，意迷心誤，而身與家國天下之理窒滯而不閡，方爲學者之患，非予所敢從也。以上梨洲原本。

百家謹案：「格物」不言「先」而言「在」，則大學頭腦，原始「致知」，「格物」即「知止」之義，「知止」即求「至善」之地，故至「能慮」，而後「能得」也。

乾「以自彊不息」，坤「以厚德載物」，屯「以經綸」，蒙「以果行育德」，需「以飲食宴樂」，訟「以作事謀始」，師「以容民畜衆」，小畜「以懿文德」，履「以辨上下，定民志」，否「以儉德避難」，同人「以類族辨物」，大有「以遏惡揚善」，謙「以裒多益寡，稱物平施」，隨「以嚮晦入宴息」，蠱「以振民育德」，臨「以教思無窮，容保民无疆」，賁「以明庶政，无敢折獄」，大畜「以多識前言往行，以畜其德」，頤「以慎言語，節飲食」，大過「以獨立不懼，遯世無悶」，坎「以常德行，習教事」，咸「以虚受人」，恆「以立不易方」，遯「以遠小人，不惡而嚴」，大壯以非禮勿履」，晉「以自昭明德」，明夷「以涖衆用晦而明」，家人「以言有物而行有恆」，睽「以同而異」，蹇「以反身修德」，解「以赦過宥罪」，損「以懲忿窒慾」，益「以見善則遷，有過則改」，夬「以施禄及下」，萃「以除戎器，戒不虞」，升「以順德，積小以高大」，困「以致命遂志」，井「以勞民勸相」，革「以治歷明時」，鼎「以正位凝命」，震「以恐懼修省」，艮「以思不出其位」，漸「以居賢德善俗」，歸妹「以永終知敝」，豐「以折獄致刑」，旅「以明慎用刑而不留獄」，巽「以申命行事」，兑「以朋友講習」，節「以制度數議德行」，中孚「以議獄緩死」，小過「以行過乎恭，喪過乎哀，用過乎儉」，既濟「以思患豫防」，未濟「以慎辨物居方」，皆因是象，用是德，修身應事，致治消患之正條目也。孔子與弟子分別君子小人甚詳，而正條目于易乃著明之，又當于其閒，擇其尤簡直切近者。

祖望謹案：水心所引五十四條，而曰先王、曰后、曰大人者，皆不豫焉。

近世有求端、用力之説。夫力則當用，而端無事于他求也，求諸此，足矣！

祖望謹案：水心又曰：「顔、曾而下，訖于思、孟，所名義理，千端萬緒，然皆不若易象之示人簡而切確而易行。」

班固言「孔子爲彖、象、繫辭、文言、序卦之屬」，于論語無所見，然彖、象辭意勁厲，截然著明，正與論語相出入，其爲孔氏作無疑。至所謂上下繫、文言、序卦，文義複重，淺深失中，與彖、象異，而亦附之孔氏者，妄也。

大傳依于神以夸其表，耀于文以逞其流，于易道出入而已。

自堯、舜至文、武，君臣相與造治成德，雖不爲疏以致敗，亦無依密以成功者。君臣不密，此論雜霸戰國之事可也，去帝王遠矣。

祖望謹案：此論最是。

易以象釋卦，皆卽其畫之剛柔逆順往來之情，以明其吉凶得失之故，無所謂无思无爲、寂然不動、不疾不行之説。予嘗患浮屠氏之學至中國，而中國之人皆以其意立言，非其學能與中國相亂，而中國之人實自亂之。今傳之言易如此，何以責夫異端！

「天一地二」一節，此言陰陽奇耦可也，以爲五行生成，非也。其曰天生而地成，是又傳之所無，而學者以異説佐之。

孔子彖辭，無所謂太極者，不知傳何以稱之。自老聃爲虛無之祖，然猶不敢放言，曰「無名天地之始，有名萬物之母」而已。莊、列始妄爲名字，不勝其多，故有太始、太素、茫昧、廣遠之説。傳易者將以本原聖人，扶立世教，而亦爲太極以駭異後學，後學鼓而從之，失其會歸，而道日以離矣。

崇高莫大乎富貴，是以富貴爲主。至權與道德並稱，詩、書何嘗有此義？從之則不足以成道德，而終至于滅道德。比曰：「先王以建萬國，親諸侯。」大有曰：「君子以遏惡揚善，順天休命。」然則崇高富貴必如是而後可，不然，其敝至于秦、漢矣。

祖望謹案：車玉峰謂水心此言太過，予謂水心以富貴必由道德而成，其崇高亦自有義。

既謂包犧始作八卦，神農、堯、舜續而成之，又謂易興于中古，當殷之末世，其衰世之意，是不能必其時，皆以意言之。

序卦最淺鄙。

書自典、謨始，此古聖賢所擇，非孔氏加損，其閒書序，舊史所述，非孔子作。

虞、夏、商書之言德，必自厚而民服。箕子敍三德，乃視世厚薄，而稱吾德以乂之，非古人意也。古者戒人君自作福威玉食，必也克己以惠下，敬身以敦俗，况于人臣，尚安有作福威玉食者？箕子之言，得非商之末世，權彊陵上之俗已成，紂雖肆其暴，而威柄已失，故其言如此？然而武、周亦未嘗用也，秦、漢乃卒用之。

皇極雖多立善意以待其臣，然黨偏已扇，虛僞已張，廉恥已喪，欲救于末流甚難。非大刑弗治，非峻防必踰，君德日衰，臣節日壞，是時帝王之道，非降爲刑名法術不止，悲夫！

武王卽以商封武庚，不私其地，德過于湯矣。武庚弗從而滅。周公無所寄之，然後以次分封，而同姓多焉。後世謂犬牙相制爲磐石宗，若自守其天下者，非本旨也。

商之貴家舊族，終頑不率，周公方爲之營洛，遷以自近而化誨之。召公又戒成王疾敬德，蓋與禹、益同意。不隨世變而遷，惟聖賢能之。

君薨，世子不言，委政冢宰，免喪而後卽阼，古人之達禮也。成王當彌留之際，被冕憑几，以其子託諸臣，召公及羣公渝恤致文而奉之康王，又使康王報誥之，何忽以位爲重，而爲是衰末之舉與？嗚呼！紂、武庚之時，變故煩矣。管、蔡流言，成王疑慮，道將喪矣。周、召恐懼，師保協心，卒能復成王于德。于是疾病矣，洮頮自力，大延羣臣，還以周、召訓己者而訓之，是可爲難矣。是故召、畢變禮，傳命于康，儀物粲然，四方風動，爲斯道之所在也，位何足言哉！

「無依勢作威，無倚法以削」，成王知所以命君陳矣。然而人材日陋，世變日下，皆依勢倚法之類也。

成、康再世，皆以商民爲畏，非畏其頑，畏吾不能化也。越三紀而後化，俟之以道，不以刑也。觀畢命而成、康之道備矣。

詩三百，皆史官先所采定也，不因孔子而後删。

詩不當以正、變分，要以歸于正。

七月之詩，以家計通國服，以民力爲君奉，自後世言之，不過日用之麤事，非人紀之大倫也，而周公直以爲王業，此論治道者所當深體也。洪範曰：「惟天陰騭下民，相協厥居。」無逸曰：「先知稼穡之艱難。」古人未有不先知稼穡，而能君其民，以使協其居者。此詩乃無逸之義疏，協居之條目也。後世棄而不講，其講之者，亦自笑其迂淺而無用，乃以勢力威力爲君道，以刑政末作爲治體。漢之文、宣，唐之太宗，雖號賢君，其實去桀、紂尚無幾，可不懼哉！

祖望謹案：末句似已甚，然要異乎同甫矣。

厲王後，天下不復有號令。宣王詠歌，皆封建征伐、蒐狩宫室之事，其一時作起，觀聽赫然，固臣子所喜。至于恩深澤厚，本根有託，敬保元子，綢繆室居，則未可謂知文、武、成、康之意也。故不幸一傳而壞，讀詩者徒樂其辭，而不察其事，則治道失之遠矣。

「既明且哲，以保其身」，言照物之遠，不在危地也，然而必也死生禍福，不入其心。自班固以明哲少史遷，而後世相傳，轉爲自安之術，殆于誣德矣。

孔子之先，非無達人，六經大義，源深流遠，取舍予奪，要有所承，使皆蕪廢訛雜，則仲尼將安取斯？今盡捐前聞，一歸孔氏，後世所以尊孔氏者，固已至矣，推孔子之所以承先聖者，則未爲得也。當孔子時，魯、衞舊家，往往變壞，孔子于時，力足以正之，使復其舊而已，非謂盡取而紛更之也。後世賴孔子是正之力，得以垂于無窮，而謂凡孔子以前，皆其去取，蓋失之。故曰詩、書不因孔氏而後刪。

周官言道則兼藝，貴自國子弟，賤及民庶，皆教之。其言「儒以道得民」，「至德以爲道本」，最爲要切，而未嘗言其所以爲道者。雖書自㊀堯、舜時亦已言道，及孔子言道尤著明，然終不的言㊁道是何物。豈古人所謂道者，上下皆通知之，但患所行不至邪？老聃本周史官，而其書盡遺萬事而特言道，凡其形貌眹兆，眇忽微妙，無不悉具。予疑非聃所著，或隱者之辭也。而易傳及子思、孟子亦争言道，皆定爲某物，故後世之于道，始有異説，而又益以莊、列、西方之學，愈乖離矣。今且當以周禮二言爲證，庶學者無畔援之患，而不失古人之統。

祖望謹案：此永嘉以經制言學之大旨。

司徒「以五禮防萬民之僞而教之中，以六樂防萬民之情而教之和」。而宗伯「以天産作陰德，以中禮防之，以地産作陽德，以和樂防之」。是則民僞者，天之屬也，民情者，地之屬也。僞者，動作文爲辭讓度數之辨也。情者，耳目口鼻四肢之節也。子産言「人生始化曰魄，陽曰魂」，而儒者因謂體魄則降，知氣在上。易傳又謂「精氣爲物，游魂爲變」，故後世皆以魂知爲陽，體魄爲陰。然以宗伯之言考之，則魂知

㊀「自」字，原本無，據葉適集補。　㊁「言」下原本有「明」字，據葉適集刪。

者固陰德也，體魄固陽德也。僞不可見，而能匿情，故爲陰。情可見，而能滅僞，故爲陽。禮樂兼防，而中和兼得，則性正而身安，此古人之微言篤論也。若後世之師者，教人抑情以徇僞，禮不能中，樂不能和，則性枉而身病矣。

祖望謹案：此節説得有病。

檀弓膚率于義禮，而謇縮于文辭。

孔子時，聖人之力，尚能合一以接唐、虞、夏、商之統，故所述皆四代之舊。至孟子時，所欲行于當世，與孔子已稍異。不惟孟子，雖孔子復出，亦不得同矣。然則治後世之天下，而求無失于古人之意，蓋必有説，非區區陳迹所能干也。

以曾子問禮及雜記諸禮與儀禮考之，益知其所謂「籩豆之事，則有司存」者，蓋曾子之所厭而不講也。雖然，籩豆，數也，數所以出義也。古稱孔子與其徒未嘗不習禮，雖逆旅茇舍不忘。是時禮文猶班班然行于上下，智者將棄之矣。貫而爲一，孔子之所守也。執精略麤，得末失本，皆其所懼也。

大小行人、司儀，所以親待諸侯邦國之禮，周衰，惟管仲知之，故其言曰：「招攜以禮，懷遠以德，德禮不易，無人不懷。」齊侯修禮于諸侯，孔子謂管仲身不由禮，則禮不能行于天下，故謂之小器。孟子考之不詳，因亦并廢管仲。

諸侯之國，前代相因，周之特封者，齊、晉、魯、衞、陳、蔡、宋、鄭，皆自五百里以下，謂必百里者，妄説也。

祖望謹案：水心欲主張周禮以非孟子。

觀經解所言，當時讀書之人，其陋已如此，固難以責後人也。然自周、召既亡，大道釐析，六藝之文，惟孔子能盡得其意，使上世聖賢之統可合。自子思、孟子猶有所憾，則經解所言，亦其常情，但後學緣此墮處不少。

禮非玉帛所云，而終不可以離玉帛。樂非鐘鼓所云，而終不可以舍鐘鼓。仲尼燕居乃以几筵、升降、酌獻、酬酢不必謂之禮，而以言而履之爲禮，以綴兆、羽籥、鐘鼓不必謂之樂，而以行而樂之爲樂，是則離玉帛，舍鐘鼓，而寄之以禮樂之虛名，天下無復禮樂矣。

書稱「惟皇上帝，降衷于下民」，卽「天命之謂性」也。然可以言降衷，而不可以言天命。蓋物與人生于天地之閒，同謂之命，若降衷，則人固獨得之矣。降命而人獨受，則遺物，若與物同受命，則物何以不能率，而人能率之哉！書又稱「若有恆性」，卽「率性之謂道」也。然可以言「若有恆性」，而不可以言率性。蓋已受其衷矣，故能得其當然者。若人而有恆，則可以爲性。若止受于命，不可知其當然也，而以意之所謂當然者率之，則道離于性而非率也。書又稱「克綏厥猷惟后」，卽「修道之謂教」也。然可以言綏，而不可以言修。蓋民若其恆性，而君能綏之，無加損焉爾。修則有所損益，而道非其真，則教者彊民以從己矣。

祖望謹案：水心于中庸首章極稱之，而不滿于此三句。

愼獨爲入德之方。

書稱「人心惟危，道心惟微，惟精惟一，允執厥中」，道之統紀體用卓然，百聖所同，而中庸顯示開明，尤爲精的。蓋于未發之際，能見其未發，則道心可以常存而不微。于將發之際，能使其發而皆中節，則人心可以常行而不危。不微不危，則中和之道致于我，而天地萬物之理遂于彼矣。自舜、禹、孔、顏相授最切，其後惟此言能繼之。

師之過，商之不及，皆知者、賢者也。其有過、不及者，質之偏，學之不能化也。若夫愚、不肖，則安取？道之不明與不行，豈愚、不肖致之哉！今將號于天下曰：「知者過，愚者不及，是以道不行。賢者過，不肖者不及，是以道不明。」然則欲道之行與明，必處知愚賢不肖之閒邪？任道者，賢知之責也。安其質而流于偏，故道廢，盡其性而歸于中，故道興，愚不肖何爲哉！

祖望謹案：此說是。

飲食知味，自爲一章，猶足以教世。若繫之此下，是以賢知愚不肖同爲不知味者，害尤大矣。漢人雖稱中庸子思所著，今以其書考之，疑不專出子思。

「素貧賤，行乎貧賤」，可也。「素富貴，行乎富貴」，不可也。「在下位不援上」，可也。「在上位」止于「不陵下」，未盡其義也。

「知致而意誠」者，不期誠而誠也。「意誠而心正」者，不期正而正也。

祖望謹案：此說亦未盡。蓋開截分段固非，而此說則太直。

所謂大學者，以其學而大成，異于小學，處可以修身，出可以治國平天下也。然其書開截箋解，彼此不相顧，而貫穿通徹之義終不明。學者又章分句晰，名爲習大學，而實未離于小學，可惜也。紀侯見滅，公羊以爲百世可以復讎，妄也。就如其言，哀公雖紀侯所潛，而周所誅，是并讎周也，春秋又從而賢之乎！

管仲仗信秉禮，然以成其利心，于是諸生又別爲陰謀之書，申、商、韓非之術並興。琴張、宗魯事，知孔子所爲明道教人，非止性分上工夫，惟顏、閔、二冉爲所同。外此雖曾子知道，亦未能盡其義，子路之流不論也。

祖望謹案：未必盡然。琴張事正從性分來。

齊桓、管仲但爲情欲不制，無正心誠意、修身齊家之功，喜怒用師，無不殄厥愠、不隕厥問之德，至于貪土地，自封殖，行詐謀，逞威虐如晉文者，蓋皆無之，宜孔子以爲「正而不譎」，「如其仁」也。

驩兜等雖姦慝害政，然其不肖，何至如季文子所言，乃污堯躬，居大位，而不能去，蓋傳習之誤。

「投袂而起，屨及于窒皇，劍及于寢門之外，車及于蒲胥之市」，遂圍宋，古今未有此比。是其國無一日不在兵，其兵無一日不可出也，民之窮于戰鬬可知矣，然不亡而卒以霸。蓋自是以後，世道當別論，前志不復可接續也。

「喜怒以類者鮮」，庶幾哉！不遷怒之學矣。

分謗，後世所稱以爲美，然以僞爲德，世道愈失。

「赤舄几几」，聖人之道也。臨深履薄，賢者之事也。

穆姜所稱四德，古人説易有此論，其義狹，不足以當乾，孔子推明其義，乃乾德也。

尹公佗事，考之左傳，知有友而不知有君。戰國所爲仁義多如此，孟子不暇辨也。

子罕挟築者，不受德，與郤克分謗，意同義異。蓋自君言之，則當先君後民；自民言之，則當先公後私，理各有所正也。

世祿不在不朽之數，然古亦未有無功德而世其祿者，學者要當德義爲無挾而存耳。

晏子不亡，不死，不歸，不從崔、慶歃，從容去就之際，然要爲有走作處，而亦不足以阻折亂臣賊子之姦心。

蘧伯玉「不聞君出，敢聞其入」二語，古人于事變之際少干涉，不惟功名之心薄，誠恐雅道自此而壞，後世則不然。

子產相鄭，若止是施政子民，亦非難事。大要國體不立，如既壞之室，扶東補西，欲加修治，使之完美自立，固非舊之可因，亦非新之可革，裁量張弛，不用一法，其曲折甚難，故有思始成終如農有畔之論。

鄭作丘賦，當由人多手地。若無故重斂，亦子產所不爲也。然君子以變古爲難，須更有商量，子產未免矜才，一向做下。

鄭鑄刑書，子產于扶補傾壞之中，必欲翦裁比次，自令新美。做到變古處，先王之政，遂不可復。治道固不能不與時遷移，然亦有清静寧民，可以坐消四國之患，使古意自存者，而爲是紛紛，此老明所以有感于周之末造，且欲并廢其初也。

以晏子答齊侯問疾及梁丘據和、同二義考之，古之聽言者，要是自己切近處，易有所覺，故進言者苟有動悟，則于政事反之不難。後世人主，本身去義理甚遠，人臣止能就事開説，至其身過，則不復敢嚮邇，就使于事有所正，而其效固已薄矣。晏子所陳，猶是援證始末，孔子但言「君君臣臣、父父子子」，簡淡無執捉處，景公便深省解，然則非獨晏子能言之功也。蓋春秋以前，據君位利勢者，與戰國、秦、漢以後不同，君臣之間，差不甚遠，無隆尊絶卑之異，其身之喜怒哀樂，尚可反求故也。不然，則孟子非不教人以格君心之非，後世用之，其驗殊少，反被迂拙之誚，曾不如就事開説者，猶能得其一二也。嗚呼！君德不同若此，欲盡爲臣之義，豈易言哉。

成鱄説文王詩與馬、鄭何遠！所謂經生陋儒，非獨秦火後有之也。

吴始用子胥之謀」。孟子謂「服上刑」者，此之類也。

夫差虚内事外，輕用民力，亡形已成。子胥不知救正其本，而急于滅越以求霸。使越可滅，不二十年，要亦不免于亡。

宣王不藉千畝而料民，戰國之風氣已開。吉甫、方、召之徒，自相歌誦，得非新進驟起，以旦夕成功，舊人前輩所不與邪？故太子晉以與幽、厲同稱，學者所當知。

齊語載管仲相齊，細考多不合。

四民未有不以世，至于烝進髦士，則古人蓋曰無類，雖工商不敢絶也。

「諸侯之爲，日在君側，以其善行，以其惡戒」，晉人所言春秋也。「教之春秋，而爲之聳善而抑惡焉，以戒懼其心」，楚人所言春秋也。然則晉乘、楚檮杌，當時戰國妄立名字。

古之人君，不能從諫，其諫者，不加怒也。

祖望謹案：洩冶則以此死，亦未必盡然。水心特以之勉後之君耳。

左史倚相舉衞武公語，當是時，未有生老病死入士大夫之心，不以聰明寄之佛、老，爲善者有全力，故多成材。凡人壯不自定，老而自逸，是末世人材也。

孟子曰：「仁則榮。」又曰：「仁者宜在高位。」高、榮，仁之報也，而不能必高與榮。必高，是不可下也；必榮，是不可枯也。是以利誘人使爲仁也，仁始病矣！

祖望謹案：孟子特以誘人爲仁，然水心論卻極正。

國語非左氏所爲。

志學至「從心所爲」限節者，非所以爲進德之序，疑非孔子之言。由後世言之，祖習訓故，淺陋相承者，學而不思之類也；穿穴性命，空虛自喜者，思而不學之類也。士不越此二途。

體孔子之言仁，要須有用力處。「克己復禮」、「爲仁由己」，其具體也。「出門如賓，使民如祭」，其操術也。「欲立立人，欲達達人」，又術之降殺者。常以此用力，而一息一食無不在仁，庶可矣。

「見其過而內自訟」，足以入德矣。人能見其善而內自譽耳。

「不遷怒，不貳過」，以是爲顏子之所獨能，而凡孔氏之門，皆輕愠頻復之流與？是孔子誣天下以無人也。蓋置身于喜怒是非之外者，始可以言好學，而一世之人，常區區乎求免于喜怒是非之內而不獲，如揩泥而揚其波也。嗚呼！必若是則惟顏子耳。

天下之事變雖無窮，天下之義理固有止，故後世患不能述而無所爲作也。信而好古，所以能述也。今之學者，不述乎孔子而述其所述，不信乎孔子而信其所信，則道終以不明。

徙義猶遷怒也，義則必徙以就之，怒則不遷以就之，其機一也。儒者不考于德而徇于學，則以其學爲道之病。

言勇至「不懼」而止。子路之勇，可以言無懼矣。然必兼仁與知，故「臨事而懼，好謀而成」，雖伊、呂不能易。不然，則以獨勇爲子路之不得其死矣。

疏水曲肱、浮雲富貴之説，詩、書所未有，蓋是時道德在上而不在下也。

祖望謹案：書則無之，詩則已有之矣。

百聖之歸，非心之同者不能會。衆言之長，非知之至者不能識。故孔子教人以多聞多見而識之，又著于大畜之象。

禮教至周而大備。道盛仁熟之士，固已揖讓周旋其中；初德偏善，亦皆有所依據，外不失人，內不失己。故孔子深惜禮之廢，而欲其復行也。恭慎勇直，得于天者非不美，然有禮則以其質成，無禮則以其質壞。人非下愚，未有無可成之質，使皆一于禮，則病盡而材全。

「克復爲仁」，舉全體以告顏淵也。孔子未嘗以全體示人，非吝之也，未有能受之者也。顏淵曷爲能受之？能問其目故也。全體因目而後明。

世謂孔子語曾子「一貫」，曾子唯之，不復重問，以爲心悟神領，不在口耳。豈有是哉！「一貫」之指，因子貢而麤明，因曾子而大迷。

孟子出而説齊、梁之君，幾得政于齊。問答十數章，大抵逆來順往，無問其所從，必得吾之所以言而後止。故孟子自謂：「人不足與適，政不足與閒，惟大人爲能格君心之非，君仁莫不仁，君義莫不義，君正莫不正，一正君而國定。」夫指心術之公私于一二語之近，而能判王霸之是非于千百世之遠，迷復得路，涣然昭蘇，宜若不待堯、舜、禹、湯而可以致唐、虞、三代之治矣。當是時，去孔子雖止百餘年，然齊、韓、趙、魏皆已改物，魯、衛舊俗淪壞不反，天下盡變，不啻如夷狄，孟子亦不暇顧，但言「以齊王由反手也」。若宣王果因孟子得警發，豈遂破長夜之幽昏哉？舜、禹「克艱」，伊尹「一德」，周公「無逸」，聖賢常道，怵惕兢畏，不若是之易言也。自孟子一新機括，後之儒者無不益加討論，而格心之功既終不驗，反手之治亦復難興，可爲永歎！

堯、舜，君道也，孔子難言之。其推以與天下共，而以行之疾徐先後喻之，明非不可爲者，自孟子始也。

周衰，天下之風俗漸壞，齊、晉以盟會相統帥。及田氏、六卿吞滅，非復成周之舊，遂大壞而不可收，戎夷之横猾不是過也。當時往往以爲人性自應如此。告子謂「性猶杞柳，義猶桮棬」，猶是言其可以矯揉而善，尚不爲惡性者。而孟子並非之，直言人性無不善，不幸失其所養，使至于此，牧民者之罪，民非有罪也，以此接堯、舜、禹、湯之統。雖論者或以爲有善有不善，或以爲無善無不善，或直以爲惡，而人性之至善，未嘗不隱然見于搏噬、紾奪之中，此孟子之功所以能使帝王之道幾絕復續，不以毫釐秒忽之未備爲限斷也。予嘗疑湯「若有恆性」，伊尹「習與性成」，孔子「性近習遠」，乃言性之正，非僅善字所能宏通。通世學者，既不親履孟子之時，莫得其所以言之要，小則無見善之效，大則無作聖之功，所謂性者，姑以備論習之一焉而已。

許行言「賢者與民並耕而食，饔飧而治」，雖非中道，比于刻薄之政不有間㊀乎？孟子力陳堯、舜、禹、稷所以經營天下，至謂其「南蠻鴃舌之人，非先王之道」，詞氣峻截，不可嬰拂。使見老子「至治之俗，民各甘其食，美其服，鄰國相望，雞狗之音相聞，民至老死不相往來」之語，又當如何？

「彼以其富，我以吾仁，彼以其爵，我以吾義」；「以德則子事我者也，奚可以與我友」；「摽使者出諸大門之外」，疑皆執德之偏。

孔子但言伯夷「求仁得仁」，「餓死于首陽之下」。而孟子乃言其「不可與鄉人處」，則無故而迫切已甚。伊尹果自任以天下之重，而無亂亡之擇，則曷爲不度其君？案書，伊尹去亳適夏，武王觀政之比，而傳者以爲五就。孔子言柳下惠止于「不枉道」，「不去父母之邦」。而孟子遂以爲「與鄉人處不忍去」，則誣辱已甚。夫孟子之稱伊尹不幾于所謂狂，伯夷不幾于所謂狷，而柳下惠疑若鄉原然者，疑亦未精也。

㊀「間」，原本空缺，據葉適集、龍本補。

二戴記「孔子從老聃」事，禮家儒者所傳也。司馬遷記孔子見老聃，歎其猶龍；關尹彊之著書，與莊子合。是爲黃、老者借孔子以重其師之詞也。使聃果爲周藏史，嘗教孔子以故記，雖心所不然，而欲自明其説，則今所著者，豈無緒言一二辨晰于其間？而故爲巖居川游、素隱特出之語，何邪？然則，教孔子者，必非著書之老子，而爲此書者，必非禮家所謂老聃，妄人訛而合之耳。自伏羲以來，漸有文字，三墳、五典今不傳，大抵多言變化惝怳，非世教所用，非人心所安，故堯、舜、禹、皐以至周、孔，損削弗稱。雲濠案：習學記言此下有「管子尚權謀，子華子言仁義，其人老子並時，或相先後，亦皆與道德之意相首尾」數語，應補入。老子之學，固昔人之常，至其能盡去謬悠不經之談，而精于事物之情僞，執其機要以御時變，則他人之書固莫能及。蓋老子雖爲虛無之宗，而皆有定理可驗，遠不過有無之變，近不過好惡之情，而其術備矣。其徒列禦寇、莊周祖述之，上推天地之初，下極人物之化，其言下里夷貊，如太始、太素、青寧、程、馬，于其指歸，終不能識，上則瀆天，下則欺人。

凡人心實而腹虛，骨弱而志彊，其有欲于物者勢也，能使反之，則其無欲于物者亦勢也。聖人知天下之所欲，而順道節文之使至于治，而老氏以爲抑遏泯絶之，使不至于亂。

予固謂老子之言有定理可驗，至于私其道以自喜，而于言天地則多失之。古人言天地之道，莫詳于易，即其運行交接之著明者，自晝而推，逆順取之，其察至于能見天地之心，而其麤亦能通吉凶之變，後世共由，不可改也。今老子徒以孤意妄爲窺測，而其説輒累變不同。曰「天地不仁，以萬物爲芻狗」，夫天地以大用付陰陽，陰陽成四時，殺此生彼，豈天地有不仁哉？曰「玄牝之門，是爲天地根」，則是不以乾統天，而天之行非健也。曰「飄風不終朝，驟雨不終日，天地尚不能久，而况人乎」，夫飄風驟雨，非天地之意也。陵肆發達，起于二氣之争，至于過甚，亦有天地所不能止者矣。然君子之象爲「振民育德」，赦過宥罪」，而區區血氣之鬭，何敢擬于其間？蓋老子以人事言天，而其不倫如此。夫有天地與人而道行焉，未知其孰先後也。老子私其道以自喜，故曰「先天地生」，又曰「天法道」，又曰「天得一以清」。不稽于古聖賢，以道言天，而其慢侮如此。及其以天道言人事，則又忘之，曰「天道其猶張弓」，則是天常以機示物，而未嘗法道之虚一無爲也。然則從古聖賢者畏天敬天，而從老子者疑天慢天，其不可也必矣。

案易「勞謙君子有終」，而「萬民服」，蓋以功與人而已不居焉。老子保此道者，不欲盈，自爲而已。

蓋老子之微言纔十數章，其有見于道者，以盈爲沖，以有爲無，以柔爲剛，以弱爲彊而已。然謂堯、舜、三代之聖人皆不知出此也，遂欲盡廢之，而以其説行天下。嗚呼！使其爲藏史之老耼，則執異學以亂王道，罪不勝誅矣。使其非耼，而處士山人乘王道衰闕之際，妄作而不可述，奇言而無所考，學者放而絶之可也，柰何俛首以聽，或者又助之持矛焉！然則學而不盡其統，與不學同。

子華子：「太初實生三氣：曰始，曰元，曰玄。」其言如此，異哉！蓋古之言道，三墳、八索舊所聞記，往往皆然，故問者有「風輪誰轉，三三六六，誰究誰使」之語，明其爲常所傳習也。案浮屠在異域，而風水諸輪相與執持，上至有頂，其説尤怪。洪範九疇，箕子言天所錫，一爲五行，即是書所謂上炎下注者。然易言「坎離」，未嘗如是書所謂「獨斡中氣，生生萬物，新新不窮」者。經籍乖異，無所統一，轉相誑惑，而不能正。後世學者，幸六經已明，五行八卦，品列純備，道之會宗，可以日用而無疑矣，柰何反爲太極無極，動静男女，清虚一大，轉相夸授，自貽蔽蒙？皆由于大傳、文言諸雜説之亂易，是以學者紛紛至此。

祖望謹案：陳振孫深以水心之篤信子華子爲誚，水心亦自嘗云：「子華子書甚古，而文與今人近，則固疑之矣。」此乃其第一條。亦言其駁而終不以爲僞，則蔽也。

家語載季氏用田賦詳于左氏，因歎唐人自天寶一時倉猝，不知以田養兵，而以税養兵，流害相承至今日。

國策：「忠臣令誹在己，譽在上。」大臣得譽，非國家之美，君臣相忌之勢，至是始成。古今固無人臣自賢以貶其君而可以致治，然亦無自毁以成其君而可以不亂者。夏禹有訓，君臣克艱而已。談客妄論，能使人心術下移。

范臺舉觴，魯君擇言四事。自伯禽以來，惟僖公稱賢，猶未能及此言也。魯方百里者五，其君之賢如此而不能興其國，豈流傳之誤邪？抑偪側于暴彊之閒，而不足自立邪？

唐雎言「人有德于我不可忘，吾有德于人不可不忘」，此固人之常心當然，進而至于不矜不伐，德之成者也。

論世有三：三代以上，道德仁義人心之所止也；春秋以來，人心漸失，然猶有義理之餘；至于戰國，人心無復存矣。先物而流，造勢爲傾，緜蕝以出知巧，架漏以成事機，皆背心離性而行者也，故其禍至于使天下盡亡而後已。自漢及今，學者復求于人心之所止，則有道矣。然其質者不能論世觀變，則常患于不知，其浮者不能順德軌行，則撓而從之矣，故有以戰國策爲奇書者。禹、皐共明治道，祖述舊聞，其時去黄、羲、黄爲文字之始，而孔子斷自堯、舜，蓋亦不起自孔子也。禹、皐共明治道，祖述舊聞，其時去黄、顓不遠，所稱道德廣大，皆獨曰堯、舜，未有上及其先者。豈夸禰而忘祖哉！以爲神靈不常，非人道之始，闕不敢論，非掩之也。故稽古而陳之，君止堯、舜，臣止禹、皐陶，而羲、黄、后、牧之倫不與焉。史遷未造聖人之深旨，特于百家雜亂之中，取其雅馴者而著之，然既數千年，所言不可信，審矣。

項籍「學書不成，學劍又不成」，學兵法。上世教法盡廢，而亡命草野之人出爲雄彊。明于道者，有是非而無今古。至學之則不然，不深于古，無以見後，不監于後，無以明前，古今並策，道可復興，聖人之志也。卓然謂王政可行者，孟子也；曉然見後世可爲者，荀卿也。然言之易者行之難，不可不審也。

天官書，星文，占驗家所存，方術所眩，晏子、子産之所不道。

書「懋遷有無化居」，周譏而不征，春秋通商惠工，皆以國家之力扶持商賈，流通貨幣，故子産拒韓宣子一環不與。漢高帝始行因辱商人之策，至武帝始有算船告緡之令，榷于平準，取天下百貨自居之。夫四民交致其用而後治化興，抑末厚本，非正論也。果出于厚本而抑末，雖偏，尚有義。若奪之以自利，何名爲抑？

周人崇尚報應，史遷所稱唐、虞之際有功德臣十一人，而陳氏篡盜，亦曰舜所致，則是不復論天德也。孔、孟之論曰：「『舜、禹之有天下也，而不與焉』」則雖勢位消歇，而道德自存，遷所未知。

王莽時通知鍾律者，所言聲數、度量、權衡，無不傅合于易。又傳伶倫定律本，物皆由律起，妄矣。自司馬遷言「六律爲萬事根本」，漢人之論因之。書言「同律、度、量、衡」，古亦以律度數同爲一物，未嘗言皆由律起，而孔子贊易，無以八卦合度、量、權衡之文。羲、和之法不可見，司馬遷造律，始以律之龠起，劉歆又推春秋與易參合爲一書。案堯、舜時易道未備，三代以前未有春秋，古歷法蓋不起于律，易亦不兼歷數。以今逆古，皆無用之虛詞。

人主以有德王，無德亡。至騶衍妄造五德勝克，孔、孟之徒未嘗言也。

「陰陽之精，本在地而上發于天」，後世天文術家固未有能言此者。然聖人敬天而不責，畏天而不求，天自有天道，人自有人道，歷象璇璣，順天行以授人，使不異而已。若不盡人道，而求備于天以齊之，必如「影之象形，響之應聲」，求天甚詳，責天愈急，而人道盡廢矣。

經星之傳，遠自堯、舜，其時諸侯尤多，而星吉凶所不主，占驗家固無其文也。左氏載禍福，其後始爭以意推之。天文、地理、人道，本皆人之所以自命，其是非得失，吉凶禍福，要當反之于身。若夫星文之多，氣候之雜，天不以命于人，而人皆以自命者求天，曰天有是命，則人有是事，此古聖賢所不道。

劉向爲五行傳，歸于劘切當世。然洪範之說，由此隳裂。

箕子陳洪範，曰天所以錫禹，今尋典、謨，不載被錫之由。若禹不自言所得于先，而箕子獨明其所傳于後，以是爲三代之祕文，此後世學者之虛論也。禹以六府、三事爲九功，戒之董之。六府卽五行，三事則庶政羣事也。戒之董之，福極之分也。九功九疇，名異而實同也。禹言略，箕言詳，天之所錫，非有甚異不可知，蓋勸武王修禹舊法，乃學者以爲祕傳，迷妄臆測相與串習。以吾一身視聽言貌之正否，而驗之于外物，則雨、暘、寒、燠皆爲之應，任人之責，而當天之心，出治之效，無大于此。今必一一配合牽引已事往證，分剔附著，而使洪範經世之成法，降爲災異陰陽之書，可爲痛哭。

漢武欲聞大道之要，至論之極，仲舒前以災異禁之，後以勉彊開之。所禁者爲難信無用之迂説，所開者爲可喜旋至之立效，則堯、舜、禹、湯之所爲兢惕畏慎者終于不存，而唐、虞、商、周之所以歆羡矜侈者四面而至矣，是于武帝之病方將豢而深之，豈能治哉！

以樂論治可也，求治而以樂爲先，鐘鼓管絃之存，何救于德之敗乎？而仲舒亦以樂爲先，躬行之實廢矣。又終于祥瑞，尤躬行者之諱也。

漢武動民于干戈，習俗于姦詐，仲舒雖能泛然諷導其外，未能戚然救止其內。

居君子位，爲庶人行，誠後世通患。然師友議論以此自責則可，以此教人主、責士大夫則不可。蓋人主當化小人以有恥，不當疑君子以無恥也。疑君子以無恥，則人才掃地，不可振矣。

「正誼不謀利，明道不計功」，初看極好，細看全疏闊。古人以利與人，而不自居其功，故道義光明。既無功利，則道義乃無用之虛語耳。

凡正言之理無不具，而隱顯上下交相明者，古人所以爲經也。旁言之必酌于理，使是非得失有所考者，後人所以爲文也。若夫窮慮殫詞，以無爲有，自處于妄而後反之正，此違于經而謬于文，上林、大人諸賦是也。

漢世以術數操縱爲吏，趙廣漢尤爲民所稱。彊家巨姓，盜奪縱橫，自古皆有，必待有以勝之而後能使小民得職，則周公教康叔，成王命君陳，皆無用矣。若後世吏術不明，妄以廉明自許，但欲其下重足斂跡而善惡顛倒者，又廣漢之徒所不爲。

王嘉有云：「慎己之所獨向，察衆人之所共疑。」可謂名言。

光武、明帝以儒學飾吏事，心誠好之，而本質克治不盡。其臣佐，才有所止，未能迪德，過不專在人主也。

鄭玄雖曰「括囊大典，網羅衆家，删裁繁蕪，刊改漏失」，然不過能折衷衆俗儒之是非耳，何曾望見聖賢藩牆！

鍾離意疏：「百姓可以德勝，難以力服。」「鹿鳴之詩必言燕樂者，以人神之心洽，然後天氣和。」有味哉，其言之也！推其所行，措之三代不難。

古之人才，必在分限之內，上自禹、稷，下至方、召，能成天地不及之功，然未有踰分越限者，雖春秋時尚然。及蘇、張資揣摩之學，韓、彭起飄揚之思，張騫、陳湯鑿空外國，乃有分外人材。而班超以三十六人開西域，其後愈降，分內者枯竭不繼，如濟水之絕，分外者誕漫不酧，如幻人之奏，俱無用矣。

樂恢諎杜安「干人主以窺踰」，孟子所謂龍斷、穿窬者也。孟子以後至西漢，未有達此理者。西漢末，節士始漸知之。王良之友所謂「屑屑不憚煩」，所以成東漢之俗。

仲長統二詩，放棄規檢，以適己情，自是風雅壞，而建安、黃初之體出。

崔實政論絕無義，其大意不過病季世寬弛，欲以威刑肅之，不知亂亡之證不在此。

黃叔度爲後世顏子。觀孔子所以許顏子者，皆言其學，不專以質。漢人不知學，而叔度以質爲道，遂使老、莊之説與孔、顏並行。

以善形惡，自是義理中偏側之累，故孟子謂「以善養人，然後能服天下」。東漢儒者，欲以不平之意加于敝法之上，以勝天下之不肖，宜其累發而累挫也。

吳祐、延篤，進不求名，自行其志。凡人所願于世者，能淡薄而以厚自處，則寡怨而遠罪矣。如祐與篤，未嘗不正其言行，而卒免于亂世，率是道也。

黨錮之禍，實由太學，蓋是時諸生三萬餘矣。唐、虞、三代之爲學，其君皆聖賢，以身所行，與士相長，取材任官，又與相治。後世不然，如賈、董之流，尚不知人主當自化，而徒欲立學以化人。如明帝始終以學爲重，然褊察無宏裕之益，其意謂不遷怒、不貳過，惟用之諸生而已，此知勸學而不知明義之過也。況翟酺、左雄，止要蓋千百間好屋，使四方遊士自來自去，于人主好尚，國家教養，了無干涉。師門徒者躧陋習，希辟召者養虛聲，賢否相蒙，名實相冒，激成大難，皆太學爲之。至鴻都，以詞賦小技掩蓋經術，不過趨利者爭從之，士心益蠹，而漢亡矣。羣聚天下學者，使之極盛，而人主庸騃，視爲贅疣身外之物，其勢固必至此。故予以爲，羣萃州處，非管仲語。若人主不自爲學，徒設學以教之，欣厭不同，忿心歘起，小則爲然明之毀，大則爲東漢之禁。

彭城王據璽書：『惟聖罔念作狂，惟狂克念作聖』，古人垂詒乃至于此。「常慮所以累德者而去之，則德明矣。開心所以爲塞者而通之，則心夷矣。愼行所以爲尤者而修之，則行全矣。」此作詔者，非能解釋義理，而言與之合。

和洽言：「古之大教在通人情。」所謂不以格物者也。又言：「勉而行之，必有疲瘁。」「疲瘁」二字，深得其要，故古人以利和義，不以義抑利。

末世所謂度内者，皆愚儒；所謂度外者，皆羣不逞。安得度内而非愚，度外而非不逞者！

魏明帝不能從楊阜、高堂隆之諫節減宮室，而欲傳蘇林、秦靜之業課試學者，緩其實而急其華，漢武帝誤之也。

享國久近，在其人之心量廣狹。孫權殘民以逞，故身死而不振。司馬德操謂：「儒生俗士，豈識時務，識時務者，在乎俊傑。」自末世，揣時變者負算略，語世事者極縱横，而儒生稽古以俗士廢焉。德操所謂俊傑，幸有亮在，然猶未免于縱横。法正之流，勿數可也。

諸葛亮、龐統以詐取劉璋，所謂識時務者歟？如此俊傑，比之古人，更當吉蠲以薦明德。

諸葛亮曰：「臣死之日，不使内有餘帛，外有贏財，以負陛下。」及卒，如其所言，此所以能服一世也。然以上當更有事。

「司馬徽采桑樹上坐，龐統樹下共語，自晝至夜」。微行懿筐之閒，乃有王霸之略，足以樂而忘憂，貧賤誠不能爲士累也。

「晉永寧元年，自正月至閏月，五星互經天」。當是時，天下之亂固大。然左傳叔興既占齊、魯、宋事無不驗，又言「君失問，吉凶由人」。蓋先王舊學，天不勝人，叔興尚有聞也。然自此占驗終勝，而人道不立，故予以爲五星互經天，雖變異最大，苟人道有以消復，猶不當豫占也。

上古君臣之職，君之所得爲，必以命于相，相之所得爲，必以歸于君，此古今通義也。舜以股肱耳目命禹，禹復戒舜而終以明良之歌。考其大意，似舜盡欲以其職委禹，禹戒以亦自聽覽，無專畀臣下，安于縱逸也。然臯陶以爲，「元首叢脞，股肱惰，萬事墮」，則是君終不當自爲也。靖郭君勸齊宣王：「五官之政，日聽數覽。」既而厭之，靖郭君由是得專齊權。夫六卿各自以職倡九牧，相猶無所司，而況于君。收五官而自任，已不能久，又以與人，君相之職兼失矣。始皇程書決事，蓋不足論。漢高、惠事盡出蕭、曹，文、景雖稍自親，然陳平猶謂「有主者」，則是時公卿各自分職，丞相至欲斬鄧通、鼂錯，尚循古義也。孝武初年，更用一項文士，中外相應以分外朝之勢。及趙禹、張湯更進，宰相束手，自是君相之職渙然離異，君所欲爲，不復以命相，相一切聽其君所爲矣。其後尚書權益重，領録出宰相上。魏初，別置祕書，仍典尚書所奏，尋改中書。劉放、孫資，傾動中外，侍中給事黄門，通掌門下，最爲禁密。則尚書更是外朝，而中書門下乃天子之私人。其後又有内尚書，由外達尚，轉尚入中，所行可否，皆自内決，人主之職，十倍宰相，已增者不可損，已成者不可改也。

「六卿」，天官事最繁，而公、孤職任甚簡，故學者多云冢宰即宰相，或云公、孤兼行，非也。冢宰，乃有司之長，職治其事以佐上者有司，明其道以弼上者宰相。

皇甫謐能道自分界中言語，非耀文華者所能至。

銷兵本欲休息百姓，而學者尤其弛備。然左射貍首，右射騶虞，裨冕搢笏，明堂耕藉，此成周銷兵節次也。則銷兵未必非，視其君思治進德何如耳。不然，後世忘戰者豈少邪！

李翺言：「經史道德如采菽中原，勤之者則功多。」此語當記。然所謂勤者，非漁獵搜取、課勞計獲而後能也。

晉有正始微言，勝會韻士，至于江左，雖安民之道不足，而扶世之志未衰，學者未宜略也。

伊尹謂「肇修人紀」，後世雖不足議此，然周之諸侯，大者秦、楚，小者魯、衞，傳世數十。蓋其爲國，尚皆有本末，更僕迭起，而維持制服之具與之並行，所以久而猶存，不止富貴自身也。李斯首破壞此事，君臣俱得富貴，然亦相隨而亡。西漢雖皆李斯餘本，但時作一二，有所憑藉，故享國靡久，此後無有知者。諸葛亮以管、樂自比，恐未必能及。其餘君臣上下，自富貴娛樂，一身之外，更無他說，以致國祚短促，皆其自取。

沈約敍祓除事，約固非知經。然近世學者以浴沂舞雩爲知道一大節目，意料浮想，遂爲師傳，執虛承誤，無與進德，則其陋有甚于昔之傳註者。

「欲者性之煩濁，氣之薰蒸」，「雖生必有之，而生之德猶火含煙，桂懷蠹，故性明者欲簡，嗜繁者氣昏」。文士中顏延之頗存義理。

西南夷、訶羅陁、阿羅單、婆達、師子、天竺、迦毗黎所通表文，皆與佛書之行于中國者不異。然則今釋氏諸書，是其國俗之常文，中國人不曉，相崇尚以爲經耳。微言妙義與夫鬼神之貫通，誠無閒于夷夏。然彼可以施之于我，而我不得以革之于彼，其淺深之不同，雅俗之不合，孟子所謂「未聞變于夷」者也。

玄之陋，非有益于道也，然當時貴之，預在此學者不爲凡流，則是猶能以人守學。後世以性命之學爲至貴，而其人不足以守學，百餘年閒，視玄愈下矣。

張融自序言：「丈夫當删詩、書，制禮樂，何至因循寄人籬下！」言誠太狂，然人具一性，性具一源，求盡人職，必以聖人爲師，師聖人必知其所自得，以見己之所當得者。若隨世見聞，轉相師習，枝纏葉繞，不能自脱，錮人之才，窒人之德者也。

王褒戒諸子以儒家、道家、釋氏「雖爲教等差，而義歸汲引」。自南北分裂，學者以周、孔與佛並行，其言乖異，不自知其可笑。六家要指，司馬父子之故意也，使佛學已出于漢，則太史公亦更增入一家。譬若區種草木，不知天地正性竟復何在。然則如韓愈知識，乃是數百年而一有，豪傑之士，何其難也！中國之學，自不當變于夷。既變而從之，而又以其道貶之，顛倒流轉，不復自知。

祖望謹案：此蓋指當時之染于禪而又排之者。

徐遵明指其心，謂「真師正在于此」。古者師無誤，師卽心也，心卽師也。非師無心，非心無師。以左氏考之，周衰設學而教者，師已有誤，故其義理漸差。及至後世，積衆師之誤，以成一家之學，學者惟師之信而心不復求。遵明此語，殆千載所未發。雖然，師誤猶可改，心誤不可爲，此既遵明所不及，而以心爲陷穽者方滔滔矣。

高洋敬禮陸法和，蓋畏冥禍。予嘗論世人舍仁義忠信常道而趨于神怪，必謂亡可爲存，敗可爲成，然神怪終坐視成敗存亡，而不能加一毫知巧于其閒，而亡果能存，敗果能成，必仁義忠信常道而後可。蓋人力之所能爲，決非神怪之所能知，而天數所不可免，又非神怪所能豫也。

士不先定其所存，正使探極原本，追配雅、頌，只是馳騁于末流，無益。

三代既衰，佐命之才不世出，惟管仲、樂毅、蕭何、諸葛亮、王猛、蘇綽。亮地勢不足自立，猛無堅凝之功，而綽由晉以後，南北判離，棄華從戎，至是自北而南，變夷爲夏，使孔子復出，微管之歎不付餘人矣。六條平實無華，自董仲舒、蕭望之、劉向、崔寔、王符、仲長統之流，皆論治道，而無一言之幾。然則，如綽者亦未易也。

樂遜陳時宜五條，其言有非俗儒所能道者。宇文父子，雖大要不過彊兵，亦其國是所定，立論常向上一著，故遜輩能言之。

候氣之術，「氣應有早晚，灰飛有多少，或初入月氣卽應，或中下旬氣始應，或灰飛出三五夜而盡，或終一月纔飛少許」。夫氣之必應，灰之必飛，陰陽之情，天地之理當然也。早晚多少，差忒而不能盡齊者，人道之厚薄，時政之寬猛使之也。古人所以貴于和陰陽，合天地也。隋文徒出旁議，而不知身爲人道之主，牛宏志在規諷，而未極理事之精，彼技術者，焉能測之？叩之愈急，其說愈謬。

天地陰陽之密理，最患于以空言窺測。

昔之言月者，謂「其形圓，其質清，日光照之則見其明，日光所不照則謂之魄」。後人相承，遂謂「月無光，因日有光」。月果無光，安能與日並明？萬物無不因日而成色，惟月星不然，近日則光奪，爲日所臨，則奄而不明。數術之士，昧理而迷源，遂至乖異。

自戰國、秦、漢已言天子氣。唐、虞、三代言其德不言其氣。有氣而無德，將爲不祥，以禍天下，而何述焉？

隋天文、五行志，五代事皆具。寶誌、陶弘景，號達者，陸法和已下矣，然皆驗。予謂人主自修不至，遂以形跡象數之末，竟墮術士之口，若聖人御世，彼惡得而識之！

由唐及今，皆本隋律。隋本于齊。子産鑄刑書，叔向非之曰：「吾以救世。」信矣。然自秦、漢以後，稍號平時者，法無不寬，其君之薄德者，無不苛。則叔向所云「不爲刑辟」，固非高遠不切之論也。世道之衰，雖緣人材日下，然其病根正以做下樣子，不敢回轉，如子産者是也。

「河出圖，洛出書」，孔子之前已有此論，而其後遂有讖緯之説，起于畏天，而成于誣天。學者之陋，一至于此！故隋文雖焚讖，而妄稱祥瑞，又甚于讖。

立言非專爲文，言之支流派别散而爲文，則言已亡，言亡而大義息矣。歐陽公乃通以後世文字爲言，而以立言爲不如有德之默，不知文之不可以爲言也。

祖望謹案：此説與温公語異而同。

爲國不患無材，若人主失道，自致亡滅，材雖多，不能救。

儒林稱「南北所治章句，或得英華，或窮枝葉」，此甚不然。英華卽枝葉也。使其是，則溯枝葉卽可以得本根矣。

知道然後知言，知言則無章句。近世雖無章句之陋，其所以爲患者，不知道又不知言，與昔日章句無異也。

唐高祖，隋甥也，位遇不卑。隋之罪雖足以亡，而自高祖父子分義言之，只謂之反，今乃美其名曰「義兵」！唐人義之可也，後世亦從而義之，可乎？范氏謂「太宗有濟世之志，撥亂之才」，獨創業不正，無以示後。夫濟世撥亂，必不志于利。今朝爲匹夫，暮爲帝王，利之而已。

高祖受禪，不受九錫，范氏謂其「雖不能如三代，而優于魏、晉」，此亦後世大議論也。夫天命不可知，必視其德，天下雖共起而亡隋，高祖敢自謂其德可代隋乎！隋得罪于天下，不得罪于李氏。羣盜可以取隋，高祖父子不可以取隋。尊煬立代，君臣再定矣。高祖明奪而不慚，是又在魏、晉下。

堯、舜、三代之統既絶，不得不推漢、唐，然其德固難論，而功亦未易言也。湯、武不忍桀、紂之亂，起而滅之，猶以不免用兵有慚德，謂之功則可矣。光武宗室子，志復舊物，猶是一理。漢高祖、唐太宗與羣盜爭攘競殺，勝者得之，皆爲己富貴，何嘗有志于民！以人命相乘除，而我收其利，猶可以爲功乎？今但當論其得志後不至于淫荒暴虐，可與爲百姓之主刑賞足矣。若便說向湯、武，大義一差，無所準程，萬世之大患也。

長孫無忌、褚遂良轉導無法，方武氏從感業寺再入，不能引禮廷諍以絶其萌，至于奪嫡，然後言其託體先帝，將何及也！

李德裕論韋宏景事，尤不近理。重令自非管子本說，其言「虧令者死，益令者死，不行令、不從令者死」，令之嚴如此。然「下令如流水之源，令順民心」，又卻不以爲證據。若不順民心，遽從而殺之，可乎？制置職業，雖曰人主之柄，非人所得干議，然須制置得是。若悖于道，乖于事，而禁人不議，豈不危亡！德裕以宰相之才自許，後人亦以其自許者許之。夫宰相者，秉德以服人，明義以率下，若姿其偏私，自作胸臆，又可許乎！

忠知者必世而不足，姦昏者一日而有餘。世之賢者，不自量而欲以歲月售功，其君與一時之人亦皆以歲月責之，所以有謗而無名，事不集而弊常在也。士誠知此，性不求用爲庶幾耳。

宰相世系言「唐臣以門族相高」。案孟子稱故國世臣，人材之用，必常與其國其民之命相關，治亂興亡所從出，故叔向以欒、郤降在皁隸，憂公室之卑。若夫志不必慮國，行不必及民，但自修飾進取爲門戶計，如漢韋、平之流，此叔孫豹所謂「世祿非不朽也」。俛而就下，遂爲李德裕秖校臺閣儀範，班行準則而已。

孔子繫易，辭不及數，惟大傳稱「大衍之數」，其下文有五行生成之數。五行之物，徧滿天下，觸之即應，求之即得，而謂其生成之數必有次第，蓋歷家立其所起，以象天地之行，不得不然。大傳以易之分揲象之，蓋易亦有起法也。大傳本以易象歷，而一行反以爲歷本于易。夫論易及數，非孔氏本旨，而謂歷由易起！援道以從數，執數以害道，最當先論。

道家澹泊，主于治人，其説以要省勝支離。漢初嘗用之，雖化中國爲夷，未至于亡也。浮屠本以壞滅爲旨，行其道必亡，雖亡不悔，蓋本説然也。梁武不曉，用之，當身而失；唐憲、懿又出其下，直謂崇事可增福利，悲哉！

訶陵國治太子，與商鞅事同。古人勤心苦力，爲民除患致利，遷之善而遠其罪，所以成民也，堯、舜、文、武所爲治也。苟操一致而已，又何難焉！故申、商之術命堯、禹曰桎梏。至秦，既已大敗，而後世更爲霸、王雜用之説，哀哉！

議論定而利害明，要自士大夫之心術始。

孔子講道無内外，學則内外交相明。荀子言學數有終，義則須臾不可離，全是于陋儒專門上立見識，又隆禮而貶詩、書，此最爲入道之害。揚雄言：「學，行之上，言之次，教人又其次。」亦是與專門者校淺深耳。古人固無以教人爲下者，雄習見後世陋儒專門，莫知所以學，而徒守其師傳之妄以教人，以爲能勝此而兼行者則上矣。近世又偏墮太甚，謂獨自内出，不由外入，往往以爲一念之功，聖賢可招而致，不知此心之稂莠，未可遽以嘉禾自名也。

荀卿所言諸子，苟操無類之説，其是非不足計，乃列攻羣辯，至于子思、孟軻，並遭詆斥，謬戾甚矣！又好言子弓與仲尼並稱。安有與仲尼齊聖，獨爲荀卿所私，而他書無見者？非妄則姑假立名字以自況耳。

謂「無便嬖左右足信者之謂闇」，案穆王命太僕、左右侍御、僕從「無以便嬖側媚，其惟吉士」，是則變者不吉，吉者不變也。

「彊本而節用，天不能貧；養備而動時，天不能病；修道而不貳，天不能禍」。夫古人備是三者矣，其不貧、不病、不禍則曰「是天也，非我也」。今偃然曰：「是我也，非天也。」奉天者，聖人之事，今曰「我自致之」，是以人滅天也。

「全其天功，則天地官而萬物役」。又曰：「大天而思之，孰與物畜而制之？」古聖人曰「則天」，曰「順帝之則」，未嘗敢曰「吾能官，使天地物畜而制之」也。

孟子言「民爲貴，社稷次之，君爲輕」，而荀卿謂天子如天帝，如大神，蓋與秦皇自稱曰「朕」意同。

「禮者，養也，芻豢五味以養口」等語，則禮者，欲而已矣。

古之聖賢無獨指心者。舜言「人心道心」，不止于治心。孟子始有盡心知性、心官賤耳目之說。蓋辯士索隱之流多論心，而孟、荀爲甚。

孔子未嘗以辭明道，內之所安則爲仁，外之所明則爲學，學卽六經也，至于內外不得異稱者，于道其庶幾矣。子思之流，始以辭明道，辭之所之，道亦之焉，非其辭也，則道不可以明。中庸未必專子思作，其徒所共言也。孟子不止于辭而辯勝矣。荀卿本起稷下，所言皆欲挫辯士之鋒，怒目裂眥，極口切齒，先王大道，至此散薄，無復淳完。或者反謂其才高力彊，易于有行。學者苟知辭辯之未足以盡道，而能推見孔氏之學，以上接賢聖之統，散可復完，薄可復淳矣。不然，斷港絶潢，爭于波靡，于道何有哉！

兵農已分，法久而壞，齊民雲布，孰可徵發！以畏動之意，求願從之名，雖至百萬，無不用寡。且井田丘乘，所以人人爲兵者，天子不過千里，諸侯不過百里，其勢無獨免也。若以天下奉一君，而人人不免爲兵，不復任養兵之責，則聖人固所不爲；若以天下奉一君，而養兵至于百萬，獨任其責而不能供，則庸人知其不可。今自守其州縣者，兵須地著，給田力耕；是一說。千里之内，番上宿衞，已有諸御前兵，不可輕改，因其地分募，樂耕者以漸歸本；是一說。邊關捍禦，盡須耕作，人自爲戰，是一說。三說參用，由募還農，大費既省，守可以固，戰可以克，不必慨慕府兵屯田，徇空談而忘實用矣。

竭天下以養兵，此受病本根，所以末世之横斂，有加不已。

立節而不辨義，下者爲利，高者爲名，而世道愈降矣。

崔蠡「疏論國忌日設僧齋，百官行香，事無經據」。詔「以近代皈依釋、老，有異皇王之術，習俗因循，並宜停罷」。此開成四年也。唐世禮文，不爲知禮者所許，然如此等事猶能釐正，不若後世定著不刊，以爲臣子恭順報效之節無踰于此也。

授田之制蕩盡，奈何猶用授田時法税之？後世謂楊炎兩税變古，全不究始末。

桑弘羊與劉晏無異。所可恕者，晏以用兵故興利，不得已耳。史家無識，妄立論。

孔父、仇牧死，晏嬰不死，以恕揚雄則非矣。

以位當卦，以卦當日，出于漢人。若夫節候晷刻，推其五行所寄，而吉凶禍福死生至玄而益詳，蓋農工小人所教以避就趨舍者。揚雄爲孔氏之學，將經緯大道，奈何俛首效之？

十翼非孔子一人之書，司馬遷不能辨，而劉向父子與雄尤篤信之。漢人皆由賦入，揚雄方知以上更有事，故謂「孔氏之門用賦，則賈誼升堂，司馬相如入室，如其不用何」！乃雄回轉關捩處，所以于道有功。

祖望謹案：董仲舒、劉向亦不由賦入。

雄所謂「遐言」，爲太玄發也。以言爲學，孔子没後事。

「君子避礙則通諸理」，不知何所指。人有礙而我通之，未嘗自礙而又自通也。

管子非一人之筆，亦非一時之書，以其言毛嬙、西施、吴王推之，當是春秋末年。山林處士，妄意窺測，借以自名，而後世信之爲申、韓之先驅，鞅、斯之初覺。

秦、漢時，孔、孟之論未行，學士以管子之書爲教，視六經無有也。賈誼短世，鼂錯殺死，是書不極其用。

留令罪死之論，處士無故創奇語，後人遂倚爲口實。古人之于命令也，「先甲三日，後甲三日」，「先庚三日，後庚三日」。夫上之所欲未必是，逆而行之不可也。民之所欲未必是，順而行之不可也。理必有行而行之，先之以開其所知，後之以熟其所信，申重諄悉，終于無不知，斯行矣。命令之設，所以爲民，非爲君也，焉有未能生之而已殺之者乎？數術家闇于先王之大義，私其國以自與，以爲命令，特爲我發，而操制之術先焉，始于欲尊君而甚至無所不用。孔子贊易，巽曰「君子申命行事」，姤曰「后施命誥四方」，皆非巽莫行。又曰：「其身正，不令而行；其身不正，雖令不從。」又曰：「如其善而莫之違也，不亦善乎，如不善而莫之違也，不幾乎一言而喪邦乎！」是數術家以令爲令，而孔子以不令爲令也。數術家以言而不違爲興國，而孔子以言而不違爲亡國也。不以易、論語之言出令，而皆欲以管子之言出令，是刑名常爲主，而申、商之禍無時可息也。

「赦者，奔馬之委轡；毋赦者，痤疽之藥石」。又曰「惠者多赦」，「民之仇讎，法者毋赦民之父母」。當時論不可赦如此，豈如司馬遷所記陶朱公子之類，或者君臣之閒售私以長惡邪？「雷雨作解，君子以赦過宥罪」，而魯肆大眚，無貶詞，此有國舊典也。處士發語偏陂，遂與帝王之道離絕。劉備謂「周旋陳元方、鄭康成閒，言治道未嘗及赦」！漢以後爲此等見識不爲無助。

「堂上遠于百里，堂下遠于千里，君門遠于萬里」。然矣！古之聖賢，所以昭明大德，湿滌疑阻，周官一書，通達壅塞之理居半，凡欲去此患也。如數術家猜慮積心，忿忮形色，左右前後，無非蔽欺，鉤鉅設而告密用，羣情惴惴，所以來譏賊而長作僞。

所以爲管子者，在三匡二卷，雜亂重複，敍事頗與左氏不異。而國語又削除其雜，複以就簡。知此書之出在左氏後，國語成在此書後。

「耳目者，視聽之官也，心而無與乎視聽之事，則官得守其分。夫心有欲者，物過而目不見，聲至而耳不聞也。故曰上離其道，下失其事，心術者，無爲而制竅者也」。案孟子稱「耳目之官、心之官」，予論之已詳。然則執心既甚，形質塊然，視聽廢而不行。蓋辯士之言心也，其爲心之害大矣。洪範「思曰睿，睿作聖」，各守身之一職，與視聽同謂之聖者，以其經緯乎道德仁義之理，流通于事物變化之用，蝙暢淪浹，卷舒不窮而已。惡有守獨失類，超忽惝恍，狂通妄解，自矜鬼神也哉！

桓公封杞、邢事，管子之語不如左氏所言，予嘗謂左氏中管仲語，已降古人數十等，蓋不復見「葛伯仇餉」、「朕哉自亳」、「有罪無罪，惟我在」之風矣。然侯伯救災討罪，所引文王之詩正合禮體，亦未可遽引湯、武責之。今辯士之詞，又降左氏數十等，使人君任法爲道，要始于管子，其說以爲佚樂馳騁宮中之歡，無所禁圉，利身便形㊀養壽命，垂拱而天下治，而堯及黃帝皆然。淺鄙無稽，遂成戰國亡秦之禍。

爲管氏書者，變詐百出不窮，其盛在于鹽鐵，其用著于寶龜，畜泄廢居，豪奪商賈，至于決瓁、洛之水，沐路旁之樹，傾魯、梁之綈，搜荆楚之鹿，戲詞誤詥，今不舉者衆矣，獨鹽鐵爲後人所遵，言其利者，無不祖管仲，使之蒙垢萬世。案其書，計食鹽之人，月爲錢三十，中歲之穀，糶不十錢，而月食穀四石，是糶穀市鹽，其費略不甚遠，雖今之貴鹽不至若是。左氏晏子言：「魚鹽蜃蛤，弗加于海，海之鹽蜃，祈望守之。」是時衰微苛斂，始有禁榷，晏子憂之，而齊卒以此亡。然則豈管仲所行，而齊所以霸乎？孔子以小器卑管仲，責其大者可也。使其果猥瑣爲市人不爲之術，孔子亦不暇責矣。故管子之尤謬者，無甚于輕重諸篇。

左氏無孫武。同時伍員、宰嚭一一詮次，乃獨不及武邪？詳味孫子，與管子、六韜、越語相出入，春秋末，戰國初山林處士所爲，其言得用于吳者，其徒夸大之說也。

㊀「形」下原本有一方框，據習學記言序目刪。

穰苴、孫武，皆辯士妄相標指，無事實。穰苴斬寵臣，孫武戮愛姬，所謂知兵者何用此。天下有道，征伐自上出，而行陳部伍，皆有定法，以教天下。天下無道，匹夫賤人以意言兵，行陳部伍，無復常經，其流及上，而爲國者顧聽命焉，豈小故邪？

「兵，詭道也」。案子罕言「天生五材，民並用之，誰能去兵？兵者，所以威不軌而昭文德也」，今「詭道」二字于兵外立義，遂爲千古不刊之說。古人之言兵者盡廢矣。禹、湯、文、武之兵，正道也，非詭道也。孫子不學，所知者，詭而已。

孫子盡用兵之害，而于守與不戰持之最堅，學者未之詳。

祖望謹案：此可以見水心非浪用兵者也。

揚雄不喜孫、吳，而曰「不有司馬法乎」？不知所指何司馬也。

吳起較孫子卻近。

祖望謹案：水心又曰：「未知李靖何以謂吳不如孫。」

司馬法多不成語。「夏賞而不罰，殷罰而不賞」，尤不成語。

司馬遷謂「司馬兵法閎廓深遠，雖三代征伐未能竟」，卽此法邪？抑別有指也？穰苴事，予固言其非。夫非知德者不足以知兵，遷之所云閎廓深遠纔如此，悲夫！

六韜陰譎狹陋。

龍韜以後四十三篇，似爲孫子義疏。其書言避殿，乃戰國後事，固當後于孫子。其勵軍所言，又本于吳起。然莊周亦稱九徵，則眞以爲太公所言，豈足據哉！

周官：「宗伯以軍禮同邦國，大師之禮用衆也，大均之禮恤衆也，大田之禮簡衆也，大役之禮任衆也，大封之禮合衆也。」所貴于禮者，謂能有所別異，而軍禮獨言同。三略所云「將禮」，不可謂不得古人之意。晉侯登有莘之墟以觀師，曰「少長有禮，其可用也」，不知當時所言禮指何事。後世不言禮，而言威，故子玉治兵，「終朝而畢，鞭七人，貫三人耳」，蔿賈以爲「剛而無禮，不可以治民」。其有能弔死哀喪，同士卒甘苦，則又以爲恩而不復言禮矣。夫禮者，將之本；威者，將之末；恩者，威之餘也。

尉繚子「不攻無過之城，不殺無罪之人」，而孫子「得車十乘以上，賞其先得者」，視尉繚此論，何其狹也。

祖望謹案：以恩爲威之餘，尚未圓，然大意甚佳。

李靖謂陳法必黃帝所制，太公繕之，管仲復修之，諸葛亮八陳即握奇法，此皆山林隱約夸望相承。周官司馬蒐、苗、獮、狩，其陳卽戰陳，當時上自王公，下至卒伍，皆知之。楚之乘廣，晉之毀車，雖臨時，或亂常制，終不能變大法，乃後世以爲奇術。握奇遂爲祕文。前人未嘗學周官，自不足怪。今之學者已學周官，乃相與別畫陳法無休時，可歎矣！

自戰國以來，能教其人而用之，惟諸葛亮非驅市人之比，所以其國不勞，其兵不困，雖敗而可戰。夫教者，豈八陳、六花之謂？特其色別耳。撫循安集，上下相應，使皆曉然，旅泊不悲，死亡不痛，猶在其家室也。然則孫子之術，李靖與太宗所講，正亮所棄也。

莊、列諸書，向前多少聰明豪傑之士，向渠甕甕裏淹殺，可憐！可憐！文中子説經史，前代儒者所未有，理雖不背馳，而模搨形似，無卓特見識，此爲大病。至于房、魏禮樂，或信或疑，要是淺者，未足論也。

古詩作者，無不以一物立義，物之所在，道則在焉，非知道者不能該物，非知物者不能至道，道雖廣大，理備事足，而終歸之于物，不使散流，此聖賢經世之業，非習文辭者所能知也。詩既亡，後世存其禮可也。韓愈便謂古人未肯多讓，或者不知量乎！

梓材謹案：謝山所補，以下有四條，移入廬陵學案一條，移入百源學案三條。

克己，治己也，成己也，立己也。己克而仁至，言己之重也，己不能克，非禮害之也。

梓材謹案：以下有五條，移入泰山學案一條，移入伊川學案一條，移入范呂諸儒一條，移入華陽學案一條，移入呂范諸儒一條。

古者賦祿制田，其權在上，貧賤富貴無大踰越，而爲之宗以維之，故長者不傲，幼者不侮，而和親雍睦之教可行。後世崛起自致，貧賤富貴各極其欲，榮悴異門，交相爲病，于是賢者謝宗以自遠，不肖者挾長以行私，蓋闕閱之不暇，而安能善其俗哉！夫宗者，貴而賢者也，富而義者也，非是二者，而擁虛器以臨之，教令之所不行也。故貴而賢，富而義，則上禮異之，命爲其宗，爵不必親而疏者可畀也，田不必子而貧者可共也，施舍賙惠，族人依倚，特爲宗主，無犯義，無干刑，相趨于實而不惟其名之徇，此今日立宗之要也。

使知義理者常爲主司，學者不得以悖理之文希合於一時，雖因今之時文不改，亦自足以得士。不然，雖累變其法，而學者之趨向亦終不能一。

梓材謹案：以下一條移入蜀學略。

王曾中第，以爲「平生之志，不在温飽」。歐陽修執政，以爲「惟不求而得，與既得而不患失」，然予病其侵尋于官職矣，而東萊呂氏嫌予此論太高，自天下治體大變，雖君子無策以振起之。賢愚同軌，邪正並轍，苟免其身，而復以其弊遺後人，則雖不思得，不患失，而卒與庸衆同歸于温飽者無異。嗚呼！此有志者之所當深思也。以上謝山補。

祖望謹案：論果太高，然有益于學者。

梓材謹案：以下七條，移入廬陵學案四條，移入百源學案一條，移入明道學案一條，移入東萊學案一條。

宗羲案：黄溍言「葉正則推鄭景望、周恭叔以達于程氏，若與呂氏同所自出。至其根柢六經，折衷諸子，凡所論述，無一合于呂氏。其傳之久且不廢者，直文而已，學固勿與焉」。蓋直目水心爲文士。以余論之，水心異識超曠，不假梯級，謂「洙泗所講，前世帝王之典籍賴以存，開物成務之倫紀賴以著」；「易彖、象，夫子親筆也，十翼則訛矣」；「詩、書，義理所聚也，中庸、大學則後矣」；「曾子不在四科之目，曰參也魯」，「以孟子能嗣孔子，未爲過也；舍孔子而宗孟子，則于本統離矣」。其意欲廢後儒之浮論，所言不無過高，以言乎疵則有之，若云其概無所聞，則亦墮于浮論矣。

百家謹案：習學記言存於今者，序目而已。內説經共十四卷：易四卷，書一卷，詩一卷，周禮、儀禮合一卷，禮記一卷，春秋一卷，左氏傳二卷，國語一卷，孟子一卷，若記言原本不知若干卷，惜乎不得見矣！是書前有山陰孫之宏序，葉氏門人。梓材案：此條録自朱氏經義考，蓋係學案原本，而竹垞録之者。竹垞嘗寓吾郡二老閣，與鄭南溪稱後二老，故得見學案原稾。又案：是書凡經十四卷，諸子七卷，史二十五卷，文鑑四卷，合爲五十卷，名習學記言序目，非别有全書也。

雲濠謹案：陳直齋書録解題謂習學記言五十卷：「大抵務爲新奇，無所蹈襲，其文刻削精工，而義理未得爲純明正大。」然如梨洲及謝山所録，又何嘗不純明正大邪？

宋元學案卷五十五

水心學案下

黄宗羲原本　黄百家纂輯　全祖望修定

水心文集補

所謂覺者，道德、仁義、天命、人事之理是已。夫是理豈不素具而常存，然而無形無色，人必穎然獨悟，眇然獨見，耳目之聰明，心志之思慮，有出于見聞之外者，不如是，不足以得之。養是覺也，何道？將一趨于問學而不變，責難于師友而不息，先義而後利，篤于自爲，而不苟于爲人，于是死生禍福齊焉，是非邪正定焉，人之大倫，天下國家之經紀，咸取極焉。三代之後，世遠俗壞。士以利害得喪爲準的，雜糅其思慮，紛汩其聰明，喜相玩，怒相寇，障固其公共者使之狹小，闡闢其專私者而更自以爲廣大。于是獨悟特見之士，覺于道而違于世，昏然爲天下大迷。夫以一人而覺一世之所迷，合一世以咻一人之所覺，方交鬬而未已。而異端之説，至于中國，上不盡乎性命，下不達乎世俗，遂以聰明爲障，思慮爲賊，顛倒漫汗而謂之破巢窟，頽弛放散而謂之得本心，以愚求真，以麤合妙，而卒歸之于無有，是大異矣。然其覺是也，亦必穎然獨悟，眇然特見，聰明思慮有出于見聞而後可。士徒厭夫雜糅紛汩之爲累，遂舍而求之者十九。嗚呼！道德、仁義、天命、人事之理不可以有易也，夷夏之學不可以有亂也。以世俗之覺蔽其中，而又以異端之覺奪其外，則理之素具者闕，而常存者隱矣。范東叔覺齋記。

祖望謹案：東叔學佛者也。

佛之學入中原，其始固爲異教而已，久而遂與聖人之道相亂。有志者常欲致精索微以勝之，卒不能有所別異，而又自同于佛者，知不足以兩明，而又失之略也。李之翰中洲記。

程氏誨學者必以敬爲始，予謂學必始于復禮，禮復而後能敬。敬亭後記。

祖望謹案：此是水心宗旨，然非敬何以復禮？敬乃所以復禮也，水心言之倒矣！宜乎，東發非之！

箋傳衰歇，而士之聰明益以放恣，夷、夏同指，科舉冒沒，淺識而深守，正説而僞受，交背于一室之内，以是心爲殘賊。夷佛，疾疢也；科舉，痒疴也。朱先生祠堂記。

世之論嘗曰：「吏必設學，而教且養人最急。」不知吏當先自教且自養，急有甚于人者。燭物之知淺，察己之功不深，意則以教且養者厚民，實則以教且養者病民。且自一令長以上，所關于民，殺活成敗，不可豫測。若但豎數十屋而官，羣數十士而飯，而曰教養盡是矣，何其易也！故明恕而多通，吏之所以自教；節廉而少欲，吏之所以自養。少欲則民有餘力，多通則民有餘情。然後推其所以自養者，亦養人廉，推其所以自教者，亦教人恕，此忠信禮義之俗所由起，學之道所由明也。瑞安縣學記。

浴沂風㊀雩，近時語道之大端也。學者懸料浮想㊁，其樂鮮矣。風雩堂記。

㊀「風」字，葉適集作「舞」。　㊁「想」字，原本作「相」，據葉適集改。

學不自身始，而曰推之天下，可乎？推之天下而不足以反其身，可乎？妄想融會者，零落而不存，外爲馳騖者，龐鄙而不近。未至于聖人，未有不滯于所先得而偏受者。孔子進參與賜，皆示之一貫。今觀曾子最後之傳，終以籩豆有司之事爲可略，是則唯而不悟者自若也；子貢平日之愧，終以性道爲不可得聞，是則疑而未達者猶在也。且道無貴而苟欲忽其所賤，學無淺而方自病其不能深乎！溫州學記。

周衰，不復取士，凍餓甚者，幾不活矣。孔、孟不以其不取而不教也，孔、孟之徒不以其不取而不學也，道在焉故也。後世取士矣，師視其取而後教之，士視其取而後學之。夫道不以取而後存也。信州學記。

梓材謹案：謝山所節王氏困學紀聞，有一條引水心葉氏云：「周衰不復取士，孔、孟至道在焉故也。」與此複出，刪之。

三代遠矣，今有政而不知學。孔、孟遠矣，師有道而不知統。長溪學記。

翹材穎質，將進于道，必約以性，通以心，肝脾胃腎無恣其情，念慮思索無撓其靈，則偏氣不勝而中和全，其學必測之古，證之今，上該千世，旁括百家，異流殊方，如出一貫，則枝葉輕而根本重。宜興縣學記。

學之高深無窮。子貢爲衞將軍語弟子行，而孔子笑曰：「汝爲知人矣。」爲言夷、齊、趙武、士會、老萊子、羊舌大夫等，皆洙泗以前人也。士不景行古人，積習彌長，而夸近以足己，難哉！劉東溪集序。

梓材謹案：下有陰陽精義序一條，移入晦翁學案。

力學莫如求師，無師莫如師心。易蒙之義曰：「山下出泉。」泉之在山，雖險難蔽塞，然而或激或止，不已其行，終爲江海者，蓋物莫能禦，而非俟夫有以導之也。故「君子以果行育德」。人必知其所當行，不知而師告之，師不吾告，則反求于心，心不能告，非其心也。得其所當行，決而不疑，故謂之「果行」。人必知其所自有，不知而師告之，師不吾告，則反求于心，心不能告，非其心也。信其所自有，養而不喪，故謂之育德。然則求其心而已，無師非所患也。送戴許蔡仍王汝序。

不徒善其身者，以人治身，不以身治人。送林子柄序。

文者，言之衍也。古人約義理以言，言所未究，稍曲而伸之爾。其後俗益下，用益淺，小爲科舉，大爲典册，雖刻穠損華，往往在義理之外，力且盡而言不立。周南仲集序。

浮屠以身爲旅泊，而嚴其宮室不已，以言爲贅疣，而傅于文字愈多，予所不解。法明寺教藏序。

佛學入中國，其書具在，學之者固病其難而弗省也。有胡僧教以盡棄舊書，即己爲佛而已。嗚呼！佛之果非己，己之果爲佛，予不得而知也。予所知者，中國之人，畔佛之學而自爲學，倒佛之言而自爲言，皆自以爲己即佛，而甚者至以爲過于佛也。是中國人之罪，非佛過也。今夫儒者不然，于佛之學不敢言，曰異國之學也；于佛之書不敢觀，曰異國之書也。夷術狄技，絶之易耳。不幸吾中國之人，以中國文字爲其學，爲其書，草野倨侮，廣博茫昧，蕩逸縱恣，終于不返。宗紀序。

梓材謹案：此下有一條，移入廬陵學案。

陳叔向志。

仁必有方，道必有等，未有一造而盡獲者，此莊、佛氏之妄也。魏益之獨守其悟，百聖之户庭虚矣！

龐蘊夫婦破家從禪，至賣漉籬自給，男女不婚嫁，爭相爲死。浮屠世世記之，以爲超異奇特。使皆若蘊，則人空而道廢，釋氏之徒亦不立矣。鮑清卿夫人志。

梓材謹案：此下二條，一移入兼山學案，一移入象山學案。

諸儒以觀心空寂名學，默視危拱，不能有論詰，猥曰「道已存矣」。宋麃父志。

梓材謹案：此下一條，移入象山學案。

聞足下欲行天下，求世外之道。舊讀柳子厚文，愛其送婁圖南序，使世之君子，畔其道以從異學，勞而無成者，可以自鏡。正使不勞而成，固與龜蛇木石無異。願足下深惟之。與戴少望。

梓材謹案：此下一條，移附丁少詹傳後。

垂論道學名實真僞之説，古人以學致道，不以道致學。道學之名，起于近世儒者，其意曰「舉天下之學，不足以致道，獨我能致之」云爾。其本少差，其末大弊。與吴明輔。

老子之徒矜大者，老氏可耳，將以示爲士者，可乎？天地定位也，人物定形也，壽夭貴賤可約而推也，愛惡苦樂可狎而齊也，人之爲天地，天地之爲人，統氣御形而謂之道者，非也。老子説。

四十二章，質略淺俗，是時天竺未測漢事，採摘大意，頗用華言以復命，非浮屠氏本書也。夫西戎僻阻，無有禮義忠信之教，彼浮屠者，直以人身喜怒哀樂之閒，披析解剥，別其真妄，究其終始，爲聖狂賢不肖之分，蓋世外之論也，與中國之學豈可同哉！世之儒者，不知其淺深，猥欲强爲攘斥，然反以中國之學左右異端，而曰吾能自信不惑者，其于道鮮矣。題張君所注佛書。

梓材謹案：此條「鮮矣」下有「蜀人范東叔」至「其所知止于此乎」八十九字，移入止齋學案。

六經、語、孟，舉世共習。其魁偉俊特者，乃或去而從老、佛之説，怪神虚霍，相與眩亂。甚至山棲絶俗，木食澗飲，以守其言，異哉！老子支離説序。

古人多識前言往行，以畜其德。近世以心通性達爲學，而見聞幾廢，狹而不充，爲德之病。題周子實所録。

讀書不知接統緒，雖多無益也。爲文不能闢教事，雖工無益也。篤行而不合于大義，雖高無益也。立志而不存于憂世，雖仁無益也。贈薛子長。

欲折衷天下之義理，必盡攷詳天下之事物而後不謬。題西溪集。

水心外集

今天下之士，惟嗜材桀行者，乃或叩閫言邊，而明見利害之人，則皆深念根本。治勢篇。

慈溪黄氏曰：此陰不滿于同甫諸人。

理財與聚斂異，今言理財者，聚斂而已。故君子避其名，而小人執理財之權。自古聖賢無不理財，必也如父共子之財，而權天下之有餘不足。奈何君子不理，而諉之小人！財計。

古者養士而後取，今不養而取之。當因今之學以取士，而務養其心。士學。

用兵必用詐，自孫武始。武入楚，暴師不返。既，越伐吴，敗于檇李，無救于國。今其氣燄興起，若將與聖賢並稱，而右科學生誦其書，是以不仁之心相授。況今淮以北皆吾民，方當流涕以對之，尚安用武之術！數十年來，天下士好奇，而言兵者尤奇，皆中一時之欲，而不顧天下之利害。必也實言乎不多殺人，邦本不搖，無暴征横斂，而將得人，則兵可用。兵權。

王政之壞，始于管仲，而成于商鞅、李斯。若桑弘羊，又管、商所不屑。至唐之衰，取民無所不盡，又弘羊所不屑爲。壞之也，非一人之力，則復之也，非一人之功。聖人不千歲而一起，不繼世而皆遇，故與陋俗言王政，終不合。管子。

莊周知聖人最深，而玩聖人最甚。不得志于當世，而放意狂言。其怨憤最切，然而人道之倫顛錯而不敍，事物之情遺落而不理，以養生送死、飢食渴飲之大節而付之儻蕩不羈之人，小足以亡身，大足以亡天下，流患蓋未已也。莊子。

唐、虞、三代，上之治爲皇極，下之教爲大學，行之天下爲中庸。漢以來，無能明之者。今世之學，始于心，而三者始明。然唐、虞、三代，内外無不合，故心不勞而道自存。今之爲道者，務出内以治外，故常不合。皇極大學中庸三論總述。

王安石理財法，桑弘羊、劉晏所不道。蔡京之法，又王安石所不道。及經總制錢等法，蔡京亦羞爲之。經總制錢論。

慈溪黄氏曰：水心論恢復在先寬民力，寬民力在省養兵之費，其言哀痛激切。然後總一篇卒歸宿于買官田，則恐非必效之方也。世降俗漓，法密文弊，民之不可一日與官接，猶羊之不可與虎羣也。

豈獨官民爲然，衣食稍裕之家，以其田使人佃之，所經由不過一二顏情稔熟之奴隸，而已不勝其田主之苛取，奴隸之姦欺矣；至于寶貴之家，以其田使人佃，其苛取，其姦欺，甚至虐不可支，有舉室而逃，捐命以相嚮者矣。顧欲官買田而民佃之邪？水心先以温州爲準，欲繞城三十里內，買其田一半，計穀九萬八千一百二十五扛，以養兵二千七百二十二人，監官吏卒掌之者七十六人，鄉官保甲催之者七十人，作米者百二十人，出納期會，下至坌箕苕帚之費，無不會計曲盡，謂可永免擾民，然必監官、鄉官、吏卒、甲頭人人水心，世世水心其人，則量租可無斛面，納租可無費錢，催租可無摧剥；不然，則今世官取斛面，往往倍正斛，將盡三十里所出，不足以供租之半，納官租之費，一石不下數貫，既盡三十里所出，又須別營錢以納之，吏卒催租，雞犬爲盡，徒虧官額，以飽私囊，倍納之外，又將不勝其橫擾，而且立法之細，亦多難久。如監官廳子月支錢一貫，果足以贍其養乎？催租甲頭，歲支穀一扛，果足以償其勞乎？脚子三十名無給，則家食而官作乎？大抵人情之于剥民，如蚊吮血，有隙胥會，監官一員，必增監門，必增斗面，必置機察，江湖乞丐之靡，必于勢要挾書求爲司門，爲敖口，爲催租官，況于吏卒，何可豫防！官租之贏既倍，吏卒之擾又煩，佃户逃而追業主，業主逃而追親鄰，地荒民散，能保四境之不蕭然乎！

水心語

三江謂吴淞江、青龍江、揚子江。吴人習于水事者云。補。

附录

先生嘗言于孝宗曰：「今天下非不知請和之非義，然而不敢自言于上者，畏用兵之害也，以爲一絶使罷賂，則必至于戰，而吾未有以待之也。其敢自言于上者，非可用以當敵也，直媒以自進也。以臣計之，和親之決不可爲，審也，而戰亦未易言。然雖絶使罷賂，而猶未至于遽戰者，蓋戰在敵，使之不得戰在我，所當施行者，有次第焉。」補。

陳同甫與吴益恭書曰：「四海相知，惟伯恭一人，其次莫如君舉，自餘惟天民、道甫、正則耳。伯恭規模宏闊，非復往時之比，欽夫元晦已朗在下風矣，未可以尋常論也。君舉亦甚別，皆應刮目相待。正則俊明穎悟，視天下事有迎刃而解之意，但力量不及耳，此君更過六七年，誠難爲敵，獨未知于伯恭如何。徐居厚卓然自要立脚，亦與其他士人不同。」補。

水心學侶

文毅陳龍川先生亮别爲龍川學案。

靖君劉先生愚

劉愚，字必明，龍游人。太學釋褐第一。教授江陵府。外遷安鄉令，乞致仕。先生行己恭，與人敬，節堅而志厲，學必是古，尤邃講説，能自淺入深，荆人聞者，欣朗開達。年八十三卒。觀文殿學士何公率嘗同舍，故學徒共謚曰靖君。參水心文集。

雲濠謹案：萬姓統譜載先生與葉水心、項平甫講論不倦，以隱居學道爲樂云。

龍圖項平庵先生安世

侍郎陳先生景思並見晦翁學案。

徵君王誠叟先生綽

王綽，字誠叟，永嘉人也。有氣節，于書無所不讀，其年輩與水心相等，折節從之，而水心以爲畏友。趙汝談嘗薦之，不就。其門人有戴許、蔡仍、王汶，亦皆嘗學于水心，而端明尤脩、祕書薛蒙尤著。所著有春秋傳記及王徵君集。雲濠案：謝山劄記作王誠叟集。先生卒于水心之後，永嘉諸老至是盡矣。補。

梓材謹案：先生折節從水心，而水心以爲畏友，是未以及門著之也，故列徵君于葉氏門人之前。

水心門人季節三傳。

司業陳篔牕先生耆卿

陳耆卿，字壽老，號篔牕，臨海人。嘉定七年進士，官至國子監司業。吳子良稱其文遠參洙泗，近探伊洛，周旋賈、馬、韓、柳、歐、蘇閒，疆場甚寬，而行武甚的。葉水心見之，驚詫起立，爲序其所作，以爲學游楊而文張晁也。水心既殁，先生之文遂巋然爲世所宗。著有論孟紀蒙、篔牕集，又修赤城志。

雲濠案：讀書附志載篔牕初集三十卷，續集三十八卷，亦無傳本。今所存者，十之一二。四庫薈爲十卷，與赤城志收入集部。今祀鄉賢祠。

王大田先生象祖

王象祖，字德甫，臨海人。學于水心，水心所謂塵垢拭杯案者也。其文簡古老健，雖陳篔牕亦畏之。非有所見不下筆。吳荊溪而下，蔑和也。和厚嚴重，學邃行高，守令欲見不可得。真文忠公德秀極重之。有故人作相，先生已寢疾，猶稾數千言規正之，其憫時憂世之心如此，時論比之蘇明允、龐德公、魯仲連云。先生頗不喜同時論學者，嘗有詩云：「皋、夔、呂、召佐中古，蕭、曹、房、杜興漢、唐。因事因時修治效，不談道學又何妨。」是則頗近同甫一派，議論不盡本于水心也。修。

王東谷先生汶

王汶，字希道，黃巖人。警敏刻勵，常師事水心，又師王誠叟。取周易蒙卦之義，以名其齋。因購古今載籍，枕藉讀之，已而豁然有悟，援筆爲文，日數千百言，伯仲陳耆卿、吳子良之閒。所著有東谷集。

丁少詹先生希亮

丁希亮，字少詹，黃巖人也。負奇氣，拊躬誓志，自以爲不至于所至不止。三十一歲從葉水心學于樂清，同門之士以其義論夸大，相與背笑之，而水心亦以其讀書有數，年已長，微砭厲之。然先生雖俯視一切，而頗自悔少學不力，竭晝夜讀書爲文，不啻如嚴父師在旁程督之。又明年，變名字，從陳同甫于永康。同甫驚曰：「是人目犖犖，神諤諤，非妥帖爲學徒者，且吾鄉里不素識，得非巖穴挺出之士邪？」又未幾，從東萊于明招。則一時碩師良友，名言奧義，貫穿殆盡。嘗服補褐而食蔬薄，手鈔成屋。于是縱筆所就，詞雅意確，論事深眇，皆有方幅。水心亦歎曰：「不圖少詹學倏博，文倏工，淹識練智，麤細並入，非人力所及也。」率以歲日二三留治其家，餘輒孱山航海，一夕竟去。僧坊民舍，隨所棲止，雖在千里外，家事伸縮不失尺寸。不幸四十七歲遽卒。有丁少詹集。修。

附錄

水心與書曰：「少詹自負太過，慕爲豪傑非常之行，輕鄙中正平易之論，而多爲驚世駭俗絕高之語，未嘗不太息也。世間祇常理，君臣、父子、夫婦、朋友、賓主之大倫也，慈孝、恭敬、友悌、廉遜、忠信之大節也。所謂豪傑卓然興起者，不待教詔而自能，不待勉强而自盡耳。」「至於以機變爲經常，以不遜爲坦蕩，以窺測隱度爲義理，以見人隱伏爲新奇，以跌蕩不可羈束爲通透，以多所疑忌爲先覺，此道德之棄材也。」「讀書之博，祇以長傲，見理之明，祇以遂非，故不願少詹如此。」補。

侍郎方先生來

方來，字齊英，永嘉人。從水心學，登開禧第。教授安豐軍時，黄榦爲通守，又師事焉。知吳江縣，以爲除監察御史。遷左司諫,面對,乞早建儲,及他事,皆剴切。除起居郎,擢權兵部侍郎,知漳州。朱晦庵昔守是郡,北溪陳淳從之學,前守建龍江書院,乃于側建道源堂,祀晦庵,以淳配。奉祠歸里。景定中,推恩特除寶章閣待制。

正字周山房先生南

梓材謹案:先生本永嘉吴子量高弟。詳見周許諸儒學案。

周南,字南仲,吴縣人。十五六時,視吴下問學止科舉,心陋之,一往旬日,輒棄去,凡五易師,而後登水心之門。初若無所論質,已而耳改目化,氣竦神涌,古今事物,錯落高下,不以涯量,頓悟捷得。常以世道興廢爲己重,憂時傷國,老校小史,引坐深語。其治身端行拱立,尺寸程準,廉節整飭。水心于吴下弟子以先生爲第一。成紹熙元年進士,對策自宫掖以至廛肆無不及也,而最切于時論者曰:「陛下聰明,爲小人蔽蒙有三:一曰道學,二曰朋黨,三曰皇極。夫仁義禮樂是爲道,問辯講習是爲學,人不知學,學不聞道,皆棄材也。古人同天下而爲善,故以道學爲名之至美者。小夫譖人,不能爲善,而惡其異己,于是反而攻之曰:『此天下之惡名也。』陛下入其説,而抱學負才之士棄矣。小夫譖人猶不已,又取其不應和少駡譏者,亦例嫌之曰:『我則彼毁,爾奚默焉?是與道學爲黨耳!』陛下又入其説,而中立不倚之士以朋黨不用矣。舉國中之士,不陷于道學,則困于朋黨,唯其不能可否而自爲智,無所執守而自爲賢,然後竊箕子平康正直之説,爲庸人自便之地,而建皇極之論起。夫箕子所謂有爲有猷有守，是有材有道操執之人也，汝則念之，斯須不可忘也。不協于極，而亦受之，謂其雖有偏而終有用，亦當收拾而成就之也。今所謂道學朋黨，正皇極所用之人也，奈何棄之，而取其庸人外若無過中實奸罔者而用之，而謂之建皇極哉？其故無他，闒宂適尊異，凡庸當奮興，天下之大禍，始于道學，而終于皇極矣！」考官擬第一，不用，釋褐，池州教授。時天下益攻道學，新昌黃文叔者，其魁也，而先生其婿，罷教授爲常州推官。已而主管吏部架閣文字。開禧二年北伐，以先生掌樞密院機速房，大恐，辭曰：「吾方以先事造兵，爲發狂必死之藥，敢嚮邇乎？」得免，因求補外。水心心惜之，薦以館職。時王師已敗，先生言：「善爲國者，不執理以强勢之所難，常順勢以申理之所易。今日之急，復和而已，寧使力尚有餘而惜和之早，無使力已不足而恨和之遲。天下繁委，當付俊傑，今廟堂無能，盡出胥吏，使頭廬兒干政接踵，漿酒藿肉，瀾翻其家，根本大壞矣。」政府怒，悔召之，然尚除正字。將逐之，會以憂去。服除還朝，御史誣其盡以田賂蘇師旦，罷。嘉定中，議起之，力辭不赴，尋卒。所著有山房集。水心嘗以文字之任當寄之先生，其卒也，哭之慟。予從永樂大典中見先生集，果絕工云。修。

祖望謹案：南仲少任俠，既從水心，始折節讀書。時吳中道人何蓑衣者，頗能道人禍福，光宗賜以宸翰，先生非之，廷對有云：「雲漢昭回，至施之閭閻乞丐之夫。」已擬第一，光宗見而不懌。時鄭文肅公湜言事未報，先生策中又微及之，光宗乃曰：「鄭湜纔入六月，周南何以知之？湜固無愛君削槀之心，南亦顯非恬退之士。」遂被降。又嘗爭過宮事。

謝山跋南仲開禧敕後曰：右周正字山房槀中擬開禧奪秦檜官謚敕也。案建炎雜記曰：「秦檜之死，其館客曹宗臣爲博士，定謚曰忠獻，議狀有『道德高天地，勛業冠古今』之語。開禧初，李季章爲禮官，請易以惡謚，奉常定曰『繆很』，議上，侂胄謂同列曰：『且休！且休！』遂止。然忠獻之告，已拘取矣。侂胄死，乃復還之。今宋史寧宗本紀大書奪秦檜爵，謚以『繆醜』，以李氏之言核之，非其實矣。」予最愛敕中序鄂王寃狀，淋漓悲壯，事雖不果行，要足以吐重泉之氣，所當勒之鄂王墓道，使百世共讀之者也。

進士孫先生之宏

林先生居安合傳。

趙先生汝鐸合傳。

孫之宏，字偉夫，餘姚人也。水心習學記言之作，傳之者三人：其一曰林居安，瑞安人也；其一曰趙汝鐸，樂清人也；而先生序其指曰：「學失其統久矣！本朝關、洛驟興，近世張、呂、朱氏二三鉅公益加探討，名人秀士鮮不從風。先生後出，異識超曠，不假梯級，謂洙泗所講，前世帝王之典籍賴以存，開物成務之倫紀賴以著。易彖、象，仲尼親筆也，十翼則訛矣。詩、書義理所聚也，中庸、大學則後矣。曾子不在四科之目，曰『參也魯』。孟子能嗣孔子，然舍孔宗孟，則本統離。故根柢六經，折衷諸子，剖析秦、漢，訖于五季，以文鑑終焉。其致道成德之要，如渴飲飢食之切于日用也；指治摘亂之幾，如刺腧中肓之速于起疾也。推迹世道之升降，品目人才之短長，皆若繩準而銖稱之。前聖之緒業可續，後儒之浮論盡廢，稽合于孔子之本統者也。」先生之論如此，其于記言大旨，蓋發明殆盡。又稱水心以舊敵垂亡，邊方數警，別有後總，祕而未傳，則先生乃葉氏晚年入室弟子也。鶴山先生嘗銘其母墓。居安，字德叟；汝鐸，字振文。先生成進士不詳，其官禮部侍郎，謚忠敏。嵊叟其從孫也。修。

王先生植

王植，字立之，金華人，文定公淮之從子也。慶元中，學禁正嚴，先生以宰相家子，匿姓名，舍輜重，從水心于窮絕處。水村夜寂，蟹舍一漁火隱約，先生執書循厓，且誦且思，聲甚悲苦。其中表有仕永嘉者，月朔設集，先生獨後至，中表戲曰：「上學來邪？」自是每歲必一至水心講席，叩以所得，蓋力學之士也。修。

廉靖滕先生宬

滕宬，雲濠案：一作晟，通。字季度，吳縣人，知樞密院康之孫。學于水心，水心異其沈敏，無不洞達，舉直言極諫。孝宗問知世家，甚悅。已而召試，考官謂其輕己，罷之。其後累薦，韓侂胄又忌之。先生知其意，曰：「吾焉用溟涬風波閒哉！」遂不出。水心奏賜廉靖處士之號。晚居吳之齊門窮僻處。官于吳者，知其賢，多就見之，清語終日，不及私。修。

侍郎孟先生猷

孟猷，字良甫，隆祐太后曾姪孫，而信安郡王孫也。居吳。水心入吳，先生兄弟最先至，恭謹退遜，不異寒士。其學以觀省密察爲主，外所涉歷，皆切于心身，所覺知，皆反于性。凡情僞錯陳，横逆忽來，幾若無所嬰拂。而筋骸之束，肌膚之會，常得由于順正。其專悟獨了，動用不窮，有非簡策所載者。其立朝無黨與，中立不倚，士大夫敬愛之。累官至籍田令。時學禁正興，建安、長沙、金華、永嘉象山諸弟子，多入錮籍且盡，獨先生超然不豫。然以是不欲官中朝，請外補，累遷至知信州。及學禁漸弛，諸君子稍賜環，先生亦入爲都官郎，累遷至尚右郎。兵議起，永嘉弟子與之者多，先生亦被使出淮東。及事罷，貶斥者多，獨先生無及之者。蓋其平心無競，不立岸限，故能立于禍患之表。其後入爲軍器監，累遷至刑部侍郎，然亦終不爲當國者所容。出知婺州，已而以直龍圖閣將漕江東，尋奉祠卒。先生喜爲詩，有孟侍郎集。尤愛汲引後進，户外之屨恆滿。水心于先生之學，惜其尚未能盡究古今之變，博達倫類。然以先生所得觀之，蓋有用功于内者，雖源流出于水心，而其實自得爲多。水心之言，不足爲先生惜也。修。

知軍孟先生導

孟導，字達甫，侍郎良甫之弟也。水心嘗曰：「予講學葑門，紅藥被野如菜。俊流數十，論難捷至，良甫最簡；時然後言，而達甫尤簡，或終席不一語，衆莫測其所至。閒與言時事，無一不精切。」累官大理正，知嚴州。先生所至皆有聲。性介甚，一絲之餽，一縷之謁，無逮門者。而敏甚，弊山訟海，皆得其情。以聚財爲諱，以察冤爲急，出之以和平中正，故自淳熙以後，議擇理繁劇之臣，先生未嘗不在選中。然執政者曰：「此大儒，先生所爲才，非吾所爲才也。」卒不果用。再知臨江軍，復爲忌者所論罷，而先生亦無意于當世矣。閒居靜坐，隱几噓嗒，驗學講德，戒其子曰：「先后遭家多難，再興家室，俯仰百年，而隆祐之澤遠矣！若等衣食其力，毋得與戚畹齒。仕必由平進，學必依癯儒。麤糲適口則膏粱疏，毳褐附身則綺羅贅矣！」時以爲名言。修。

監當邵先生持正

邵持正，字子文，平陽人，以父致仕恩爲監當。水心初講學，先生即在學舍中。其後所至皆從之。神暇語簡，不輕變聲色。工于歌詩駢體，沈淪下吏，不永其年，水心深痛惜之。修。

陳先生昂祖堯英。

陳昂，平陽人，其大父堯英嘗三上書闕下，論恢復事，斥和議。高宗令宰相召問，長揖，直指宰相，奏罷之。又三上書政府，詆其誤國者也。先生從水心三十年。修。

知州趙嬾菴先生汝讜

趙汝讜，雲濠案：「讜」一作「譡」。字蹈中，大梁人。爲水心文集序。少倜儻，有智略。水心嘗過其家，勸之曰：「名門子，安可不學。」先生自是折節讀書，與兄汝談齊名。以恩補承務郎，歷監行㊀右藏西庫。疏訟趙忠定冤，侂胄使胡紘攻之，坐廢十年。登嘉定進士，後知溫州，居官有政績。嘗言：「宗子不忘君，孝子不辱身，臨難則功業當如朱虛，立身當如子政」云。修。

監倉夏先生庭簡

夏庭簡，字迪卿，黃巖人也。以進士授長溪簿。少喜讀書，林叔和㊁、趙幾道皆愛之。往來長溪，遂受業水心之門。語不妄發，問則博辯。在官有能聲，調監臨安鹽倉卒。補。

鹽官王拙齋先生大受

王大受，字宗可，一字拙齋，饒州人也。居吳。水心弟子，工詩，水心稱之。爲人豪邁，頗以經濟自負，吳開府琚客之，以異姓恩澤，奏爲紹興鹽官。初，過宮之諫，浮言盈市，先生因開府密奏孝宗：「陛下惟一子，不審處利害，恐國人騰口取名，于家計大不便。且羣臣以父子禮，故諍不敢止，陛下何不出手詔曰：『皇帝體不安，朕所深知也，卿且弗言。須秋涼，朕自擇日與皇帝相見也。』」孝宗喜其策，即令琚擬進手詔，會宴駕不果。黨錮之禍作，胡紘等欲一網盡之。先生令開府密言于憲聖，調濟其中，事祕無人知者。徐忠文公徙南安，蔡璉言其謀爲不軌，先生力調護之。一日，侂胄女歸寧，忽致忠文書，侂胄發函黯然，即移袁州，尋歸故郡，皆先生所爲也。開禧議和，侂胄欲用先生。先生謂：「金以首謀爲言，

㊀宋史本傳「行」下有「在」字。

㊁「叔和」，各本同，似當作「和叔」，林大中字和叔。

通軍前書，宜勿用平章銜，姑以陳自强主之。金問，則答以今已避位。」侂胄疑其建明漸廣，不從。史彌遠之誅韓也，水心門下士豫之者三人，其二爲趙蹈中兄弟，其一卽先生也。于是吳鋼白上其父開府調劑二宮之功，且言先生實與密謀。先生故負氣，嘗得罪于樓宣獻公之兄，又誚宣獻之文，宣獻頗短之于彌遠，而嗣秀王師揆言于朝曰：「王大受一布衣，凡國之大謀，皆欲討分。」彌遠亦畏先生之才氣，命去袍笏，編置邵武，吳鋼不敢復言。先生遂放浪于詩，以終其身，水心爲之序。補。

祖望謹案：水心之門，有爲性命之學者，有爲經制之學者，有爲文字之學者，先生欲以事功見其門庭，蓋又別爲一家。惜乎！未竟其用也。又案：先生亦預誅韓之謀。

鄧求齋先生傳之附師曾丰。

鄧傳之，字師孟，永豐人也。年十三能作賦，十七從前輩曾丰幼度遊，所稱撙齋先生者也。以族父約禮官永嘉，因登水心之門。歸作求齋記，欲自求于內，收放心于外。又曰：「博約卽顔子之所樂也。」二十一歲而卒。周益公痛惜之。所著有求齋稾、易繫辭說一卷。補。

縣令宋先生駒

宋駒，字廏父，宣獻公之後也。南渡後，居紹興。乾、淳之間，諸儒有以觀心空寂之學起，默視危拱，無所論詰，忽見道體者，先生未信。學于水心，乃從事于古今倫貫，物變終始，所當究極，用功甚鋭。家居或踰月不出，野宿或兼旬不返，以讀書爲樂。由進士知壽春縣卒。補。

學博王先生度

王度，字君玉，會稽人也。學于水心，以太學上舍入對，問同舍時事所宜言，則皆搖首曰：「草茅諸生，何預時事乎！」曰：「不然。罷賢良，策進士，當世要務，無不畢陳，自熙寧行之矣，且更待何日！」于是暢所欲言，而竟以此失上第。教授舒州，户外之屨恆滿。侍從薦之，用爲太社令，遷太學博士，將召對，益欲發舒，以疾卒。補。

領衞厲先生仲方

厲仲方，字約甫，原名仲詳，東陽人也。從水心學，不遠千里同行。獨閉一室，未嘗窺户。以武學諸生舉第一，任領衞官，召試閤門舍人，而先生非所好也，尋出知安豐軍。時韓侂胄謀開邊，諜妄言金衰亂，而先生適奏「淮北飢民多叩關求接應者，然非如諜者之導以用兵也」。侂胄遽從夜半下其議，據以起事，于是論者以咎先生，召還閤門，出知和州，權知廬州。時方北伐，先生以能被選，俄召授左領衞中郎將。金人内犯，朝議憂在江北，以先生防守建康。先生有將才，其在安豐，種桑數十萬株，墾田數千頃，置歷陽軍實甚衆。後人卒用其所造九牛弩，射殺金驍將于城下，又用其所製戰車，敗之清水。水心帥建康，訪士于先生，曰：「田琳可。」乃以之戍合肥，而金不敢犯。然先生未嘗識琳也。金人屯定山十餘萬，先生募石斌賢、夏侯成再破走之。金人留六合，水心令先生往解圍，則曰：「鹵且退矣。」不數日而果然。已而復還領衞，臺臣劾其附會開邊，罷官奉祠，尋徙邵州。先生慷慨自喜，少爲陳同甫壻，又從水心，素留意于事功之學，故所至有稱。自侂胄死，凡豫于開邊之役者，不原其人之本末，皆擊去之，雖水心有所不免，而先生竟以此死于邵州，君子惜之。修。

常博戴先生栩

戴栩，字文子，永嘉人，岷隱先生族子也。學于水心，得其旨要，故明經之外，亦高于文。嘗云：「詩壞于衞宏之序，春秋誤于公羊之傳，易淆于三聖繫、爻、彖、象之互入，書失于孔壁序、傳簡編之相亂，周禮特周公大約之書，當時有未必盡行者。」所著有五經説、諸子辯論、東都要略、戴博士集。成嘉定進士，累官祕書郎、湖南安撫司參議官、太常博士。補。

知州孔靜樂先生元忠父道。

孔元忠，字復君，商河人也。父道，遷居長洲。靖康末，以知兵干何灌，不見用。南渡，復從張俊有功。煬王南下，能以孤軍守鹽城。嘗歎士大夫鮮盡忠者，故名子皆以忠。先生少讀論語，謂其父曰：「率而行之，可不媿教忠之訓矣。」水心先生官吳門，見先生所著論語説而奇之。遂從受業，其見賞亞于周南仲。以世勛入仕，累調含山尉。水心將漕，欲挽以自助，先生謂：「巡尉法不出差，監司宜守法，不宜任意。」水心是之，不强也。已而鎖廳登進士第。先生初不欲以右班官自見，將應詞科，至是乃止。知金壇縣，有善政。不久爲忌者所中，罷。改授淮西總領所藥局，通判常州，已而通判臨安府，皆有聲。遷太常寺主簿，大饗閲樂，疏言：「本寺鐘磬，于十二律之外，有黄鍾、大吕、太蔟、夾鍾四清聲，而他律無之。清聲者，子聲也。商、角之不可勝宮，猶臣民之不可勝君。當黄鍾之林鍾八律爲宮之時，宮律俱長，商、角促短，于理爲順。惟夷則、南吕爲宮，則黄鍾、大吕爲角，角長于宮，而民勝君；無射、應鍾爲宮，則黄鍾、大吕爲商，太蔟、夾鍾爲角，商、角並長于宮，而臣民俱勝君。故作樂當此四律爲宮，則殺其黄鍾、大吕、太蔟、夾鍾四正聲，而用其四子聲。仁宗皇帝嘗行之詔旨，近世頗失此意，非所以尊君，乞行整正。」從之。除太府寺丞，歷知徽州、處州，皆以寬厚勤慎得民。以疾奉祠。先生和平無所矯亢，而臨事以果。嘗曰：「譽極而毁生，利形而害起。」又曰：「溺名則違道，爲利則忘義。」既致其事，題其燕居之室曰静樂。其所著書曰：豫齋集二十卷，論語鈔十卷，祭編五卷，編年通攷七十三卷，書纂二卷，攷古類編四卷，緯書類聚二卷。補。

進士袁先生聘儒

袁聘儒，建安人。紹熙進士。水心之徒，嘗述水心易説。補。

梓材謹案：先生字席之，紹熙癸丑進士。陳直齋書録解題：「述釋葉氏易説一卷。」謂正則爲習學記言，易乃席之述釋。

文懿趙南塘先生汝談別見滄洲諸儒學案。

葉靖逸先生紹翁

葉紹翁，號靖逸，龍泉人。雲濠案：厲鶚宋詩紀事稱先生字嗣宗，建安人。攷甲録所載高宗航海一條，自稱本生祖曰李穎士，建之浦城人。則建安其祖籍，既嗣于葉，始居龍泉。其學出于水心，而西山真氏與之最厚，嘗著四朝聞見録。補。

縣令毛先生當時

毛當時，知同安縣，祠朱子，嘗學于水心。補。

張先生垓

張垓，字伯廣，金華人也。師事水心，所以資給之者甚至。水心帥建康，辟爲司屬。先是，大愚得罪，先生棄官，追至信安，爲之謀其行李。同甫之被誣，罪且不測，先生奔走經營，卒脱之。補。

忠文周先生端朝別見嶽麓諸儒學案。

通直陳潛室先生埴別爲木鐘學案。

忠肅陳先生韡

陳韡，字子華，候官人。朱、吕門人，孔碩之子也。嘗從水心學，登開禧進士。賈涉開淮閫，辟爲司幹官。淮西告捷，先生策金人必專向安豐，而分兵綴諸郡，使卞整、張惠、李汝舟、范成進各以其兵屯廬州以待，諭曰：「金將盧鼓搥新勝于潼關，乘鋭急戰，當持久困之，不過十日，必遁，設伏邀擊之，必可勝。」又使時青、夏全候金人深入，以輕兵擣其巢穴，第一策也。其後金人果犯安豐，先生再如盱眙見劉琸，調諸軍擣虛應援，皆行先生之策，遂有堂門之捷。差知真州、提點淮東刑獄，遷至倉部郎中。入對，言：「臣所陳夏、周、漢、唐數君之事，如布德兆謀，任賢使能，信賞必罰，區處藩鎮，不事姑息，規摹莫大于此。」盜起閩中，帥王居安屬其提舉四隅保甲，先生有親喪，辭之。轉運使陳汶、提舉常平史彌忠告急于朝，謂非先生莫可平。起知南劒，提舉汀州、邵武兵甲公事，詔兼福建路招捕使。賊急攻汀州，淮西帥曾式中調兵由泉、漳間道入汀，擊賊于順昌，勝之。兵大合，先生親提兵至沙縣、順昌、將樂、清流、寧化督捕，所至克捷。分兵進攻五賊營砦，平之。破潭瓦礫賊起之地，夷其巢穴。誅汀州叛卒，諭降連城七十二砦，汀境皆平。兼知建寧。衢州寇汪徐、來二破常山、開化，勢張甚。先生命淮將李大聲提兵七百，出賊不意，夜薄其砦。賊出迎戰，見算子旗，驚曰：「此陳招捕軍也！」皆大哭。急擊之，衢寇悉平。知隆興。贛寇陳三槍據松梓山砦，出没江、廣，所至屠殘。詔節制江西、廣東、福建三路捕寇軍馬。先生奏遣將劉師直扼梅州，齊敏扼循州，自提淮西兵及親兵擣賊巢穴。兼知贛州。斬將士之張皇賊勢及掠子女貨財者。齊敏、李大聲所至克捷。分兵守大石堡，斷賊糧道，遂破松梓山。三槍遁至興寧就禽，斬隆興市。初，賊跨三路數州六十砦，至是悉平。詔獎以「忠勤體國，計慮精審」。進權工部侍郎，仍知隆興。未幾，改知建康。遷權工部、刑部尚書、沿江制置大使。知潭州。召爲兵部、禮部尚書兼侍讀，累拜參知政事、知樞密院事、湖南安撫大使兼知潭州。以觀文殿學士知福州。召赴闕，落致仕，充體泉觀使。授福建安撫大使兼知福州。久之，提舉沖佑觀，力請致仕。景定二年卒，年八十三。贈少師，謚忠肅。參史傳。

戴先生許

蔡先生仍合傳。

戴許、蔡仍與王汶皆水心之徒也。水心嘗送之序云：「戴許、蔡仍、王汶來自黄巖，從王誠叟學。」參水心文集。

少卿吴荆溪先生子良見下篔牕門人。

劉氏門人

學士余先生嶸

余嶸，字景瞻，龍游人，左相忠肅公端禮之幼子也。幼學于劉靖君，淳熙十四年擢第，官至寶謨閣學士。卒，贈龍圖閣學士、光禄大夫。忠肅在慶元，保全定策國老，平停僞學禁錮，號南渡名宰。先生接緒言而傳心印，克爲名卿，真西山、陳復齋尤敬重焉。參劉後村集。

附錄

劉漫堂通侍郎書曰：「與人之誦，在閩惟希元，在浙惟侍郎。然謂希元與人太寬，而決擇或有未精；侍郎持己太嚴，而聽受或有未廣。未精則施行或誤，未廣則聽受或偏，某莫知其言之中否。若必待知其中而後言，則已晚矣！故姑言之，惟姑聽而姑容之。」補。

梓材謹案：謝山錄浸堂集，此條作「通徐侍郎嶸」。以時地考之，蓋即先生，而誤余爲徐也。

王氏門人

尚書尤木石先生焴

尤焴，字伯晦，無錫人，文簡公袤之孫也。先生端平初徵爲將作監主簿，後爲淮西帥，以儒者守邊，威惠兼濟。累進工部尚書，入爲翰林學士。卒年八十三，自號木石。參姓譜。

祕書薛先生蒙

薛蒙，官祕書，與尤焴並王誠叟門人。誠叟春秋傳紀：「二子守建與括，皆爲刊于學」參溫州府志。

戴先生許

蔡先生仍

王東谷先生汶並見水心門人。

篔牕門人季節四傳。

少卿吴荆溪先生子良

吴子良，字明輔，號荆溪，臨海人。寶慶進士，官至湖南運使、太府少卿，忤史嵩之。幼從篔簹學，亦曾登水心之門。篔簹之統，傳于先生，所著有荆溪集。其作隆興府學三賢堂記有曰：「道公溥，不可以專門私；學深遠，不可以方册既。貫羣聖賢之旨，可以會一身心之妙。充一身心之妙，可以補羣聖賢之遺。孰爲異，孰爲同哉！合朱、張、吕、陸之説，泝而約之于周、張、二程；合周、張、二程之説，泝而約之于顔、曾、思、孟；合顔、曾、思、孟之説于孔子，則孔子之道，即堯、舜、禹、湯、文、武之道，孔子之學，即皐、益、伊、仲、傅、箕、周、召之學。百聖而一人，萬世而一時，尚何彼此户庭之別哉！」修。

謝山跋木筆雜鈔後曰：「木筆雜鈔二卷，諸書目皆云不知作者。愚讀其書，乃水心先生弟子，故于永嘉諸公行事爲詳，而所嚴事者，則陳篔簹。書中有云：『予少時，好爲譏切之文，篔簹袖以示水心，水心曰：「雋甚。」』吾鄉薛象先端明當吴之時，未有吴之筆也。吴似王逢原，惜其好駡亦如之。愚攷之水心集中，有答吴明輔書，乃篔簹表弟，當即斯人也。案：明輔，名子良，後村集中有其挽詩曰：『水心文印雖傳嫡，青出于藍自一家。尚意祥麟來泰畤，安知怪鵩賦長沙。忤因宫妾頭無髮，去爲將軍手汗韡。他日史官如立傳，先書氣節後辭華。』其爲當時直節侍臣如此，而宋史不作傳，可怪也。」

聘君車玉峰先生若水別見南湖學案。

孫氏家學

忠敏孫先生嶸叟

孫嶸叟，字仁則，餘姚人。第進士，復中博學宏辭科。官至禮部侍郎兼太子賓客。卒謚忠敏。著有讀易管見。參紹興府志。

吳氏門人季節五傳。

承直舒閬風先生嶽祥

舒嶽祥，字舜侯，一字景薛，寧海人也。寶祐進士，仕終承直郎。受文法于吳荊溪，荊溪序其集，以「異禀靈識」稱之。宋亡，避地四明之奉化，與戴表元相友善。所著有史述、漢砭、補史家録、蓀墅稾、避地稾、篆畦稾、蝶軒稾、梧竹里稾、三史纂言談叢，又有叢續、叢殘、叢隸、雲濠案：「叢隸」當是「叢肄」之誤。昔遊録、深衣圖説，共二百二十卷，通曰閬風集，雲濠案：永樂大典本閬風集十二卷，收入四庫。今多不傳。然自水心傳于篔牕，以至荊溪，文勝于學，閬風則但以文著矣。修。

祖望謹案：荊溪序閬風集，以所傳屬之。築閬風臺，讀書其上，人稱閬風先生，亦有宋之遺民也。

隱君劉樗園先生莊孫

劉莊孫，字正仲，寧海人也。其文學與舒閬風齊名，亦荆溪弟子。所著有劉黄陂集。雲濠案：清容居士稱先生有易志十卷、詩傳音旨補二十卷、書傳上下篇二十卷、周官集傳二十卷、春秋本義二十卷，復著論語章指、老子發微、楚辭補注音釋、深衣考，所爲詩文曰芳潤稾，凡五十卷，又和陶詩一卷。與閬風同避地于奉化，今但存姓氏于剡源集而已。補。

梓材謹案：戴剡源集清容齋記云：「清容從遊之賢者，天台劉君正仲父，以夷惠清和之説爲齋銘。」又有和劉正仲詩，自註云：「劉，號樗園。」則先生又與戴户部相友善者也。又案：謝山修補學案，以先生爲名惔，字正仲。攷任松鄉集謹齋記云：「上虞劉惔養明，故侍御史忠公之猶子也。」蓋名惔者，别一人，今據清容等集以正之。

舒氏門人季節六傳。

户部戴剡源先生表元別見深寧學案。

林先生處恭

林處恭，臨海人也。性行醇篤，受業于舒閬風。所著有四書指掌圖，弟子極盛。水心之學，至閬風師弟後，無復存矣。補。

宋元學案卷五十六

龍川學案

黄宗羲原本　黄百家纂輯　全祖望修定

龍川學案表

陳亮　鄭氏、芮氏門人。徐氏再傳。安定四傳。
- 喻民獻
- 喻偘
- 喻南强
- 吴深　子遂　孫思齊　附從父天澤。　黄景昌
- 方鳳　子樗
  - 黄溍　別見滄州諸儒學案。
  - 吴萊　宋濂　胡翰　並見北山四先生學案。
  - 柳貫　別見北山四先生學案。

黃景昌見上全歸門人。
吳貴
黃景昌見上全歸門人。

謝翱
父鑰。
並全歸講友。

林僖
陳頤
錢廓
郎景明
父鵬舉。
方坦
陳檜
陳猛
金潚
淩堅
何大猷
劉範
徐碩
孫貫

章湜
章濤
章渭
章海
樓應元
父民鮑。
胡括
章椿
章與
章允
周擴
呂約
盧任
周作
何凝
厲仲方別見水心學案。
丁希亮別見水心學案。
陳剛別見槐堂諸儒學案。

呂祖謙別爲東萊學案。
薛季宣別爲艮齋學案。
葉適別爲水心學案。
並龍川講友。
倪樸
龍川學侶。
王自中——彭仲剛別見麗澤諸儒學案。
龍川同調。

龍川學案序録

祖望謹案:永嘉以經制言事功,皆推原以爲得統于程氏。永康則專言事功而無所承,其學更粗莽掄魁,晚節尤有慚德。述龍川學案。梓材案:是卷本稱永康學案,謝山定序録改稱龍川。又案:龍川在太學嘗與陳止齋等爲芮祭酒門人。又先生祭鄭景望龍圖文稱之曰「吾鄭先生」,則先生亦在鄭氏之門矣。

鄭芮門人季節再傳。

文毅陳龍川先生亮

陳亮,字同甫,永康人。學者稱爲龍川先生。生而目光有芒,爲人才氣超邁,喜談兵,議論風生,下筆數千言立就。隆興初，與金人約和，天下欣然幸得蘇息，獨先生以爲不可。婺州方以解頭薦，因上中興五論，奏入不報。已而退修于家，學者多歸之，益力學著書者十年。先是，先生嘗圜視錢塘，喟然歎曰：「城可灌爾！」蓋以地下于西湖也。至是，孝宗卽位蓋十七年矣。亮更名同，詣闕上書，其略云：「請爲陛下陳國家立政之本末，而開今日大有爲之略；論天下形勢之消長，而決今日大有爲之機。」書奏，孝宗赫然震動，用种放故事，召令上殿，將擢用。大臣交沮之，乃有都堂審察之命。待命十日，復上書言三事。欲官之，先生曰：「吾欲爲社稷開數百年之基，寧用以博一官乎！」亟渡江而歸，日落魄醉酒，醉時戲爲大言。一士欲中之，以其事首刑部侍郎何澹，澹卽繳狀。事下大理，笞掠，誣服爲不軌。事聞，孝宗知之，陰遣左右廉知其事，遂得免。居無何，家僮殺人于境，適被殺者嘗辱先生父，其家疑之，聞于官。復下大理。時辛幼安棄疾、羅春伯點素高先生才，援之尤力，復得免。又與鄉人宴會，同坐者暴死，復下大理，又得出。先生自以豪俠屢遭大獄，歸家益勵志讀書，所學益博。其學自孟子後惟推王通。嘗曰：「研窮義理之精微，辨析古今之同異，原心于秒忽，較理于分寸，以積累爲工，以涵養爲主㈠，睟面盎背，則于諸儒誠有愧焉。至于堂堂之陳，正正之旗，風雨雲雷交發而並至，龍蛇虎豹變見而出沒，推倒一世之智勇，開拓萬古之心胸，自謂差有一日之長。」與朱文公熹論皇帝王霸之學，文公雖不與，而亦不能奪也。先生感孝宗之知，復上疏。時將内禪，不報。由是在廷交怒，以爲狂怪。光宗策進士，先生以君道師道對，且曰：「臣竊歎陛下之于壽皇莅政二十有八年之間，寧有一政一事之不在聖

㈠「主」，宋史本傳作「正」。

懷？而問安視寢之餘，所以察詞而觀色，因此而得彼者其端甚衆，亦既得其機要而見諸施行矣。豈徒一月四朝而以爲京邑之美觀也哉！」時上不朝重華宮，羣臣迭諫，皆不聽，喜先生策，謂善處父子之閒，擢第一。既知爲亮，又喜曰：「朕擢果不謬。」孝宗在南内，寧宗在東宮，聞之皆喜。授簽書建康府判官廳公事。未上，一夕卒。吏部侍郎葉水心請于朝，官其子，非故典也。端平初，謚文毅。修。

百家謹案：永嘉之學，薛、鄭俱出自程子。是時陳同甫亮又崛興于永康，無所承接。然其爲學，俱以讀書經濟爲事，嗤黜空疏、隨人牙後談性命者，以爲灰埃。亦遂爲世所忌，以爲此近于功利，俱目之爲浙學。

陳同甫集

自孟、荀論義利王霸，漢、唐諸儒未能深明其說。本朝伊洛諸公辨析天理人欲，而王霸義利之說于是大明。然謂三代以道治天下，漢、唐以智力把持天下，其說固已使人不能心服；而近世諸儒，遂謂三代專以天理行，漢、唐專以人欲行，其閒有與天理暗合者，是以亦能久長。信斯言也，千五百年之閒，天地亦是架漏過時，而人心亦是牽補度日，萬物何以阜蕃，而道何以常存乎！故亮以爲漢、唐之君本領非不洪大開廓，故能以其國與天地並立，而人物賴以生息。惟其時有轉移，故其閒不無滲漏。曹孟德本領一有蹺欹，便把㊀天地不定，成敗相尋，更無著手處。此卻是專以人欲行，而其間或能有成者，有

㊀「把」字下，陳亮集有「捉」字。

分毫天理行乎其閒也。諸儒之論，爲曹孟德以下諸人設可也，以斷漢、唐，豈不冤哉！高祖、太宗豈能心服于冥冥乎！天地鬼神亦不肯受此架漏。謂之雜霸者，其道固本于王也。諸儒自處者曰義曰王，漢、唐做得成者曰利曰霸。一頭自如此說，一頭自如彼做；說得雖甚好，做得亦不惡，如此卻是義利雙行，王霸並用。如亮之說，卻是直上直下，只有一箇頭顱做得成耳。即如太宗，亦只是發他英雄之心，誤處本秒忽，而後斷之以大義，豈右其爲霸哉！發出三綱五常之大本，截斷英雄差誤之幾微，而來諭乃謂非三綱五常之正，是殆以人觀之而不察其言也。孟子終日言仁義，而與公孫丑論勇如此之詳，蓋擔當開廓不去，則亦何有于仁義！氣不足以充其所知，才不足以發其所能，守規矩準繩而不敢有一毫走作，傳先民之說而後學有所持循，此子夏所以分出一門而謂之儒也。成人之道，宜未盡于此。故後世所謂有才而無德，有知勇而無仁義者，皆出于儒者之口。亮以爲，學者，學爲成人，而儒者亦一門戶中之大者耳。祕書不教以成人之道，而教以醇儒自律，豈揣其分量止于此乎？不然，亮猶有遺恨也。「即如」以下全氏補。

張采謹案：龍川于王霸二字，未究端委，故于諸儒之論，不肯降服。且如三代而下，漢文、宋仁最近仁義，然謂其能治人欲否？龍川必欲以曹操一輩爲人欲，則其說人欲淺矣。

昔者三皇、五帝與一世共安于無事，至堯而法度始定，爲萬世法程。禹、啟始以天下爲家而自爲之。有扈氏不以爲是也，啟大戰而後勝之。湯放桀于南巢而爲商，武王伐紂，取之而爲周。武庚挾管、蔡之隙，求復故業，諸嘗與武王共事者，欲修德以待其自定，而周公違衆議，舉兵而後勝之。夏、商、周之制度定爲三家，雖相因而不盡同也。五霸之紛紛，豈無所因而然哉！老、莊氏思天下之亂，無有已時，而歸其罪于三王，而堯、舜僅免耳。使若三皇、五帝相與共安于無事，則安得有是紛紛乎！其思非不審，而孔子獨以爲不然。三皇之化不可復行，而祖述止于堯、舜，而三王之禮，古今之所不可易，萬古之所當憲章也。芟夷史籍之煩辭，刊削流傳之訛謬，參酌事體之輕重，明白是非之疑似，而後三代之文燦然大明，三王之心迹皎然不可誣矣。後世徒知尊慕之，而學者徒知誦習之，而不知孔氏之勞蓋如此也。當其是非未大明之時，老、莊氏之至心豈能遽廢而不用哉！亮深恐儒者之視漢、唐，不免如老、莊當時之視三代也。儒者之説未可廢者，漢、唐之心迹未明也。故亮常有區區之意焉，而非其任耳。夫心之用有不盡而無常泯，法之文有不備而無常廢，人之所以與天地並立而爲三者，非天地常獨運而人爲有息也。人不立，則天地不能以獨運，舍天地則無以爲道矣。夫「不爲堯存，不爲桀亡」者，非謂其舍人而爲道也。若謂道之存亡非人之所能與，則舍人可以爲道，而釋氏之言不誣矣。使人人可以爲堯，萬世皆堯，則道豈不光明盛大于天下！使人人無異于桀，則人紀不可修，天地不可立，而道之廢亦已久矣。天地而可架漏過時，則塊然一物也；人心而可牽補度日，則半死半活之蟲也。道于何處而常不息哉！惟聖人爲能盡倫，自餘于倫有不盡，而非盡欺人以爲倫也；惟王爲能盡制，自餘于制有不盡，而非盡罔世以爲制也。欺人者，人常欺之，罔人者，人常罔之，烏有欺罔而可以得人長世者乎！不失其馳，舍矢如破，君子不必于得禽也，而非惡于得禽也。範我馳驅而能發必命中者，君子之射也。豈有持弓矢審固而甘心于空返者乎！御者以正，而射者以手親眼便爲能，則兩不相值，而終日不獲一矣。射者以手親眼便爲能，而御者委曲馳驟以從之，則一朝而獲十矣。非正御之不獲一，而射者之不正也。以正御逢正射，則「不失其馳」而「舍矢如破」，何往而不中哉！孟子之論不明久矣，往往反用爲迂闊不切事情者之地。亮非喜漢、唐獲禽之多也，正欲論當時御者之有罪耳。高祖、太宗本君子之射也，惟御之者不純乎正，故其射一出一入；而終歸于禁暴戢亂、愛人利物而不可掩者，其本領宏大開廓故也。故亮嘗有言：「三章之約，非蕭、曹之所能教，而定天下之亂，又豈劉文靖之所能發哉！此儒者之所謂見赤子入井之心也。其本領開廓，故其發處便可以震動一世，不止如見赤子入井時微眇不易擴耳。至于以位爲樂，其情猶可以察者，不得其位，則此心何所從發于仁政哉！以天下爲己任，其情猶可察者，不總之于一家，則人心何所底止！自三代聖人，固已不諱其爲家天下矣。天下，大物也，不是本領宏大，如何擔當開廓得去？惟是事變萬狀，而真心易以汩沒，到得失枝落節處，其皎然者終不可誣耳。高祖、太宗及皇家太祖，蓋天地賴以常運而不息，人紀賴以接續而不墜；而謂道之存亡非人之所能預，則過矣。漢、唐之賢君果無一毫氣力，則所謂卓然不泯滅者，果何物邪？道非賴人以存，則釋氏所謂千劫萬劫者，是真有之矣。此論正在于毫釐分寸處較得失，而心之本體，實非餖飣輳合以成。此大聖人所以獨運天下者，非小夫學者之所能知。使兩程而在，猶當正色明辯此見。祕書與叔昌子約書，乃言「諸賢死後，議論蜂起」，有獨力不能支之意。伯恭，曉人也，自其在時，固已知之矣。天地人爲三才。人生只是要做箇人。聖人，人之極則也。如聖人，方是成人。故告子路者則曰：「亦可以爲成人。」來諭謂「非成人之至」，誠是也。謂之聖人者，于人中爲聖；謂之大人者，于人中爲大。纔立箇儒者名字，固有該不盡之處矣。學者，所以學爲人也，而豈必其儒哉！子夏、子張、子游皆所謂儒者也。學之不至，則荀卿有某氏賤儒之說，而不及其他。論語一書，只告子夏以「汝爲君子儒」，其他亦未之聞也。則亮之說亦不爲無據矣。管仲儘合有商量處，其見笑于儒家亦多，畢竟總其大體，卻是箇人，當得世界輕重有無，故孔子曰人也。亮之不肖，于今世儒者無能爲役，其不足論甚矣，然亦自要做箇人。非專徇管、蕭以下規摹也，正欲攬金銀銅鐵鎔作一器，要以適用爲主耳。亦非專爲漢、唐分疏也，正欲明天地常運，而人爲常不息，要不可以架漏牽補度時日耳。夫說話之重輕，亦係其人。以祕書重德，爲一世所尊仰，一言之出，人誰敢非！以亮之不肖，雖孔子親授以其說，纔過亮口，則弱者疑之，強者斥之矣㈠。願祕書平心以聽，惟理之從，盡洗天下之橫豎、高下、清濁、白黑，一歸之正道，無使天地有棄物，四時有剩運，人心或可欺，而千四五百年之君子皆可蓋也！故亮嘗以爲得不傳之絕學者，皆耳目不洪，見聞不慣之辭也。人只是這箇人，氣只是這箇氣，才只是這箇才。譬之金銀銅鐵，鍊有多少，則器有精粗，豈其于本質之外，換出一般，以爲絕世之美器哉！故浩然之氣，百鍊之血氣也。使世人爭騖高遠以求之，東扶西倒而卒不著實而適用，則諸儒之所以引之者亦過矣。

某大概以爲三代做得盡者也，漢、唐做不到盡者也。故曰：「心之用有不盡而無常泯，法之文有不

㈠「矣」，原本作「已」，據陳亮集改。

備而無常廢。」惟其做得盡，故當其盛時，三光全而寒暑平，無一物之不得其生，無一人之不遂其性。惟其做不到盡，故雖其盛時，三光明矣而不保其常全，寒暑運矣而不保其常平，物得其生而亦有時而夭閼者，人遂其性而亦有時而乖戾者。本末感應，只是一理。使其田地根本無有是處，安得有來諭之所謂小康者乎？只曰「獲禽之多」，而不曰「隨種而收」，恐未免于偏矣！孔子之稱管仲曰：「桓公九合諸侯，不以兵車，管仲之力也。如其仁，如其仁。」又曰：「一匡天下，民到于今受其賜。微管仲，吾其被髮左衽矣。」說者以爲，孔氏之門，五尺童子皆羞稱五霸，孟子歷論霸者以力假仁，而夫子稱之如此，所謂「如其仁者」，蓋曰似之而非也。觀其語脈，決不如說者所云。故伊川所謂「如其仁」者，稱其有仁之功用也。仁人明其道，不計其功，夫子亦計人之功乎？若如伊川所云，則亦近于來諭所謂「喜獲禽之多」矣。功用與心不相應，則伊川所謂心迹元不曾判者，今亦有時而判乎？聖人之于天下，大其眼以觀之，平其心以參酌之，不使當道有棄物，而道旁有不厭于心者。九轉丹砂，點鐵成金，不應學力到後，反以銀爲鐵也。前書所謂「攪金銀銅鐵鎔作一器」者，蓋措辭之失耳。王通有言：「皇墳、帝典，吾不得而識矣。不以三代之法統天下，終危邦也。如不得已，其兩漢之制乎！不以兩漢之制輔天下者，誠亂也已。」仲淹取其以仁義公恕統天下，而祕書必謂其假仁借義以行之。心有時而泯可也，而謂千五百年常泯，可乎？法有時而廢可也，而謂千五百年常廢，可乎？至于「全體只在利欲上」之語，竊恐待漢、唐之君太淺狹，而世之君子有不厭于心者矣。匡章通國皆稱不孝，而孟子獨禮貌之者，眼目既高，于駁雜中有以得其真心故也。波流奔迸，利欲萬端，宛轉于其中而能察其真心之所在者，此君子之道所以爲可貴耳。若于萬慮不作，全體潔白，而曰真心在焉者，此始學之事耳。一生辛勤于堯、舜相傳之心法，不能點鐵成金，而不免以銀爲鐵，使千五百年之閒成一大空闕，人道泯息，而不害天地之常運，而我獨卓然而有見，無乃甚高而孤乎！宜亮之不能心服也。來書所謂「天地無心而人有欲，是以天地之運行無窮，而在人者有時而不相似」，又謂「心則欲其常不泯，而不恃其不常泯；法則欲其常不廢，而不恃其不常廢」，此名言也。而謂指其須臾之閒偶未泯滅底道理，以爲只此便可與堯、舜、三代並隆，而不察其所以爲之田地根本無有是處者，不知高祖、太宗何以自別于魏、宋二武哉？來書又謂「立心之本，當以盡者爲法，不當以不盡者爲法」，此亦名言也。而謂漢、唐不無愧于三代之盛時，便以爲欺罔，不知千五百年之閒，以何爲真心乎？

亮大意以爲，本領閎闊，工夫至到，便做得三代；有本領，無工夫，只做得漢、唐。而祕書必謂漢、唐並無些子本領，只是頭出頭沒，偶有暗合處，便得功業成就，其實則是利欲場中走。使二千年之英雄豪傑不得近聖人之光，猶是小事，而向來儒者所謂「只這些子殄滅不得」，祕書便以爲好說話，無病痛乎？來書所謂「自家光明寶藏」者，語雖出于釋氏，然亦異于這些子之論矣。天地之閒，何物非道；赫日當空，處處光明。閉眼之人，開眼卽是，豈舉世皆盲，便不可與共此光明乎？眼盲者摸索得著，故謂之暗合，不應二千年之閒有眼皆盲也。亮以爲，後世英雄豪傑之尤者，眼光如黑漆，有時閉眼胡做，遂爲聖門之罪人；及其開眼運用，無往而非赫日之光明，天地賴以撑拄，人物賴以生育。今指其閉眼胡做時便以爲盲，無一分眼光；指其開眼運用時只以爲偶合，其實不離于盲。嗟乎，冤哉！彼直閉眼耳，眼光未嘗不如黑漆也。一念足以周天下者，豈非其眼光固如黑漆乎！天下之盲者能幾？赫日光明，未嘗不與有眼者共之。利欲汩之則閉，心平氣定，雖平平眼光亦會開得。況夫光如黑漆者，開則其正也，閉則霎時浮翳耳。仰首信眉，何處不是光明！使孔子在時，必持出其光明，以附于長長開眼者之後，則其利欲一時涴世界者，如浮翳盡洗而去之，天地清明，赫日長在，不亦恢廓灑落，閎大而端正乎！今不欲天地清明，赫日長在，只是這些子殄滅不得者，便以爲古今祕寶，因吾眼之偶開，便以爲得不傳之絕學。三三兩兩，附耳而語，有同告密；畫界而立，一似結壇。盡絕一世之人于門外，而謂二千年之君子皆盲眼不可點洗，二千年之天地日月若有若無，世界皆是利欲，斯道之不絕者，僅如縷耳。此英雄豪傑所以自絕于門外，以爲立功建業，別是法門，這些好說話，且與留著妝景足矣。若知開眼只是箇中人，安得撰到此地位乎！祕書以爲，三代以前都無利欲，都無要富貴底人，今詩、書載得如此潔淨，只此是正大本子。亮以爲，纔有人心，便有許多不潔淨，革道止于革面，亦有不盡概聖人之心者。聖賢建立于前，後嗣承庇于後，又經孔子一洗，故得如此潔淨。祕書亦何忍見二千年間世界塗涴，而光明寶藏獨數儒者自得之，更待其有時而若合符節乎？遷善改過，聖人必欲其到底而後止，若隨分點化，是不以人待之也。點鐵成金，正欲祕書諸人相與洗淨二千年世界，使光明寶藏長長發見，不是只靠這些子以幸其不絕，又誣其如縷也。最可惜許多眼光抹漆者，盡指之爲盲人，而一世之自號開眼者，正使眼無翳，眼光亦三平二滿，元靠不得，亦何力使天地清明，赫日長在乎！以上復朱元晦書。

宗羲案：止齋謂「功到成處，便是有德；事到濟處，便是有理」，此同甫之說也。如此則三代聖賢，枉作工夫。「功有適成，何必有德；事有偶濟，何必有理」，此晦庵之説也。如此則漢祖、唐宗賢于僕區不遠。蓋謂二家之説，皆未得當。然止齋之意，畢竟主張龍川一邊過多。夫朱子以事功卑龍川，龍川正不諱言事功，所以終不能服龍川之心。不知三代以上之事功，與漢、唐之事功迥乎不同。當漢、唐極盛之時，海内兵刑之氣，必不能免。卽免兵刑，而禮樂之風不能渾同。勝殘去殺，三代之事功也，漢、唐而有此乎？其所謂「功有適成，事有偶濟」者，亦只漢祖、唐宗一身一家之事功耳。統天下而言之，固未見其成且濟也。以是而論，則言漢祖、唐宗不遠于僕區，亦未始不可。

二十年之閒，道德性命之説一興，迭相唱和，不知其所從來。後生小子讀書未成句讀者，已能拾其遺説，高自譽道，非議前輩，以爲不足學。世之爲高者，得其機而乘之，以聖人之道爲盡在我，以天下之事爲無所不能，麾其後生，惟己之向，欲盡天下之説，取而教之，頑然以人師自命。吾深惑夫治世之安有此事，而懼其流之未易禁也。送王仲德序。以下全氏補。

梓材謹案：謝山又補録同甫文集十二條，今移入晦翁學案三條，移入南軒學案一條，移入止齋學案一條，移入水心學案一條。

爲士以文章行義自名，居官以政事書判自顯，各務其實而極其所至，各有能有不能，卒亦不敢强也。道德性命之説一興，而尋常爛熟、無所能解之人，自託于其閒，以端慤靜深爲體，以徐行緩語爲用，務爲不可窮測以蓋其所無，一藝一能皆以爲不足自通于聖人之道。于是天下之士始喪其所有，而不知適從。爲士者，恥言文章行義，而曰「盡心知性」；居官者，恥言政事書判，而曰「學道愛人」。相蒙相欺，以盡廢天下之實，終于百事不理而已。及其徒既衰，熟視不平者，合力共攻之，無鬚之禍，濫及平人，出反之慘，乃至此！而予于其中受無鬚之禍尤慘。送吳允成序。

亮以狂豪馳驟諸公閒，諸公既教以道德性命，非不屈折求合，然終不近。世之學者，玩心于無形之表，以爲卓然而有見。此其得之淺者，不過如枯木死灰。得之深者，亦安知所謂文理密察之道！泛乎中流，無所底止，猶自謂其有得，豈不可哀！故格物致知之學，聖人所以惓惓于天下後世也。夫天下何物非道，千途萬轍，因事作則，苟能潛心玩省，于所已發處體認，則知「夫子之道，忠恕而已」非設辭也。與韓无咎。

儒、釋之道，判然兩塗，此是而彼非。而溺于佛者，直曰「其道有吾儒所未及者」，否亦曰「其精微處脗合無閒」，高明之士猶曰「儒、釋深處，所差秒忽耳」。此如猩猩知酒之將殺己，且罵而且飲之也。夫使賊假募士之名，得入帳下，一旦起而縛之，此李元平所以孺弄于李希烈也。以上與應仲實。

陳平、王陵之事，使王陵發心，不欲王諸呂，皎然若日月之在上，不幸而以此國破身亡，其心皎然，如日月之不可誣也。若祇欲得直聲，以爲在朝諸臣，皆無我若，此則濟不濟皆有遺恨耳。使陳平心欲劉氏之安，且委曲彌縫以爲後日計，即不幸或事未濟而死，此心皎然不可誣也。若半私半公，則進退皆罪耳。夫子所謂仁者，獨論其心之所主，若泛然外馳，雖爲善，猶君子之所棄也。復呂子陽。

附錄

公天資異常，俯視一世，常以經綸天下自任。壯歲應鄉舉，推爲褒然之選，繼而補太學博士弟子員。其生平議論，以敵仇未雪爲國大恥，六詣天闕上書，皆主于恢復，故及第後，謝恩詩有云：「復讎自是平生志，勿謂儒臣鬢髮蒼。」

公少以文名于天下，至老方第，常抱不平之恨，故及第後，謝宰執，其啟云：「數十年窮居畎畝，未諧豹變之懷；五千言上徹冕旒，誤中龍頭之選。」又云：「如某材不逮于中人，學未臻于上達。十年璧水，一几明牕。六達帝廷，上恢復中原之策；兩譏宰相，無輔佐上聖之能。荷壽皇之兼容，恢漢光之大度。留張齊賢以貽主上，俾宋廣平而冠羣儒。靜言叨冒之多，知自吹噓之力。」

王淮曰：「朱爲程學，陳爲蘇學。」補。

朱晦翁曰：「同甫才高氣粗，故文字不明瑩。要之自是心地不清和也。」

又曰：「同甫在利欲膠漆盆中。」

呂東萊與朱侍講書曰：「陳同甫近一二年來，卻翻然盡知向來之非。有意爲學，其心甚虛。」補。

危驪塘曰：「陳同甫上書氣振，對策氣索，蓋要做狀元也。」補。

謝山陳同甫論曰：自陳同甫有義利雙行、王霸雜用之論，世之爲建安之徒者，無不大聲排之。吾以爲是尚未足以貶同甫。蓋如同甫所云：「是其學有未醇，而尚不失爲漢以後人物。孔明有王佐之才，而學墮于刑名家，要之固漢時一人豪也。」若同甫，則當其壯時，原不過爲大言以動衆，苟用之，亦未必有成。迨一擲不中，而嗒焉以喪，遂有不克自持之勢。嗟夫！同甫當上書時，敝屣一官，且有踰垣以拒曾覿之勇。而其暮年對策，遂阿光宗嫌忌重華之旨，謂不徒以一月四朝爲京邑之美觀，何其謬也。蓋當其累困之餘，急求一售，遂不惜詭遇而得之。吾友長興王敬所嘗語予：「以同甫之才氣，何至以一大魁爲驚喜。至于對弟感泣，相約以命服共見先人于地下，是蓋其暮氣已見之證。豈有淺衷如此，而力能成事者？」予應之曰：「同甫之將死，自其對策已徵之矣，不特此數語也。故卽令同甫不死，天子赫然用之，必不能拚其言。同甫論李贊皇之才，以爲尚是積穀做米，把纜放船之人，蓋尚有所未滿。同甫之失，正坐亟于求春而不需穀，亟于求涉而不需纜，卒之米固不得，幷其船而失之。水心于同甫，惜其初之疾呼納說，以爲其自處者有憾，而又謂使其終不一遇，不免有狼疾之歎，可謂微而婉者也。永嘉經制之學，其出入于唐、漢之閒，大略與同甫等。然止齋進退出處之節，則渺渺不可及矣。卽以争過宫言之，同甫不能無愧心，可謂一龍而一蛇者矣。吾故曰：論學之疏，不足以貶同甫也。至若反面事二姓之方回，亦深文以詆同甫，謂其登第後，以漁色死非命，是則不可信者。同甫雖可貶，然未許出方回之口，況摭流俗人之傳聞以周内之哉。

龍川講友

成公呂東萊先生祖謙別爲東萊學案。

文憲薛艮齋先生季宣別爲艮齋學案。
忠定葉水心先生適別爲水心學案。

龍川學侶

倪石陵先生樸

倪樸，字文卿，浦江人也。學者稱爲石陵先生。其學大略近陳同甫，談兵說劍，恥爲無用之學。紹興末，金人有南牧之信，喜曰：「依日月，乘風雲，以佐天誅，此其時矣。」草書萬言，欲以征討自效。謂金可以必滅者有五，不可以不滅者亦有五，而滅之之策有三，其事勢相關不可緩者有七。所謂三策者，謂「兵法先發制人，今金雖有意犯我，而事未舉，則謀未定，屯戍未備，宜令諸將出其不意，水陸並進，襲其屯戍，奪其要害，使中原之民知所向慕，然後車駕進駐江表，以壯聲援，以慰中原歸附之心，則黃河以南可傳檄而定，所謂疾雷不及掩耳者也。若大軍已舉，警備已嚴，當令江、淮之師，堂堂之衆，出壽春、盱眙、漣水以迎其前，然後一軍出荆、襄，一軍出陳、蔡，以潰河、洛，一軍出隴、蜀，入散關以據陜，關、洛震動，賊勢分而我專，何有不濟。若其鋒未可當，宜斂江、淮之兵，列江而守，虚西淮之地以待之，金所恃者，騎耳，舟楫非其所長，深入吾境，臨江不敢輒渡，吾據江不與之戰，曠日持久，糧運不繼，則士心危，不自亂，且自潰，不戰而屈人之策也。」鄭先生伯熊見之，歎曰：「男子，男子！」當是時，道德性命之學盛行，先生獨與同甫講明其學。凡所著述，但以示同甫。其知先生者，亦惟同甫。然皆不能諧于鄉。同甫既累陷罪戾，先生亦廢徙鈞陽，久乃得赦歸。同甫晚得一第，終不得有發舒，而先生亦以寒窶老死。其所著有輿地會元四十卷，備列天下山川險夷、户口虛實，以證其兵戰之所出。又繪之爲圖，張之屋壁，時時豫籌其策，手指而心計，冀萬一得當以用之。晚雖坐廢，猶著鑒轍録五卷，以痛國家禦侮用策之失，聞者悲之。先生卒後，其所著輿地會元不傳。謝皐羽嘗論定其文之可存者，而吴淵穎及見其圖，以爲「先生足蹤所未至，蓋亦未免有參差矛盾，未爲盡善者。但其博而有用，以視黄茅、白葦之徒，直如曹鄶輩矣。向使先生之學，本之以伊洛之義理，所就且將不止于此。然要非今之學者所可及，固未易以王霸並行而遽少之也。」可謂平允之論。然予又嘗考東萊之卒，先生貽書同甫，謂宜力學以紹其後，而同甫咈然不説。是則同甫之護前，莫能洗其膏肓之痼，而先生晚年，所見平實，有不謬于伊洛者矣，是不可不表而出之也。卒之同甫附會光宗之不孝，以取一第，盡喪其生平，而先生固窮，不失其所守，即此一書，可以見之。水心爲同甫、道甫作合志，以爲道甫之才等于同甫，而身後之名有殊，故欲同甫以身後之力引而齊之。先生直過于同甫，而未有文如水心者，淵穎又言之而不詳，是以六百年來，幾泯泯焉。予爲摭拾于聲塵消歇之餘，登之學録，先生或可以少紓其沈屈也夫。補。

雲濠謹案：圭一宋元儒傳私記云：「先生以用兵制勝，必須先審知地勢，乃遍考羣書，以當時州縣爲準，由漢以來，其間郡縣離合廢置、變名易實不可按辨者，皆會而歸之于一，凡古今帝王之所都，禹貢山川之所經，春秋列國之所在，與夫古今關防津要戰守會盟之地，故基遺迹，搜括無遺，其有乖謬，爲之援據引證以相參考，名曰輿地會元志。又推古今華、夷内外境土徼塞之遠近，繪爲一圖，縱橫各丈餘，張之屋壁，手指心計，何地可戰，何城可守，常思一效其能，而時無知者，獨陳同甫心敬之。」又云：「謝皐羽嘗取其所著書選爲一編，號曰石陵倪氏雜著，蓋服其學博而有用也。」

龍川同調

知州王厚軒先生自中

王自中，字道甫，平陽人也。學者稱厚軒先生。其所學，大略類陳同甫，傲岸自喜，目無世人。嘗赴丞相坐，有餽鹿至，請賦之。分韻得方字，先生搖膝朗唱曰：「世間此物多爲馬，寶匣還宜出上方。」丞相愠，座客多恐，先生飲啖自若。乾道四年，議遣歸正人，先生伏闕三上書，言「今內空無賢，外虛無兵，當網羅英俊，廣募忠力，爲中原率。今之所遣，是絶中原之望也。」時相以內空語怒，因奏「靖康士子伏闕，幾召亂，嘗著令，伏闕者斬。陛下即欲恕自中，宜當遠竄。」上曰：「不可。」曰：「亦須編管。」曰：「不可。」曰：「送之遠郡聽讀。」上曰：「送近處。」乃斥之徽州。上殊念先生忠，諭臨安尹遣曉事人護之行。是冬，時相去位，先生以書自通于尚書周操。操奇之，白其事，以郊恩得自便。成淳熙五年進士，孝宗猶記其姓名。累官分水令。十年，以中書舍人王藺薦，召赴都堂。未至，上數以問近臣。及見，上曰：「望卿甚久。」對曰：「昨宰執已傳聖旨。草茅微賤，何自得此。」因反覆陳數百言，徐出二疏。其一曰：「臣嘗讀唐兵志，有言『蓄兵所以止亂也。及其弊也，反以爲亂。又其甚也，至困天下以養亂』，未嘗不爲寒心。今去古既遠，井田之賦，不可得而論矣。所可論者，惟唐初國無供軍之費，而軍足以待事，故自貞觀至開元百三十年之間，戰勝攻取，伸縮如意。自其法之廢，天下大亂。太祖皇帝有意于更革，而當時議者未能遠謀。故爲今日之計，莫若取唐之意，推而行之。唐初民田，皆從官給。今兩淮、荆襄、西蜀三邊之地，田之在官者，往往散而爲民田；民田正數之外，包占尚多。朝廷務寬邊民，終不敢致詰。臣請言之：曰營田，曰力田，曰屯田，曰官莊，曰荒田，曰逃絶户田，此邊田之在官者也。曰元請佃田，曰承佃田，曰買佃田，曰自陳贖佃田，此邊田之在民者也。曰義勇，曰神勁軍，曰弓弩手，曰山水砦，此邊軍之在民者也。州曰廂禁軍，縣曰弓手，鎮砦曰土軍，其重地皆有戍軍，此邊軍之在官者也。有官軍，有民軍，有戍軍之地，又皆有城池，若可以爲固矣。然有城而不能守，不如無城。今戍軍往來，僅同逆旅，人之多寡，不與城稱。號爲義勇者，又爲生生之具，一旦有警，則民必先逃，而軍亦不能守矣。守且不能，奚暇議攻。臣愚謂宜盡以並邊州縣鎮砦，分緩急爲三等，以精卒配之，多者至三五千人，少者不下數百人。然後以田之在民者，家出一夫爲卒，得免其田税六七十畝。家無常人，人無常數，取其强力武藝之堪充軍者，而精其選，使勇者知貴，怯者知恥。其民之田多者，聽以田募客爲卒。卒五人，以其主户爲伍長，而免田税二百畝。十人則爲什長。田愈多者，軍愈衆，税愈輕，而階級又愈進。入則有主客之恩，出則有部曲之分。租課悉循其初，官無所與；而新募流民，官更量給之。如此則主户樂出其田，募民而爲卒矣。于是因民田之近于州者三十里内，皆使家于州，近于縣者二十里内，皆使家于縣。及新種之時，乃以古制即田爲廬，田事畢而後反。使與所配之卒，犬牙而居，不爲營而爲坊。爲民者因農隙以事武，爲卒者皆分爲三番，每季一上，以給官司之役。蓋一年之間，番上者僅四月，而餘月得自治生。如是則軍民合一，通饋問，結婚姻，皆有安居樂業之念，而吾事集矣。下至鎮砦，亦莫不然。去州縣鎮砦遠，則聚而居之，爲之府，如唐法。上府千二百人，中府千人，下府八百人，立都尉將校之官，爲保障戰守之具，依險負阻，相度經營，務合事宜，名其軍曰衞府。此民田也。官田則官募軍或民分屯之，悉從府衞之法。每屯上至千二百人，下至八百人，名其軍曰屯府。此官田也。如是，則並邊之地無一夫非卒，皆思所以保家井，全骨肉，卒然有戎，莫不協心畢力以死敵。其與旅寓之軍，聞風先潰者，功相萬矣。積以數年，屯衞軍益強，官軍缺者勿補，費益省。恢復之後，卽推其法于西北，而屯衞之軍滿天下矣。然又當選天下忠良勤幹之賢，不問文武，爲之守令將帥，授以方略，責以事功。賢焉則久其任，且使其子若孫之賢者，得世其爵。盡罷諸司，而專以總領者統治之，通融有無，品節勞逸，增鼓鑄以給其資，置平糴以收其利，遷移招集，適于便宜者輒行。于是練沿江之屯，以壯邊軍之心，練三衞之軍，以爲順動之備，又練內地州縣軍，以待不時之需。令天下皆設武學，立子弟所招效士，以收翹楚之才，文武並用，軍民雜居，化民爲卒，化卒爲民，使其聲勢足以相接，密疏足以相維，四頭八尾，觸處俱應。敵若猖狂來寇，則清野入守。敵攻一處，必虞諸處之師，不免立營置柵，分兵抄掠，則所在府兵，依其鄉井，設伏出奇以破之。若長驅深入，則我表裏之軍，夾而蹙之。欲全師而出，則我之諸軍隨而躡之，持重徐行，見可則止。于是六飛親督侍衞之兵，出臨江上，氣勢既合，斟酌號令，明信賞罰，務盡衆善，無一毫舛差，則北方豪傑，舍二百年父母之國，將安之乎？」孝宗頷之。其一則言守令也。次日除籍田令。上語大臣曰：「朕急欲用自中，可與超遷。」又謂大臣曰：「自中必有所知，可令薦舉。」于是監察御史適闕，上欲即用先生，而宰相甚不喜。右正言蔣繼周誣劾先生，罷之。然孝宗念之不衰。知邵州蔡必勝陛辭，上以其爲先生鄉人也，謂曰：「人才難得。王自中本無事，等閒去之。」明年，通判郢州，道改知光化軍，上所親擢也。任滿入見，光宗謂曰：「壽皇言卿可用，以屬朕，可留爲郎。」先生對曰：「朝列多不喜臣，臣已累壽皇，不敢復累陛下。」上終欲留之，辭以母老，乃知信州。復召，以御史王恬疏罷。知邠州，以中書謝原明之言罷。知興化軍，以高文虎封駁罷，而先生亦遂病矣。尋卒。所著有王政紀原三卷，列代年紀十二卷，孫子新略注二卷，厚軒集五卷。雲濠案：謝山劄記作厚軒文集，孫子新略，前後序，歷代紀年。水心葉忠定公㊀與同甫合志之。鶴山魏文靖公又別志之。止齋之言曰：「道甫晚年，抑才爲學，去智爲恬，假之以年，何造不深，則又非同甫所可並語矣。」補。

龍川門人季節三傳。

太學喻先生民獻

喻民獻，原名汝方，義烏人。與從子侃入太學爲諸生。同甫爲其母夫人王氏志云：「夫人最愛幼子汝方，勉使爲學。」又謂「汝方能以學問自見于鄉里」云。參龍川文集。

㊀據墓誌，「忠定」當爲「文定」。見本傳。

簽判喻蘆隱先生偘

喻偘，字伯經，原名宏，義烏人。其從父民獻，首從同甫，羣從數十人偕焉。登慶元己未進士第，累遷隆興觀察推官，簽書鎮南節度判官。請祠而歸，築室夫人峯下，曰蘆隱。著有蘆隱類稿五十卷，隨見類録二百卷。當乾道、淳熙閒，朱、張、吕、陸四君子皆談性命而闢功利，學者各守其師説，截然不可犯。陳同甫崛起其旁，獨以爲不然。且謂「性命之微，子貢不得而聞，吾夫子所罕言，後生小子與之談之不置，殆多乎哉！禹無功，何以成六府？乾無利，何以具四德？如之何其可廢也！于是推尋孔、孟之志，六經之旨，諸子百家分析聚散之故，然後知聖賢經理世故，與三才並立而不廢者，皆皇帝王霸之大略。明白簡大，坦然易行」。人多疑其説而未信。先生獨出爲諸生倡，布繅綱紀，發爲詞章，扶持而左右之，使同甫之門，惡聲不入于耳，皆其功也。同甫再下詔獄，先生與同志極力營解，卒得出之。修。

縣丞喻梅隱先生南强

喻南强，字伯强，偘之從弟也。其父直方，以先生與陳同甫類，俾從之遊。時著録牒者，歲數千百人。先生周旋其閒，獨能探深索隱。語移日，精鋭鋒起，同甫曰：「伯强凜然可畏也。」慶元中，入太學，爲富陽尉，轉縉雲丞。卒年七十一。同甫之得罪也，先生義形于色，駡其同門，言：「先生無辜受禍，吾曹爲弟子，當怒髮衝冠，乃影響昧昧，是得爲士類邪！」走東甌，見葉水心訴寃。水心曰：「子真義士也。」即秉筆爲作書數通。先生又持走越，袖見諸臺官，誦言無忌，卒直同甫之寃。其爲文善馳騁，下筆數千言，不煩繩削而自合。大篇短章，恣人取去，不甚愛惜。惟存梅隱筆談十四卷。修。

梓材謹案：萬氏儒林宗派：「陳氏學派有喻偘、喻南强。」今據學案原表，偘與南强之外，又有喻宏、喻寬。案偘傳，原名宏，是一人也。中庸「寬柔以教，不報無道，南方之强也」，則寬卽南强無疑。同甫誌喻夏卿墓云：「孫男九人。」有偘有寬，而無南强，可證也。

吴先生深

吴深，全歸子，思齊祖。其先居處之麗水。先生有奇才，同甫以子妻之，遂家永康。

林先生慥

林慥，永康人。補。

陳先生頤

陳頤，永康人。嘗從同甫遊。

錢先生廓

錢廓，字叔因，浦江人。沈静和雅，語如不能出諸口，同甫甚嘉之。初，先生之兄抑任家事，督先生以學；而一錢不以假之。或言汝兄私自爲計，則怒曰：「汝離間我友昆邪？兄愛我者也。」其于貨幣，不以嬰心；科舉之事，亦不甚習也。獨求有得于學。其卒也，葉水心甚惜之。修。

郎先生景明父鵬舉。

郎景明，永康人。其父鵬舉，與鄭文肅公善。修。

梓材謹案：先生之父名燾，鵬舉其字也。遣先生從同甫遊。卒年四十七，同甫爲志其墓。

方先生坦

方坦，浦江人。同甫嘗云：「坦從予遊。一日，其父來視坦，每進見予，亦若諸生然。」其恭而篤于教子如此。修。

陳先生檜

陳先生猛合傳。

陳檜，縉雲人，章侍郎服之甥，與其弟猛同學于龍川者也。修。

金先生濂

金濂，字伯清，金華人。從同甫遊。

淩先生堅

淩堅，浦江人。孤童力學，其母何氏督之曰：「吾之不死以待汝者，欲持以見汝父于地下也。」先生感奮，卒能以學行自見。同甫患難，先生每關切相奔走云。修。

何先生大猷

何大猷，字少嘉，義烏人，同甫之婦弟也。同甫在獄，嘗救不愛其力。浙江風濤之險，一日往返兩涉之，幾至覆溺。嘗曰：「吾未知前輩所謂不傳之學安在，而敢自棄乎？」同甫又稱其事母孝，事兄敬，而行甚醇謹云。修。

太學劉先生範

劉範，金華人，太學諸生。原名淵。雲濠案：龍川誌先生父和卿墓云：「金華劉範，十年前名淵，嘗與二三子從予學。有聲三舍閒，同甫稱其頃刻不輟于學。修。

徐先生碩

徐碩，永康人。務學不輟，其文日進。修。

孫先生貫

孫貫，字沖季，永康人。從事于王霸之學甚銳。年二十三而卒。同甫率門人盧任、徐碩、周擴、呂約、周作、喻宏、喻寬、何凝、胡括、錢廓、方坦臨其葬而銘之。修。

章先生湜

章先生濤合傳。

章先生渭合傳。

章先生海合傳。

章湜，永康人，侍郎服之子也。與其兄濤、渭、海俱從學于龍川。初，同甫微時，聲名未立，侍郎首識之，即令諸子從學，而先生爲叔父後。補。

樓先生應元父民範。

樓應元，東陽人也。父民範，工詩文，與同甫善。先生亦工詩文。補。

胡先生括

胡括，永康人。同甫謂其可與共學。修。

章先生椿

章先生與合傳。

章先生允合傳。

章椿，永康人。龍川誌其母田氏墓云：「始余于送往事居之禮，缺然未知所圖，託于講授，以自衣食，而章氏之子椿，實左右之。明年其弟與、允相繼至。參龍川文集。

周先生擴

周擴，永康人。龍川嘗銘其母黄氏墓。同上。

吕先生約

吕約，永康人。龍川誌其母夫人夏氏墓云：「又贊吕君教其前母之子約，必使自見于士林。」同上。

盧先生任

周先生作合傳。

何先生凝合傳。

梓材謹案：三先生並龍川門人。見上孫先生貫傳。

領衞厲先生仲方

丁少詹先生希亮並見水心學案。

教授陳先生剛別見槐堂諸儒學案。

王氏門人

提舉彭先生仲剛別見麗澤諸儒學案。

吴氏家學季節四傳。

知軍吴松淵先生邃

吴邃，永康人。全歸子，思齊父。累官知廣德軍。學者稱爲松淵先生。

松淵家學季節五傳。

縣丞吴全歸先生思齊附從父天澤。

吴思齊，字子善，永康人，松淵先生子。先生少穎悟，倣父爲古文，卽可誦，季父國子監丞天澤器之，悉授以所學。由任子入官，監臨安府新城税。後調爲嘉興丞。數以書與用事者，言「賈似道母喪，不宜用鹵簿」；又言「御史俞浙，以論謝堂去職。宰相附貴戚，塞言路，如朝廷何」！凡所爲，要以直遂其志，第知有是非，不知有毁譽禍福也。宋亡，隱浦陽，家無儋石之儲。有勸之仕者，輒謝曰：「譬猶處子，業已嫁矣！雖凍餓不能更二夫也。」所善惟方鳳、謝翺，相與放遊山水閒。登嚴陵山，慟哭西臺，自號全歸子。學者尊其行，争師之。年六十四，手編聖賢順正考終之事，曰俟命録。録成，賦詩别諸友，遂卒。

全歸講友

文學方存雅先生鳳附子樗。

方鳳，一名景山，字韶父，浦陽人。生有異材，常出遊杭都，盡交海内知名士。將作監丞方洪奇其文，以族子任試國子監舉，上禮部，不中第。主閤門舍人王斌家，教其二子大、小登。後以特恩授容州文學。未幾，宋亡。先生自是無仕志，益肆爲汗漫遊。一日，復遊杭。大登爲暹國臣，奉使上國，相持泣下。先生欲與俱行，人勸止之。先生善詩，通毛、鄭二家言。晚遂一發于詠歌，音調淒凉，深于古今之感。臨没，屬其子樗，題其旌曰容州，示不忘也。嘗謂學者曰：「文章必真實中正，方可傳。他則腐爛漫漶，當與東華塵土俱盡。」性不喜佛、老。讀唐傅奕傳，壯其爲人，摭奕後闢異教者數十事，題之曰正人心。書尚未完。他所著詩三千餘篇，曰存雅堂稿。黄晉卿、吴立夫、柳道傳諸文章家皆出其門。樗，字壽父，亦精于詩。參浦陽人物記。

參軍謝晞髮先生翱父鑰。附門人吴貴。

謝翱，字皋羽，長溪人。父鑰，通春秋，先生世其學。試進士不中。倜儻有大節。會文丞相天祥開府延平，長揖軍門，署諮事參軍。已復別去。及丞相被執以死，先生悲不能禁。隻影行浙水東，有嚴子陵釣臺，先生設丞相主，再拜伏酹，號慟者三，乃以竹如意擊石作楚歌招之。歌闋，竹石俱碎。性嗜佳山水，雁山鼎湖、蛟門候濤、沃洲天姥、四明金華洞天，搜奇抉祕，即著遊録。遊倦，輒憩浦陽江源，及睦之白雲村，尋隱者方韶父鳳、吴子善思齊，晝夜吟詩，不自休。婺、睦人士，翕然從其學。至元甲午，去家武林西湖上。明年，肺疾作，瀕死，屬其妻曰：「吾去鄉千里，交遊惟方韶父、吴子善最親，愼收吾文及吾骨授之。」已而韶父等至，瘞之子陵臺南，以文稿殉，伐石表之曰：「粤謝翺墓。」無子，其徒吴貴祠之月泉書院。先生每慕屈平托興遠遊，自號晞髮子。所著手鈔詩八卷，雜文二十卷，唐補傳一卷，南史補帝紀贊一卷，楚辭芳草圖補一卷，宋鐃歌、鼓吹曲各一卷，睦州山水人物古蹟記一卷，浦陽先民傳一卷，天地閒集五卷，東坡夜雨句圖一卷，浙東西遊記九卷。參宋文憲集。

全歸門人季節六傳。

黄田居先生景昌

黄景昌，字淸遠，浦江人。從方鳳、吴思齊、謝翺遊，通五經，自號田居子。從黄氏補本録入。

方氏門人

文獻黄文貞先生溍別見滄洲諸儒學案。

貞文吴淵穎先生萊

吴萊，字立夫，浦江人。集賢大學士直方子也。生有奇質。四歲，母盛口授孝經、論語，輒成誦。七歲，能屬文。族父幼敏家多書，公往私挾一編歸，盡夜讀竟。又復往易，幼敏知而視之，乃漢書也。幼敏指谷永杜鄴傳曰：「汝能記是，當不汝責。」先生琅琅誦之，不遺一字。幼敏以爲偶熟此卷，三易他編，盡然。因悉出藏，盡使讀之。方韶父見而歎曰：「明敏如此子，雖汝南應世叔不是過也。」悉以所學授焉。自是益博極羣書，至于制度沿革、陰陽律歷、兵謀術數、山經地志、字學族譜之屬，無所不通。延祐七年，以春秋舉上禮部，不合，退居深裊山中，益窮諸經之說，所造愈精，著述甚多。雲濠案：元史本傳：「先生著有尚書標說六卷、春秋世變圖二卷、春秋傳授譜一卷、古職方録八卷、孟子弟子列傳二卷、楚漢正聲二卷、樂府類編一百卷、唐律删要三十卷、文集六十卷。他如詩傳科條、春秋經說、胡氏傳證，皆未脫稿。」宋景濂、胡仲子皆尊師之。至元六年卒，年四十四。門人私謚曰淵穎先生，再謚貞文。百家記。

謝氏門人

文肅柳靜儉先生貫別見北山四先生學案。

黄田居先生景昌見上全歸門人。

吴氏門人存雅再傳。

黄田居先生景昌見上全歸門人。

文憲宋濳溪先生濂

教授胡長山先生翰並見北山四先生學案。

宋元學案卷五十七

梭山復齋學案

黄宗羲原本　黄百家纂輯　全祖望修定

梭山復齋學案表

陸九韶（道鄉子。）——嚴松
　　　　　　　　　　徐仲誠別見槐堂諸儒學案。

陸九齡（庸齋弟。）——沈煥別爲廣平定川學案。
（庸齋弟。）　　　　袁燮別爲絜齋學案。
（襄陵門人。）　　　曾滂——子極
　　　　　　　　　　李纓——鄒斌別見槐堂諸儒學案。
　　　　　　　　　　曹建
　　　　　　　　　　萬人傑並見滄洲諸儒學案。
　　　　　　　　　　李修己別見二江諸儒學案。
　　　　　　　　　　饒延年

陸九淵別爲象山學案。　——劉堯夫並見槐堂諸儒學案。

梭山、復齋學侶。

梭山復齋學案序録

祖望謹案：三陸子之學，梭山啟之，復齋昌之，象山成之。梭山是一樸實頭地人，其言皆切近，有補于日用。復齋卻嘗從襄陵許氏入手，喜爲討論之學。宋史但言復齋與象山和而不同，攷之包恢之言，則梭山亦然。今不盡傳，其可惜也。述梭山復齋學案。梓材案：黄氏本以梭山爲金溪學案之一，復齋爲金溪學案之二，謝山則并稱之曰梭山復齋學案。

道鄉家學

隱君陸梭山先生九韶

陸九韶，字子美，撫州金溪人。復齋、象山之兄也。雲濠案：象山年譜，兄弟六人，長九思，次九敘，次九皐，號庸齋，次即先生，而復齋、象山又次之。宋史以先生爲復齋弟，誤。學問淵粹，隱居不仕，與學者講學梭山，因號梭山居士。嘗謂晦翁太極圖説與通書不類，疑非周子所爲。不然，則或是其學未成時所作。不然，則或是傳他人之文，後人不辨也。蓋通書理性命章言中焉止矣。二氣五行，化生萬物，五殊二實，二本則一，曰一曰中，卽太極也，未嘗于其上加無極二字。動静章言五行太極陰陽，亦無無極之文。假令太極圖説是其所傳，或其少時所作，則作通書時不言無極，蓋已知其説之非矣。晦翁不以爲然。先生以其求勝不求益，不復致辯。詔舉遺逸，諸司以先生應，不赴。臨終，自撰喪禮，戒不得銘墓。有文集曰梭山日記。

梓材謹案：梭山之學，以切于日用者爲要。象山年譜述梭山日記云：「中有居家正本及制用各二篇，可以得其要矣。」

梭山日記補。

古者民生八歲入小學，至十五歲，各因其材而歸之四民。秀異者入學，學而爲士，教之德行。愚謂人之愛子，但當教之以孝弟忠信，所讀須六經、論、孟，明父子君臣夫婦昆弟朋友之節，知正心修身齊家治國平天下之道，以事父母，以和兄弟，以睦族黨，以交朋友；次讀史，知歷代興衰治平措置之方。科舉之業，志在薦舉登科，難莫難于此，所謂求在外者，得之有命是也。至通經知古今，修身爲孝弟之人，此有何難。況既通經知古今，而應今之科舉，亦無難者。又道德仁義在我，以之事君臨民，皆合于義理。

爲人孰不愛家、愛子孫、愛身，然不克明愛之之道，故終焉適以損之。蓋一家之事，貴于安寧和睦悠久，其道在于孝悌謙遜。若仁義之道，口未嘗言之，朝夕之所從事者名利，寢食之所思者名利，相聚而講究者取名利之方；言及于名利，則洋洋然有喜色，言及于孝悌仁義，則淡然無味，惟思卧；幸其時數之遇，則躍躍以喜，小有阻意，則躁悶若無容；如其時數不偶，則朝夕憂煎，怨天尤人，至于父子相夷，兄弟叛散，良可憫也。豈非愛之，適以損之乎！

夫謀利而遂者，不百一；謀名而遂者，不千一。今處世不能百年，而乃徼幸于不百一、不千一之事，豈不癡甚矣哉！就使遂心臨政，不明仁義之道，亦何足爲門户之光邪！

夫事有本末，知愚賢不肖者本，貧富貴賤者末，得其本則末隨，趨其末則本末俱廢。今行孝悌，本仁義，則爲賢爲知。賢知之人，衆所尊仰，簞瓢爲奉，陋巷爲居，已固有以自樂，人不敢以貧賤而輕之，豈非得其本而末自隨？夫慕爵位，貪財利，則非賢非知。非賢非知之人，人所鄙賤，雖紆青紫，懷金玉，其胸襟未必通曉義理，已無以自樂，人亦莫不鄙賤之，豈非趨其末而本末俱廢乎？

況富貴貧賤，自有定分。富貴未必得，則將隕穫而無以自處矣。斯言或有信之者。其爲益不細，相信稍衆，則賢才自此而盛，又非小補矣。以上居家正本。

古之爲國者，冢宰制國用，必于歲之杪。五穀皆入，然後制國用。量地大小，視年之豐耗，三年耕，必有一年之食，九年耕，必有三年之食。以三十年之通制國用，雖有凶旱水溢，民無菜色。國既若是，家亦宜然。故凡家有田疇，足以贍給者，亦當量入以爲出，然後用度有準，豐儉得中，怨讟不生，子孫可守。

今以田疇所收，除租税及種蓋糞治之外，所有若干，以十分均之，留三分爲水旱不測之備，一分爲祭祀之用，六分分十二月之用。取一月合用之數，約爲三十分，日用其二，可餘而不可盡。用至七分爲得中，不及五分爲嗇。其所餘者，别置簿收管，以爲伏臘裘葛、修葺牆屋、醫藥賓客、弔喪問疾、時節餽送。又有餘，則以周給鄰族之貧弱者，賢士之困窮者，佃人之饑寒者，過往之無聊者，毋以妄施僧道。

其田疇不多，日用不能有餘，則一味節嗇。裘葛取諸蠶績，牆屋取諸蓄養。雜種蔬果，皆以助用，不可侵過次日之物。一日侵過，無時可補，則便有破家之漸，當謹戒之。

其有田少而用廣者，但當清心儉素，經營足食之路。于接待賓客、弔喪問疾、時節餽送、聚會飲食之事，一切不講。免至干求親舊，以滋過失；責望故素，以生怨尤；負諱通借，以招恥辱。

居家之病有七：曰笑，如笑駡戲謔之類。一本作呼，如呼盧喧嚷之類。曰遊，曰飲食，曰土木，曰争訟，曰玩好，曰惰慢。有一于此，皆能破家。其次貧薄而務周旋，豐餘而尚鄙嗇，事雖不同，其終之害，或無以異，但在遲速閒。夫豐餘而不用者，疑若無害也。然己既豐餘，則人望以周濟，今乃恝然，必失人之情。既失人情，則人不佑，人惟恐其無隙。苟有隙可乘，則争媒孽之，雖其子孫，亦懷不滿之意。一旦入手，若決隄破防矣。

前所言存留十之三者，爲豐餘之多者制也。苟所餘不能三分，則有二分亦可。又不能二分，則存一分亦可。又不能一分，則宜撙節用度，以存贏餘，然後家可長久。不然，一旦有意外之事，必遂破家矣。

前所謂一切不講者，非絶其事也，謂不能以貨財爲禮耳。如弔喪，則以先往後罷爲助。賓客，則樵蘇供爨，清談而已。至如奉親最急也，啜菽飲水盡其歡，斯之謂孝。祭祀最嚴也，疏食菜羹足以致其敬。凡事皆然，則人固不我責，而我亦何歉哉！如此則禮不廢而財不匱矣。

前所言以其六分爲十二月之用，以一月合用之數約爲三十分者，非謂必于其日用盡，但約見每月每日之大概。其閒用度，自爲贏縮，惟是不可先次侵過，恐難追補。宜先餘而後用，以無貽鄙嗇之譏。

世所用度，有何窮盡！蓋是未嘗立法，所以豐儉皆無準則。好豐者妄用以破家，好儉者多藏以斂怨，無法可依，必至如此。愚今考古經國之制，爲居家之法，隨貲産之多寡，制用度之豐儉，是取中可久之制也。以上居家制用。

附錄

先生隱居山中，晝之言行，夜必書之。其家累世義居，一人最長者爲家長，一家之事聽命焉。歲遷子弟，分任家事，凡田疇租税出内庖爨賓客之事，各有主者。先生以訓戒之辭爲韻語，晨興，家長率衆子弟謁先祠畢，擊鼓誦其辭，使列聽之。子弟有過，家長會衆子弟責而訓之。不改，則撻之。終不改，度不可容，則言之官府，屏之遠方焉。

朱子與梭山書曰：「伏承示諭太極之失，及省從前所論，卻恐長者從初便忽其言，不曾致思，只以自家所見道理爲是，不知卻元來未到他地位，而便以己見輕肆抵排也。今亦不暇細論，卽如太極篇首一句，最是長者所深排。然殊不知不言無極，則太極同于一物，而不足爲萬化根本。不言太極，則無極淪于空寂，而不能爲萬化根本。只此一句，便見其下語精密，微妙無窮。而向下所說許多道理，條貫脈絡，井井不亂。只今便在目前，而亙古亙今，顛撲不破，只恐自家見得未曾如此分明直截，則其所可疑者，乃在此而不在彼也。大抵古之聖賢，千言萬語只是要人明得此理。此理既明，則不務立論，而所言無非義理之言；不務立行，而所行無非義理之實。無有初無此理，而姑爲此言，以救時俗之弊者。不知子靜相會，曾以此話子細商量否？近見其所論王通續經之說，似亦未免此病也。此閒近日絕難得江西便，草草布此，卻託子靜轉致。但以來書半年方達推之，未知何時可到耳。如有未當，切幸痛與指摘，剖析見教。理到之言，不得不服也。」

顧諟謹案：先生嘗有書與紫陽，言太極圖說非正曲加扶振，終爲病根。意謂不當于太極上加無極二字。紫陽答是書，而先生之原書不可得見，故載紫陽書入附錄中。

朱子又與梭山書曰：「前書示諭太極之說，反復詳盡。然此恐未必生于氣習之偏，但是急迫看人文字，未及盡彼之情，而欲遽申己意，是以輕于立論，徒爲多說，而未必果當于理爾。且如太極之說，熹謂周先生之意，恐學者錯認太極別爲一物，故著無極二字以明之。此是推原前賢立言之本意，所以不厭重複，蓋有深指，而來諭便謂熹以太極下同一物，是則非惟不盡周先生之妙旨，而于熹之淺陋妄說，亦未察其情矣。又謂著無極字便有虛無好高之弊，則未知尊兄所謂太極，是有形器之物邪？無形器之物邪？若果無形而但有理，則無極只是無形，太極只是有理明矣，又安得爲虛無而好高乎？熹之愚陋，竊願尊兄少賜反復，寬心游意，必使于其所説，如出于吾之所爲者，而無纖芥之疑，然後可以發言立論，而斷其可否，則其爲辯也不煩，而理之所在，無不得矣。若一以急迫之意求之，則于察理已不能精，而于彼之情又不詳盡，則徒爲紛紛，而雖欲不差，不可得矣。然只在迫急，即是來諭所謂氣質之弊，蓋所論之差處，雖不在此，然其所以差者，則原于此，而不可誣矣。不審尊意以爲何如？子靜歸來，必朝夕得欵聚。前書所謂異論，卒不能合者，當已有定説矣，恨不得側聽其旁，時效管窺，以求切磋之益也。

顧諟謹案：此紫陽答先生之第二書也，知先生又有書答紫陽前書，今亦不可得見。

梓材謹案：梨洲原本，此下又有朱子與象山往復五書，今以其説較詳，移入下卷象山學案。

黄東發曰：「梭山堅苦立學，言治家不問貧富，皆當取九年熟必有三年蓄之法，常以其所入，留十之二三，備水旱、喪葬、不測，雖忍飢而毋變。宗族鄉黨有吉凶事，苟財不足以助之，惟助以力，如先衆人而往，後衆人而歸，有勞爲之服之，毋毁所蓄，以變定規。如此力行，家不至廢，而身不至有非理之求。其説具有條理，殆可推之治國者也。江西并子美又號三陸。」補。

文達陸復齋先生九齡

陸九齡，字子壽，金溪人，學者稱爲復齋先生，梭山、象山其兄弟也。十歲喪母，哀毁若成人。秦氏當國，場屋無道程氏學者。先生從故編得其説，獨委心焉。久之，新博士至，聞其雅以放逸自許，慨然嘆曰：「此非吾所願學也。」賦詩徑歸。時先生年尚未冠。吏部郎襄陵許忻，直道清節，屏居臨川，閉門少所賓接，一見先生，折輩行與語，凡治體之升降，舊章之損益，前輩聞人之律度軌轍，皆亹亹言之。已而許公起守邵陽，招先生往，所以屬先生者甚厚。既歸，益肆力于學，廣覽博咨，深觀默養，兄弟自爲師友，和而不同。休暇則與子弟適場圃習射，曰：「是固男子之事也。」自是里中士始不敢鄙弓矢爲武夫末藝。廬陵有寇警，旁郡皆入保，請先生主之，門人多不悦。先生曰：「古者比閭之長，卽五兩之卒，士而恥此，則豪俠㊀武斷者專之。今文移動，以軍興從事郡縣，欲事之集，必假手主者。彼乘是，取必于里閈，亦何所不至。」凡先生之所以講明屯禦者，皆可爲後法。而里中盜賊羣相戒曰：「是家射命中，無取死。」初，先生之父采溫公冠昏喪祭儀行之家，先生又繹先志而修明之，晨昏伏臘㊁，奉盥請衽，觴豆饎爨，闔門千指，男女以班，各共其職，友弟之風，被于鄉社，而聞于天下。束書入太學，太學知名之士，聞聲爭願交，屏所挾，北面稱弟子者甚衆。司業汪文定公舉爲學録，登乾道五年進士，釋褐桂陽軍學教授。以母老改調興國軍教授，地瀕大江，民寒嗇，罕志學，先生不以職閑自逸，端榘矱，肅衣冠，如臨大衆，勸綏引翼，士興于學。學廩名存實亡，簿書漫漶不可攷，先生爲覈實催理受輸之法白郡，授有司行之，士得其養。甫九月，以繼㊂母服去。服除，調全州教授。未上，疾卒。先生和順不違物，而非意自不能干。簡直不徇人，而與居久益有味。有請益者，從容啟告，莫不涣然。閒有扞格不入者，則引而不

㊀「俠」，原本作「狹」，形近而誤，據龍本、宋史本傳改。　㊁「臘」，原本作「獵」，形近而誤，據龍本、宋史本傳改。　㊂「繼」，原本無，據龍本、宋史本傳改。

發。嘗曰:「人之惑,有難以口舌争者。言之激,適固其意,少需未必不自悟也。」屬纊之日,晨興坐牀上,與兄弟語,猶以天下學術人才爲念。少焉,正襟端卧而逝。東萊志其墓,謂先生勇于求道之時,憤悱直前,蓋有不由階序者。然其所志者大,所據者實,公聽㊀並觀,卻立四顧,弗造于至㊁平至粹之地弗措也。寶慶二年,特贈朝奉郎直祕閣,謚文達。先生之高弟曰沈焕。

復齋文集補。

聲氣容色,應對進退,乃致知力行之原,不若是而從事于箋注訓詁之閒,言語議論之末,無乃與古之講學者異與!與張敬夫。

近來學者多自私欲速之説,又惑于釋氏一超直入之談,往往棄日用而論心,遺倫理而語道。適見聖謨與舍弟書,又有即身是道,不假擬度之説,此又將墮于無底之壑矣。答傅子淵。

有終日談虚空語性命而不知踐履之實,欣然自以爲有得而卒歸于無所用,此惑于異端者也。與沈叔晦。

古之君子,往往多出于羈艱困厄愁憂之中,而其學日進。某獨日以汩没,觸事接物,習情客氣時起于其間。與李德遠。

梓材謹案:此下有與趙景明一條,及謝山案語,移入晦翁學案。

㊀「聽」,原本作「平」,據龍本、宋史本傳改。　㊁「至」,原本作「平」,據龍本、宋史本傳改。

身體心驗，使吾身心與聖賢之言相應，擇其最切己者，勤而行之。答王漢臣。

治人必先治己，自治莫大于治氣。氣之不平，其病不一，而忿懥之害爲尤大。釋氏之門，亦有教律禪之異，禪門亦有五家宗派，何況儒、釋二教，安得强而同之！釋氏大抵以理爲障，與吾儒之學天地懸絶。以上與王順伯。

人生之迷，千種萬類，不可名狀，而大要皆是利欲。李赤入廁，天下之樂于是乎在，而不知其死于糞穢也。與王申伯。

須磊磊落落作大丈夫，淨埽平生紕繆意見。與陳德甫。

貧者士之常，吾友能安之，則尊幼無不安者。吾心微有不可安，則過自此起矣。天命固不可損益，但自失其本心耳。與柴必勝。

不知命無以爲君子，此意不可不先講習。習到臨利害得失無憂懼心，平時胸中泰然無計較心，則真知命矣。與劉淳叟。

租賦利害，如買絹一項，吏廉則民之輸帛易，而帛亦不至甚惡，吏貪而受常例，則雖甚疏惡者，亦不得不受。于是有浮巧之民，能爲甚薄之帛，而加之藥如甚厚者。攬子厚取其直于民，而薄其價買之以輸于公，揀子不敢言，受領官不敢退。若必使民自輸，而書人户與揀子之名于帛端，而毋得使攬子者輸焉，則公私兩利，而其弊革矣。與汪漕。

團結禦寇，須覈何人可用，何兵可戰，如何分布營寨，如何置備糧食，聽誰統轄，如何防堵把截，若泛牒前往界前，爲害未易悉數。與金溪宰。

射，所以觀德也。然后羿善射爲亂臣，逢蒙善射亦殺師，養由基善射而奪國，李廣善射而數奇；崔浩不能彎弓，杜預射不穿札，而皆有成功，何邪？

銅壺爲漏，浮箭爲刻，天池以注之，平水以平之，受水以納之，而壺之制盡矣。匏以載之，蓮以出之，華表以正之，而箭之體定矣。日有十二辰，而八十四維開焉。歲有十二月，而二十四氣分焉。以土圭測日景，以磁鍼辨方位，而二十四位于是乎正矣。日行有南北，晝夜有長短，而二十一箭于是乎立矣。宜無地之殊也，而嶽臺以南，凡三徙之，而箭之不用者六；嶽臺以北，凡三徙之，而箭之增者亦六；何也？于維之閒于辰，或以屬爲前，或以屬爲後，或分之而兩屬焉。磁鍼之辨方位，或以爲指午，或以爲午之三分，丙之七分，或以爲丙午之閒。

立政致意于常伯、常任、準人，求于周官，漫不知何職。瑣瑣如攜僕、綴衣、牧、尹亦缺焉。以上策問。

道者，古今之正；權者，道之用也。權之所在，即道之所在，又焉有不正者。論。

祖望謹案：復齋先生之集，明萬歷中文淵閣尚有之，今則亡矣。慈溪黄氏日鈔摘其語之精，足警後學者。及其近乎象山而可議者，凡若干條，子從而録之，此其語之精者也。其可議者，亦列于左。

某日與兄弟講習，往往及于不傳之旨，天下所未嘗講者。與汪德占。

荀卿、揚雄、韓愈皆不世出，至言性則戾。近世巨儒性理之論，猶或有安。某乃稽百氏異同之論，出入于釋、老，反覆乎孔子、子思、孟子之言，潛思而獨究之，煥然有明焉。窮天地，亙萬世，無易乎此也。然世無是學，難以諭人。

離形色而言性，離視聽言動而言仁，非知性者。以上與章彥節。

竊不自揆，使天「欲平治天下，當今之世，舍我其誰」！苟不用于今，則成就人才，傳之學者。與王順伯。

鵝湖示同志詩

孩提知愛長知欽，古聖相傳只此心。大抵有基方築室，未聞無址忽成岑。留情傳注翻榛塞，著意精微轉陸沈。珍重友朋勤切琢，須知至樂在于今。

象山和韻詩：「墟墓興哀宗廟欽，斯人千古不磨心。涓流積至滄溟水，拳石崇成太華岑。易簡工夫終久大，支離事業竟浮沈。欲知自下升高處，真僞先須辨只今。」

紫陽和韻詩：「德義風流夙所欽，別離三載更關心。偶扶藜杖出寒谷，又枉籃輿度遠岑。舊學商量加邃密，新知培養轉深沈。卻愁說到無言處，不信人間有古今。」

百家謹案：鵝湖之會，此三詩乃三先生所論學旨者，其不合與論無極同。蓋二陸詩有支離之詞，疑紫陽爲訓詁；紫陽詩有無言之說，譏二陸爲空門。兩家門人，遂以成隙，至造作言語以相訾毀。然紫陽晚年，乃有見于學者支離之弊，屢見于所與朋友之書札，考全集內不啻七八九通。而陸子亦有「追維曩昔，麤心浮氣，徒致參辰」之語，見于奠東萊之文。以是知盈科而後進，其始之流，不礙殊途，其究朝宗于海，同歸一致矣。乃謂朱、陸終身不能相一，豈惟不知象山有克己之勇，亦不知紫陽有服善之誠，篤志于爲己者，不可不深考也。

顧諟謹案：淳熙二年，呂東萊約先生及象山、紫陽會于廣信之鵝湖寺。先生謂象山曰：「伯恭約元晦爲此集，正爲學術異同。其兄弟先自不同，何以望鵝湖之同。」遂與象山議論致辯，又令象山自説，至晚罷。先生曰：「子静之説是。」次早，象山請先生説，先生曰：「某無説。夜來思之，子静之説極是。方得一詩。」云「孩提知愛長知欽」云云。象山曰：「詩甚嘉，但第二句微有未安。」先生曰：「説得恁地，又道未安，更要如何？」象山曰：「不妨一同起行。」及至鵝湖會，東萊首問先生別後新功，先生舉詩纔四句，紫陽顧東萊曰：「子壽早已上子静船了也。」舉詩罷，遂致辯于先生。象山曰：「某途中和得家兄此詩。」云「墟墓興哀宗廟欽」云云。紫陽雖和韻，大不懌。朱書云：「鵝湖講道，誠當今盛事。然紫陽之門人，謂以支離見斥，恚不能平，詬詈蠭起。此朱、陸之異，于此益甚矣。」

附録

象山語録曰：「復齋家兄一日見問云：『吾弟今在何處做工夫？』某答云：『在人情事勢物理上做些工夫。』復齋應而已。若知物價之低昂，與夫辨物之美惡真僞，則吾不可不謂之能。然吾之所謂做工夫，非此之謂也。

朱子答張南軒曰：「子壽兄弟氣象甚好，其病卻在盡廢講學，而專務踐履。于踐履中要人提撕省察，悟得本心，此爲病之大旨。要其操持謹質，表裏不二，實有以過人者。惜乎自信太過，規模窄狹，不得取人之善，將流于異學而不自知耳。」

百家謹案：從踐履操持立脚，恐不得指爲大病。但盡廢講學，自信太過，正是踐履操持一累耳。若使純事講學，而于踐履操持不甚得力，同一偏勝，較之其病，孰大孰小乎？

顧諟謹案：朱子此書，非指踐履操持之卽將流于異學也，特嫌陸氏之信心太過耳。若論朱子平日嘗謂司馬溫公之學，只恁將去無致知一段，似于溫公亦有不足矣。然考滄洲精舍祝文，則云「周、程授受，萬里一源，曰邵曰張，爰及司馬，學雖殊轍，道則同歸」。遂以溫公上班周、程、張、邵，以侑宣聖。紫陽豈專重致知而不重力行者？但先生兄弟之尊德性，亦非不致知之人。

楊開沅謹案：鵝湖之會，論及教人。朱子之意，欲令人泛觀博覽，而後歸之約。二陸之意，欲先發明人之本心，而後使之博覽。朱以陸之教人爲太簡，陸以朱之教人爲支離，此兩不相合之由也，然亦不過各欲明其道耳。考朱子集中，有祭陸子壽教授文云：「學非私說，惟道是求。苟誠心而擇善，雖異序而同流。如我與兄，少不並遊。蓋一生而再見，遂傾倒以綢繆。念昔鵝湖之下，實云識面之初。兄命駕而鼎來，載季氏而與俱。出新篇以示我，意懇懇而無餘。厭世學之支離，新易簡之規模。顧予聞之淺陋，中獨疑而未安。始聽熒于胸次，卒紛繳于談端。徐度兄之不可遽以辯屈，又知兄必將返而深觀。遂逡巡而旋返，悵猶豫而盤旋。別來幾時，兄以書來。審前說之未定，日予言之可懷。逮予辭官而未獲，停驂道左之僧齋。兄乃枉車而來教，相與極論而無猜。自是以還，道合志同，何風流而雲散，乃一西而一東。蓋曠歲以索居，僅尺書之兩通，期杖屨之肯顧，或慰滿乎予衷。屬者乃聞兄病在牀，亟函書而問訊，幷裹藥而攜將。曾往使之未返，何來音之不祥。驚失聲而隕涕，沾予袂以淋浪。嗚呼哀哉！今茲之歲，非龍非蛇，何獨賢人之不淑，屢與吾黨之深嗟！惟兄德之尤粹，儼中正而無邪。嗚呼哀哉！兄則已矣，此心實存。炯然參倚，可覺惰昏。孰泄予哀？一慟寢門。緘辭千里，侑此一尊。」觀此可知朱、陸晚年合一，卽是文不足爲定據乎！

東萊柬晦庵曰：「子壽前日經過，留此二十餘日，幡然以鵝湖前見爲非，梓材案：謝山所錄東萊集作「所見爲非」。甚欲著實看書講論。心平氣下，相識中甚難得也。」

祖望謹案：東萊與同甫書亦云：「子壽極務實有工夫。」

晦庵答曰：「子靜似猶有舊來意思。子壽言其雖已轉步，而未曾移身。回思鵝湖講論氣勢，今何止十去七八邪！」

先生歿，東萊又與晦翁帖曰：「陸子壽不起，可痛。篤學力行，深知舊學之偏。梓材案：謝山所錄東萊集作「舊習之非」。求益不已，乃止于此，于後學極有所係也。」

劉靜春曰：「陸子壽兄弟之學，頗宗無垢。」補。

黃東發曰：「復齋之學，大抵與象山相上下。象山以自己之精神爲主宰，復齋就天賦之形色爲躬行，皆以講不傳之學爲己任，皆謂當今之世，舍我其誰，掀動一時，聽者多靡。所不同者，象山多怒罵，復齋覺和平耳。復齋之文，猶多精語，足警後學，而自譽其所得，則在性學，至謂『窮天地，亙萬古，無以易，而世無其學，難以語人』。視孔子之言性，澹然一語而止者，幾張皇矣。夫既不語，世莫得聞。他日又謂『外形色言天性，外視聽言動言仁，皆非知性者』。復齋所明性學，儻在于是乎？然形色固天性也，而睟面盎背，亦必有其所以然者，視聽言動之以禮，固所以爲仁也，而勿視勿聽勿言勿動，亦必有主宰乎其中者矣。復齋之言，視孔、孟似頗直截也。東萊誌其墓，謂『勇于求道，有不由階序者』。殆確論云。復齋分教興國，纔九月，弟子員纔十五人，才志不獲少見于世。寶慶二年，賜謚文達，遂與象山號二陸。」補。

祖望謹案：東萊謂復齋家庭講學，和而不同，則固有不盡諧于象山者。象山縱極口稱復齋，然語録中謂「董元息被教授教解論語，又壞了」。則固有不盡諧于復齋者。而大略以不傳之學爲己任，以舍我其誰自居，則相同。若東發謂形色必有其所以然者，視聽言動必有其主宰于中者，則復齋亦原未嘗抹殺此一層，未可以詆之也。特其詞氣有未圓者。要之陸氏兄弟賢知之過，辭氣多有過高，遂成語病；而其倚天壁立，足以振起人之志氣，其功亦不可没。

文安陸象山先生九淵別爲象山學案。

梭山門人道鄉再傳。

嚴先生松

嚴松，字松年，臨川人。初師梭山先生，其後遂爲存齋弟子。先生所録陸子論學語，其載鵝湖之會子然其言。先生于陸子門下，視傅夢泉輩聲譽稍次，然其造詣較平正云。

力』，乃是行文如此，不成道『其至，爾力也；其中，爾巧也』。然畢竟致知在先，力行在後，故曰始終」。陸

甚詳。嘗對陸子始終智聖優劣之説，以爲「但有先後，無有優劣。孟子所以云『其至，爾力；其中，非爾

附錄

松年嘗問梭山：「孟子説諸侯以王道，行王道以崇周室乎？行王道以得天位乎？」梭山曰：「得天位。」松年曰：「豈教之簒奪乎？」梭山曰：「民爲貴，社稷次之，君爲輕。」象山歎曰：「家兄平日無此議論，曠古以來無此議論。」松年曰：「伯夷不見此理，武、周見得此理。」一日，象山歌「道之將廢，自孔、孟之生，不能回天而易命」，又歌柏舟，松年爲涕泗沾襟。少閒，又歌東皇太一、雲中君，松年悲泣不堪而罷。

徐先生仲誠別見槐堂諸儒學案。

復齋門人襄陵再傳。

端獻沈定川先生焕別爲廣平定川學案。

正獻袁絜齋先生燮別爲絜齋學案。

曾先生滂附子極。

李先生繆合傳。

曾滂，字孟博，臨川人也。爲人質直剛烈，長于象山五六歲，而與文達年相若。是時陸子兄弟初談性命之學，四方人士宗之者尚少。先生首師文達，與李繆德章爲弟子冠。象山甚愛重之。子極，字景建，紹其家學。其後以詩案謫道州，語在宋史羅必元傳。卒于謫所。李微之爲上言，得歸葬。所著有金陵百詠、春陵小雅。修。

曹无妄先生建

萬先生人傑並見滄洲諸儒學案。

知州李先生修己別見二江諸儒學案。

隱君饒止翁先生延年

通判劉淳叟堯夫並見槐堂諸儒學案。

李氏門人襄陵三傳。

司户鄒南堂先生斌別見槐堂諸儒學案。

宋元學案卷五十八

象山學案

黄宗羲原本　黄百家纂輯　全祖望修定

象山學案表

陸九淵——子持之——葉元老別見鶴山學案。
庸齋、梭山、復齋弟。
艾軒講友。
上蔡、震澤、横浦、林竹軒續傳。

楊簡別爲慈湖學案。
袁燮別爲絜齋學案。
舒璘別爲廣平定川學案。
舒琥
舒琪並見廣平定川學案。
傅夢泉
傅子雲
鄧約禮
黄叔豐並爲槐堂諸儒學案。

嚴松別見梭山復齋學案。

胡大時

蔣元夫並見嶽麓諸儒學案。

李者壽

曹建

萬人傑

劉孟容

劉定夫

曾祖道

符敘並見滄洲諸儒學案。

沈炳別見廣平定川學案。

又六十一人並見槐堂諸儒學案。

私淑趙彥肅——喻仲可別見槐堂諸儒學案。

姚宏中

湯巾別爲存齋晦靜息庵學案。

周可象

程紹開別見存齋晦靜息庵學案。

胡長孺別見木鐘學案。

汪深

吴澄別爲草廬學案。

陳苑別爲靜明寶峯學案。

並陸學續傳。

劉清之別爲清江學案。

李浩——子肅

鄧約禮並見槐堂諸儒學案。

王厚之

楊庭顯——子簡別爲慈湖學案。

舒璘別爲廣平定川學案。

豐誼——子有俊別見槐堂諸儒學案。

羅點

黃文晟附見槐堂諸儒學案。

劉恭別見廬陵學案。

並象山學侶。

徐誼

陳葵並爲徐陳諸儒學案。

並象山同調。

象山學案序録

祖望謹案：象山之學，先立乎其大者，本乎孟子，足以砭末俗口耳支離之學。但象山天分高，出語驚人，或失于偏而不自知，是則其病也。程門自謝上蔡以後，王信伯、林竹軒、張無垢至于林艾軒，皆其前茅，及象山而大成，而其宗傳亦最廣。或因其偏而更甚之，若世之耳食雷同，固自以爲能羽翼紫陽者，竟詆象山爲異學，則吾未之敢信。述象山學案。梓材案：黄氏本以是卷爲金溪學案之三，謝山則稱爲象山學案。

艾軒講友

文安陸象山先生九淵

陸九淵，字子静，自號存齋，金溪人。梭山、復齋之弟也。三四歲時，問其父賀「天地何所窮際」，父奇之。聞人誦伊川語，自覺若傷我者，嘗曰：「伊川之言，奚爲與孔子、孟子之言不類？」讀論語，即疑有子之言支離。他日讀古書，至「宇宙」二字，解者曰：「四方上下曰宇，往古來今曰宙。」忽大省曰：「宇宙内事，乃己分内事。己分内事，乃宇宙内事。」又嘗曰：「東海有聖人出焉，此心同也，此理同也。西海有聖人出焉，此心同也，此理同也。南海、北海有聖人出焉，此心同也，此理同也。千百世之上有聖人出焉，此心同也，此理同也。千百世之下有聖人出焉，此心同也，此理同也。」乾道八年，登進士第，爲吕東萊所識。始至行都，從遊者甚衆。先生能知其心術之微，言中其情，多至汗下。亦有相去千里，素無雅故，聞其概而盡得其爲人。語學者曰：「念慮之不正者，頃刻而知之，卽可以正。念慮之正者，頃刻而失之，卽爲不正。有可以形迹觀者，有不可形迹觀者。必以形迹觀人，則不足以知人。必以形迹繩人，則不足以教人。」又曰：「今天下學者，惟有兩途：一途樸實，一途議論。」足以明人心之邪正，破學者窟宅矣。一生飯次交足，飯既，先生謂之曰：「汝適有過，知之乎？」生曰：「已省。」其規矩之嚴又如此。淳熙元年，授靖安主簿。丁憂。服闋，調崇安。九年，以侍從薦，除國子正。遷敕命所删定官。輪對除將作監丞，給事王信疏駁，主管台州崇道觀。既歸，學者愈盛。每詣城邑，環坐二三百人，至不能容。結茅象山，學徒復大集。居山五年，來見者案籍踰數千人。紹熙二年，除知荆門軍。故事，太守下車，必先揭約束，延賓受牒，皆有日期。吏以白，先生曰：「安用是！」賓至卽見，持牒卽入，無早暮。于是下情盡達，兩造有不持狀對辯求決者。郡已大治。荆門素無城壁，先生以爲四戰之地，遂議築之，二旬而畢。郡于上元設醮，爲民祈福，先生乃會吏民講洪範斂福錫民一章以代之，發明人心之善，所以自求多福者。聽者莫不曉然，至有泣下者。三年，卒官，年五十四。嘉定十年，賜謚文安。雲濠案：先生著有象山集三十二卷，附語録四卷。

宗羲案：先生之學，以尊德性爲宗，謂「先立乎其大，而後天之所以與我者，不爲小者所奪。夫苟本體不明，而徒致功于外索，是無源之水也」。同時紫陽之學，則以道問學爲主，謂「格物窮理，乃吾人入聖之階梯。夫苟信心自是，而惟從事于覃思，是師心之用也」。兩家之意見既不同，逮後論太極圖說，先生之兄梭山謂「不當加無極二字于太極之前，此明背孔子，且并非周子之言」。紫陽謂「孔子不言無極，而周子言之。蓋實有見太極之真體，不言者不爲少，言之者不爲多」。先生爲梭山反復致辯，而朱、陸之異遂顯。繼先生與兄復齋會紫陽于鵝湖，復齋倡詩，有「留情傳注翻榛塞，著意精微轉陸沈」之句，先生和詩，亦云「易簡工夫終久大，支離事業竟浮沈」。紫陽以爲譏己，不懌，而朱、陸之異益甚。梓材案：鵝湖之會在淳熙二年，鹿洞之講在八年，已在其後。太極之辯在十五年，又在其後。梨洲說未免倒置。于是宗朱者詆陸爲狂禪，宗陸者以朱爲俗學，兩家之學各成門户，幾如冰炭矣。嗟乎！聖道之難明，濂洛之後，正賴兩先生繼起，共扶持其廢墮，胡乃自相齟齬，以致蔓延今日，猶然借此辨同辨異以爲口實，寧非吾道之不幸哉！雖然，二先生之不苟同，正將以求夫至當之歸，以明其道于天下後世，非有嫌隙于其閒也。道本大公，各求其是，不敢輕易唯諾以隨人，此尹氏所謂「有疑于心，辨之弗明弗措」，豈若後世口耳之學，不復求之心得，而苟焉以自欺，泛然以應人者乎！況攷二先生之生平自治，先生之尊德性，何嘗不加功于學古篤行，紫陽之道問學，何嘗不致力于反身修德，特以示學者之入門各有先後，曰「此其所以異耳」。然至晚年，二先生亦俱自悔其偏重。稽先生之祭東萊文，有曰：「比年以來，觀省加細。追維曩昔，麤心浮氣，徒致參辰，豈足酬義！」蓋自述其過于鵝湖之會也。與諸弟子書嘗云：「道外無事，事外無道。」而紫陽之親與先生書則自云：「邇來日用工夫頗覺有力，無復向來支離之病。」其別與呂子約書云：「孟子言，學問之道，惟在求其放心。而程子亦言，心要在腔子裏。今一向耽著文字，令此心全體都奔在册子上，更不知有己，便是箇無知覺、不識痛癢之人，雖讀得書，亦何益于我事邪！與何叔京書云：「但因其良心發見之微，猛省提撕，使此心不昧，則是做工夫底本領。本領既立，自然下學而上達矣！若不見于良心發見處，渺渺茫茫，恐無下手處也。」又謂：「多識前言往行，固君子所急，近因反求，未得箇安穩處，卻始知此未免支離。」與吴伯豐書自謂：「欠卻涵養本原工夫。」與周叔謹書：「某近日亦覺向來説話有太支離處，反身以求，正坐自己用功亦未切耳。因此減去文字工夫，覺得閒中氣象甚適。每勸學者亦且看孟子道性善、求放心兩章，著實體察，收拾此心爲要。」又答吕子約云：「覺得此心存亡，只在反掌之間，向來誠是太涉支離。若無本以自立，則事事皆病耳，豈可一向汩溺于故紙堆中，使精神昏蔽，而可謂之學！」又書：「年來覺得日前爲學不得要領，自身做主不起，反爲文字奪卻精神，不爲小病。每一念之，惕然自懼，且爲朋友憂之。若只如此支離，漫無統紀，展轉迷惑，無出頭處。」觀此可見二先生之虚懷從善，始雖有意見之參差，終歸于一致而無間，更何煩有餘論之紛紛乎！且夫講學者，所以明道也。道在撙節退讓，大公無我，用不得好勇鬬很于其間，以先自居于悖戾。二先生同植綱常，同扶名教，同宗孔、孟。卽使意見終于不合，亦不過仁者見仁，知者見知，所謂「學焉而得其性之所近」。原無有背于聖人，矧夫晚年又志同道合乎！奈何獨不睹二先生之全書，從未究二先生之本末，糠粃眯目，強附高門，淺不自量，妄相詆毁！彼則曰「我以助陸子也」，此則曰「我以助朱子也」，在二先生豈屑有此等庸妄無謂之助已乎！昔先子嘗與一友人書：「子自負能助朱子排陸子與？亦曾知朱子之學何如？陸子之學何如也？假令當日鵝湖之會，朱、陸辯難之時，忽有蒼頭僕子歷階升堂，捽陸子而毆之曰：『我以助朱子也。』將謂朱子喜乎？不喜乎？

定知朱子必且撻而逐之矣。子之助朱子也，得無類是。」

百家謹案：子輿氏後千有餘載，纘斯道之墜緒者，忽破暗而有周、程。周、程之後曾未幾，旋有朱、陸。誠異數也！然而陸主乎尊德性，謂「先立乎其大，則反身自得，百川會歸矣」。朱主乎道問學，謂「物理既窮，則吾知自致，滃霧消融矣」。二先生之立教不同，然如詔入室者，雖東西異户，及至室中，則一也。何兩家弟子不深體究，出奴入主，論辯紛紛，而至今借媒此徑者，動以朱、陸之辨同辨異，高自位置，爲岑樓之寸木？觀答諸葛誠之書云：「示諭競辯之論，三復悵然。愚深欲勸同志者，兼取兩家之長，不輕相詆毁，就有未合，亦且置勿論，而力勉于吾之所急。」又復包顯道書：「南渡以來，八字著腳理會實工夫者，惟某與陸子靜二人而已。某實敬其爲人，老兄未可以輕議之也。」世儒之紛紛競辯朱、陸者，曷勿即觀朱子之言。

謝山淳熙四先生祠堂碑文曰：「予嘗觀朱子之學，出于龜山。其教人以窮理爲始事，積集義理，久當自然有得。至其『所聞所知，必能見諸施行，乃不爲玩物喪志』，是即陸子踐履之說也。陸子之學，近于上蔡。其教人以發明本心爲始事，此心有主，然後可以應天地萬物之變。至其戒『束書不觀，游談無根』，是即朱子講明之說也。斯蓋其從入之途，各有所重。至于聖學之全，則未嘗得其一而遺其一也。是故中原文獻之傳，聚于金華，而博雜之病，朱子嘗以之戒大愚，則詆窮理爲支離之末學者，陋矣！以讀書爲充塞仁義之階，陸子輒咎顯道之失言，則詆發明本心爲頓悟之禪宗者，過矣！夫讀書窮理，必其中有主宰而後不惑，固非可徒以泛濫爲事。故陸子教人以明其本心，在經則本于孟子擴充四端之教，同時則正與南軒察端倪之說相合。心明則本立，而涵養省察之功于是有施行之地，原非若言頓悟者所云『百斤擔子一齊放』者也。」

語録

夫子曰：「吾十有五而志于學。」今千百年，無一人有志，也是怪他不得。志箇甚底，須是有智識，然後有志願。

人要有大志。常人汩没于聲色富貴閒，良心善性都蒙蔽了。今人如何便解有志，須先有智識始得。

學者大約有四様：一雖知學路而恣情縱慾不肯爲，一畏其事大且難而不爲者，一求而不得其路，一未知路而自謂能知。

凡欲爲學，當先識義利公私之辨。今所學果爲何事？人生天地閒，爲人自當盡人道。學者所以爲學，學爲人而已，非有爲也。

今人略有些氣燄者，多只是附物，原非自立也。若某則不識一箇字，亦須還我堂堂地做箇人。

志于聲色利達者，固是小。勦摸人言語底，與他一般是小。

大凡爲學，須要有所立。論語云：「己欲立而立人。」卓然有不爲流俗所移，乃爲有立。須思量天之所以與我者是甚底，爲還是要做人否？理會得這箇明白，然後方可謂之學問。

人生天地閒，如何植立？

循頂至踵，皆父母之遺體。俯仰乎天地之閒，惕然朝夕，求寡乎愧怍而懼弗能，儻可庶幾于孟子之「塞乎天地」，而與聞夫子「人爲貴」之說耳。

上是天，下是地，人居其閒，須是做得人，方不枉。

要當軒昂奮發，莫恁地沈埋在卑陋凡下處。

此理在宇宙閒，何嘗有所凝！是你自沈埋，自蒙蔽，陰陰地在箇陷穽中，更不知所謂高遠底。要決裂破陷穽，窺測破羅網。

激厲奮迅，決破羅網，焚燒荆棘，蕩夷污澤。

堯雞終日營營，無超然之意，須是一刀兩斷，何故縈縈如此！縈縈底討箇甚麽！

仰首攀南斗，翻身依北辰。舉頭天外望，無我這般人。

學者須是打疊田地淨潔，然後令他奮發植立。若田地不淨潔，則奮發植立不得。古人爲學，即讀書，然後爲學可見。然田地不淨潔，亦讀書不得；若讀書，則是假寇兵，資盜糧。

大世界不享，卻要占箇小蹊小徑子；大人不做，卻要爲小兒態，可惜！

與小後生說話，雖極高極微，無不聽得。與一輩老成說，便不然。以此見過無巧，只是那心不平底人，揣度便失了。

顧諟謹案：爲學之要，首在立志。志不立，是猶欲築室無其基也，縱與之言學，無處可說，所謂朽木糞土不可雕杇。第懼人患此病證，故須先激發其志氣，使之知自奮厲，而後有門路進步可入。故類集先生聳動開導人語，載之于首，蓋令人知憤而後可啟也。

論語中多有無頭柄底說話，如「知及之，仁不能守之」之類，不知所及守者何事；如「學而時習之」，不知時習者何事。非學有本領，未易讀也。苟學有本領，則知之所及者，及此也；仁之所守者，守此也；時習者，習此也；說者，說此；樂者，樂此。如高屋之上建瓴水矣，學苟知本，六經皆我註腳。

道徧滿天下，無些小空闕。四端萬善，皆天之所予，不勞人妝點。但是人自有病，與他相㊀隔了。

人爲學甚難。天覆地載，春生夏長，秋斂冬肅。俱此理，人居其間；無靈識，此理如何解得！

此理塞宇宙，所謂道外無事，事外無道。舍此而別有商量，別有趨向，別有規模，別有形迹，別有行業，別有事功，則與道不相干，則是異端，則是利欲，謂之陷溺，謂之舊窠，說只是邪說，見只是邪見。

宇宙不曾限隔人，人自限隔宇宙。

萬物森然于方寸之閒。滿心而發，充塞宇宙，無非此理。

「小心翼翼，昭事上帝。上帝臨女，無貳爾心」。此理誠塞宇宙，如何由人杜撰得。文王敬忌，若不如此，敬忌箇甚麼！

夫子曰：「由，知德者鮮矣。」要知德。皋陶言：「亦行有九德。」然後「乃言曰，載采采」。事固不可不觀，然畢竟是末。自養者亦須養德，養人亦然。自知者亦須知德，知人亦然。不于其德，而徒繩檢于其

㊀「相」，原本作「人」，據龍本改。

外行與事之間，將使人作僞。

學者要知所好，此道甚大。人多不知，好之只愛事骨董。君子之道，淡而不厭。朋友之相資，須助其知所好者，若引其逐外，卽非也。

君子之道，淡而不厭。淡味長，有滋味，便是欲。

人不肯只如此，須要有箇説話。今時朋友，盡須要箇説話去講，其他體盡有形，惟心無形，然何故能攝制人如此之甚！

人心只愛去泊著事，教他棄事時，如猢猻失了樹，便無住處。

人不肯心閒無事，居天下之廣居，須要去逐外，著一事，印一説，方有精神。

心不可汩一事，只自立心。人心本來無事胡亂，被事物牽將去，若是有精神，卽時便出便好，若一向去，便壞了。

格物者，格此者也。伏羲仰象俯法，亦先于此盡力焉耳。不然，所謂格物，末而已矣。

顧諟謹案：世閒非無有志爲學之士，顧往往有拘牽于文義，依傍格式，自謂能謹守操持，無背正道，而于自心自性，昧卻靈根。此如水浸石子，終身無長進之日。吾人爲學，究致無成者，大率患此。故次之以指點人語，使人求其本心，反躬自悟，不向沿門乞火，此志學已後之進境也。

此道非爭競務進者能知，惟靜退者可入。

人之精爽，負于血氣，其發露于五官者，安得皆正！不得明師良友剖剥，如何得去其浮僞而歸于真實？又如何能得自省自覺？大丈夫事，豈當兒戲！

大人凝然不動。不如此，小家相。

某之取人，喜其忠信誠慤，言似不能出口者。談論風生，他人所取者，某甚惡之。

涓涓之流，積成江、河。泉源方動，雖只有涓涓之微，去江、河尚遠，卻有成江、河之理。若能混混不舍晝夜，如今雖未盈科，將來自盈科；如今雖未放乎四海，將來自放乎四海；如今雖未會其有極，歸其有極，將來自會其有極，歸其有極。然學者不能自信，見夫標末之盛者，便自荒忙，舍其涓涓而趨之，卻自壞了。曾不知我之涓涓雖微，卻是真，彼之標末雖多，卻是僞，恰似檐水來相似，其涸可立而待也。故吾嘗舉俗諺教學者云：「一錢做單客，兩錢做雙客。」

學問不得其綱，則是二君一民等是。恭敬若不得其綱，則恭敬是君，此心是民；若得其綱，則恭敬者，乃保養此心也。

人精神在外，至死也勞攘。須收拾作主宰。收得精神在內，當惻隱卽惻隱，當羞惡卽羞惡，誰欺得你，誰瞞得你！見得端的後，常涵養，是甚次第。

有一段血氣，便有一段精神。有此精神，卻不能用，反以害之。非是精神能害之，但以此精神居廣居，立正位，行大道。

道可謂尊，可謂重，可謂明，可謂高，可謂大，人卻不自重，纔有毫髮恣縱，便是私欲，與此全不相似。

自立自重，不可隨人腳跟，學人言語。

君子役物，小人役于物。夫權皆在我，若在物，卽爲物役矣。

志小，不可以語大人事。

今一切去了許多繆妄勞攘，磨礱去圭角，浸潤著光精，與天地合其德云云，豈不樂哉。

人共生乎天地之閒，無非同氣。扶其善而沮其惡，義所當然，安得有彼我之意，又安得有自爲之意。

有志于道者，當造次必于是，顛沛必于是，凡動容周旋，應事接物，讀書考古，或動或靜，莫不在是。有懶病也，是其道有以致之。我治其大而不治其小，一正則百正。恰如坐得不是，我不責他坐得不是，便是心不在道。若心在道時，顛沛必于是，造次必于是，豈解坐得不是，只在勤與惰，爲與不爲之閒。

「小心翼翼，昭事上帝。上帝臨女，無貳爾心」，戰戰兢兢，那有閒管時候。

精神不運則愚，血脈不運則病。

志固爲氣之帥，然至于氣之專一，則亦能動志。故不但言持其志，又戒之以無暴其氣也。居處飲食，適節宣之宜，視聽言動，嚴邪正之辨，皆無暴其氣之功也。

凡事莫如此滯滯泥泥。某平生于此有長，都不去著他事。凡事累，自家一毫不得。每理會一事時，血脈骨髓都在自家手中。然我此中卻似箇閑閑散散，全不理會事底人，不陷事中。

內無所累，外無所累，自然自在。纔有一些子意，便沈重了。徹骨徹髓，見得超然于一身，自然輕清，自然靈大。

優裕寬平，卽所存多，思慮亦正。求索太過，卽所存少，思慮亦不正。

學者不可用心太緊。深山有寶，無心于寶者得之。

窮究磨煉，一朝自省。

利害毁譽，稱譏苦樂，能動揺人，釋氏謂之八風。

處家遇事，須著去做，若是褪頭便不是。子弟之職已缺，何以謂學。

莫厭辛苦，此學脈也。

某今亦教人做時文，亦教人去試，亦愛好人發解之類，要曉此意是爲公，不爲私。

棋，所以長吾之精神；瑟，所以養我之德性。藝卽是道。

人之所以病道者，一資稟，二漸習。

惟精惟一，須要如此涵養。

若是聖人，亦逞一些子精彩不得。

大綱提掇來，細細理會去，如魚龍游于江海之中，沛然無礙。

顧諟謹案：世閒學人，非無見頭明亮、得窺悟本體者，然無仁守之功，徒憑藉虛見，侈然自足，將所謂知及之者，雖得亦失矣。此種之患，更易染人。苟不知洗滌澡刷，其始也，望空捉影，畫餅不可以充飢，其究也，鹵莽猖狂，認野葛爲滋味，流毒可勝道哉。故終摘類鍛人語，俾人知卽知卽行，而後其知不爲虚見也。

梓材謹案：梨洲所録象山語録九十五條，今移爲附録者十四條，移入復齋學案一條，移入滄洲諸儒三條，移入槐堂諸儒十一條。又案：象山與當時諸子論學書，具載集中，謝山必多采録，特其稿未全。

白鹿洞講義補。

子曰：「君子喻于義，小人喻于利。」

此章以義利判君子小人，辭旨曉白，然讀之者苟不切己觀省，亦恐未能有益也。某平日讀此，不無所感，竊謂學者于此，當辨其志。人之所喻，由其所習，所習由其所志。志乎義，則所習者必在于義，所習在義，斯喻于義矣。志乎利，則所習者必在于利，所習在利，斯喻于利矣。故學者之志，不可不辨也。科舉取士久矣，名儒鉅公皆由此出。今爲士者，固不能免此。然場屋之得失，顧其技與有司好惡如何耳，非所以爲君子小人之辨也。而今世以此相尚，使汩没于此，而不能自拔，則終日從事者，雖曰聖賢之書，而要其志之所鄉，則有與聖賢背而馳者矣。推而上之，則又惟官資崇卑、禄廩厚薄是計，豈能悉心力于國事民隱，以無負于任使之者哉？從事其間，更歷之多，講習之熟，安得不有所喻？顧恐不在于義耳。誠能深思是身，不可使之爲小人之歸，其于利欲之習，怛焉爲之痛心疾首，專志乎義而日勉焉，博學、審問、慎思、明辨而篤行之。由是而進于場屋，其文必皆道其平日之學，胸中之藴，而不詭于聖人。由是而仕，必皆供其職，勤其事，心乎國，心乎民，而不爲身計，其得不謂之君子乎！

朱子跋曰：「熹率僚友，與俱㊀至于白鹿書堂，請得一言以警學者。子静既不鄙而惠許之。至其所以發明敷暢，則又懇到明白，而皆有以切中其隱微深痼之病，聽者莫不悚然動心焉。于此反身而深察之，則庶乎其可以不迷入德之方矣。」

辯太極圖説書

象山與朱子曰：「往歲覽尊兄與梭山家兄書，嘗因南豐便人僭易致區區。蒙復書，許以卒請，不勝幸甚。古之聖賢，惟理是視，堯、舜之聖，而詢于芻蕘，曾子之易簀，蓋得于執燭之童子。蒙九二曰：『納婦吉。』苟當于理，雖婦人孺子之言所不棄也。孟子曰：『盡信書，不如無書。吾于武成，取二三策而已矣。』或乖理致，雖出古書，不敢盡信也。智者千慮，或有一失，愚者千慮，或有一得，人言豈可忽哉。梭山兄謂『太極圖説與通書不類，疑非周子所爲。不然，則或是其學未成時所作。不然，則或是傳他人之文，後人不辨也。蓋通書理性命章言「中焉止矣」。二氣五行，化生萬物，五殊二實，二本則一，曰一曰中，卽太極也，未嘗于其上加無極字。動静章言五行陰陽太極，亦無無極之文。假令太極圖説，是其所傳，或其少時所作，則作通書時不言無極，蓋已知其説之非矣。』此言殆未可忽也。兄謂梭山急迫看人文字，未能盡彼之情，而欲遽申己意，是以輕于立論，徒爲多説，而未必果當于理。大學曰：『無諸己，而後非諸人。』人無古今、智愚、賢不肖，皆言也，皆文字也。觀兄與梭山之書，已不㊁能酬斯言矣，尚何以

㊀「俱」，原本作「其」，據龍本、陸九淵集改。　㊁「不」，原本作「言」，據龍本改。

責梭山哉！尊兄向與梭山書云：『不言無極，則太極同于一物，而不足爲萬化根本。不言太極，則無極淪于空寂，而不能爲萬化根本。』夫太極者，實有是理，聖人從而發明之耳，非以空言立論，使後人簸弄于頰舌紙筆之閒也。其爲萬物根本，固自素定，其足不足，能不能，豈以人言不言之故邪？易大傳曰：『易有太極。』聖人言有，今乃言無，何也？作大傳時，不言無極，太極何嘗同于一物，而不足爲萬化根本邪？洪範五皇極列在九疇之中，不言無極，太極亦何嘗同于一物，而不足爲萬化根本邪？太極固自若也。尊兄只管言來言去，轉加糊塗，此真所謂輕于立論，徒爲多說，而未必果當于理也。兄號句句而論，字字而議，有年矣，宜益工益密，立言精確，足以悟疑辨惑，乃反疏脫如此，宜有以自反矣。後書又謂『無極卽是無形，太極卽是有理。周先生恐學者錯認太極別爲一物，故著無極二字以明之』。大傳曰：『形而上者謂之道。』又曰：『一陰一陽之謂道。』一陰一陽，已是形而上者，況太極乎！曉文義者，舉知之矣。自有大傳至今幾年，未聞有錯認太極別爲一物者。設有愚謬至此，奚啻不能以三隅反，何足上煩老先生特地于太極上加無極二字以曉之乎？且極字亦不可以形字釋之。蓋極者，中也，言無極，則是猶言無中也，是奚可哉！若懼學者泥于形氣而申釋之，則宜如詩言『上天之載』，而于下贊之曰『無聲無臭』可也，豈宜以無極字加于太極之上？朱子發謂濂溪得太極圖于穆伯長，伯長之傳，出于陳希夷，其必有攷。希夷之學，老氏之學也。無極二字，出于老子知其雄章，吾聖人之書所未有也。老子首章言『無名天地之始，有名萬物之母』，而卒同之，此老氏宗旨也。無極而太極，卽是此旨。老氏學之不正，見理不明，所蔽在此。兄于此學，用力之深，爲日之久，曾此之不能辨，何也？通書『中焉止矣』之言，與此昭然不類，而兄曾不之察，何也？太極圖說以無極二字冠首，而通書終篇未嘗一及無極字。二程言論文字至多，亦未嘗一及無極字。假令其初實有是圖，觀其後來未嘗一及無極字，可見其道之進，而不自以爲是也。兄今攷訂註釋，表顯尊信，如此其至，恐未得爲善祖述者也。潘清逸詩文可見矣，彼豈能知濂溪者？明道、伊川親師承濂溪，當時名賢居潘右者亦復不少，濂溪之誌，卒屬于潘，可見其子孫之不能世其學也。兄何據之篤乎？梭山兄之言，恐未宜忽也。孟子與墨者夷之辯，則據其愛無差等之言；與許行辯，則據其與民並耕之言；與告子辯，則據其義外與人性無分于善不善之言，未嘗泛爲料度之說。兄之論辯，則異于是。如某今者所論，則皆據尊兄書中要語，不敢增損。或稍用尊兄泛辭，以相繩糾者，亦差有證據，抑所謂『夫民今而後得反之也』。兄書令梭山『寬心游意，反復二家之言，必使于其所說，如出于吾之所爲者，而無纖芥之疑，然後可以發言立論，而斷其可否，則其爲辯也不煩，而理之所在，無不得矣』。彼方深疑其說之非，則又安能使之『如出于其所爲者，而無纖芥之疑』哉！若其『如出于吾之所爲者，而無纖芥之疑』，則無不可矣，尚何論之可立，否之可斷哉！兄之此言，無乃亦少傷于急迫而未精邪？兄又謂『一以急迫之意求之，則于察理已不能精，而于彼之情又不詳盡，則徒爲紛紛，雖欲不差，不可得矣』。殆夫子自道也。向在南康，論兄所解告子『不得于言，勿求于心』一章㊀非是，兄令某平心觀之，某嘗答曰：『甲與乙辯，方各是其說。甲則曰願某乙平心也，乙亦曰願某甲平心也。平心之說，恐難明白，不若據事論理可也。』今此急迫之說，寬心游意之說，正相類耳。論事理，不必以此等壓

㊀「章」，原本作「言」，據龍本改。

之，然後可明也。梭山氣禀寬緩，觀書未嘗草草，必優游諷詠，耐久紬繹。今以急迫指之，雖他人亦未喻也。夫辨是非，別邪正，決疑似，固貴于峻潔明白。若乃料度羅織文致之辭，顧兄無易之也。梭山兄所以不復致辯者，蓋以兄執己之意甚固，而視人之言甚忽，求勝不求益也。某則以爲不然。尊兄平日惓惓于朋友，求箴規切磨之益，蓋亦甚至。獨羣雌孤雄，人非惟不敢以忠言進于左右，亦未有能爲忠言者。言論之横出，其勢然耳。向來相聚，每以不能副兄所期爲媿。比者自謂少進，方將圖合并而承教。今兄爲時所用，進退殊路，合并未可期也。又蒙許其吐露，輒寓此少見區區。尊意不以爲然，幸不憚下教。正遠，惟爲國保愛，以㊀需柄用，以澤天下。」

顧諟謹案：梭山與紫陽論太極，往還各兩書之後，梭山以爲求勝不求益，遂不復致辯。而象山則以爲道一而已，不可不明于天下後世，故代爲梭山辯之。

朱子答曰：「前書誨諭之悉，敢不承教。所謂『古之聖賢，惟理是視』。『言當于理，雖婦人孺子有所不棄』。『或乖理致，雖出古書，不敢盡信』。此論甚當，非世儒淺見所及也。但熹竊謂言不難擇，而理未易明，若于理實有所見，則于人言之是非，不翅白黑之易辨，固不待訊其人之賢否而爲去取。不幸而吾之所謂理者，或但出于一己之私見，則恐其所取舍，未足以爲羣言之折衷也。況理既未明，則于人之言，恐亦未免有未盡其意者，又安可以遽絀古書爲不足信，而直任胸臆之所裁乎？來書反復其于無極太極之辯詳矣。然以熹觀之，伏羲作易，自一畫以下，文王演易，自乾元以下，皆未嘗言太

㊀「以」，原本作「倚」，據龍本改。

極也，而孔子言之。孔子贊易，自太極以下，未嘗言無極也，而周子言之。夫先聖後聖，豈不同條而共貫哉！若于此有以灼然實見太極之真體，則知不言者不爲少，而言之者不爲多矣，何至若此之紛紛哉！今既不然，則吾之所謂理者，恐其未足以爲羣言之折衷，又況于人之言有所不盡者，又非一二而已乎！既蒙不鄙而教之，熹亦不敢不盡其愚也。且夫大傳之太極者，何也？卽兩儀、四象、八卦之理，具于三者之先，而藴于三者之内者也。聖人之意，正以其究竟至極，無名可名，故特謂之太極，猶曰舉天下之至極，無以加此云爾，初不以其中而命之也。至如北極之極，屋極之極，皇極之極，民極之極，諸儒雖有解爲中者，蓋以此物之極，當在此物之中，非指極字而訓之以中也。極者，至極而已。以有形者言之，則其四方八面，合輳將來，到此築底，更無去處。從此推出，四方八面都無向背，一切停匀，故謂之極耳。後人以其居中而能應四外，故指其處而以中言之，非以其義爲可訓中也。至于太極，則又初無形象方所之可言，但以此理至極而謂之極耳。今乃以中名之，則是所謂理有未明而不能盡乎人言之意者，一也。通書理性命章，其首二句言理，次三句言性，次八句言命，故其章内無此三字，而特以三字名其章以表之，則章内之言，固已各有所屬矣。蓋其所謂靈、所謂一者，乃爲太極；而所謂中者，乃氣稟之得中，與剛善剛惡、柔善柔惡者爲五性，而屬乎五行，初未嘗以是爲太極也。且曰『中焉止矣』，而又下屬于二氣五行化生萬物之云，是亦復成何等文字義理乎！今來諭乃指其中者爲太極，而屬之下文，則又理有未明而不能盡乎人言之意者，二也。若論無極二字，乃是周子灼見道體，迥出常情，不顧旁人是非，不計自己得失，勇往直前，説出人不敢説底道理，令後之學者，曉然見得太極之妙，不屬有無，不落方體。若于此看得破，方見得此老真得千聖以來不傳之祕，非但架屋下之屋、疊牀上之牀而已也。今必以爲未然，是又理有未明而不能盡人言之意者，三也。至于大傳，既曰『形而上者謂之道』矣，而又曰『一陰一陽之謂道』，此豈真以陰陽爲形而上者哉！正所以見一陰一陽雖屬形器，然其所以一陰而一陽者，是乃道體之所爲也，故語道體之至極，則謂之太極，語太極之流行，則謂之道。雖有二名，初無兩體。周子所以謂之無極，正以其無方所，無形狀，以爲在無物之前，而未嘗不立于有物之後，以爲在陰陽之外，而未嘗不行乎陰陽之中，以爲通貫全體，無乎不在，則又初無聲臭影響之可言也。今乃深詆無極之不然，則是直以太極爲有形狀有方所矣，直以陰陽爲形而上者，則又昧于道器之分矣，又于形而上者之下，復有況太極乎之語，則是又以道上別有一物爲太極矣。此又理有未明而不能盡乎人言之意者，四也。至熹前書所謂：『不言無極，則太極同于一物，而不足爲萬化根本。不言太極，則無極淪于空寂，而不能爲萬化根本。』乃是推本周子之意，以爲當時若不如此兩下說破，則讀者錯認語意，必有偏見之病。聞人說有，卽謂之實有，見人說無，卽謂之真無耳。自謂如此說得，周子之意已是大煞分明。只恐知道者厭其漏泄之過甚，不謂如老兄者，乃猶以爲未穩而難曉也。請以熹書上下文意詳之，豈謂太極可以人言而爲加損者哉！是又理有未明而不能盡乎人言之意者，五也。來書又謂大傳明言『易有太極，今乃言無，何邪』？此尤非所望于高明者。今夏因與人言易，其人之論正如此。當時對之不覺失笑，遂至被劾。彼俗儒膠固，隨語生解，不足深怪。老兄平日自視爲如何，而亦爲此言邪？老兄且謂大傳之所謂有，果如兩儀、四象、八卦之有定位，天地五行萬物之有常形邪？周子之所謂無，是果虛空斷滅，都無生物之理邪？此又理有未明而不能盡乎人言之意者，六也。老子復歸于無極，無極乃無窮之義，如莊生入無窮之門，以遊無極之野云爾，非若周子所言之意也。今乃引之，而謂周子之言實出乎彼。此又理有未明而不能盡乎人言之意者，七也。高明之學，超出方外，固未易以世閒言語論量，意見測度。今且以愚見執方論之，則其未合有如前所陳者，亦欲奉報，又恐徒爲紛紛，重使世俗觀笑。既而思之，若遂不言，則恐學者終無所取正。較是二者，寧可見笑于今人，不可得罪于後世，是以終不獲已而竟陳之，不識老兄以爲何如？」

象山答朱子曰：「前書條析所見，正以疇昔負兄，所期比日少進，方圖自贖耳。來書誨之諄複，不勝幸甚。愚心有所未安，義當展盡，不容但已，亦尊兄教之之本意也。近浙閒一後生貽書見規，以爲吾二人者，所習各已成熟，終不能以相爲，莫若置之勿論，以俟天下後世之自擇。鄙哉，言乎！此輩凡陋，沈溺俗學，悖戾如此，亦可憐也！『人能宏道，非道宏人』，此理在宇宙閒，固不以人之明不明、行不行而加損。然人之爲人，則抑有其職矣。垂象而覆物者，天之職也；成形而載物者，地之職也；裁成天地之道，輔相天地之宜，以左右民者，人君之職也。孟子曰：『幼而學之，壯而欲行之。』所謂行之者，行其所學，以格君心之非，引其君于當道，與其君論道經邦，燮理陰陽，使斯道達乎天下也。所謂學之者，從師親友，讀書攷古，學問思辯，以明此道也。故少而學道，壯而行道者，士君子之職也。吾人皆無常師，周旋于羣言淆亂之中，俯仰參求，雖自謂其理已明，安知非私見蔽說？若雷同相從，一唱百和，莫知其非，此所甚可懼也。何幸而有相疑不合，在同志之間，正宜各盡所懷，力相切磋，期歸于一是之地。大舜之所以爲大者，善與人同，樂取諸人以爲善，聞一善言，見一善行，若決江、河，沛然莫之能禦。吾人之志，當何求哉，惟其是已矣。疇昔明言善議拳拳，服膺而勿失，樂與天下共之者，以爲是也。今一旦以切磋而知其非，則棄前日之所習，勢當如出陷穽，如避荆棘，惟新之念，若決江、河，是得所欲，而遂其志也。此豈小智之私，鄙陋之習，榮勝恥負者所能知哉！『弗明弗措』，古有明訓，敢悉布之。尊兄平日論文，甚取曾南豐之嚴健。南康爲別前一夕，讀尊兄之文，見其得意者，必簡健有力，每切敬服，嘗謂尊兄才力如此，故所取亦如此。今閱來書，但見文辭繳繞，氣象褊迫，其致辯處，類皆遷就牽合，甚費分疏，終不明白，無乃爲無極所累，反困其才邪？不然，以尊兄之高明，自視其說，亦當如白黑之易辨矣。尊兄嘗曉陳同甫云：『欲賢者百尺竿頭，進取一步，將來不作三代以下人物，省得氣力，爲漢、唐分疏，即使脫灑磊落。』今亦欲得尊兄進取一步，莫作孟子以下學術，省得氣力，爲無極二字分疏，亦更脫灑磊落。古人質實，不尚智巧，言論未詳，事實先著，知之爲知之，不知爲不知。所謂『先知覺後知，先覺覺後覺』者，以其事實，覺其事實，故言即其事，事即其言，所謂『言顧行，行顧言』。周道之衰，文貌日勝，事實湮于意見，典訓蕪于辯說，揣量模寫之工，依放假借之似，其條畫足以自信，其習熟足以自安。以子貢之達，又得夫子而師承之，尚不免此多學而識之之見，非夫子叩之，彼固晏然而無疑。先行之訓，予欲無言之訓，所以覺之者屢矣，而終不悟。顏子既没，其傳固在曾子，蓋可觀已。尊兄之才，未知其與子貢如何？今日之病，則有深于子貢者。尊兄誠能深知此病，則來書七條之說，當不待條析而自解矣。然相去數百里，脱或未能自克，淹回舊習，則不能無遺恨，請卒條之。來書本是主張無極二字，而以明理爲説，其要則曰『于此有以灼然實見太極之真體』。某竊謂尊兄未曾實見太極，若實見太極，上面必不更加無極字，下面必不更著真體字。上面加無極字，正是疊牀上之牀，下面著真體字，正是架屋下之屋。虛見之與實見，其言固自不同也。又謂極者，『正以其究竟至極，無名可名，故特謂之太極，猶曰舉天下之至極，無以加此云爾』。就令如此，又何必更于上面加無極字也？若謂欲言其無方所，無形狀，則前書固言『宜如詩言「上天之載」，而于其下贊之曰「無聲無臭」可也，豈宜以無極字加之太極之上』？繫辭言神無方矣，豈可言無神？言易無體矣，豈可言無易？老氏以無爲天地之始，以有爲萬物之母，以常無觀妙，以常有觀竅，直將無字搭在上面，正是老氏之學，豈可諱也？惟其所蔽在此，故其流爲任術數，爲無忌憚。此理乃宇宙之所固有，豈可言無？若以爲無，則君不君，臣不臣，父不父，子不子矣！楊朱未遽無君，而孟子以爲無君，墨翟未遽無父，而孟子以爲無父，此其所以爲知言也。極亦此理也，中亦此理也。五居九疇之中，而曰皇極，豈非以其中而命之乎？民受天地之中以生，而詩言『立我烝民，莫非爾極』，豈非以其中而命之乎？中庸言：『中也者，天下之大本也；和也者，天下之達道也。致中和，天地位焉，萬物育焉。』此理至矣！外此豈更復有太極哉！以極爲中，則爲不明理，以極爲形，乃爲明理乎？字義固有一字而數義者，用字則有專一義者，有兼數義者，而字之指歸，又有虛實。虛字則但當論字義，實字則當論所指之實。論其所指之實，則有非字義所能拘者。如元字，有始義，有長義，有大義。坤五之元吉，屯之元亨，則是虛字，專爲大義，不可復以他義參之。如乾元之元，則是實字，論其所指之實，則文言所謂善，所謂仁，皆元也，亦豈可以字義拘之哉？極字亦如此。太極、皇極，乃是實字，所指之實，豈容有二？充塞宇宙，無非此理，豈容以字義拘之乎？中卽至理，何嘗不兼至義？大學、文言，皆言知至。所謂至者，卽此理也。語讀易者曰，能知太極，卽是知至；語讀洪範者曰，能知皇極，卽是知至，夫豈不可？蓋同指此理，則曰極，曰中，曰至，其實一也。一極備凶，一極無凶，此兩極字，乃是虛字，專爲至義，卻使得。極者，至極而已，于此用而已字，方用得當。尊兄最號爲精通詁訓文義者，何爲尚惑于此？無乃理有未明，正以太泥而反失之乎？至如直以陰陽爲形器，而不得爲道，此尤不敢聞命。易之爲道，一陰一陽而已。先後始終，動靜晦明，上下進退，往來闔闢，盈虛消長，尊卑貴賤，表裏隱顯，向背順逆，存亡得喪，出入行藏，何適而非一陰一陽哉！奇耦相尋，變化無窮，故曰其爲道也屢遷。變動不居，周流六虛，上下無常，剛柔相易，不可爲典要，唯變所適。說卦曰：『觀變于陰陽而立卦，發揮于剛柔而生爻，和順于道德而理于義。窮理盡性，以至于命。』又曰：『昔者聖人之作易也，將以順性命之理，是以立天之道，曰陰與陽，立地之道，曰柔與剛，立人之道，曰仁與義。』下繫亦曰：『易之爲書也，廣大悉備，有天道焉，有人道焉，有地道焉。兼三才而兩之，故六。六者非他也，三才之道也。』今顧以陰陽爲非道，而直謂之形器，其孰爲昧于道器之分哉。辯難有要領，言辭有旨歸，爲辯而失要領，觀言而迷旨歸，皆不明也。前書之辯，其要領在無極二字。尊兄確意主張，曲爲飾說，既以無形釋之，又謂周子恐學者錯認太極，別爲一物，故著無極二字以明之。某于此見得尊兄只是強說來由，恐無是事，故前書舉大傳『一陰一陽之謂道』，『形而上者謂之道』兩句，以是粗識文義者，亦知一陰一陽，卽是形而上者，必不至錯認太極別爲一物，故曰『況太極乎』！此其指歸，本是明白，而兄曾不之察，乃必見誣以道上別有一物爲太極。通書曰：『中者，和也，中節也，天下之達道也，聖人之事也。故聖人立教，俾人自易其惡，自致其中而止矣。』周子之言中如此，亦不輕矣。外此豈更別有道理，乃不得比虛字乎？所舉理性命章五句，但欲見通書言中言一而不言無極耳。『中焉止矣』一句，不妨自是斷章，兄必見誣以屬之下文。兄之爲辯，失其指歸，大率類此。『盡信書不如無書』，某實深信孟子之言。前書釋此段，亦多援據古書，獨頗不信無極之說耳。兄遽坐以直絀古書爲不足信，兄其深文矣哉！大傳、洪範、毛詩、周禮與太極圖說孰古？以極爲形，而謂不得爲中，以一陰一陽爲器，而謂不得爲道，此無乃少絀古書爲不足信，而微任胷臆之所裁乎？來書謂：『若論無極二字，乃是周子灼見道體，迥出常情，不顧傍人是非，不計自己得失，勇往直前，說出人不敢說底道理。』又謂：『周子所以謂之無極，正以其無方所，無形狀。』誠令如此，不知人有甚不敢道處？但以加之太極之上，則吾聖門正不肯如此道耳。夫乾，確然示人易矣。夫坤，隤然示人簡矣。太極亦曷嘗隱于人哉！尊兄兩下說無說有，不知漏洩得多少。如所謂太極真體不傳之祕，無物之說，陰陽之外，不屬有無，不落方體，迥出常情，超出方外等語，莫是曾學禪宗，所得如此！平時既私其說以自妙，及教學者，則又往往祕此而多說文義，此漏洩之說所從出也。以實論之，兩頭都無著實，彼此只是葛藤。末說氣質不美者，樂寄此以神其姦，不知繫絆多少好氣質底學者！既以病己，又以病人，殆非一言一行之過。兄其毋以久習于此，而重自反也。區區之忠，竭盡如此，流俗無知，必謂不遜。書曰：『有言逆于汝心，必求諸道。』諒在高明，正所樂聞。若猶有疑，願不憚下教。正遠，惟爲國自愛。」

朱子答曰：「來書云：『浙間後生貽書見規，以爲吾二人者，所習各已成熟，終不能以相爲，莫若置之勿論，以俟天下後世之自擇。鄙哉，言乎！此輩凡陋，沈溺俗學，悖戾如此，亦可憐也！』熹謂天下之理有是有非，正學者所當明辯。或者之說，誠爲未當。然凡辯論者，亦須平心和氣，子細消詳，反復商量，務求實是，乃有歸著。如不能然，而但于忽遽急迫之中，肆支蔓躁率之詞，以逞其忿懟不平之氣，則恐反不若或者之言，安靜和平，寬洪悠久，猶君子長者之遺意也。」

又曰：「來書云：『人能宏道至敢悉布之。』熹案：此段所說，規模宏大，而指意精切。如曰『雖自謂其理已明，安知非私見蔽說』，及引大舜『善與人同』等語，尤爲的當。熹雖至愚，敢不承教。但所謂『莫知其非』，『歸于一是』者，未知果安所決。區區于此，亦願明者有以深察而實踐其言也。」

又曰：「來書云：『古人質實至請卒條之。』熹詳此說，蓋欲專務事實，不尚空言，其意甚美。但今所論無極二字，熹固已謂『不言不爲少，言之不爲多』矣。若以爲非，則且置之，其于事實，亦未有害。而賢昆仲不見古人指意，乃獨無故于此創爲浮辯，累數百言，三四往返而不能已，其爲湮蕪亦已甚矣。而細攷其間，緊要節目並無酬酢，只是一味慢罵虛喝，必欲取勝，未論顏、曾氣象，只子貢恐亦不肯如此，恐未可遽以此而輕彼也。」

又曰：「來書云：『尊兄未曾至固自不同也。』熹亦謂老兄正爲未識太極之本，無極而有真體，故必以中訓極，而又以陰陽爲形而上者之道。虛見之與實見，其言果不同也。」

又曰：「來書云：『老氏以無至諱也。』熹詳老氏之言有無，以有無爲二，周子之言有無，以有無爲一，正如南北水火之相反，更請子細著眼，未可容易譏評也。」

又曰：「來書云：『此理乃至子矣！』更請詳看熹前書曾有無理二字否！」

又曰：「來書云：『極亦此至極哉！』極是名此理之至極，中是狀此理之不偏，雖然同是此理，然其名義各有攸當，雖聖賢言之，亦未嘗敢有所差互也。若皇極之極，民極之極，乃爲標準之意，猶曰立于此而示于彼，使其有所向望而取正焉耳，非以以其中而命之也。『立我烝民』，立與粒通，卽書所謂『烝民乃粒』。『莫匪爾極』則爾指后稷而言，蓋曰使我衆人皆得粒食，莫非爾后稷之所立者是望耳。爾字不指天地，極字亦非指所受之中。此義尤切白，似是急于求勝，更不暇考上下文。推此一條，其餘可見。中者，天下之大本，乃以喜怒哀樂之未發，此理渾然無所偏倚而言。太極固無偏倚，而爲萬化之本，然其得名，自爲至極之極，而兼有標準之義，初不以中而得名也。」

又曰：「來書云：『以極爲中至理乎？』老兄自以中訓極，熹未嘗以形訓極也。今若此言，則是己不曉文義，而謂他人亦不曉也。請更詳之。」

又曰：「來書云：『大學、文言，皆言知至。』熹詳知至二字雖同，而在大學則知爲實字，至爲虛字，兩字上重而下輕，蓋曰心之所知，無不到耳；在文言則知爲虛字，至爲實字，兩字上輕而下重，蓋曰有以知其所當至之地耳。兩義既自不同，而與太極之爲至極者，又皆不相似，請更詳之。此義在諸說中亦最分明，試就此推之，當知來書未能無失，往往類此。」

又曰：「來書云：『直以陰陽爲形器至道器之分哉。』若以陰陽爲形而上者，則形而下者復是何物？更請見教。若熹愚見與其所聞，則曰凡有形有象者，皆器也；其所以爲是器之理者，則道也。如是則來書所謂始終、晦明、奇耦之屬，皆陰陽所爲之器，獨其所以爲是器之理，如目之明，耳之聰，父之慈，子之孝，乃爲道耳。如此分別，似差明白，不知尊意以爲如何？此一條亦極分明，切望略加思索，便見愚言不爲無理，而其餘亦可以類推矣。」

又曰：「來書云：『通書曰至類此。』夫周子言中，而以和字釋之，又曰『中節』，又曰『達道』，彼非不識字者，而其言顯與中庸相戾，則亦必有說矣。蓋此中字，是就氣稟發用而言，其無過不及處耳，非直指本體未發、無所偏倚者而言也，豈可以此而訓極爲中也哉？來書引經，必盡全章，雖煩不厭，而所引通書，乃獨截自『中焉止矣』而下，此安得爲不誤！老兄本自不信周子，正使誤引通書，亦未爲害，何必諱此小失，而反爲不改之過乎？」

又曰：「來書云：『大傳至執古？』夫大傳、洪範、詩、禮皆言極而已，未嘗謂極爲中也。先儒以此極處，常在物之中央，而爲四方之所面向而取正，故因以中釋之，蓋亦未爲甚失。而後人遂直以極爲中，則又不識先儒之本意矣。爾雅乃是纂集古今諸儒訓詁以成書，其閒蓋亦不能無誤，不足據以爲古，又況其閒但有以極訓至，以殷、齊訓中，初未嘗以極爲中乎！」

又曰：「來書云：『又謂周子至道耳。』前又云：『若謂欲言至之上』止。夫無極而太極，猶曰莫之爲而爲，莫之致而至，又如曰無爲之爲，皆語勢之當然，非謂別有一物也。向見欽夫有此說，嘗疑其贅，今乃正使得著，方知欽夫之慮遠也。其意則固若曰非如皇極、民極、屋極之有方所形象，而但有有理之至極耳。若曉此意，則于聖門有何違叛，而不肯道乎？上天之載，是就有中說無；無極而太極，是就無中說有。若實見得，卽說有說無，或先或後，都無妨礙。今必如此拘泥，強生分別，曾爲不尚空言，專務事實，而反如此乎！」

又曰：「來書云：『夫乾至自反也。』夫太極固未嘗隱于人，然人之識太極者，則少矣。往往只是于禪學中認得箇昭昭靈靈能作用底，便謂此是太極，而不知所謂太極，乃天地萬物本然之理，亙古亙今，顛撲不破者也。『迥出常情』等語，只是俗談，卽非禪家所能專有，不應儒者反當回避。況今雖偶然道著，而其所見所說，卽非禪家道理，非如他人陰實祖用其說，而改頭換面，陽諱其所自來也。如曰『私其說以自妙』，而又祕之；又曰『寄此以神其姦』；曰『繫絆多少好氣質底學者』，則恐世間自有此人可當此語。熹雖無狀，自省得與此語不相似也。」

又曰：「來書引書云：『有言逆于汝心，必求諸道。』此聖言也，敢不承教。但以來書求之于道而未之見，但見其詞意差舛，氣象麤率，似與聖賢不甚相近。是以竊自安其淺陋之習聞，而未敢輕舍故步，以追高明之獨見耳。又記頃年嘗有『平心』之說，而前書見諭曰：『甲與乙辯，方各自是其說。甲則曰願乙平心也，乙亦曰願甲平心也。平心之說，恐難明白，不若據事論理可也。』此言美矣！然熹所謂平心者，非直使甲操乙之見，乙守甲之說也，亦非謂都不論事之是非也，但欲兩家姑暫置其是己非彼之意，然後可以據事論理，而終得其是非之實。如謂治疑獄者，當公其心，非謂便可改曲者爲直，改直者爲曲也，亦非謂都不問其曲直也，但不可先以己意之向背爲主，然後可以審聽兩造之辭，旁求參伍之驗，而終得其曲直之當耳。今以麤淺之心，挾忿懟之氣，不肯暫置其是己非彼之私，而欲評義理之得失，則雖有判然如黑白之易見者，猶恐未免于誤。況其差有在于毫釐之間者，又將誰使折其衷而能不謬也哉！」

又曰：「熹已具此，而細看其間，亦尚有說未盡處。大抵老兄昆仲，同立此論，而其所以立論之意不同。子美尊兄自是天資質實重厚，當時看得此理有未盡處，不能子細推究，便立議論，因而自信太過，遂不可回。見雖有病，意實無他。老兄卻是先立一說，務要突過有若、子貢以上，更不數近世周、程諸公，故于其言，不問是非，一例吹毛求疵，須要討不是處。正使說得十分無病，此意卻先不好了。況其言之麤率，又不能無病乎？夫子之聖，固非以多學而得之。然觀其好古敏求，實亦未嘗不多學，但其中自有一以貫之處耳。若只如此空疏杜撰，則雖有一而無可貫矣，又何足以爲孔子乎！顏、曾所以獨得聖學之傳，正爲其博文約禮，節目俱到，亦不是只如此空疏杜撰也。子貢雖未得承道統，然其所知，似亦不在今人之後，但未有禪學可改換耳。周、程之生，時世雖在孟子之下，然其道則有不約而合者。反復來書，竊恐老兄于其所言多有未解者，恐皆未可遽以顏、曾自處而輕之也。顏子以能問于不能，以多問于寡，有若無，實若虛，犯而不校。曾子三省其身，唯恐謀之不忠，交之不信，傳之不習。其智之崇如彼，而禮之卑如此，豈有一毫自滿自足強辯取勝之心乎！來書之意，所以見教者甚至，而其末乃有『若猶有疑』，『不憚下教』之言，熹固不敢當此。然區區鄙見，亦不敢不爲老兄傾倒也。不審尊意以爲如何？如曰未然，則我日斯邁而月斯征，各尊所聞，各行所知，亦可矣！無復可望于必同也。言及于此，悚息之深，千萬幸察。

又曰：「近見國史濂溪傳載此圖說，乃云『自無極而爲太極』。若使濂溪本書，實有自爲兩字，則信如老兄所言，不敢辯矣。然因渠添此二字，卻見得本無此字之意，愈益分明，請試思之。」

象山又答朱子曰：「往歲經筵之除，士類胥慶，延跂以俟吾道之行，乃復不究起賢之禮，使人重爲慨歎。新天子即位，海内屬目，然罷行陞黜，率多人情之所未喻者。羣小駢肩而騁，氣息怫然，諒不能不重勤長者憂國之懷。某五月晦日，拜荆門之命，命下之日，實三月二十八日，替黄元章闕，尚三年半，願有以教之。首春借兵之還，伏領賜教，備承改歲動息慰沃之劇。惟其不度，稍獻愚忠，未蒙省察，反成唐突。謙抑非情，督過深矣，不勝皇恐。向蒙尊兄促其條析，且有『無若令兄遽斷來章』之戒，深以爲幸。別紙所謂：『我日斯邁，而月斯征，各尊所聞，各行所知，亦可矣！無復望其必同也。』不謂尊兄遽作此語，甚非所望。『君子之過也，如日月之食焉。過也，人皆見之；及其更也，人皆仰之』。通人之過，雖微箴藥，久當自悟，諒尊兄今必涣然于此矣。願依末光，以卒餘教。」

顧諟謹案：以上共七書，梓材案：七書，並朱子所答梭山二書而言。見梭山卷。所以辯無極者，可謂纖悉詳盡矣。然究其大旨，象山第一書云：周子「若懼學者泥于形器而申釋之，則宜如詩言『上天之載』，于下贊之曰『無聲無臭』可也」；紫陽答象山第一書云：「孔子贊易，自太極以下未嘗言無極也，周子言之。若于此實見太極之真體，則知不言者不爲少，而言之者不爲多矣。」二先生之反復辨析不已者，不出此兩端。然此皆二先生蚤歲之事。梓材案：太極之辨，在淳熙十五年，時朱年五十九，陸年五十，不可云蚕歲之事。考紫陽他日註太極圖說，首曰「上天之載，無聲無臭，而實造化之樞紐，品彙之根柢，曰無極而太極」，實卽象山之語意，其書現在，可考也。可見二先生雖有異，而晚則何嘗不相合與！

顧諟又案：朱、陸辯太極之說，百家已采其略，入濂溪學案中。然思朱、陸之異同，爲吾儒從來之大案，不可不備詳其本末，故茲又特載其全文。其所以入于梭山之附録者，以無極辯端之開，實肇自梭山，故類聚之，便後學之觀覽，且以昭朱、陸相異之始也。梓材案：姚江原本，以朱子、象山之書並附梭山，故云爾。其實朱子與象山辯者，多于梭山，當入象山學案。

楊開沅謹案：象山與陶贊仲書云：「梭山兄謂晦翁好勝，不肯與辯。某以爲，人之所見，偶有未通處，其說固以己爲是，以他人爲非，且當與之辨白，未可便以好勝絶之。以晦翁之高明，猶不能無蔽，道聽塗說之人，亦何足與言此哉！仁義忠信，樂善不倦，此夫婦之愚不肖可以與知能行；聖賢之所以爲聖賢，亦不過充此而已。」其書上云：「太極圖說，乃梭山兄辯其非是，大抵言無極而太極，與周子通書不類。通書言太極，不言無極，易大傳亦只言太極，不言無極，若于太極上加無極二字，乃是蔽于老氏之學。又其圖說本見于朱子發附録。朱子發明言陳希夷太極圖傳在周茂叔，遂以傳二程，則其來歷爲老氏之學明矣。周子通書與二程言論，絶不見無極二字，此知三公蓋已知無極之說爲非矣。」梓材案：原本此下複「以晦翁之高明」二十四字，删之。此象山所以反復不已也。

附錄

徐子宜與先生同赴南宫試，論出天地之性人爲貴。試後，先生曰：「某欲説底，卻被子宜道盡。但某所以自得受用底，子宜卻無。」曰：「雖欲自異于天地，不可也。此乃某平日得力處。」

四明楊敬仲，時主富陽簿，攝事臨安府中，始承教于先生。及反富陽，先生過之，問「如何是本心」。先生曰：「惻隱，仁之端也。羞惡，義之端也。辭讓，禮之端也。是非，智之端也。此即是本心。」對曰：「簡兒時已曉得，畢竟如何是本心？」凡數問，先生終不易其説。敬仲亦未省。偶有鬻扇者訟至于庭，敬仲斷其曲直訖，又問如初。先生曰：「聞適來斷扇訟，是者知其爲是，非者知其爲非，此即敬仲本心。」敬仲大覺，忽省此心之無始末，忽省此心之無所不通。先生嘗語人曰：「敬仲可謂一日千里。」

居象山，多告學者云：「女耳自聰，目自明，事父自能孝，事兄自能弟，本無欠闕，不必他求，在自立而已。」

一夕步月，喟然而歎。包敏道侍，問曰：「先生何歎？」曰：「朱元晦泰山喬嶽，可惜學不見道，枉費精神，遂自擔閣，奈何？」包曰：「勢既如此，莫若各自著書，以待天下後世之自擇。」忽正色厲聲曰：「敏道！敏道！恁地没長進！乃作這般見解！且道天地間有箇朱元晦、陸子静，便添得些子？無了後，便減得些子？」

詹子南方侍坐，先生遽起，子南亦起，先生曰：「還用安排否？」

先生舉「公都子問『鈞是人也』」一章云：「人有五官，官有其職，子南因思是便收此心，然惟有照物而已。」他日侍坐先生，無所問。先生謂曰：「學者能常閉目亦佳。」某因此無事則安坐瞑目，用力操存，夜以繼日，如此者半月。一日下樓，忽覺此心已復澄瑩中立，竊異之，遂見先生。先生目逆而視之，曰：「此理已顯也。」某問先生：「何以知之？」曰：「占之眸子而已。」因謂某：「道果在邇乎？」某曰：「然。昔者嘗以南軒張先生所類洙泗言仁書考察之，終不知仁。今始解矣。」先生曰：「是卽知也，勇也。」某因言而通。對曰：「不惟知、勇，萬善皆是物也。」先生曰：「然。更當爲說存養一節。」

朱濟道說：「前尚勇決，無遲疑，做得事。後因見先生了，臨事卽疑，恐不是，做事不得。今日中，只管悔過懲艾，皆無好處。」先生曰：「請尊兄卽今自立，正坐拱手，收拾精神，自作主宰。萬物皆備于我，有何欠闕？當惻隱時自然惻隱，當羞惡時自然羞惡，當寬裕温柔時自然寬裕温柔，當發強剛毅時自然發強剛毅。」

有學者終日聽話，忽請問曰：「如何是窮理盡性以至于命？」答曰：「吾友是泛然問，老夫卻不是泛然答。老夫凡今所與吾友說，皆是理也。窮理是窮這箇理，盡性是盡這箇性，至命是至這箇命。」臨川一學者初見，問曰：「每日如何觀書？」學者曰：「守規矩。」歡然問曰：「如何守規矩？」學者曰：「伊川易傳、胡氏春秋、上蔡論語、范氏唐鑑。」忽呵之曰：「陋說！」良久，復問曰：「何者爲規？」又頃問曰：「何者爲矩？」學者但唯唯。次日復來，方對學者誦「乾知大始，坤作成物。乾以易知，坤以簡能」一章畢，乃言曰：「乾文言云：『大哉，乾元！』坤文言云：『至哉，坤元！』聖人贊易，卻只是箇簡易字。」道了，偏目學者曰：「又卻不是道難知也？」又曰：「道在邇而求諸遠，事在易而求諸難。」顧學者曰：「這方喚作規矩。公昨日道甚規矩！」

語仲顯云：「風恬浪静中，滋味深長。」

或有譏先生之教人，專欲管歸一路者。先生曰：「吾亦只有此一路。」

朱、呂二公話及九卦之序，先生因亹亹言之。大略謂「復是本心復處，如何列在第三卦，而先之以履、謙？蓋履之爲卦，上天下澤。人生斯世，須先辨得俯仰乎天地，而有此一身，以達其所履。其所履有得有失，又繫于謙與不謙之分。謙則精神渾收聚于内，不謙則精神渾流散于外。惟能辯得吾一身所以在天地閒舉措動作之由，而斂藏其精神，使之在内而不在外，則此心斯可得而復矣。次之以常固，又次之以損益，又次之以困，蓋本心既復，謹始克終，曾不少廢，以得其常而至于堅固。私欲日以消磨，天理日以澄瑩，而爲益，雖涉危蹈險，所遭多至困，而此心卓然不動，然後于道有得，左右逢其原，如鑿井取泉，處處皆足。蓋至于此，則順理而行，無纖毫透漏，如巽風之散，無往不入，雖密房奥室，有一縫一罅，卽能入之矣」。二公大服。

或問先生之學，當來自何處入。曰：「不過切己自反，改過遷善。」

一學者自晦翁處來，其拜跪語言頗怪。每日出齋，此學者必有陳論，應之亦無他語。至四日，此學者所言已罄，力請誨語。答曰：「吾亦未暇詳論。然此閒大綱，有一箇規模説與人。今世人淺之爲聲色臭味，進之爲富貴利達，又進之爲文章技藝。又有一般人都不理會，卻談學問。吾總以一言斷之曰：

『勝心。』」此學者默然。後數日，其舉動言語頗復常。以上語錄。

呂東萊與朱侍講書曰：「陸子靜近日聞其稍回，大抵人若不自欺，入細著實點檢窒礙，做不行處自應見得。渠兄弟在今士子中，不易得。若整頓得周正，非細事也。」補。

又曰：「陸子靜留得幾日鵝湖，意思已全轉否？若只就一節一目上受人琢磨，其益終不大也。大抵子靜病在看人而不看理。只如吾丈所學，十分是當，無可議者，只是工夫未到耳，豈可見人工夫未到，并其理而疑之。」補。

葉水心志胡崇禮曰：「朱元晦、呂伯恭以道學教士。陸子靜晚出，號稱徑要簡捷，或立語已感動悟入，爲其學者澄坐內觀。」補。

又與林元秀書曰：「向亦曾說及子靜事。世之所謂無志者，混然隨流俗，頽墮于聲利而已。及其有志，則又以考之不詳，資之不深，隨其所論，牽陷于寡淺缺廢之地，自古所患，與無志者同爲流俗。」補。

陳北溪曰：「象山教人終日靜坐，以存本心，無用許多辯說勞攘。此說近本，又簡易直捷，後進易爲竦動。若果是能存本心，亦未爲失。但其所以爲本心者，只是認形氣之虛靈知覺者。以此一物甚光輝燦爛，爲天理之妙，不知形氣之虛靈知覺，凡有血氣之屬，皆能趨利避害，不足爲貴。此乃舜之所爲人心者，而非道心之謂也。今指人心爲道心，便是告子生之謂性之說；蠢動含靈，皆有佛性之說；運水搬柴，無非妙用之說。故慈湖專認心之精神爲性，指氣爲理，以陰陽爲形而上之道，論天論易，論道論德，論仁論義，論禮論智，論誠敬，論忠信，萬善只是此一箇渾淪底物，只此號不同耳。夫諸等名義，各有所主，混作一物，含糊鶻突，豈得不錯？遂埽去格物一段工夫，如無星之稱，無寸之尺，默坐存想，稍得髣髴，便云悟道，將聖賢言語來手頭作弄，其實于聖賢言語不甚通解。輔漢卿所録，譬如販私鹽人，擔頭將鮝魚妝面，發得情狀，甚端的也。以晦翁手段，與象山説不下，況今日其如此等人何！」補。

詹流塘曰：「陸子是天資極高底人，朱子卻是曾子。」補。

車玉峯脚氣集曰：「象山謂仲弓勝顔回，蓋見聖人所語顔子大段用力，而語仲弓似不甚費力。不知顔子有力得用，他人無顔子之力，且當旋做去工夫。」補。

黄東發日鈔曰：「象山之學，雖謂此心自靈，此理自明，不必他求，空爲言議，然亦未嘗不讀書，未嘗不講授，未嘗不援經析理。凡其所業，未嘗不與諸儒同。至其于諸儒之讀書，之講授，之援經析理，則指爲戕賊，爲陷溺，爲繆妄，爲欺誑，爲異端邪説，甚至襲取閭閻賤婦人穢駡語，斥之爲蛆蟲。得非恃才之高，信己之篤，疾人之已甚，必欲以明道自任爲然邪？吾夫子生于春秋大亂之世，斯道之不明亦甚矣，而循循然善誘人，未嘗有忿嫉之心。甚至宰我欲行期月之喪，不過曰『女安則爲之』；闕黨童子將命，亦必明言其與先生並行，與先生並坐，爲欲速成，未聞不言其所以然，徒望而斥之也。孟子生于戰國，斯道之不明尤甚。孟子之與楊、墨辯，與告子、許行、墨者夷之辯，皆一一引之而盡其情，然後徐而折其非。至今去之千載之下，人人昭然如見此斯道之所以復明，亦未嘗望而斥之，不究其所言之爲是爲非也。我朝聖世也，亦異于春秋、戰國之世矣。諸儒之所講者，理學也，亦異于春秋、戰國處士横議之紛紛矣。所讀皆孔子之書，所講皆孔、孟之學，前後諸儒，彬彬輩出，豈無一言之幾乎道者？至其趣向雖正，而講明有差，則宜明言其所差者果何說；講明雖是，而躬行或背，則宜明指其所背者果何事，庶乎孔子之所以教人，孟子之所以明道者矣。今略不一言其故，而概以讀書講學者，自孟子既没千五百年間，凡名世之士，皆爲戕賊，爲陷溺，爲繆妄，爲欺誑，爲異端邪說，則後學其將安考？此象山之言雖甚憤激，今未百年，其說已泯然無聞，而諸儒之說，家藏而人誦者，皆自若，終無以易之也，此亦無以議爲矣。獨惜其身自講學，而乃以當世之凡講學者爲僞習，未幾，韓侂胄、何澹諸人，竟就爲僞學之目，以禍諸儒，一時之善類幾殲焉。嗚呼！家必自毁，而後人毁之，悲夫！」補。

吴草廬曰：「陸子有得于道，壁立萬仞。」

趙寶峯示子弟曰：「陸子静亦未知子思、孟子之是非。」補。

象山學侶

知州劉静春先生清之別爲清江學案。

侍郎李橘園先生浩

李浩，字德遠，一字直夫，建昌人。早有文稱。紹興中進士，調曹州司户，累官直寶文閣，知静江府，兼廣西安撫。先生質直渾厚，立朝忠憤激烈，言切時弊，人不敢干以私。後徙居臨川。子孫皆從學于象山。參姓譜。

梓材謹案：先生號橘園，官至侍郎。其事互見于槐堂諸儒學案。

寶文王復齋先生厚之

王厚之，字順伯。其先本臨川人，魏公安禮之後也。梓材案：象山先生爲復齋行狀云「娶王魏公曾孫通州使君琡之長女。」先生蓋通州子行，爲魏公玄孫。兩浙名賢録云：「諸暨人。」乾道二年進士，官至江東提刑，直寶文閣。所著有金石録三十卷、考異四卷、考古印章四卷。補。

謝山答臨川雜問：「問：『臨川王順伯厚之往來朱、陸之閒，有盛名于乾、淳閒，未知是荆公之裔否？』曰：『順伯乃魏公和甫之裔，見陳直齋書録。尤長碑碣之學。今傳于世者，有復齋碑目。宋人言金石之學者，歐、劉、趙、洪四家而外，首數順伯。歷官侍從，出爲監司，以剛正稱于時。』」

通奉老楊先生庭顯

楊庭顯，字時發，慈溪人，慈湖先生之父也。少時嘗自視無過，視人有過。一日忽念曰：「豈其人則有過，而我獨無過？」于是省得一過，旋又得二三，已而紛如蝟之集，乃大恐懼。痛懲力改，刻意爲學，程督之嚴，及于夢寐。嘗曰：「如有樵童牧子有以誨我，亦當敬聽之。」久之，舊習日遠，新功日著。自其子識事，未嘗見其有過。一夕被盜，翼日諭子孫曰：「婢初告有盜，吾心止如此。張燈視笥，告所亡甚多，吾心止如此。今吾心亦止如此。」即其所得可知。象山志其墓，稱「四明士族，躬行有聞者，先生爲首。」舒廣平亦嘗云：「吾學南軒發端，象山洗滌，老楊先生琢磨。」老楊者，以別慈湖也。參象山集。

謝山四先生祠堂碑陰文曰：「慈湖之父通奉公以處士爲後進師，廣平嘗自敍其學曰：『南軒開端，象山洗滌，老楊先生琢磨。』老楊先生卽通奉也。廣平嘗切磋于晦翁，講貫文獻于東萊，而自敍不及焉，直以通奉鼎足張、陸，則其學可知矣。」陸子銘通奉墓亦云：「年在耄耋而學日進，當今所識，楊公一人而已。」融堂謂：「通奉與物最恕，一言之善，樵牧吾師；省過最嚴，毫髮不宥，至于泣下。是慈湖過庭之教所自出也。」

慈湖先訓

吾家子弟，當于朋友之間，常詢自己過失。此說可爲家傳。

吾少時，初不知己有過，但見他人有過。一日自念曰：「豈他人俱有過，而我獨無邪？殆不然？」乃反觀內索，久之，乃得一。既而又內觀索，又得二三。已而又索，吾過惡乃如此其多，乃大懼，乃力改。

心吉則百事皆吉。

人處不善之久，則安于不善，而不以爲異。

人戒節要先于味，蓋味乃朝晩之事，漸漬奪人之甚。于此淡薄，則餘過亦輕。

損人卽自損也，愛人卽自愛也。樂人之凶，彼未必凶，而己已凶矣。

不善之心，則一身不及安，一家不及安。

過則人皆有，未足爲患，患在文飾。儻不文飾，非過也。志士之過，布露不隱。

凡可怒者，以其小人也。然怒或動心，則與小人相去一閒耳。

三代之治天下，欲使民無失其善性而已，更無二說。

時人心中，自謂今且如此度日，俟他時如意，當取快樂。不知今日無事，即是至樂。此樂，達之者鮮。

人關防人心、賢者關防自心、天下之心一也，戒謹則善，放則惡。學者或未見道，且從實改過。

人爲舍宇等物遮了眼，朝晚區區而不自知。

近來學者多僞，至于臨死亦安排。

爲學及五分，自休不得。

世閒忙，學者欲到不忙處。

學者有志氣，無問拙愚，衝擊而開矣。無問氣習，衝擊而散矣。

外事不可深必，凡得失，奉天命可也。動心則逆天命，禍將至矣。近世學道者衆，然胸中嘗帶一世閒行，所以不了達。

學道者多求之于言語，所謂知道者，只是存想。

一墮人欲，念慮顛倒，舉止輕浮。此語可謂甚善。

正欲說，教住卽住得；正欲怒，教住卽住得，如此卽善。

君子恭敬之心在內，人皆知之，禽獸亦知之。

人貧賤則忽之，事微細則不謹，若此者，人以爲常，君子于此戰戰兢兢，敬心無二。

學者成則無我，欲如何不欲如何，但由理而行。盛暑有待秋涼之意，隆寒有待春和之意，好學者不如此。

心無所求則樂生，此非親到者，有所不知。

吾自幼年，以生計不足爲憂。復思古者樂貧之士，處貧必得其理，因讀論語「有若言：『盍徹乎？』」每每在懷。一日，忽有所得：夫盍徹？正而已矣。宿昔之憂，日見消釋，而靜止輕清。蓋得理，則無所施而不利，復何憂哉！

爲學之門，固不一。苟逐迹，則泥矣。惟敬一門，無迹可逐，不容有所泥，學者往往多忽之。誠能養之以敬，則日仁矣。

人之趨向，爲熟所奪。苟或有學，則熟者不熟，生者不生。是以自己于庶物之中作得主宰，無貪戀，則自然見道，雖夫子不易吾言。

此身乃天地間一物，不必兜攬爲己。

處高堂則氣寬，居茅屋則氣隘，對風月則氣清，當晦昧則不爽，類皆如此，以其有我也。

人有過，尚有改一路。有過得改，猶晦昧之得風，大旱之得霖雨。當天地陰陽不和之時，而爲之一新，亦若此。或者不達，過作則惟恐人知。安有不知之理？設或不知，潛伏于中，此過必毒，害己益甚。過既不去，使己終身爲小人。學者試思，即以此斷其是非去留，庶使改過之心有勇。既改之，則便可無愧。

人生一世，只忙迫一場便休。

祖望謹案：此語近禪。

不能舍己從人，則知識日昧。處世常見其難，故人常在難中。

好學之心一興，則凡在吾身之不善自消，至于面目塵埃亦去矣。

胸中無貪染，目則明，耳則聰。

吾見人好問則喜。

吾飲饌不敢嘗時新，衣服喜補綻，于器用亦然，無求新棄舊之意。吾得此意，敢保老景不爲人所厭。

卽事卽學也，卽此下筆處卽學也。

吾之本心，澄然不動，密無罅隙處。人自己尚不識，更向何處施爲。

大中至正之道，近在日用，見于動静語默，不必他求。

人以目逐物爲見，以耳逐物爲聞，謂之分明，不知乃大不分明。

學者以所得填塞胸中，中毒之深，復不自覺；顔子屢空，還有此否？

畏天命，則無所求，而享安逸矣。苟未及安逸，則知貪求心未盡；貪求心未盡，則知未識天命也。君子胸襟常無事，常悦樂。

事卽學也。事學有二，則學亦勞矣。

學有進時，如龍換骨，如鳥脱毛，身與心皆輕，安享福無已。

學者言多則散學力。

人知學進，其處世如享醇酒，怡怡融融。

食不語，爲學到日，自然如此。

動静語默，皆天性也。人謂我爲之，是將黄金作頑鐵用耳。

學者涵養有道，則氣味和雅，言語閑静，臨事而無事。

不逐物而得理，此時如丸珠在盤，無所凝滯。

大舜之心，卽瞽瞍底豫之心；瞽瞍底豫之心，卽大舜之心。

欲言之時，與無言之時同，則學精矣。

事無大小，有志者皆得之。竊盗取地窟，一鑿復一鑿，不敢作聲，不敢思量他事，但一心求徹。學者似之，不患所學不成也。

惡心未萌時，與學成就時一般。

惟無憎惡人之心者，乃能勸戒人；有憎惡人之心者，其勸戒人必不服。

儻有志于學，見賢者亦學也，見不賢者亦學也，喜樂亦學也，憂苦亦學也。學至此，學乃吾之全體。

使有牧童呼我來前曰：「我教汝。」我亦敬聽其教。

梓材謹案：慈湖先訓本在慈湖學案，特老楊先生爲象山老友，自宜立傳，故以是訓列于傳後。

附錄

慈湖曰：「先公一日閒步到蔬園，顧謂園僕：『吾蔬閒爲盜者竊取，汝有何計防閑？』園僕姓余者曰：『須拌少分與盜者乃可。』先公因欣然顧簡曰：『余卽吾師也。』吾意釋然。」

吏部豐宜之先生誼

豐誼，字叔賈，一字宜之，鄞縣人，清敏公稷之曾孫也。以父死難，梓材案：先生父名治，揚州監倉，殉建炎之難。被任知建康軍。歷知常、台、饒、蘄、衢州，皆有惠政。隆興元年，遷户部郎，外除湖南運判。臺臣議引年之格，先生首請歸。孝宗召爲吏部郎，未赴而卒。子有俊從象山遊。補。

文恭羅此庵先生點

羅點，字春伯，崇仁人。登淳熙三年進士第。累官至端明殿學士，簽書樞密院事。光宗不過重華宮，先生同宰執引上裾而哭。與同列奏諫之，章凡三十五，又自諫者十六疏。寧宗嗣位而卒，贈太保，謚文恭。嘗從學于象山，相聚甚久。晦翁與林黄中栗以争西銘易、象不相得，黄中劾晦翁偃蹇不就職，朝議不直黄中，于是兩罷。先生致書象山，謂「朱、林皆自家屋裏人，不宜自相矛盾」。象山答之曰：「天地開闢，本只一家。來書之云，不亦陋乎！古人但問是非邪正，不問自家他家。舜于四凶，孔子于少正卯，亦只治其家人耳！妄分儔黨，此乃學不知至，自用其私者之通病也。」

梓材謹案：此傳係梨洲原文。攷袁絜齋爲陸氏大弟子，其作先生行狀云：「擺脱凡陋，刻意講學，每以追躡前修自勵。」又云：「平居講貫，博取諸人。至于進退出處之大義，則心自決之。」不言爲象山門人。傳當云嘗從講學于象山，故謝山奉臨川帖子謂：「以集中偶有過從，而遽爲著録，并列其子爲再傳之徒者，爲未然也。」

附録

羅此庵自西府歸，有里人叩之曰：「吾有蓄疑，而不敢白于公者有年。今容白之，可乎？」公曰：「言之何傷。」曰：「公生平未嘗妄行一步。公爲推官時，大雪，吾醉歸，見公以杖撥雪，戴温公帽，著屐，後有蒼奴負篋，公之奴也。吾以醉，不敢前與公揖，然心疑之，以爲公暮夜且安往？」公笑曰：「子之所見，詳審如此，是未嘗醉也。陳同甫獄急，吾未嘗識之，憐其才，爲援之吏，篋内皆白金也。同甫至死未嘗知之，今因子問而及。」補。

黄壺隱先生文㊀晟附見槐堂諸儒學案。

縣令劉先生恭别見廬陵學案。

象山同調

忠文徐宏父先生誼

㊀「文」字原本無，據槐堂諸儒學案本傳補。

縣令陳叔向先生葵並爲徐陳諸儒學案。

象山家學

通直陸先生持之

陸持之，字伯微，文安公九淵之子也。七歲能爲文。文安授徒象山之上，學者數百人，有未達，先生爲敷繹之。文安知荆門，郡治火，先生倉卒指授中程，文安器之。韓侂胄將用兵，先生憂時不懌，乃歷聘時賢，將有以告。見徐子宜于九江，時議防江，先生請擇僚吏，察地形，孰險而守，孰易而戰，孰隘而伏，毋專爲江守。具言：「自古興事造業，非有學以輔之，往往皆以血氣盛衰爲鋭惰。故三國、兩晉諸賢，多以盛年成功名。公更天下事變多矣，未舉一事，而朝思夕維，利害先入于中，愚恐其爲之難也。」子宜憮然。又之鄂謁薛象先、項平甫，之荆謁吴畏齋，争欲留之，尋皆謝歸。著書十篇，名戇說。嘉定三年，試江西轉運司預選，常平使袁正獻燮薦于朝，謂先生「議論不爲空言，緩急有可倚仗」。不報。豫章建東湖書院，連帥以書幣彊起先生長之。嘉定十六年，寧宗特詔先生祕書省讀書，固辭，不獲。既至，又詔以迪功郎入省，乞歸，不許。理宗即位，轉修職郎，差幹辦浙西安撫司，以疾請致仕，特命改通直郎。所著有易提綱、諸經雜說。參史傳。

象山門人

文元楊慈湖先生簡別爲慈湖學案。
正獻袁絜齋先生燮別爲絜齋學案。
文靖舒廣平先生璘別爲廣平定川學案。
鄉貢舒先生琥
舒先生琪並見廣平定川學案。
通判傅曾潭先生夢泉
主簿傅琴山先生子雲
推官鄧直齋先生約禮
黃先生叔豐並爲槐堂諸儒學案。
嚴先生松別見梭山復齋學案。
胡先生大時
蔣先生元夫並見嶽麓諸儒學案。

知州李先生耆壽

曹無妄先生建

萬先生人傑

劉先生孟容

劉先生定夫

曾先生祖道

符先生敍並見滄洲諸儒學案。

徵君沈先生炳別見廣平定川學案。

梓材謹案：象山弟子亦綦繁，自別見諸學案外，並入槐堂諸儒學案。

象山私淑

節推趙復齋先生彥肅

趙彥肅，字子欽，嚴之建德人也。少志聖賢之學，窮理盡性，深造自得，弗措也。乾道進士，以光堯喪，三年弗仕。周益公力薦之，先生益引嫌，僅官寧海軍節推而止。所著書有易說、廣學雜辯、士冠、士昏、饋食圖行于世。朱子嘗稱之曰：「近世未有如此看文字者。」學者稱爲復齋先生。宗師象山。嚴陵之爲陸學者，自先生始。嘉定中，太守鄭之悌建堂祠之。補。

附錄

楊慈湖狀行實曰：「先生書無不習，習無不究。自始仕，習明經科。業成，去習宏博科。業成，又去習先儒諸書。自謂無不解者。逮從晦巖沈先生遊，因論太極不契，憤悶忘寢食，遂焚平昔所業數篋，動靜體察工夫，無食息閒。一日，舟行松江，聞晨雞鳴，已而犬吠，通身汗浹，前日胸中窒礙，一時豁去。其後以語學者，且曰：『不知此，一身汗自何而至？』省覺之初，有詩曰：『循緣多熟境，溺法無要津。虛心屏百慮，猶是隔幾塵。雲邊察飛翼，水底觀躍鱗。悶殺魯中叟，笑倒濠上人。』閒居，善誘學，隨叩輒鳴。自卦畫、象數、儀象、律歷、封建、方田、儀禮、司馬法及釋書、道藏，下至醫卜、道引之類，各因所質而誨之。學者欣躍自喜，則又曰：『此如坐賈居肆，聊備雜蓄，以應人需爾，非吾本務也。姑遲十年，吾將收繩捲索，以俟能者。』」

教授姚先生宏中

姚宏中，字安道，海陽人。登嘉定進士，調靖江教授。自師友講學外，絕無他交。歸，端居一室，惟日溫舊學。性狷介，不苟隨。從鄉前輩遊，得濂、洛諸大儒書讀之，曰：「道在是矣！」玩索精微，意度超然，若不屑于世者。參姓譜。

附錄

陳北溪答陳伯澡書曰：「姚省元過温陵，得款曲講論，有疑于格物工夫之爲外而且煩，又有眷于陸氏學問之爲得而非偏。雖云篤志，恐散漫而無倫。」

又曰：「姚省元寄一書，看來乃江西流派，確然欲自植立一門户，無可挽回者。輕剥儒宗，妄自尊大，亦緣未曾深用工夫，得滋味。」

又答郭子從書曰：「仙鄉姚安道，亦象山之學。此後生妙齡美質，頗勁挺自立，但不知從何傳授，得此一門宗旨。」

又曰：「姚安道美質不遂，誠爲可惜。其人已往無足論，大抵自專自是，而不虚心，乃世儒通患。」

梓材謹案：北溪文集又有與姚安道書，節録于北溪學案。

李氏家學

教授李先生肅別見槐堂諸儒學案。

李氏門人

推官鄧直齋先生約禮別見槐堂諸儒學案。

楊氏家學

文元楊慈湖先生簡別爲慈湖學案。

楊氏門人

文靖舒廣平先生璘別爲廣平定川學案。

豐氏家學

軍帥豐先生有俊別見槐堂諸儒學案。

伯徵門人象山再傳。

葉先生元老別見鶴山學案。

趙氏門人

喻先生仲可別見槐堂諸儒學案。

金溪續傳

侍郎湯晦靜先生巾別爲存齋晦靜息庵學案。

周先生可象

周可象。

梓材謹案：靜明學案靜明本傳，稱其「盡求象山之書，及其門人如楊敬仲、傅子淵、袁廣微、錢子是、陳和仲、周可象所著經學等書」，次先生于袁、錢、陳之後，蓋亦爲象山之學者也。

程月巖先生紹開別見存齋晦靜息庵學案。

純節胡石塘先生長孺別見木鐘學案。

教諭汪主靜先生深

汪深，字萬頃，休寧人也，學者稱爲主靜先生。少有志于聖學。其時新安儒宿，率皆讀朱子之書。先生年未二十，遊眞、揚二州間，與諸有志之士講學平山堂上，謂「今學者之病，在于未有灑然融釋處，不過知所自守，苟免顯然尤悔而已」。于是盡棄平日所學，更鞭飭于不及處，脱然有自得氣象。累試禮部不第，以景定三年授安吉教諭。嘗謂「古道修明，人心純一。後世文藝之工，輾轉沈痼，幾于蠹蝕不存。然而理之在人心者，不容泯也。安定先生在湖學，成就人才甚廣，遺規猶在。諸生天資，雖通塞不齊，必求體用一原，顯微無閒之妙，使高遠者不墜于荒忽，循守者不流于滯錮，辯傳註之得失，達羣經之會同，極聖賢之閫奥，推考禮樂制作刑政因革之文，務使有所依據，以爲日用常行之地」。每月朔，升堂講學，諸生環立聽之。時人爲之語曰：「前有安定，後主靜。」于是朝臣以先生薦于太學。或曰：「先生之學，陸學也，非朱學也。」遂寢。賈似道日益擅政，先生辭歸。以大德甲辰卒。先生嘗謂子曰：「葬者，藏也，欲人之不得見也。古之善葬法者，莫如郭景純，曷不逆善祖父之葬地，以免子孫斫頭之禍。觀胡澹庵、楊誠齋諸公之言，其不足信也明矣。吾身後但求水深土厚，足以爲朽骨之永宅，無他求也。」陳定宇曰：「世以先生之學出于陸子。嗚呼，陸子豈易言哉！彼亦安知朱、陸異同之所以然哉！」補。

文正吳草廬先生澄別爲草廬學案。

隱君陳靜明先生苑別爲靜明寶峯學案。

宋元學案卷五十九

清江學案　全祖望補本

清江學案表

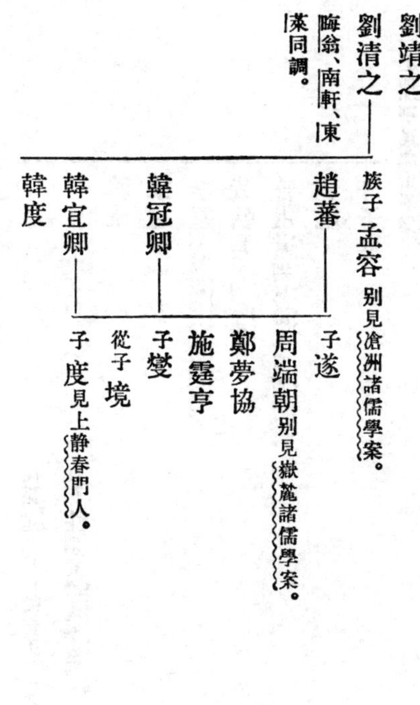

韓淲　從孫忼——從曾孫耘之——從玄孫諤
　　　從孫性別見滄庵學案。
宋之源
李𡌴別見嶽麓諸儒學案。
黃榦別爲勉齋學案。
曾祖道別見滄洲諸儒學案。
劉黼
許子春

陸九淵別爲象山學案。
彭龜年別見嶽麓諸儒學案。
向浯別見五峯學案。
並靜春學侶。

清江學案序録

祖望謹案：朱、張、吕三先生講學時，最同調者，清江劉氏兄弟也。敦篤和平，其生徒亦徧東南。近有妄以子澄爲朱門弟子者，謬矣！述清江學案。梓材案：清江學案謝山所特立，序録原底作静春學案，後定刊本易之。

朱張同調

教授劉孝敬先生靖之父渙。

劉靖之，字子和，廬陵人，學者稱爲孝敬先生。先生爲人，廉静寡欲，敦重少言，而和易端粹，不爲崖異之行。其家居，孝友尤篤也。自少卽以經學文行知名。登進士第，再調贛州教授。還家待次，益以諸經自課，日求其所未至者。蓋自音讀訓詁，以及近世諸儒論説，無不該貫。及至官，視其學，故有趙清獻祠，後廢，而生祠郡守部刺史至五六人。先生曰：「趙公與濂溪先生，法皆當得祠者，今或廢于已舉，或初未嘗立也。彼紛紛者何爲哉？」命悉撤去，而更爲二公之祠。諸生請曰：「趙公則聞耳矣。敢問濂溪何人也？」先生具告之。故且出其書，使之讀。諸生固已風動，于是先生又益推本其説，以發明六經、論、孟之遺意，諄諄辯告，如教子弟。晨入寓直，至暮乃罷，日以爲常。其教大抵以讀書窮理爲先，持敬修身爲主，至于學官程課，有不可廢者。其命題發端，必依于是而出焉。于是學者益知所向。其言行小不中禮，服飾小不中度，必規正之。課試之文，以老、佛論道，以管、商議政，忘讐恥，徇時俗者，皆棄不録。于是學者又知所懲。其于有司之事，亦皆精審嚴密；閒斥其羸，以市圖史，至若干卷。待諸生以恩。至于進退取舍之閒，則必考行能，視次第，稽諸公論，而未嘗有所私也。以故諸生之事先生，如事父兄，服習其教而守行之，俗爲一變。其浮惰不事學者，往往引去，或亦悔前所爲，而革心自新焉。郡縣吏皆怪，以謂學官弟子，比無入官府辯訟請謁者；父老皆喜，以謂吾家子弟，比無荒嬉惰游還家叫呼犯上者。士大夫家亦争遣子弟來入學。贛之人至咨嗟相與言曰：「吾邦自李先之爲教官，迨今七八十年，乃復得劉君耳。」翰林承旨周必大聞之，爲記其説于聽事之壁。先生既去，改宣教郎。遭繼母喪，以卒。諸生哭之皆失聲，相與守其法不變。去而從其弟静春以卒業者數人。先生平日閉户讀書，不甚與人接，雖名士亦不强附，而時之搢紳多慕與交。國子祭酒蕭之敏嘗以經行氣節薦于朝。宋室鉅人門户，一再世凋落者不可悉數，惟劉氏自太宗時名式者爲刑部郎，胡安定所爲記墨莊者，至先生父滁，亦好學修飭。及乎先生兄弟，世數益遠，而家法益峻，忠厚雍穆之風不墜。求之故家，能如是者少矣。及卒，丹稜李燾書其墓曰：「孝敬劉君。」而廣漢張敬夫栻爲刻銘納壙中。新安朱子又爲之傳。是數君子者，蓋或未嘗識先生也。參朱子文集。

孝敬家學

知州劉静春先生清之

劉清之，字子澄，子和之弟也，學者稱静春先生。初受業于子和，登紹興進士。因往見朱文公，慨然有志于義理之學。以「力行切己者，省察性情爲務；有志者，必如曾子用力于容貌辭氣，顔子用力于視聽言動，方爲善學」。父憂服除，調建德縣簿、萬安縣丞。檄視旱災，徒步阡陌，規畫防閑，民甚有賴。

龔侍郎茂良爲帥，具實跡聞于朝。命都堂審察，不赴，時競羨餘。發運使史正志俾拘集州縣畸零之賦，將以薦之。先生貽以書曰：「此皆州縣侵刻于民，法所當禁。某誠不敢玷侍郎知人之鑒。」竟詣吏部，銓除知宜黃縣。龔侍郎又與周益公必大交薦。孝宗召對，首論「民困兵驕，大臣退托，小臣苟媮」；又言用人四事：「一辨賢否，二正名實，三使材能，四聽換授。」改太常寺簿。服除，通判鄂州。知衡州。初至，兵無見糧，官無實俸，上供送使無備。已而郡計漸裕。嘗作諭民書一編，非理之訟，日爲衰止。又以士風未振，增築臨蒸精舍，如治心治身治家治人，確然皆可舉而指之。爲閱武場。作朱陵道院，祀張九齡、韓愈、寇準、周敦頤、胡安國于左，死節晉太守劉翼、宋内史王應之于右。以不能媚部使者，論罷，主管雲臺觀，歸築槐陰精舍，以處來學。胡晉臣、鄭僑、羅點皆力薦之。光宗起知袁州，疾作，猶不廢講論。病革，取高氏送終禮授二子曰：「自斂至葬，視此。」卒年五十七。所著有曾子内外雜著篇、訓蒙新書、外書、戒子通録、墨莊總録等書。從黄氏補本録入。

祖望謹案：靜春本臨江人，原父、貢父之宗也。後徙吉之廬陵。四五歲讀蒙求，至「龔遂勸農，文翁興學」，諷誦久之。其父因語之曰：「此二，君子教人之要務也。人亦不過耕與學耳。」先生聞之欣然，自是讀書勤甚。比長，受業于兄孝敬先生，早夜力學自修，專以儀刑先世、希慕往哲爲事，博極書傳，而不專科舉之習。燕居端坐，終日翼翼。尤愛惜士類，有一善則亟稱，樂爲成就；聞人之過，慘然如痛在己。汪文定公應辰、周文忠公必大、楊文節公萬里、李文簡公燾皆重之。其同輩所最相得者：彭止堂、向伯源。

静春先生語

苟志于學，而乃唯性理文書是傳是玩，善士大夫是攀是慕，與向來眩于文章、溺于訓詁、流于異教者同一轍也。且如一言之差，在于常情爲未害，試思是時，此心存乎不存；一步之違，在于常情爲未傷，試思是時，此心定乎不定。有志者，于容貌顏色辭氣用力如曾子，于視聽言動用力如顏子，則先儒之訓，簡易明白，皆可舉而行，誰能禦之。

王承告其子咄曰：「閑習禮學，不如式瞻儀刑；諷誦文辭，不如親承音旨。」

世道之衰，屈身于勢利者不怪。一從學士眞儒，考德問業，則曰是好名者。經師易遇，人師難遭。

獨立無朋，雖夙夜兢兢，學不加進。

學者多貪看見成道理。

異端侵畔，良可憂。

此學二字，向來愚見只説學之爲學，無與爲對。言此學，則是吾亦自招彼學而與之抗，故不必言此學二字。

今日之俗，惟知得而忘義。詔令一下，仕者曰：「增秩乎？」士曰：「免舉乎？」兵曰：「受賞乎？」民曰：「蠲租乎？」有是則欣然奉承，否則雖有良法美意、利國便民，謂之空文，視之蔑如也。夫爲政之道，有政有教，理也義也，人心所同。謂今世明于義理，竟難其人，不亦誣乎！但當精擇百官，求其明于理義者，以爲監司，爲學官，爲守令，爲將帥，則風俗知變，上下一心。吾君吾相，端本清源，所以儀刑萬邦者，不出于他，而舉出于理義，將以紹復大業，無難矣。

梓材謹案：謝山所録靜春先生語十一條，今移入廬陵學案一條，移入復齋學案一條，移入荊公新學略一條。

附録

先生孝友誠篤，質直好義，意廣而心和，强敏而有立。初以進士得官，已欲應博學宏辭科，及見朱晦翁，即盡取所習辭業焚之，慨然志于義理之學。罷官嚴陵，亟至東萊呂公書院講論經義，留數月乃去。廣漢張公守嚴陵時，尚未識先生。已深知先生爲人，其後書問往復，神交心契。先生天資既高，復從二三君子講學，故所造日益超，而當世鉅儒如玉山汪公、巽巖李公皆敬慕之。

書贊朱晦翁曰：「始某讀論語，得元祐以來諸老先生説，以爲世徒有此書耳。他日有告以今時二三君子之所在者，于時坐不安席，遂欲起而從之。已而不能，則有三焉云云。二三君子不幸已死，則無可言者。幸而執事者在此，有可見之便，其又奚説，顧見蓋十五六年矣。語曰：『經師易遇，人師難遭。』顧以素絲之質，附近朱藍，伏惟誨之。」

又曰：「某少壯不務學力，長大嬾拙于義理，少所開明，又獨立無朋，夙夜兢兢而學未加進，臨事接物亦多齟齬，非時異事殊，其未之學耳。」

晦翁復書曰：「執事以盛年壯氣，清節直道，發軔進途，既有聞于當世矣，而說學好問之意，勤勤有加，又將有意于古人爲己之學者而然邪？」

又曰：「來書深以異學侵畔爲憂。自是而憂之，則有不勝其憂者，惟能于講學體驗加功，使吾胸中洞然無疑，則彼自不能爲吾疾矣。願以聖賢之言，反求諸身，一一體察，須使一一曉然無疑，積日既久，自當有見。但恐用意不精，或貪多務廣，或得少爲足，則無由明爾。若夫涵養之功，則非他人所得與，在賢者加之意而已。若致知之事，則正須友朋講學之助，庶有發明。不知今者見讀何書？作如何玩索？與何人辯論？惟毋欲速，毋蓄疑，先後疾徐，適當其可，則功日進而不窮矣。」並從黄氏補本録入。

呂東萊與書曰：「參預處聞，每效忠告，甚善。或云其間多雜以嘲姍，雖意在諷切，然便無誠篤氣象，未必能動人也。」

祖望謹案：參預謂平園。東萊與平園札則曰：「子澄嘲姍，乃天資未重之病。然他山之石，可以攻玉，在此不妨有益也。」

靜春學侶

文安陸象山先生九淵別爲象山學案。

忠肅彭止堂先生龜年別見嶽麓諸儒學案。

通判向先生浯別見五峯學案。

靜春家學孝敬再傳。

劉先生孟容別見滄洲諸儒學案。

靜春門人

文節趙章泉先生蕃附子遂。

趙蕃，字昌父，本鄭州人也。南渡後，居玉山，學者稱爲章泉先生。以大父龍圖致仕恩入仕。嘗再得官，皆未赴。已而主太和簿。先生雅有山林之思，居官清苦，題其齋曰思隱。楊公誠齋贈之詩云：「勸渠未要思舊隱，且與西昌作好春。」又酷愛其詩，以爲飡秋菊、嚼春冰也。及爲辰州司理參軍，辨寃獄，不爲二千石屈，以是罷，然卒見直于當路。先生少從靜春先生劉氏學，至靜春守衡，欲從之卒業，乃求爲衡之安仁酒庫監。甫至，靜春以非罪去官，先生卽丐祠從之歸。論者嘆曰：「師友之際如此，肯負國乎！」先生性寬平，與人樂易，而大節所在，莫能奪也。周公平園少與先生厚，平園仕漸通顯，先生寄之詩曰：「公如在廊廟，我亦遂簞瓢。」及平園入相，累薦竟不起，論者以爲不食其言。喜作詩，書箋往復，多以詩代，援筆立成，不甚經意，而閒遠自得，讀者以爲有陶靖節之風。中興而後，學道諸公多率于詩，呂居仁、曾吉甫、劉彥沖其卓然者。乾、淳閒，薛季宣、陳君舉尤工。至四靈雖嘗遊水心之門，而無得于其學，故是時學道而工詩者惟先生，大江以南推二泉，其一謂韓氏澗泉也。每當得意，浩歌長吟，有風浴詠歸之風，然先生時以學道未成爲懼，年且五十，更從朱子請益。及其老也，猶以末路自警，題所居曰難齋。先生最謙退，不敢以師道自居。晚而諸儒彫謝，惟先生巋然無恙，門人負笈從之者益多，則勉以師友之源流。理宗卽位，于時先生書祠官之考三十有一，朝臣爭薦。以太社令召，三辭不拜。以直祕閣召，三辭不拜。詔予祠，先生連章請致仕，不許。自是累年請益力，乃詔以原官老，踰月而卒，得年八十有七。其長子遂亦七十矣。所著有章泉集。雲濠案：先生所著，有乾道稾二卷，淳熙稾二十卷，章泉稾五卷。劉漫塘表其墓。信州守吳旂請録其後，詔以遂補上州文學，亦固辭。詔以承務郎致仕，仍推恩于其子。景定三年，門人祕閣修撰鄭夢協爲詩諡，乃諡文節。遂，字景初，有家學。

雲濠謹案：學案底本，先生別傳有曰：「趙昌父，本管城人，南渡與周益公同里。益公當軸，所仕但一酒官，五十年不調。八十餘，朝以祕閣正郎聘之不至」云云。可與是傳參攷。

知州韓貫道先生冠卿附子燮、從子境。

韓先生宜卿合傳。

韓冠卿，字貫道，忠獻公之後也。知饒州。建炎南渡，忠獻之裔，散之四方，而東來者，則文定公忠彥子治之後。治知和州，其子爲兩浙提刑膺冑，次直祕閣膺冑，始居越。先生爲提刑之孫，受業清江劉子澄之門。清江之學，于晦翁、南軒、東萊如水乳。其教先生也，以一實字，蓋卽司馬温公教元城以誠字之說。子曰燮，字仲和，知滁州，能傳其學。祕閣之孫曰埜卿，其子曰境，字仲容，史館、祕閣，亦能傳清江之學，與滁州稱二仲。而饒州弟宜卿，有子曰度。

梓材謹案：謝山于莊節傳云：「蕺山父子皆師劉子澄，而友楊敬仲。」知饒州之弟亦靜春弟子。

隱君韓蕺山先生度

韓度，字百洪，隱居講學，旁參慈湖之說，風節尤高，世以蕺山先生稱之。

庶官韓澗泉先生淲

韓淲，字仲止，上饒人，南澗先生元吉之子。有高節，從仕不久，卽歸信上。嘉定中卒。有澗泉集。

郡守宋先生之源

宋之源，字積之，朱子更曰深之，雙流人也，祕書丞若水子。兄弟皆師朱子。祕書使湖南，先生從行，朱子謂曰：「衡、湘，胡氏父子兄弟及南軒講學地也，今其流風遺韻多在者。吾友劉子澄方爲守，可就訪之。」先生奉教。既至，遂學于劉氏。會永嘉戴少望亦在焉，先生又師之。其不名一師，好學如此。官龍游令，逆曦之變，解印去。賊平，當路者以聞，詔進秩，知什邡縣，累官知雅州。夷人盜邊，撫而又至，先生曰：「不大治不創。」乃絕其餉道，示必盡之，夷誓死無犯。璽書褒嘉，進知嘉定府卒。

文肅李悅齋先生𡌴別見嶽麓諸儒學案。

文肅黄勉齋先生榦別爲勉齋學案。

曾先生祖道別見滄洲諸儒學案。

特奏劉先生黼

劉黼，字季章，與景陽許子春皆廬陵醇儒。從朱文公學，後爲特奏第一人。參鶴林玉露。

梓材謹案：朱子文集答季章書二十三在劉公度、許景陽之閒，其書有云：「劉袁州不謂遂止于此，令人心折。細讀來書，知所以經紀其家者，不以生死從違二其心，不勝歎服。」袁州謂靜春，則先生固從學靜春者，蓋卽劉黻字季文之昆季也。又案：謝山學案劄記有景陽、季章四字，卽先生與許先生子春爾。

許先生子春

許子春，字景陽，同安人。黄勉齋答余瞻之書云：「廬陵書信，遞去良久，旦夕雖有回訊，當得尋便納往景陽書。向説比亦收書，看周禮甚有味，亦作書挽其歸，恐遂爲廬陵人，未可知也。」參勉齋集。

梓材謹案：謝山學案稟底，列先生于靜春門人，而未詳事實。儒林宗派朱子門人有「許景陽，字子春，同安人」，名字互易。今從勉齋集改正。先生殆以靜春弟子而受學朱門者。

章泉門人孝敬三傳。

忠文周先生端朝別見嶽麓諸儒學案。

修撰鄭先生夢協

鄭夢協，字新恩，玉山人也。章泉先生高弟，梓材案：章泉行狀，先生所作。與魏鶴山、真西山厚。講道最篤，而漫塘最稱其文。嘗官祕閣修撰。

施尊道先生霆亨

施霆亨，字棨南，邵武人也，趙章泉弟子。以學授徒，鄉人稱爲尊道先生。

韓氏家學

隱君韓蕺山先生度見上靜春門人。

韓義行先生伉附子耘之、孫謣。

韓伉，字義行，梓材案：謝山原底作「義行先生韓亢」。又云：「學者私謚爲義行先生。」今檢史刻鮚埼亭集蕺山相韓舊塾記云：「莊節與其兄伉，字義行，並有名。莊節名性，其兄必名伉，不名『亢』，義行其字也，並非私謚，故節而易之。」又案：是傳先生從弟莊節，而舊塾記云莊節兄伉，亦異。會稽人也，忠獻之後，左司員外郎膺胄之玄孫。宋宰相家之講學者，范文正公後相繼三世六人，呂正獻公後相繼七世十有八人，張魏公後相繼三世五人，趙忠定公後相繼四世六人，稱最盛。執政家則范蜀公後相繼六世八人，而忠獻公之裔，五世後，自貫道先生始學于清江劉子澄，諸子若孫繼之，亦五世。先生其孫行也，博極羣書，研精性理之學，貫道之得于劉氏者，以實字爲宗，蓋亦涑水不妄語之緒，先生克昌其學。宋亡，韓氏失祿仕，先生與其從弟莊節先生性自相師友，先後師表當世。五百年來，文獻失落，貫道先生志銘出于慈湖，今亦不存。其僅得見于世者，莊節一人而已。予故略存其學統，以附之范、呂之次。先生子耘之，孫諤，亦皆以學行稱。

莊節韓先生性別見潛庵學案。

宋元學案卷六十

說齋學案　全祖望補本

說齋學案表

唐仲友　父堯封。永嘉同調。
- 子大東
- 子大原
- 從子定
- 傅寅
  - 傅芷
- 吳葵
- 葉秀發　別見麗澤諸儒學案。
- 朱質　別見麗澤諸儒學案。
- 張端義　別見慈湖學案。
- 金式

唐仲温

唐仲義
並説齋學侶。

説齋學案序録

祖望謹案：永嘉諸先生講學時，最同調者，説齋唐氏也。而不甚與永嘉相往復，不可解也。或謂永嘉之學，説齋實倡之，則恐未然。述説齋學案。梓材案：説齋學案，謝山所特立。

永嘉同調

提刑唐説齋先生仲友父堯封。

唐仲友，字與政，金華人也，侍御史堯封之子。侍御以清德有直聲，先生兄弟皆自教之。成紹興二十一年進士，兼中宏辭，通判建康府。上萬言書論時政，孝宗納之。召試，除著作郎，疏陳正心誠意之學。出知信州，以善政聞。移知台州，嘗條具荒政之策，請以司馬光舊説，令富室有蓄積者，官給印歷，聽其舉貸，量出利息，俟年豐，官爲收索，示以必信，不可誑誘。從之。鋤治奸惡甚嚴。晦翁爲浙東提刑，劾之。時先生已擢江西提刑，晦翁劾之愈力，遂奉祠。先生素伉直，既處摧挫，遂不出，益肆力于學，上自象緯方輿、禮樂刑政、軍賦職官，以至一切掌故，本之經史，參之傳記，旁通午貫，極之繭絲牛毛之細，以求見先王制作之意，推之後世，可見之施行。其言曰：「不專主一說。苟同一人，隱之于心，稽之于聖經，合者取之，疑者闕之。」又曰：「三代治法，悉載于經，灼可見諸行事。後世以空言視之，所以治不如古。」痛闢佛、老，斥當時之言心學者，從遊嘗數百人。初晦翁之與先生交奏也，或曰「東萊向嘗不喜先生」，晦翁因申其意。陳直卿曰：「說齋恃才，頗輕晦翁，而同甫尤與說齋不相下。」同甫遊台，狎一妓，欲得之，屬說齋以脫籍。不遂，恨之，乃告晦翁曰：「渠謂公尚不識字，如何爲監司。」晦翁銜之，遂以部內有冤獄，乞再按台。既至，說齋出迎稍遲，晦翁益以同甫之言爲信，立索印，摭其罪具奏。說齋亦馳疏自辯。王魯公淮在中書，說齋姻家也，晦翁疑其右之，連疏持之。孝宗以問，魯公對曰：「秀才爭閑氣耳。」于是說齋之事遂解，而晦翁門下士由此并詆魯公，非公論也。或曰：「是時台州倅高文虎譖之東萊，東萊轉告㊀晦翁。」案東萊最和平，無忮忌，且是時下世已一年矣。同甫與晦翁書曰：「近日台州之事，是非毁譽參半。」且言有拖泥帶水之意，則似亦未盡以晦翁之所行爲至當者。同甫又曰：「平生不曾說人是非，與政乃見疑相譖，真足當田光之死。」則當時蓋有此疑，而同甫亟自白也。是皆失其實矣。文虎，小人之尤，殆曾出于其手。然予觀晦翁所以糾先生者，忿急峻厲，如極惡大憝，而反覆于官妓嚴蕊一事，謂其父子踰濫，則不免近于誣抑，且傷□□□。且蕊自台移獄于越，備受箠楚，一語不承。其答獄吏云：「身爲賤妓，縱與太守有濫，罪不至死，但不欲爲妄言，以污君子，有死不能也。」于是岳商卿持憲節卒釋之。然則先生之誣可白矣。又以在官嘗刊荀、揚諸子爲之罪，則亦何足見之彈事。晦翁

㊀「東萊東萊轉告」六字，原本無，據龍本補。

雖大賢，于此終疑其有未盡當者。且魯公賢者，前此固力薦晦翁之人也，至是或以媢家之故，稍費調停，然謂其從此因嗾鄭丙、陳賈以毁道學，豈其然乎！丙、賈或以此爲逢迎，魯公豈聽之？吏考其生平，足以白其不然也。蓋先生爲人，大抵特立自信，故雖以東萊、同甫，絶不過從，其簡傲或有之。晦翁亦素多卞急，兩賢相厄，以致參辰，不足爲先生概其一生。近世好立異同者，則欲左袒先生，而過推之，皆非也。先生之書，雖不盡傳，就其所傳者窺之，當在艮齋、止齋之下，較之水心，則稍淳，其淺深蓋如此。所著曰六經解一百五十卷、孝經解一卷、九經發題一卷、諸史精義百卷、陸宣公奏議解十卷、經史難答一卷、乾道祕府羣書新録八十三卷、天文詳辯三卷、地理詳辯三卷、愚書一卷、説齋文集四十卷，尚有故事備要、辭料雜録諸種，而其尤著者曰帝王經世圖譜十卷。周益公曰：「此備六經之指趣，爲百世之軌範者也。」又嘗取韓子之文合于道者三十六篇，定爲韓子二卷。

祖望謹案：乾、淳之際，婺學最盛。東萊兄弟以性命之學起，同甫以事功之學起，而説齋則爲經制之學。考當時之爲經制者，無若永嘉諸子，其于東萊、同甫，皆互相討論，臭味契合。東萊尤能并包一切，而説齋獨不與諸子接，孤行其教。試以艮齋、止齋、水心諸集考之，皆無往復文字。水心僅一及其姓名耳。至于東萊，既同里，又皆講學于東陽，絶口不及之，可怪也。將無説齋素孤僻，不肯寄人籬落邪？梨洲先生謂：「永嘉諸子，實與先生和齊斟酌。」其説似未然也。

愚書

制命在君，然不可居物之先，代終在臣，然不可享功之成，故用九以無首爲吉，六三以含章爲正。詩曰：「君能下下，以成其政。臣能歸善，以報其上。」

命討天也，行之君也；威福辟也，佐之相也。惡者必懲，則奸民無盜跖之壽；善者必申，則賢士無原憲之貧。故君相不可以言命。

人君有三畏：畏天命，畏民心，畏輔相之臣。

大臣正君，其次謀國，其下謹身。

正君之難，在制其欲，不窒其源，如決流何？不翦其根，如滋蔓何？

防微消萌，力少而功多。

位尊難安，德盛難全。

勝人人必恥，下人人必喜。恥生競，喜生敬。以上君臣。

避世非君子之心。

中狹常易盈，内荏常易屈。

君子之進退，風俗之樞機也。必退絶物其俗激，必進失己其俗競。不激不競，以善天下之俗。

莫神于天，以民從違；莫尊于君，以民安危。天且靈之，孰能違之；君且高之，孰能下之。

道有興廢，民無淳漓。堯、舜至仁，不能絶天下之欲；幽、厲極暴，不能滅天下之性。以民爲非古，是謂誣民；以道爲不可行，是爲賊道。

遷都以復先業，何畏而猶有書？東征以卒圖事，何恤而猶有誥？未恤而强之從，必有逆命而陷于罪者，聖人蓋不忍焉耳。以上士民。

爲治者不可變常道，言治者不可厭常談。

勤固勝怠，勤而非禮則勞。儉固勝奢，儉而非禮則偪。存小節而喪大體，君子不取也。

善爲教者反諸身。以上治教。

怯不勝勇，勇不勝敬。

古之爲兵者，教之以孝弟忠信，惟恐其不君子也。後之爲兵者，教之以權謀變詐，惟恐其不小人也。

取民之財以養兵，不如使民自養之易供也。用兵之力以衞民，不若使兵自衞之甘心也。以上兵財。

順命如順親，保性如保子，養心若養苗，馭氣如馭馬，防欲如防川，待物如待寇，一言蔽之曰誠。

鏡固瑩，塵則昧之；水固淯，風則濁之。塵去鏡明，風息水止，外物不干，天性乃見。

親疏固有情，遠近固有勢，貴賤固有分。因其情，順其勢，明其分，微而草木，各得其所，是吾道之所以爲異也。咈其情，逆其勢，忘其分，閨門之内，有所不行，是墨氏之所以爲同也。吾道之異，適以爲同；墨氏之同，衹以爲異。

德莫先于孝，孝莫難于保親之所與。庶人有身，推之天子有天下，有而保之，孝莫大焉。陰陽之説勝，則禮經廢；形相之説勝，則心術喪；禄命之説勝，則人事怠。失之己，求之天，君子不由也。

由惡近善，蓬生于麻；由善近惡，絲涅于墨。

謂道爲難，若塗若川；謂道爲易，若天若淵。謂之易輕而失，謂之難畏而止。勿畏勿輕，學而已矣。

文以明道，或以蔽道；傳以通經，或以亂經；學以知性，或以汨性。説日益新，理日益昧。

兼愛似仁，爲我似義，清静寂滅似無思無爲。

莫易欺于形，莫難欺于神。形視吾外，神視吾内。以上道學。

未有欲有，既有欲其若無；未實欲實，既實欲其若虚。

君子不絶人之情，亦不徇人之情。

衆人徇利以犯難，賢者潔身以避害。載道以濟世，而不罹其患者，惟聖人乎。以上聖賢。

説齋文集

自古直道之行，本于正心誠意之閒，顯于舉賢放佞之際。故伯益告舜，先以儆戒無虞，罔失法度，繼以任賢勿貳，去邪勿疑。仲虺告湯，先以不邇聲色，不殖貨利，繼以德懋懋官，功懋懋賞。惟陛下防私如禦寇，存公道如護元氣。内察諸存心之初，勿使一毫或出于嗜好之私，而非先王之法度；外察諸用人之際，勿使一職或出于左右之譽，而咈天下之公議。儻有，則斷而去之；既去，則敬而守之。館職備對劄子。

荀卿有性惡之説，揚雄有善惡混之説，韓愈有上中下之説。性惡之説，爲害尤大。世之言性惡者，皆以象藉口。吾觀象之行事，適足以見性之善 不知其惡也。象之往入舜宫，鬱陶之思，以僞爲也，忸怩之顔，以誠發也。欺形于言，愧形于色，象之本心，固知僞之不可爲也，其性豈不善哉？使象而性惡，則欺舜之言，居之必安，何愧之有？易言天地之情則于咸，言天地之道則于恆，至言天地之心則必于復。蓋方羣陰剥陽，而至于六陰之用事，則天地之心或幾乎隱。及一陽動于下，有來復之象，則天地之心始可見。人之誘于物也，陰之剥也，俄然而復，陽之復也。象之忸怩，蓋其復性之際，復則不妄，至誠之道也。善言性者，當于復觀之。性論。

孟子書七篇，荀卿書二十一篇，觀其立言指事，根極理要，專以明王道，黜霸功，闢異端，息邪説，二書蓋相表裏。以吾觀之，孟子而用，必爲王者之佐，荀卿而用，不過霸者之佐，不可同日語也。王霸之異，自其外而觀之，王者爲仁義，霸者亦有仁義，王者有禮信，霸者亦有禮信；自其内而觀之，王者之心一出于誠，故正其誼，不謀其利，明其道，不計其功，霸者之心雜出于詐，故假仁以爲利，利勝而仁衰，仗義以率人，人從而義廢，湯、武、桓、文由此分也。荀卿之書，若尊王而賤霸矣，乃言性則曰本惡，其善者僞也。夫善可僞，則仁義禮信何適而非僞也？四者既僞，何適而非霸者之心？吾以是知卿而用必爲霸者之佐也。李斯之學，實出于卿，蓋卿有以啓之。或曰：「卿之言曰：『君子養心，莫善于誠。』又曰：『誠者，君子之所守，而政事之本也。』卿豈不知王道之出于誠哉！」曰：「子以爲誠者，自外至邪？將在内邪？性者，與生俱生，誠者，天之道，非二物也。以性爲惡，則誠當自外入。外入則僞，惡覩所謂誠乎？吾觀告子先孟子不動心，又其言辯，幾與孟子埒。至于以義爲外，以性爲猶杞柳，故孟子力詆之。荀卿化性起僞之説，告子之儔也。」荀卿論。

卿謂聖人惡亂，故制禮，然則禮强人者也。惡亂故制樂，然則正聲乃矯揉，而淫聲乃順其情者也。見禮樂之末，而未揣其本，卽性惡之説，吾故謂告子之流。讀荀子禮樂二論。

天下有君子，有中人，有小人，而釋、老之説，皆有以中其欲。報應禍福，足以惑小人；超升解化，足以移中人；清淨寂滅，足以疑君子。小人曰：「吾罪惡貫盈，飯僧可以免；吾釁戾山積，焚章可以禳。不惟此也，且可以致福以增算，吾何爲而不從釋、老也？」中人曰：「吾學釋而成，可以出入死生；吾學道而成，可以長生久視。與其溷濁世，處俗塵，孰若自在而遊樂國，蟬蛻而登蓬、瀛乎？吾何爲而不從釋、老也？」君子則曰：「吾不取其教而取其道，吾不觀其外而觀其内。蓋其説深入乎死生性命之際，周盡乎天地鬼神之理，頗與吾周易合。至于披析示人，則又優于儒書，可以直造其本源，而不勞于積習。」此説一立，而釋、老之害牢不可破。嗚呼！小人中人既不可以道理深責，而報應禍福、超升解化之説皆誕幻詭譎，不待攻而自破。至于君子，則吾道之所賴以傳，乃惑于疑似之際，蕩然莫返。吁！可悲矣！生死鬼神之理，惟聖人知之。道家欲不死，佛家欲無生，皆未之知也。聖人明幽明之故，原始反終，知死生之説，精氣遊魂，知鬼神之情狀，然不諄諄以告人，慮學者之不能無惑也，故子路問鬼神，曰：「未能事人，焉能事鬼。」問死，曰：「未知生，焉知死。」蓋以事人所以事神，知生所以知死，不欲子路舍其常行而他求也。學者不求之易、論語之閒，而輕受愚夫之誑。平時高談，則曰：「吾學有所悟。」及遇利害事，不能毫釐，往往易其所守，幾不能自立，乃曰：「吾學出世法，求其死而不亡者。」噫！亦惑矣！昔孟子比楊、墨以禽獸，爲其似是而非。今釋、老者，爲己則一毛不拔，責人則摩頂放踵，是兼楊、墨而爲之，其爲禽獸也大矣！釋老論。

聖人之傳道必以心，其端則始于至誠力學。後世求其説而不得，流入釋、老。以爲道者當超詣頓解，徑進于聖人之域，相與用心不可測度之地，而學問修爲之功幾于盡廢，捕風捉影，卒無分毫之得。曰：「吾之學，心學也。」內以欺己，外以欺人。顔曾論。

謝山唐説齋文鈔序曰：「唐台州説齋以經術史學負重名，于乾、淳閒，自爲朱子所糾，互相奏論，其力卒不勝朱子，而遂爲世所訾。方乾、淳之學初起，説齋典禮經制本，與東萊、止齋齊名。其後浙東儒者絶口不及，蓋以其公事得罪憲府，而要人爲之左袒者，遂以僞學詆朱子，并其師友淵源而毁之，固宜諸公之割席。而要人之所以爲説齋者，適以累之，可以爲天下後世之任愛憎者戒也。詳考台州之案，其爲朱子所糾，未必盡枉。説齋之不能檢束子弟，固無以自解于君子。然彈文事狀多端，而以牧守刻荀、揚、王、韓四書，未爲傷廉，其中或尚有可原者，況是時之官，非一跌不可復振者也。説齋既被放，杜門著書以老，則其人非求富貴者，不可以一偏遽廢之，是吾長于善善之心也。予少時未見説齋之文，但從深寧困學紀聞得其所引之言，皆有關于經世之學。深寧私淑于朱子者也，而津津如此，則已見昔人之有同心。說齋著書，自六經解而下，共三百六十卷，文集又四十卷，今皆求之不可得。近于永樂大典中得其文若干首，詩若干首，鈔而編之，以備南宋一家之言。因爲論其人之本末，或謂「說齋自矜其博，常詆朱子不識一字，故朱子劾之」；或又言「說齋不肯與同甫相下，同甫搆之于朱子」，此皆小人之言，最爲可惡。要之，說齋之被糾，所當存而不論，而其言有可采者，即令朱子復起，或亦以予言爲然也。

說齋學侶

教授唐先生仲温

主簿唐先生仲義合傳。

唐仲温、仲義，金華人，皆說齋之兄也。自其父侍御堯封以及說齋，皆紹興名進士，家庭之閒，日相師授。仲温，饒州教授。仲義，樂平主簿。參蘇平仲說。

說齋門人

傅杏溪先生寅附子大東、大原。

傅寅，字同叔，義烏人也，學者稱爲杏溪先生。自少神骨清聳，于經史百家悉能成誦。比長，益求異書讀之。說齋唐先生講學于東陽吴葵之家，先生之中表也，因從之質疑問難，皆有授據可反復。說齋喜曰：「吾益友也。」及聞其升陑分陝之說，語門人曰：「職方輿地，盡在同叔腹中矣。」先生于天文地理、封建井田、學校郊廟、律歷軍制之類，世儒置而不講者，靡不研究根穴，訂其譌謬，資取甚博，參驗甚精。每事各爲一圖，號曰羣書百考。大愚呂先生見其禹貢圖曰：「是書可爲集先儒之大成矣。」嘗延之麗澤書院中，列坐諸生，揭其圖，使申言之，且曰：「以所能者，教人所不能者。理之所在，初無彼此。」諸生弗以門户之見恥受教也，先生亦樂爲之盡。時人服大愚之善下，而益嘆先生之學之邃也。嘗舉文中子之說「人不里居，地不井授，終爲苟道」，反覆太息，謂「周禮，太平之書。于時九等授田，家給人足，泉府之設，特以備凶荒，原非常用。况是書體有本末，用有先後，若大綱不舉，而獨行所謂國服爲息者，是猶取名方中百品之一而服之，及其害人，則曰爲是方者，固名醫也。熙寧諸賢，但知力攻青苗，而未知以此折之，是以不足以詘其說」。故先生之書，于成周制産分郊、作貢授賦之說尤詳。嘗徧遊江、淮，縱觀六朝故迹，南北形勝，證諸史牒，而得其成敗興衰之故，歷歷如指諸掌。然自經制事功之學起，說者病其疏于踐履，而先生之教人，則謂下學上達，各有次第，舉而措之，尤非可以一蹴語者。故其教人必先以小學，授以曲禮、內則、少儀、鄉黨諸篇，使其日用之閒，與義理相發明，而知道之與器未嘗相離也。先生精于古今軍制，而從未嘗教人讀兵書，曰：「胸中無論語、孟子爲之權衡，遽聞譎詐之言，則先入者爲主，害心術矣。」蓋其所以學與所以教者如此。家居，非公事不至官府。長吏之賢者，或造而問政，則盡言無隱。人有隱被其賜者，而未嘗洩也。所與交遊，其官至執政，或臺諫，則不復與之通問。州里有事，以身任之而不辭。里中與馬師文、孫居敬最相契。永嘉戴少望聞其名，執贄願交。大愚之登朝也，累以先生之學行爲言。黄文叔與彭止堂輩争欲薦之，或言先生必不可屈，乃止。其後館于黄商伯之家最久，賓主之間，日以義利相箴切，不爲無益之語。先生既不仕，無禄，又不屑治生産，商伯持浙西庾節，遺以錢五十萬，先生悉散于宗族鄉里，無所留。晚益貧，太守孟猷聞而嘆曰：「不可使賢者饑餓于我土地。」乃捐俸以倡，諸好義者爲買田築室于東陽之泉村。黨禍既作，先生杜門不出。其詩閒遠古淡，有淵明、康節風。初，説齋以其學孤行，于東萊亦絶不通問。葉秀發、朱質雖以吕氏弟子來學于唐，而其統未合。朱子則互相糾奏，至先生始和齊斟酌，無復乖剌。先生諸子，大東承其家學，敦慤有父風，而大原從慈湖楊先生遊，從子定學于朱門。一家之中，旁搜博採，不名一師。

主簿吴先生葵

吴葵，字景陽，其家以貲雄于東陽，與郭氏埒。郭氏有西園、南湖、石洞三書院，招延吕成公、薛象先之徒，教授子弟，而吴氏亦有安田書院，初則徐天民主之，已而唐説齋主之，皆攜弟子百餘人以至，遠近驚愕。先生既從名師儒經彙史，尤好遊，短棹獨往，一覽數州。葉水心仕江、淮閒，先生遊輒過之。水心爲之飯，問其所爲，笑而不答。杏溪先生傅寅者，説齋上座弟子，而先生之外弟也，忘年事之如師。杏溪家貧，先生爲之紀理其家，相與終身，不失尺寸。淳熙大荒，匝其居數十里，皆其所養生而送死也。累官通山縣簿，有聲，民皆化之。攝大冶縣，以德導民，大冶。監利濟局㊀，嘆曰：「吾本無仕進意，今老

㊀「利濟局」，葉適所撰墓誌銘爲「和濟局」，見葉適集。

矣。」遂奉祠卒。水心爲志其墓。

知軍葉先生秀發

侍郎朱先生質 並見麗澤諸儒學案。

直言張荎翁先生端義 別見慈湖學案。

正言金先生式

金式，字元度，金華人，從說齋遊。淳熙十一年進士，以右正言終。在官三十年，清貧如一日。鞏豐狀其行，謂「金華之人傑。」參嘉靖金華志。

杏溪家學 說齋再傳。

傅先生定

傅定，字敬子，杏溪先生兄子。杏溪自程其子姪于學，嚴而有節。晚乃遣先生遠之建安，受業文公之門。文公集中有與傅敬子書，即其人也。參柳待制集。

雲濠謹案：黄晉卿記杏溪祠堂，言「先生受業朱門，得其微言奥旨，歸與諸弟共講」云。

杏溪門人

進士傅先生莊

傅莊，字升可，義烏人也。淳熙五年進士，精于經史之學，爲杏溪上弟子，從遊之士極盛。未仕而卒。所著有南園詩文集二十卷、南園講録。

宋元學案卷六十一

徐陳諸儒學案 全祖望補本

徐陳諸儒學案表

徐誼 永嘉、金溪同調。
　趙希錧
　丁黼 父泰亨。
　黄中
　彭仲剛 別見麗澤諸儒學案。
　喬行簡 別見麗澤諸儒學案。

錢文子 永嘉同調。
　丁黼 見上宏父門人。
　曹豳
　湯程

陳葵

附師魏益之。
金溪同調。

徐陳諸儒學案序録

祖望謹案：三陸先生講學時，最同調者，平陽徐先生子宜、青田陳先生叔向也。陸氏之譜竟引平陽爲弟子，則又謬矣！述徐陳諸儒學案。梓材案：是卷爲謝山所特立。序録原底作徐陳二先生學案。定刊本則稱徐陳諸儒，蓋忠文後益以錢白石，故易其稱。又案：一本作平陽學案。

陳陸同調

忠文徐宏父先生誼

徐誼，字子宜，一字宏父，温州平陽人。乾道八年進士，由池州教授歷清要，事孝、光、寧三宗。入爲刑部侍郎，出爲寶謨閣待制、江淮制置使。移鎮隆興府而卒，謚忠文。中忤韓侂胄，貶南安軍，婺州流離十年而後得釋。葉水心誌其墓曰：「諸儒雖争爲性命之學，然而固滯于語言，播流于偏末，多茫昧影響而已。及公，以悟爲宗，懸解昭徹，近取日用之内，爲學者開示。修證所緣，至于形廢心死，神視氣聽，如静中震霆，冥外朗日，無不洗然，自以爲有得也。」參玩兹語，似亦近禪，而當時諸儒學術亦因可見矣。封信安郡公。趙希錧，其門人也。

梓材謹案：先生傳，黄氏原本列金溪學案。其傳云：「先生稟學象山，有省同赴南宮試，論出天地之性人爲貴。象山視其文曰：『某欲說底，卻被子宜道盡。但某所以自得受用底，子宜卻無。』先生謂象山曰：『與晦翁月餘說話，都不討落著。與先生說話，一句即討落著。』」是說蓋沿象山年譜，故以先生爲陸氏門人，而謝山不以爲然。

附錄

舒廣平答先生書曰：「吾人平生所志，期不負所學。中都臭味，頗薰炙人。造道如子宜，知不可汨。要須惟日孳孳，簡易明白，以滌盡利禄境，庶此志獲申。」

謝山奉臨川帖子二曰：「陸子之教，大行于浙、河以東，顧一時稱祭酒者，必首四明四先生。慈湖之祭徐忠文也，自言其見陸子，實因忠文之力。水心作忠文墓志，言公『以悟爲宗』云云。此忠文有合于陸學之實録，而宋史略而不書，得閣下表而出之，善已。然忠文之爲陸學，固也；其竟爲陸氏弟子，則書傳未有明文。黄氏日鈔謂忠文見陸子天地之性人爲貴論，因令慈湖師陸子，與慈湖祭文合。然則忠文未嘗師陸子矣。而年譜有『忠文侍學』之語，恐未可據。」

永嘉同調

少卿錢白石先生文子

錢文子，字文季，樂清人也。乾、淳之際，永嘉諸儒林立，先生徧從之遊，而于徐忠文公宏父尤契。入太學，有盛名。嘉定後，諸儒無一存者，先生巋然爲正學宗師，以太學兩優釋褐，仕至宗正少卿。學者稱爲白石先生。所著有白石詩傳。雲濠案：謝山劄記：「白石詩傳二十卷。」其門人曰：喬行簡、丁黼、曹豳、湯程。

金溪同調

縣令陳叔向先生葵附師魏益之。

陳葵，字叔向，處州青田人。自少篤學，至老不倦。舉隆興進士，知平陽縣，居官廉介。師事魏益之。水心志其墓曰：「君既與魏益之遊，每恨志慮昏而無所明，記憶煩而不足賴，益之因教以盡棄所懷，獨立于物之初。未久，忽大悟，洪纖大小，高下曲直，皆髣髴若有見焉。自是以師道歸益之，且疑呂伯恭誦書徒多，朱元晦修方不瘳。時呂公已下世矣。朱公雖論未合，然重其辭直無隱，士有比君所者，必使往從之，曰：『可以寡過也。』昔孔子稱憤啓悱發，舉一而反三，而孟子亦言充其四端，至于能保四海，往往近于今之所謂悟者。然仁必有方，道必有等，未有一造而盡獲也。一造而盡獲，莊、佛氏之妄也。叔向掊包蒙之鑰，遊于廣大，而常自言用功益難，進道愈遠，古人今人皆未可輕議，其厲志勇猛，蓋不以悟自足也。」然則先生之學，亦或有異于其師者與。從黄氏補本録入。

梓材謹案：此傳黄氏補本亦附金溪卷末，以謝山稟底佚此，據以補之。

宏父門人

少保趙時隱先生希錧

趙希錧，字君錫，太祖九世孫也。南渡後，居常山。少從父官衡陽，嘗有聞于陳文節公止齋，而卒受業于徐忠文公宏父。雅以寒素自居，力貧苦學，借書鈔誦，成慶元二年進士，釋褐汀州司户。時峒寇李元礪出没汀、贛間，軍且至，寮佐集議守城，先生下坐無一語，守異之，曰：「不言，得無有見乎？」先生曰：「守城非策也。距城三十里，有關曰古城，若扼其衝，賊不足慮矣。」守曰：「即以付君。」時先生以宗子初入官，皆爲危之。至關，審形勢，明斥堠。賊遣諜至，先生得諜，縱其舉火相示，而羸師以誤之。夜半，賊數百銜枚至，先生嚴兵以待。賊至，矢石雨下，無一免者。餘黨聞風而遁。軍還，老幼羅拜相屬，先生由他道避之。論功，即拜本州推官，調夔州運司屬官，掌大寧鹽井事，清積負，卻羨餘。知玉山縣，召對，首言「民力困于貪吏，軍力困于僨帥，國家之力則外困于歸附之卒，内困于浮沈之費」；次論四蜀銓注科舉之敝，次論大寧鹽井本末。寧宗嘉納。除大理丞，遷大宗正丞，權工部郎。宗姓多貧，而始生有訓名，爲人後有過禮，吏受賕無藝，莫敢自陳，先生白其長，推行之。已而以宗室换班授吉州刺史，提舉宮觀。輪對，首論：「今日多事之際，而未有辦事之人。朝紳，清選也，以緘默爲鄭重，以刻薄爲舉職，以無所可否爲得體。閫寄，重任也，以大言爲有志，以使過爲知恩，以不待指授于朝廷爲有才。臣非敢厚誣天下，所憂在選擇未得其道，器使未當其才。」次論：「宗學之建，朝廷美意也，校定法不視太學，而視武學，外舍優校，必待公試中選而後升，一請一免而不得援永免例，已陞内舍胄監前名而不得注諸州教授，名爲重之，實則薄之，恐非風厲之本旨也。」累遷安德軍承宣使。引對，言：「初政在明君道，總治統，收人心。」理宗動容曰：「卿所陳，于初政所繫尤切。」次年論祠祭不蠲，禁衛不肅。晉節度使，封信安郡公。以足疾卧家，累歲而卒，贈少保、信安郡王。先生風姿凝重，胸抱魁壘，揚人之善，不記人之過，急人之難，不忘人之恩。其仕夔也，安沂公丙一見異之，解佩玉以贈，且欲舉之。先生辭以及格。沂公曰：「然則使我有失士之恨，盍貤諸所親。」曰：「有母黨可，然不敢專。」沂公曰：「君謂之可則可矣。」竟舉而貤之。時人兩賢之。既换班，自號時隱居士，祁寒盛暑，未嘗謁告。或以爲太自苦，曰：「吾乃媿報稱之難也，如并廢之，若此心何？」衣食僅足，不置妾侍，故訓詞有云：「爵禄褒嘉，不改儒生之習。威儀謹飭，蔚爲朝著之華。」蓋實録也。從蔣氏所藏稾底録入。

恭愍丁延溪先生黼父泰亨。

丁黼，字文伯，故徐州人也，漢説易大師、將軍寬之後。世居沛、碭間。南渡後，徐爲戰地，先生曾大父執中卜居青陽，尋遷石埭。家世忠孝，雖南遷三世，時望歸故土，不治産業。其大父嘗夢神告之曰：「若死，葬于延溪寺右，三紀之後必昌。」又三十年而生先生，年十四已知爲學之要。父泰亨，宿儒也，自教之。已而平陽徐忠文公誼教授池州，父挈先生共往從焉。忠文以老友待之，留與共訓後進，而授先生以語、孟、學、庸大旨，聖賢修己治人之學。永嘉錢宗正文子亦碩儒，先生由忠文以見之，得其經學。先生氣竦神悟，誦言觀行，遂爲忠文門下第一，成淳熙進士。枋臣當國，賢士多沈下僚。時天下所稱爲正學直道者，鶴山、平齋、西山皆重先生，而鶴山尤契，嘗曰：「忠肝義膽，霜明玉潔，足以廉頑立懦也。」又曰：「吾交文伯二十年，真端人也。」嘗聞張行父之賢，亟求見之，叩以南軒之學。以爭濟邸事干宰相怒，被逐。宰相死，召還，累官軍器監。數上封事，言大臣不法事，累進累蹶。以直祕閣知信州、吉州，皆有聲。西山爲江西安撫，薦之。詔遷提刑，尋充四川夔州路安撫使，兼知夔州。時崔菊坡方帥四川，聞先生至，喜贈詩，所云「同志晨星少，孤愁暮雨多」者也。先生涖夔，疏上十事，夔大治，乃以右文殿修撰充廣西副制置使，守靜江。尋以四川副制置使守成都。自嘉定、端平以來，諸碩儒講學者，亦閒或得大用于朝，然卒不久輒去，至是零落且盡，而先生獨存，又棄之巖疆以陷之死。時蜀事已極壞，先生延李微之于幕，力行寬大之政，蜀人戴之如父母。而知事之必不可支也，乃遣其家屬南歸，曰：「無以老子爲念。」嘉熙三年，北兵自新井大入。先生乃守大小城，飛山移屯，盡撥隸文龍帳犀牌，丁不滿七百。北兵詐用宋將旗幟，城中以爲潰兵也，以榜招之。已而知其非。或勸先生以自全計，先生笑不答，曰：「吾爲副元帥，死其分也，不可使丁氏無後，且留館甥以收吾骨。」整兵夜出城南，遂戰于石筍街。衆散且盡，先生入城，率其親信侍從數十人巷戰，寮屬惟參議官楊大異一人。力竭，皆死之。大異復蘇，得免。事聞，賜祠贈恤如制，謚恭愍。所著有延溪集、六經辯正疑問、諸史考。

祖望謹案：先生以平陽高弟，偏候諸儒，伯仲眞、魏之閒。晚年埋血沙場，大節凜然，而宋史附之忠義傳末，不詳其籍里，不志其生平，讀者茫然。荒略未有如此之甚者。予少有志于改正宋史，曾從永樂大典鈔得先生別傳一篇。十年以來，忽忽失去。昏志不能追憶，僅約略其大概，列之學案，而其言行之詳，不復能舉矣。又嘗見先生作范文正公祠記，其中謂：「池州實有長山，文正之母，晚適朱氏，實爲池人，未可竟指爲淄州之長山。」其文亦朗朗有法。

附錄

吴鶴林曰：「恭愍生平忠雅端靖，持論侃然。寧避烏臺之官，而不肯有一毫詐欺之事；寧嬰黄閣之怒，而未嘗少怠其呵護善類之心。于義利界限，辨之尤明。死國未幾，制府參謀□翊雍容就義，文南守相劉鋭、趙汝薌慘忱，血戰而死，皆其英風義魄所風厲也。」

修撰黄先生中

黄中，字仲庸，平陽人也。成紹熙進士，爲館職，肆力于學。時徐忠文公方起平陽，于永嘉諸儒中又别爲一家，先生從之遊。嘗與朱子往復論學，欲實地用功，不徒託之空言而已。學禁方嚴，先生校藝漕闈，發策云：「平居不以利禄入其心，培植涵養，如木有根，水有源，用之則回既倒之狂瀾，不用則唱和寂寞之濱，亦足名世，任此責者誰與？」朱子見之，嘆曰：「近年此等議論，令人嘆服。」累遷起居舍人，兼侍講，敷陳剴切。寧宗曰：「朕正倚毗卿。」前後三十餘疏，當路不喜。出知袁州，徙泉州，進右文殿修撰卒。平陽弟子以先生爲第一。

提舉彭先生仲剛別見麗澤諸儒學案。

白石門人

文惠喬孔山先生行簡別見麗澤諸儒學案。

恭愍丁延溪先生黼見上宏父門人。

文恭曹東畝先生豳

曹豳，字西士，瑞安人，文肅公叔遠族子也。少從錢白石學。登嘉泰二年進士第，授安吉州教授。調重慶府司法參軍，郡守度正欲薦之，辭曰：「章司録母老，請先之。」正敬嘆。改知建昌縣，復故尚書李公擇山房，建齋舍，以處諸生。擢祕書丞兼倉部郎官。出爲浙西提舉常平，面陳和糴折納之獘；建虎丘書院，以祀尹和靖。移浙東提點刑獄，寒食放囚歸祀其先，囚感泣，如期至。召爲左司諫，與王萬、郭磊卿、徐清叟俱負直聲，當時號「嘉熙四諫」。上疏言：「立太子，厚倫紀，以弭火災。」又論余天錫、李明復之過，迕旨，遷起居郎。進禮部侍郎，不拜，疏七上，進古詩以寓規正。久之，起知福州，再以侍郎召，爲臺臣所沮而止。遂守寶章閣待制致仕，卒，謚文恭。參史傳。

雲濠謹案：先生號東畝。見程撫州士龍所作劉寶山先生行狀。

縣尹湯先生程

湯程，與喬行簡同門，爲縣尹。嘗爲喬述白石病革時言曰：「吾于詩傳尚多欲有所更定」云。參喬孔山文集。

梓材謹案：喬文惠序白石詩傳前云：「同門湯尹程。」後云：「訪求于湯尹之姪時大，俾偕詁釋，刻諸郡齋。」謂之湯尹，故知其爲縣尹也。

宋元學案卷六十二

西山蔡氏學案

黄宗羲原本　黄百家纂輯　全祖望補定

西山蔡氏學案表

蔡元定　父發。晦翁門人。延平、白水、籍溪、屏山再傳。元城、龜山、譙氏、武夷、豫章三傳。涑水、二程四傳。
——子淵——孫格
　　　　　陳光祖——子沂別見北溪學案。
　　　　　翁泳
　　　　　熊剛大
　　　　　葉采別見木鍾學案。
　　　　　熊慶胄
　　　　　徐幾並見西山真氏學案。
　　　　　熊西
　　　　　何雲源別見九峯學案。
——子沆

子沈別爲九峯學案。

朱塾

朱埜並見晦翁學案。

楊至別見滄洲諸儒學案。

樓鑰別見丘劉諸儒學案。

劉爚

劉炳

劉砥

劉礪並見滄洲諸儒學案。

並西山學侶。

西山蔡氏學案序録

祖望謹案：西山蔡文節公，領袖朱門，然其律吕象數之學，蓋得之其家庭之傳。惜夫翁季録之不存也。述西山蔡氏學案。梓材案：文節傳原附晦翁學案，謝山始别爲西山蔡氏學案。

晦翁門人劉、李再傳。

文節蔡西山先生元定父發。

蔡元定，字季通，建之建陽人。父發，博覽羣書，號牧堂老人，以程氏語録、邵氏經世、張氏正蒙授先生，曰：「此孔、孟正脈也。」先生深涵其義。既長，辨晰益精。聞朱文公名，往師之。文公叩其學，大驚，曰：「此吾老友也，不當在弟子列。」四方來學者，必俾先從先生質正焉。從臣尤公袤、楊公萬里薦，堅以疾辭。慶元初年，韓侂胄禁僞學，御史沈繼祖奏「朱熹剽竊張載、程頤之餘論，寓以喫菜事魔之妖術，以簧鼓後進，張浮駕誕，私立品題，收召四方無行誼之徒，以益其黨伍，相與餐粗食淡，衣褒帶博，潛形匿跡，如鬼如蜮。其徒蔡元定佐之爲妖，乞送别州編管」。先生曰：「化性起僞，惡得無罪。」遂謫道州。郡縣捕甚急，先生毅然上道。文公與諸所從遊百餘人送别蕭寺，坐客感歎，有泣下者。文公視先生不異平時，因曰：「友朋相愛之情，季通不挫之志，可謂兩得之矣。」杖屨同其子沈行三千里，脚爲流血。至舂陵，遠近從者日衆。或謂宜謝生徒，先生曰：「彼以學來，何忍拒之？若有禍患，亦非閉門塞竇所能避也。」貽書訓諸子曰：「獨行不愧影，獨寢不愧衾，勿以吾得罪故遂懈。」一日，謂沈曰：「可謝客，吾欲安静，以還造化舊物。」閲三日，卒于貶所。嘉定三年，贈迪功郎，謚文節。先生從文公遊最久，精識博聞，同輩皆不能及。尤長于天文、地理、樂律、歷數、兵陳之説。凡古書盤錯肯綮，學者讀之不能以句，先生爬梳剖析，細入秋毫，莫不暢達。文公嘗曰：「人讀易書難，季通讀難書易。」又曰：「造化微妙，惟深于理者能識之，吾與季通言而不厭也。」先生處家，以孝弟忠信儀刑子孫。而其教人也，以性與天道爲先。自本而支，自原而流，聞者莫不興起。所著有大衍詳説、律呂新書、燕樂、原辯、皇極經世、太玄潛虛指要、洪範解、八陳圖說。子淵、沆、沈，並躬耕不仕。

西山律呂新書

律呂本原

黄鍾第一以漢志斛銘文定。

長九寸，空圍九分，積八百一十分。

黄鍾者，陽聲之始，陽氣之動也，故其數九。分寸之數，具于聲氣之元，不可得而見。及斷竹爲管，吹之而聲和，候之而氣應，而後數始形焉。均其長，得九寸，審其圍，得九分，此章凡言分者，皆十分寸之一。積其實，得八百一十分，是爲律本。度量衡權于是而受法，十一律由是而損益焉。

黄鍾之實第二以淮南子、漢前志定其寸分釐毫絲之法，以律書生鍾分定。

子一，黄鍾之律。

丑三，爲絲法。

寅九，爲寸數。

卯二十七，爲毫法。

辰八十一，爲分數。

巳二百四十三，爲釐法。

午七百二十九，爲釐數。

未二千一百八十七，爲分法。

申六千五百六十一，爲毫數。

酉一萬九千六百八十三，爲寸法。

戌五萬九千四十九，爲絲數。

亥一十七萬七千一百四十七，黄鍾之實。

案：黄鍾九寸，以三分爲損益，故以三歷十二辰，得一十七萬七千一百四十七爲黄鍾之實。其十二辰所得之數，在子寅辰午申戌六陽辰，爲黄鍾寸分釐毫絲之數，在亥酉未巳卯丑六陰辰，爲黄鍾寸分釐毫絲之法。其寸分釐毫絲之法，皆用九數，故九絲爲毫，九毫爲釐，九釐爲分，九分爲寸，由是三分損益，以生十一律焉。或曰：「徑圍之分，以十爲法，而相生之分釐毫絲以九爲法，何也？」曰：「以十爲法者，天地之全數也。以九爲法者，因三分損益而立也。」

黄鍾生十一律第三

子一分。

一爲九寸。

丑三分二。

一爲三寸。

寅九分八。

一爲一寸。

卯二十七分十六。

三爲一寸，一爲三分。

辰八十一分六十四。

九爲一寸，一爲一分。

巳二百四十三分一百二十八。

二十七爲一寸，三爲一分，一爲三釐。

午七百二十九分五百一十二。

八十一爲一寸，九爲一分，一爲一釐。

未二千一百八十七分一千二十四。

二百四十三爲一寸，二十七爲一分，三爲一釐，一爲三毫。

申六千五百六十一分四千九十六。

七百二十九爲一寸，八十一爲一分，九爲一釐，一爲一毫。

酉一萬九千六百八十三分八千一百九十二。

二千一百八十七爲一寸，二百四十三爲一分，二十七爲一釐，三爲一毫，一爲三絲。

戌五萬九千四十九分三萬二千七百六十八。

六千五百六十一爲一寸，七百二十九爲一分，八十一爲一釐，九爲一毫，一爲一絲。

亥一十七萬七千一百四十七分六萬五千五百三十六。

一萬九千六百八十三爲一寸，二千一百八十七爲一分，二百四十三爲一釐，二十七爲一毫，三爲一絲，一爲三忽。

案：黄鍾生十一律，子寅辰午申戌六陽辰皆下生，丑卯巳未酉亥六陰辰皆上生。其上以三歷十二辰者，皆黄鍾之全數；其下陰數以倍者，即算法倍其實。三分本律而損其一也。陽數以四者，即算法四其實。三分本律而增其一也。六陽辰當位自得，六陰辰則居其衝，其林鍾、南吕、應鍾三吕在陰，無所增損，其大吕、夾鍾、仲吕三吕在陽，則用倍數，方與十二月之氣相應，蓋陰之從陽，自然之理也。

十二律之實第四

子黄鍾十七萬七千一百四十七。

全九寸，半無。

丑林鍾十一萬八千九十八。

全六寸，半三寸不用。

寅太蔟十五萬七千四百六十四。

全八寸，半四寸。

卯南吕十萬四千九百七十六。

全五寸三分，半二寸六分不用。

辰姑洗十三萬九千九百六十八。

全七寸一分，半三寸五分。

巳應鍾九萬三千三百一十二。

全四寸六分六釐，半二寸三分三釐不用。

午蕤賓十二萬四千四百一十六。

全六寸二分八釐，半三寸一分四釐。

未大吕十六萬五千八百八十八。

全八寸三分七釐六毫，半四寸一分八釐三毫。

申夷則十一萬五百九十二。

全五寸五分五釐一毫，半二寸七分二釐五毫。

酉夾鍾十四萬七千四百五十六。

全七寸四分三釐七毫三絲，半三寸六分六釐三毫六絲。

戌無射九萬八千三百四。

全四寸八分八釐四毫八絲，半二寸四分四釐二毫四絲。

亥仲吕十三萬一千七十二。

全六寸五分八釐三毫四絲六忽，餘二算。半三寸二分八釐六毫二絲三忽。

案：十二律之實，約以寸法，則黄鍾、林鍾、太蔟得全寸；約以分法，則南吕、姑洗得全分；約以釐法，則應鍾、蕤賓得全釐；約以毫法，則大吕、夷則得全毫；約以絲法，則夾鍾、無射得全絲。至仲吕之實，十三萬一千七十二，以三分之不盡，二算其數不行，此律之所以止于十二也。

變律第五

黄鍾十七萬四千七百六十二。小分四百八十六。

全八寸七分八釐一毫六絲二忽不用，半四寸三分八釐五毫三絲一忽。

林鍾十一萬六千五百八。小分三百二十四。

全五寸八分二釐四毫一絲一忽三初，半二寸八分五釐六毫五絲六初。

太蔟十五萬五千三百四十四。小分四百三十二。

全七寸八分二毫四絲四忽七初不用，半三寸八分四釐五毫六絲六忽八初。

南吕十萬三千五百六十三。小分四十五。

全五寸二分三釐一毫六絲一初六秒，半二寸五分六釐七絲四忽五初三秒。

姑洗十三萬八千八十四。小分六十。

全七寸一釐二毫二絲二初二秒不用，半三寸四分五釐一毫一絲一初一秒。

應鍾九萬二千五十六。小分四十。

全四寸六分七毫四絲三忽一初四秒，餘一算。半二寸三分三毫六絲六忽六秒强不用。

案：十二律各自爲宮，以生五聲二變，其黄鍾、林鍾、太蔟、南呂、姑洗、應鍾六律則能具足。至蕤賓、大呂、夷則、夾鍾、無射、仲呂六律，則取黄鍾、林鍾、太蔟、南呂、姑洗、應鍾六律之聲，少下不和，故有變律。變律者，其聲近正，而稍高于正律也。然仲呂之實十三萬一千七十二，以三分之不盡，二算既不可行，當有以通之。律當變者有六，故置一而六三之得七百二十九。以七百二十九因仲呂之實十三萬一千七十二，爲九千五百五十五萬一千四百八十八，三分損益，再生黄鍾、林鍾、太蔟、南呂、姑洗、應鍾六律。又以七百二十九歸之，以從十二律之數，紀其餘分，以爲忽秒，然後洪纖高下不相奪倫。至應鍾之實六千七百一十萬八千八百六十四，以三分之又不盡，一算數又不可行，此變律之所以止于六也。變律非正律，故不爲宮也。

律生五聲圖第六

宮聲八十一，商聲七十二，角聲六十四，徵聲五十四，羽聲四十八。

案：黄鍾之數九九八十一，是爲五聲之本。三分損一，以下生徵。徵三分益一，以上生商。商三分損一，以下生羽。羽三分益一，以上生角。至角生之數六十四，以三分之不盡，一算數不可行，此聲之數所以止于五也。或曰：「此黄鍾一均五聲之數，他律不然。」曰：「置本律之實以九九，因之三分損益，以爲五聲。再以本律之實約之，則宮固八十一，商亦七十二，角亦六十四，徵亦五十四，羽亦四十八矣。

變聲第七

變宮聲四十二，小分六。 尊徵聲五十六。小分八。

案：五聲宮與商，商與角，徵與羽，相去各一律。至角與徵，羽與宮，相去乃二律。相去一律則音節和，相去二律則音節遠。故角徵之間，近徵收一聲，比徵少下，故謂之變徵；羽宮之間，近宮收一聲，少高于宮，故謂之變宮也。角聲之實六十有四，以三分之不盡，一算既不可行，當有以通之。聲之變者二，故置一而兩三之得九。以九因角聲之實六十有四，得五百七十六，三分損益，再生變徵、變宮二聲。以九歸之，以從五聲之數，存其餘數，以爲强弱。至變徵之數五百一十二，以三分之又不盡，二算其數又不行，此變聲之所以止于二也。變宮、變徵，宮不成宮，徵不成徵，古人謂之和繆。又曰：「所以濟五聲之不及也。」變聲非正，故不爲調也。

八十四聲圖第八

正律壘書，變律朱書，半聲朱書，半聲壘書。

十一月	黃鍾宮						
六月	林鍾宮	黃鍾徵					

正月	太蔟宮	林鍾徵	黃鍾商				
八月	南呂宮	太蔟徵	林鍾商	黃鍾羽			
三月	姑洗宮	南宮徵	太蔟商	林鍾羽	黃鍾角		
十月	應鍾宮	姑洗徵	南宮商	太蔟羽	林鍾角	黃鍾變宮	
五月	蕤賓宮	應鍾徵	姑洗商	南呂羽	太蔟角	林鍾變宮	黃鍾變徵
十二月	大呂宮	蕤賓徵	應鍾商	姑洗羽	南呂角	太蔟變宮	林鍾變徵
七月	夷則宮	大呂徵	蕤賓商	應鍾羽	姑洗角	南呂變宮	太蔟變徵
二月	夾鍾宮	夷則徵	大呂商	蕤賓羽	應鍾角	姑洗變宮	南呂變徵
九月	無射宮	夾鍾徵	夷則商	大呂羽	蕤賓角	應鍾變宮	姑洗變徵
四月	仲呂宮	無射徵	夾鍾商	夷則羽	大呂角	蕤賓變宮	應鍾變徵

黃鍾變	仲呂徵	無射商	夾鍾羽	夷則角	大呂變宮	蕤賓變徵
林鍾變		仲呂商	無射羽	夾鍾角	夷則變宮	大呂變徵
大蔟變			仲呂羽	無射角	夾鍾變宮	夷則變徵
南呂變				仲呂角	無射變宮	夾鍾變徵
姑洗變					仲呂變宮	無射變徵
應鍾變						仲呂變徵

案：律呂之數，往而不返，故黃鍾不復爲他律役，所用七聲，皆正律，無空積忽微。自林鍾而下，則有半聲，大呂、太蔟一半聲。夾鍾、姑洗二半聲。蕤賓、林鍾四半聲。夷則、南呂五半聲。無射、應鍾六半聲。仲呂爲十二律之窮，三半聲。自蕤賓而下，則有變律，蕤賓一變律。大呂二變律。夷則三變律。夾鍾四變律。無射五變律。仲呂六變律。皆有空積忽微，不得其正。故黃鍾獨爲聲氣之元，雖十二律八十四聲，皆黃鍾所生。然黃鍾一均，所謂純粹中之純粹者也。八十四聲，正律六十三，變律二十一。六十三者，九七之數也。二十一

者，三七之數也。

六十調圖第九以周禮、淮南子、禮記鄭氏註孔氏正義定。

	宮	商	角	變徵	徵	羽	變宮
黃鍾宮	黃正	太正	姑正	蕤正	林正	南正	應正
無射商	無正	黃半變	太半變	姑半變	仲半	林半變	南半變
夷則角	夷正	無正	黃半變	太半變	夾半	仲半	林半變
仲呂徵	仲正	林變	南變	應變	黃半變	太半變	姑半變
夾鍾羽	夾正	仲正	林變	南變	無正	黃半變	太半變
大呂宮	大正	夾正	仲正	林變	夷正	無正	黃半變
應鍾商	應正	大半	夾半	仲半	蕤半	夷半	無半

南呂角	南正	應正	大半	夾半	姑半	蕤半	夷半
蕤賓徵	蕤正	夷半	無正	黃半變	大半	夾半	仲半
姑洗羽	姑正	蕤正	夷正	無正	應正	大半	夾半
太蔟宮	太正	姑正	蕤正	夷正	南正	應正	大半
黃鍾商	黃正	太正	姑正	蕤正	林正	南正	應正
無射角	無正	黃半變	太半變	姑半變	仲半	林半變	南半變
林鍾徵	林正	南正	應正	大半	太半	姑半	蕤半
仲呂羽	仲正	林變	南變	應變	黃半變	太半變	姑半變
夾鍾宮	夾正	仲正	林變	南變	無正	黃半變	太半變
大呂商	大正	夾正	仲正	林變	夷正	無正	黃半變

應鍾角	應正	大半	夾半	仲半	蕤半	夷半	無半
夷則徵	夷正	無正	黃半變	太半變	夾半	仲半	林半變
蕤賓羽	蕤正	夷半	無正	黃半變	大半	夾半	仲半
姑洗宮	姑正	蕤正	夷正	無正	應正	大半	夾半
太蔟商	太正	姑正	蕤正	夷正	南正	應正	大半
黃鍾角	黃正	太正	姑正	蕤正	林正	南正	應正
南呂徵	南正	應正	大半	夾半	姑半	蕤半	夷半
林鍾羽	林正	南正	應正	大半	太半	姑半	蕤半
仲呂宮	仲正	林變	南變	應變	黃半變	太半變	姑半變
夾鍾商	夾正	仲正	林變	南變	無正	黃半變	太半變

大呂角	大正	夾正	仲正	林變	夷正	無正	黃半變
無射徵	無正	黃半變	太半變	姑半變	仲半	林半變	南半變
夷則羽	夷正	無正	黃半變	太半變	夾半	仲半	林半變
蕤賓宮	蕤正	夷半	無正	黃半變	大半	夾半	仲半
姑洗商	姑正	蕤正	夷正	無正	應正	大半	夾半
太蔟角	大正	姑正	蕤正	夷正	南正	應正	大半
應鍾徵	應正	大半	夾半	仲半	蕤半	夷半	無半
南呂羽	南正	應正	大半	夾半	姑半	蕤半	夷半
林鍾宮	林正	南正	應正	大半	太半	姑半	蕤半
仲呂商	仲正	林變	南變	應變	黃半變	太半變	姑半變

夾鍾角	夾正	仲正	林變	南變	無正	黃半變	太半變
黃鍾徵	黃正	太正	姑正	蕤正	林正	南正	應正
無射羽	無正	黃半變	太半變	姑半變	仲半	林半變	南半變
夷則宮	夷正	無正	黃半變	太半變	夾半	仲半	林半變
蕤賓商	蕤正	夷半	無正	黃半變	大半	夾半	仲半
姑洗角	姑正	蕤正	夷正	無正	應正	大半	夾半
大呂徵	大正	夾正	仲正	林變	夷正	無正	黃半變
應鍾羽	應正	大半	夾半	仲半	蕤半	夷半	無半
南呂宮	南正	應正	大半	夾半	姑半	蕤半	夷半
林鍾商	林正	南正	應正	大半	太半	姑半	蕤半

仲呂角	仲正	林變	南變	應變	黄半變	太半變	姑半變
太蔟徵	太正	姑正	蕤正	夷正	南正	應正	大半
黄鍾羽	黄正	太正	姑正	蕤正	林正	南正	應正
無射宮	無正	黄半變	太半變	姑半變	仲半	林半變	南半變
夷則商	夷正	無正	黄半變	太半變	夾半	仲半	林半變
蕤賓角	蕤正	夷半	無正	黄半變	大半	夾半	仲半
夾鍾徵	夾正	仲正	林變	南變	無正	黄半變	太半變
大呂羽	大正	夾正	仲正	林變	夷正	無正	黄半變
應鍾宮	應正	大半	夾半	仲半	蕤半	夷半	無半
南呂商	南正	應正	大半	夾半	姑半	蕤半	夷半

林鍾角	林正	南正	應正	大半	太半	姑半	蕤半
姑洗徵	姑正	蕤正	夷正	無正	應正	大半	夾半
太蔟羽	太正	姑正	蕤正	夷正	南正	應正	大半

案：十二律旋相爲宮，各有七聲，合八十四聲。宮聲十二，商聲十二，角聲十二，徵聲十二，羽聲十二，凡六十聲，爲六十調。其變宮十二，在羽聲之後，宮聲之前。變徵十二，在角聲之後，徵聲之前。宮不成宮，徵不成徵，凡二十四聲，不可爲調。黄鍾宮至夾鍾羽並用黄鍾起調，黄鍾畢曲。大吕宮至姑洗羽並用大吕起調，大吕畢曲。太蔟宮至仲吕羽並用太蔟起調，太蔟畢曲。夾鍾宮至蕤賓羽並用夾鍾起調，夾鍾畢曲。姑洗宮至林鍾羽並用姑洗起調，姑洗畢曲。仲吕宮至夷則羽並用仲吕起調，仲吕畢曲。蕤賓宮至南吕羽並用蕤賓起調，蕤賓畢曲。林鍾宮至無射羽並用林鍾起調，林鍾畢曲。夷則宮至應鍾羽並用夷則起調，夷則畢曲。南吕宮至黄鍾羽並用南吕起調，南吕畢曲。無射宮至大吕羽並用無射起調，無射畢曲。應鍾宮至太蔟羽並用應鍾起調，應鍾畢曲。是爲六十調。六十調即十二律也，十二律即一黄鍾也。黄鍾生十二律，十二律生五聲，二變五聲各爲綱紀，以成六十調。六十調皆黄鍾損益之變也。

候氣第十

候氣之法：爲室三重，户閉，塗釁必周，密布緹縵。室中以木爲桉，每律各一桉，内庳外高，從其方位。加律其上，以葭灰實其端，覆以緹素，桉歷而候之。氣至則吹灰動素。小動爲氣和；大動爲君弱臣强，專政之應；不動爲君嚴猛之應。

案：陽生于復，陰生于姤，如環無端。今律呂之數，三分損益，終不復始，何也？曰：「陽之升，始于子，午雖陰生，而陽之升于上者未已，至亥而後窮上反下。陰之升，始于午㊀，子雖陽生，而陰之升于上者亦未已，至巳而後窮上反下。律于陰則不書，故終不復始也。是以升陽之數，自子至巳差强，在律爲尤强，在呂爲少弱；自午至亥漸弱，在律爲尤弱，在呂爲差强。分數多寡，雖若不齊，然其絲分毫别，各有條理，此氣之所以飛灰，聲之所以中律也。」

審度第十一

度者，分寸尺丈引，所以度長短也。生于黄鍾之長，以子穀秬黍中者九十枚度之，一爲一分。凡黍實于管中，則十二黍三分黍之一而滿一分，積九十分則千有二百黍矣。故此九十黍之數，與下章千二百黍之數，其實一也。十分爲寸，十寸爲尺，十尺爲丈，十丈爲引。

嘉量第十二

量者，龠合升斗斛，所以量多少也。生于黄鍾之容，以子穀秬黍中者一千二百實其龠，以井水準其

㊀「午」，原本作「上」，據上文「午雖陰生」改。

粟，以度數審其容。一龠積八百一十分。合龠爲合，兩龠也。積一千六百二十分。十合爲升，十升爲斗，十斗爲斛。

謹權衡第十三

權衡者，銖兩斤鈞石，所以權輕重也。生于黄鍾之重，以子穀秬黍中者一千二百實其龠，百黍一銖，一龠十二銖，二十四銖爲一兩，兩龠也。十六兩爲斤，三十斤爲鈞，四鈞爲石。

朱子曰：「古樂之亡久矣！吾友建陽蔡君元定季通著書兩卷，凡若干言，雖多出于近世之所未講，而實無一字不本于古人已試之成法。蓋若黄鍾圍徑之數，則漢斛之積分可攷；寸以九分爲法，則淮南、太史、小司馬之説可推；五聲二變之數，變律半聲之例，則杜氏之通典具焉；變宫、變徵之不得爲調，則孔氏之禮疏因亦可見。至于先求聲氣之元，而因律以生尺，則尤所謂卓然者，而亦班班雜見于兩漢之志、蔡邕之説與夫國朝會要以及程子、張子之言。」

附錄

西山師事晦翁，而晦翁顧曰：「季通吾老友也。」凡性與天道之妙，他弟子不得聞者，必以語季通焉。異篇奥傳，微辭突義，多先令討究而後親折衷之。故嘗輯其問答之辭曰翁季録。

晦翁往淨安寺候元定。元定自府乘舟就貶所，過淨安，晦翁出寺門接之。坐僧方丈，寒暄外，無嗟勞語。以連日讀參同契所疑叩蔡，蔡應答灑然。少遲，諸人醵酒至，飲皆醉。晦翁間行，列坐寺前橋上飲，回寺又飲，晦翁醉睡。方坐飲橋上，詹元善卽退去，晦翁曰：「此人富貴氣。」別錄。

晦翁致書曰：「每念遠別，不勝悵惘。至于讀書玩理，欲講而無從，又不但常人離別之思也。某連日讀參同契，頗有趣，知千周萬徧，非虛言也。」

又曰：「平日相聚，未知其爲樂，別後乃覺闕事。可歎，可歎！」

又曰：「病足，未能平步。氣血日衰，前去光景，想已不多。病中塊坐，又未息心休養，才繙動册子，便覺前人闊畧病敗。欲以告人，而無可告者，又不免輒起著述之念。亦是閒中一大魔障，欲力去而未能。以此極思向來承晤之樂，未知此生能復相從如往時否耳？」

又曰：「季通一生，飽觀江湖表裏形勢，不爲無補，甚恨匏繫不能與之俱行。其律書法度甚精，近世諸儒皆莫能及。但吹律未諧，歸來更須細尋討耳。」

戊午歲，西山先生卒。十一月六日，晦翁遣男祭其葬。于其行也，哭而送之曰：「嗚呼季通，而至斯邪！精詣之識，卓絶之才，不可屈之志，不可窮之辯，不可復得而見矣！天之生是人也，果何爲邪？西山之顛，君擇而居；西山之下，又卜而藏。而我于君之生，既未得造其廬，以遂半山之約，至于今日，不能扶曳病軀，以視君之反此真宅，而永訣以終天也。並遊之好，同志之樂，已矣，已矣！哀哉，哀哉！」

黄勉齋曰：「晦翁先生之門，從遊者多矣。公之來，先生必留數日，往往通夕對牀不暇寢。從先生遊者，歸必過公之家，聽其言論，不忍去；去皆充然有所得也。蓋公負英邁之氣，蘊該洽之學 智極乎道德性命之原，行謹乎家庭唯諾之際，于先生之門，可謂傑然者矣。」

唐□□曰：「濂溪、明道、伊川，講道盛矣，因數明理，復有一邵康節出焉。晦庵、南軒、東萊講道盛矣，因數明理，復有一蔡西山出焉。孔、孟教人，言理不言數，邵、蔡二子欲發諸子之所未發，而使理與數燦然于天地之間，其功亦不細矣。」

梓材謹案：蔡氏九儒書載鶴林玉露與此條同，第伊川下有橫渠，東萊下有象山，「孔、孟教人，言理不言數」下有云「然天地之間，有理必有數，二者未嘗相離，河圖、洛書與危微精一之語並傳」。末又云「近年以來，八君子之學固人傳其訓，家有其書，而邵、蔡之學則幾人無傳矣」。

王深寧困學紀聞曰：「朱文公謂蔡季通曰：『身勞而心安者爲之，利少而義多者爲之。』」補。

西山學侶

宣獻樓攻媿先生鑰別見丘劉諸儒學案。

文簡劉雲莊先生爚

侍郎劉先生炳

劉先生砥

劉先生礪並見滄洲諸儒學案。

西山家學劉、李三傳。

隱君蔡節齋先生淵

蔡淵，字伯靜，號節齋，西山先生之長子也。先生于易一書，沈潛反復，積之有年，精神之極，神明通之，著爲訓解、意言、辭象，分爲四卷。董氏真卿曰：「其書經二篇，以孔子大象置逐卦辭之下，彖傳又置大象之後，小象置各爻辭之後，皆低一字，以別卦、爻辭、繫辭、文言、説卦、序卦、雜卦亦低一字書。又有卦爻辭旨，論六十四卦大義。易象意言雜論卦爻十翼象數，餘論雜論易大義。雲濠案：經義考引董説「易大義」下，又有「古易叶韻」。開禧乙丑自序」云。

梓材謹案：節齋兄弟皆朱子門人，而實本于家學，故以家學標之。

易象意言

一者，奇也，陽之數也。--者，耦也，陰之數也。伏羲氏畫一以象陽，畫--以象陰。見陰陽之中，各復生陰陽，故再倍而三，爲卦者八，所謂小成者是也。因而重之，故三倍而六，爲卦者六十有四，下三畫爲貞，而上三畫爲悔也。

爻有四象，少陽、少陰、老陽、老陰也。少陽之數七，少陰之數八，老陽之數九，老陰之數六。老變而少不變，聖人取變者爲用，故陽爻曰九，陰爻曰六。

六七八九者，陰陽之用數也。陽以進爲用，故少于七而老于九。陰以退爲用，故少于八而老于六。

凡爻位俱陽與爻位俱陰爲當位，或陽爻位陰或陰爻位陽爲不當位。

六位之卦，初與四爲應位，二與五爲應位，三與上爲應位。陽爻遇陰爻，陰爻遇陽爻，則爲有應。若陽爻遇陽爻，陰爻遇陰爻，則爲无應。

六位之卦，三與五爲陽，二與四爲陰。陽以升爲用，故進成乎五。陰以降爲用，故退成乎二。五者，陽成而得中也；二者，陰成而得中也，故皆吉。三陽剛未成而不中故危，四陰柔未成而不中故懼。

凡兩爻相比，在下曰承，在上曰乘。以陰承陽，以陽乘陰，爲順；以陽承陰，以陰乘陽，爲逆。中則不失乎善，偏則流爲惡。八卦相錯，惟二五得中。

後世互體之説，不可謂全無義理。彖傳言剛柔上下往來者，八卦隨、蠱、賁、咸、恆、損、益、渙也。止言剛來者，訟、无妄二卦。在八卦者，或曰柔上剛下，或曰剛上柔下，或止曰上下。然其爲卦，皆三陰三陽，本具乾、坤之體，而上下交往來也。乾剛交坤而成震、坎、艮，坤柔交乾而成巽、離、兑。故言剛來剛下者，明乾剛在上而下交坤。言柔來柔下者，明坤柔在上而下交乾也。若剛上之與柔上，則又乾剛在下而上交坤，坤柔在下而上交乾者也，是皆本諸乾、坤之交而互取之耳。至于訟與无妄，則止言剛來。剛自外來，蓋其爲卦皆四陽二陰，非乾、坤上下之交者。故乾體居上不動，而所以爲坎、爲震之剛者，皆自外來也。夫子言卦變之義，于此可見其兩端焉。

本一氣也，生則爲陽，消則爲陰。易之道，生道也。震、艮陽卦，震取初，艮取上者，理當然也。巽、兑陰卦，與震、艮爲對者也，乃不取初上之陰，而取二五之陽也。至于復、姤、夬、剝之類，莫不取陽爲用焉。是知陽能生，陰不能生，易之本也，非聖人特賤乎陰而不取也。

乾、坤體純，坎、離體交，而其用皆在中，故乾、坤、坎、離之用，皆在二五也。至于乾、坤相錯則爲泰、否，坎、離相錯則爲既濟、未濟，亦皆主二五爲用也。

乾、坤、屯、蒙，卦之名也。健順動說，卦之性也。天地風雷，卦之象也。陰陽剛柔，卦之才也。中正危懼，卦之位也。應害遠近，卦之情也。上下乘承，卦之體也。元亨利貞，卦之辭也。剛柔往來，卦之變也。太極，理也。陰陽，氣也。剛柔，質也。乾者，太極之動，故釋彖不言陰陽剛柔。坤主質，故以柔言。否、泰交不交氣也，又具乾、坤之體，故皆以陰陽言。否類于坤，故又以剛柔言。餘卦不滯乎事，則滯乎物，故皆以剛柔言。

「四營而成易，十有八變而成卦」。易與變本一事也，未入用則謂之易，已入用則謂之變，蓋易無體而變有體也。觀變于陰陽而立卦，發揮于剛柔而生爻。陰陽剛柔皆畫也，未入用則謂之陰陽，已入用則謂之剛柔，蓋陰陽氣而剛柔質也。故夫子釋乾、坤闔闢曰變，而不曰易，釋卦爻之用曰剛柔，而不曰陰陽。

天數始于一，地數始于二，陰无首而從陽者也。先陽而動則迷，從陽之後則得，故曰先迷後得主利。

天數終于九，地數終于十。陽无終代，其終者地也，故曰地道无成，而代有終也。

伏羲八卦之序，以二氣消長成。文王八卦之序，以萬物盛衰成。伏羲八卦是造化生物之理，文王八卦是造化運行之理。

天地者，其體也。四時者，其用也。日月所以爲四時，至德所以生天地。

易之道，有已正而他爻取之以爲邪者，有已凶而他爻得之以獲吉者。屯之初，非不正也，而二近之則以爲寇。旅之上，非不凶也，而五承之以得譽命。

乾知太始，坤作成物，故知者乾道，作者坤道。夫子于乾則曰「知至至之」、「知終終之」。乾能兼坤，故知與行無不盡也。至于坤則曰「直其正也，方其義也」。坤承乾而行者，故特言行之而已。程子謂「乾是聖人之事，坤是學者之事」，蓋乾能盡知與行，而坤則但能行之而已，此所以爲有閒也。

伏羲八卦，對待者也，體靜而生，則吉凶悔吝由乎我，故曰先天。文王八卦，流行者也，體動而成，則吉凶悔吝奉乎天，故曰後天。

易中之言仁，或爲陰，或爲陽。仁者見之謂之仁，仁陰也。立人之道曰仁與義，仁陽也。蓋自智仁而言，則智先而仁後，智動而仁靜；自仁義而言，則仁先而義後，仁行而義止。此陰陽之所以異也。

「易有太極」之易，未生兩儀之易也。「天地設位而易行乎其中」，生兩儀後之易也。故易在兩儀之先，其易无體；在兩儀之後，其易有體。

藏諸用有兩義：在顯仁之前，則所以顯仁者爲用，以其不可見，故爲藏諸用；在顯仁之後，則既顯而爲物矣，一物又各具生生之用，故亦爲藏諸用。

寒暑也，晝夜也，生物之陰陽也。氣形也，魂魄也，物生之陰陽也。生物之陰陽，則屈伸相推，無不變也。物生之陰陽，則陽能變而陰不能變，故易大傳曰「游魂爲變」，而不及魄者，物生之陰陽也。

易中言變化者，剛柔之窮皆變，變則化也。變者化之漸，化者變之成。變在化之先，故爲陽，化在變之後，故爲陰。蓋以先後爲陰陽，非謂陽動爲變，陰動爲化也。

大傳言易有三，「易有太極」，「易无體」，「易无思无爲」，言易之本也。「天地設位，而易行乎其中」，「乾坤成列，而易立乎其中」，言易之用也。「易與天地準」，「易有聖人之道四」之類，言易之書也。

繼善陽也，成性陰也，此以天命之序而言陰陽也。仁者陰也，智者陽也，此以物受之性而言陰陽也。

坎之陰爲陽所得，則升而爲雲；陽淺則爲霧。坎之陽爲陰所累，則降而爲雨；陰淺則爲露。陰在外，陽不得出，則爲雷；陰固，則爲地動。震。陰在內，陽不得入，則爲風；陰固，則爲大風。巽。陽包陰，則爲霰。離。陽和陰，則爲雪。離交坎。陰包陽，則爲雹。坎。陰入陽，則爲霜。坎交離。陰陽之精，互藏其宅，則爲日爲月。離、坎。陰陽相戛，則爲電。陰陽失位，則爲霓。凡卦柔近剛，則柔爲得剛；剛近柔應柔，則剛爲柔累。

吉凶悔吝，具四象之義。悔者，吉之未成也；吝者，凶之未成也，猶少陰少陽未成乎陰陽也。

貞吉貞凶，貞厲貞吝，其所繫雖若不同，然皆一理也。其得本卦本爻之正者，則曰貞吉。其失本卦本爻之正者，則曰貞凶。其失之淺者，則曰貞厲，曰貞吝。

无咎有五義：師之象，吉而无咎者也；節之三，過由己作而无所歸咎者也；大過之上，凶而不可咎者也；晉之初，善補過而无咎者也；萃之四，獲吉乃能无咎者也。

无悔有四義：咸之五，安于无事而无悔者也；復之五，自修而免悔者也；大壯之五，理之必至而无所可悔者也；渙之三，急于成功不以悔爲悔者也。

「範圍天地之化而不過，曲成萬物而不遺」，神也；「通乎晝夜之道而知」，易也。此章之神，指發而妙萬物者爲言也；易，指欲發者爲言也。「无思无爲，寂然不動」，易也；「感而遂通天下之故」，神也。此章之易，指未發者爲言也；神，指初發者爲言也。蓋易者，神之本，神者，易之用，以寂感言之明矣。然寂之中又有感，而感之中又有寂，故夫子之言，不一而足也。

「範圍天地之化而不過」一章，言聖人盡神而本于易也。「易无思」也一章，言君子學易而至于神也。

感而動者發于中而無次序，坎、離是也。動而運行者始于下而有次序，震、巽、艮、兌是也。

夫子以仁義禮智爲元亨利貞，然仁義禮智之在人心，其發于情也，不以序而見。與坎、離同義。元亨利貞在天時，則運于氣也，必以序而行。與震、巽、艮、兌同義。不以序者，感而初發也；必以序者，發而後運也。理雖同，而時有先後，此又不可不察也。

氣化者，有生之始而初生也，故上經始乾、坤。形化者，運行之終而復生也，故下經始咸、恆。震、巽、艮、兌動而運行者也。然皆終于坎、離者，運行當止于對待，乃能復生也。既濟、未濟雖非坎、離，坎、離之交也。

程子易序：「易，變易也，隨時變易以從道也。」既曰從道，則所謂易者，非易之理，乃指易書也。

「聖人立象以盡意，設卦以盡情僞，繫辭焉以盡其言」，夫子豈欺我哉！世儒乃欲忘象忘言，果聖人作易之意乎？聖人之意，正在乎言象之閒也，惟「變而通之」，則象可以盡其利，「鼓之舞之」，則辭可以盡其神，本末一貫，皆實事也。欲忘末而求本，是乃老聃之學，豈聖人作易之意哉！

「易有太極，是生兩儀，兩儀生四象，四象生八卦。」觀夫子立此數語，則知所以生者，不皆在未生兩儀之太極，故先師謂一每生二，一者太極也。太極生兩儀，則太極便在兩儀中，故曰「兩儀生四象」。及生四象，則太極便在四象中，故曰「四象生八卦」。及生八卦，則太極便在八卦中。以是推之，則太極隨生而立，若無與于未生兩儀之太極也。但人之爲學，苟惟守夫物中之太極，則或囿于形而不得其正，必須識得未生兩儀太極之本，則雖在兩儀，在四象，在八卦，以至在人心，皆不失其本然之妙矣。此夫子明卦象之所由，所以必原易有太極之本，而子思之所謂大本者，亦正在乎此，學者不可不識也。

漸，進也，坤上爻進居乾下位，故曰漸。歸妹，退也，坤下爻退居乾上位，故曰歸妹。皆主柔爻進退爲義也。

咸以神交，恆以神運，一滯乎形，則咸、恆之道不全矣。

謙，陽止乎內。豫，陽動乎外。然皆以順爲用也。

蠱之象曰：「先甲三日，後甲三日。」巽之五曰：「先庚三日，後庚三日。」先甲後甲，先庚後庚，皆所以號令也。巽爲號令，蠱之巽，初卦也，爲號令之始。甲，始也，蠱又爲事，故繫之于蠱彖焉。巽之巽，重巽也。申，號令也，庚，更也，故繫之于上巽焉。命令者，君之所出，故又以五言之。

乾、漸以一物之次序明爻象，咸、艮以一身之次序明爻象，井、革以一卦之次序明爻象。

小畜者，巽畜乾也；大畜者，艮畜乾也。巽之主，柔爻也；艮之主，剛爻也。故小畜主四，柔畜剛也；大畜主上，剛畜剛也。

凡陽包陰，則是陰麗乎陽，事之常也。震下艮上爲頤。頤，養正也，言陰求養乎陽，正也，故曰養正。兑下巽上爲中孚。中孚，信也，言陰必麗乎陽，故曰信。與離同義。凡陰包陽，則爲陽陷于陰，過常之事也。大者爲陽，巽下兑上，則兩陰包四陽，陽數過焉，故曰大過。小者謂陰，艮下震上，則四陰包兩陽，陰數過焉，故曰小過。與坎同義。臨與震同，觀與艮同，大壯與兑同，遯與巽同。

天數一，一中有三，以象言之，則圓者徑一圍三；地數二，二中有兩，以象言之，則方者徑一圍四，此天地之所以分也。縱而數之，一中有三；橫而數之，一中有四。三之中各有四，四之中各有三，此天地之數所以同十二也，故四十八蓍以十二約之爲四。存一以爲體，分三以爲用，故天數體一而用三。存二以爲體，分二以爲用，故地數體二而用兩也。

天道之常，先陽而後有陰，先始而後有終，先生而後有死。今易所言，而曰陰陽，曰終始，曰死生者，皆降一等而取其變也。蓋自其常者而言之，但見其先後兩事而窮焉。自其變者而言之，則窮而復通，未嘗已也。生生之道，萬古不息者，實于兩言之閒盡之矣，豈特如世之所謂文從字順而已！

或問文言曰：「『君子行此四德』，而先後不同，何也？」曰：「仁者生物而未見，貞者幹事而无形，故夫子先言德。因物之文，而禮可見；因物之分，而義可明，故夫子先言物。」

天地之閒，對待流行而已。易體天地之撰者也，故伏羲八卦圓圖，天地定位，至水火不相射。以對待而作也；文王八卦圓圖，帝出乎震，至成言乎艮。以流行而作也。伏羲六十四卦橫圖，始乾、夬、大有，終觀、比、剝、坤。以流行而作也；文王六十四卦橫圖，始乾、坤、屯、蒙，終既濟、未濟。以對待而作也。是知主對待者，必以流行爲用，主流行者，必以對待爲用，學者不可不察也。

或問：「『參伍以變，錯綜其數』，與變數象之所繫先後，義未明，何也？」曰：「夫子之言，曲而無不中。今且舉其一二例以明之。如渙之『剛來而不窮，柔得位而上同』，所謂參以變也。賁之『柔來而文剛』，『分剛上而文柔』，所謂伍以變也。如揲蓍之法，分二之後，置右揲左，復置左揲右。左右者，所謂錯其數也。置揲而復置揲者，所謂綜其數也。故通其上下往來之變，則于賁遂成天之文，于渙遂成水之文。極其歸奇之數，則得十二者，遂定老陽之象；得二十四者，遂定老陰之象；得二十者，遂定少陽之象；得十六者，遂定少陰之象也。

貞，固也，以「貞固足以幹事」取之也。貞，正也，以「君子正也」取之也。蓋貞者，隨在各有也，立乎事物之中，各得其正之謂貞。固在剛則曰大貞，在柔則曰小貞，在君子則曰君子貞，在女子則曰女子貞，以至在武人，在童僕，在牝馬，莫不皆曰貞焉。又以其永久者言之則曰永貞，以其不息者言之則曰不息之貞。又自夫用貞者言之，當安則曰安貞，當居則曰居貞，當其可則曰可貞，當其不可則曰不可貞，當艱則曰艱貞，其利則曰利貞，其不利則曰不利貞，不可疾也則曰不可疾貞。又至于貞之爲用，則有吉焉，有厲焉，有吝焉，有凶焉，有疾焉，有亨焉，有勝焉，有觀焉，有明焉。其端不可得而窮也，惟善易者隨在玩之，則其義莫不皆得其當，學者不可以正、固兩義而拘之也。

易者，神之本也。神者，易之用也。貞者，易之位也。易者，以變易无體而言也。神者，以妙萬物者而言也。貞者，以萬物各正性命者而言也。易則神，神則貞。乾之彖曰「元亨利貞」，貞則當復爲元矣。貞、元之閒，其易之復乎？故大傳曰：「乾坤成列，而易立乎其中。」是兼貞之理也。又曰：「天地設位，而易行乎其中。」是兼元之理也。易、神、貞同一理而殊于時，學易者當識之。

或問：「仁柔，義剛。柔爲陰，剛爲陽。以此而觀，則仁當屬陰，義當屬陽矣？」曰：「仁主生發，生發者，陽之所爲也。義主收斂，收斂者，陰之所爲也。凡物有性有質，故以性而言，則仁陽而義陰，以質而言，則仁柔而義剛。所以然者，陽動生柔，陰靜生剛也。」

或問：「太極動而生陽，靜而生陰，其先後之序不可易也，而大傳曰『闔户謂之坤，闢户謂之乾』，乃坤先乎乾，靜先乎動，何也？」曰：「此章之義，主變通而言也。靜而復動之時，變通之義始著。」

或問：「朱子罕言所以生陰陽之太極，至于陰陽中之太極，則屢言之，何也？」曰：「自太極而陰陽，自陰陽而萬物，皆是一貫，但時有不同，則理氣有異耳。未生陰陽之時，所謂太極者，無聲臭儀象之可求。專以此時爲言，則淪于虛無，無所底止。及其生陰陽之後，始有儀象之可觀，則其本然之妙，動靜之機，生生之道，真實无妄，有可得而言者。以此爲言，則學者有定見，而免淪于虛無之失矣。故孟子言性，亦只就惻隱羞惡之端而求之也。程子曰『人生而靜以上更不容説』，而朱子嘗謂『舍愛不可以言仁』者，皆此義也。蓋仁之理不可見，苟不自其發動處求之，則仁之情狀豈可得而言邪？須于此等處熟思，當得朱子之意；然而善學者又當以此通神明之德也。」

豫、遯、姤、旅言時義者，言當其時處其義也。

坎、睽、蹇言時用者，言當其時而妙其用也。

頤、大過、解、革言時者，言當謹其時也。

隨言隨時之義者，言當隨時爲義也。

理卽氣之微，氣卽理之著；性卽情之微，情卽性之著，皆一貫也。但其時有不同，故因其發用而立名有異。

或問：「乾之文言『可與存義』，與坤之文言『義以方外』，兩義字有别否？」曰：「義只是一義，但『存義』之義，是乾之聖人，已發在事物之上，存之可爲法于世者。『方外』之義乃是坤之君子，從心發出，以裁制于外者。細而審之，亦不能無始終次第之異耳。以學者言之，須是先集聖人所存之義，積之于中，所積既多，自然生得心中所發之義，以方于外也。以此而分，則集聖人所存之義屬乎知，而從中所發之義以方外者屬乎行。其義之爲義，雖不可爲二，恐必須如此次第分看，然後可識用力之地也。」

或問：「敬以直内，義以方外，其説如何？」曰：「天命之性，正性也。心具正性，心之正也。謂之敬者，戒慎恐懼，保其正也。謂之直者，言心發于内，亭亭當當，無一毫私曲于其間也。如此則静時固正，動時亦正也，是『敬以直内』之説也。謂之義者，裁制于中，事物各得其宜，而不失其正也。謂之方者，止之于外，左右前後，各有定則，亦不失其正也。如此則中之制者固正，外之止者亦正也，是『義以方外』之説也。」

附錄

王厚齋曰：「伯靜解離九三云：『鼓缶而歌，當衰而樂也。大耋之嗟，當衰而哀也。盛衰之道，天之常也，君子之心，順其常而已。不樂則哀，皆爲其動心而失其常者，故凶。』此説長于古注。」補。

運幹蔡復齋先生沆

蔡沆，字復之，號復齋居士，西山先生之次子也。西山憐外表兄虞英無子，與之爲嗣，更名知方。從母命歸宗。入則受教家庭，出則從文公學。承父春秋之屬，先生爰著春秋五論、春秋大義、春秋衍義等書。蘇天爵稱其有功于春秋，有補于後學者也。又作敬義大旨、復卦大要二篇。以敬爲入德之門户，義爲一身之主宰，發明敬義以示人。以復爲學者遷善改過之幾。與人講明復卦，嘗言人當以「不遠復」爲法，以「頻復而厲」爲戒，尤有功于世教云。

梓材謹案：徐夢發志先生墓，未言其爵秩。惟節齋撰母江氏墓志云：「復之領鄉舉，復歸其宗。」崇安縣志且言其官至文林郎、兩浙運幹云。

文正蔡九峯先生沈別爲九峯學案。

西山門人

中散朱先生塾

朝奉朱先生埜並見晦翁學案。

楊先生至別見滄洲諸儒學案。

節齋家學劉、李四傳。

蔡素軒先生格

蔡格，字伯至，節齋先生長子，西山先生長孫也。號素軒，學者稱曰素軒先生。行高而德厚，學足而望隆，性質沖澹，持身謹恪。教諸子姪，必遵先世禮義之訓。與從弟覺軒、久軒、靜軒等自相師友，由始至終，未嘗少懈。時有以佛、老之教惑亂衆聽者，先生與學者講明孟子盡心章以力詆之，作至書以警之。又著廣仁説以自勵，其衛道何其嚴哉！參蔡氏九儒書。

節齋門人

朝奉陳先生光祖

陳光祖，字世德，仙遊人。受學二蔡。始以父歿王事補官。好儒重禮，德行政事皆不凡。歷除廣東提刑，作欽恤編以戒僚屬，新濂溪祠以崇教道。積官朝奉郎。參姓譜。

梓材謹案：道南源委載先生父吉老通春秋三傳學，又言先生嘗師事陳北溪，又受易書于蔡淵。蔡沈喪，一遵文公家禮。攷北溪文集韶州學師道堂記，稱先生爲陳侯，蓋作于提刑廣東時。其奠先生文亦止云有同寓之契，未見其爲師徒，唯其子沂爲北溪高弟耳。

翁思齋先生泳

翁泳，字永叔，一字思齋，建陽人，節齋蔡氏弟子也。有注釋河洛講義。補。

教授熊古溪先生剛大

熊剛大，建陽人。爲建安教授，勉齋、節齋弟子也。學者稱古溪先生。有詩注解。補。

祕監葉平巖先生采別見木鐘學案。

熊竹谷先生慶胄

通判徐進齋先生幾並見西山真氏學案。

熊先生酉

熊酉，蔡節齋弟子也。嘗爲節齋太極圖解序曰：「道學之失傳也久矣！人心之昏晦也甚矣！如太極圖之說，世之疑者何其多乎？或以繼善成性不當分陰陽，或以太極陰陽不當分道器，或以仁義中正不當分體用，有謂一物不可言各具一太極者，有謂體用一原不可言體立而後用行者，有謂仁爲體統不可偏指爲陽動者，有謂仁義中正之分不當反其類者。諸説紛紛不一，殊不知皆取于易之大意，而學者不深考也。至文公朱先生屢爲之辯明，尚見劾于林栗之章，而陳賈僞學禁之請，亦由是而階也，則夫道之不明不行也，姦邪之説阻之也。然是理微妙而難明，人心昏迷而罔覺，先師節齋先生乃能深究精妙，著書兩卷。西因侍立，得而讀之，見其言約而道大，文質而義精，意淡而味遠，且比次整齊，條理詳密，真有得于聖賢之心者。孔子謂易有太極，于變易之中而有不易之妙。周子云無極而太極，于體用之閒而有至中之理。太極之精，本無極也，無極之真，卽太極也。世之言一物各具一太極者，固非所以盡其本。而謂太極之上別爲無極者，是有二本也。學者不觀太極，無以知氣之所由始；不觀無極，無以知理之所由充。非先生窮深探微，得其旨趣之大，則周、朱之言何由取信于人哉！況時之人察理未精，講論未明，徒務新奇，泥于名數，而不思無極者，乃至極之所得名，不知太極者，卽不可加之至理，老師宿儒，紛紛附和，以誤天下後世者多矣，未見若先生此書之明且盡者也。然則聖賢之心法，得周、朱而傳授，周、朱之太極，得先生而益顯，其光紹前緒，揭示後學也，厥功蓋不細矣。西不敏，不足以表暴先生著述之盛，而使學者有日就月將之功，是亦不失作書之本意也。」補。

何雲源先生□　別見九峯學案。

陳氏家學　劉、李五傳。

推官陳貫齋先生沂　別見北溪學案。

宋元學案卷六十三

勉齋學案

黃宗羲原本　黃百家纂輯　全祖望修定

勉齋學案表

黃榦（父瑀。晦翁、清江門人。延平、白水、籍溪、屏山再傳。元城、龜山、譙氏、武夷、豫章三傳。涑水、二程四傳。）——

- 子輅
- 子輔
- 何基別爲北山四先生學案。
- 何南坡別見北山四先生學案。
- 饒魯別爲雙峯學案。
- 方暹——萬鎮別見雙峯學案。
- 張元簡
- 趙師恕
- 董夢程別爲介軒學案。
- 蔡念成別見滄州諸儒學案。

劉子玠
吴泳別見鶴山學案。
吴昌裔
黄師雍
黄振龍
陳如晦
梁祖康
曾成叔
陳象祖
方來別見水心學案。
鄭鼎新
李鑑
薛師邵
葉士龍
陳倫
熊剛大別見西山蔡氏學案。
家揁
李武伯

李晦

方丕夫

袁俊明

葉真

趙必愿別見玉山學案。

宋斌別見滄洲諸儒學案。

李燔

張洽

劉剛中

李方子

楊楫

楊仕訓

王遇

劉砥

劉礪並見滄洲諸儒學案。

李道傳別見劉李諸儒學案。

胡伯履

詹初

余元一　並勉齋講友。
余崇龜　景思學侶。

勉齋學案序録

祖望謹案：嘉定而後，足以光其師傳，爲有體有用之儒者，勉齋黄文肅公其人與？玉峯、東發論道統，三先生之後，勉齋一人而已。述勉齋學案。梓材案：是卷多從黄氏補本，或是梨洲原本。謝山特補勉齋講友諸人。

朱劉門人李、胡再傳。

文肅黄勉齋先生榦父瑀。

黄榦，字直卿，閩縣人。父瑀，監察御史，以篤行直道著聞。父歿，往見清江劉氏子澄，奇之，因命受業朱文公。自見文公後，夜不設榻，不解帶，少倦則微坐，一倚或至達曙。後文公以其子妻之。補將仕郎，銓中，授迪功郎，監台州酒務。丁母憂，調監嘉興府石門酒庫。歷通判安豐軍。尋知漢陽軍。以病乞祠，主管武夷沖佑觀。尋起知安慶府，至則金人破光山，乃請于朝，創郡城以備戰守，不俟報而興役。後二年，金人破黄州沙窩諸關，淮東、西皆震，獨安慶安堵如故。舒人德之，相謂曰：「生汝者，黄父也。」制置李珏辟爲參議官，再辭不受。既而朝命與徐僑兩易和州，且令先赴制府稟議。先生即日解印趨制府。先是先生移書珏，有曰：「今日當先明保伍，立堡砦，蓄馬，制軍器，以資其用，不過累月，軍政可成。」珏不能用。及至制府，珏往維揚視師，與偕行。先生言：「敵既退，當思所以賞功罰罪者。」其時幕府皆輕儇浮靡之士，僚吏士民有獻謀畫，多爲毁抹疏駁。將帥偏裨，人心不附，所向無功。流移滿道，而諸司長吏張宴無虚日。先生知不足與共事，歸自維揚，再辭和州之命，仍乞祠，閉閤謝客，宴樂不與。乃復告珏曰：「浮光敵退已兩月，安豐已一月，盱眙亦將兩旬，不知吾所措置者何事，所施行者何策。但聞請總領、運使至玉麟堂賞牡丹，用妓樂，又聞總領、運使請宴賞亦然，又聞宴僚屬亦然。今浮光之報又至矣，金欲以十六縣之衆，四月攻浮光，侵五關。五關失守，則蘄、黄決不可保；蘄、黄不保，則江南危。尚書聞此已數日，乃不聞有所施行者，何邪？」其他言皆激切，同幕忌之尤甚，共詆排之。厥後光、黄、蘄相繼失，果如其言，遂力辭去。俄再命知安慶，不就，入廬山訪其友李燔、陳宓，相與盤旋玉淵、三峽閒，俯仰其師舊迹。未幾，召赴行在所奏事，除大理丞，不拜，爲御史李楠所劾，遂歸里。弟子日盛，巴蜀、江、湖之士皆來。俄命知潮州，辭不行。差主管亳州明道宫，踰月，遂乞致仕，特受承議郎。卒，贈朝奉郎，録其子，謚文肅。先是文公編禮書，獨以喪、祭二編屬先生。病革，以深衣及所著書授先生，手書與訣，先生持心喪三年。所著有經解、文集行于世。

梓材謹案：先生祭劉靜春文曰：「翰也顓愚，少無師承。年已踰冠，始來廬陵。摳衣趨隅，歷問所學。直指前修，以警後覺。」據此知先生少及靜春之門。

聖賢道統傳授總敍說

有太極而陰陽分，有陰陽而五行具，太極、二、五妙合而人物生。賦于人者秀而靈，精氣凝而爲形，魂魄交而爲神，五常具而爲性，感于物而爲情，措諸用而爲事。物之生也，雖偏且塞，而亦莫非太極、二、五之所爲。此道之原之出于天者然也。聖人者，又得其秀之秀而最靈者焉，于是繼天立極，而得道統之傳，故能參天地，贊化育，而統理人倫，使人各遂其生，各全其性者，其所以發明道統以示天下後世者，皆可考也。堯之命舜則曰：「允執厥中。」中者，無所偏倚，無過不及之名也，存諸心而無偏倚，措之事而無過不及，則合乎太極矣，此堯之得于天者，舜之得統于堯也。舜之命禹則曰：「人心惟危，道心惟微，惟精惟一，允執厥中」舜因堯之命，而推其所以執中之由，以爲人心形氣之私也，道心性命之正也，精以察之，一以守之，則道心爲主，而人心聽命焉，則存之心，措之事，信能執其中。曰精曰一，此又舜之得統于堯，禹之得統于舜者也。其在成湯則曰：「以義制事，以禮制心。」此又因堯之中，舜之精一，而推其制之之法。制心以禮，制事以義，則道心常存，而中可執矣。曰禮曰義，此又湯之得統于禹者也。其在文王，則曰「不顯亦臨，無射亦保」，此湯之以禮制心也；「不聞亦式，不諫亦入」，此湯之以義制事也，此文王之得統于湯者也。其在武王，受丹書之戒，則曰：「敬勝怠者吉，義勝欲者從。」周公繫易爻之辭曰：「敬以直內，義以方外。」曰敬者，文王之所以制心也；曰義者，文王之所以制事也，此武王、周公之得統于文王者也。至于夫子則曰：「博學于文，約之以禮。」又曰：「文行忠信。」又曰：「克己復禮。」其著之大學，曰格物致知，誠意正心，修身齊家㊀，治國平天下，亦無非數聖人制心制事之意焉，此又孔子得統于周公者也。顏子得于博文約禮、克己復禮之言，曾子得之大學之義，故其親受道統之傳者如此。至于子思，則先之以戒懼謹獨，次之以知仁勇，而終之以誠。至于孟子，則先之以求放心，而次之以集義，終之以擴充，此又孟子得統于子思者然也。及至周子，則以誠爲本，以欲爲戒，此又周子㊁繼孔、孟不傳之緒者也。至二程子則曰：「涵養須用敬，進學則在致知。」又曰：「非明則動無所之，非動則明無所用。」而爲四箴，以著克己之義焉，此二程得統于周子者也。先師文公之學，見之四書，而其要則尤以大學爲入道之序。蓋持敬也，誠意正心修身而見于齊家治國平天下，外有以極其規模之大，而內有以盡其節目之詳，此又先師之得其統于二程者也。聖賢相傳，垂世立教，燦然明白，若天之垂象昭昭然而隱也，雖其詳畧之不同，愈講而愈明也。學者之所當遵承而固守也，違乎是則差也，故嘗撮其要旨而明之。居敬以立其本，窮理以致其知，克己以滅其私，存誠以致其實，以是四者而存諸心，則千聖萬賢所以傳道而教人者，不越乎此矣。

㊀「齊家」二字，原本無，據龍本補。　㊁「周子」，原本作「孟子」，據龍本改。

中庸總論

中庸之書，章句、或問言之悉矣，學者讀之，未有不曉其文，通其義者也。然此書之作，脈絡相通，首尾相應，子思之所述，非若語、孟問答，章殊而旨異也。苟從章分句析，而不得一篇之旨，則亦無以得子思著書之意矣。程子以爲始言一理，中散爲萬事，末復合爲一理。朱先生以誠之一字爲此篇之樞紐，示人切矣。今輒述其遺意而言之。竊謂此書皆言道之體用，下學而上達，理一而分殊也。首言「性」與「道」，則性爲體而道爲用矣。次言「中」與「和」，則中爲體而和爲用矣。又言「中庸」，則合體用而言，又無適而非中庸也。又言「費」與「隱」，則分體用而言，隱爲體，費爲用也。自「道不遠人」以下，則皆指用以明體。自言「誠」以下，則皆因體以明用。「大哉，聖人之道」一章，總言道之體用也。「發育萬物，峻極于天」，道之體也。「禮儀三百，威儀三千」，道之用也。「仲尼」一章，言聖人盡道之體用也。「大德敦化」，道之體也。「小德川流」，道之用也。「至聖」，則足以全道之用矣。「至誠」，則足以全道之體矣。末言「上天之載，無聲無臭」，則用即體，體即用，造道之極至也。雖皆以體用爲言，然首章則言道之在天，由體以見于用。末章則言人之適道，由用而歸于體也。其所以用功而全夫道之體用者，則戒懼謹獨，與夫知仁勇三者，及夫誠之一言而已，是則一篇之大指也。子思之著書，所以必言夫道之體用者，知道有體用，則一動一靜，皆天理自然之妙，而無一毫人爲之私也。知道之有體，則凡術數辭章非道也。有用，則虛無寂滅非道也。知體用爲二，則操存省察，皆不可以不用其力。知體用合一，則從容中道，皆無所用其力也。善言道者，未有加于此者也。曰：「其源流可考也。孔子之學，傳之曾子，曾子傳之子思，子思傳之孟子，皆此道也。曾子曰：『夫子之道，忠恕而已矣。』忠卽體，恕卽用也。『維天之命，於穆不已』，非道之體乎？『乾道變化，各正性命』，非道之用乎？此曾子得之孔子，而傳之子思者也。孟子曰：『惻隱之心，仁之端也。羞惡之心，義之端也。辭讓之心，禮之端也。是非之心，智之端也。』惻隱、羞惡、辭讓、是非非道之用乎？仁義禮智非道之體乎？此又子思得之曾子，而傳之孟子者也。道喪千載，濂溪周子繼孔、孟不傳之緒。其言太極者，道之體也。其言陰陽五行、男女萬物者，道之用也。太極之靜而陰，體也。太極之動而陽，用也。聖賢之言道，又安有異指乎？」或曰：「以性爲體，則屬乎人矣。子思以爲天命；又以爲發育萬物，峻極于天；又以爲經綸大經，立大本，知化育，乃合天人爲一，何也？」曰：「性卽理也。自理而言，則屬乎天。以人所受而言，則屬乎人矣。屬乎人者，本乎天也，故曰『萬物統體一太極，天下無性外之物』，屬乎天者也。『一物各具一太極，性無不在』，屬乎人者也。」或曰：「中庸言體用，既分爲二矣。程子之言『性卽氣，氣卽性，道亦器，器亦道』，則何以別其爲體用乎？」曰：「程子有言，『體用一源，顯微無閒』。自理而觀，體未嘗不包乎用。『沖漠無朕，萬象森然已具』之類是也。自物而言，用未嘗不具乎體。『一陰一陽之謂道，形色天性』之類是也。」或曰：「如此則體用既不相離，何以別其爲『費』爲『隱』乎？」曰：「道之見于用者，『費』也；其所以爲是用者，『隱』也。『費』猶木之華葉，可見者也；『隱』猶花葉之有生理，不可見者也。『小德之川流，大德之敦化』，『隱』也，然大德之中，小德已具，小德之中，大德固存，此又體用之未嘗相離也。」

中庸總説

或者問中庸之書，言道之體用，則既聞之矣。戒懼謹獨、知仁勇之德，與夫誠之一言，所以全道之體用者，可得而詳言之乎？天命之性，率性之道，人之所固有而無不善者。將有過不及之患，而明之行之而未至夫誠，則未足以造夫道也。是則子思子之所憂也。若昔聖賢所以立教垂世，不過欲人全其固有而無不善者。然其大旨，固非有異，而開導之方，亦各不同。或舉其一端，或示其大法，或隨其所稟，或量其所至。言之畧者，非隱也。言之緩者，非怠也。教人之序，不可以躐等而學，不可以淩節而施也。子思子襲孔聖之餘訓，繼曾子之的傳，覽古先聖賢教人之旨，鑒後世學者爲學之弊，作爲中庸之書，其提挈綱維，開示蘊奥，則如言道之體用者，亦既明且盡矣。至于學者之所以用功者，又必反覆包羅而極其詳且切也。蓋嘗以其本而考之：首言戒懼謹獨，因天命之性，率性之道，固有而無不善者而爲言，欲人防其所未然，而察其所以然也。其言要而易知，其事簡而易行，學者于此而持循焉，則吾之固有而無不善者，將不待他求而得之也。次言知仁勇三德者，因君子之中庸，小人之反中庸，皆生于氣稟之清濁，物欲之多寡，而有異也，故必知之明，行之力，而終之以勇，而後氣稟物欲不能以累其固有而無不善也。末言誠之一字者，又因天道人道之分，以見天下之理無不實，欲人實用其力，以全天理之實也。此卽子思子所以教人之大旨也。曰戒懼謹獨者，靜存動察之功。能若是，則吾之具是性而體是道者，固已得之矣。又曰知仁勇者，致知力行之功也。能若是，則由性以達夫道者，舉合乎中庸，而無過不及之差也。曰誠者，則由人以進夫天，聖賢之極致也。是非其言之極其詳乎？戒懼于不睹不聞之際，謹獨于至微至隱之中，則所謂静存動察者切矣。曰知矣而繼之以仁，曰仁矣而繼之以勇，加之以弗措之功，而勉之以己百己千之力，則所謂致知力行者切矣。其言誠也，本于擇善固執之始，而成于無聲無臭之極，蓋至于所謂大而化之。過此以往，莫之或知也者，豈非又極其切者乎？若不極其詳，則學者用心，或安于偏見；不極其切，則學者用功，或止于小成。此子思子憂慮天下後世而爲是書也。

勉齋文集

大學首章無他疑。但向者以爲明德之發于外者，昭著而不可掩也。今之解注，乃存于中者，洞徹而無所蔽也。故鄙意以爲莫若合内外而言之。虚靈指存于中者而言，昭著指發于外者而言。如輝光之類，皆指外者而言之。今既未能不疑，且守師言，就本領上看，尤爲有味也。明德只得如章句所説，然其間亦難看，更以格字、致字、誠字、正字、修字與明字相參，見得分曉，方理會得先生旨意。

承教持守之方，别恐亦無他説。前輩及先師言之詳矣，亦只是不爲與爲之不力耳。然亦有一説。致知、持敬兩事相發人心，如火遇木卽焚。遇事卽應，惟于世間利害得喪及一切好樂見得分明，則此心亦自然不爲之動，而所爲持守者，始易爲力。若利欲爲此心之主，則雖是強加控制，此心隨所動而發，恐亦不易遏也。便使強制得下，病根不除，如以石壓草，石去而草復生矣。此不可不察也。不知高明以爲如何？榦老矣，未能忘禄。非禄之不可忘也，不仰禄則又須别求。所以餬其口而勞心，害義反甚于仰禄。以是東西南北，惟命是從，何去就出處之敢言！何功名事業之敢望！特汩沒世俗，學問盡廢，大爲師門之罪人，不敢自文也。敬子果如何？來書所謂「甚費造化，斷不可辭」，此語卻與向來議論不同。今之出仕，只是仰禄，不得已，若爲合義，則非所敢聞。只管如此立説，卻是浙間議論也，又不知高明以爲如何？敬子既是應舉得官，又家貧，未能不仕，從之亦無害也。以上與胡伯量。

承誨以朋友講問之詳，甚幸甚喜。幹之愚陋，何足以折衷之？所説大抵皆善。人心道心之説，恐如契兄所云者爲是。李所謂人心氣也，余所謂性之正者，皆未精確也。道體之説，此更宜講究。謂但指隱而言者，豈所以爲道體之全邪？體字不可以體用言，如今所謂國體、治體、文體、字體，亦曷嘗對用而言邪？所謂道體者，無物不在，無時不然，流行發用，無少間斷。如曾晳者，真是見得此理，然後從容自得，有以自樂。今之局促迫狹，尋行數墨輒拘礙者，豈亦于此有未灑然者邪？主敬、致知兩事，相爲經緯，但言敬而不能有所見者，恐亦于此有所未思耳。

持守之方，無出主敬。前輩所謂常惺惺法，已是將持敬人心胸内事摹寫出了，更要去上面生枝節，只恐支離，無緣脱灑。所謂座右銘四句者，不知先師文集有邪？抑故友程君之語也？是必非夫子之言。若程君思索所到，則恐畫蛇尋足，愈支離而愈鶻突矣，安得起之九原，一叩所疑邪？

易本義不暇細觀，但先天六十四卦圓圖已大錯繆。所謂有小圈者，特其小失耳。今以印策論之，則印策中縫之左，即乾卦，右即姤卦。乾、姤二卦夾在策縫左右，乃今所印本恆、巽之位，即先天乾、姤之位也。乾、姤居正南，坤復居正北，故曰冬至子之半是也。若今所印，則冬至在亥子之閒矣，知乾、姤在策縫之中，則伏羲八卦圖以乾爲南，以坤爲北，可以類推矣。此乃易之宗祖，宜亟正之。又圓圖後語，有圓布者，有方布者，則六十四卦圓圖之中當有方圖，豈可有其語而無其圖邪？以上復胡伯量。

道之在天下，一體一用而已。體則一本，用則萬殊。一本者，天命之性；萬殊者，率性之道。天命之性，卽「大德之敦化」；率性之道，卽「小德之川流」。惟其「大德之敦化」，所以語大莫能載。惟其「小德之川流」，所以語小莫能破。語大莫能載，是萬物統體一太極也。語小莫能破，是一物各具一太極也。萬物統體一太極，此天下無性外之物也。一物各具一太極，此性無不在也。尊德性，所以存心而極乎道體之大；道問學，所以致知而盡乎道體之細。自性觀之，萬物只是一樣。自道觀之，一物各是一樣。惟其只是一樣，故但存此心，而萬事萬物之理無不完具。惟其各是一樣，故須窮理致知，而萬事萬物之理方始貫通。以此推之，聖賢言語，更相發明，只是一義，豈不自博而反約哉！「天生蒸民，有物有則」，于民之下，又言有物者，何也？有物者，就人身上有耳、有目、有手、有足、有君臣、有父子之類而言也。有此等物，便有此當然之則。如耳聰目明，手恭足重，君仁臣忠，父慈子孝之類是也。然此當然之則，固無物不體，而此理之妙，實根于人性之本然。惟人之生，各稟此有常之性，所以應事接物，皆好此美德，而不容已也。所謂美德，卽所謂物之則也。其曰「好是懿德」是云者，卽指上文有則而言也。孔子又加一必字于有則之上，加一故字于好是之上，其旨愈明矣。劉子曰：「民受天地之中以生，是以有動作禮義威儀之則。」亦此意也。榦嘗謂此四句，便該括了中庸、大學、論語、孟子許多說話，非大聖人不能言也。自有天地以來，如人心道心四句，及此四句，皆是天心正法，傳授世人，不可輕將尋常詩句讀過也。且如大德小德，亦只是此意。秉彝便是大德，好德便是小德，世間只是一箇道理也。

統體太極各具，太極則兼體用，畢竟統體底又是體，各具底又是用。有統體底太極，則做出各具底太極。語大語小，則全指用而言，畢竟語大底是全體，語小底是用。天命謂性是未發，畢竟是體；率性謂道是人所常行，畢竟是用。大德而敦化，畢竟是體；小德而川流，畢竟是用。若淺看，則一段是一段；更深入思量，則又覺相似都湊。不知如何？以上復葉味道。

來教謂喜怒哀樂屬于人心爲未當，必欲以由聲色臭味而喜怒哀樂者爲人心，由仁義禮智而喜怒哀樂者爲道心，以經文義理考之，竊恐不然。朱先生中庸序云：「人心發于形氣之私，道心原于性命之正。」形氣在我，如耳目口鼻是也。聲色臭味在物，豈得以發于聲色臭味者爲人心乎。朱先生云：「雖上知不能無人心。」今以由聲色臭味而喜怒哀樂，則是聖人未免于逐物也，而可乎？謂由仁義禮智而喜怒哀樂者爲道心，則鄉黨一篇，委蛇曲折，煥乎其文章，莫非由仁義而發也，曷爲而以道心爲惟微乎？人指此身而言，道指此理而言。發于此身者，則如喜怒哀樂是也；發于此理者，則仁義禮智是也。若必謂兼喜怒哀樂而爲道心，則理與氣混然而無別矣。故以喜怒哀樂爲人心者，以其發于形氣之私也；以仁義禮智爲道心者，以其原于性命之正也。人心道心相對而言，猶易之言器與道，孟子之言氣與義也。人心既危而易陷，道心復微而難明，故當精以察之，則喜怒哀樂之閒皆見其有當然之則，又當一以守之，使之無一念而不合乎當然之則，然後信能守其中而不失也。復李公晦。

程、謝、尹所論敬處，固兼動靜，無淺深，亦各就持敬處見得一箇意思，各立爲一說以形容之。今謂謝、尹之説只是發明主一之意，恐未必有此意耳。就三先生説處，各自體認湊合將來，見得敬字愈覺親切。今只欲就主一兩字上欲該括謝、尹之説，卻恐看得謝、尹之説未免疏畧耳。明德不言性而言心。楊德淵惠書亦録云：「所答之語，此但當答以心之明，便是性之明，初非有二物，則直截簡徑。使之自此思索，卻見得分曉。」今觀所答，是未免以心性爲兩物也。如「回也，其心三月不違仁」，則心自是心，仁自是仁。如孟子言「仁，人心也」，則仁又便是心。大學所解明德，則心便是性，性便是心也。所答之病，既誤以心性爲兩物，而又欲安排併合，故其説頗覺費力。心之能爲性情主宰者，以其虚靈知覺也。此心之理炯然不昧，亦以其虚靈知覺也。自當隨其所指，各自體認，其淺深各自不同。心能主宰，則如謝氏常惺惺之謂。此只是能持敬，則便能如此。若此心之理，炯然不昧，如大學所謂明德，須是物格知至，方能如此，正不須安排併合也。洪範五行五事之説，近亦嘗思之。前輩所説，決然不是。以庶徵觀之，自可見。但貌言視聽思之所以配水火木金土，則恐來説未免穿鑿耳。榦亦嘗反覆思之，只以造化及人生之初驗之，便自然合。天一生水，水便有形。人生精血，湊合成體，亦若造化之有水也。地二生火，火便有氣。人有此體，便能爲聲。聲者，氣之所爲，亦若造化之有火也。水陰而火陽，貌亦屬陰，而言亦屬陽也。水火雖有形質，然乃造化之初，故水但能潤，火但能炎，其形質終是輕清。至若天三生木，地四生金，則形質已全具矣，亦如人身耳目既具，則人之形成矣。木陽而金陰，亦猶視陽而聽陰也。只以此配之，則人身便是一箇造化，理自分明。似此等處，只得如此觀看，耳目口鼻之配五行四象，亦自分明。耳屬腎，腎卽水，水卽太陰。目屬肝，肝卽木，木卽少陽。口屬脾，脾屬土，土王于夏秋之間，卽太陰少陽之合。鼻屬肺,肺屬金,金卽少陰,亦是自然之理如此,初無可疑也。至于道生一,一生二,二生三,三生萬物,則老氏之所謂道,而非吾儒之所謂道也。明道云:「天下之物,無獨必有對。若只生一,則是獨也。一陰一陽之謂道,道何嘗在一之先,而又何嘗有一而後有道哉。易有太極,易卽陰陽也,太極何嘗在陰陽之先。是生兩儀,何嘗生一而後生二。嘗竊謂太極不可名狀,因陰陽而後見。一動一靜,一晝一夜,以至于一生一死,一呼一吸,無往而非二也。因陰陽之二,而反以求之太極,所以爲陰陽者,亦不出于二也。如是,則二者道之體也,非其本體之二,何以使末流無往不二哉!然二也,各有本末,各有終始,故二分爲四,而五行立矣。蓋一陽分而爲木火,一陰分而爲金水。木者火之始,火者木之終。金者水之始,水者金之終。物各有終始,未有有始而無終,有終而無始。二各有終始,則二分爲四矣。知二之無不四,則知其所以爲是四者,亦道之本體,非其四,何以使物之無不四哉!故二與四,天下之物無不然,則亦足以見道體之本然也。太極不可名狀,至此亦可以見其端倪矣。體用一源,顯微無閒,要當以是觀之,塞天地,貫古今,無往不然。仁義禮智,特就人心而立者耳。天以是心而成萬物,人以是心而成萬事,故曰天體物而不遺,猶人體事而無不在也。人之生也,五臟百骸,各有自然之則。天之爲也,君仁臣忠,父慈子孝,以至手容之恭,足容之重,又人所以全天之所賦者也。自天之所爲者而觀之,則不待人爲,而此理已完具矣。故曰「鳶飛戾天,魚躍于淵」,言其上下察也。明道所謂活潑潑地者,眞見其如此,亦眞箇使人不知手舞足蹈也。顏子之不改其樂,又安得而不樂哉!世閒所謂功名富貴者,眞太虛浮雲一點也。故曰「朝聞道,夕死可矣」。死生亦大矣,苟見此理,便死亦是閒事也。數年讀先生之書，適自見得如此。以先生之書合之，亦無不然。不但世之學者，尋行數墨而無見于此，竊意周、程、邵子、朱先生見得分明，其他皆未知其果何如也。爲學而不見其本源，是入門而不至其室。雖然，前輩教人且只道敬，此又學者不可不思。復楊志仁。

致知乃入道之方，而致知非易事，要須默認實體，方見端的。不然，則只是講說文字，終日譊譊，而真實體段，元不曾識。故其說易差，而其見不實。動靜表裏，有未能合一，則雖曰爲善，而卒不免于自欺也。莫若一切將就自身上體著，許多義理名字就自身上見得是如何，則統之有宗，不至于支離外馳也。答陳泰之。

諸人講論祭祀鬼神一段，此蓋疑于祖考已亡，一祭祀之頃，雖是聚己之精神，如何便得祖考來格？雖是祖考之氣已散，而天地之間，公共之氣尚在，亦如何便湊合得其爲之祖考而祭之也？故味道兄爲說，以爲只是祭己之精神，如此則三日齋，七日戒，自坐而享之，以爲祖考來格，可乎？果爾，則鬼神之義，亦甚粗淺，而聖人常謹言之，何邪？古人奉先追遠之誼至重，生而盡孝，則此身此心，無一念不在其親。及親之歿也，升屋而號，設重以祭，則祖考之精神魂魄，亦不至于遽散；朝夕之奠，悲慕之情，自有相爲感通而不離者。及其歲月既遠，若未易格，則祖考之氣雖散，而所以爲祖考之氣，未嘗不流行于天地之間；祖考之精神雖亡，而吾所受之精神，卽祖考之精神，以吾受祖考之精神，而交于所以爲祖考之氣，神氣交感，則洋洋然在其上、在其左右者，蓋有必然而不能無者矣。學者但知世間可言可見之理，而稍幽冥難曉，則一切以爲不可信，是以其說率不能合于聖賢之意也。蓋嘗以琴觀之，南風之奏，今不復見矣，而絲桐則世常有也，撫之以指，則其聲鏗然矣。謂聲爲在絲桐邪？置絲桐而不撫之以指，則寂然而無聲。謂聲爲在指邪？然非絲桐，則指雖屢動，而不能以自鳴也。指自指也，絲桐自絲桐也，一搏拊而其聲自應。向使此心和平仁厚，真與天地同意，則南風之奏，亦何異于舜之樂哉！今乃以爲但聚己之精神而祭之，便是祖考來格，則是舍絲桐而求聲于指也，可乎？（復李貫之兵部。）

「浴沂」一章，終是看不出喟然而歎夫子「與點」之意深矣。集註云：「日用之間，無非天理流行之妙。曾皙有見于此，故欲樂此以終身。如此卻是樂天理之流行，而于本文曾皙意旨恐不相似。」竊意恐須是如此。天理方流行，中心斯須不和不樂，則與道不相似，而計較繫戀之私入之矣。夫子無意、必、固、我，「老者安之，朋友信之，少者懷之」，正是此意，直與天地相似。易曰：「貞吉悔亡，憧憧往來，朋從爾思。」夫子傳之曰：「天下何思何慮。」聖人豈教人如死灰槁木，曠蕩其心，徜徉其身哉！張子曰：「湛一性之本，攻取氣之欲，物各付物，而無一毫計較繫戀之私，則致廣大而極高明，雖堯、舜事業，亦不能一毫加益于此矣。」後來邵康節先生全是見得此意思。明道先生詩中，亦多此意。（與吳伯豐。）

程仕曰：「此書今見晦庵集中。萬正淳録以呈晦庵先生，先生答曰：『直卿之説，卻是作工夫底事，非曾點所以答「如或知爾，則何以哉」之問也。』又云：『集註誠有病。』今復改數語，試更詳之。」

行狀之作，非得已也，懼先生之道不明，而後世傳之者訛也。追思平日之聞見，參以敘述奠誄之文，定爲草稾，以諗同志，反覆詰難，一言之善，不敢不從。然亦有參之鄙意，而不敢盡從者，不可以無辯也。有謂「言貴含蓄，不可太露，文貴簡古，不可太繁」者。夫工于爲文者，固能使之隱而顯，簡而明，是非愚陋所能及也。顧恐名曰含蓄，而未免于晦昧，名曰簡古，而未免于艱澀，反不若詳書其事之爲明白也。又有謂「年月不必盡記，辭受不必盡書」者。先生之用舍去就，實關世道之隆替，後學之楷式。年月必記，所以著世變；辭受必書，所以明世教。狀先生之行，又豈可常人比，常體論哉！又有謂「告上之語，失之太直，記人之過，失之太訐」者。責難陳善，事君之大義，人主能容于前，而臣子反欲隱于後，先生敢陳于當世，而學者反欲諱于將來乎？人之有過，或具之獄案，或見之章奏，天下後世所共知，而欲没之，可乎？又有謂「奏疏之文，紀述太繁，申請之事，細微必録，似非行狀之體」者。古人得君行道，有事實可紀，則奏疏可以不述。先生進不得用于世，其可見者，特其言論之間，乃其規模之素，則言與行豈有異邪？事雖細微處，得其道則人受其利，一失其道，則人受其害。先生理明義精，故雖細故，區處條畫，無不當于人心者，則鉅與細亦豈有異邪？其可辯者如此。則其尤淺陋者，不必辯也。至于流俗之論，則又以爲「前輩不必深抑，異説不必力排，稱述之辭，似失之過」者。孔、孟諸賢，至謂孔子賢于堯、舜，豈以抑堯、舜爲嫌乎？孟子闢楊、墨而比之禽獸，衛道豈可以不嚴乎？夫子嘗曰：「莫我知也夫。」又曰：「知德者鮮矣。」甚矣，聖賢之難知也！知不知不足爲先生損益，然使聖賢之道不明，異端之説滋熾，是則愚之所懼，而不容于不辯也。故嘗太息而爲之言曰：「是未易以口舌爭。百年論定，然後知愚言之爲可信。」遂書其語，以俟後之君子。書朱子行狀後。

附録

嘗詣東萊呂伯恭，以所聞于朱文公者相質正。及張南軒亡，文公與先生書曰：「吾道益孤，所望于賢者不輕。」

通判安豐軍時，淮西帥司檄鞫和州獄。獄故以疑未決，先一夜，夢井中有人，果于廢井得尸。

尋知漢陽軍，值歲饑，荒政具舉，民大感悅。卽郡治後鳳棲山爲屋，館四方士，立周、程、游、朱四先生祠。

創築安慶郡城，日以五鼓坐于堂，濠砦官入聽命，以一日成算授之。受命畢，乃治府事，會僚佐講究邊防利病。次則督視城役。晚入書院講論經史。築城之杵，用錢監未鑄之鐵，事畢還之。初，先生入荆、湖幕府，奔走諸闕，與江、淮豪傑遊，而豪傑往往願依先生。及倅安豐、武定，諸將皆歸心。後倅建康，守漢陽，聲聞益著，諸豪傑又深知先生倜儻有謀。及守安慶，且兼制幕，長、淮軍民之心翕然相向。此聲既出，在位者益忌。

王深寧困學紀聞曰：「李微之問勉齋云：『南軒賜章服，兩爲胡忠簡繳還，而不聞引避。東萊除職，既遭陳叔進行辭醜詆，乃復受之而不辭，皆所未曉。』勉齋答云：『先輩非後學所敢輕議。然辭受合尚嚴，今當嚴者反寬，是以不免爲具眼者勘破。學者所當戒也。』」補。

黃東發日鈔曰：「乾、淳之盛，晦庵、南軒、東萊稱三先生，獨晦庵先生得年最高，講學最久，尤爲集大成。晦庵既沒，門人如閩中則潘謙之、楊志仁、林正卿、林子武、李守約、李公晦，江西則甘吉父、黃去私、張元德，江東則李敬子、胡伯量、蔡元思，浙中則葉味道、潘子善、黃子洪，皆號高弟，獨勉齋先生強毅自立，足任負荷。如輔漢卿疑惡亦不可不謂性，如李公晦疑喜怒哀樂由聲色臭味者爲人心，由仁義禮智者爲道心；如林正卿疑大易本爲垂教，而伏羲、文王特借之以卜筮；如真公刊近思録，語先近思而後四書，先生皆一一辯明，不少恕。甚至晦庵謂春秋止是直書，勉齋則謂其間亦有曉然若出于微意者；晦庵論近思先太極説，勉齋則謂名近思反若遠思者；晦庵解『人不知而不愠』，惟成德者能之，勉齋提云，是君子然後能不愠，非不愠然後爲君子；晦翁解『敏于事而慎于言』，以慎爲不敢盡其所有餘，勉齋提慎字本無不敢盡之意，特以言易肆，故當謹耳。凡其于晦翁没後，講學精審不苟如此。晦庵于門人弟子中，獨授之屋，妻之女，奏之官，親倚獨切，夫豈無見而然哉！其誨學者嘗曰：『人不知理義，則無以自別于物，周旋斯出，自少至老，不過情欲利害之間，甚至三綱淪，九法斁，亦將何所不至。』其言哀痛至此，其爲天下後世慮也，亦遠矣！」補。

百家謹案：勉齋言：「自先師夢奠以來，向日從遊之士，識見之偏，義利之交戰，而又自以無聞爲耻，言論紛然，誑惑斯世；又有後生好怪之徒，敢于立言，無復忌憚，蓋不待七十子盡没，而大義已乖矣。由是私竊懼焉，故顧得强毅有立，趨死不顧利害之人，相與出力而維持之。」蓋勉齋之求後學，其真切如此，所以卒得其人而傳之于後也。

謝山奉臨川帖子一曰：「清容嘗云：『朱子門人當寶慶、紹定閒，不敢以師之所傳爲別録，以黄公勉齋在也。勉齋既没，夸多務廣，語録、語類争出，而二家之矛盾始大行。』清容生平不甚知學，顧斯言不特可以定朱子門人之案，并可以定陸子門人之案。朱子之門人孰如勉齋？顧門户異同，從不出勉齋之口。抑且當勉齋之存，使人不敢競門户，則必欲排陸以申朱者，非真有得于朱可知。

推此以觀陸子之門人亦然。」

勉齋講友

文定李宏齋先生燔

直閣張主一先生洽

縣丞劉琴軒先生剛中

通判李果齋先生方子

漕使楊悅堂先生楫

料院楊先生仕訓

郎中王東湖先生遇

童科劉先生砥

童科劉先生礪並見滄洲諸儒學案。

文節李貫之先生道傳別見劉李諸儒學案。

胡西園先生伯履

胡伯履，號西園，崇安㊀人。勉齋嘗與之書曰：「此間朋友往來甚多，但悠悠不能自奮者亦不少。每念契兄剛毅果敢，未嘗不敬畏，恨朝夕不得承誨」云。參勉齋文集。

梓材謹案：首六字謝山劄記所有。

學録詹流塘先生初

詹初，字以元，休寧人也。以薦爲太學録，上疏請辨君子小人邪正之分，罷歸，遂入廬山，不仕。嘗與黄勉齋講學。性介甚，吴益公有盛名，以其與韓平原往來，遂不與通。私淑朱子。其所著有流塘集二十一卷，今所存衹三卷，此其家傳所云也。予考之勉齋集中，未嘗及先生同時講學，諸公之書亦無及者，而是書自明嘉靖以前未出，王龍溪始從其家得之，表章以行世，集尾有詹體仁、章從軒、饒雙峯諸公文字，程篁墩爲文獻志猶未見也。其中議論固有可采，但亦似有出于後人之增益者，今節録之。補。

祖望謹案：詹體仁是朱學，章是陸學，先生蓋往來其間。

流塘集補。

天地雖大，道中之物也。吾心雖靈，自道視之，亦物也。物者，器也。道者，天地之所以大，吾心之所以靈者也。故曰道者物之神，物者道之寓。

至大者天，至廣者地，至貴者人。盡人之道，則可以與天地並；違人之道，與禽獸並。

㊀「崇安」二字，原本空缺，據龍本補。

升降，時也，予則以爲非時也，人也。三皇生則皇，五帝生則帝，三王生則王，五霸生則霸，豈三代以前常升，以後常降乎？存乎其人而已。

禮者，君之道，不期臣之忠否也，臣雖不忠，君猶有盤水加劍之禮。忠者，臣之分，不期君之禮否也，君雖無禮，臣剖心而不變。

儒者，人之需也，上焉君需之，下焉民需之，前聖需之以繼，後學需之以開，故其道大，其任重。

静安而後能慮，似與釋氏静而生慧相近，然吾儒前有知止工夫，佛氏止是死守著一淨。

或問尊德性、道問學朱、陸之分。曰：「此非學者所可輕議。」

聖人未嘗不欲生惡死，但其一生一死，皆斷以理，而無一毫有我之心。所以爲仁，若必死以求名，雖勝于必生以苟禄者，然必之一字，便是私意，未免死之或過。然此自仁人言之，若後世雖死傷于勇也，還是一好人。

心無出入，心之神有出入，故操之。

卜式初以阿意得官，後乃直諫，君子譏其自知無益于時，乃以此塞責。以君子之道論之，固是賣直，然還是他廉恥之心未盡泯處。

常遇事，輒自期于心曰無私欲。以此去私，不知此一念期必底心，便不好；須反之于内，自有無私底本體，不期于無私而自無私矣。

常早夜不寐思，此乃心不定之過。因立心要静，不知立心去静，便是動。程子曰：「無欲故静。」

梓材謹案：謝山所録，此下有論朱、陸一條，移入象山學案。

學不可緩，亦不可急，緩則怠而無功，急則進鋭而退速。

祖望謹案：以上皆其粹言也。若其論朱子申申夭夭章，註有圈内圈外之説，此乃明人講章家所言，陋甚，必非宋儒所言也。

州判余先生元一

余元一，字景思，仙遊人。淳熙五年，以詩學魁南宫，登進士乙科。娶黄勉齋女弟，而勉齋則朱子壻，因得親炙。始見之日，以仁義禮知信分作五論，及自著文集爲贄，朱子敬愛之，嘗有答余景思書，見集中。知同安縣，號稱清嚴，終池州通判。參仙遊縣志。

景思學侶

侍郎余先生崇龜

余崇龜，字景望，仙遊人也。兄元一，從朱子遊。先生以進士入官，不附韓侂胄，出知江州。嘉定更化，宰相言「自權臣專政，朝士獨余某中立不倚」，除御史，終于兵部侍郎。補。

勉齋家學李、胡三傳。

黃先生輅

黃輅，字子木，勉齋長子也，爲朱文公外孫。文公嘗以陸探微所畫師子像遺之。真西山跋畫師帖，曰：「子木之幼也，晦庵已深期之。今其問學日進，而志氣日彊，蓋庶乎不負先生之期許者。」又因以勉之。參真西山集。

黃先生輔

黃輔，字□□，勉齋次子也。勉齋與胡伯量書曰：「輔年二十三，幸其靜重，遣之趨受，望借一寺舍僧房近郡治者與之處，誨之以所當讀之書」云。參勉齋文集。

勉齋門人

文定何北山先生基別爲北山四先生學案。

何(一)南坡先生□別見北山四先生學案。

文元饒雙峯先生魯別爲雙峯學案。

處士方連雲先生暹

(一)「何」，原本作「河」，形近而誤，據龍本改。

方暹，字明甫，平江人也。師事李宏齋，以宏齋之命，學于勉齋。時以饒伯輿、張元簡、趙師恕與先生稱四子。勉齋貽宏齋書曰：「明甫遠來，志氣甚篤，殊可愛敬，知其源流有自也。老來只覺存養玩索，不可偏廢。學者往往墮于一偏，是以無得。苟得明甫輩十人，布在四方，吾道其庶幾矣。」又與甘吉甫書曰：「明甫于道理大端講之甚明，而志氣高尚，尤切于義利取舍之辨，向來朋友，未易出其右也。」先生極推伯輿，以爲己所不及，而元簡之言曰：「伯輿明理而遠于事，明甫見事而中于理。」則先生在伯輿之上矣。淳祐中，湖南帥董槐、荆南帥孟珙並薦之，槐稱其冰清玉潔，妙性命道德之原，珙稱其脱去塵滓，游心高明之域，詔免文解一次。先生辭不受命。珙請如尹和靖例，加以處士之名，未報，而先生已卒。學者稱爲連雲先生。先生言論宗旨不傳，要當爲勉齋門下第一。修。

寶章張先生元簡

張元簡，字敬父，清江人也，勉齋黄氏高弟。勉齋嘗貽之書曰：「榦歸鄉兩年有餘，偏閲友朋，無一可人意者。其可與言者，李隨父、陳儀父耳。然李、陳亦天資醇耳，恐未必堪跌撲，故每與相識言，且煩于鄉里尋一如張敬父者，則久而無對。非爲諂也，實無第二人，得人之難如此。」先生初官縣尉秩。其見于鶴山集中，稱其知荆門軍嘗誅陳馬奴；漫塘又嘗薦之；李制使臯謂其足任監司之選，其後果官直寶章閣、權發遣鄂州沿江副制置使。修。

漕帥趙先生師恕

趙師恕，字季仁，□□人。爲餘姚令，行鄉飲酒禮。勉齋稱其「宦不達而忘其貧，今不合而志于古」。

梓材謹案：謝山劄記云：「季仁其後貴于朝。攷鶴山師友雅言，有曾答夔漕趙師恕之説，則先生固不止餘姚令也。儒林宗派兩列先生于朱子、勉齋之門。」

州判董介軒先生夢程別爲介軒學案。

隱君蔡先生念成別見滄洲諸儒學案。

劉先生子玠

劉子玠，字君錫，長樂人，朱子門人砥之子。幼孤，育于外家。長從勉齋學，非賢士不交，非義理之書不讀，嘗戒其子弟曰：「行好事，做好人，足矣。倖求名利，非吾志也。」遜田數百畝與從子，以承母志。年四十八卒。

尚書吴鶴林先生泳別見鶴山學案。

忠肅吴先生昌裔

吴昌裔，字季永，中江人。早孤，與兄泳師事黄勉齋，得程、張、朱子書，研繹不倦。登嘉定進士。調閬縣㊀尉，又調眉州教授。眉士故尚蘇學，先生取諸經爲之講説，揭白鹿洞規，放潭州釋奠儀，祀周、程五賢，士習丕變。薦知華陽。改眉州通判，著苦言十篇，以慮蜀後患。尋權漢州，力辯興元帥趙彦吶東納武仙，西結秦、鞏之議。未幾，武仙果敗，二州民叛。端平元年，召入，歷軍器、將作二簿，改吴益王府教授。轉對，陳六事，言「天理未純，天德未健，天命未敕，天工未亮，天職未治，天討未公」。拜監察御史，與徐清叟、杜範並命，三人皆天下正士，四方想聞風采。爲至和三諫詩以侈之，疏凡撓政之害，言皆激切。改大理少卿，人咸惜之。既而權工部侍郎參贊四川宣撫軍事。得疾，除祕閣修撰，知嘉興，辭，改贛州。尋以右文殿修撰主管鴻慶宫。遷浙東提刑，復知婺州。加集英殿修撰，寶章閣待制致仕。卒，謚忠肅。先生剛正莊重，遇事敢言，兼習典章。嘗輯至和至紹興諸臣奏議本末，名儲鑑，又會萃周、漢至宋蜀道得失興師取財之所，名蜀鑑。有文集、奏議、四書講義、鄉約口義、諸老記聞、容臺議禮行于世。修。

侍郎黄先生師雍

黄師雍，字子敬，閩清人。少從勉齋學。寶慶二年，舉進士，調婺州教授，學正一以吕東萊爲法。慕徐僑，欲見之，會其有召命，先生曰：「今不可往也。」徐聞而敬之。至闕，以其學行聞于政府，喬行簡許以朝除。公以書見行簡，勸其歸老。行簡不悦，遂出之外縣。累官禮部侍郎。先生簡淡自守，言若

㊀「閬縣」，宋史本傳作「閬中」。

不出口，而于邪正之辨甚明，愛護名節，無媿師友云。

鄉貢黃先生振龍

黃振龍，字仲玉，閩縣人。得朱子端莊存養之說，默契于心，書之座隅。已從勉齋遊，請所未悟，勉齋亟稱之，謂其可與適道。以鄉貢卒。

教授陳先生如晦

陳如晦，字日昭，長樂人。從勉齋遊，嘗讀西山真氏夜氣箴曰：「須見冬爲四時之夜，夜乃一日之冬，便是自家嚮晦入息處。又見得造化發育之妙，便是自家事物周旋處。于此敬義夾持，動靜交養，則兩得之矣。」遂次其韻爲生意箴，西山見而歎賞焉。

雲濠謹案：閩書載「先生以趙汝騰薦，充經筵，不果，授本州教授卒。所著有論語問答及講義、文集」。

梁先生祖康

曾先生成叔合傳。

梁祖康，字寧翁，不知何所人也。嘗以小不謹，致書勉齋自引咎。答曰：「華峯朋友中，深愛賢者，與曾成叔之沈静縝密，可與共學，想不無相忌者。便使年少，陷于子弟之過，翻然改悔，何所不可？而畏彼紛紛之口邪！」則先生亦勉齋所稱許弟子也。修。

陳先生象祖

陳象祖，梓材案：張直閣傳「陳儀父」，當是先生之字。侯官人，朱子弟子孔碩之族也。不避勞苦，刻意講習，勉齋以爲「儻得如象祖者十數人，講之精，行之果，如干將、莫邪，則先師之道，猶未至于浮雲點翳也」。

侍郎方先生來別見水心學案。

通判鄭先生鼎新

鄭鼎新，字中實，梓材案：一作仲實。仙遊人。嘉定十六年進士，知晉江縣，尋通判處州。先生少受業勉齋，而與楊信齋遊，故深于禮樂。所著有禮學舉要及禮學從宜集。補。

提舉李先生鑑

李鑑，字汝明，不知何所人也。與其同志數十人爲經會，問學于勉齋。答曰：「足下年少才俊，于前修格言記誦如流，有老儒一生辛苦所不及者。然博文在乎約禮。秋水方至，百川渺瀰；霜降水涸，涯涘自見。」蓋亦篤學之士也。補。

梓材謹案：道南源委載「先生爲寧德人，嘉定進士，歷官廣東提舉。初從楊信齋遊，得聞敬義之旨。歸創六經講社，推明師說，誘掖後進，故儒林宗派亦列先生于信齋之門」。又案：道南源委于長溪黃幹言先生與饒雙峯師之，是又不獨爲信齋、勉齋門人也。

薛先生師邵

薛師邵，字希賢，撫州人也。勉齋官臨川，從之遊，謂其超然獨得，皆自胸中流出，無蹈襲語。補。

堂長葉淡軒先生士龍

葉士龍，字雲叟，括蒼人也，後遷居長樂之唐石。從學勉齋，嘗以妙年力學，勉其向道。補。

雲濠謹案：先生號淡軒，嘗爲考亭書院堂長，編朱子語録十八卷。

陳先生倫

陳倫，字泰之，長溪人也，學于勉齋。補。

梓材謹案：勉齋有答先生書，見上勉齋文集。

教授熊古溪先生剛大

別見西山蔡氏學案。

太學家先生擴

家擴，字本仲，蜀人也，受業勉齋之門。其時李果州道傳初亡，勉齋歎曰：「先生没後，得擔負者，秖一李貫之可望，乃止于此。本仲極不易得，多讀書，持身甚介，玩理甚精，務學甚實，于貫之足伯仲。」又趙季仁謂：「本仲異日不在貫之之下，亦各有所長，然真不凡也。」又言：「其與諸生伏闕上書，試中優等，而其詳不可考矣。」補。

附錄

真西山請絶金幣，喬行簡爲淮西漕，獨曰：「强韃必亡金。昔者金爲吾之仇，今爲吾之蔽，古人唇亡齒寒之轍可鑒，宜姑與之，使得拒韃。」史彌遠主其説。太學諸生黄自然、黄洪、周大同、家擯、徐士龍等伏麗正門，請斬行簡，以謝天下。

李先生武伯

李武伯，臨川人，勉齋徒。補。

李先生晦

李晦，字隨甫，長樂人也。勉齋嘗貽之書曰：「一去鄉者十五年，投老歸來，每與索居之歎。承示論語疑義，用心甚苦，所謂空谷足音也。」其後先生遂學于勉齋。補。

方先生丕父

方丕父。補。

梓材謹案：先生莆田人，爲紫微門人豐之之孫，晦翁門人士繇之子，從學于勉齋。

袁先生俊明

袁俊明，字稼學，勉齋黄氏弟子也。勉齋講録二十餘卷，舊本散逸，先生重裒輯而行之。補。

葉先生真

葉真，建安人，勉齋弟子。補。

直閣趙先生必愿別見玉山學案。

布衣宋先生斌別見滄洲諸儒學案。

連雲門人李、胡四傳。

參軍萬先生鎮別見雙峯學案。

宋元學案卷六十四

潛庵學案

黄宗羲原本　黄百家纂輯　全祖望修定

潛庵學案表

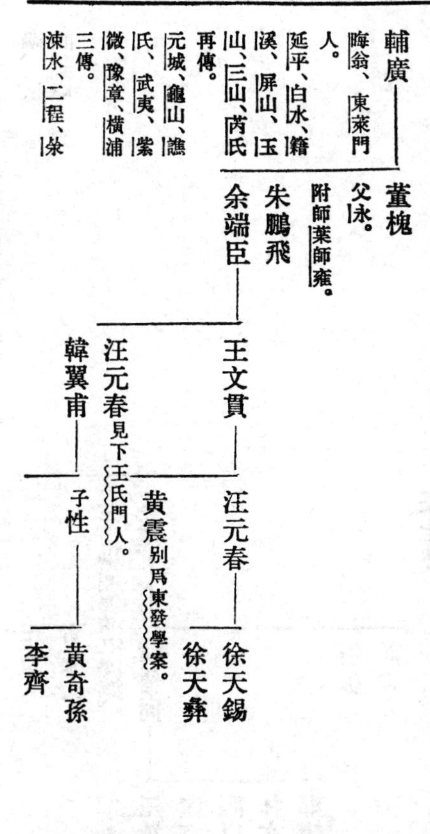

輔廣（晦翁、東萊門人。延平、白水、籍溪、屏山、玉山、巨山、芮氏再傳。元城、龜山、譙氏、武夷、紫微、豫章、横浦三傳。涑水、二程、㳂……）

董槐（父永。）

朱鵬飛（附師葉師雍。）

余端臣—王文貫—汪元春—徐天錫

徐天彝

黄震（别爲東發學案。）

汪元春（見下王氏門人。）

韓翼甫—子性—黄奇孫

李齊

陽、了翁、鳩山、和靖四傳。

王冕

夏泰亨

從子　伉　別見清江學案。

陳普——韓信同——王禧翁

黄寬

張以寧

林文珙

鄭轙

楊琬

黄裳

任士林

黄叔英　別見東發學案。

並莊節學侶。

劉敬堂——熊禾——董眞卿　別見介軒學案。

安實

安劉　別見廣平定川學案。

並輔氏所傳。

輔萬

晦翁門人。
張洽別見滄洲諸儒學案。
魏了翁別爲鶴山學案。
並潛庵學侶。

潛庵學案序録

祖望謹案：慶源輔氏，亦滄洲之最也。遺書散佚，世所葺語溪宗輔録者，特其糟粕。述潛庵學案。梓材案：是卷原本修補尚詳盡。第輔氏之門，有前後時不相值者，特爲校正。

朱呂門人李、汪再傳。

朝奉輔傳貽先生廣

輔廣，字漢卿，號潛庵。其先趙州慶源人也。父逵，字彦達，南渡，隸楊和、王沂中麾下，累立戰功，官至左武大夫邵州防禦使，知泰州，稱能吏。老居崇德之晚村，遂爲崇德人。泰州四子，先生其仲也。先生生于軍中，以父恩授保義郎，轉忠訓郎，漕舉四試不第，始從吕成公遊。已問學于朱文公，留三月而後返。秋塘陳善有詩送之云：「聞説平生輔漢卿，武夷山下啜殘羹。」言其用志堅苦也。僞學禁嚴，學徒多避去，先生不爲動。文公曰：「當此時立得脚定者甚難，惟漢卿風力稍勁。」開禧議和，方信孺奉使未成，欲遣先生，辭。以考亭諸生老，不稱使，舉王柟自代。與魏文靖公善，每相過，必出文公言語文字，雒誦移晷而去。文靖外補，先生以其生平所得于文公者盡畀之。先生容止氣象，不類東南人物，達官貴人稍有過舉，卽正色規戒。嘉定初，上政府書，反覆于是非成敗之際，政府不悅。時衞清叔在樞密，雅重先生，政府益忌之，授意言官劾之，奉祠而歸。歸築傳貽書院教授，學者稱爲傳貽先生。所著有語孟學庸答問、四書纂疏、六經集解、詩童子問、通鑑集義、潛庵日新録、師訓編。卒，贈朝奉郎。

宗羲案：乙巳歲，余拜輔漢卿先生之墓于崇德，退而攷于邑志，及其邑人所作宗輔録，皆不能詳，且多錯誤，故以其閒出他書者爲輔潛庵傳。

宗羲又案：舊志言魏文靖公出先生門。案文靖跋文公與先生帖云：「亡友漢卿，端方而沈碩，文公深所許可。」此可以證其非弟子矣。其爲此言者，文靖由先生而得文公之書。宋史文靖列傳影響其詞，謂了翁築室白鶴山下，以所聞于輔廣、李燔者開門授徒，蓋本文靖語類序而分疏不詳。志則本宋史而展轉失實。文靖于先生與敬子皆友而非師也。宗輔録言蔡元定貶死，先生入京，以身試禍。賈偉節西行解禍，君子尚不以爲然，寧有試禍之理？案文公與先生書云：「省闈不利，亦是時節如此。看此火色，但得安坐，已是幸事，豈其別有冀望邪！」然則先生入京，是其應舉時耳。

詩童子問

梓材謹案：詩童子問，謝山原底標其目，尚未録其説，宜求其書以補之。

宗輔録補。

道理無空缺處，亦無閒斷時。一有空缺閒斷，便欠少了。是以君子之學，無時無處不然。子夏篤實，次于曾子，而有小德出入之論，所以不及。

學者須是將聖人言語熟讀深思，晝夜玩味，則可以開發吾之知識，日就高明，涵養吾之德性，日就廣大，乃見得聖賢言近指遠意思，飽飫饜足；若只作言語解著，則意便死于言下，局促蹇淺。

「善惡之心，存之則有所不爲，故可進于聖賢，失之則無所不爲，故至入于禽獸。」讀之使人凜然。

理義之心，人所固有，雖易發而亦易窒，故須力充之。

利者，民生所不可無者也，故乾之四德曰利，書之三事曰利，此所謂君子未嘗不欲利。但專欲利而不顧義，則害于人。

人不經憂患、困窮、頓挫、折屈，則心不平，氣不易，察理不盡，處事多率，故人須從這裏過。

武公三以温柔爲言，蓋人纔温柔，則便是消磨那客氣，其德方可進。明道謂義理與客氣常相勝，横渠亦言學者先須去其客氣，故惟温柔可以集德。

伊尹惟其任底意思在，故未能與天爲一，而不得爲聖之時若。孔子曰：「吾其爲東周乎！」多少含蓄。

狂者于知上所得分數多，狷者于行上所得分數多。

後世正君知攻過，而不知養德，是謂無本。

古人以善爲常，多不記載；以惡爲反常，故時記之。後世之人，負大罪惡于身，不知媿恥，一有小善，沾沾自喜，可哀也已。

楊氏資質偏于剛毅，墨氏資質偏于寬厚，只緣不知至理所在，流于一偏。

祖望謹案：朱門弟子，潛庵其眉目也，然其遺書，今惟詩童子問尚傳，而餘皆未見。語溪人有宗輔録一編，所集潛庵之語，皆浮淺無甚精意，蓋出于庸人之手也。惜哉！今採其精者，僅一十二條而已。

輔漢卿説

易須識得辭變象占四字，如「初九潛龍勿用」，辭也；有九則有六，變也；潛龍是象；勿用是占。人謂本義專主占筮者，未識先生之意。鶴山雅言。

附録

陳本堂敏求齋記曰：「潛庵輔先生謂生而知之者義理，好古敏求者事實，理與事一貫，知與行相資，但恐求非所求，差毫釐，繆千里，其機甚危，故欲學夫子之敏求，當學孟子之求放心始。」補。

胡一中序詩童子問曰：「詩童子問者，潛庵輔傳貽先生所著，羽翼朱子之集傳者也。自三百五篇，穿鑿于小序，傅會于諸儒，六義之不明久矣，至朱子一正聖人之經，微詞奥旨，昭若日星。先生親炙朱子之門，深造自得于問答之際，尊其師説，退然弗敢自專，故謙之曰『童子問』。既具載師友粹言于前，復備論詩序辯説于後，俾讀詩者優柔聖經賢傳之趣，而鼓舞鳶飛魚躍之天，豈不大有功于彝倫也哉！」

宗羲案：先生之學，入閩者，熊勿軒、陳石堂其尤也；入東浙者，韓莊節、黄東發其尤也。逮至明初，而韓古遺及吾族祖黄菊東尚接其傳。於乎！道之行不行，豈以時位哉？何先生之牢落而自遠有耀乎？

百家謹案：輔潛庵一儒生耳，漕試四舉不第，陳秋塘送之詩云：「聞説平生輔漢卿，武夷山下啜殘羹。」其衰颯一至此也，而所傳之學，蜀則有魏鶴山了翁，閩則有熊勿軒禾、陳石堂普，吾東浙自韓恂齋翼甫傳子莊節性，余端臣再傳，而有黄文潔震，逮至有明，傳其學者不絶。此先遺獻云：「道之行不行，豈以時位哉？何先生之牢落而自遠有耀乎？」

潛庵學侶

輔先生萬

輔萬，潛庵先生從弟，亦事朱子。

直閣張主一先生洽別見滄洲諸儒學案。

文靖魏鶴山先生了翁別爲鶴山學案。

潛庵門人李、汪三傳。

文清董槼堂先生槐父永。附師葉師雍。

董槐，字庭植，濠州人。少喜言兵，論事慷慨，自方諸葛孔明、周公瑾。父永怒而嘻曰：「不力學，又自喜大言，此狂生耳，吾弗願也。」先生心愧，乃益自摧折，學于永嘉葉氏師雍。聞潛庵輔先生爲朱子之門人，往從之。登嘉定進士。歷知江州、主管江西安撫司公事。視其賦，則吏侵甚，下教曰：「吾涖州，而吏猶爲盜，不自悔，吾且誅之。」吏乃震恐，願自新。先生因除民患害，凡利有宜，弛以利民，唯恐不盡弛。又歷廣西運判兼提點刑獄。至邕州，上守禦七策，又與交趾約五事，南方悉定。累封至侯爵，同知樞密院事。寶祐二年，進參知政事。上疏請視師四川，詔報曰：「腹心之臣，所與共理天下者也，宜在朝廷，不宜在四方。」又上疏「願上官爵」，不許，進封濠梁郡公。帝日嚮用，先生言事無所隱，意在格心，不爲容悅，每奏，帝輒稱善。三年，拜右丞相兼樞密使。後因劾丁大全袞佞不可近，遂上書乞骸骨，不報。四年，策免丞相，以觀文殿大學士提舉洞霄宮。時大全亦劾先生，書未下，卽㊀發省兵迫遣之。于是太

㊀「卽」字，宋史本傳作「自」。

學諸生陳宜中等上書争之。其後屢用祀明堂恩加食邑，連封許國公。一夕，天大雨，烈風雷電，先生起，衣冠而坐，麾婦人出，爲諸生説兑、謙二卦，問夜如何，諸生以夜中對，遂卒。贈太子少師，謚文清。參史傳。

附錄

方文正孝孺曰：「董文清公槐、葉丞相夢鼎、王文憲公柏皆謂大學致知格物傳未嘗闕，特編簡錯亂，遂歸經文『知止』以下至『則近道矣』以上四十二字于『聽訟，吾猶人也』之右，爲傳第四章，以釋致知格物。車先生清臣嘗爲書以辯其説之可信。」

教授朱先生鵬飛

朱鵬飛者，崇德人也，從輔潛庵學，以進士教授高郵。

太學余訥庵先生端臣

余端臣，字正君，鄞縣人，太學生。以經學教授閭里，從之者數百人。其源出于輔潛庵，學者稱訥庵先生。

余氏門人李、汪四傳。

宗學王先生文貫

王文貫，字貫道，鄞縣人。早嗜學，與鄉先生余端臣遊。登進士第，教授眞州，除宗學諭，從遊嘗數百人。黄文潔公震，其弟子也。

知軍汪先生元春見下王氏門人。

輔氏所傳

寺簿韓恂齋先生翼甫

韓翼甫，號恂齋，會稽人也。官朝奉郎、大理寺主簿。有元取宋士人之在班行者，多擕故所受告敕，人換新命，先生獨挈家絶江而東，杜門不交人事。其學出于輔氏，梓材案：先生學出于輔氏，言爲輔氏之學耳，非必親受業于潛庵。用功本諸四書，四書通，然後求之六經，不貴文詞，不急禄仕，眞知力踐，求無媿古之聖賢，秦、漢而下，漠如也。門人陳普曰：「聆韓先生夜且誦四書，如奏九韶，令人不知肉味。」梓材案：黄氏補本，此下續云子忼、性。

劉敬堂先生□

劉□，號敬堂，□□人。熊勿軒遊浙中，嘗因受業，得聞文公晚年所以與黄勉齋、陳潛室論學之要旨，然後知文公之學。其體全體，其用大用，與世之所言，第以資誦説者，固不同也。參熊勿軒集。

梓材謹案：敬堂先生蓋亦輔氏所傳者。輔氏之學在浙中，故勿軒從而受之，兼得黄、陳之論也。

吏部安先生劉別見廣平定川學案。

王氏門人李、汪五傳。

知軍汪先生元春

汪元春，字景新，奉化人，受詩學于王文貫。嘉熙四年，鄉薦第一。明年，登進士第，累官宗學博士，出知興化軍而卒。嘗謂黄東發曰：「爲人如流水，但務平平，偶遇湍激，爲奇爲變，亦惟行其所自然。」

文潔黄於越先生震別爲東發學案。

怐齋家學

莊節韓先生性

韓性，字明善，怐齋之子。弱冠，博綜羣書，而于先儒性理之説，尤深造其閫域。延祐初，復舉科目，學者負笈而來，以文法請，先生語之曰：「今之貢舉，悉本朱文公私議，欲爲貢舉之文，而不知文公之學，可乎？四書、六經，千載不傳之學，自程氏兩夫子至文公而發明無餘蘊矣，顧力行何如耳。施之場屋，直其餘事。」先生之爲文，一主于理，凡經其口授指畫，自合繩尺。當時薦爲慈湖書院山長，謝曰：「幸有先人之敝廬可庇風雨，薄田可具饘粥，此外非所願也。」竟不起。蓋先生少傳其父之遺志，其所往來，王尚書深寧、王將作英孫、王理得、唐玉潛之徒，皆逸民，故終身不欲仕元。私謚莊節先生。雲濠案：黄氏補本載元史儒林傳云：「以門人李齊請于朝，謚莊節。」然攷之元史，爲先生請謚者，月魯不花也，則黄氏誤節史文矣。此傳作私謚亦誤。先生高祖膺胄始居越。蕺山先生父子皆師劉子澄而友楊敬仲，至先生始傳輔氏之學。其指授不爲甚高論，而義理自融。見人有善，必爲延譽，及辨析是非，則毅然不可犯。出門徒步，而行者讓道，至隸卒厮役，皆稱爲韓先生。所著有禮記說四卷、詩音釋、書辨疑各一卷、莊節先生集十二卷。雲濠案：一本作五雲漫稿十二卷。又續紹興志八卷。予嘗于永樂大典中見其集。修。

韓義行先生恍別見清江學案。

恂齋門人

徵君陳石堂先生普

陳普，字尚德，福之寧德人。所居有石堂山，學者稱石堂先生。稍長，聞恂齋韓氏倡道浙東，負笈走會稽從之遊。入元，開門授徒，歸然以斯道自任，四方及門歲數百人。朝廷三辟爲本省教授，不赴。

建州劉純父聘主雲莊書院，熊勿軒留講鰲峯，首議聖賢宜撤肖像，祀用木主，勿軒意合，且曰：「此事不革，斯文之運，未敢望其升也。」尋講饒、廣。晚在浦中十有八年，造就益衆。嘗曰：「性命、道德、五常、誠敬等事，在四書、六經中，如斗極列宿之在天，五嶽、四瀆之在地，舍之不求，更學何事？」延祐乙卯卒，年七十二。

石堂文集

承下問，仰見用功之勤，于先儒明理之書，必求洞徹，淺陋何足承厚意。然平生于此，亦嘗致思，恍惚之中，屢有所契，而不知手舞足蹈者。大略天下之物，其形體、性情、位分、度數，凡如此如彼者，皆是道理當然，所以千古萬古無一毫變易，蓋理至此止，不可得而易也。止此謂之極，無以加謂之太極，不過道理之總名爾。物有去來生死，而此道理常在人間，耿耿人心目中，所以聖人提出，濂、洛畫出。其所提出畫出，只是一箇所以爲物者而已，思之而見，察之而得，然則形迹聲臭，可以耳目聞覩，故謂之無極。無極太極，只是一箇，非有二也。有物必有則，有形必有性；則各有所至，性各有所極。物與形出于氣，而則與性卽太極之各具于物者，與物未嘗相離。然必別提出狀之于物上者，物有去來生死，其則其性，乃道理之本體，無時而不在也，故須別作一處，蓋欲使之見其則之必如是，知其性之常如此，故文公云「非有以離乎陰陽」。卽㊀陰陽而指其本體，不離乎陰陽而言，蓋形氣與理爲一。然形氣須作形氣

㊀「卽」字，原本作「明」，據龍本改。

說，道理須作道理說。既須各說，則須畫箇有形有氣者在下，無聲無臭者在上。形氣是所爲者，道理是所以爲者，便自分大小尊卑，一上一下，皆自然之理也。非獨如此，道理本是做一處，如前所言，但可以心見，而不可以耳目見爾。往年嘗以管見爲太極說一篇，其中有云：「物皆理之所爲，則物固小而理自大，物自沈而理自浮，物自後而理自先。」當時爲此，亦不曾念到濂溪圖。及孫伯御先生以爲「物與理不相離，豈可言浮沈」，始省得來指與人看一箇空圈在上，一箇空圈在下，如何不是浮沈，因此反得自慰，恨未及與孫言也。承下問，勸渠卻更須詳看周子本文，最上圈是太極，不可以耳目聞見，故曰無極而太極。意謂太極不可以形氣言也，蓋雖無而實有也；緣後之儒者，將太極作一塊混沌之氣，故立此二字以示人，使知其爲理而非氣。其辭則張南軒所謂莫之爲而爲者，最證得好。文理當然不可增減。下問所謂太極本無極，似太極之上，無所謂無極，蓋上一圈卽太極，太極卽是無極，別作一體不得。第二圈是半白半黑，是陰陽二氣，不可以太極言。但其圈之大、之圓，與上圈同，則又見其不相離之妙。中一小圈，謂太極卽在陰陽中常生常死、常有常無，謂自中央一箇分開作兩箇，只是頭上一大圈，但取在其中常爲主，非又別有一箇小底，故文公云：「中〇者，其本體也。」本體卽上文本體，小大不同，本非有異，亦猶五行下一箇小圈，見二五之合爲一者，又是大彌六合、小不滿一掬之義，畫出成此一箇，亦是妙處，非有意爲之也。圖下二圈，只是一體一太極。男女圈義深最當看，男女非指人之男女，謂天地之生，氣化之初，合下只有兩端，一陰一陽，一牝一牡，人之男女，草木禽獸之雌雄牝牡，皆在其中。橫渠所謂「陰陽兩端，立天地之大義」，亦此意也。二體既成，則形感之生，散爲萬殊，猶一男一女，分爲子孫，支庶百代，不知其極。又含一意，謂生物或有窮時，而乾道坤道之生常不息，只要天在地在，則人物皆無憂，此理又當意會，難以言語詳也。文公本體二字最好，謂物與太極不相離，而別提出畫出者，以其所以生而言也。本體者，所以生之謂也。程子不以示人，不過如文公之言。尊見之疑，只將無極太極合爲一，加詳周子本文，則自明矣。區區如此，精微至理，彷彿而已，必有漏綻，更望垂教。答謝子祥無極太極書。

普讀書不多，于象山、平山未能悉其表裏。姑據來示一二，則其于思、孟、程、朱之大義，已有胡、越參辰之擬。謂朱似伊川，陸似明道，朱似伊川則有之矣，陸似明道，豈不以陸之持敬有類于終日危坐如泥塑人者邪？又豈不以明道未嘗著書，而陸鄙薄傳註似之，抑謂陸亦元氣之會，能有龍德正中氣象邪？明道不壽，不及有書；伊川得年，以有易傳。若如陸說，則易傳爲虛作，而大、小程異趣矣。詩、書、易、禮、四書，微周、程、朱，學者至于今猶夜行耳。據當時，則朱之訓詁爲可矣。由今觀之，則朱之四書、詩、書、禮、易是邪非邪？可有邪不可有邪？漢儒性命之學微，正坐不識性命耳，不以傳註熾也，五經傳註豈可無？但視其是與非足矣！豈宜一切屏之，若高洋斬亂絲，不問其是非曲直，但與之一劍哉！六經註我，莊生之流，傲忽之辭。六經註我，而我于六經之義，仍猶有所未明，何哉？未辨太極面目，而遽斥無極之非，未詳于易，而遽目易爲註我，此所爲傲忽者也。先立其大，則必略其小，而迷于下學上達之途矣。且有小德出入之弊，近日有磨礪大節，至其平居，則放言縱欲，致犯清議者，此說開之也。大概陸學多犯朱書明辨是非處。論語註中所謂：「力行而不學文，則無以考聖賢之成法，識事理之當然，而所行或出于私意。」又曰：「子夏之言，其意善矣。然其流之弊，將或至于廢學。必若上章夫子之言，然後爲無弊也。」又曰：「不切則磋無所施，不琢則磨無所措，故學者雖不可安于小成而不求造道之極致，又不可騖于虛遠而不察切己之實病也。」中庸註中所謂：「賢者行之過，以道爲不足知，此道之所以常不明也。」大學或問中所謂：「不知衆理之妙，而無以窮之，則褊狹固滯，而無以盡此心之全。」又曰：「藏形匿影，别爲一種幽深恍惚艱難阻絶之論，務使學者莽然措其心于文字語言之外，而曰道必如此，而後可以得之。」又曰：「先其大者，不若先其近者之爲切也。」又曰：「今日格一物，明日格一物。」凡此無非程子之言者。諸家所記程子之言，此類不一，不容皆誤，不知何所病而疑之。豈其習于持敬之約，而厭觀理之煩邪？孟子註中所謂：「告子之不動心，殆亦冥然無覺，悍然不顧而已耳。」凡此皆陸學氣象多相似。答上饒游翁山書。

莊節學侶

山長任松鄉先生士林

任士林，字叔實。其先緜竹人，徙居奉化。梓材案：趙松雪誌先生墓云：「少師希夷之後，八世祖來居奉化，又再世而居琦山。」琦山屬鄞，故謝山云鄞人。講道會稽，授徒錢塘。至大初，以薦授安定書院山長。著有中易、松鄉集。參寧波府志。

中易自序

大哉，乾乎！立天之道，曰陰與陽，立地之道，曰柔與剛，立人之道，曰仁與義，如斯而已矣。是故在天成象，在地成形，聖人設卦之宜也。化而裁之，存乎變；推而行之，存乎通；神而明之，存乎其人，聖人作易之旨也。易乎，易乎！彰往而察來，鉤深而致遠，原始而反終，其幾神矣。子曰：「舜隱惡而揚善，執其兩端，用其中于民。」此之謂也。詩云：「鳶飛戾天，魚躍于淵。」言其上下察也。然而子思沒，中庸之道不明，而易隱矣。予生千載之後，獨抱全經，潛心研思，亦既有年，然後豁然始悟天地之變，人事之始終，作爲中易，分上下篇，三陳其卦，所以極河、洛之數，成大衍之用，體天地之撰，盛德大業，顯仁藏用，一本坎、離、頤、大、小過之妙，既、未濟、隨、蠱之幾，井、噬嗑、賁、困之感，屯、鼎、革、蒙之推，聖人通變立言之旨，粲然甚明，格物致知、誠意正心、修身齊家、治國平天下之道盡在是矣，可不究乎？子曰：「天何言哉？四時行焉，百物生焉。天何言哉？」此夫子之所以爲聖也。

梓材謹案：謝山奉萬九沙問松鄉集書云：「任士林者，鄞人，當宋季元初時。其人與謝皐羽、唐玉潛友善，博學，工文詞。當是時，鄞、江稱著述手者，首學士袁公桷，而士林實與齊名。」據此，則先生之梗概可知。又案：先生講道會稽，當是韓莊節輩學侶也。

教諭黃戇庵先生叔英別見東發學案。

劉氏門人

參軍熊勿軒先生禾

熊禾，字去非，一字退齋，建陽人。志濂、洛之學，乃訪考亭之門人輔氏而從遊焉。梓材案：董丞相槐爲嘉定六年進士。次年甲戌，下至咸淳十年復在甲戌，如先生與丞相同學于潛庵，不當年歲懸絶如是。所謂考亭之門人輔氏，亦謂輔氏之門耳，非親受業于潛庵可知。又案：王宗學文貫爲寶慶三年丙戌進士，前于咸淳甲戌者四十八年，已爲潛庵再傳弟子，益知先生之非親受業也。咸淳十年，登進士第，授汀州司户參軍。入元，不仕。謝枋得聞而訪之，相與講論而別。束書入武夷，築洪源書堂講學，凡一星終，乃歸故山，築鰲峯書堂，及門者甚衆。嘗與胡一桂論學，謂「秦、漢以下，天下所以無善治者，儒者無正學也。儒者所以無正學者，六經無完書也。六經無完書，則學不可得而講矣。儒者無正學，則道不可得而明矣。千五百年，牽補架漏，天地生民何望焉？考亭夫子平生精力在四書、詩、易，至于書，則付之門人。九峯蔡氏猶未大暢厥旨。三禮雖有通解，缺而未補者尚多。勉齋黄氏、信齋楊氏粗完喪、祭二書，而授受損益，精意究無能續之者。春秋則不過發其大義而已，豈無所俟于來學乎？當吾世不完，則亦媿負師訓矣。」先生于六經，柢儀禮、外傳未及成，餘皆有集疏。每經取一家之説爲主，裒衆説以證明之。已而春秋通解厄于火。今所傳者，易義、大學講義而已。皇慶元年卒，年六十。學者稱爲勿軒先生。

勿軒文集

記甲申歲，余始卜居武夷之南，邑里秀俊，相與遊從者，固不乏人，而求其穎異成材者，指亦未易多屈。當路崇植儒官，獎引士類，惟儒官一途爲捷徑，于是年盛力强，欲藉以奮身者，胥出焉。隱屏之下，曲溪之濱，歲歲作贈語，餞友朋，散在郡邑，蓋不少矣。樵泮居閩上游，往年拔其尤一人爲之正，曰劉某，今年拔其尤一人爲之録，曰詹君履，皆武夷舊遊也。君履行有日，同舍各致贈言之義，余將何以告子，則謂之曰：「當路遴選儒官一途，非但可資以進身也，涵養德器，修礪學業，正在此時。夫以一鄉未足而之一國焉，見聞頤養，當益廣矣。今風俗偷薄，綱常埽蕩，前修文獻欲盡，吾閩自道南以來，號小鄒、魯。樵昔爲多士之國，當有韜德蘊道，升堂而發薰養之歎者。坐明倫堂，領袖前廡，豈但曰友之云乎？抑當有事之者云耳。請告子以樵先正故事。方伊、洛之學盛行，西山李氏早年登龜山之門，嘗與以求仁次第，每有所講，必曰：『不然，參之二十年，然後涣然不逆。』漢上朱氏，一日見上蔡問爲學之要，朗誦『子見齊衰』與『師冕見』二章曰：『一部論語，盡説與賢矣。夫仁者之旨義，何待二十年而有得？而此二章，亦何有乎精妙，而足以盡一部論語之大義？此在學者深思而自得之。』伊洛之學，有傳于樵者，自二公始，乾、淳盛矣。端明黄公道德之懿，師表宇內，以文公之行，行之鄉國，凡書俯伏請納端拜之禮，流風懿範，藹然逮今。果齋諸賢，克紹考亭之學，又其後出也，遺言緒論，必尚可尋。此皆後學所當景慕而取法焉者也，君履其勉之。謙恭自下，以持其身，勤敏不怠，以造于學，常若武夷相與遊從時，修途萬里，發軔正不佚忙，巨木千尋，其培根也不可不厚，君履其重勉之。送詹君履學正序。

梓材謹案：此下有考亭書院記一條，移入晦翁學案。

僕于雲谷之陽，鰲峯之下，創小精舍，中爲夫子燕居，配以顏、曾、思、孟，次以周、程、張、朱：濂溪、明道、伊川、橫渠、晦庵五先生，隆道統也。或有議者曰：「文公竹林精舍，以六君子從祀。先朝表章文公之道，取其法，行之太學，達于郡縣。今乃邵、馬二賢不與焉，無乃非文公之初意邪？」曰：「從祀之典，凡先儒之有功德于聖門者咸在。若夫配食先聖，則非其道德功言足以得夫聖統之正傳者，不足以與此也。韓氏曰：『軻之死，不得其傳。』此五先生所謂吾無閒然者矣。後有作者，不可易也。若夫邵、馬及張、呂諸賢，固以秩在從祀矣，非去之也。文公贊六君子，乃其一時景行先哲之盛心，而竹林之祠，增延平先生爲七賢，又以致其平生尊師傅之意，是固各有攸當，非可以此爲疑也。」歲在癸卯之夏，三山郡泮議創新祠，郡博士東武劉叔敬諗予曰：「泮舊有道立堂，按舊碑，蓋取師道立善人多之義。自濂溪而下，凡十有五人，首六君子，次廣平游氏、龜山楊氏、豫章羅氏、延平李氏，次晦庵朱氏、南軒張氏、東萊呂氏、西山蔡氏、勉齋黄氏。丙子兵戈之後，司文臺典教職者，又益以北山陳氏、信齋楊氏、說齋楊氏、庸齋趙氏，凡五人，皆學于文公，亦所以昭是邦文物之懿也。但考之郡志，西山真氏帥三山時，嘗創尊道閣，祀文公，但以勉齋配。道立堂舊祠亦止于勉齋。今廉臺之長恪齋嚴公更創新祠，欲復尊道之舊，而議者言人人殊，子其有以教之。」僕曰：「是祠若仍道立之名，則爲隆師道而設，姑仍其舊可也。但師弟子不應皆北坐南向。勉齋以下，北山信齋諸賢，皆北面受經于文公者，乃侈然並居南面之列，此則有不可不正者。若更尊道之名，則爲隆道統而設，其祠固當止于五先生，他有不得而與焉。邵、馬、張、呂諸賢，自有從祠彝典。廣平、龜山、豫章、延平、西山諸賢，則建創鄉郡，各有專祠。稽之禮經，國無先師，則合于鄰國，勉齋爲朱門道統單傳，又不但三山一邦之望，莫若正西向侑食之位，雖不合于鄰國可也。西山尊道初意，亦正如此。」時盱江德臣李君亦曰：「饒之石洞，亦以夫子居中，配以顏、曾、思、孟，周、程、張、朱五賢，勉齋繼之。時曲阜孔君申卿實主其議，遂白之嚴公，首以爲允，于是繪像立祠，更扁「尊道」。又以僕嘗與聞斯議，且屬爲記。適莆陽史侯有刊修禮書之約，遂不得竟其事。繼會莆陽博士永嘉宋蜀翁議創先賢祠，亦以下問。僕援此答之，皆以爲允。但有以程、張坐次爲疑者。蓋横渠于二程爲表叔，端平從祀之典，張先于程，竹林七賢之祠與六君子之贊則程先于張，二者不同，議卒靡定。僕曰：「横渠之學，得于二程，皐比之撤，與夫平居議論，歷歷可攷，聞道在先，固有所受也。但當以竹林之祠爲正，此乃學校之公，不得與家庭之私例論矣。」于是莆之新祠，位置遂定。會孔君以三山士友之請，屬記于史侯，深言尊道之祠，止于五賢，不及邵、馬者，乃萬世道統所係，惟當以此爲定。孔君又言曲阜舊有五賢祠，乃祀荀、楊諸賢，今祠已燬，歸當請之衍聖公，更議以此五賢易之。此不惟大明洙泗之正傳，亦以一洗漢、唐之陋習，扶世立教，抑邪崇正之功宏矣。因其行也，力贊勉之。私竊自謂山中一時綿蕝之禮，或者因莆、福二郡以爲之兆，亦區區之志也。忽三山朋友以書來詰，謂舊祠以邵、馬以下凡十有四人，皆從改撤，公議之戈，莫不倒指于首議之人，子當何以解之？且賢牧、鄉賢二祠，亦聞有所建白。若其果然，愼勿復言可也。余蓋深歎世衰道微之餘，學校無公論，迺至于此，自可忘辯。然斯道所關，則亦不可以不直者，輒申其義，或者儻有察焉，亦學校風化之一助也。三山郡泮五賢祠記。

或謂：「文公贊六君子，竹林祠七賢，今尊道之祠，止及五先生，而不及邵、馬，其義可得聞乎？」曰：「尊道有祠，爲道統設也。古者建學立師，教學爲先，而其所學，則以道德功言爲重，而道其總名也。太上立德，其次立功，其次立言，是三者，皆非有得于道不可。立德者，道之本也。立功者，道之用也。立言者，所以載道之文也。言學而無見于道，則不足以爲學。言道而無得乎道之全體，則亦不足以爲道矣。是故一善之德，亦可以言立德，一時之功，亦可以言立功，一語之有關于世教，亦可以爲立言，而皆無見乎道體之全，則亦不足與乎道統之正矣。今觀六經之文，皆其德被生民，功加萬世，堯、舜、禹、湯、文、武、周公、孔子之傳在是。自是之後，四代禮樂之具，惟顏氏有之。晚年則惟曾子所傳，獨得其宗。曾傳之思，思傳之孟矣。大學、中庸七篇之書，皆可具見。道喪千載，直至濂溪、明道、伊川、橫渠、晦庵五先生，而後此道始大明于世，而其學皆足以爲天地立心，生民立極。往聖繼絶學，萬世開太平，其立德立功立言，未有大于此者矣。若夫康節、涑水，謂非世之大賢不可，而其學視此則有閒矣。駕風鞭霆之英傑，非可與準繩規矩之君子同科。空中樓閣，自是宇宙閒一卓偉之見。觀其玩視古今，遊戲物外，其出言制行，不免近于高曠，非可以爲世常法者也。程子與康節居洛三年，未嘗一語及其學，亦謂是也。若涑水之力行苦節制行，非不誠一，而前輩謂欠卻致知一段，如尊楊雄而疑孟子，黜漢統而帝曹魏，正自有不可揜者，又不待辯而定也。故五先生直可以繼顏、曾、思、孟之次，配食夫子，而邵、馬則亦仍舊祀之典可也。

或謂：「邵、馬與張、呂諸賢，秩在從祀，固無以議爲也。但此五先生者，所在郡縣，別立祀庭，自爲專享，得不傷于煩乎？」曰：「學校之祀典，不正久矣。五賢者，所在郡縣，非無祀秩，然學校各別爲專祠，或以所居之邦，或以遊宦過化之地，或特以義起，載在先儒文集與夫碑誌之類，其來非一日矣。揆之人心，稽之公議，未有不以爲允者。是果何故？吾聞道統于一，祀典亦當定于一，後世乃裂而二之，謂之不傷于煩，不可也。此事之失，源流闊遠，豈一言可斷哉！兩廡從祀，理宜損益。孔庭之祀，按貞觀二十一年，顏回以下，次以左丘明等二十二人，升侑尼父。開元八年，始塑十哲，繪七十弟子及二十二賢于壁。二十七年，又以曾參而下止六十七人，遂以杜佑通典所載，益以林放等五人，以足七十二人之數。此不過唐禮官一時建議云耳。宋仍唐制，不復更改，至今按爲定式。竊謂學者尊事聖賢，春秋祭享，非但崇飾俎豆，姑以盡吾報本之心而已。必其平時方寸之間，真有信慕服行之素，則斯道氣脈相屬。今也姓名昧昧，年代闊遠，尋常方册之間，耳目尚有不接，一旦對越之際，肹蠁豈易遽通？此文公竹林之祀，所以止于顏、曾、思、孟配享，六君子從祀。今所在書院，但按此爲法，亦恐其煩也。程子本言十哲，世俗之論，抒之晝寢短喪，求之聚斂具臣，已見責于聖門，況顏子既升配享，又增子張爲十哲，果何義邪？十哲之外，若南宮适、宓子賤、蘧伯玉、曾晳、漆雕開、澹臺滅明、原憲、有若、公西赤之徒，班班見于傳記所載，亦可數矣。此其當正者一。又七十二賢之下，益以諸儒二十二人，此蓋唐禮官一時見其六經、三傳，曾有訓詁之勞，故悉從而位置之，不復甄別。西都承秦絶學，若伏生之書，毛萇之詩，大、小戴之禮，左氏、公穀之春秋，與鄭、孔諸儒之傳疏，雖其間不無同異，謂其無羽翼聖經之功，不可也。學者言必根理，文必稱行。馬融爲竇憲作奏草一事，誣陷忠良，漢祚以傾。平日聚徒著書，竟亦何用？杜預建短喪之議，自背于春秋。王弼尚老、莊之學，自背于易。凡若此類，訓詁何取？此其當正者二。又如孟氏之後無傳，濂、洛未興之前，寥寥千載，獨一董仲舒，學最正，行最醇，顧不得秩在從祀。而楊雄美新投閣，不能掄綱目「莽大夫」之書；荀況以性爲惡，以禮爲僞，大本已失，更學何事？至今二人上敢與孟子同列，下猶不失與王通、韓愈並稱。向微文公品論權衡之定，則孟子終貶，而荀、楊輩偃然得在弟子列矣。世教不明至此，可勝歎哉！此其當正者三。宋諸儒如康節、涑水、南軒、東萊四賢，固已在從祀之典。泝其淵源，豈無尚有攷論者？龜山載道而南，再傳爲延平李氏，學行醇正，其傳是爲文公。竹林從祀，亦在六君子之次。又文公之學，惟勉齋黃氏獨接其傳，問學操行，一出于正，且其羽翼四書、三禮之功爲大。三山郡泮亦爲之大耳。道無二統，不合不公，誠有作者，表章正學，統一聖賢，首之京師，達之郡縣，大明學校祀典，一正天下人心，凡若此類，首宜損益，決不可以唐開元一時禮官無識之輕議，遂以爲千萬世不刊之定典也。」

或謂：「祭祀之禮，各從國俗之舊，若構立新祠，以義起禮可也。今所在郡縣，各有舊祠，或繪或塑，以子之言，一從毀撤，于人情豈無不安者乎？」曰：「是何言也！承訛踵謬，樂因循，憚更改，此漢、唐千載弊政也，豈但此一事哉！仍舊貫之言，聖人予之，亦謂可以改可以無改者耳。學校祀典，所以正人心，明世教也。清議所在，不可厚誣，理有當更，對越無媿。嘗記荆公配享廟庭，其子雱從祀廡下，權勢所在，何向不可，一朝毀撤，萬口無辭。且如從祀之典，仲舒當在所益，楊雄、馬融之類當在所損，此皆不可一日不正者，豈可習之爲安，而以毀撤爲嫌乎？三山郡泮舊志先賢祠，止陳公襄等五人，後增至十有一人，今則五十餘人矣。鄉牧祠内，有某人者，顯爲清議不容，舊曾守土不死封疆，姑且勿論，丁丑、戊寅之問，反覆變詐，見之大書榜中，至今人猶誦之，以爲戲笑。當其再叛也，何至如此詆毁！及其再附也，又何用如此夸誏！後又奮緣一謚，命下之日，有作詩諷之者，曰：『兩朝忠義傳，俱有某人名。』方其反覆之際，題門曰：『葵藿有心終向日，杏桃無力謾隨風。』是全不知有世間羞恥事。以此爲文章問學，以此得朝廷爵謚，又以此齒學校祀典，豈可不爲郡泮羞，豈可不爲世教惜！舊嘗建白公堂，顧不得以子孫權勢赫奕，有所辟而不行也。雖然，又不特三山一郡爲然矣。」

或謂：「程、張坐次，以竹林之祠爲定，固不得以家庭之私，妨學校之公矣。雖則顏、曾、子思以坐像配享堂上，顏路、曾皙、伯魚以立像從祀廡下，或者疑焉。如此則學校祀典之公，亦不可以家庭之私爲斷乎？」曰：「是不可以此爲斷矣。學莫大于明人倫，人倫莫先于父子，子坐堂上，父立廡下，非人道一日所可安也。且子雖齊聖，不先父食久矣。必仍今之制，則宜別設一室，以齊國公叔梁紇居中南面，顏路、曾皙、孔鯉、孟孫氏侑食西向。春秋二祭，當先聖酌獻之時，以齒德之尊者爲分獻官，行禮于齊國公之前，其配位亦如之。兩廡更不設位。如此則亦可以示有尊而教民孝矣。但有王者作，禮當損益，祀不可瀆也，姑誌于此。」

或謂：「顏、曾、思、孟所在學校，皆東坐西向，于義何居？」曰：「舊例循習已久，問之先輩，皆莫能通其義。或謂神道尊右，西廡乃迎送神之所，辟右者，不敢當尊也，故獻官序立東廡之前而行禮，執事者升降必由東階，蓋其義也。然則今之十哲配享，兩廡從祀，皆左右列，則有所不通矣。向嘗見一野史，載夫子廟庭，只有顏、孟配享，皆東西向。後因王安石配享，遂以顏、孟東坐西向，王安石介于顏、孟之問，西坐東向。後來雖撤去安石配位，而顏、孟坐次亦因而不改。竹林精舍初創，但就中增入曾子、子思二神位，而先朝取其法行之，亦承襲不暇攷正。今宜改爲東坐西向北上。神道尊右，兗國公顏氏西一，郕國公曾氏東一，沂國公孔氏西二，鄒國公孟氏東二，周、程、張、朱五先生又以次列東西行，則合舊矣。然所謂舊制者，亦開元二十八年以後之制，亦非古也。按開元禮，夫子猶西坐東向，蓋儀禮特牲太牢饋食，禮尸位也，配位西向，主人位也，從祀南向，衆賓位也。開元末年，夫子始封王爵，襲衮冕，執鎮圭，遷爲南向，失之矣。世學不講，有論及此者，則以爲怪，安得一復古制之爲快哉！」

或問：「所在郡國學校，各祀鄉之先賢，或郡之良牧，于禮亦有稽乎？」曰：「禮有祀先賢于東序及祭鄉先生于社之文。前之所言，蓋天下通祀也。若以一國一鄉論之，各有先賢鄉先生，其節行足以師表後進，軌範薄俗者，固在鄉國之所當祀矣。孔明之在南陽，宣公之在吴江，管幼安之在東海，陽城之在晉鄙，三代而下，論天下人物，亦當首稱正，使列侍聖門，夫亦何歉？顧道喪千載，淵源無所考泝耳。又如蜀之文翁，閩之常衮，首開一方文治，雖去之千載，猶思慕之，雖欲不祀，人心獨無慰乎？凡若此類，宜悉詔郡國，按彼舊志，採其尤著者，悉以來上，列之郡祀，咸秩無文，或復其子孫，録其賢裔，舊有祠廟去處，必爲守護增葺。亦所以昭示朝廷褒美先賢之意，雖後有作者，亦莫之易也。」

或問：「子所言首之京師，達之郡國，大明學校祀典，一正天下人心，但京師太學與郡國之學，考之古今，不無異制，不知尚有當考論者乎？」曰：「道者，天下通行之道，則其所以爲教者，自天子至于庶人一也。先王建學，必祀先聖先師，自古至今，未有以異。獨五學之説不同，禮家謂詩、書、禮、樂各有其師，所以爲祀亦異，則疑出于漢儒專門之傅會。三代以上，大道未分，必不至此。蓋嘗聞之師曰：『五學之制，中爲天子之學，所謂太學是也。小學亦只在王宮之南，不惟天子視學行禮爲便，而元子庶子與夫公卿大夫之適子入學，亦近而易習。東西南北各設學，以待四方之士。自國之貴胄與鄉之俊秀，及諸侯貢士以備論選者，未必咸在天子之學，則亦隨其方而處之。』意必古有其法，而唐之國學、四門學，恐亦其遺意也。是故京師首善之地，莫先于天子之太學矣。又嘗聞之，天子太學祀典，宜自伏羲、神農、黃帝、堯、舜、禹、湯、文、武，自前民開物，以至後天致用，其道德功言，載之六經，傳在萬世，誠萬世天子公卿所宜取法者也。若以伏羲爲道之祖，神農、黃帝、堯、舜、禹、湯、文、武各以次而列焉。皐陶、伊尹、太公望皆見而知者，周公則不惟爲法于天下，而易、詩、書所載，與夫周禮、儀禮之書，皆可傳于後世。至若稷之立極陳常，契之明倫敷教，夷之降典，益之贊德，傅說之論學，箕子之陳範，是皆可以享于先王者，天子公卿所宜師式也。以此秩祀天子之學，禮亦宜之。若孔子實兼祖述憲章之任，集衆聖大成，其爲天下萬世通祀，則首天子，下達夫鄉學，春秋釋奠，天子必躬親蒞事，養老乞言，退就師保，一言行，一政事，天子一是以此爲法。教化本原一正于上，四方其有不風動也哉！夫然後公卿近臣，各舉天下道德學問之士，以禮延聘，萃于京師，館之太學，一如明道先生熙寧之所奏，講明正學，以次傳授，自國學達于郡邑鄉校，其爲學，一依古人小、大學教法，凡近世學官一切無用之虛文，悉以罷去。學問必見之踐履，文章必施之政事，使聖人全體大用之道復行于世，不數十年，作養成就，士習丕變，人材輩出，先王至治之澤，不患不被乎天下，顧上之人力行何如耳。」以上祀典議。

梓材謹案：勿軒祀典議本九條，今以其第二、第九兩條移入百源學案。

洪荒之世，氣浮而爲天者，不過茫茫一太虛耳，固未有度數之分也。黃帝、顓頊雖云造歷，蓋未詳也。至帝始命羲、和分掌天地四時，于是推步之法愈密，日月星辰之麗于天者，始則而象之。歲分爲四時，又分爲十二月，又分爲三百六十日，因其氣盈朔虛，又爲置閏，以應周天之度，于是天道可得而成矣。質凝爲地者，亦不過一塊土耳，固未有疆理之別也。黃帝雖曰分州畫野，亦未詳也。至帝始咨四岳，舉其能治水者，以拯斯民墊溺一朝之命。鯀不能治，而禹繼之，其施功之最難者，莫如冀、壺口、龍門等處。此蓋混沌初分，水未有洩，積之歲久，衝決奔放愈甚，則懷襄之害愈烈。禹因其勢，疏鑿而順導之，若其次第，則先青、兖、徐、揚之下流，而荆、豫、梁、雍，以此底績，弼成五服，自侯甸至綏，而封建之制以立，成則三壤，自畎澮至川，而井田之法以成，于是地道可得而平矣。自羲皇、黃帝之後，又適當一元文明之會，風氣驟開，創制之法，維其時也，五典惇，五禮庸，五服章，五刑用，法度禮樂彰彰然著明，如日月行天，亘古常見。此又立人之道，以參贊天地化育之所不及者，蓋萬世之功也。帝堯萬世之功論。

天下之治亂繫風俗，風俗之美惡繫人心，三代固皆有道之長也，而商之一代，風俗爲最美。每讀商書之終篇，紂之亡，三仁寧死、寧遯、寧佯狂爲奴，所以自靖自獻者，不敢負先王之心；夷、齊叩馬一諫，凜凜乎萬世君臣之大義，雖聖人復起，不可易也。或言微子先抱祭器歸周者，非也。書所謂「我不顧行遯」，「我罔爲臣僕」者，去而避紂，曷嘗有去商卽周之事哉！歸周以全宗祀，自是商亡以後事。比干之死固已安之。箕子之佯狂，後來武王下車訪道，授聖大法，而終不爲之臣；朝鮮長往，用廣宗祀，此其志何如哉？不但是也，當時爲商之臣若民者，大率有不肯臣周之心，大誥、洛誥、多方、多士諸篇，班班可覩，雖周人目之爲頑，在商則不失爲義矣。陳同父所謂歷三代而後世變風移，蓋當康王之世，歸周且四十年，壯者已老，老者已死，其逋播遺黎，真是至死不貳，亦可見商一代之人心風俗矣，夏末之前聞也。周平王以後，奄奄如一尫羸病廢之人，略無能出一匕强劑以起其生，則所謂養成一代之人心風俗，有王者作，誠不可已也。商有三仁兩義士論。

汪氏門人李、汪六傳。

鄉舉徐梅江先生天錫
教諭徐先生天彝合傳。

徐天錫，字禹圭，其先奉化人。父景山家于鄞。先生與弟天彝皆刻志好學，家貧無書，晝鈔夜讀，受業汪元春之門，兄弟自相切劘。先生兩中浙江鄉試，卒以母老不仕。鄉人因其所居，稱曰梅江先生。天彝，字禹疇，嘗舉爲滋溪學教諭，不赴。爲人沈静，無疾言遽色，年八十四卒。參寧波府志。

莊節門人愉齋再傳。

隱君黄先生奇孫

黄奇孫，字行素，新昌人，尚書度曾孫也。師事俞浙、石余亨及安陽韓性。入元不仕。所著有蚓鳴集、南明志，又輯其祖三朝言行録。補。

郡守李先生齊

李齊，字公平，廣平人。元統初進士第一，知高郵府，有政聲。張士誠據泰州、淮南行省，遣先生往招降，被拘。久之，縱歸，已陷高郵，爲其所害。先生嘗學于韓莊節性，及爲御史，以性行義上聞于朝，會性卒而止。修。

參軍王先生冕

王冕，字元章，諸暨人也。貧家兒，竊喜讀書，安陽韓性聞而異之，録爲弟子，遂爲通儒。性卒，門人事先生如事性。北遊燕都，泰不華薦以館職，先生即日南轅，隱九里山下，樹梅花千本。嘗倣周禮著書一卷，祕不示人，更深挑燈朗誦，歎曰：「持此以遇明主，伊、吕事業不難致也。」有明攻越，授以諮議參軍，一夕病死。修。

編修夏先生泰亨

夏泰亨者，會稽人也，安陽高弟。百家纂。

梓材謹案：紹興府志載先生字叔通，領鄉薦，官翰林院編修。著有詩經音考。

陳氏門人

山長韓中村先生信同附門人王禧翁。

楊先生琬合傳。

黄先生裳合傳。

韓信同，字伯循，福寧人。陳石堂普以道學倡，士未有信之者，獨先生與其友楊琬白圭、黄裳彦山執弟子禮。刊落舊聞，貫穿周、程、張、朱之説，毫分縷析。建安聘主雲莊書院，以四書、六經爲課試屬科目，未興，學者方務詞賦，爲之譁然。先生謂之曰：「文公四書，天心所在也。科舉極弊于宋，廢必復，復則文公私議必行。」延祐甲寅，科舉法行，衆始翕然以服，弟子日益進。至順壬申卒，年八十一。嘗曰：「讀大學傳不知淺深始終，讀中庸不知支節脈絡詳略巨細，與凡諸説同異得失，讀論、孟不知以門弟子所問爲己問，孔、孟所答爲己聞，非善爲四書者也。吾嘗聞陳先生讀四書法，各章五十徧，三年七八反，大字小字如流水，又必字求其義，句逆其情，涵泳從容，無少間斷，則庶乎有以得之。」又曰：「文公精力盡于此書集註、章句、或問，學者專用力，庶不爲他説所亂。近世饒氏謂新民不可使止至善，但可使之樂樂利利則明德，殆別有一至善邪。」又謂：「性道教不當兼以物言者，彼于性善之奥，萬物一原之妙，蓋甚昧也。」學者稱爲古遺先生，又號中村。所著有四書標註四卷、易詩三禮旁註、書集解、書講義、諸史類纂若干卷、詩文集十餘卷。其門人曰王禧翁，字馬山，其壻也；曰黄洵饒氏，明人纂大全，多采黄氏之説。

中村遺書

不知孝弟爲仁之本，便是兼愛；不知仁爲孝弟之本，便不識性。

「三省」曾子入道處，「一貫」曾子悟道處。

性與天道，只在詩、書、執禮中。

「四海之内皆兄弟」，輔氏謂或啓人輕視天倫之心，最是。集註所以謂其意圓語滯。

邦無道富貴之可恥，甚于邦有道貧賤之可恥。

熊氏門人敬堂再傳。

董先生真卿別見介軒學案。

鄉舉安先生實

安實，字子仁，本姓哀，長吉曾孫，易今姓，勿軒熊氏弟子也。刻苦務學，志剛理邃，嘗預計偕，凡三勸駕，竟齟齬以卒。補。

古遺門人恂齋三傳。

孝子黄洵饒先生寬

黄寬，字洵饒，福鼎人。事親孝，苦學工文。世變避兵，以憂慼卒，無後，貢師泰爲誌銘。著有四書附纂、時事直紀。參福寧府志。

知誥張先生以寧

張以寧，字志道，古田人。年十五，往寧德受業于韓古遺，歷五年而後歸，學業大進。登泰定丁卯進士第，累官翰林院。入明，官翰林侍讀學士、知制誥，兼修國史。出使安南，歸而卒。補。

鄉舉林先生文珙

林文珙，字仲恭，三山人，天歷己巳鄉舉，韓古遺門人也。

鄭先生轙

鄭轙，字子乘，霞浦人。少受業于韓古遺，古遺嘗曰：「君可續吾閩五賢理學。」古遺卒，心喪三年著有詩文集。參道南源委。

祖望謹案：鄭轙不知何所人，亦見梨洲序目。梓材案：謝山未查福建通志，故云不知何所人。

宋元學案卷六十五

木鐘學案

黄宗羲原本　黄百家纂輯　全祖望修定

木鐘學案表

陳埴　父煜。晦翁、水心門人。延平、白水、籍溪、屏山、鄭氏再傳。元城、龜山、譙氏、武夷、豫章、徐氏三傳。涑水、二程四傳。

——翁敏之

——翁巖壽——胡一桂

——車安行——從子若水　別見南湖學案。

　　　　　——從子若綰——子瑢

　　　　　——從孫惟賢

——董楷

——徐霆

——趙復齋——賈漢英——嚴侶

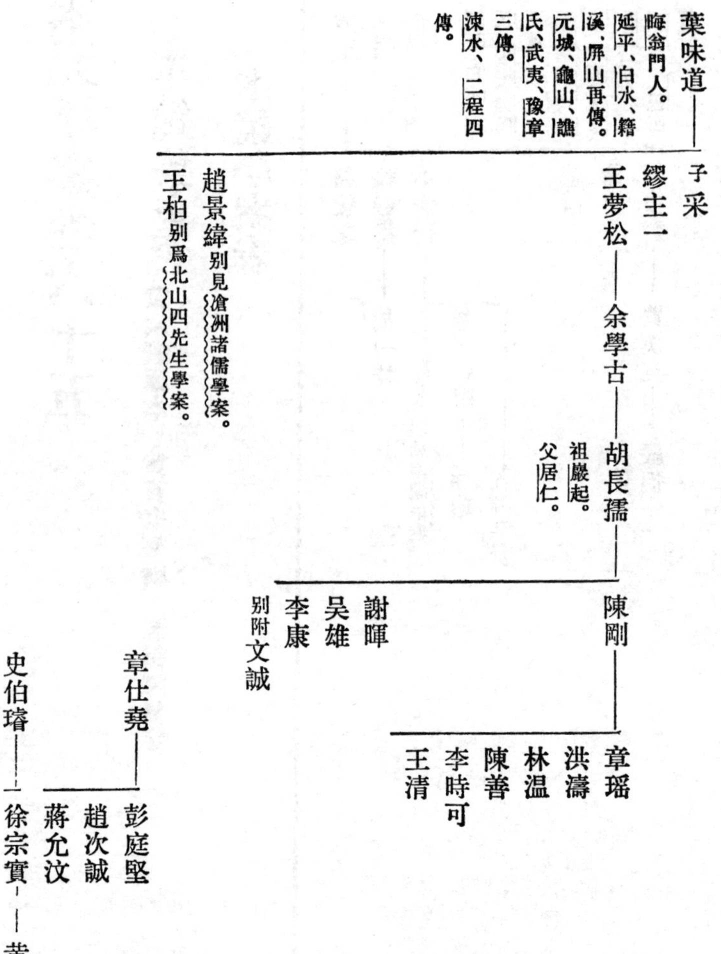

葉味道 晦翁門人。延平、白水、籍溪、屏山再傳。元城、龜山、譙氏、武夷、豫章三傳。涑水、二程四傳。

子采

繆主一

王夢松——余學古——胡長孺 祖巖起。父居仁。

陳剛

謝暉

吳雄

李康

別附文誠

章瑤

洪濤

林温

陳善

李時可

王清

趙景緯 別見滄洲諸儒學案。

王柏 別爲北山四先生學案。

章仕堯——彭庭堅

趙次誠

蔣允汶

史伯璿——徐宗實——黄淮

並朱學之餘。——徐興祖——張文選

謝夢生 潛室、西山講友。

木鐘學案序録

祖望謹案：永嘉爲朱子之學者，自葉文修公與潛室始。文修之書不可考，木鐘集猶有存焉。自是而永嘉學者漸祧艮齋一派矣。述木鐘學案。梓材案：是卷本稱潛室學案，謝山始易其稱曰木鐘。葉文修亦朱門高弟之在永嘉者，其派亦并入此卷。

朱葉門人李、鄭再傳。

通直陳潛室先生埴父焴。

陳埴，字器之，永嘉人，舉進士。少師水心，後從文公學。其言「善問者如攻堅木，善待問者如撞鐘。朋友講習，不可以無問也，問則不可以無復。今之不善問者，徒先其所難，後其所易，取其節目之堅，乃欲一斧而薪之；不少徐徐以待其自解，則匠石從旁而竊笑之矣。至其待人之問者，或小叩之而大嗚，或大叩之而小鳴，不待其再至而亟盡其餘聲，或餘之未盡而忞其人之更端焉。然則是鐘也，其必州鳩氏之所棄者乎」？故集其答門弟子之問者，名之曰木鐘集。其四端說，卽文公之答其所問者，而轉以之答其弟子之問，蓋能墨守師說者也。江、淮制使趙善湘建明道書院，辟先生爲幹官兼山長，從遊者甚盛。後以通直郎致仕。所著有禹貢辯、洪範解、王制章句。學者稱爲潛室先生。先生之父煜，字民表，隱君子也。嘗戒其子曰：「昔人患進士浮靡，議罷之。察孝廉，雖不果，然薦送必由州縣，比鄉舉里選猶近也。今縻歲月，捐父母，棄室家，以争優校，可乎？得喪命也，若慎無然。」諸子守其教，必待鄉貢，不上太學。修。

四端說

性是太極渾然之體，本不可以名字言，但其中含具萬理，而綱理之大者有四，故命之曰仁義禮智。孔門未嘗備言，至孟子而始備言之者，蓋孔子時，性善之理素明，雖不詳著其條，而說自具，至孟子時，異端蠭起，往往以性爲不善，孟子懼是理之不明，而思有以明之，苟但曰渾然全體，則恐爲無星之稱，無寸之尺，終不足以曉天下，于是別而言之，界爲四破，而四端之說于是而立。蓋四端之未發也，雖寂然不動，而其中自有條理，自有間架，不是儱侗都無一物，所以外邊纔感，中間便應。如赤子入井之事感，則仁之理便應，而惻隱之心于是乎形；如蹴爾呼爾之事感，則義之理便應，而羞惡之心于是乎形；如過廟過朝之事感，則禮之理便應，而恭敬之心于是乎形；如姸醜美惡之事感，則智之理便應，而是非之心于是乎形。蓋由其中間衆理渾具，各各分明，故外邊所遇，隨感而應，所以四端之發，各有面貌之不同。是以孟子析而爲四，以示學者，使知渾然全體之中，而粲然有條，若此則性之善可知矣。然四端之未發也，所謂渾然全體，無聲臭之可言，無形象之可見，何以知其粲然有條如此？蓋是理之可驗，乃依然就他發處驗得。凡物必有本根，而後有枝葉，見其枝葉，則知有本根。性之理雖無形，而端的之發最可驗。故由其惻隱，所以必知其有仁；由其羞惡，所以必知其有義；由其恭敬，所以必知其有禮；由其是非，所以必知其有智。使其本無是理于內，何以有是端于外？由其有是端于外，所以必知其有是理于內而不可誣也。故孟子言：「乃若其情，則可以爲善矣，乃所謂善也。」是則孟子之言性善，蓋亦遡其情而逆知之耳。仁義禮智既知得界限分曉，又須知四者之中，仁義是箇對立底關鍵。蓋仁仁也，而禮則仁之著，義義也，而智則義之藏，猶春夏秋冬雖爲四時，然春夏皆陽之屬也，秋冬皆陰之屬也。故曰「立天之道，曰陰與陽，立地之道，曰柔與剛，立人之道，曰仁與義」，是知天地之道，不兩則不能以立，故端雖有四，而立之者則兩耳。仁義雖對立而成兩，然仁實貫通乎四者之中，蓋偏言則一事，專言則包四者，故仁者仁之本體，禮者仁之節文，義者仁之斷制，智者仁之分別，猶春夏秋冬雖不同，而同出乎春。春則春之生也，夏則春之長也，秋則春之成也，冬則春之藏也，自四而兩，自兩而一，則統之有宗，會之有元矣，故曰五行一陰陽，陰陽一太極，是天地之理固然也。仁包四端，而智居四端之末者，蓋冬者藏也，所以始萬物而終萬物者也。智有藏之義焉，有終始之義焉，則惻隱羞惡恭敬是三者皆有可爲之事，而智則無事可爲，但分別其爲是爲非耳，是以謂之藏也。又惻隱羞惡恭敬皆是一面底道理，而是非則有兩面，既別其所是，又別其所非，是終始萬物之象，故仁爲四端之首，而智則能成始能成終，猶元氣雖四德之長，然元不生于元，而生于貞，蓋由天地之化，不翕聚則不能發散，理固然也。仁智交際之間，乃萬化之機軸，此循環不窮，脗合無閒，程子所謂「動靜無端，陰陽無始」者，此也。

梓材謹案：此說原在木鐘集中，本朱子之說，先生轉以荅其弟子，今移列木鐘集之前，猶晦翁學案中和說、觀心說之先于語要也。

木鐘集

孔子曰：「伯夷、叔齊求仁而得仁。」伯夷以父命爲尊，叔齊以天倫爲重，是固天理恁底。然二子只句當得自身上道理無虧欠處，若律以天下之大義，叔齊辭，伯夷又辭，更無仲子，誰擔當得這國事去？彼仲子既于天倫、父命兩不相干，受之毋乃非邪？既是句當得自身上道理無虧欠處，更復何求？所謂：「吾何求哉，吾得正而斃焉斯已矣！」聖賢殺身成仁，只要睹一箇是耳。若更反顧身後去，即成計較之私矣。二子既逃，國歸仲子，天理人倫已安。若仲子更執夷、齊之義，夷、齊亦管不得他。彼視國直敝屣耳！

夫子言：「未見蹈仁而死者也。」後又言：「有殺身以成仁」者。蹈仁有益無害，人何憚而不爲？此勉人爲善之語。若到殺身成仁處，是時不管利害，但求一箇是而已。學者患不蹈仁耳，蹈仁則心無計較之私。若當死而死，雖比干不害爲正命。

「博學而篤志，切問而近思」，何以言「仁在其中」？

博而能篤，切而又近，如此學問儘鞭辟向裏，心不外馳，故言仁在其中。蓋心存而仁便存，心既在，則仁亦在是矣。指存心便喚作仁，固不可，但離了心，外更何處求仁？

「克己復禮爲仁」，如何？

仁者心之全德，惻隱之心，是仁之正頭面，緣私欲障礙，填滿胸次，則所謂惻隱者，如頑癖風痺，不復流行發見，必須先去己私，復還天理，則本來面目方始流行發見。克己工夫非有他，卽非禮勿視、勿聽、勿言、勿動之謂。既知此爲非禮，則視聽言動便當一一復還于禮。除四勿之外，別無克己工夫。工夫既到，則私欲淨盡，中無障蔽，滿腔子渾是惻隱之心，而日用之閒無非真心之流行發見。若不于禮上用功，必流于釋氏絕滅之學。蓋徒知克去己私，而不復于禮，謂之空寂則可，若求其惻隱之心，則如死灰槁木矣，故聖人以此告之，蓋克此卽復彼矣。先儒以克己復禮爲乾道，主敬行恕爲坤道。豁開雲霧，便見青天，此顏子之仁；淘去泥沙，旋引清泉，非顏子之克己復禮也。

孔子答仲弓問仁一章，程先生云：「孔子言仁，只說『出門如見大賓，使民如承大祭』。看其氣象，便須『心廣體胖』，『動容周旋中禮』。惟慎獨便是守之之法。慎獨固是做持敬行恕工夫，然心廣體胖、動容周旋中禮地位，仲弓學力當得來。」

大賓在庭，大祭在堂，是時境界如何？想得好一片空闊世界，只緣未下持敬慎獨工夫，欲見此境界不能。

「居處恭，執事敬，與人忠」，程子以爲徹上徹下語，如何？徹上徹下，謂聖、凡皆是此理。聖人一語，小則樊遲可用，大則堯、舜不過，程子所謂語有淺近而包容不盡是也。未純熟時，但曰下學，已純熟後，即是上達，無兩箇塗轍。

顏子當博文約禮之時，既竭吾才，直是大段著力；及夫所立卓爾之後，雖欲從之，末由也已，至此又無所用其力，不知合如何下工夫？到此際力無所施，乃冰消雪釋渣滓融化之境，雖聖人亦不能授顏子，顏子亦不能受之于聖人。今欲學顏子，未須問他此處，且把博文約禮作依據，日積月累，人十己千，備見高堅前後境界，將來不知覺自有豁然融會時。

子曰：「吾道一以貫之。」曾子曰：「忠恕而已矣。」一貫忠恕，雖有大小之不同，大要都是心上做出。聖人之心，渣滓淨盡，統體光明，具衆理而該萬用，故雖事物之來，千條萬目，聖人只是那一箇心應將去，全不費力，如繩索之貫錢。然易所謂「何思何慮，殊途而同歸，百慮而一致」者，正聖人一貫之說也。彼學者之心，被私欲障蔽，未便得他玲瓏，須是逐一蕩滌，以類而推，方能自我及物。如子貢所謂「施諸己而不願，亦勿施于人」，卻是忠恕正頭面。使學者工夫純熟，則一旦霧除雲散，自是一貫境界。是知一貫乃聖人事也，忠恕特學者事，但聖人見快㊀，學者見遲，一貫是熟底忠恕，忠恕是生底一貫，本非有二道也。曾子恐門人曉一貫未達，故借忠

㊀「快」字，原本作「決」，形近而誤，今改。

恕以明一貫，是將一貫放下説了。若程子於穆不已，各正性命之言，則借天地以明忠恕，是將揭起來説了。彼此互相發明，在人領會之耳。

論語一貫，與中庸「合内外之道」、程門「體用一原，微顯無閒」之説同否？

道理只是一箇道理，有就吾心性上説者，有就事物上説者，自是兩樣頭面，今人都作一般看了，如何謂之識道理？夫論語之一貫，卽中庸所謂「合内外之道」者也。聖人所以能推一心以貫萬事者，正緣他胸中渣滓淨盡，統體光明，具衆理而該萬用，故雖事物之來，千條萬目，聖人只此一心應將去，全不費力，滿腔子都是道理，更無界限。無界限，更不分内外、分中邊。才分内外，便是有界限了。才有界限，則便不能以一心而貫萬事，如何謂之合内外？易曰：「天下何思何慮，殊塗而同歸，百慮而一致。」一貫之説也。至于程子之説，又就物理上論，卽論語所謂「下學上達」，「形色天性」，灑埽應對，精義入神之謂也。及其歸，則一而已。

何謂「下學上達」？

「下學上達」，如言禮儀三百，威儀三千，無一事而非仁也。理會得底，則一部論語，聖人雖就人事上説，卻無非言性與天道處；理會不得底，雖皓首窮經，鑽破故紙，仍舊不聞。此處只關係自家心裏在與不在耳。心存則見其然，必知其所以然；若不存，是謂習矣而不察。今人只説事理一貫，然亦須分別次序，始得如程子言形而上爲道，形而下爲器。須著如此，始得下學人事，自然上達天理。若不下下學工夫，直欲上達，則如釋氏覺之之説是也。吾儒有一分學問工夫，則磨得一分障礙去，心裏便見得一分道理，有二分學問工夫，則磨得二分障礙去，心裏便見得二分道理，從此惺惺恁地，不令走作，則心裏統體光明，渣滓淨盡，便是上達境界。

「大德不踰閑」一章，集註云：「不能無弊。」如何？

弊在出入可也。聖賢心密，若大若小，皆不令有小罅漏。子夏功疏，只照管得大處，小處不免走作，故有此語。便是開一線縫，不是盛水不漏工夫。今人連大處走了，又子夏之罪人。

「子在川上」一章，孔子只是說天地間道理流行，無有窮盡，如水之更往迭來，晝夜常恁地，初無一朝停息，即此是道體，大意亦可見。集註云：「自漢以來，儒者皆不識此義。」如何？

自漢以來，號爲儒者，只說文以載道，只將詩、書子史喚作道，其弊正是鑽破故紙，原不曾領會得。然此事說之亦易，參得者幾人？必如周、程、邵子胸次灑落，如光風霽月，則見天理流行也。

「動容貌，斯遠暴慢矣」一章，斯字之義如何？

君子持敬成熟，開眼便見此理，更不待漸次安排。謂如一動容貌，當下即便遠暴慢，一正顏色，即便近信，一出辭氣，即便遠鄙悖，蓋持敬效驗如此；若待言動之後，漸次點檢，安得相應之速如此？學者持敬工夫，當其未成熟時，須著呼喚方來，及工夫熟後，須見此等境界，然後謂之成熟。蓋斯之爲言，猶「綏斯來，動斯和」，應驗疾速之謂也。

程子謂：「灑掃應對，便是形而上者，故君子只在慎獨。」

灑掃應對雖是至粗淺事，但心存則事不苟，此便是上達天理處。慎獨是存主此心，存此心，便是存天理。

飯疏飲水之樂，簞瓢陋巷之樂，所樂者何事？此濂溪點化二程子訣，二程從此悟道，終不以此語學者。晦翁事事剖露，說向後學，獨此不敢著語。

凡說所樂在道，以道爲樂，此固學道者之言，不學道人固不識此滋味。但已得道人，則此味與我兩忘，樂處卽是道，固不待以彼之道樂我之心也。孔、顏之心，如光風霽月，渣滓渾化，從生至死，都是道理，順理而行，觸處是樂。行乎富貴，則樂在富貴，行乎貧賤，則樂在貧賤，夷狄患難，觸處而然。蓋行處卽是道，道處卽是樂，初非以道爲可樂而樂之也，故濂溪必欲學者尋孔、顏所樂何事，豈以其樂不可名，使學者耽空嗜寂，而後爲樂邪？濂溪以此點化二程，二程因此省悟，後卻一向不肯說破與學者，至今晦翁亦不敢說破，豈祕其事謂不可言傳邪？蓋學者才說此事，動口便要說道，謂道不是，固不可。但才說所樂在道，以道爲樂，則又非孔、顏氣象。惟知孔、顏樂處便是道，則德盛仁熟之事也，要知顏子之與諸子，但有生熟之分耳。工夫生，則樂與道爲二，不妨以此而樂彼，及工夫純熟之後，則樂與道爲一，自不可分彼此矣。前賢不肯說破此事，正要看人語下氣味生熟耳。

梓材謹案：此下有「論南豐有知之之明」云云條，今移入廬陵學案。

志道據德依仁，不知志據依如何用工夫？道德仁又如何不同？

志于道，是一心向聖路上行，欲學做聖人事。據德卽志道工夫既成，凡向之所志者，今則實得于己，如有物可執據。然依于仁，則據德工夫既熟，天理與心爲一，不可脫離于片時，如衣之在人身，不可脱舍也。只是一箇做聖人之心，但初來生而後轉熟，初來猶是兩片，後來方成一物耳。

晦翁謂幽明始終無二理，程子謂晝夜死生之道，意者此理非有二塗。所謂一而二，以幽明始終言之；二而一，蓋死復生，生復死，人復爲鬼，鬼復爲人，如晝夜之循環。

氣聚則始而生，氣散則終而死。聚而生者爲人，散而死者爲鬼。有聚則必有散，聚散本一理也。原始而知其所以生，則反終而知其所以死。所謂一而二者，聚散本一氣，分而爲聚散耳。所謂二而一者，雖分而爲聚散，其實一氣耳。惟其一而二，故有生必有死；惟其二而一，故知生則知死。

鬼神之事以爲無邪，則四時之祭祀皆可無也；以爲有邪，則事死如事生，事亡如事存，溫凊甘旨之奉，不可一日無也。

此淺學浪問。鬼神乃二氣之屈伸，二氣有無時否？鬼者陰之靈，神者陽之靈，在人之身卽爲魂魄，人死則魂升魄散。雖散于無有，然生氣之分于子孫者，卽其氣猶在也。故其子孫，賢者之死而致生之，則其鬼神；不賢者之死而致死之，則其鬼不神。

志士仁人，殺身成仁。夫殺身之事，誠難矣！未曾實有所得，實有所見，誰忍捐生就死？有志之士，所存主處不污下，故決不肯苟賤以偷生。程子曰：「古人殺身成仁，亦只是成就一箇是而已。」既謂之成仁，則必如是，而後天理人倫無虧欠處，生順死安無悔憾處。當此境界，但見義理而不見己身，更管甚名譽邪！

夫子賢于堯、舜遠矣，何以見之？

當時若無孔子，今人連堯、舜也不識。

孟子曰：「仁，人心也。」程子曰：「心如穀種，仁其生之性。」同乎？否乎？

心生物也，而所以能生者，以有仁也。故心如穀種，雖具此生理，然有形。百穀只一粒物耳，不能以自生，所以能生者，性實爲之。仁之于心亦然。人心是物，穀種亦是物，只是物之有生理者耳。然便指心爲仁則不可，但人心中具此生理；便以穀種爲仁，亦不可，但穀種亦含此生理。穀不過是穀實結成，而穀之所以纔播種而便萌蘗者，蓋以其有生之性。心不過是血氣做成，而心之所以有運動惻怛處，亦以其有生之性。人心之與穀種，惟其有生之性，故謂之仁，而仁則非梏于二者之形也。孟子只恐人懸空去討仁，故即人心而言；程子又恐人以人心爲仁，故即穀種而言。以是知仁不止于二者，則凡有生之性皆是也。

「學問之道無他，求其放心而已矣。」誠如是，卽不須千頭萬緒理會學問，便一向求放心，如何？

學問之道，千緒萬端，必事事物物上都去理會將過，無非欲求其已放之心，鞭辟入身上來，在自家腔子裏，從此尋向上去，卽下學上達工夫。止如詩三百篇，頭緒甚多，一言以蔽之，曰思無邪。學詩之人，每一章一篇，並存無邪之思以觀之，則百篇之義，不在詩而在我矣。此章特爲學問務外不務內者言之。所謂學問之道無他，就千條萬緒，皆一一是求放心，必從心上下工夫，則學問非詞章記問之比矣。如云學問只是求放心，卽不須千條萬緒，此卻是禪家寂滅之說，非孟子意。

盡心知性則知天，存心養性以事天，有何分別？

心體昭融，其大無外，包具許多衆理，是之謂性，性卽理也。理有未窮，則心爲有外，故盡心必本于窮理，蓋謂窮究許多衆理，則能極心體之昭融而無不盡。性與天只是一理，程子曰：「自理而言，謂之天；自稟受而言，謂之性。」語其分則不同耳。既知得性，便知得性所從出，是謂知天。到得知天地位，已是造得此理了。然聖賢學問，卻不道我已知得，到這地位，一齊了卻，又須知行夾持始得，故必存此心而不舍，養此性而無害。存養工夫，到此愈密愈嚴，所謂敬以直內，是乃吾之所以事天，此時直是常在天理上行，天不在天而在我矣。知行二字，不可缺一，且如自家欲事天，向使未知天爲何物，不知事箇甚麼，到得知天，卻不下存養工夫，則亦非實有諸己。

程先生謂孟子說性善，只說繼之者善。昨聞先生云：「水無有不下處，卻是太極。」據此說，則孟子似指流而至于海終無所污者爲太極邪？

孟子說時，本是直提「一陰一陽之謂道」來說，但善者惡之對，有善便有惡，故程子以爲不說得源流正派，說得繼之者善。蓋善猶水之清，惡猶水之濁，既以清爲水之性，則濁非水之性乎？要知清濁可以爲水之流，不可爲水之性，繼之者善，亦猶是也。蓋繼之者，是說太極流行之第一節則可，謂是太極則不可。

程子以才爲氣質之性。孟子曰：「若夫爲不善，非才之罪。」則是人善惡又當以氣質論。

爲孟子把諸路一齊截斷了，故諸子不服。須是尋他不善路頭從何處來。

公都子問性三節，孔子性近習遠、上智下愚之說，相似否？

除第一問性無善無不善外，第二問卽性近習遠意，第三問卽上智下愚意。

「天命之謂性」，則有生卽有性，孟子何以深詰告子「生之謂性」？孟子只爲他認生處爲性，更不分別人物，是將血氣知覺爲性。凡物有血氣知覺者，皆與人性一樣，見血氣而不見道理，此則不可也。

君子不謂性、命。

世人以上五者爲性，則見血氣而不見道理，以下五者爲命，則見氣數而不見道理，于是人心愈危，道心愈微。孟子于常人說性處，卻以命言，則人之于嗜慾，雖所同有，卻有品節限制，不可必得，而人心安矣；于常人說命處，卻以性言，則人之于義理，其氣稟雖有清濁不齊，須是著力自做工夫，不可一委之天，而道心顯矣。大要上是人心，人皆知循其在人，而君子則斷之以天；下是道心，人皆知委其在天，而君子則斷之以人。此君子言知命盡性之學，所以異乎常人之道也歟！

梓材謹案：此下有四端說，別列木鐘集之前。

程子云：「論性不論氣，不備；論氣不論性，不明。」願詳其旨。

孟子性善從源頭上說，及論情論才，只是說善，不論氣質清濁厚薄，是不備也。諸子紛紛之說，各自把氣質分別，便作天性看了，其不明之說，爲害滋甚。孔門性相近習相遠，卻就氣質之性上論清濁；至說上知下愚，乃論得氣清之十分厚者爲上知，氣濁之十分薄者爲下愚，其閒相近者，乃是中人，清濁在四六之閒，總起是三等氣質。此說乃是與孟子之說互相發明。要知孔子是說氣質之性，孟子是說源頭本然之性，諸子只是把氣質便作本然之性，看錯了。

繼善成性，繼與成字如何？

凡物之生死，有理而後有氣，善當作理看。此性謂氣質之性。道即太極也，太極纔動，首先撒出者便是理，故以繼善言。隨太極之後，漸次成就者即謂性。成則有形質矣。孟子說性善是第一義，從他繼之者；諸子說不善是第二義，從他成之者。

「知至而后意誠」，程子又謂：「格物窮理，但立誠意以格之。」

程門此類甚多，如致知須用敬，亦是先侵了正心誠意地位，不是于格物致知之先，更有一級工夫在上，只是欲立箇主人翁耳。但常得此心有在，物可從此格，知可從此致，此程子所以言「格物窮理，但立誠意以格之」。

不睹不聞，乃此心不動之境。既是不動，卻又下戒慎恐懼工夫，莫是太著力否？太著力，則恐反動其心，何以謂之未發之中？

此處猛著力不得，纔著力，便是動了，雖不著力，然必有事焉方可。前輩謂敬貫動靜，正謂此也。戒慎恐懼，卻是常惺惺法，不爾，便白地倒了，否則空空死灰矣。此處如道家爐火養丹法，火冷則灰死，火炎則藥死。

不睹不聞，晦翁謂喜怒哀樂未發之初至靜之時也。當至靜之時，不知戒懼之心何處著落？

此問最精。前輩于此境界，最難下言語。既是未發，才著工夫，便是發了，所以只說戒慎恐懼。蓋雖是未發之初體，已含具萬用在此，不比禪家寂如空如。所以惺惺主人，常在冥漠中照管，都不曾放下了。蓋雖是持守體段，卻不露痕跡。

「鳶飛戾天」一章，程子謂：「此一段是子思喫緊爲人處。」是如何？

大要不要人去昏默冥窈中求道理。處處平平會得時，多少分明快活。

近思録載「一陽復于下，乃天地生物之心。先儒以静爲天地之心，不知動之端乃天地之心」。又説：「陽始生甚微，安静而後能長。」既以動爲陽之始，復又指安静云何邪？

一陽復于地下，即是動之端，但萌芽方動，當静以候之，不可擾也，故卦辭言「出入无疾」，而象言「閉關息民」。蓋動者天地生物之心，而静者聖人裁成之道。

程子説性與孟子不同。

性者人心所具之天理，以其稟賦之不齊，故先儒分别出來，謂有義理之性，有血氣之性。仁義禮智者，義理之性也。知覺運動者，氣質之性也。有義理之性而無氣質之性，則義理必無附著，有氣質之性而無義理之性，則無異于枯槁之物，故有義理以行乎血氣之中，有血氣以受義理之體，合理與氣而性全。孟子之時，諸子之言性，往往皆于氣質上有見，而遂指氣質作性，但能知其形而下者耳，故孟子答之，只就他義理上説，以攻他未曉處。氣質之性，諸子方得于此，孟子所以不復言之。義理之性，諸子未道于此，孟子所以反覆詳説之。程子之説，正恐後學死執孟子義理之説，而遺失血氣之性，故并二者而言之曰：「論性不論氣，不備。論氣不論性，不明。」程子之論舉其全，孟子之論所以矯諸子之偏，人能即程子之言而達孟子之意，則其不同之意不辨而自明矣。

爲人爲己如何？

爲己是真實無僞，爲人只是要譽近名。聖人此言，是就他源頭上分別出來。今學士大夫謂爲己不求人知，而求天知。纔説有求天知意，便不是爲己。爲己者，只是屈頭擔重擔，不計窮達得喪也。

或問明道曰：「出辭氣，莫是于言語上用工夫否？」曰：「須是自然語順。」如何？

「出辭氣」，出字著工夫不得。工夫在未出之前，此是靜時有工夫，故才動道理便在此動時。自有著工夫者，如修辭安定辭之類。

明道曰：「中者天下之大本，惟敬而無失盡之。」敬便是中否？

當喜怒哀樂未發之時，便著甚工夫，才著得力，便是發了，所以先賢當此境界，不是無工夫，又不可猛下工夫，只是敬以直內，即戒慎恐懼意。敬不喚做中，敬而無失，方是中。無失，即不偏倚之謂。

明道云：「人之爲學，忌先立標準。」何謂標準？

標準猶言限格。學問既路頭正了，只劄定腳跟，滔滔做去，不可預立限格，云「我只欲如此便休」。今世學者，先立箇做時文、取科第標準橫在胸臆，殺害事。

明道謂：「學者能識仁體，實有諸己，只要義理栽培，如講求經義，皆栽培之意。」仁之在人心一耳，不學之人，獨無仁乎？

識得仁體，謂滿腔子是惻隱之心。既體認得分明，無私意夾雜，又須讀書，涵泳義理，以灌溉滋養之；不爾，便枯燥入空門去。

晦翁謂：「凡物自有天理人欲之辨，而不可以毫釐差。」恐是如程子所言：「峻宇雕牆，本于宮室；酒池肉林，本于飲食。先王制其本者，天理也；後人之流于末者，人欲也。」凡物之天理人欲，皆可放此推之。

五峯曰：「天理人欲，同行異情。」此語儘當玩味。如飲食男女之欲，堯、舜與桀、紂同，但中理中節即爲天理，無理無節即爲人欲。

「率性之謂道」。

率性不要作工夫看。物性自然，各有所由行之路，如牛是牛之性，馬是馬之性，飛潛動植，各一其性而不可移換，便是率處。若牛作馬，馬作牛，飛者潛之，動者植之，即是違其性，非物之所謂率性矣。

意實則心實矣。然或但知誠意，而不能密察此心之存否，則又無以直內而修身也。夫心意未嘗相離也，意特心之所發耳。以章句之旨觀之，毋乃心自心，意自意也。密察此心，不知又將一箇心密察邪？

本是長匹無縫底物事，聖人欲人警悟處，翦下逐段向人看；理會得時，仍是長匹無縫，不曾翦斷。密察之間有味，即密察處便是心，更復何處外討一箇來！前輩有以心使心語，此喫緊示人處，要人領會。

潛室語黄氏補。

明道言:「中有主則實,實則患不能入。」伊川言:「心有主則虛,虛則邪不能入。」其所主不同,何也?蓋有主則實,謂有主人在內,先實其屋,外客不能入,故謂之實。有主則虛,謂外客不能入,只有主人自在,故又謂之虛。知惟實故虛,蓋心既誠敬,則自然虛明。

赤子之心,只是真實無僞,然喜怒哀樂已是倚向一邊去。若未發之中,卻渾然寂然,喜怒哀樂都未形見,只有一片空明境界,未有倚靠,此時只可謂之中。要之赤子之心不用機巧,未發之中,乃存養所致,二者實有異義。

心居性情之閒,向裏卽是性,向外卽是情。心居二者之閒而統之,所以聖賢工夫只在心裏著到,一舉而兼得之。横渠謂心統性情,此語大有功。

上蔡專以覺言仁,所以晦翁絕口不言,只說愛之理、心之德。此一轉語,亦含知覺在中,可更思求。

顏子一身,渾是義理,不知有人。孟子見義理之無窮,惟知反己。顏子之量無涯,孟子之言有迹。

伊川云:「盡性至命必本于孝弟,窮神知化由通于禮樂。」蓋盡性至命、窮神知化皆聖人事。欲學聖人,皆從實地上做起,升高必自下,陟遐必自邇,此聖門切實之學也。積累之久,將自有融液貫通處,非謂一蹴便能。

記問之學，雖博而有限，中窒故也。義理之學，至約而無窮，中明故也。

晦翁門人劉、李再傳。

文修葉西山先生味道

葉味道，初名賀孫，以字行，更字知道，温州人。雲濠案：一作龍泉人。師事文公。試禮部第一。時制策禁僞學，先生所對，率本程學，不爲顧避。知舉胡紘斥之。學禁開，登嘉定進士，調鄂州教授。理宗訪問朱氏學徒及所著書，部使以先生聞，差主管三省架閣文字。遷宗學諭，授太學博士，兼崇政殿說書。時因皇子竑事，帝惑于鬼神之理，疑伯有爲厲，涉于誕妄，對曰：「陰陽二氣之聚散，雖天地不能易。死而氣散者，其常也。若不得其死，鬱結不散者，其變也。故聖人設爲宗祧，以別親疏遠近，正所以教民親愛，參贊化育。伯有之死，其氣不散，爲妖爲厲，使國人上下爲之不寧。當時爲立良止㊀以奉其後，庶乎鬼有所知，而神始安寧矣。」又言：「三京用師，廷臣交進機會之說，摇本根以事枝葉，無益于國。」既而洛師累敗，人服其先見。尋終著作佐郎。所著有四書說、大學講義、祭法郊社外傳㊁、經筵口奏、故事講義。雲濠案：謝山學案劄記云：「先生著有四書說、禮解、大學講義、經筵講義、輯次朱子語録、祭法宗廟郊社外傳。」諡文修。

㊀「良止」，宋史本傳作「子洩」。良止爲伯有之子，子洩爲子孔之子。

㊁宋史本傳作祭法宗廟廟享郊社外傳。

陳葉講友

祕丞謝夢頤先生夢生

謝夢生，字性之，一字夢頤，永嘉人也。因葉賀孫、陳器之以私淑朱子。登嘉定癸未進士，累官祕書丞，知汀州。

潛室門人李、鄭三傳。

祗候翁先生敏之

翁敏之，字功甫，樂清人也。少受知于葉水心，後師潛室，成淳祐進士，官至閤門祗候。

知軍翁庶善先生巖壽

翁巖壽，字如山，初名夔，永嘉人。師事潛室最久，盡得其奧。從遊日衆，嘗令人讀近思録，曰：「此讀書梯級也。」又令觀言行録，曰：「此爲人標準也。」其學以修身勵行爲務，不專在語言文字之末。登淳祐第，爲永州教授，除太常博士，遷國子丞，知興化軍卒。學者稱爲庶善先生，祠像于家學。

車韶溪先生安行

車安行，字正路，號韶溪，黄巖人，景山弟。遊陳潛室之門，得武夷宗旨，嘗曰：「聖賢窮達，自關世道，于㊀人何與？」過京師，見吳丞相，憐其不遇，問曰：「欲往揚州乎？」曰：「不能。」「欲史館乎？」曰：「不能。」退而告人曰：「天不與我，丞相安能與我？」尤工于詩，所著有鏤冰集。

吏部董克齋先生楷

董楷，字正翁，臨海人，雲濠案：謝山學案底本作「字正叔，一字克齋，臨安人」。御史亨復之子，户部侍郎楼之弟也。登文天祥榜進士。初爲績溪簿，直寃獄，賑饑饉，修城捍水。擢守洪州，有惠政。終吏部郎。先生從潛室陳器之得朱子再傳之學，所著有克齋集、程朱易行于世。雲濠案：學案底本云：「所著有周易傳義附録十四卷，始合程、朱兩家次第而一之，論者以爲非。」

軍守徐先生霆

徐霆，字長孺，永嘉人齋也。潛室先生之甥，得其舅之傳。嘗在趙善湘幕中，豫平李全之亂，官至守漢陽軍。

趙復齋先生□

趙□，號復齋。桐廬嚴高節侶從學于賈漢英，漢英得于先生，先生得于潛室，潛室親授于晦庵，其淵源如此。參東維子文集。

㊀「于」字，原本作「平」，據龍本改。

梓材謹案：趙復齋有二，其一名彥肅，與朱、陸同時，而私淑于象山。若先生爲朱子再傳弟子，當別爲一人。

西山家學劉、李三傳。

祕監葉平巖先生采

葉采，字仲圭，雲濠案：謝山學案原底云：「一字平巖。」邵武人。初從蔡節齋受易學，已而往見陳北溪。北溪以其好躐高妙，而少循序就實工夫，屢折而痛砭之，先生自是屏斂鋒鋩，俛意信向，駸趨著實，北溪深喜之。雲濠案：學案原底㊀有云：「初事節齋，後事李方子。」寶慶初，爲祕書監，嘗論郡守貪刻之害，上嘉納之。

梓材謹案：道南源委、儒林宗派皆以先生爲文修子，蓋自文修從朱子于武夷，遂居建寧，及先生登淳祐進士，爲邵武尉，故譌而爲邵武人歟！

平翁語

有人一子名光，一子名梵，一子名晃，其父遠出不歸，光者子細探其蹤跡，知其北往，求之幽、燕，梵者不子細探討，乃求之南閩，晃者在家嬉遊而已。一日，光者得其父以歸，梵者索然而歸，光以責梵，晃亦以責梵。光可言也，晃不可言也，梵雖行路差，尚曾求父也，晃坐于家，不曾求父，乃責梵之不善于求父。今之人未嘗求道，而空空以議人，何以異此！釋氏行路差，尚曾求道也。

梓材謹案：此條自梨洲所節車氏脚氣集移入。

㊀「雲濠案學案原底」，原本作「雲濠學案學原底」，據本書文例改。

附錄

陳北溪答卓廷瑞曰：「葉仲圭資質甚潁敏，可與適道，而貪多欲速，馳騖飛揚，誠如長者之喻。由其所師者節齋之學，又別自立一家，不純用文公節度，如易解雖訓詁詳于本義，而理義要歸未能脱王、韓、老、莊之見，則其爲教也，好躐高妙，而鮮循序就實工夫。」

車玉峯腳氣集曰：「平翁送乃子清父生日以香一片，銘其上曰：『始于克己，終于舍己，聖學終始，有立卓爾。』予按：非禮勿視，非禮勿聽，非禮勿言，非禮勿動，此顏子克己處也；以能問于不能，以多問于寡，有若無，實若虛，犯而不校，此顏子舍己處也。二己不同，私者既盡，八荒洞然，不見人我之異，其始終如此。」補。

雲濠謹案：平巖之稱平翁，猶了齋之稱了翁，晦庵之稱晦翁也。

西山門人

隱君繆天隱先生主一

繆主一，字天隱，永嘉人也。從西山先生葉味道學，博聞强記。入太學。賈似道蕪湖之敗，先生與同舍諸生伏闕上書攻之。宋亡，隱居教授。雙目晚瞽，當事輿致之，爲學舍經師。大德閒，初製大成樂器，皆以詢之。所著有論學規範、尚書說、禮記通考、天隱集。補。

隱君王慎齋先生夢松

王夢松，字曼卿，青田人。篤志好學，著禮記解，學者稱爲慎齋先生。參括蒼彙記。

梓材謹案：宋文憲作胡汲仲傳贊，稱先生爲順齋處士。

文安趙星渚先生景緯別見滄洲諸儒學案。

文憲王魯齋先生柏別爲北山四先生學案。

庶善門人李、鄭四傳。

鄉貢胡人齋先生一桂

胡一桂，字德夫，永嘉人也。從庶善翁氏遊。德祐乙亥，上政府書，幾萬言，時莫能用。研究周官經國制度，參互考訂，至忘寢食。故六官錯簡，咸貫通補正。有古周禮一百卷。雲濠案：謝山劄記：「先生著有古周禮補正一百卷、四書提綱、孝經傳贊、字義口義講義、人齋存稾。學者稱爲人齋先生，以其學配鄭伯謙。補。

雲濠謹案：溫州府志載先生云：「咸淳庚午領鄉薦，教授于鄉。」又言：「董左丞俾攝郡學。」

車氏家學

聘君車玉峯先生若水別見南湖學案。

迪功車雙峯先生若綰

車若綰，字經臣，後改名垓，號雙峯，韶溪之從子也。先生與從兄若水並傳其學。咸淳中，以特科授迪功郎、浦城尉，不赴。遂于經學，而禮經較詳。所著內外服制通釋九卷，多備朱子之不備。補。

車大雅先生瑢

車先生惟賢合傳。

車瑢，雙峯子。車惟賢，韶溪之從孫也。皆能世傳其學。補。

梓材謹案：車先生瑢，字大雅。牟楷序雙峯內外服制通釋云：「余聞雙峯先生服制有書舊矣，而常恨莫之見也。年幾耳順，先生之子大雅翁始編以示余，蓋大雅謀梓是書，而又爲之跋云。」

復齋門人

賈先生漢英

賈漢英，南康人。嚴侶從學于先生。先生之學，實源于朱子。參桐廬縣志。

愼齋門人劉、李四傳。

學正余先生學古

余學古，青田人。胡汲仲初師先生，先生師邑人王夢松，夢松受學龍泉葉味道，味道則朱文公弟子也。從黄氏補本録入。

梓材謹案：先生著有大學辯問，嘗爲國子正。

賈氏門人李、鄭五傳。

高節嚴先生侶

嚴侶，字君友，桐廬人也，漢高士光之後。嘗從賈漢英遊，賈則朱子之傳也。宋亡，不仕，與謝皐羽、方韶父、吴子善輩哭文山于西臺，皐羽所謂甲乙丙者也。居親喪，一用朱子禮。楊維楨志其墓，門人私謚曰高節先生。補。

余氏門人劉、李五傳。

純節胡石塘先生長孺祖巖起，父居仁。

胡長孺，字汲仲，永康人。祖巖起，宋嘉定進士，知閩縣事。父居仁，淳祐進士，知台州軍州事，文辭政事，皆絶出一時。至先生而其學益振。先生性聰敏，九經子史無不貫通。外舅徐道隆爲四川宣撫參議官，先生從之入蜀，與高彭、李湜、梅應春等，號「南中八士」。咸淳中，以任子入官，銓試第一，歷倅福寧州而宋亡，退棲永康山。至正中，薦授揚州教授，建昌檄攝録事，轉台州寧海縣主簿。延祐初，轉兩浙長山場鹽司丞，未上，以病辭，隱杭之虎林山。先生淵源既正，行遊四方，旁求旨趣，益信涵養主敬爲最切。每曰：「一民失所，便非君子學道之實。」嘗言：「人雖最靈，與物同産，初無二本。此學之大原，舍是而學，則學非其學。」病喘，一旦具酒食，召比鄰云：「將返故鄉。」門人問曰：「先生精神不衰，何爲遽欲觀化？」曰：「精神與死生，初無相涉也。」俄正衣冠坐逝，年七十五。所著有瓦缶編、建昌集㈠、寧海漫鈔、顔樂齋稾。門人謚曰純節先生。其高弟曰陳剛、謝暉。從黄氏補本録入。

雲濠謹案：主一宋元儒傳私記云：「先生學有淵源，文章有精魄，與金仁山並以學術爲郡人倡，海內重購其文。有石塘文集若干卷。」宋景濂曰：「其從兄之綱、之純，並有文名，人稱爲『三胡』。」

附録

吳淵穎曰：「說者稱濂溪之所授受，實本于壽崖佛者之徒。永康先生胡公至爲論辯以著明之，曾不容喙，是殆當世之所深感者也。朱子以東都文獻之餘，集濂、洛諸儒之大成；而陸氏欲踵孟子，曾不以循序漸進爲梯階，特以一超頓悟爲究竟。今則至謂朱爲支離，陸爲簡易。必使其直見人心之妙，而義

㈠「建昌集」，元史本傳作「南昌集」。

理自明，然後爲學，自謂爲陸，實卽禪也。故曰世之學者，知禪不知學，知學不知禪。是豈深溺于異端外學之故，而遂誣其祖，乃舉七聖相授，洙泗以降，四子所傳之道，而悉謂之禪邪？道術所在，苟或不契于古之聖賢，則其所以召夫後世之嘵辯譊咋者，不能遽已。先生曾不此憚，而直以此道爲己任，又著明之，子殆不可得而妄測者也。予自燕還，與金溪傅斯正再見先生。傅之曾祖父本陸學，亦喜談陸。自近年科舉行，朱學盛矣，而陸學殆絕。世之學者，玩常襲故，尋行摘墨，益見其爲學之弊，意其幸發金溪之故櫝，而少濯其心邪？」補。

石塘門人劉、李六傳。

陳潛齋先生剛

陳剛，字公潛，平陽人也。受業胡石塘之門。石塘爲西湖書院山長，見其勤，晝夜研索不倦，留之于家，與同寢食。遂盡得其學，稱高弟，博通天人之奥。所著有五經問難、四書通辯、述歷代正潤圖說、渾天儀說、歷代官制說、禹貢洪範手鈔。其文宗西京，詩亦不屑六朝以下。累試不售。後瞽猶能作文口授，學者稱爲潛齋先生。其弟子著者曰章瑤、洪鑄、梓材案：洪鑄當是洪濤，傳寫之誤。林溫、陳善、李時可、王清。修。

謝先生暉

謝暉，字彥實，資陽人。自其曾祖爲沿海參議官，始家于鄞。先生識見通敏，聞永康胡汲仲以道學淑後進，往受業其門。或勸習舉子業，答曰：「學以博通古今，資文行耳，仕奚所急哉！」趙文敏孟頫授以書法。爲詩文簡淡雋永，人以得其片楮爲榮，先生亦不自祕惜，求輒應之；有所不可，雖貴勢不能動也。參成化四明志。

學正吳碧崖先生雄

吳雄，字一飛，諸暨人也。學者稱爲碧崖先生。石塘胡氏弟子。辟爲本州學正，不就。所著有地里書、卜筮考。

徵君李先生康

李康，字寧之，桐廬人，永康胡汲仲之徒也。元時累徵不起。所著有桐川詩派等書。補。

別附

浮屠文誠

浮屠文誠，字道元，不知何所人也。少從胡石塘遊。著性學指要十卷，其中多排朱子之說，蓋石塘晚年緒論也。至正中，禾人雕其書，淮張建國、鄭明德、陳敬初言而毀之。予謂文誠欲宗陸以抑朱，而身爲釋氏，其說何以取信于人？徒使論者斥槐堂之學爲禪耳。然士誠之草竊，亦豈足以正學統？皆可嗤也。補。

朱學之餘

鄉貢章清所先生仕堯

章仕堯，字時雍，一字清所，平陽人也。篤志朱子之學，嘗曰：「時之治亂，由于人心之邪正。心之邪正，由于學術之醇疵。」其門人曰彭庭堅、趙次誠、蔣允汶。補。

梓材謹案：温州舊志稱「先生通經史，深究四書閫奥」。又言「其果舉延祐丁巳、庚甲鄉貢」。

史先生伯璿

史伯璿，字文璣，平陽人也。篤志朱子之學。時諸儒雖宗朱子，然饒氏輯講、許氏叢説、胡氏通旨、陳氏發明亦多互異，乃著四書管窺，以辨明之。又取諸經史、天文地理、古今制度、名物考證爲外編。或勸之仕，則曰：「讀書本以善身，爲仕而學，非吾志也。」卒不出。補。

潛齋門人劉、李七傳。

章先生瑶

章瑶。

教授洪先生濤

洪濤，字元質，永嘉人。至正間，浙省右丞季朵兒只奉旨命儒士陶凱、韓大理、瞿宗奎與先生等同校勘一統志一千三百卷，並奏授教授。參温州舊志。

府佐林先生温

林温，字伯恭，永嘉人。博極羣經，而尤長于春秋。擢至正甲午進士，歷佐省憲二府。宋潛溪稱其「正色直言，百壬畏懾」云。參宋文憲集。

梓材謹案：黄氏千頃堂書目言：「明太祖命儒臣孔克表、劉基、林温等以恆言釋羣經，使人易通曉。親解論語二章以爲之式。克表等承釋五經、四書以上，賜名羣經類要。」蓋先生以元進士仕明。

陳先生善

陳善。

李先生時可

李時可。

王先生清

王清。

章氏門人

忠愍彭先生庭堅

彭庭堅，瑞安人。舉進士，爲崇安縣尹，民服其威信。後陞福建都帥，遇害，賜謚忠愍。參姓譜。

隱君趙雪溪先生次誠

趙次誠，字學之，樂清人也。章清所弟子。所著有四書考義、雪溪集。補。

雲濠謹案：先生隱居不仕，以雪溪自號。

訓導蔣先生允汶

蔣允汶，字彬天，永嘉人。元末，避地閩中，就試，中流寓榜第一。洪武初，歸里，官府學教授。著有四書纂類、中庸詳說。參溫州舊志。

雲濠謹案：經義考引黃虞稷云：「洪武初，官本府訓導。」蓋先生本延爲府學五經師，訓導，其實授也。

史氏門人

侍郎徐靜齋先生宗實

徐宗實，號靜齋，雲濠案：先生名垕。宗實，其字也。以字行。黃巖人也。永嘉史伯璿弟子。洪武中，官至兵部侍郎。所著有靜齋集。其門人曰黄淮。補。

訓導徐横陽先生興祖

徐興祖，字宗起，平陽人也。史伯璿高弟。洪武中，官訓導。補。

雲濠謹案：温州舊志載：「先生明易、詩、書三經。洪武壬子，舉授温州府學教授，以性理之學教導諸生，咸尊之曰横陽先生。

靜齋門人史氏再傳。

文簡黄介庵先生淮

黄淮，字宗豫，永嘉人。舉洪武丁丑進士，歷官武英殿大學士，掌内制，進少保，兼户部尚書。以疾乞休卒，謚文簡。其性明果，達于治體。參史傳。

雲濠謹案：萬歷温州志稱先生優游林下十餘年，壽八十三。所著有介庵集、歸田稿。介庵，其自號也。

横陽門人

吉士張先生文選

張文選，字士銓，永嘉人也。徐興祖高弟。嘗曰：「讀書在躬行，不在耳食。」官翰林庶吉士，修實録卒。補。

宋元學案卷六十六

南湖學案

黃宗羲原本　黃百家纂輯　全祖望補定

南湖學案表

杜煜晦翁、石克齋門人。延平、白水、籍溪、屏山再傳。元城、龜山、譙氏、武夷、豫章三傳。涑水、二程四傳。——從孫範——車若水——盛象翁別見北山四先生學案。

　　潘希宗

　　金叔明

　　附董華翁

胡常

王賁別見北山四先生學案。

沈可亭並玉峯講友。

蔡希點——潘希宗見上玉峯門人。

戴良齊——吳澄別爲草廬學案。

並玉峯同調。

丘漸——戴亨
　　　方儀

杜知仁 南湖弟。晦翁、石克齋門人。——從孫範 見上南湖家學。

車瑾 南湖同調。——子似慶——孫倬——曾孫若水 見上清獻門人。
　　　　　　　　子似度——孫景山——曾孫若綰 別見木鐘學案。
　　　　　　　　　　　　孫安行 別見木鐘學案。
　　　　　　　　蔡夢說——黃超然 別見北山四先生學案。
　　　　　　　　　　　　高耕
　　　　　　　　　　　　方儀 見上木居門人。

南湖學案序錄

祖望謹案：南湖杜氏兄弟之在滄州，亦其良也。再傳而有立齋，爲嘉定以後宰輔之最，聲望幾侔于涑水矣，其學傳之車氏。是時天台學者皆襲篔牕、荆溪之文統，車氏能正之。述南湖學案。梓材案：是卷爲謝山所分立，底稾未全移入，車玉峯腳氣集尚有梨洲原本。

朱石門人劉、李再傳。

主簿杜南湖先生煜

杜煜，字良仲，黄巖人。嘉定元年進士，官終東陽縣簿。初與弟知仁學于克齋石先生𡼖。克齋致先生于紫陽，于是師事者十餘年。紫陽嘗謂其論敬字工夫甚善，論氣禀有偏，而理之統體未嘗有異，亦爲得之。學者稱南湖先生。從孫則卿裒集成書，名之曰南湖先生文集。參台學源流。

杜方山先生知仁

杜知仁，字仁仲，號方山，南湖先生之弟也。少有俊才，爲舉子文，操筆即驚人；刻意于詩，不奇不已。曰：「是不足以爲學。」于是即六經、語、孟，考論一時諸先生風旨，至紫陽之書，則拱而曰：「道在是矣！窮理求仁，吾知所止。」所著詩文十五卷，訂禮讀易説詩，多所論述，未及裒次而卒。同上。

南湖同調

隱君車敬齋先生瑾

車瑾，字元瑜，號敬齋，黄巖人。究心理學，隱居馬家山。參台州府志。

梓材謹案：謝山學案劄記：「車瑾，字敬齋，蔡夢說之師也。」誤以其號爲字。劄記又云：「車敬齋未識卽安行否？」又云：「敬齋當是魯齋弟子。」攷浙江通志引黄巖耆逸傳亦云：「車敬齋名瑾，字元瑜，景山其孫也。」觀先生弟子之門人，有在魯齋之門者，玉峯爲先生曾孫，亦嘗學于魯齋，則先生之不得爲魯齋弟子，明矣。

南湖家學劉、李三傳。

清獻杜立齋先生範

杜範，字成之，雲濠案：一作成己。黄巖人。少從其從祖良仲、仁仲遊。從祖受學文公，至先生益著。由進士轉軍器監丞。入對，言：「君相之私未去，更新之效未睹。」又言：「近用名儒，發明格致誠正之學，願以其講明，見之施行。」及爲御史，以言忤時相鄭清之，先生自劾，言：「宰相與臺諫當同心爲國，豈容以私害公！」並論斥侍從、近臣、監司、郡守之失職者，時相愈忌之。先生自入臺，屢丐祠，至改常少㊀，復五上歸田之請，不允，還㊁祕書監，拜殿中侍御史。先生奏：「臣冒耳目之寄，輒忤宰相。今又使居言職，豈以臣絶私比，而其言猶有可取邪？」復言時相橫啓邊釁，並發其私。疏入不報，而有左史之命，卽渡江歸。嘉熙二年，知寧國府。四年，還朝，累遷至禮部尚書兼中書舍人，擢同簽書樞密院事。先生自還朝後，抗言無隱情。既入都堂，丞相史嵩之忌之。遷同知樞密院事，以李鳴復參知政事，先生曾劾鳴復，不屑與共政，去之。會嵩之遭喪，拜先生右丞相，力疾入覲。帝親書「開誠心，布公道，集衆思，廣忠

㊀「改常少」，宋史本傳作「改太常少卿」。 ㊁「還」字，宋史本傳作「遷」。

益」賜之。先生上五事，並條利病與政事可行者爲十二事，一以去私爲主。雖秉鈞未久，不能大有所匡正，而其忠君愛國之忱，悱惻懇到，于宋之末葉求之，蓋亦難其選矣。卒贈少傅，謚清獻。所著有古律詩歌詞五卷、雜文六卷、奏稿十卷、外制三卷、進故事五卷、經筵講義三卷。參史傳。雲濠案：四庫書目收録清獻集二十卷，蓋後人重輯之本，非其舊矣。

清獻文集補。

老氏宗虛無，尚柔謙，傷周衰文敝，欲返之樸古者，蓋其著書本意。若圖録之傳，符咒之術，乃本之張道陵，而寇謙之借李君以文其欺。

梓材謹案：謝山所録清獻文集二條，其一條移入車隘軒傳後。

南湖門人

布衣邱木居先生漸

丘漸，字子木，黄巖人也。受業南湖杜氏之門，故與清獻爲莫逆交，講明道學，以淑後進。清獻枋國，先生多所贊畫，然欲援之仕，則不可，卒以布衣終。門人甚盛。四書衍義其所著也。門人之最著者曰戴亨。補。

雲濠謹案：台州府志載先生鄉人尊之曰木居先生。

方山家學

清獻杜立齋先生範見上南湖家學

敬齋家學

隱君車隘軒先生似慶

車似慶，字石卿，號隘軒。潛心理學，隱居樂道，年已及耄，觀書猶至夜分。釋經評史，權古商今，不襲簡策陳言，迥出新意，自成一家言。所著有五經論、閒居録、隘軒文集，杜清獻公、陳篔窻爲之序。嘗與王侍郎方巖友善，及方巖擢高第，登顯仕，强而附者鱗鱗然，先生至絶迹其門。郡守屢挽之，不能致。參台州府志。

梓材謹案：台州志誤作「車卿，字似慶」，今據謝山節録杜清獻文原注云「隘軒，名似慶，字石卿」改正。

附録

杜清獻曰：「車隘軒閒居録，于邪正義利雅俗之雜，與傲上諂下淩弱畏勢等語，皆不易之確論。至謂『以僻異解經，當與侮聖言同科』，尤見其所守條律之嚴。」補。

車先生似度

車似度，隱居瑾之子。與其子景山皆老于儒。參柳待制集。

車先生倬

車倬，字章甫，謚軒子。能世其家，以身爲鄉社倚重者四十年。參台州府志。

車密林先生景山

車景山，號密林，敬齋孫。博學能文。舉鄉科，上春官不第，遂老于家。同上。

車韶溪先生安行別見木鐘學案。

聘君車玉峯先生若水見下立齋門人。

迪功車雙峯先生若綰別見木鐘學案。

敬齋門人

蔡起巖先生夢説

蔡夢説，字起巖，黄巖人。嘗從車敬齋遊，究心濂、洛之傳，開門授徒。黄超然、高志伊、方儀皆其高弟。所著書多散亡，獨篋詩八卷藏于家。補。

立齋門人劉、李四傳。

聘君車玉峯先生若水

車若水，字清臣，黄巖人。賈似道再聘入史館，不赴。先生嘗登篔牕陳耆卿之門。篔牕學古文于水心葉氏，適而得其傳者也。是時，吴子良先從篔牕，已登科，聲譽甚震。先生以晚進，一旦篔牕于人前揚之過當，同門皆不平，久之乃服。已而事杜清獻公範，乃自以爲求道之晚。嘗著道統録，自周子至勉齋，講明性理。自號玉峯山民。有宇宙略記、世運録、道統録、玉峯冗稿。修。

梓材謹案：玉峯傳及脚氣集，黄氏原本在金華學案，今據序録入是卷。

玉峯脚氣集

養氣要緊在有事與勿忘上，工夫自到，又不可責近效，所謂大段著力不得也。著力則氣壹動志，前功不保矣。勿正，是爲常有事者言也；勿助，是爲勿忘者言也。揠苗，是爲已耘苗者言也。不曾耘苗，草長而苗且不存，又何苗之可揠乎！告子不肯做有事與勿忘工夫，只顧勿正、勿助。其曰：「不得于心，勿求于氣，不得于言，勿求于心。」此後世釋氏之不動心，非儒者之不動心。

祖望謹案：所謂揠苗，非指告子。

濂溪不言知格，徑説定以仁義中正，而主静以上，皆知格也。厥彰厥微，弗靈匪瑩，其知格也至矣！定之仁義中正則著實，主靜則立本，其知格也至矣！

禮運首章，載孔子言「大道之行，天下爲公」。大道既隱，始以禮義爲紀。離禮義以言道，是老子之言也。補。

漢時士大夫奏事宮中，要便入來，只是不到後庭，所以公孫宏燕見，武帝或時不冠。又不冠不見汲黯，猶是周禮古意。自武帝以宦者典章奏，而士大夫遂疏，門禁森嚴，全隔絶矣。于是親宦官宮妾之時多，親士大夫之時少。補。

禪家之法，只是要人靜定，癡守一向，更不思別路，久而自能通達。此吾儒至誠如神意。吾儒公溥，他只是自私。他要不落窠臼，誠是不落窠臼，然亦有可搏摸者。問：「如何是佛祖西來意？」曰：「庭前柏樹子。」此語最好，是吾儒一箇仁字也。「如何是佛？」曰：「乾屎橛。」謂前人往矣，我自當作工夫，說前人甚麼。此句與吾儒別。有問：「請師安心？」曰：「將心來與汝安。」百丈㊀謂潙山曰：「汝撥爐中有火否。」潙山撥云：「無火。」百丈起，深撥得火，云：「此不是火！」吾儒亦如此教人，但今聽之者不把作事看，反不如他能信向服行也。然既曰悟道，必當首先悟吾父母何如，三綱五常，身體髮膚，七顛八倒，反借吾儒名分之說，與四海五湖無所係著之人挽合交道，而自謂高于一世，而人亦以是高之，然若無朝廷見成飯與喫，見成法與持，亦定坐禪不成也。

程子令人類聚論語言仁處玩味，此最切于教人。仁實是難訓，看來看去，自曉得可也。上蔡識痛

㊀「丈」字，原本作「文」，形近而誤，據龍本改。下同。

痒之語亦切，蓋出于程子痿痺不仁之語意。愚嘗講程子觀雞雛可以觀人仁，說得幾句，自謂有功于諸儒。

明道先生說：「今學者敬而不見得又不安者，只是心生，亦是太以敬來做事得重。此恭而無禮則勞也。恭者，私爲恭之謂也。禮者，非體之，禮是自然底道理也。只恭而不爲自然底道理，故不自在也。」人把「禮者非體之禮」作句，所以都說不得。「禮者非體之」是一句，「禮是自然底道理」是一句。禮者不是將吾身體得出來，乃是自然底道理。纔說體之，則便非自然，便身與禮爲二。

格物是窮理，不可易也。而以格爲至，則有可籌繹者。格于上下，可以訓至，格物難以訓至。曰致知在至物，非辭也。愚嘗謂格且比方思量之謂，此爲是，此爲非，此爲正，此爲邪，此爲輕，此爲重，今之諺欲知輕重，則曰以稱格之。此字必有傳承。玉篇云：「格，至也，量也，度也。」廣韻亦然。彼之字義，多出于古時經註。「格，至也」是堯典註，不知「度也」、「量也」出在何處。以此訓格，正與今文合。向曾以告星渚，星渚以面看屋，久之無說。

自先王之禮不行，人心放恣，被釋氏乘虛而入，而冠喪葬祭皆被他將蠻夷法來奪了。冠禮如他初削髮受戒之類，其丁寧告戒甚嚴。古時亦有幾箇好僧，今時受戒出壇便破。喪禮則有七次之說，謂人死後，每逢七日，其魂必經陰司，受許多苦，凡七次。愚夫惑其說，請僧追薦。然今讀書人既闢佛、老，不用其說，而于吾禮自不曾盡，朝夕無奠，朔望無奠，飲酒食肉，若罔聞知，則又夷狄之不若也。火化是大逆，又被他說火化上天。施斛一節，既薦祖先，因請客共享之。神不歆非類，民不祀非族，蓋是理之必然。然後世小人，但知自己飢餓，何曾思親！往往雖有子孫，亦是若敖。則施斛畢竟是一祭祀，以僧代巫，或亦致死致生之道。呂居中云：「鄭憕堂先生亦不信佛、老，亦不廢施斛，但要擇僧。」補。

魏文侯自請于周爲諸侯，又爲田和請。吾爲卜子夏、段干木恥矣。補。

潁考叔取螯弧以登，純孝者如此乎！補。

古者人鬼不相襲而相得也，後世人求鬼，鬼求人，鬼亦非其鬼矣！

程子曰：「盡其心者，知其性也，釋氏所謂識心見性是也。若存心養性一段，則無矣。」愚謂釋氏但能存其無用之心，養其無實之性，卻不盡心知性也。

乾元者，始而亨者也。利貞者，性情也。文王卦辭，元亨利貞，本只兩意，元而亨、利于正而已。今諸卦都是如此。孔子文言，自以所見，拆作四字說，自是一項道理，然非文王繫卦之本意也。孔子到此卻又就文王本意作兩件說。自乾元發出，豁達呈露，生意徧滿，無不亨通，所謂始而亨也。然皆可見者氣也，須有理主于其中，何嘗有不好底生意。蓋純粹至善，是乾德之本，然乾之性情，只是利于正也。乾之性情如此，則凡資始于乾者，皆如此。是故人可以爲善，不可以爲惡，蓋其本來情性，只是利于正也。

梓材謹案：玉峯脚氣集，梨洲所録者十一條，今以其一條爲沈可亨立傳于後，又一條移入木鐘學案，一條移入滄洲諸儒。謝山所録十條，今以其一條爲金叔明立傳于後，又移入象山學案一條、木鐘學案一條、蜀學略一條。

附錄

王魯齋曰：「近得車玉峯書，謂大學格致傳未嘗亡也，欲以知止而后有定一段合聽訟共爲一章，不動斧鑿而元詞儼然，誠追亡之上功也。昔日嚴陵吳守槃亦有此説，見盧新之跋。嘗以此説請教于西山葉先生，曰：『且去涵養。』」

宗羲案：魯齋以知止爲格致之傳，發自玉峯。凡玉峯之所論著者，魯齋未嘗不歎服其學力也。玉峯于魯齋在師友之閒。魯齋之門，如吉甫、玉峯，皆所謂知過于師，方堪傳授耳。

玉峯講友

胡思齋先生常

胡常，字立方，號思齋，黄巖人。好修，不慕榮利，親掃户庭，一唾不委于地，几案光潔如洗，書籍圖畫，端正完整，若手未觸。觀書必端坐，未嘗行動挾攜。雖在市廛，跬步不出户外。彙編朱子語録十卷，又著戛釜吟三卷。與車玉峯友善，玉峯以兄事之。王令華甫親訪其廬，洪令穮、趙守景緯皆加敬禮，時就問政，陰及物者甚衆。天子錫恩台土，使盡赴春官。徐守宗臣曰：「若思齋，不可挽之。」其相重如此。一日疾革，神色如常，時猶奮語及大學疑義，以書抵玉峯。已而屬纊，玉峯志其墓。參台州府志。

堂長王石潭先生賁別見北山四先生學案。

沈先生可亨

沈可亨，玉峯友人也。玉峯腳氣集云：「趙幾道説誠無爲幾善惡。作一圖，上寫一誠字，直落寫箇善字，偏旁一絲寫箇惡字，以惡是誠之庶孽，善是宗嫡。可亨疑之，以問。此疑甚善。幾道自謂可勝胡氏同體異用之説，不知其尤非也。且如喜怒哀樂未發謂之中，當其未發，只是至善，至于發時，始有中節與不中節。中節者是不走作這中；不中節者是走作這中，卻不是這中。先生箇中節，旋生箇不中節，如水之清，有以濁之，不是當初帶得這濁來，若是庶孽，亦從他身上出，豈不枉屈！」

梓材謹案：趙幾道説朱子文集，屬之幾道從弟致道。

玉峯同調

隱君蔡春山先生希點

蔡希點，字子與，號春山，太平人。博學善詩，隱居授教，從遊者以百數，多擢高第，躋膴仕。先生安貧樂道，以終其身。所著有春山雜稿。參台州府志。

祕監戴泉溪先生良齊

戴良齊，字彥肅，黄巖人。嘉熙進士，累官祕書少監，以古文鳴，而尤精性理之學。所著有中説辯妄、通鑑前紀、曾子遺書、論語外書、孔子年譜、世譜、七十子説。林公輔答徐始豐書有曰：「當今經書，雖皆具完，而禮經獨爲殘缺，加㊀以漢儒之記有不純者，郡先哲戴大監嘗力爲之辯。草廬吴文正公師之，得其説，于今未大行也。」觀此，其學之源委可見。參赤城新志。

雲濠謹案：謝山劄記有「戴良齊泉溪集」六字。泉溪蓋先生之號。

木居門人

戴蠢翁先生亨

戴亨，字子元，臨海人。師事丘木居。有太極圖説、人心道心説、近思録補注、朱子詩解、北溪字義辨正。其教人以毋自欺爲第一義，嘗銘座右曰：「莫見乎隱，莫顯乎微。欲人不知，莫若弗爲。」參浙江通志。

梓材謹案：台州府志載：「先生號蠢翁，黄巖戴祕書良齊之從子也。」

方懋翁先生儀

方儀，字儀父，黄巖人。少從丘木居學，復參問于徐徑畈、劉後村、林竹溪諸公，俱愛敬之。性沖淡温厚，待人以誠。沈思于易，至老無倦。所著有懋翁玩易十卷及感遇歌、候樵存稿。參台州府志。

起巖門人敬齋再傳。

㊀「加」字，原本作「如」，形近而誤，據龍本改。

康敏黃壽雲先生超然別見北山四先生學案。

高天逸先生耕

高耕，字志伊。其先觀察使楝從高宗南渡，居臨海。先生詩文，意不拔俗，語不驚人，不已也。晚歲益奇。自號天逸。所著有□金集。參台州府志。

方懋翁先生儀見上木居門人

玉峯門人劉、李五傳。

州判盛聖泉先生象翁別見北山四先生學案。

隱君潘柏峯先生希宗

潘希宗，字景昭，一名烓，黃巖人。從蔡春山、車玉峯遊。宋景定二年，領漕薦，文丞相器重之，有往來書札。宋亡，隱居不仕。號柏峯居士，有文集。補。

金先生叔明附董華翁。

金叔明，玉峯之徒也。玉峯腳氣集曰：「周禮冬官散在諸官之中，而地官尤多。自編帙散亂，俗儒補緝，遂以田野諸職並附地官，則馮相、保章之類皆可附天官邪？叔明作周禮十疑十答，予遂授以俞氏復古編。董華翁辯俞氏之不可憑，此是忠厚，不欲輕動古人之意。叔明云：『周官三百六十，今已存三百五十，只亡其十，豈可謂冬官亡也？但冬官之不亡，只可使人自曉自推，俞氏乃斷定撥置，爲累多矣』。」補。

梓材謹案：董華翁當是陳潛室弟子，董正翁楷之兄侍郎㮚。正翁見木鐘學案。

春山門人

隱君潘柏峯先生希宗見上玉峯門人。

泉溪門人

文正吳草廬先生澄別爲草廬學案。

宋元學案卷六十七

九峯學案

黃宗羲原本　黃百家纂輯　全祖望補定

九峰學案表

- 蔡沈（西山、季子、晦翁門人。延平、白水、籍溪、屏山再傳。元成、龜山、譙氏、武夷、豫章三傳。涑水、二程四傳。）
  - 子模
  - 子杭
  - 子權
  - 陳光祖　別見西山蔡氏學案。
  - 劉欽
    - 子涇
  - 何雲源
    - 劉漢傳
- 劉實翁
  - 子震
  - 王充耘
- 黃鎮成
- 陳師凱

黄千能 九峯同調。 並九峯續傳。

九峯學案序録

祖望謹案：蔡氏父子、兄弟、祖孫，皆爲朱學干城，而文正之皇極又自爲一家。述九峯學案。梓材案：蔡氏自西山先生晦翁稱爲老友，子若孫入學案者八人。九峯二兄並見西山蔡氏學案。謝山以九峯皇極自爲一家，故別爲九峯學案。

晦翁門人劉、李再傳。

文正蔡九峯先生沈

蔡沈，字仲默，建陽人，西山先生季子也。隱居九峯，當世名卿物色求訪，不就，學者稱爲九峯先生。先生自勝衣趨拜，入則服膺父教，出則師事文公。文公晚年訓傳諸經畧備，獨書未及爲，環眂門下生，求可付者，遂以屬先生。洪範之數，學者久失其傳，西山獨心得之，未及論著，亦曰：「成吾書者沈也。」先生沈潛反覆者數十年，然後克就。其于書也，考序文之誤，訂諸儒之説，以發明二帝三王羣聖賢用心之要。洪範、洛誥、秦誓諸篇，往往有先儒所未及者。雲濠案：陳直齋書録解題載朱子書古經四卷，序一卷。宋志所著録者稱有六卷。慶元初，僞學之論興，西山遠謫春陵，先生徒步數千里，以從九疑之麓。道㊀楚、粤窮僻處，山川風物，悲凉悽愴，居者率不能堪，先生父子相對，獨以理義自怡悦，浩然無湘纍之思，楚囚之泣也。西山不幸歿貶所，復徒步護柩以歸。有遺以金而義不可受者，輒謝卻之，曰：「吾寧隨所止而殯，不忍累先人也。」先生年僅三十，卽屏去舉子業，一以聖賢爲師。其文長于論辯。詩早慕太白，晚入陶、韋社中。至其吟詠性情，摹寫造化，則又源流文公感興諸作，非徒以詩自命而已。明正統初，追謚文正。

書經集傳序

二帝三王之治本于道，二帝三王之道本于心，得其心，則道與治可得而言矣。何者？精一執中。堯、舜、禹相授之心法也。建中建極，商湯、周武相傳之心法也。曰德曰仁曰敬曰誠，言雖殊而理則一，無非所以明此心之妙用也。至于言天，則嚴其心之所自出；言民，則謹其心之所由施。禮樂教化，心之法也。典章文物，心之著也。家齊國治而天下平，心之推也。心之德其盛矣乎！二帝三王，存此心者也。夏桀、商紂，亡此心者也。太甲、成王，困而存此心者也。存則治，亡則亂，治亂之分，顧其心之存不存何如耳。後世人主有志于二帝三王之治，不可不求其道。有志于二帝三王之道，不可不求其心。

㊀「道」字，原本作「最」，據龍本、宋史本傳改。

求心之要，舍是書何以哉！

洪範皇極序

體天地之撰者，易之象。紀天地之撰者，範之數。數者始于一，象者成于二，一者奇，二者耦也。奇者數之所以行，耦者象之所以立，故二而四，四而八，八者八卦之象也；一而三，三而九，九者九疇之數也。由是重之，八而六十四，六十四而四千九十六，而象備矣；九而八十一，八十一而六千五百六十一，而數周矣。易更四聖而象已著，範錫神禹而數不傳，後之作者，昧象數之原，窒變通之妙，或即象而爲數，或反數而擬象，洞極用書，潛虛用圖，非無作也，而牽合傅會，自然之數，益晦蝕焉。嗟夫！天地之所以肇者，數也；人物之所以生者，數也；萬事之所以失得者，亦數也。數之體著于形，數之用妙乎理，非窮神知化獨立物表者，曷足以與此哉！然數之與象，若異用也，而本則一，若殊途也，而歸則同。不明乎數，不足與語象；不明乎象，不足與語數。二者可以相有，不可以相無也。先君子曰：「洛書者，數之原也。」余讀洪範而有感焉。上稽天文，下察地理，中參人物古今之變，窮義理之精微，究興亡之徵兆，微顯闡幽，彝倫敘秩，真有天地萬物各得其所之妙。歲月侵尋，粗述所見，辭雖未備，而義則著矣。其果有益于世教否乎？皆所不敢知也。雖然，余所樂而玩者，理也，余所言而傳者，數也，若其所以數之妙，則在乎人之自得焉爾。

洪範皇極圖

洛書

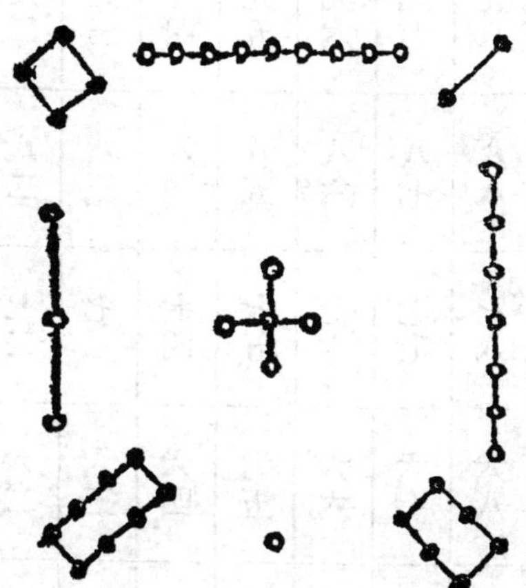

九九圓數圖

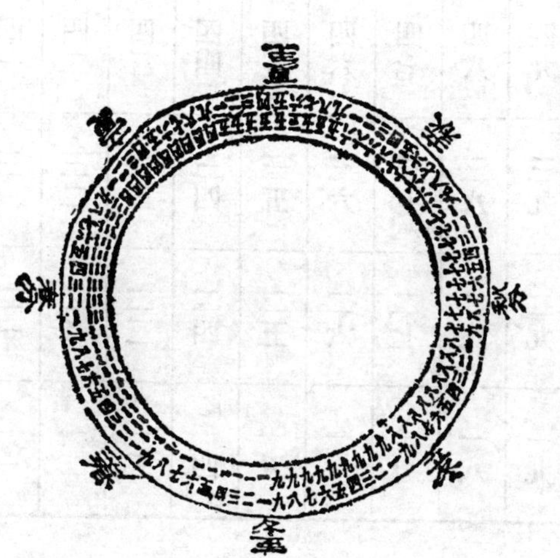

九九方數圖

九一	九二	九三	九四	九五	九六	九七	九八	九九
八一	八二	八三	八四	八五	八六	八七	八八	八九
七一	七二	七三	七四	七五	七六	七七	七八	七九
六一	六二	六三	六四	六五	六六	六七	六八	六九
五一	五二	五三	五四	五五	五六	五七	五八	五九
四一	四二	四三	四四	四五	四六	四七	四八	四九
三一	三二	三三	三四	三五	三六	三七	三八	三九
二一	二二	二三	二四	二五	二六	二七	二八	二九
一一	一二	一三	一四	一五	一六	一七	一八	一九

九九行數圖

一一冬至	四一穀雨	七一處暑
一二	四二	七二
一三	四三	七三
一四小寒	四四立夏	七四白露
一五	四五	七五
一六	四六	七六
一七大寒	四七小滿	七七秋分
一八	四八	七八
一九	四九	七九
二一	五一	八一
二二立春	五二芒種	八二寒露
二三	五三	八三

二四	五四	八四
二五雨水	五五夏至	八五霜降
二六	五六	八六
二七	五七	八七
二八驚蟄	五八小暑	八八立冬
二九	五九	八九
三一	六一	九一
三二	六二	九二
三三春分	六三大暑	九三小雪
三四	六四	九四
三五	六五	九五
三六清明	六六立秋	九六大雪
三七	六七	九七

三八	六八	九八
三九	六九	九九冬至

九九積數圖

一	九	八十一	七百二十九
二	十八	百六十二	一千四百五十八
三	二十七	二百四十三	二千一百八十七
四	三十六	三百二十四	二千九百一十六
五	四十五	四百有五	三千六百四十五
六	五十四	四百八十六	四千三百七十四
七	六十三	五百六十七	五千一百有三
八	七十二	六百四十八	五千八百三十二
九	八十一	七百二十九	六千五百六十一

洪範皇極內篇

造化之爲造化者，幽明屈伸而已。天者，明而伸者也。地者，幽而屈者也。暑者，明而伸者也。寒者，幽而屈者也。晝者，明而伸者也。夜者，幽而屈者也。天地也，寒暑也，晝夜也，幽明屈伸以成變化者也。是故陽者吐氣，陰者含氣，吐氣者施，含氣者化，陽施陰化，而人道立矣，萬物繁矣。陽薄陰則繞而爲風，陰囚陽則奮而爲雷，陽和陰則爲雨、爲露，陰和陽則爲霜、爲雪，陰陽不和則爲戾氣。沖漠無眹，萬象具矣。動靜無端，後則先矣。器根于道，道著器矣。一實萬分，萬復一矣。混兮闢兮，其無窮矣。是故數者計乎此者也，疇者等乎此者也，行者運乎此者也，微而顯，費而幽，神應不測，所以妙乎此者也。

有理斯有氣，有氣斯有形，形生氣化，而生生之理無窮焉。天地絪縕，萬物化醇，男女構精，萬物化生，化生者塞，化醇者賾。覆土之陵，積水之澤，草木魚蟲，孰形孰色？無極之真，二五之精，妙合而凝，化化生生，莫測其神，莫知其能。

理之所始，數之所起，微乎微乎，其小無形，昭乎昭乎，其大無垠。微者昭之原，小者大之根。有先有後，孰離孰分？成性存存，道義之門。老氏爲虛，釋氏爲無，形名失實，陰陽多拘，異端曲學，烏乎不渝哉！

有理斯有氣，氣著而理隱。有氣斯有形，形著而氣隱。人知形之數，而不知氣之數。人知氣之數，而不知理之數。知理之數，則幾矣！動靜可求其端，陰陽可求其始，天地可求其初，萬物可求其紀，鬼神知其所幽，禮樂知其所著，生知所來，死知所去。易曰：「窮神知化，德之盛也。」

智者，君子所以成德之終始也，是故欲知道，不可以不知仁，欲知仁，不可以不知義，欲知義，不可以不知禮，欲知禮，不可以不知數。數者，禮之序也，分于至微，等于至著。聖人之道，知序則幾矣。

人非無知也，而真知爲難。人非無見也，而真見爲難。義之質，人所知也，而犯義者多，禮之文，人所見也，而越禮者衆，以其知之非真知，見之非真見爾。真者精之極，精則明，明則誠，誠則爲其所爲，不爲其所不爲，如水之寒，火之熱，亦性之而已矣。

物窒而理虛，暗室而明虛。萬物生于虛明，而死于暗室也。萬事善于虛明，而惡于暗室也。虛明則神，神則聖，聖者數之通也。窒暗則惑，惑則愚，愚者數之塞也。

陰陽五行，其體而用，用而體者邪？渾渾淪淪，而出入異門；繩繩井井，而形色俱泯。合之而知其異，析之而知其同，微之而知其顯，充之而知其不可窮者，其庶矣哉！

陰陽相爲首尾者邪？是故陽順而陰逆，陽長而陰消，陽進而陰退。順者吉而逆者凶邪？長者盛而消者衰邪？進者利而退者鈍邪？周流不窮，道之體也。得失相形，事之紀也。

陰陽非可一言盡也。以清濁言，則清陽而濁陰。以動靜言，則動陽而靜陰。以升降言，則升陽而降陰。以奇耦言，則奇陽而耦陰。小大高卑，左右後先㊀，向背進退，順逆醜妍，靡物不爾，無時不然，

㊀「後先」，原本作「前後」，據龍本改。

愈析愈微，愈窮愈巡。音沿。陰陽之精，互藏其營。陰陽之氣，循環迭至。陰陽之質，縱橫曲直。莫或使之，莫或禦之。

變者化之漸，化者變之成。變化者，陰陽之消長屈伸也。非二則不能久，非一則不能神。

昔者，天錫禹洪範九疇也，初一曰五行，次二曰敬用五事，次三曰農用八政，次四曰協用五紀，次五曰建用皇極，次六曰乂用三德，次七曰明用稽疑，次八曰念用庶徵，次九曰嚮用五福，威用六極。無形者，理也。有形者，物也。陰陽五行，其物也歟？所以陰陽五行，其理也歟？無形之中而具有形之實，有形之實而體無形之妙，故君子語上而不墮于虛無，語下而不泥于形器，中立而不倚，旁行而不流，樂天知命而不憂。

形氣之元，極實先焉。極無不中也，氣或偏矣！形又偏矣！中無不善，偏不善矣！氣之善者十之五，形之善者十之三，三五之中，又有至焉，有不至焉。純乎極者，一而已矣！漸偏則漸駁，氣使然也！形使然也！氣有方，形有體，故中者少而偏者多也。此天下善惡之所由出，失得之所由分，吉凶禍福之所由著歟！

理其至妙矣乎！氣之未行，物之未生，理無不具焉。氣之既形，物之既生，理無不在焉。渾然一體，而不見其有餘。物各賦命，而不見其不足。無形影可度也，無聲臭可聞也，主萬化，妙萬物，人知其神，而不知其所以神。

邵子曰：「性者，道之形體也。道妙而無形，性則仁義禮智具而體著矣。」

程子曰：「天運而不已，日往則月來，寒往則暑來，水流而不息，物生而不窮，皆與道爲體者也。非性無以見道，非不息亦無以見道，是以君子盡性而自强不息焉。」

朱子曰：「太極者，本然之妙也。動静者，所乘之機也。太極，形而上之道也。陰陽，形而下之器也。自形而下者觀之，則動静不同時，陰陽不同位，而太極無不在焉。自形而上者觀之，則沖漠無朕，而動静陰陽之理已悉具于其中矣。雖然，推之于前而不見其始之合，引之于後而不見其終之離也。程子曰：『動静無端，陰陽無始。』非知道者，孰能識之！」

張子曰：「鬼神者，二氣之良能也。神者，氣之伸，陽之動也。鬼者，氣之屈，陰之静也。」静不能以不動，動則萬物之所從生。動不能以不静，静則萬物之所由復。一往一復，其機蓋有不能自已者焉。非一則不能成兩，非兩則不能致一。兩者可知，而一者難知也。兩者可見，而一者難見也。可知可見者，體乎？難知難見者，微乎？

仁義禮智信者，義理之公也，人之所固有。視聽言動思者，形器之私也，我之所自生。公者千萬人之所同，私者一人之所獨，是以君子貴同而賤獨。

極建則大本立，極明則大用著，以之齊家而家無不齊，以之治國而國無不治，以之平天下而天下無不平。若是者，天地其合，鬼神其依，龜筮其從，立百世之下，等百世之上，而莫能違也，立百世之上，俟百世之下，而亦莫能違也。

天地之位也，四時之運也，陰陽感而五行播矣。五行，陰陽也；陰陽，五行也。

數始冥冥，妙于無形，非體非用，非静非動。動實其機，用因以隨。動極而静，清濁體正。天施地生，品彙咸亨，各正性命，小大以定。斯數之令，既明且神，是曰聖人。

人心至靈也，虛明之頃，事物之來，是是非非，無不明也。少則昏矣，久則怠矣，又久則棄之矣，無他，形器之私溺之也。人能超乎形器，拔乎物欲，達其初心，則天下之理得矣。

天下之理，動者奇而静者耦，行者奇而止者耦，得友者致一，而生物者不二也。

數者，彝倫之敍也。無敍則彝倫斁矣，其如禮樂何哉！

人心動静，性情具焉。性者，理之形體。情者，性之發動。善其本然，惡其過不及也。存中莫善于敬，進學莫善于知，二者不可廢一也。

人之一心，實爲身主，其體則有仁義禮智之性，其用則有惻隱羞惡辭讓是非之情。方其寂也，渾然在中，無所偏倚，與天地同體，雖鬼神不能窺其幽；及其感也，隨觸隨應，範圍造化，曲成萬物，雖天地不能與其能。天地之大，人猶有憾，故君子語大，天下莫能載焉；語小，天下莫能破焉。至小無内，至大無外。無内不可分也，孰分之歟？無外不可窮也，孰窮之歟？思之思之，或顯其微；度之度之，莫或其遺，匪神之爲，而妙于斯！

程子曰：「天地之常，以其心普萬物而無心。聖人之常，以其情順萬事而無情。常之時義大矣哉！」

禮義交際，其萬化所入之門邪？東北，萬物之所出也，出則育神。西南，萬物之所入也，入則復命。其出也，順而生；其入也，拂而遂。不觀其出，無以知物之育；不觀其入，無以知物之復。火之克金，水之生木，出入循環，生克嗣續，老彭得之以養身，君子得之以養民，聖人得之而天下和平。

周子曰：「厥彰厥微，匪靈弗瑩。剛善剛惡，柔亦如之，中焉止矣。二氣五行，化生萬物。五殊二實，二本則一。一實萬分，萬一各正，小大有定。」

明禮而後可與適道，守禮而後可與治民，達禮而後可與言數。非禮之道，老、佛之道也；非禮之治，荒唐之説也；非禮之數，京房、郭璞之技也，君子所不由、不爲、不言也。

至一而精，至虛而靈。有動有靜，動直靜凝。靜已而動，動已而靜，一靜一動，爲屈爲伸，爲鬼爲神。人心至妙，萬化之窮，動靜之徼。

天地之化，不翕聚則不能發散。仁智交際，萬化之機軸也。

氣之消息也以漸。氣之息也，形之生也；氣之消也，形之毀也。潤萬物者，莫澤乎水；化萬物者，莫疾乎火。水火者，未離乎氣者也。

數運無形，而著有形，智者一之，愚者二焉。數之方生，化育流行；數之已定，物正性命。圓行方止，爲物終始，隨之而無其端也，迎之而無其原也，渾之惟一，析之無極，惟其無極，是以惟一。

二氣之初，理妙于無。五運迭至，理藏于智。或爲之先，大本其原；或爲之後，復往之間。大本太始，復往而已。二者不同，一而已矣。二氣之神，陰精陽明，消息變化，有立有行。立則形具，行則氣著。上下其儀，先後其施，一行一立，爲闢爲翕，何千萬年無終極焉？上卷。

河圖體圓而用方，聖人以之而畫卦。洛書體方而用圓，聖人以之而敘疇。卦者，陰陽之象也。疇者，五行之數也。象非耦不立，數非奇不行。奇耦之分，象數之始也。是故以數爲象，則奇零而無用；以象爲數，則多耦而難通。陰陽五行，固非二體，八卦九疇，亦非二致，理一用殊，非深于造化者，孰能識之！

河圖非無奇也，而用則存乎耦。洛書非無耦也，而用則存乎奇。耦者，陰陽之對待乎？奇者，五行之迭運乎？對待者不能孤，迭運者不能窮。天地之形，四時之成，人物之生，萬化之凝，其妙矣乎！象以耦爲用者也，有應則吉。數以奇爲用者也，有對則凶。上下，相應之位也。陰陽，相求之理也。中五特立，而當時者獨盛也。是故天地定位，山澤通氣，木盛而金衰，水寒而火囚，理有相須，而物不兩大也。

數者，動而之乎靜者也。象者，靜而之乎動者也。動者，用之所以行。靜者，體之所以立。清濁未判，用實先焉。天地已位，體斯立焉。用既爲體，體復爲用，體用相仍，此天地萬物所以化生而無窮也。

流行者，其陽乎？成性者，其陰乎？陽者，數之生也。陰者，數之成也。陽以三至，陰以倍乘，生生不窮，各以序升，自然而然，有不容已，非智與仁，曷克終始！

言天下之靜者，存乎正。言天下之動者，存乎時。正者，道之常也。時者，因之綱也。是故君子立正以俟時。

數者，所以順性命之理也。一爲水而腎，其德智也。二爲火而心，其德禮也。三爲木而肝，其德仁也。四爲金而肺，其德義也。五爲土而脾，其德信也。

一者，九之祖也。九者，八十一之宗也。圓之而天，方之而地，行之而四時。天所以覆物也，地所以載物也，四時所以成物也，散之無外，卷之無內，體諸造化而不可遺者乎！

一數之周，一歲之運也。九數之重，八節之分也。一一，陽之始也。五五，陰之萌也。三三，陽之中也。七七，陰之中也。二二者，陽之長。四四者，陽之壯。五則陽極矣。六六者，陰之長。八八者，陰之壯。九則陰極矣。一九首尾爲一者，一歲首尾于冬至也。蓋冬至二而餘則一也。

一者，數之始也。九者，數之終也。一者不變，而九者盡變也。三、五、七者，變而少者也。二、四、六、八者，變而耦者也。變之耦者，不能以及乎奇。變之少者，不能以該乎物。奇耦相參，多寡相函，其惟九數乎！

順數則知物之所始，逆數則知物之所終。數與物非二體也，始與終非二致也，大而天地，小而毫末，明而禮樂，幽而鬼神，知數卽知物也，知始卽知終也。數與物無窮，其誰始而誰終！

數始于一，參于三，究于九，成于八十一，備于六千五百六十一。八十一者，數之小成也。六千五百六十一者，數之大成也。天地之變化，人事之始終，古人之因革，莫不于是著焉。是故一九而九，九九而八十一，八十一而七百二十九。二九十八，十八而百六十二，百六十二而一千四百五十八。三九二十七，二十七而二百四十三，二百四十三而二千一百八十七。四九三十六，三十六而三百二十四，三百二十四而二千九百一十六。五九四十五，四十五而四百有五，四百有五而三千六百四十五。六九五十四，五十四而四百八十六，四百八十六而四千三百七十四。七九六十三，六十三而五百六十七，五百六十七而五千一百有三。八九七十二，七十二而六百四十八，六百四十八而五千八百三十二。九九八十一，八十一而七百二十九，七百二十九而六千五百六十一。列而次之，自一而九，自九而一，一逆一順，一九、二八、三七、四六互相變通。五則常中，有吉無凶，禍亡而福隆，君子之所爲宮。是故一變始之始，二變始之中，三變始之終，四變中之始，五變中之中，六變中之終，七變終之始，八變終之中，九變終之終。數以事立，亦以事終，酬酢無常，與時偕通。

中者，天下之大本乎！自一而九，自九而一，雖歷萬變！而五常中焉。

洛書數九而用十，何也？十者，數之成也，數成而五行備也。數非九不生，非十不成。九以通之，十以節之，九以行之，十以止之，九者變通之機，十者五行之敘也。方隅對待，中五含五而十數已具于九數之中矣，以見其體用之不相離，而圖、書所以相爲經緯也。

九者，生數也；十者，成數也。生者，方發而未形；成者，已具而有體。未形而有形者，變化見也；有體而無體者，其用藏也。是故雨以潤之，暘以熯之，寒以斂之，燠以散之，風以動之，其生物也不測，其成物也不忒。生居物先，成居物後，故能爲奇，故能爲耦。

天下之數，九而究矣。十者，一之變也。百者，十之變也。千者，百之變也。萬者，千之變也。十百千萬皆一也。

朱子曰：「天數中于五，地數中于六。天有陰陽，故二其五爲一十，合三與七、一與九亦十也。地有柔剛，故二其六而爲十二，合四與八、二與十亦十二也。十爲干，十二爲支。十干者，五行有陰陽也。十二支者，六氣有柔剛也。十干實五行也，十二支實六氣也，五行六氣，實一氣也。清濁未判，乃天地之所以立，上下定位，又萬物之所以生。故自體言之，則對待而不可缺；自用言之，則往來而不可窮。蓋造化之幾微，聖人之能事也。」

物有其則，數者，盡天下之物則也。事有其理，數者，盡天下之事理也。得乎政，則物之則、事之理無不在焉。不明乎數，不明乎善也；不誠乎數，不誠乎身也。故靜則察乎數之常，而天下之故無不通；動則達乎數之變，而天下之幾無不獲。

正數者，天地之正氣也，其吉凶也確。閒數者，天地之閒氣也，其吉凶也雜。其進退消長之道歟？數由人興，數由人成，萬物皆備于我，咸自取之也。中人以上，達于數者也；中人以下，囿于數者也。聖人因理以著數，天下因數以明理。然則數者，聖人所以教天下後世者也，國家將興，必有禎祥，國家將亡，必有妖孽，善必先知之，不善必先知之，因天下之疑，定天下之志，去惡而就善，舍凶而趨吉，謁焉而無不告也，求焉而無不獲也。利民而不費，濟世而不窮，神化而不測，數之用其大矣哉！

禮儀三百，威儀三千，皆天道之流行也。

箕子曰：「皇建其有極，斂時五福，用敷錫厥庶民。惟時厥庶民于汝極，錫汝保極。凡厥庶民，無有淫朋，人無有比德，惟皇作極。」「無偏無陂，遵王之義。無有作好，遵王之道。無有作惡，遵王之路。無偏無黨，王道蕩蕩。無黨無偏，王道平平。無反無側，王道正直。會其有極，歸其有極。」

上焉者，安于數者也。其次守焉，其下悖焉。安焉者謂之聖，守焉者謂之賢，悖之者愚而已矣。是故歷數在躬，不思而得，不勉而中，聖人也。體數之常，不易其方，順時而行，賢人也。逆數越理，亂天之紀，小人之無忌憚也。

義之所當爲而不爲者，非數之所能知也。義之所不當爲而爲者，亦非數之所能知也。非義不占，非疑不占。非義而占謂之欺，非疑而占謂之侮。虛其心，和其志，平其氣，一其聽，有不占也，而事無不應，有不謀也，而用無不成。誠之至焉，神亦至焉，是謂動之以天。

敬者，聖學始終之要，未知則敬以知之，已知則敬以行之。不敬則心無管攝，顛倒眩瞀，安能有所知、有所行乎！

義利不可不明也，不明則以利爲義，心雖公，亦私耳。天下正理，若大路然，一而已，旁蹊曲徑，皆私意也，故曰遵王之道，無有黨偏、偏陂、反側云。

命之流行而不已者，道也。道于天其陽乎？道于地其陰乎？道于人其仁義乎？人者，兼天地而參之者也，是故天覆地承，非聖人不形；天施地生，非聖人不成；天神地靈，非聖人而誰爲貞！

父子有親，君臣有義，夫婦有別，長幼有序，朋友有信，五品遜而太和合，皇極之世也。堯、舜，父子之衰也。湯、武，君臣之缺也。伏羲、神農，日之中乎？堯、舜、三代，時之中乎？

五行在天則爲五氣，雨暘燠寒風也；在地則爲五質，水火木金土也。天之五氣，雨暘質也；地之五質，水火氣也。天交于地而雨。暘爲質地交于天而水火爲氣，二變而三不變者，二得陰陽之正，而三得陰陽之雜也，故二能變，而三不能變也。

五行二氣之分也，二氣交感，絪緼雜糅，開闔動盪，相生則水木火土金，相克則水火金木土。出明入幽，千變萬化，四時之運，生克著焉。自陰而陽也順，自陽而陰也逆。木之盛也，水實生之。金之成也，火實制之。順而生者易知，逆而克者難見。曰伏焉，曰伐焉，土著其中，因時致王，四序成功，而無名稱焉，其至德矣夫！

善養生者，以氣而理形，以理而理氣，理順則氣和，氣和則形和，形和則天地萬物無不和矣。不善養生者反是，理昏于氣，氣梏于形，耳目口鼻徇而私慾勝，好惡哀樂淫而天理亡，其能苟生者，禽獸而已矣！

耳目口鼻手足之用皆五也。或曰：「支指五矣！耳目口鼻何有焉？」耳聽五聲，目辨五色，口嘗五味，鼻別五臭，不具于此，何有于彼？手足以形用，耳目口鼻以神用。形用者易知，而神用者難識也。

原者，氣之始也。沖者，形之始也。中者，治之極也。用者，物之窒也。終者，事之畢也。原者，仁之先也。用者，義之端也。公者，禮之閑㊀也。戎者，智之刓也。中者，信之完也。原者，近乎中也。伏者，遠乎中也。近者進，而遠者退也。近者息，而遠者消也。原始反終，故知死生之說也。

原，元吉幾，君子有慶。數曰：「原，誠之源也。幾，繼而善也。君子見幾有終慶也。」潛，勿用，有攸往，正靜吉。數曰：「潛，藏也。勿用，有攸往，陽微也。正靜吉，正而靜所以吉也。君子藏器于身，待時而動，故無不利也。」

㊀「閑」字，原本作「閉」，據龍本改。

原之一一曰，君子見幾，不俟終日。數曰，知至至之，可與幾也。中之五五曰，會其有極。數曰，各正性命，保合太和也。終之九九曰，君子令終，萬福攸降。數曰，知終終之，可與存義也。原之一一者，繼之善也。原之九九者，逆而凶也。當時者盛，失時者窮也，厥相休囚，以類從也。君子時之爲貴，時止時行，時晦時明，萬夫之望。

數終而復乎一，其生生而不窮者也。陰之終，陽之始也；夜之終，晝之始也；歲之終，春之始也；萬物之終，萬物之始也。是故入乎幽者所以出乎明，極乎静者所以根乎動。前天地之終，其後天地之始乎？

一者，數之原也。九者，數之究也。十者，行之陰陽也。十二者，氣之柔剛也。原其所始，究其所終，陰陽柔剛，分合錯綜，粲然于天地之閒矣。中卷。

溟漠之閒，兆朕之先，數之原也。有儀有象，判一而兩，數之分也。日月星辰繫于上，山嶽川澤奠于下，數之著也。四時迭運而不窮，五氣以序而流通，風雷不測，雨露之澤，萬物形色，數之化也。聖人繼世，經天緯地，立兹人極，稱物平施，父子以親，君臣以義，夫婦以别，長幼以序，朋友以信，數之教也。分天爲九野，别地爲九州，制人爲九行；九品任官，九井均田，九族睦俗，九禮辨分，九變成樂，九㈠陳制兵，九刑禁姦，九寸爲律，九分造歷，九筮稽疑，九章命算，九職任萬民，九賦斂財賄，九式節財用，九府立圜法，九服辨邦國，九命位㈡邦國，九儀命邦國，九法平邦國，九伐正邦國，九貢致邦國之用，九兩繫

㈠「九」字，原本作「八」，據龍本改。　㈡「位」字，原本作「立」，據龍本改。

邦國之民，營國九里，制城九雉，九階九室，九經九緯，數之度也。孔子曰：「爲天下國家有九經，曰修身也，尊賢也，親親也，敬大臣也，體羣臣也，子庶民也，來百工也，柔遠人也，懷諸侯也。修身則道立，尊賢則不惑，親親則諸父昆弟不怨，敬大臣則不眩，體羣臣則士之報禮重，子庶民則百姓勸，來百工則財用足，柔遠人則四方歸之，懷諸侯則天下畏之。齊明盛服，非禮不動，所以修身也。去讒遠色，賤貨而貴德，所以勸賢也。尊其位，重其祿，同其好惡，所以勸親親也。官盛任使，所以勸大臣也。忠信重祿，所以勸士也。時使薄斂，所以勸百姓也。日省月試，既稟稱事，所以勸百工也。送往迎來，嘉善而矜不能，所以柔遠人也。繼絶世，舉廢國，治亂持危，朝聘以時，厚往而薄來，所以懷諸侯也。凡爲天下國家有九經，所以行之者一也。」

昔黃帝使伶倫自大夏之西，崑崙之陰，取竹于嶰谷㊀，生其竅厚均者，斷兩節吹之，以爲黃鍾之宮。制十二筩，以聽鳳之鳴，其雄鳴爲六，雌鳴亦六，比黃鍾之宮，而皆可以生之，是爲律本。度其長，以子穀秬黍中者九十枚度之，一爲一分，十分爲寸，十寸爲尺，十尺爲丈，十丈爲引。審其容，以千二百黍實之，合龠爲合，十合爲升，十升爲斗，十斗爲斛。權其重，百黍爲一銖，千二百黍爲十二銖，二十四銖爲兩，十六兩爲斤，三十斤爲鈞，四鈞爲石。書曰：「同律度量衡。」傳曰：「黃鍾爲萬事根本也。」

昔者聖人之原數也，以決天下之疑，以成天下之務，以順性命之理，析事辨物，彰往察來，是故天數五，地數六。五六者，天地之中合也，五爲五行，六爲六氣，陽性陰質。五行之性，曰木，曰火，曰土，曰

㊀「于嶰谷」，原本作「之解谷」，據風俗通義改。

金，曰水。六氣之質，曰胎，曰生，曰壯，曰老，曰死，曰化。

木之質也，曰楊柳，曰梅李，曰松柏，曰竹葦，曰禾麥，曰蕈。火之質也，曰木火，曰石火，曰雷火，曰水火，曰蟲火，曰燐。土之質也，曰砂，曰石，曰玉，曰土，曰壤，曰泥。金之質也，曰汞，曰銀，曰金，曰銅，曰鐵，曰鉛。水之質也，曰澗水，曰井水，曰雨水，曰溝渠，曰陂澤，曰湖海。木之物也，曰鯪鯉，曰蛇，曰龍，曰鯉魴，曰小魚，曰鰍。火之物也，曰雞，曰雉，曰鳳，曰鷹隼，曰燕雀，曰蠛蠓。土之物也，曰蟾蜍，曰鼉，曰人，曰蜘蛛，曰蚓，曰鰻。金之物也，曰鹿，曰馬，曰麟，曰虎，曰獺，曰毛蟲。水之物也，曰蟹，曰鱉，曰龜，曰蝦，曰蚌，曰蠣。

木之器也，曰疏器門窗，曰琴瑟，曰規，曰算節，曰耒耜，曰網罟。火之器也，曰登器梯棚，曰文書，曰繩，曰冠冕，曰臺卓，曰履舄。土之器也，曰腹器筐筥，曰圭璧，曰量，曰舟車，曰盤盂，曰棺槨。金之器也，曰方器斧鉞，曰印節，曰矩，曰弓矢，曰簡册，曰械校。水之器也，曰平器權衡，曰輪磨，曰準，曰鏡匳，曰研椎，曰廁圂。

逆順者，事之幾也。吉凶者，事之著也。順而吉者，木爲徵召，爲科名，爲赦恩，爲婚姻，爲產孕，爲財帛；火爲燕集，爲朝覲，爲文書，爲言語，爲歌舞，爲燈燭；土爲工役，爲尋常，爲盟約，爲田宅，爲福壽，爲墳墓；金爲予賜，爲按察，爲更革，爲軍旅，爲錢貨，爲刑法；水爲交易，爲遷移，爲征行，爲酒食，爲田獵，爲祭祀。逆而凶者，木爲杌楻，爲驚憂，爲醜惡，爲壓墜，爲夭折，爲產死；火爲公訟，爲顛狂，爲口舌，爲炙灸，爲災焚，爲震燬；土爲反覆，爲欺詐，爲離散，爲貧窮，爲疾病，爲死亡；金爲征役，爲罷免，爲責降，爲爭鬭，爲損傷，爲殺戮；水爲盜賊，爲囚獄，爲徒流，爲淫亂，爲咒咀，爲浸溺。下卷。

筮法

筮者，神之所爲乎？其蓍，五十虛一，分二掛一，以三揲之，視左右手，歸餘于扐，兩奇爲一，兩耦爲二，奇耦爲三。初揲綱也，再揲目也。綱一函三，以虛待目；目一爲一，以實從綱。兩揲而九數具，八揲而六千五百六十一之數備矣。分合變化，如環無端，天命人事，由是校焉，吉凶禍福，由是彰焉，大人得之而申福，小人得之而避禍。君子曰：「筮者，神之所爲乎？大事用年，其次用月，其次用日，其次用時。」

十二木棋，徑九分，厚一分，陽刻一、陰刻二者四，陽刻二、陰刻三者四，陽刻三、陰刻一者四。雜取其八，自上而下，自左而右，縱二橫四，縱者九也，橫者一十百千也，餘四不用者，不足之用也，前後相乘而數備矣。

數者，理之時也。辭者，數之義也。吉凶者，辭之斷也。惠迪從逆者，吉凶之決也。氣有醇漓，故數有失得，一成于數，天地不能易之，能易之者，人也。

一吉而九凶，三祥而七災，八休而二咎，四吝而六悔，八數周流，推類而求。五中則平，四害不侵，厥或是攖，雜而不純。承平之世㊀，視主廢置，凶咎災吝，有命不摯。

㊀「世」字，原本作「事」，據龍本改。

一吉書曰：「德惟一，動罔不吉。」故凡一皆吉，與九凶對。元吉吉又逢吉，故曰元吉。

二咎咎，過也。凡二皆咎，與八休對。

三祥祥，福也。凡三皆祥，與七災對。

四吝吝，心有羞惡也。凡四皆吝，與六悔對。

五平皇極，不偏不倚，無過不及，其尊無對，凡五皆平。

六悔悔，心悟其失也。凡六皆悔，與四吝對。

七災災，禍也。凡七皆災，與三祥對。

八休休，美也。凡八皆休，與二咎對。

九凶書曰：「德二三，動罔不凶。」故凡九皆凶，與一吉對。大凶凶又逢凶，故曰大凶。

皇極内篇數總名

｜｜原左一右一曰原，始也，與終相對。

｜‖潛左一右二曰潛，藏也，與墮㈠相對。

｜Ⅲ守左一右三曰守，定也，與移相對。

｜Ⅲ信左一右四曰信，實也，與固相對。

㈠「墮」字，原本作「墜」，據龍本改。

𝍠𝍤直左一右五日直，正也，與壬㈠相對。

𝍠𝍥蒙左一右六日蒙，昧也，與因相對。

𝍠𝍦閑左一右七日閑，暇也，與勝相對。

𝍠𝍧須左一右八日須，待也，與遇相對。

𝍠𝍨厲左一右九日厲，危也，與養相對。

一九

𝍡𝍠成左二右一日成，就也，與結相對。

𝍡𝍡沖左二右二日沖，和也，與戎相對。

𝍡𝍢振左二右三日振，動也，與止㈡相對。

𝍡𝍣祈左二右四日祈，禱也，與報相對。

𝍡𝍤常左二右五日常，久也，與革相對。

𝍡𝍥柔左二右六日柔，弱也，與堅相對。

𝍡𝍦易左二右七日易，平也，與危相對。

㈠「壬」字，原本作「仁」，據龍本改。

㈡「止」字，原本作「正」，形近而誤，今改。

𝍡𝍧親左二右八曰親，主也，與賓相對。

𝍡𝍨華左二右九曰華，花也，與實相對。　二九

𝍢𝍠見左三右一曰見，現也，與收相對。

𝍢𝍡獲左三右二曰獲，得也，與訟相對。

𝍢𝍢從左三右三曰從，隨也，與分相對。

𝍢𝍣交左三右四曰交，合也，與競相對。

𝍢𝍤育左三右五曰育，養也，與疾相對。

𝍢𝍥壯左三右六曰壯，强也，與弱相對。

𝍢𝍦興左三右七曰興，起也，與除相對。

𝍢𝍧欣左三右八曰欣，喜也，與儼相對。

𝍢𝍨舒左三右九曰舒，緩也，與迅相對。　三九

𝍣𝍠比左四右一曰比，近也，與遠相對。

𝍣𝍡開左四右二曰開，闢也，與翕相對。

晉 左四右三曰晉，進也，與卻相對。

公 左四右四曰公，正也，與用相對。

益 左四右五曰益，增也，與損相對。

章 左四右六曰章，明也，與昧相對。

盈 左四右七曰盈，滿也，與虛相對。

錫 左四右八曰錫，賚也，與戾相對。

靡 左四右九曰靡，多也，與飾相對。

四九

庶 左五右一曰庶，衆也，與寡相對。

決 左五右二曰決，斷也，與疑相對。

豫 左五右三曰豫，樂也，與過相對。

升 左五右四曰升，上也，與伏相對。

中 左五右五曰中，皇極也，不偏不倚，無過不及，其尊無對。

伏 左五右六曰伏，還也，與升相對。

𝍤𝍦過左五右七曰過，咎也，與豫相對。

𝍤𝍧疑左五右八曰疑，惑也，與決相對。

𝍤𝍨寡左五右九曰寡，少也，與庶相對。　五九

𝍥𝍠飾左六右一曰飾，貴也，與靡相對。

𝍥𝍡戾左六右二曰戾，遠也，與錫相對。

𝍥𝍢虛左六右三曰虛，空也，與盈相對。

𝍥𝍣昧左六右四曰昧，昏也，與章相對。

𝍥𝍤損左六右五曰損，減也，與益相對。

𝍥𝍥用左六右六曰用，口也，與公相對。

𝍥𝍦卻左六右七曰卻，退也，與晉相對。

𝍥𝍧翕左六右八曰翕，合也，與開相對。

𝍥𝍨遠左六右九曰遠，疏也，與比相對。　六九

𝍦𝍠迅左七右一曰迅，速也，與舒相對。

𝍯𝍡懼左七右二曰懼，憂也，與欣相對。

𝍯𝍢除左七右三曰除，去也，與興相對。

𝍯𝍣弱左七右四曰弱，柔也，與壯相對。

𝍯𝍤疾左七右五曰疾，病也，與育相對。

𝍯𝍥競左七右六曰競，争也，與交相對。

𝍯𝍦分左七右七曰分，判也，與從相對。

𝍯𝍧訟左七右八曰訟，争也，與獲相對。

𝍯𝍨收左七右九曰收，斂也，與見相對。

七九

𝍰𝍠實左八右一曰實，果也，與華相對。

𝍰𝍡賓左八右二曰賓，客也，與親相對。

𝍰𝍢危左八右三曰危，險也，與易相對。

𝍰𝍣堅左八右四曰堅，剛也，與柔相對。

𝍰𝍤革左八右五曰革，變也，與常相對。

𝍧𝍥報左八右六曰報，答也，與祈相對。

𝍧𝍦止左八右七曰止，靜也，與振相對。

𝍧𝍧戎左八右八曰戎，兵也，與沖相對。

𝍧𝍨結左八右九曰結，束也，與成相對。　八九

𝍨𝍠養左九右一曰養，安也，與厲相對。

𝍨𝍡遇左九右二曰遇，會也，與須相對。

𝍨𝍢勝左九右三曰勝，克也，與閑相對。

𝍨𝍣囚左九右四曰囚，困也，與蒙相對。

𝍨𝍤壬左九右五曰壬，佞也，與直相對。

𝍨𝍥固左九右六曰固，執也，與信相對。

𝍨𝍦移左九右七曰移，遷也，與守相對。

𝍨𝍧墮左九右八曰墮，墜也，與潛相對。

𝍨𝍨終左九右九曰終，盡也，與原相對。　九九

範數之圖

養實迅飾庶比見成原
遇賓懼戾決開獲沖潛
勝危除虛豫晉從振守
囚堅弱昧升公交祈信
壬革疾損中益育常直
固報競用伏章壯柔蒙
移止分卻過盈興易閑
墮戎訟翕疑錫欣親須
終結收遠寡靡舒華厲

範數八十一章

𝍠𝍠原　一之一，冬至，蚯蚓結。

原，元吉幾，君子有慶。

𝍠𝍠元吉	𝍡𝍠咎吉	𝍢𝍠祥吉	𝍣𝍠吝吉	𝍤𝍠平吉	𝍥𝍠悔吉	𝍦𝍠災吉	𝍧𝍠休吉	𝍨𝍠凶吉
𝍠𝍡吉咎	𝍡𝍡咎咎	𝍢𝍡祥咎	𝍣𝍡吝咎	𝍤𝍡平咎	𝍥𝍡悔咎	𝍦𝍡災咎	𝍧𝍡休咎	𝍨𝍡凶咎
𝍠𝍢吉祥	𝍡𝍢咎祥	𝍢𝍢祥祥	𝍣𝍢吝祥	𝍤𝍢平祥	𝍥𝍢悔祥	𝍦𝍢災祥	𝍧𝍢休祥	𝍨𝍢凶祥
𝍠𝍣吉吝	𝍡𝍣咎吝	𝍢𝍣祥吝	𝍣𝍣吝吝	𝍤𝍣平吝	𝍥𝍣悔吝	𝍦𝍣災吝	𝍧𝍣休吝	𝍨𝍣凶吝
𝍠𝍤吉平	𝍡𝍤咎平	𝍢𝍤祥平	𝍣𝍤吝平	𝍤𝍤平平	𝍥𝍤悔平	𝍦𝍤災平	𝍧𝍤休平	𝍨𝍤凶平
𝍠𝍥吉悔	𝍡𝍥咎悔	𝍢𝍥祥悔	𝍣𝍥吝悔	𝍤𝍥平悔	𝍥𝍥悔悔	𝍦𝍥災悔	𝍧𝍥休悔	𝍨𝍥凶悔
𝍠𝍦吉災	𝍡𝍦咎災	𝍢𝍦祥災	𝍣𝍦吝災	𝍤𝍦平災	𝍥𝍦悔災	𝍦𝍦災災	𝍧𝍦休災	𝍨𝍦凶災
𝍠𝍧吉休	𝍡𝍧咎休	𝍢𝍧祥休	𝍣𝍧吝休	𝍤𝍧平休	𝍥𝍧悔休	𝍦𝍧災休	𝍧𝍧休休	𝍨𝍧凶休
𝍠𝍨吉凶	𝍡𝍨咎凶	𝍢𝍨祥凶	𝍣𝍨吝凶	𝍤𝍨平凶	𝍥𝍨悔凶	𝍦𝍨災凶	𝍧𝍨休凶	𝍨𝍨大凶

𝍠𝍡潛　一之二，麋角解。

潛，勿用，有攸往正靜吉。

𝍠𝍠吉吝	𝍡𝍠咎吝	𝍢𝍠祥吝	𝍣𝍠吝吝	𝍤𝍠平吝	𝍥𝍠悔吝	𝍦𝍠災吝	𝍧𝍠休吝	𝍨𝍠凶吝
𝍠𝍡元吉	𝍡𝍡咎吉	𝍢𝍡祥吉	𝍣𝍡吝吉	𝍤𝍡平吉	𝍥𝍡悔吉	𝍦𝍡災吉	𝍧𝍡休吉	𝍨𝍡凶吉
𝍠𝍢吉咎	𝍡𝍢咎咎	𝍢𝍢祥咎	𝍣𝍢吝咎	𝍤𝍢平咎	𝍥𝍢悔咎	𝍦𝍢災咎	𝍧𝍢休咎	𝍨𝍢凶咎
𝍠𝍣吉災	𝍡𝍣咎災	𝍢𝍣祥災	𝍣𝍣吝災	𝍤𝍣平災	𝍥𝍣悔災	𝍦𝍣災災	𝍧𝍣休災	𝍨𝍣凶災
𝍠𝍤吉平	𝍡𝍤咎平	𝍢𝍤祥平	𝍣𝍤吝平	𝍤𝍤平平	𝍥𝍤悔平	𝍦𝍤災平	𝍧𝍤休平	𝍨𝍤凶平
𝍠𝍥吉祥	𝍡𝍥咎祥	𝍢𝍥祥祥	𝍣𝍥吝祥	𝍤𝍥平祥	𝍥𝍥悔祥	𝍦𝍥災祥	𝍧𝍥休祥	𝍨𝍥凶祥
𝍠𝍦吉休	𝍡𝍦咎休	𝍢𝍦祥休	𝍣𝍦吝休	𝍤𝍦平休	𝍥𝍦悔休	𝍦𝍦災休	𝍧𝍦休休	𝍨𝍦凶休
𝍠𝍧吉凶	𝍡𝍧咎凶	𝍢𝍧祥凶	𝍣𝍧吝凶	𝍤𝍧平凶	𝍥𝍧悔凶	𝍦𝍧災凶	𝍧𝍧休凶	𝍨𝍧大凶
𝍠𝍨吉悔	𝍡𝍨咎悔	𝍢𝍨祥悔	𝍣𝍨吝悔	𝍤𝍨平悔	𝍥𝍨悔悔	𝍦𝍨災悔	𝍧𝍨休悔	𝍨𝍨凶悔

〣守一之三，水泉動。

守，居正吉，不利有攸往。

〡災〡吉	〢吝〡吉	〣吉〡元	〤休〡吉	〥平〡吉	〦咎〡吉	〧凶〡吉	〨悔〡吉	〩祥〡吉
〡災〢咎	〢吝〢咎	〣吉〢咎	〤休〢咎	〥平〢咎	〦咎〢咎	〧凶〢咎	〨悔〢咎	〩祥〢咎
〡災〣祥	〢吝〣祥	〣吉〣祥	〤休〣祥	〥平〣祥	〦咎〣祥	〧凶〣祥	〨悔〣祥	〩祥〣祥
〡災〤吝	〢吝〤吝	〣吉〤吝	〤休〤吝	〥平〤吝	〦咎〤吝	〧凶〤吝	〨悔〤吝	〩祥〤吝
〡災〥平	〢吝〥平	〣吉〥平	〤休〥平	〥平〥平	〦咎〥平	〧凶〥平	〨悔〥平	〩祥〥平
〡災〦悔	〢吝〦悔	〣吉〦悔	〤休〦悔	〥平〦悔	〦咎〦悔	〧凶〦悔	〨悔〦悔	〩祥〦悔
〡災〧災	〢吝〧災	〣吉〧災	〤休〧災	〥平〧災	〦咎〧災	〧凶〧災	〨悔〧災	〩祥〧災
〡災〨休	〢吝〨休	〣吉〨休	〤休〨休	〥平〨休	〦咎〨休	〧凶〨休	〨悔〨休	〩祥〨休
〡災〩凶	〢吝〩凶	〣吉〩凶	〤休〩凶	〥平〩凶	〦咎〩凶	〧凶〩大	〨悔〩凶	〩祥〩凶

〣〡信一之四，小寒，鴈北鄉。

信，中實有孚，利祭祀。

〡咎〡吉	〢祥〡吉	〣悔〡吉	〤吉〡元	〥平〡吉	〦凶〡吉	〧吝〡吉	〨災〡吉	〩休〡吉
〡咎〢咎	〢祥〢咎	〣悔〢咎	〤吉〢咎	〥平〢咎	〦凶〢咎	〧吝〢咎	〨災〢咎	〩休〢咎
〡咎〣祥	〢祥〣祥	〣悔〣祥	〤吉〣祥	〥平〣祥	〦凶〣祥	〧吝〣祥	〨災〣祥	〩休〣祥
〡咎〤吝	〢祥〤吝	〣悔〤吝	〤吉〤吝	〥平〤吝	〦凶〤吝	〧吝〤吝	〨災〤吝	〩休〤吝
〡咎〥平	〢祥〥平	〣悔〥平	〤吉〥平	〥平〥平	〦凶〥平	〧吝〥平	〨災〥平	〩休〥平
〡咎〦悔	〢祥〦悔	〣悔〦悔	〤吉〦悔	〥平〦悔	〦凶〦悔	〧吝〦悔	〨災〦悔	〩休〦悔
〡咎〧災	〢祥〧災	〣悔〧災	〤吉〧災	〥平〧災	〦凶〧災	〧吝〧災	〨災〧災	〩休〧災
〡咎〨休	〢祥〨休	〣悔〨休	〤吉〨休	〥平〨休	〦凶〨休	〧吝〨休	〨災〨休	〩休〨休
〡咎〩凶	〢祥〩凶	〣悔〩凶	〤吉〩凶	〥平〩凶	〦凶〩大	〧吝〩凶	〨災〩凶	〩休〩凶

𝍤𝍠直一之五，鵲始巢。

直，有事勿事，敬之吉，貞凶，利見大人。

𝍠平𝍠吉	𝍡平𝍠吉	𝍢平𝍠吉	𝍣平𝍠吉	𝍤吉𝍠元	𝍥平𝍠吉	𝍦平𝍠吉	𝍧平𝍠吉	𝍨平𝍠吉
𝍠平𝍡咎	𝍡平𝍡咎	𝍢平𝍡咎	𝍣平𝍡咎	𝍤吉𝍡咎	𝍥平𝍡咎	𝍦平𝍡咎	𝍧平𝍡咎	𝍨平𝍡咎
𝍠平𝍢祥	𝍡平𝍢祥	𝍢平𝍢祥	𝍣平𝍢祥	𝍤吉𝍢祥	𝍥平𝍢祥	𝍦平𝍢祥	𝍧平𝍢祥	𝍨平𝍢祥
𝍠平𝍣吝	𝍡平𝍣吝	𝍢平𝍣吝	𝍣平𝍣吝	𝍤吉𝍣吝	𝍥平𝍣吝	𝍦平𝍣吝	𝍧平𝍣吝	𝍨平𝍣吝
𝍠平𝍤平	𝍡平𝍤平	𝍢平𝍤平	𝍣平𝍤平	𝍤吉𝍤平	𝍥平𝍤平	𝍦平𝍤平	𝍧平𝍤平	𝍨平𝍤平
𝍠平𝍥悔	𝍡平𝍥悔	𝍢平𝍥悔	𝍣平𝍥悔	𝍤吉𝍥悔	𝍥平𝍥悔	𝍦平𝍥悔	𝍧平𝍥悔	𝍨平𝍥悔
𝍠平𝍦災	𝍡平𝍦災	𝍢平𝍦災	𝍣平𝍦災	𝍤吉𝍦災	𝍥平𝍦災	𝍦平𝍦災	𝍧平𝍦災	𝍨平𝍦災
𝍠平𝍧休	𝍡平𝍧休	𝍢平𝍧休	𝍣平𝍧休	𝍤吉𝍧休	𝍥平𝍧休	𝍦平𝍧休	𝍧平𝍧休	𝍨平𝍧休
𝍠平𝍨凶	𝍡平𝍨凶	𝍢平𝍨凶	𝍣平𝍨凶	𝍤吉𝍨大	𝍥平𝍨凶	𝍦平𝍨凶	𝍧平𝍨凶	𝍨平𝍨凶

𝍥𝍠蒙一之六，雉始雊。

蒙，小事吉，内明外蒙，迫則凶，利教學。

𝍠休𝍠吉	𝍡災𝍠吉	𝍢吝𝍠吉	𝍣凶𝍠吉	𝍤平𝍠吉	𝍥吉𝍠元	𝍦悔𝍠吉	𝍧祥𝍠吉	𝍨咎𝍠吉
𝍠休𝍡咎	𝍡災𝍡咎	𝍢吝𝍡咎	𝍣凶𝍡咎	𝍤平𝍡咎	𝍥吉𝍡咎	𝍦悔𝍡咎	𝍧祥𝍡咎	𝍨咎𝍡咎
𝍠休𝍢祥	𝍡災𝍢祥	𝍢吝𝍢祥	𝍣凶𝍢祥	𝍤平𝍢祥	𝍥吉𝍢祥	𝍦悔𝍢祥	𝍧祥𝍢祥	𝍨咎𝍢祥
𝍠休𝍣吝	𝍡災𝍣吝	𝍢吝𝍣吝	𝍣凶𝍣吝	𝍤平𝍣吝	𝍥吉𝍣吝	𝍦悔𝍣吝	𝍧祥𝍣吝	𝍨咎𝍣吝
𝍠休𝍤平	𝍡災𝍤平	𝍢吝𝍤平	𝍣凶𝍤平	𝍤平𝍤平	𝍥吉𝍤平	𝍦悔𝍤平	𝍧祥𝍤平	𝍨咎𝍤平
𝍠休𝍥悔	𝍡災𝍥悔	𝍢吝𝍥悔	𝍣凶𝍥悔	𝍤平𝍥悔	𝍥吉𝍥悔	𝍦悔𝍥悔	𝍧祥𝍥悔	𝍨咎𝍥悔
𝍠休𝍦災	𝍡災𝍦災	𝍢吝𝍦災	𝍣凶𝍦災	𝍤平𝍦災	𝍥吉𝍦災	𝍦悔𝍦災	𝍧祥𝍦災	𝍨咎𝍦災
𝍠休𝍧休	𝍡災𝍧休	𝍢吝𝍧休	𝍣凶𝍧休	𝍤平𝍧休	𝍥吉𝍧休	𝍦悔𝍧休	𝍧祥𝍧休	𝍨咎𝍧休
𝍠休𝍨凶	𝍡災𝍨凶	𝍢吝𝍨凶	𝍣凶𝍨大	𝍤平𝍨凶	𝍥吉𝍨凶	𝍦悔𝍨凶	𝍧祥𝍨凶	𝍨咎𝍨凶

𝍠𝍦閑一之七，大寒，雞始乳。

閑，厲，利禦寇，勿越勿逐。

𝍠祥 𝍠吉	𝍡悔 𝍠吉	𝍢凶 𝍠吉	𝍣咎 𝍠吉	𝍤平 𝍠吉	𝍥休 𝍠吉	𝍦吉 𝍠元	𝍧吝 𝍠吉	𝍨災 𝍠吉
𝍠祥 𝍡咎	𝍡悔 𝍡咎	𝍢凶 𝍡咎	𝍣咎 𝍡咎	𝍤平 𝍡咎	𝍥休 𝍡咎	𝍦吉 𝍡咎	𝍧吝 𝍡咎	𝍨災 𝍡咎
𝍠祥 𝍢祥	𝍡悔 𝍢祥	𝍢凶 𝍢祥	𝍣咎 𝍢祥	𝍤平 𝍢祥	𝍥休 𝍢祥	𝍦吉 𝍢祥	𝍧吝 𝍢祥	𝍨災 𝍢祥
𝍠祥 𝍣吝	𝍡悔 𝍣吝	𝍢凶 𝍣吝	𝍣咎 𝍣吝	𝍤平 𝍣吝	𝍥休 𝍣吝	𝍦吉 𝍣吝	𝍧吝 𝍣吝	𝍨災 𝍣吝
𝍠祥 𝍤平	𝍡悔 𝍤平	𝍢凶 𝍤平	𝍣咎 𝍤平	𝍤平 𝍤平	𝍥休 𝍤平	𝍦吉 𝍤平	𝍧吝 𝍤平	𝍨災 𝍤平
𝍠祥 𝍥悔	𝍡悔 𝍥悔	𝍢凶 𝍥悔	𝍣咎 𝍥悔	𝍤平 𝍥悔	𝍥休 𝍥悔	𝍦吉 𝍥悔	𝍧吝 𝍥悔	𝍨災 𝍥悔
𝍠祥 𝍦災	𝍡悔 𝍦災	𝍢凶 𝍦災	𝍣咎 𝍦災	𝍤平 𝍦災	𝍥休 𝍦災	𝍦吉 𝍦災	𝍧吝 𝍦災	𝍨災 𝍦災
𝍠祥 𝍧休	𝍡悔 𝍧休	𝍢凶 𝍧休	𝍣咎 𝍧休	𝍤平 𝍧休	𝍥休 𝍧休	𝍦吉 𝍧休	𝍧吝 𝍧休	𝍨災 𝍧休
𝍠祥 𝍨凶	𝍡悔 𝍨凶	𝍢凶 𝍨大	𝍣咎 𝍨凶	𝍤平 𝍨凶	𝍥休 𝍨凶	𝍦吉 𝍨凶	𝍧吝 𝍨凶	𝍨災 𝍨凶

𝍠𝍧須一之八，征鳥厲疾。

須，有孚未明，不利攸行，中正有慶。

𝍠悔 𝍠吉	𝍡凶 𝍠吉	𝍢休 𝍠吉	𝍣祥 𝍠吉	𝍤平 𝍠吉	𝍥災 𝍠吉	𝍦咎 𝍠吉	𝍧吉 𝍠元	𝍨吝 𝍠吉
𝍠悔 𝍡咎	𝍡凶 𝍡咎	𝍢休 𝍡咎	𝍣祥 𝍡咎	𝍤平 𝍡咎	𝍥災 𝍡咎	𝍦咎 𝍡咎	𝍧吉 𝍡咎	𝍨吝 𝍡咎
𝍠悔 𝍢祥	𝍡凶 𝍢祥	𝍢休 𝍢祥	𝍣祥 𝍢祥	𝍤平 𝍢祥	𝍥災 𝍢祥	𝍦咎 𝍢祥	𝍧吉 𝍢祥	𝍨吝 𝍢祥
𝍠悔 𝍣吝	𝍡凶 𝍣吝	𝍢休 𝍣吝	𝍣祥 𝍣吝	𝍤平 𝍣吝	𝍥災 𝍣吝	𝍦咎 𝍣吝	𝍧吉 𝍣吝	𝍨吝 𝍣吝
𝍠悔 𝍤平	𝍡凶 𝍤平	𝍢休 𝍤平	𝍣祥 𝍤平	𝍤平 𝍤平	𝍥災 𝍤平	𝍦咎 𝍤平	𝍧吉 𝍤平	𝍨吝 𝍤平
𝍠悔 𝍥悔	𝍡凶 𝍥悔	𝍢休 𝍥悔	𝍣祥 𝍥悔	𝍤平 𝍥悔	𝍥災 𝍥悔	𝍦咎 𝍥悔	𝍧吉 𝍥悔	𝍨吝 𝍥悔
𝍠悔 𝍦災	𝍡凶 𝍦災	𝍢休 𝍦災	𝍣祥 𝍦災	𝍤平 𝍦災	𝍥災 𝍦災	𝍦咎 𝍦災	𝍧吉 𝍦災	𝍨吝 𝍦災
𝍠悔 𝍧休	𝍡凶 𝍧休	𝍢休 𝍧休	𝍣祥 𝍧休	𝍤平 𝍧休	𝍥災 𝍧休	𝍦咎 𝍧休	𝍧吉 𝍧休	𝍨吝 𝍧休
𝍠悔 𝍨凶	𝍡凶 𝍨大	𝍢休 𝍨凶	𝍣祥 𝍨凶	𝍤平 𝍨凶	𝍥災 𝍨凶	𝍦咎 𝍨凶	𝍧吉 𝍨凶	𝍨吝 𝍨凶

〩〡厲 一之九。

厲，征鳥厲疾，無初有終吉。

〡凶〡吉	〡凶〢咎	〡凶〣祥	〡凶〤吝	〡凶〥平	〡凶〦悔	〡凶〧災	〡凶〨休	〡凶〩大
〢休〡吉	〢休〢咎	〢休〣祥	〢休〤吝	〢休〥平	〢休〦悔	〢休〧災	〢休〨休	〢休〩凶
〣災〡吉	〣災〢咎	〣災〣祥	〣災〤吝	〣災〥平	〣災〦悔	〣災〧災	〣災〨休	〣災〩凶
〤悔〡吉	〤悔〢咎	〤悔〣祥	〤悔〤吝	〤悔〥平	〤悔〦悔	〤悔〧災	〤悔〨休	〤悔〩凶
〥平〡吉	〥平〢咎	〥平〣祥	〥平〤吝	〥平〥平	〥平〦悔	〥平〧災	〥平〨休	〥平〩凶
〦吝〡吉	〦吝〢咎	〦吝〣祥	〦吝〤吝	〦吝〥平	〦吝〦悔	〦吝〧災	〦吝〨休	〦吝〩凶
〧祥〡吉	〧祥〢咎	〧祥〣祥	〧祥〤吝	〧祥〥平	〧祥〦悔	〧祥〧災	〧祥〨休	〧祥〩凶
〨咎〡吉	〨咎〢咎	〨咎〣祥	〨咎〤吝	〨咎〥平	〨咎〦悔	〨咎〧災	〨咎〨休	〨咎〩凶
〩吉〡元	〩吉〢咎	〩吉〣祥	〩吉〤吝	〩吉〥平	〩吉〦悔	〩吉〧災	〩吉〨休	〩吉〩凶

〡〢成 二之一，水澤腹堅。

成，正惠有終吉，不利有攸往，勿首事，毀成凶。

〡吉〡吝	〡吉〢元	〡吉〣咎	〡吉〤災	〡吉〥平	〡吉〦祥	〡吉〧休	〡吉〨凶	〡吉〩悔
〢咎〡吝	〢咎〢吉	〢咎〣咎	〢咎〤災	〢咎〥平	〢咎〦祥	〢咎〧休	〢咎〨凶	〢咎〩悔
〣祥〡吝	〣祥〢吉	〣祥〣咎	〣祥〤災	〣祥〥平	〣祥〦祥	〣祥〧休	〣祥〨凶	〣祥〩悔
〤吝〡吝	〤吝〢吉	〤吝〣咎	〤吝〤災	〤吝〥平	〤吝〦祥	〤吝〧休	〤吝〨凶	〤吝〩悔
〥平〡吝	〥平〢吉	〥平〣咎	〥平〤災	〥平〥平	〥平〦祥	〥平〧休	〥平〨凶	〥平〩悔
〦悔〡吝	〦悔〢吉	〦悔〣咎	〦悔〤災	〦悔〥平	〦悔〦祥	〦悔〧休	〦悔〨凶	〦悔〩悔
〧災〡吝	〧災〢吉	〧災〣咎	〧災〤災	〧災〥平	〧災〦祥	〧災〧休	〧災〨凶	〧災〩悔
〨休〡吝	〨休〢吉	〨休〣咎	〨休〤災	〨休〥平	〨休〦祥	〨休〧休	〨休〨凶	〨休〩悔
〩凶〡吝	〩凶〢吉	〩凶〣咎	〩凶〤災	〩凶〥平	〩凶〦祥	〩凶〧休	〩凶〨大	〩凶〩悔

𝍡𝍡沖二之二，立春，東風解凍。

沖，元亨，大君體仁，首出庶物，萬國以寧，無不利。

𝍠吝𝍠吝	𝍠吝𝍡吉	𝍠吝𝍢咎	𝍠吝𝍣災	𝍠吝𝍤平	𝍠吝𝍥祥	𝍠吝𝍦休	𝍠吝𝍧凶	𝍠吝𝍨悔
𝍡吉𝍠吝	𝍡吉𝍡元	𝍡吉𝍢咎	𝍡吉𝍣災	𝍡吉𝍤平	𝍡吉𝍥祥	𝍡吉𝍦休	𝍡吉𝍧凶	𝍡吉𝍨悔
𝍢咎𝍠吝	𝍢咎𝍡吉	𝍢咎𝍢咎	𝍢咎𝍣災	𝍢咎𝍤平	𝍢咎𝍥祥	𝍢咎𝍦休	𝍢咎𝍧凶	𝍢咎𝍨悔
𝍣災𝍠吝	𝍣災𝍡吉	𝍣災𝍢咎	𝍣災𝍣災	𝍣災𝍤平	𝍣災𝍥祥	𝍣災𝍦休	𝍣災𝍧凶	𝍣災𝍨悔
𝍤平𝍠吝	𝍤平𝍡吉	𝍤平𝍢咎	𝍤平𝍣災	𝍤平𝍤平	𝍤平𝍥祥	𝍤平𝍦休	𝍤平𝍧凶	𝍤平𝍨悔
𝍥祥𝍠吝	𝍥祥𝍡吉	𝍥祥𝍢咎	𝍥祥𝍣災	𝍥祥𝍤平	𝍥祥𝍥祥	𝍥祥𝍦休	𝍥祥𝍧凶	𝍥祥𝍨悔
𝍦休𝍠吝	𝍦休𝍡吉	𝍦休𝍢咎	𝍦休𝍣災	𝍦休𝍤平	𝍦休𝍥祥	𝍦休𝍦休	𝍦休𝍧凶	𝍦休𝍨悔
𝍧凶𝍠吝	𝍧凶𝍡吉	𝍧凶𝍢咎	𝍧凶𝍣災	𝍧凶𝍤平	𝍧凶𝍥祥	𝍧凶𝍦休	𝍧凶𝍧大	𝍧凶𝍨悔
𝍨悔𝍠吝	𝍨悔𝍡吉	𝍨悔𝍢咎	𝍨悔𝍣災	𝍨悔𝍤平	𝍨悔𝍥祥	𝍨悔𝍦休	𝍨悔𝍧凶	𝍨悔𝍨悔

𝍢𝍡振二之三，蟄蟲始振。

振，宣布文德，率作怠慢不恭，凶。

𝍠災𝍠吝	𝍠災𝍡吉	𝍠災𝍢咎	𝍠災𝍣災	𝍠災𝍤平	𝍠災𝍥祥	𝍠災𝍦休	𝍠災𝍧凶	𝍠災𝍨悔
𝍡吝𝍠吝	𝍡吝𝍡吉	𝍡吝𝍢咎	𝍡吝𝍣災	𝍡吝𝍤平	𝍡吝𝍥祥	𝍡吝𝍦休	𝍡吝𝍧凶	𝍡吝𝍨悔
𝍢吉𝍠吝	𝍢吉𝍡元	𝍢吉𝍢咎	𝍢吉𝍣災	𝍢吉𝍤平	𝍢吉𝍥祥	𝍢吉𝍦休	𝍢吉𝍧凶	𝍢吉𝍨悔
𝍣休𝍠吝	𝍣休𝍡吉	𝍣休𝍢咎	𝍣休𝍣災	𝍣休𝍤平	𝍣休𝍥祥	𝍣休𝍦休	𝍣休𝍧凶	𝍣休𝍨悔
𝍤平𝍠吝	𝍤平𝍡吉	𝍤平𝍢咎	𝍤平𝍣災	𝍤平𝍤平	𝍤平𝍥祥	𝍤平𝍦休	𝍤平𝍧凶	𝍤平𝍨悔
𝍥咎𝍠吝	𝍥咎𝍡吉	𝍥咎𝍢咎	𝍥咎𝍣災	𝍥咎𝍤平	𝍥咎𝍥祥	𝍥咎𝍦休	𝍥咎𝍧凶	𝍥咎𝍨悔
𝍦凶𝍠吝	𝍦凶𝍡吉	𝍦凶𝍢咎	𝍦凶𝍣災	𝍦凶𝍤平	𝍦凶𝍥祥	𝍦凶𝍦休	𝍦凶𝍧大	𝍦凶𝍨悔
𝍧悔𝍠吝	𝍧悔𝍡吉	𝍧悔𝍢咎	𝍧悔𝍣災	𝍧悔𝍤平	𝍧悔𝍥祥	𝍧悔𝍦休	𝍧悔𝍧凶	𝍧悔𝍨悔
𝍨祥𝍠吝	𝍨祥𝍡吉	𝍨祥𝍢咎	𝍨祥𝍣災	𝍨祥𝍤平	𝍨祥𝍥祥	𝍨祥𝍦休	𝍨祥𝍧凶	𝍨祥𝍨悔

𝍣𝍡祈二之四，魚上冰。

祈，求而往，無不利，祭祀吉。

𝍠咎𝍠吝	𝍡祥𝍠吝	𝍢悔𝍠吝	𝍣吉𝍠吝	𝍤平𝍠吝	𝍥凶𝍠吝	𝍦吝𝍠吝	𝍧災𝍠吝	𝍨休𝍠吝
𝍠咎𝍡吉	𝍡祥𝍡吉	𝍢悔𝍡吉	𝍣吉𝍡元	𝍤平𝍡吉	𝍥凶𝍡吉	𝍦吝𝍡吉	𝍧災𝍡吉	𝍨休𝍡吉
𝍠咎𝍢咎	𝍡祥𝍢咎	𝍢悔𝍢咎	𝍣吉𝍢咎	𝍤平𝍢咎	𝍥凶𝍢咎	𝍦吝𝍢咎	𝍧災𝍢咎	𝍨休𝍢咎
𝍠咎𝍣災	𝍡祥𝍣災	𝍢悔𝍣災	𝍣吉𝍣災	𝍤平𝍣災	𝍥凶𝍣災	𝍦吝𝍣災	𝍧災𝍣災	𝍨休𝍣災
𝍠咎𝍤平	𝍡祥𝍤平	𝍢悔𝍤平	𝍣吉𝍤平	𝍤平𝍤平	𝍥凶𝍤平	𝍦吝𝍤平	𝍧災𝍤平	𝍨休𝍤平
𝍠咎𝍥祥	𝍡祥𝍥祥	𝍢悔𝍥祥	𝍣吉𝍥祥	𝍤平𝍥祥	𝍥凶𝍥祥	𝍦吝𝍥祥	𝍧災𝍥祥	𝍨休𝍥祥
𝍠咎𝍦休	𝍡祥𝍦休	𝍢悔𝍦休	𝍣吉𝍦休	𝍤平𝍦休	𝍥凶𝍦休	𝍦吝𝍦休	𝍧災𝍦休	𝍨休𝍦休
𝍠咎𝍧凶	𝍡祥𝍧凶	𝍢悔𝍧凶	𝍣吉𝍧凶	𝍤平𝍧凶	𝍥凶𝍧大	𝍦吝𝍧凶	𝍧災𝍧凶	𝍨休𝍧凶
𝍠咎𝍨悔	𝍡祥𝍨悔	𝍢悔𝍨悔	𝍣吉𝍨悔	𝍤平𝍨悔	𝍥凶𝍨悔	𝍦吝𝍨悔	𝍧災𝍨悔	𝍨休𝍨悔

𝍤𝍡常二之五，雨水，獺祭魚。

常，元亨，利不息之貞。

𝍠平𝍠吝	𝍡平𝍠吝	𝍢平𝍠吝	𝍣平𝍠吝	𝍤吉𝍠吝	𝍥平𝍠吝	𝍦平𝍠吝	𝍧平𝍠吝	𝍨平𝍠吝
𝍠平𝍡吉	𝍡平𝍡吉	𝍢平𝍡吉	𝍣平𝍡吉	𝍤吉𝍡元	𝍥平𝍡吉	𝍦平𝍡吉	𝍧平𝍡吉	𝍨平𝍡吉
𝍠平𝍢咎	𝍡平𝍢咎	𝍢平𝍢咎	𝍣平𝍢咎	𝍤吉𝍢咎	𝍥平𝍢咎	𝍦平𝍢咎	𝍧平𝍢咎	𝍨平𝍢咎
𝍠平𝍣災	𝍡平𝍣災	𝍢平𝍣災	𝍣平𝍣災	𝍤吉𝍣災	𝍥平𝍣災	𝍦平𝍣災	𝍧平𝍣災	𝍨平𝍣災
𝍠平𝍤平	𝍡平𝍤平	𝍢平𝍤平	𝍣平𝍤平	𝍤吉𝍤平	𝍥平𝍤平	𝍦平𝍤平	𝍧平𝍤平	𝍨平𝍤平
𝍠平𝍥祥	𝍡平𝍥祥	𝍢平𝍥祥	𝍣平𝍥祥	𝍤吉𝍥祥	𝍥平𝍥祥	𝍦平𝍥祥	𝍧平𝍥祥	𝍨平𝍥祥
𝍠平𝍦休	𝍡平𝍦休	𝍢平𝍦休	𝍣平𝍦休	𝍤吉𝍦休	𝍥平𝍦休	𝍦平𝍦休	𝍧平𝍦休	𝍨平𝍦休
𝍠平𝍧凶	𝍡平𝍧凶	𝍢平𝍧凶	𝍣平𝍧凶	𝍤吉𝍧大	𝍥平𝍧凶	𝍦平𝍧凶	𝍧平𝍧凶	𝍨平𝍧凶
𝍠平𝍨悔	𝍡平𝍨悔	𝍢平𝍨悔	𝍣平𝍨悔	𝍤吉𝍨悔	𝍥平𝍨悔	𝍦平𝍨悔	𝍧平𝍨悔	𝍨平𝍨悔

𝍥𝍡柔二之六，候鴈北。

柔，惠利用正，婦人吉，夫子凶。

𝍠休𝍠吝	𝍡災𝍠吝	𝍢吝𝍠吝	𝍣凶𝍠吝	𝍤平𝍠吝	𝍥吉𝍠吝	𝍦悔𝍠吝	𝍧祥𝍠吝	𝍨咎𝍠吝
𝍠休𝍡吉	𝍡災𝍡吉	𝍢吝𝍡吉	𝍣凶𝍡吉	𝍤平𝍡吉	𝍥吉𝍡元	𝍦悔𝍡吉	𝍧祥𝍡吉	𝍨咎𝍡吉
𝍠休𝍢咎	𝍡災𝍢咎	𝍢吝𝍢咎	𝍣凶𝍢咎	𝍤平𝍢咎	𝍥吉𝍢咎	𝍦悔𝍢咎	𝍧祥𝍢咎	𝍨咎𝍢咎
𝍠休𝍣災	𝍡災𝍣災	𝍢吝𝍣災	𝍣凶𝍣災	𝍤平𝍣災	𝍥吉𝍣災	𝍦悔𝍣災	𝍧祥𝍣災	𝍨咎𝍣災
𝍠休𝍤平	𝍡災𝍤平	𝍢吝𝍤平	𝍣凶𝍤平	𝍤平𝍤平	𝍥吉𝍤平	𝍦悔𝍤平	𝍧祥𝍤平	𝍨咎𝍤平
𝍠休𝍥祥	𝍡災𝍥祥	𝍢吝𝍥祥	𝍣凶𝍥祥	𝍤平𝍥祥	𝍥吉𝍥祥	𝍦悔𝍥祥	𝍧祥𝍥祥	𝍨咎𝍥祥
𝍠休𝍦休	𝍡災𝍦休	𝍢吝𝍦休	𝍣凶𝍦休	𝍤平𝍦休	𝍥吉𝍦休	𝍦悔𝍦休	𝍧祥𝍦休	𝍨咎𝍦休
𝍠休𝍧凶	𝍡災𝍧凶	𝍢吝𝍧凶	𝍣凶𝍧大	𝍤平𝍧凶	𝍥吉𝍧凶	𝍦悔𝍧凶	𝍧祥𝍧凶	𝍨咎𝍧凶
𝍠休𝍨悔	𝍡災𝍨悔	𝍢吝𝍨悔	𝍣凶𝍨悔	𝍤平𝍨悔	𝍥吉𝍨悔	𝍦悔𝍨悔	𝍧祥𝍨悔	𝍨咎𝍨悔

𝍦𝍡易二之七，草木萌動。

易，百物順生，庶事順成，平易近民，難險凶，不利涉大川。

𝍠祥𝍠吝	𝍡悔𝍠吝	𝍢凶𝍠吝	𝍣咎𝍠吝	𝍤平𝍠吝	𝍥休𝍠吝	𝍦吉𝍠吝	𝍧吝𝍠吝	𝍨災𝍠吝
𝍠祥𝍡吉	𝍡悔𝍡吉	𝍢凶𝍡吉	𝍣咎𝍡吉	𝍤平𝍡吉	𝍥休𝍡吉	𝍦吉𝍡元	𝍧吝𝍡吉	𝍨災𝍡吉
𝍠祥𝍢咎	𝍡悔𝍢咎	𝍢凶𝍢咎	𝍣咎𝍢咎	𝍤平𝍢咎	𝍥休𝍢咎	𝍦吉𝍢咎	𝍧吝𝍢咎	𝍨災𝍢咎
𝍠祥𝍣災	𝍡悔𝍣災	𝍢凶𝍣災	𝍣咎𝍣災	𝍤平𝍣災	𝍥休𝍣災	𝍦吉𝍣災	𝍧吝𝍣災	𝍨災𝍣災
𝍠祥𝍤平	𝍡悔𝍤平	𝍢凶𝍤平	𝍣咎𝍤平	𝍤平𝍤平	𝍥休𝍤平	𝍦吉𝍤平	𝍧吝𝍤平	𝍨災𝍤平
𝍠祥𝍥祥	𝍡悔𝍥祥	𝍢凶𝍥祥	𝍣咎𝍥祥	𝍤平𝍥祥	𝍥休𝍥祥	𝍦吉𝍥祥	𝍧吝𝍥祥	𝍨災𝍥祥
𝍠祥𝍦休	𝍡悔𝍦休	𝍢凶𝍦休	𝍣咎𝍦休	𝍤平𝍦休	𝍥休𝍦休	𝍦吉𝍦休	𝍧吝𝍦休	𝍨災𝍦休
𝍠祥𝍧凶	𝍡悔𝍧凶	𝍢凶𝍧大	𝍣咎𝍧凶	𝍤平𝍧凶	𝍥休𝍧凶	𝍦吉𝍧凶	𝍧吝𝍧凶	𝍨災𝍧凶
𝍠祥𝍨悔	𝍡悔𝍨悔	𝍢凶𝍨悔	𝍣咎𝍨悔	𝍤平𝍨悔	𝍥休𝍨悔	𝍦吉𝍨悔	𝍧吝𝍨悔	𝍨災𝍨悔

𝍧𝍡親二之八，驚蟄，桃始華。

親，內和順而外文明，父父子子，兄兄弟弟，夫夫婦婦，上下睦而家道寧。

𝍠悔𝍠吝	𝍡凶𝍠吝	𝍢休𝍠吝	𝍣祥𝍠吝	𝍤平𝍠吝	𝍥災𝍠吝	𝍦咎𝍠吝	𝍧吉𝍠吝	𝍨吝𝍠吝
𝍠悔𝍡吉	𝍡凶𝍡吉	𝍢休𝍡吉	𝍣祥𝍡吉	𝍤平𝍡吉	𝍥災𝍡吉	𝍦咎𝍡吉	𝍧吉𝍡元	𝍨吝𝍡吉
𝍠悔𝍢咎	𝍡凶𝍢咎	𝍢休𝍢咎	𝍣祥𝍢咎	𝍤平𝍢咎	𝍥災𝍢咎	𝍦咎𝍢咎	𝍧吉𝍢咎	𝍨吝𝍢咎
𝍠悔𝍣災	𝍡凶𝍣災	𝍢休𝍣災	𝍣祥𝍣災	𝍤平𝍣災	𝍥災𝍣災	𝍦咎𝍣災	𝍧吉𝍣災	𝍨吝𝍣災
𝍠悔𝍤平	𝍡凶𝍤平	𝍢休𝍤平	𝍣祥𝍤平	𝍤平𝍤平	𝍥災𝍤平	𝍦咎𝍤平	𝍧吉𝍤平	𝍨吝𝍤平
𝍠悔𝍥祥	𝍡凶𝍥祥	𝍢休𝍥祥	𝍣祥𝍥祥	𝍤平𝍥祥	𝍥災𝍥祥	𝍦咎𝍥祥	𝍧吉𝍥祥	𝍨吝𝍥祥
𝍠悔𝍦休	𝍡凶𝍦休	𝍢休𝍦休	𝍣祥𝍦休	𝍤平𝍦休	𝍥災𝍦休	𝍦咎𝍦休	𝍧吉𝍦休	𝍨吝𝍦休
𝍠悔𝍧凶	𝍡凶𝍧大	𝍢休𝍧凶	𝍣祥𝍧凶	𝍤平𝍧凶	𝍥災𝍧凶	𝍦咎𝍧凶	𝍧吉𝍧凶	𝍨吝𝍧凶
𝍠悔𝍨悔	𝍡凶𝍨悔	𝍢休𝍨悔	𝍣祥𝍨悔	𝍤平𝍨悔	𝍥災𝍨悔	𝍦咎𝍨悔	𝍧吉𝍨悔	𝍨吝𝍨悔

𝍨𝍡華二之九。

華，文明以正，利有攸往，不利折獄，木道乃行。

𝍠凶𝍠吝	𝍡休𝍠吝	𝍢災𝍠吝	𝍣悔𝍠吝	𝍤平𝍠吝	𝍥吝𝍠吝	𝍦祥𝍠吝	𝍧咎𝍠吝	𝍨吉𝍠吝
𝍠凶𝍡吉	𝍡休𝍡吉	𝍢災𝍡吉	𝍣悔𝍡吉	𝍤平𝍡吉	𝍥吝𝍡吉	𝍦祥𝍡吉	𝍧咎𝍡吉	𝍨吉𝍡元
𝍠凶𝍢咎	𝍡休𝍢咎	𝍢災𝍢咎	𝍣悔𝍢咎	𝍤平𝍢咎	𝍥吝𝍢咎	𝍦祥𝍢咎	𝍧咎𝍢咎	𝍨吉𝍢咎
𝍠凶𝍣災	𝍡休𝍣災	𝍢災𝍣災	𝍣悔𝍣災	𝍤平𝍣災	𝍥吝𝍣災	𝍦祥𝍣災	𝍧咎𝍣災	𝍨吉𝍣災
𝍠凶𝍤平	𝍡休𝍤平	𝍢災𝍤平	𝍣悔𝍤平	𝍤平𝍤平	𝍥吝𝍤平	𝍦祥𝍤平	𝍧咎𝍤平	𝍨吉𝍤平
𝍠凶𝍥祥	𝍡休𝍥祥	𝍢災𝍥祥	𝍣悔𝍥祥	𝍤平𝍥祥	𝍥吝𝍥祥	𝍦祥𝍥祥	𝍧咎𝍥祥	𝍨吉𝍥祥
𝍠凶𝍦休	𝍡休𝍦休	𝍢災𝍦休	𝍣悔𝍦休	𝍤平𝍦休	𝍥吝𝍦休	𝍦祥𝍦休	𝍧咎𝍦休	𝍨吉𝍦休
𝍠凶𝍧大	𝍡休𝍧凶	𝍢災𝍧凶	𝍣悔𝍧凶	𝍤平𝍧凶	𝍥吝𝍧凶	𝍦祥𝍧凶	𝍧咎𝍧凶	𝍨吉𝍧凶
𝍠凶𝍨悔	𝍡休𝍨悔	𝍢災𝍨悔	𝍣悔𝍨悔	𝍤平𝍨悔	𝍥吝𝍨悔	𝍦祥𝍨悔	𝍧咎𝍨悔	𝍨吉𝍨悔

𝍠𝍢見三之一，倉庚鳴。

見，一氣既信，百有著形，睟面盎背，德潤厥身㊀，隱匿凶。

𝍠吉𝍠災	𝍠吉𝍡吝	𝍠吉𝍢元	𝍠吉𝍣休	𝍠吉𝍤平	𝍠吉𝍥咎	𝍠吉𝍦凶	𝍠吉𝍧悔	𝍠吉𝍨祥
𝍡咎𝍠災	𝍡咎𝍡吝	𝍡咎𝍢吉	𝍡咎𝍣休	𝍡咎𝍤平	𝍡咎𝍥咎	𝍡咎𝍦凶	𝍡咎𝍧悔	𝍡咎𝍨祥
𝍢祥𝍠災	𝍢祥𝍡吝	𝍢祥𝍢吉	𝍢祥𝍣休	𝍢祥𝍤平	𝍢祥𝍥咎	𝍢祥𝍦凶	𝍢祥𝍧悔	𝍢祥𝍨祥
𝍣吝𝍠災	𝍣吝𝍡吝	𝍣吝𝍢吉	𝍣吝𝍣休	𝍣吝𝍤平	𝍣吝𝍥咎	𝍣吝𝍦凶	𝍣吝𝍧悔	𝍣吝𝍨祥
𝍤平𝍠災	𝍤平𝍡吝	𝍤平𝍢吉	𝍤平𝍣休	𝍤平𝍤平	𝍤平𝍥咎	𝍤平𝍦凶	𝍤平𝍧悔	𝍤平𝍨祥
𝍥悔𝍠災	𝍥悔𝍡吝	𝍥悔𝍢吉	𝍥悔𝍣休	𝍥悔𝍤平	𝍥悔𝍥咎	𝍥悔𝍦凶	𝍥悔𝍧悔	𝍥悔𝍨祥
𝍦災𝍠災	𝍦災𝍡吝	𝍦災𝍢吉	𝍦災𝍣休	𝍦災𝍤平	𝍦災𝍥咎	𝍦災𝍦凶	𝍦災𝍧悔	𝍦災𝍨祥
𝍧休𝍠災	𝍧休𝍡吝	𝍧休𝍢吉	𝍧休𝍣休	𝍧休𝍤平	𝍧休𝍥咎	𝍧休𝍦凶	𝍧休𝍧悔	𝍧休𝍨祥
𝍨凶𝍠災	𝍨凶𝍡吝	𝍨凶𝍢吉	𝍨凶𝍣休	𝍨凶𝍤平	𝍨凶𝍥咎	𝍨凶𝍦大	𝍨凶𝍧悔	𝍨凶𝍨祥

𝍡𝍢獲三之二，鷹化爲鳩。

獲，氣質形色，自天有得，君子遷善，小人革面，縱逸凶。

𝍠吝𝍠災	𝍠吝𝍡吝	𝍠吝𝍢吉	𝍠吝𝍣休	𝍠吝𝍤平	𝍠吝𝍥咎	𝍠吝𝍦凶	𝍠吝𝍧悔	𝍠吝𝍨祥
𝍡吉𝍠災	𝍡吉𝍡吝	𝍡吉𝍢元	𝍡吉𝍣休	𝍡吉𝍤平	𝍡吉𝍥咎	𝍡吉𝍦凶	𝍡吉𝍧悔	𝍡吉𝍨祥
𝍢咎𝍠災	𝍢咎𝍡吝	𝍢咎𝍢吉	𝍢咎𝍣休	𝍢咎𝍤平	𝍢咎𝍥咎	𝍢咎𝍦凶	𝍢咎𝍧悔	𝍢咎𝍨祥
𝍣災𝍠災	𝍣災𝍡吝	𝍣災𝍢吉	𝍣災𝍣休	𝍣災𝍤平	𝍣災𝍥咎	𝍣災𝍦凶	𝍣災𝍧悔	𝍣災𝍨祥
𝍤平𝍠災	𝍤平𝍡吝	𝍤平𝍢吉	𝍤平𝍣休	𝍤平𝍤平	𝍤平𝍥咎	𝍤平𝍦凶	𝍤平𝍧悔	𝍤平𝍨祥
𝍥祥𝍠災	𝍥祥𝍡吝	𝍥祥𝍢吉	𝍥祥𝍣休	𝍥祥𝍤平	𝍥祥𝍥咎	𝍥祥𝍦凶	𝍥祥𝍧悔	𝍥祥𝍨祥
𝍦休𝍠災	𝍦休𝍡吝	𝍦休𝍢吉	𝍦休𝍣休	𝍦休𝍤平	𝍦休𝍥咎	𝍦休𝍦凶	𝍦休𝍧悔	𝍦休𝍨祥
𝍧凶𝍠災	𝍧凶𝍡吝	𝍧凶𝍢吉	𝍧凶𝍣休	𝍧凶𝍤平	𝍧凶𝍥咎	𝍧凶𝍦大	𝍧凶𝍧悔	𝍧凶𝍨祥
𝍨悔𝍠災	𝍨悔𝍡吝	𝍨悔𝍢吉	𝍨悔𝍣休	𝍨悔𝍤平	𝍨悔𝍥咎	𝍨悔𝍦凶	𝍨悔𝍧悔	𝍨悔𝍨祥

㊀「身」字，原本無，據龍本補。

𝍢𝍡從三之三，春分，玄鳥至。

從，惟從非同，不獲其身，不見其人，利有攸行。

𝍠災 𝍠災	𝍡吝 𝍠災	𝍢吉 𝍠災	𝍣休 𝍠災	𝍤平 𝍠災	𝍥咎 𝍠災	𝍦凶 𝍠災	𝍧悔 𝍠災	𝍨祥 𝍠災
𝍠災 𝍡吝	𝍡吝 𝍡吝	𝍢吉 𝍡吝	𝍣休 𝍡吝	𝍤平 𝍡吝	𝍥咎 𝍡吝	𝍦凶 𝍡吝	𝍧悔 𝍡吝	𝍨祥 𝍡吝
𝍠災 𝍢吉	𝍡吝 𝍢吉	𝍢吉 𝍢元	𝍣休 𝍢吉	𝍤平 𝍢吉	𝍥咎 𝍢吉	𝍦凶 𝍢吉	𝍧悔 𝍢吉	𝍨祥 𝍢吉
𝍠災 𝍣休	𝍡吝 𝍣休	𝍢吉 𝍣休	𝍣休 𝍣休	𝍤平 𝍣休	𝍥咎 𝍣休	𝍦凶 𝍣休	𝍧悔 𝍣休	𝍨祥 𝍣休
𝍠災 𝍤平	𝍡吝 𝍤平	𝍢吉 𝍤平	𝍣休 𝍤平	𝍤平 𝍤平	𝍥咎 𝍤平	𝍦凶 𝍤平	𝍧悔 𝍤平	𝍨祥 𝍤平
𝍠災 𝍥咎	𝍡吝 𝍥咎	𝍢吉 𝍥咎	𝍣休 𝍥咎	𝍤平 𝍥咎	𝍥咎 𝍥咎	𝍦凶 𝍥咎	𝍧悔 𝍥咎	𝍨祥 𝍥咎
𝍠災 𝍦凶	𝍡吝 𝍦凶	𝍢吉 𝍦凶	𝍣休 𝍦凶	𝍤平 𝍦凶	𝍥咎 𝍦凶	𝍦凶 𝍦大	𝍧悔 𝍦凶	𝍨祥 𝍦凶
𝍠災 𝍧悔	𝍡吝 𝍧悔	𝍢吉 𝍧悔	𝍣休 𝍧悔	𝍤平 𝍧悔	𝍥咎 𝍧悔	𝍦凶 𝍧悔	𝍧悔 𝍧悔	𝍨祥 𝍧悔
𝍠災 𝍨祥	𝍡吝 𝍨祥	𝍢吉 𝍨祥	𝍣休 𝍨祥	𝍤平 𝍨祥	𝍥咎 𝍨祥	𝍦凶 𝍨祥	𝍧悔 𝍨祥	𝍨祥 𝍨祥

𝍣𝍢交三之四，雷乃發聲。

交，倡而和，感而應，涣汗大號，東南得朋，征伐小利。

𝍠咎 𝍠災	𝍡祥 𝍠災	𝍢悔 𝍠災	𝍣吉 𝍠災	𝍤平 𝍠災	𝍥凶 𝍠災	𝍦吝 𝍠災	𝍧災 𝍠災	𝍨休 𝍠災
𝍠咎 𝍡吝	𝍡祥 𝍡吝	𝍢悔 𝍡吝	𝍣吉 𝍡吝	𝍤平 𝍡吝	𝍥凶 𝍡吝	𝍦吝 𝍡吝	𝍧災 𝍡吝	𝍨休 𝍡吝
𝍠咎 𝍢吉	𝍡祥 𝍢吉	𝍢悔 𝍢吉	𝍣吉 𝍢元	𝍤平 𝍢吉	𝍥凶 𝍢吉	𝍦吝 𝍢吉	𝍧災 𝍢吉	𝍨休 𝍢吉
𝍠咎 𝍣休	𝍡祥 𝍣休	𝍢悔 𝍣休	𝍣吉 𝍣休	𝍤平 𝍣休	𝍥凶 𝍣休	𝍦吝 𝍣休	𝍧災 𝍣休	𝍨休 𝍣休
𝍠咎 𝍤平	𝍡祥 𝍤平	𝍢悔 𝍤平	𝍣吉 𝍤平	𝍤平 𝍤平	𝍥凶 𝍤平	𝍦吝 𝍤平	𝍧災 𝍤平	𝍨休 𝍤平
𝍠咎 𝍥咎	𝍡祥 𝍥咎	𝍢悔 𝍥咎	𝍣吉 𝍥咎	𝍤平 𝍥咎	𝍥凶 𝍥咎	𝍦吝 𝍥咎	𝍧災 𝍥咎	𝍨休 𝍥咎
𝍠咎 𝍦凶	𝍡祥 𝍦凶	𝍢悔 𝍦凶	𝍣吉 𝍦凶	𝍤平 𝍦凶	𝍥凶 𝍦大	𝍦吝 𝍦凶	𝍧災 𝍦凶	𝍨休 𝍦凶
𝍠咎 𝍧悔	𝍡祥 𝍧悔	𝍢悔 𝍧悔	𝍣吉 𝍧悔	𝍤平 𝍧悔	𝍥凶 𝍧悔	𝍦吝 𝍧悔	𝍧災 𝍧悔	𝍨休 𝍧悔
𝍠咎 𝍨祥	𝍡祥 𝍨祥	𝍢悔 𝍨祥	𝍣吉 𝍨祥	𝍤平 𝍨祥	𝍥凶 𝍨祥	𝍦吝 𝍨祥	𝍧災 𝍨祥	𝍨休 𝍨祥

𝍤𝍢育三之五，始電。

育，天地絪縕，萬物化醇，聖人順成，生產吉。

𝍠平𝍠災	𝍠平𝍡吝	𝍠平𝍢吉	𝍠平𝍣休	𝍠平𝍤平	𝍠平𝍥咎	𝍠平𝍦凶	𝍠平𝍧悔	𝍠平𝍨祥
𝍡平𝍠災	𝍡平𝍡吝	𝍡平𝍢吉	𝍡平𝍣休	𝍡平𝍤平	𝍡平𝍥咎	𝍡平𝍦凶	𝍡平𝍧悔	𝍡平𝍨祥
𝍢平𝍠災	𝍢平𝍡吝	𝍢平𝍢吉	𝍢平𝍣休	𝍢平𝍤平	𝍢平𝍥咎	𝍢平𝍦凶	𝍢平𝍧悔	𝍢平𝍨祥
𝍣平𝍠災	𝍣平𝍡吝	𝍣平𝍢吉	𝍣平𝍣休	𝍣平𝍤平	𝍣平𝍥咎	𝍣平𝍦凶	𝍣平𝍧悔	𝍣平𝍨祥
𝍤吉𝍠災	𝍤吉𝍡吝	𝍤吉𝍢元	𝍤吉𝍣休	𝍤吉𝍤平	𝍤吉𝍥咎	𝍤吉𝍦大	𝍤吉𝍧悔	𝍤吉𝍨祥
𝍥平𝍠災	𝍥平𝍡吝	𝍥平𝍢吉	𝍥平𝍣休	𝍥平𝍤平	𝍥平𝍥咎	𝍥平𝍦凶	𝍥平𝍧悔	𝍥平𝍨祥
𝍦平𝍠災	𝍦平𝍡吝	𝍦平𝍢吉	𝍦平𝍣休	𝍦平𝍤平	𝍦平𝍥咎	𝍦平𝍦凶	𝍦平𝍧悔	𝍦平𝍨祥
𝍧平𝍠災	𝍧平𝍡吝	𝍧平𝍢吉	𝍧平𝍣休	𝍧平𝍤平	𝍧平𝍥咎	𝍧平𝍦凶	𝍧平𝍧悔	𝍧平𝍨祥
𝍨平𝍠災	𝍨平𝍡吝	𝍨平𝍢吉	𝍨平𝍣休	𝍨平𝍤平	𝍨平𝍥咎	𝍨平𝍦凶	𝍨平𝍧悔	𝍨平𝍨祥

𝍥𝍢壯三之六，清明，桐始華。

壯，于正，有攸往，無不利。

𝍠休𝍠災	𝍠休𝍡吝	𝍠休𝍢吉	𝍠休𝍣休	𝍠休𝍤平	𝍠休𝍥咎	𝍠休𝍦凶	𝍠休𝍧悔	𝍠休𝍨祥
𝍡災𝍠災	𝍡災𝍡吝	𝍡災𝍢吉	𝍡災𝍣休	𝍡災𝍤平	𝍡災𝍥咎	𝍡災𝍦凶	𝍡災𝍧悔	𝍡災𝍨祥
𝍢吝𝍠災	𝍢吝𝍡吝	𝍢吝𝍢吉	𝍢吝𝍣休	𝍢吝𝍤平	𝍢吝𝍥咎	𝍢吝𝍦凶	𝍢吝𝍧悔	𝍢吝𝍨祥
𝍣凶𝍠災	𝍣凶𝍡吝	𝍣凶𝍢吉	𝍣凶𝍣休	𝍣凶𝍤平	𝍣凶𝍥咎	𝍣凶𝍦大	𝍣凶𝍧悔	𝍣凶𝍨祥
𝍤平𝍠災	𝍤平𝍡吝	𝍤平𝍢吉	𝍤平𝍣休	𝍤平𝍤平	𝍤平𝍥咎	𝍤平𝍦凶	𝍤平𝍧悔	𝍤平𝍨祥
𝍥吉𝍠災	𝍥吉𝍡吝	𝍥吉𝍢元	𝍥吉𝍣休	𝍥吉𝍤平	𝍥吉𝍥咎	𝍥吉𝍦凶	𝍥吉𝍧悔	𝍥吉𝍨祥
𝍦悔𝍠災	𝍦悔𝍡吝	𝍦悔𝍢吉	𝍦悔𝍣休	𝍦悔𝍤平	𝍦悔𝍥咎	𝍦悔𝍦凶	𝍦悔𝍧悔	𝍦悔𝍨祥
𝍧祥𝍠災	𝍧祥𝍡吝	𝍧祥𝍢吉	𝍧祥𝍣休	𝍧祥𝍤平	𝍧祥𝍥咎	𝍧祥𝍦凶	𝍧祥𝍧悔	𝍧祥𝍨祥
𝍨咎𝍠災	𝍨咎𝍡吝	𝍨咎𝍢吉	𝍨咎𝍣休	𝍨咎𝍤平	𝍨咎𝍥咎	𝍨咎𝍦凶	𝍨咎𝍧悔	𝍨咎𝍨祥

〧〣興三之七，田鼠化爲鴽。

興，吉，利見大人。天下文明，萬邦黎獻，方來不寧，土役無度凶。

〡祥〡災	〢悔〡災	〣凶〡災	〤咎〡災	〥平〡災	〦休〡災	〧吉〡災	〨吝〡災	〩災〡災
〡祥〢吝	〢悔〢吝	〣凶〢吝	〤咎〢吝	〥平〢吝	〦休〢吝	〧吉〢吝	〨吝〢吝	〩災〢吝
〡祥〣吉	〢悔〣吉	〣凶〣吉	〤咎〣吉	〥平〣吉	〦休〣吉	〧吉〣元	〨吝〣吉	〩災〣吉
〡祥〤休	〢悔〤休	〣凶〤休	〤咎〤休	〥平〤休	〦休〤休	〧吉〤休	〨吝〤休	〩災〤休
〡祥〥平	〢悔〥平	〣凶〥平	〤咎〥平	〥平〥平	〦休〥平	〧吉〥平	〨吝〥平	〩災〥平
〡祥〦咎	〢悔〦咎	〣凶〦咎	〤咎〦咎	〥平〦咎	〦休〦咎	〧吉〦咎	〨吝〦咎	〩災〦咎
〡祥〧凶	〢悔〧凶	〣凶〧大	〤咎〧凶	〥平〧凶	〦休〧凶	〧吉〧凶	〨吝〧凶	〩災〧凶
〡祥〨悔	〢悔〨悔	〣凶〨悔	〤咎〨悔	〥平〨悔	〦休〨悔	〧吉〨悔	〨吝〨悔	〩災〨悔
〡祥〩祥	〢悔〩祥	〣凶〩祥	〤咎〩祥	〥平〩祥	〦休〩祥	〧吉〩祥	〨吝〩祥	〩災〩祥

〨〣欣三之八，虹始見。

欣，氣和時平，萬物向〔一〕榮，君子樂道，小人樂生。淫于酒，喪其朋，凶。

〡悔〡災	〢凶〡災	〣休〡災	〤祥〡災	〥平〡災	〦災〡災	〧咎〡災	〨吉〡災	〩吝〡災
〡悔〢吝	〢凶〢吝	〣休〢吝	〤祥〢吝	〥平〢吝	〦災〢吝	〧咎〢吝	〨吉〢吝	〩吝〢吝
〡悔〣吉	〢凶〣吉	〣休〣吉	〤祥〣吉	〥平〣吉	〦災〣吉	〧咎〣吉	〨吉〣元	〩吝〣吉
〡悔〤休	〢凶〤休	〣休〤休	〤祥〤休	〥平〤休	〦災〤休	〧咎〤休	〨吉〤休	〩吝〤休
〡悔〥平	〢凶〥平	〣休〥平	〤祥〥平	〥平〥平	〦災〥平	〧咎〥平	〨吉〥平	〩吝〥平
〡悔〦咎	〢凶〦咎	〣休〦咎	〤祥〦咎	〥平〦咎	〦災〦咎	〧咎〦咎	〨吉〦咎	〩吝〦咎
〡悔〧凶	〢凶〧大	〣休〧凶	〤祥〧凶	〥平〧凶	〦災〧凶	〧咎〧凶	〨吉〧凶	〩吝〧凶
〡悔〨悔	〢凶〨悔	〣休〨悔	〤祥〨悔	〥平〨悔	〦災〨悔	〧咎〨悔	〨吉〨悔	〩吝〨悔
〡悔〩祥	〢凶〩祥	〣休〩祥	〤祥〩祥	〥平〩祥	〦災〩祥	〧咎〩祥	〨吉〩祥	〩吝〩祥

〔一〕「向」，道本作「何」，形近而誤，今改。

𝍧𝍢舒 三之九。

舒，雨露霑濡，草木榮敷，百體以舒，惟仁之腴，無不利，迫近凶。

𝍠凶𝍠災	𝍠凶𝍡吝	𝍠凶𝍢吉	𝍠凶𝍣休	𝍠凶𝍤平	𝍠凶𝍥咎	𝍠凶𝍦大	𝍠凶𝍧悔	𝍠凶𝍨祥
𝍡休𝍠災	𝍡休𝍡吝	𝍡休𝍢吉	𝍡休𝍣休	𝍡休𝍤平	𝍡休𝍥咎	𝍡休𝍦凶	𝍡休𝍧悔	𝍡休𝍨祥
𝍢災𝍠災	𝍢災𝍡吝	𝍢災𝍢吉	𝍢災𝍣休	𝍢災𝍤平	𝍢災𝍥咎	𝍢災𝍦凶	𝍢災𝍧悔	𝍢災𝍨祥
𝍣悔𝍠災	𝍣悔𝍡吝	𝍣悔𝍢吉	𝍣悔𝍣休	𝍣悔𝍤平	𝍣悔𝍥咎	𝍣悔𝍦凶	𝍣悔𝍧悔	𝍣悔𝍨祥
𝍤平𝍠災	𝍤平𝍡吝	𝍤平𝍢吉	𝍤平𝍣休	𝍤平𝍤平	𝍤平𝍥咎	𝍤平𝍦凶	𝍤平𝍧悔	𝍤平𝍨祥
𝍥吝𝍠災	𝍥吝𝍡吝	𝍥吝𝍢吉	𝍥吝𝍣休	𝍥吝𝍤平	𝍥吝𝍥咎	𝍥吝𝍦凶	𝍥吝𝍧悔	𝍥吝𝍨祥
𝍦祥𝍠災	𝍦祥𝍡吝	𝍦祥𝍢吉	𝍦祥𝍣休	𝍦祥𝍤平	𝍦祥𝍥咎	𝍦祥𝍦凶	𝍦祥𝍧悔	𝍦祥𝍨祥
𝍧咎𝍠災	𝍧咎𝍡吝	𝍧咎𝍢吉	𝍧咎𝍣休	𝍧咎𝍤平	𝍧咎𝍥咎	𝍧咎𝍦凶	𝍧咎𝍧悔	𝍧咎𝍨祥
𝍨吉𝍠災	𝍨吉𝍡吝	𝍨吉𝍢元	𝍨吉𝍣休	𝍨吉𝍤平	𝍨吉𝍥咎	𝍨吉𝍦凶	𝍨吉𝍧悔	𝍨吉𝍨祥

𝍠𝍣比 四之一，穀雨，萍始生。

比，上下相親，左右承鄰，龍見雲升，君子以衆，小人勿用。

𝍠吉𝍠咎	𝍠吉𝍡祥	𝍠吉𝍢悔	𝍠吉𝍣元	𝍠吉𝍤平	𝍠吉𝍥凶	𝍠吉𝍦吝	𝍠吉𝍧災	𝍠吉𝍨休
𝍡咎𝍠咎	𝍡咎𝍡祥	𝍡咎𝍢悔	𝍡咎𝍣吉	𝍡咎𝍤平	𝍡咎𝍥凶	𝍡咎𝍦吝	𝍡咎𝍧災	𝍡咎𝍨休
𝍢祥𝍠咎	𝍢祥𝍡祥	𝍢祥𝍢悔	𝍢祥𝍣吉	𝍢祥𝍤平	𝍢祥𝍥凶	𝍢祥𝍦吝	𝍢祥𝍧災	𝍢祥𝍨休
𝍣吝𝍠咎	𝍣吝𝍡祥	𝍣吝𝍢悔	𝍣吝𝍣吉	𝍣吝𝍤平	𝍣吝𝍥凶	𝍣吝𝍦吝	𝍣吝𝍧災	𝍣吝𝍨休
𝍤平𝍠咎	𝍤平𝍡祥	𝍤平𝍢悔	𝍤平𝍣吉	𝍤平𝍤平	𝍤平𝍥凶	𝍤平𝍦吝	𝍤平𝍧災	𝍤平𝍨休
𝍥悔𝍠咎	𝍥悔𝍡祥	𝍥悔𝍢悔	𝍥悔𝍣吉	𝍥悔𝍤平	𝍥悔𝍥凶	𝍥悔𝍦吝	𝍥悔𝍧災	𝍥悔𝍨休
𝍦災𝍠咎	𝍦災𝍡祥	𝍦災𝍢悔	𝍦災𝍣吉	𝍦災𝍤平	𝍦災𝍥凶	𝍦災𝍦吝	𝍦災𝍧災	𝍦災𝍨休
𝍧休𝍠咎	𝍧休𝍡祥	𝍧休𝍢悔	𝍧休𝍣吉	𝍧休𝍤平	𝍧休𝍥凶	𝍧休𝍦吝	𝍧休𝍧災	𝍧休𝍨休
𝍨凶𝍠咎	𝍨凶𝍡祥	𝍨凶𝍢悔	𝍨凶𝍣吉	𝍨凶𝍤平	𝍨凶𝍥大	𝍨凶𝍦吝	𝍨凶𝍧災	𝍨凶𝍨休

𝍡𝍣開四之二，鳴鳩拂其羽。

開，析民墾田，闢塞通障，利有攸往。閉耀藏葬凶。

𝍠吝 𝍠咎	𝍡吉 𝍠咎	𝍢咎 𝍠咎	𝍣災 𝍠咎	𝍤平 𝍠咎	𝍥祥 𝍠咎	𝍦休 𝍠咎	𝍧凶 𝍠咎	𝍨悔 𝍠咎
𝍠吝 𝍡祥	𝍡吉 𝍡祥	𝍢咎 𝍡祥	𝍣災 𝍡祥	𝍤平 𝍡祥	𝍥祥 𝍡祥	𝍦休 𝍡祥	𝍧凶 𝍡祥	𝍨悔 𝍡祥
𝍠吝 𝍢悔	𝍡吉 𝍢悔	𝍢咎 𝍢悔	𝍣災 𝍢悔	𝍤平 𝍢悔	𝍥祥 𝍢悔	𝍦休 𝍢悔	𝍧凶 𝍢悔	𝍨悔 𝍢悔
𝍠吝 𝍣吉	𝍡吉 𝍣元	𝍢咎 𝍣吉	𝍣災 𝍣吉	𝍤平 𝍣吉	𝍥祥 𝍣吉	𝍦休 𝍣吉	𝍧凶 𝍣吉	𝍨悔 𝍣吉
𝍠吝 𝍤平	𝍡吉 𝍤平	𝍢咎 𝍤平	𝍣災 𝍤平	𝍤平 𝍤平	𝍥祥 𝍤平	𝍦休 𝍤平	𝍧凶 𝍤平	𝍨悔 𝍤平
𝍠吝 𝍥凶	𝍡吉 𝍥凶	𝍢咎 𝍥凶	𝍣災 𝍥凶	𝍤平 𝍥凶	𝍥祥 𝍥凶	𝍦休 𝍥凶	𝍧凶 𝍥大	𝍨悔 𝍥凶
𝍠吝 𝍦吝	𝍡吉 𝍦吝	𝍢咎 𝍦吝	𝍣災 𝍦吝	𝍤平 𝍦吝	𝍥祥 𝍦吝	𝍦休 𝍦吝	𝍧凶 𝍦吝	𝍨悔 𝍦吝
𝍠吝 𝍧災	𝍡吉 𝍧災	𝍢咎 𝍧災	𝍣災 𝍧災	𝍤平 𝍧災	𝍥祥 𝍧災	𝍦休 𝍧災	𝍧凶 𝍧災	𝍨悔 𝍧災
𝍠吝 𝍨休	𝍡吉 𝍨休	𝍢咎 𝍨休	𝍣災 𝍨休	𝍤平 𝍨休	𝍥祥 𝍨休	𝍦休 𝍨休	𝍧凶 𝍨休	𝍨悔 𝍨休

𝍢𝍣晉四之三，戴勝降于桑。

晉，進賢去邪，百工咸理。監工日號，悖于時，凶。蠶桑，吉。

𝍠災 𝍠咎	𝍡吝 𝍠咎	𝍢吉 𝍠咎	𝍣休 𝍠咎	𝍤平 𝍠咎	𝍥咎 𝍠咎	𝍦凶 𝍠咎	𝍧悔 𝍠咎	𝍨祥 𝍠咎
𝍠災 𝍡祥	𝍡吝 𝍡祥	𝍢吉 𝍡祥	𝍣休 𝍡祥	𝍤平 𝍡祥	𝍥咎 𝍡祥	𝍦凶 𝍡祥	𝍧悔 𝍡祥	𝍨祥 𝍡祥
𝍠災 𝍢悔	𝍡吝 𝍢悔	𝍢吉 𝍢悔	𝍣休 𝍢悔	𝍤平 𝍢悔	𝍥咎 𝍢悔	𝍦凶 𝍢悔	𝍧悔 𝍢悔	𝍨祥 𝍢悔
𝍠災 𝍣吉	𝍡吝 𝍣吉	𝍢吉 𝍣元	𝍣休 𝍣吉	𝍤平 𝍣吉	𝍥咎 𝍣吉	𝍦凶 𝍣吉	𝍧悔 𝍣吉	𝍨祥 𝍣吉
𝍠災 𝍤平	𝍡吝 𝍤平	𝍢吉 𝍤平	𝍣休 𝍤平	𝍤平 𝍤平	𝍥咎 𝍤平	𝍦凶 𝍤平	𝍧悔 𝍤平	𝍨祥 𝍤平
𝍠災 𝍥凶	𝍡吝 𝍥凶	𝍢吉 𝍥凶	𝍣休 𝍥凶	𝍤平 𝍥凶	𝍥咎 𝍥凶	𝍦凶 𝍥大	𝍧悔 𝍥凶	𝍨祥 𝍥凶
𝍠災 𝍦吝	𝍡吝 𝍦吝	𝍢吉 𝍦吝	𝍣休 𝍦吝	𝍤平 𝍦吝	𝍥咎 𝍦吝	𝍦凶 𝍦吝	𝍧悔 𝍦吝	𝍨祥 𝍦吝
𝍠災 𝍧災	𝍡吝 𝍧災	𝍢吉 𝍧災	𝍣休 𝍧災	𝍤平 𝍧災	𝍥咎 𝍧災	𝍦凶 𝍧災	𝍧悔 𝍧災	𝍨祥 𝍧災
𝍠災 𝍨休	𝍡吝 𝍨休	𝍢吉 𝍨休	𝍣休 𝍨休	𝍤平 𝍨休	𝍥咎 𝍨休	𝍦凶 𝍨休	𝍧悔 𝍨休	𝍨祥 𝍨休

𝍣𝍣公 四之四，立夏，螻蟈鳴。

公，亨，天高地下，萬物散殊，君子克己，禮復其初，利折獄。

𝍠咎 𝍠咎	𝍠咎 𝍡祥	𝍠咎 𝍢悔	𝍠咎 𝍣吉	𝍠咎 𝍤平	𝍠咎 𝍥凶	𝍠咎 𝍦吝	𝍠咎 𝍧災	𝍠咎 𝍨休
𝍡祥 𝍠咎	𝍡祥 𝍡祥	𝍡祥 𝍢悔	𝍡祥 𝍣吉	𝍡祥 𝍤平	𝍡祥 𝍥凶	𝍡祥 𝍦吝	𝍡祥 𝍧災	𝍡祥 𝍨休
𝍢悔 𝍠咎	𝍢悔 𝍡祥	𝍢悔 𝍢悔	𝍢悔 𝍣吉	𝍢悔 𝍤平	𝍢悔 𝍥凶	𝍢悔 𝍦吝	𝍢悔 𝍧災	𝍢悔 𝍨休
𝍣吉 𝍠咎	𝍣吉 𝍡祥	𝍣吉 𝍢悔	𝍣吉 𝍣元	𝍣吉 𝍤平	𝍣吉 𝍥凶	𝍣吉 𝍦吝	𝍣吉 𝍧災	𝍣吉 𝍨休
𝍤平 𝍠咎	𝍤平 𝍡祥	𝍤平 𝍢悔	𝍤平 𝍣吉	𝍤平 𝍤平	𝍤平 𝍥凶	𝍤平 𝍦吝	𝍤平 𝍧災	𝍤平 𝍨休
𝍥凶 𝍠咎	𝍥凶 𝍡祥	𝍥凶 𝍢悔	𝍥凶 𝍣吉	𝍥凶 𝍤平	𝍥凶 𝍥大	𝍥凶 𝍦吝	𝍥凶 𝍧災	𝍥凶 𝍨休
𝍦吝 𝍠咎	𝍦吝 𝍡祥	𝍦吝 𝍢悔	𝍦吝 𝍣吉	𝍦吝 𝍤平	𝍦吝 𝍥凶	𝍦吝 𝍦吝	𝍦吝 𝍧災	𝍦吝 𝍨休
𝍧災 𝍠咎	𝍧災 𝍡祥	𝍧災 𝍢悔	𝍧災 𝍣吉	𝍧災 𝍤平	𝍧災 𝍥凶	𝍧災 𝍦吝	𝍧災 𝍧災	𝍧災 𝍨休
𝍨休 𝍠咎	𝍨休 𝍡祥	𝍨休 𝍢悔	𝍨休 𝍣吉	𝍨休 𝍤平	𝍨休 𝍥凶	𝍨休 𝍦吝	𝍨休 𝍧災	𝍨休 𝍨休

𝍣𝍤益 四之五，蚯蚓出。

益，朋友方來，敬之終吉，繼長增高，與時偕極。廢惰凶。

𝍠平 𝍠咎	𝍠平 𝍡祥	𝍠平 𝍢悔	𝍠平 𝍣吉	𝍠平 𝍤平	𝍠平 𝍥凶	𝍠平 𝍦吝	𝍠平 𝍧災	𝍠平 𝍨休
𝍡平 𝍠咎	𝍡平 𝍡祥	𝍡平 𝍢悔	𝍡平 𝍣吉	𝍡平 𝍤平	𝍡平 𝍥凶	𝍡平 𝍦吝	𝍡平 𝍧災	𝍡平 𝍨休
𝍢平 𝍠咎	𝍢平 𝍡祥	𝍢平 𝍢悔	𝍢平 𝍣吉	𝍢平 𝍤平	𝍢平 𝍥凶	𝍢平 𝍦吝	𝍢平 𝍧災	𝍢平 𝍨休
𝍣平 𝍠咎	𝍣平 𝍡祥	𝍣平 𝍢悔	𝍣平 𝍣吉	𝍣平 𝍤平	𝍣平 𝍥凶	𝍣平 𝍦吝	𝍣平 𝍧災	𝍣平 𝍨休
𝍤吉 𝍠咎	𝍤吉 𝍡祥	𝍤吉 𝍢悔	𝍤吉 𝍣元	𝍤吉 𝍤平	𝍤吉 𝍥大	𝍤吉 𝍦吝	𝍤吉 𝍧災	𝍤吉 𝍨休
𝍥平 𝍠咎	𝍥平 𝍡祥	𝍥平 𝍢悔	𝍥平 𝍣吉	𝍥平 𝍤平	𝍥平 𝍥凶	𝍥平 𝍦吝	𝍥平 𝍧災	𝍥平 𝍨休
𝍦平 𝍠咎	𝍦平 𝍡祥	𝍦平 𝍢悔	𝍦平 𝍣吉	𝍦平 𝍤平	𝍦平 𝍥凶	𝍦平 𝍦吝	𝍦平 𝍧災	𝍦平 𝍨休
𝍧平 𝍠咎	𝍧平 𝍡祥	𝍧平 𝍢悔	𝍧平 𝍣吉	𝍧平 𝍤平	𝍧平 𝍥凶	𝍧平 𝍦吝	𝍧平 𝍧災	𝍧平 𝍨休
𝍨平 𝍠咎	𝍨平 𝍡祥	𝍨平 𝍢悔	𝍨平 𝍣吉	𝍨平 𝍤平	𝍨平 𝍥凶	𝍨平 𝍦吝	𝍨平 𝍧災	𝍨平 𝍨休

𝍥章四之六，𝍣王瓜生。

章，天下文明，赫赫彬彬，大震厥聲，匪正有悔。

𝍠休𝍠咎	𝍡災𝍠咎	𝍢吝𝍠咎	𝍣凶𝍠咎	𝍤平𝍠咎	𝍥吉𝍠咎	𝍦悔𝍠咎	𝍧祥𝍠咎	𝍨咎𝍠咎
𝍠休𝍡祥	𝍡災𝍡祥	𝍢吝𝍡祥	𝍣凶𝍡祥	𝍤平𝍡祥	𝍥吉𝍡祥	𝍦悔𝍡祥	𝍧祥𝍡祥	𝍨咎𝍡祥
𝍠休𝍢悔	𝍡災𝍢悔	𝍢吝𝍢悔	𝍣凶𝍢悔	𝍤平𝍢悔	𝍥吉𝍢悔	𝍦悔𝍢悔	𝍧祥𝍢悔	𝍨咎𝍢悔
𝍠休𝍣吉	𝍡災𝍣吉	𝍢吝𝍣吉	𝍣凶𝍣吉	𝍤平𝍣吉	𝍥吉𝍣元	𝍦悔𝍣吉	𝍧祥𝍣吉	𝍨咎𝍣吉
𝍠休𝍤平	𝍡災𝍤平	𝍢吝𝍤平	𝍣凶𝍤平	𝍤平𝍤平	𝍥吉𝍤平	𝍦悔𝍤平	𝍧祥𝍤平	𝍨咎𝍤平
𝍠休𝍥凶	𝍡災𝍥凶	𝍢吝𝍥凶	𝍣凶𝍥大	𝍤平𝍥凶	𝍥吉𝍥凶	𝍦悔𝍥凶	𝍧祥𝍥凶	𝍨咎𝍥凶
𝍠休𝍦吝	𝍡災𝍦吝	𝍢吝𝍦吝	𝍣凶𝍦吝	𝍤平𝍦吝	𝍥吉𝍦吝	𝍦悔𝍦吝	𝍧祥𝍦吝	𝍨咎𝍦吝
𝍠休𝍧災	𝍡災𝍧災	𝍢吝𝍧災	𝍣凶𝍧災	𝍤平𝍧災	𝍥吉𝍧災	𝍦悔𝍧災	𝍧祥𝍧災	𝍨咎𝍧災
𝍠休𝍨休	𝍡災𝍨休	𝍢吝𝍨休	𝍣凶𝍨休	𝍤平𝍨休	𝍥吉𝍨休	𝍦悔𝍨休	𝍧祥𝍨休	𝍨咎𝍨休

𝍦盈四之七，𝍣小滿，苦菜秀。

盈，生氣流形，品物咸亨，雷雨滿盈，不疑其行。

𝍠祥𝍠咎	𝍡悔𝍠咎	𝍢凶𝍠咎	𝍣咎𝍠咎	𝍤平𝍠咎	𝍥休𝍠咎	𝍦吉𝍠咎	𝍧吝𝍠咎	𝍨災𝍠咎
𝍠祥𝍡祥	𝍡悔𝍡祥	𝍢凶𝍡祥	𝍣咎𝍡祥	𝍤平𝍡祥	𝍥休𝍡祥	𝍦吉𝍡祥	𝍧吝𝍡祥	𝍨災𝍡祥
𝍠祥𝍢悔	𝍡悔𝍢悔	𝍢凶𝍢悔	𝍣咎𝍢悔	𝍤平𝍢悔	𝍥休𝍢悔	𝍦吉𝍢悔	𝍧吝𝍢悔	𝍨災𝍢悔
𝍠祥𝍣吉	𝍡悔𝍣吉	𝍢凶𝍣吉	𝍣咎𝍣吉	𝍤平𝍣吉	𝍥休𝍣吉	𝍦吉𝍣元	𝍧吝𝍣吉	𝍨災𝍣吉
𝍠祥𝍤平	𝍡悔𝍤平	𝍢凶𝍤平	𝍣咎𝍤平	𝍤平𝍤平	𝍥休𝍤平	𝍦吉𝍤平	𝍧吝𝍤平	𝍨災𝍤平
𝍠祥𝍥凶	𝍡悔𝍥凶	𝍢凶𝍥大	𝍣咎𝍥凶	𝍤平𝍥凶	𝍥休𝍥凶	𝍦吉𝍥凶	𝍧吝𝍥凶	𝍨災𝍥凶
𝍠祥𝍦吝	𝍡悔𝍦吝	𝍢凶𝍦吝	𝍣咎𝍦吝	𝍤平𝍦吝	𝍥休𝍦吝	𝍦吉𝍦吝	𝍧吝𝍦吝	𝍨災𝍦吝
𝍠祥𝍧災	𝍡悔𝍧災	𝍢凶𝍧災	𝍣咎𝍧災	𝍤平𝍧災	𝍥休𝍧災	𝍦吉𝍧災	𝍧吝𝍧災	𝍨災𝍧災
𝍠祥𝍨休	𝍡悔𝍨休	𝍢凶𝍨休	𝍣咎𝍨休	𝍤平𝍨休	𝍥休𝍨休	𝍦吉𝍨休	𝍧吝𝍨休	𝍨災𝍨休

𝍧𝍣錫四之八，靡草死。

錫，亨厲，發爵賜服，慶賞以行。小人勿承，以殃厥身。

𝍠悔 𝍠咎	𝍠悔 𝍡祥	𝍠悔 𝍢悔	𝍠悔 𝍣吉	𝍠悔 𝍤平	𝍠悔 𝍥凶	𝍠悔 𝍦吝	𝍠悔 𝍧災	𝍠悔 𝍨休
𝍡凶 𝍠咎	𝍡凶 𝍡祥	𝍡凶 𝍢悔	𝍡凶 𝍣吉	𝍡凶 𝍤平	𝍡凶 𝍥大	𝍡凶 𝍦吝	𝍡凶 𝍧災	𝍡凶 𝍨休
𝍢休 𝍠咎	𝍢休 𝍡祥	𝍢休 𝍢悔	𝍢休 𝍣吉	𝍢休 𝍤平	𝍢休 𝍥凶	𝍢休 𝍦吝	𝍢休 𝍧災	𝍢休 𝍨休
𝍣祥 𝍠咎	𝍣祥 𝍡祥	𝍣祥 𝍢悔	𝍣祥 𝍣吉	𝍣祥 𝍤平	𝍣祥 𝍥凶	𝍣祥 𝍦吝	𝍣祥 𝍧災	𝍣祥 𝍨休
𝍤平 𝍠咎	𝍤平 𝍡祥	𝍤平 𝍢悔	𝍤平 𝍣吉	𝍤平 𝍤平	𝍤平 𝍥凶	𝍤平 𝍦吝	𝍤平 𝍧災	𝍤平 𝍨休
𝍥災 𝍠咎	𝍥災 𝍡祥	𝍥災 𝍢悔	𝍥災 𝍣吉	𝍥災 𝍤平	𝍥災 𝍥凶	𝍥災 𝍦吝	𝍥災 𝍧災	𝍥災 𝍨休
𝍦咎 𝍠咎	𝍦咎 𝍡祥	𝍦咎 𝍢悔	𝍦咎 𝍣吉	𝍦咎 𝍤平	𝍦咎 𝍥凶	𝍦咎 𝍦吝	𝍦咎 𝍧災	𝍦咎 𝍨休
𝍧吉 𝍠咎	𝍧吉 𝍡祥	𝍧吉 𝍢悔	𝍧吉 𝍣元	𝍧吉 𝍤平	𝍧吉 𝍥凶	𝍧吉 𝍦吝	𝍧吉 𝍧災	𝍧吉 𝍨休
𝍨吝 𝍠咎	𝍨吝 𝍡祥	𝍨吝 𝍢悔	𝍨吝 𝍣吉	𝍨吝 𝍤平	𝍨吝 𝍥凶	𝍨吝 𝍦吝	𝍨吝 𝍧災	𝍨吝 𝍨休

𝍨𝍣靡四之九。

靡，亨，上下謐寧，來庭來賓，勿徇其名，大人吉，小人吝，疾病凶。

𝍠凶 𝍠咎	𝍠凶 𝍡祥	𝍠凶 𝍢悔	𝍠凶 𝍣吉	𝍠凶 𝍤平	𝍠凶 𝍥大	𝍠凶 𝍦吝	𝍠凶 𝍧災	𝍠凶 𝍨休
𝍡休 𝍠咎	𝍡休 𝍡祥	𝍡休 𝍢悔	𝍡休 𝍣吉	𝍡休 𝍤平	𝍡休 𝍥凶	𝍡休 𝍦吝	𝍡休 𝍧災	𝍡休 𝍨休
𝍢災 𝍠咎	𝍢災 𝍡祥	𝍢災 𝍢悔	𝍢災 𝍣吉	𝍢災 𝍤平	𝍢災 𝍥凶	𝍢災 𝍦吝	𝍢災 𝍧災	𝍢災 𝍨休
𝍣悔 𝍠咎	𝍣悔 𝍡祥	𝍣悔 𝍢悔	𝍣悔 𝍣吉	𝍣悔 𝍤平	𝍣悔 𝍥凶	𝍣悔 𝍦吝	𝍣悔 𝍧災	𝍣悔 𝍨休
𝍤平 𝍠咎	𝍤平 𝍡祥	𝍤平 𝍢悔	𝍤平 𝍣吉	𝍤平 𝍤平	𝍤平 𝍥凶	𝍤平 𝍦吝	𝍤平 𝍧災	𝍤平 𝍨休
𝍥吝 𝍠咎	𝍥吝 𝍡祥	𝍥吝 𝍢悔	𝍥吝 𝍣吉	𝍥吝 𝍤平	𝍥吝 𝍥凶	𝍥吝 𝍦吝	𝍥吝 𝍧災	𝍥吝 𝍨休
𝍦祥 𝍠咎	𝍦祥 𝍡祥	𝍦祥 𝍢悔	𝍦祥 𝍣吉	𝍦祥 𝍤平	𝍦祥 𝍥凶	𝍦祥 𝍦吝	𝍦祥 𝍧災	𝍦祥 𝍨休
𝍧咎 𝍠咎	𝍧咎 𝍡祥	𝍧咎 𝍢悔	𝍧咎 𝍣吉	𝍧咎 𝍤平	𝍧咎 𝍥凶	𝍧咎 𝍦吝	𝍧咎 𝍧災	𝍧咎 𝍨休
𝍨吉 𝍠咎	𝍨吉 𝍡祥	𝍨吉 𝍢悔	𝍨吉 𝍣元	𝍨吉 𝍤平	𝍨吉 𝍥凶	𝍨吉 𝍦吝	𝍨吉 𝍧災	𝍨吉 𝍨休

𝍤𝍠庶五之一，麥秋至。

庶，天開地闢，萬物蕃殖，君子所體，利衆不利寡，利公不利私。

𝍠吉𝍠平	𝍡咎𝍠平	𝍢祥𝍠平	𝍣吝𝍠平	𝍤平𝍠平	𝍥悔𝍠平	𝍦災𝍠平	𝍧休𝍠平	𝍨凶𝍠平
𝍠吉𝍡平	𝍡咎𝍡平	𝍢祥𝍡平	𝍣吝𝍡平	𝍤平𝍡平	𝍥悔𝍡平	𝍦災𝍡平	𝍧休𝍡平	𝍨凶𝍡平
𝍠吉𝍢平	𝍡咎𝍢平	𝍢祥𝍢平	𝍣吝𝍢平	𝍤平𝍢平	𝍥悔𝍢平	𝍦災𝍢平	𝍧休𝍢平	𝍨凶𝍢平
𝍠吉𝍣平	𝍡咎𝍣平	𝍢祥𝍣平	𝍣吝𝍣平	𝍤平𝍣平	𝍥悔𝍣平	𝍦災𝍣平	𝍧休𝍣平	𝍨凶𝍣平
𝍠吉𝍤元	𝍡咎𝍤吉	𝍢祥𝍤吉	𝍣吝𝍤吉	𝍤平𝍤吉	𝍥悔𝍤吉	𝍦災𝍤吉	𝍧休𝍤吉	𝍨凶𝍤吉
𝍠吉𝍥平	𝍡咎𝍥平	𝍢祥𝍥平	𝍣吝𝍥平	𝍤平𝍥平	𝍥悔𝍥平	𝍦災𝍥平	𝍧休𝍥平	𝍨凶𝍥平
𝍠吉𝍦平	𝍡咎𝍦平	𝍢祥𝍦平	𝍣吝𝍦平	𝍤平𝍦平	𝍥悔𝍦平	𝍦災𝍦平	𝍧休𝍦平	𝍨凶𝍦平
𝍠吉𝍧平	𝍡咎𝍧平	𝍢祥𝍧平	𝍣吝𝍧平	𝍤平𝍧平	𝍥悔𝍧平	𝍦災𝍧平	𝍧休𝍧平	𝍨凶𝍧平
𝍠吉𝍨平	𝍡咎𝍨平	𝍢祥𝍨平	𝍣吝𝍨平	𝍤平𝍨平	𝍥悔𝍨平	𝍦災𝍨平	𝍧休𝍨平	𝍨凶𝍨平

𝍤𝍡決五之二，芒種，螗螂生。

決，八元舉用，四凶竄殛，羣疑盡釋，無枉不直，利艱貞。

𝍠吝𝍠平	𝍡吉𝍠平	𝍢咎𝍠平	𝍣災𝍠平	𝍤平𝍠平	𝍥祥𝍠平	𝍦休𝍠平	𝍧凶𝍠平	𝍨悔𝍠平
𝍠吝𝍡平	𝍡吉𝍡平	𝍢咎𝍡平	𝍣災𝍡平	𝍤平𝍡平	𝍥祥𝍡平	𝍦休𝍡平	𝍧凶𝍡平	𝍨悔𝍡平
𝍠吝𝍢平	𝍡吉𝍢平	𝍢咎𝍢平	𝍣災𝍢平	𝍤平𝍢平	𝍥祥𝍢平	𝍦休𝍢平	𝍧凶𝍢平	𝍨悔𝍢平
𝍠吝𝍣平	𝍡吉𝍣平	𝍢咎𝍣平	𝍣災𝍣平	𝍤平𝍣平	𝍥祥𝍣平	𝍦休𝍣平	𝍧凶𝍣平	𝍨悔𝍣平
𝍠吝𝍤吉	𝍡吉𝍤元	𝍢咎𝍤吉	𝍣災𝍤吉	𝍤平𝍤吉	𝍥祥𝍤吉	𝍦休𝍤吉	𝍧凶𝍤吉	𝍨悔𝍤吉
𝍠吝𝍥平	𝍡吉𝍥平	𝍢咎𝍥平	𝍣災𝍥平	𝍤平𝍥平	𝍥祥𝍥平	𝍦休𝍥平	𝍧凶𝍥平	𝍨悔𝍥平
𝍠吝𝍦平	𝍡吉𝍦平	𝍢咎𝍦平	𝍣災𝍦平	𝍤平𝍦平	𝍥祥𝍦平	𝍦休𝍦平	𝍧凶𝍦平	𝍨悔𝍦平
𝍠吝𝍧平	𝍡吉𝍧平	𝍢咎𝍧平	𝍣災𝍧平	𝍤平𝍧平	𝍥祥𝍧平	𝍦休𝍧平	𝍧凶𝍧平	𝍨悔𝍧平
𝍠吝𝍨平	𝍡吉𝍨平	𝍢咎𝍨平	𝍣災𝍨平	𝍤平𝍨平	𝍥祥𝍨平	𝍦休𝍨平	𝍧凶𝍨平	𝍨悔𝍨平

𝍢
𝍤豫　五之三，鶡始鳴。

豫，飲食和樂，君子豫吉，小人豫凶。

𝍠災 𝍠平	𝍡吝 𝍠平	𝍢吉 𝍠平	𝍣休 𝍠平	𝍤平 𝍠平	𝍥咎 𝍠平	𝍦凶 𝍠平	𝍧悔 𝍠平	𝍨祥 𝍠平
𝍠災 𝍡平	𝍡吝 𝍡平	𝍢吉 𝍡平	𝍣休 𝍡平	𝍤平 𝍡平	𝍥咎 𝍡平	𝍦凶 𝍡平	𝍧悔 𝍡平	𝍨祥 𝍡平
𝍠災 𝍢平	𝍡吝 𝍢平	𝍢吉 𝍢平	𝍣休 𝍢平	𝍤平 𝍢平	𝍥咎 𝍢平	𝍦凶 𝍢平	𝍧悔 𝍢平	𝍨祥 𝍢平
𝍠災 𝍣平	𝍡吝 𝍣平	𝍢吉 𝍣平	𝍣休 𝍣平	𝍤平 𝍣平	𝍥咎 𝍣平	𝍦凶 𝍣平	𝍧悔 𝍣平	𝍨祥 𝍣平
𝍠災 𝍤吉	𝍡吝 𝍤吉	𝍢吉 𝍤元	𝍣休 𝍤吉	𝍤平 𝍤吉	𝍥咎 𝍤吉	𝍦凶 𝍤吉	𝍧悔 𝍤吉	𝍨祥 𝍤吉
𝍠災 𝍥平	𝍡吝 𝍥平	𝍢吉 𝍥平	𝍣休 𝍥平	𝍤平 𝍥平	𝍥咎 𝍥平	𝍦凶 𝍥平	𝍧悔 𝍥平	𝍨祥 𝍥平
𝍠災 𝍦平	𝍡吝 𝍦平	𝍢吉 𝍦平	𝍣休 𝍦平	𝍤平 𝍦平	𝍥咎 𝍦平	𝍦凶 𝍦平	𝍧悔 𝍦平	𝍨祥 𝍦平
𝍠災 𝍧平	𝍡吝 𝍧平	𝍢吉 𝍧平	𝍣休 𝍧平	𝍤平 𝍧平	𝍥咎 𝍧平	𝍦凶 𝍧平	𝍧悔 𝍧平	𝍨祥 𝍧平
𝍠災 𝍨平	𝍡吝 𝍨平	𝍢吉 𝍨平	𝍣休 𝍨平	𝍤平 𝍨平	𝍥咎 𝍨平	𝍦凶 𝍨平	𝍧悔 𝍨平	𝍨祥 𝍨平

𝍣
𝍤升　五之四，反舌無聲。

升，禮明樂行，萬化以成，利見大人，不言有喻，允升大吉。

𝍠咎 𝍠平	𝍡祥 𝍠平	𝍢悔 𝍠平	𝍣吉 𝍠平	𝍤平 𝍠平	𝍥凶 𝍠平	𝍦吝 𝍠平	𝍧災 𝍠平	𝍨休 𝍠平
𝍠咎 𝍡平	𝍡祥 𝍡平	𝍢悔 𝍡平	𝍣吉 𝍡平	𝍤平 𝍡平	𝍥凶 𝍡平	𝍦吝 𝍡平	𝍧災 𝍡平	𝍨休 𝍡平
𝍠咎 𝍢平	𝍡祥 𝍢平	𝍢悔 𝍢平	𝍣吉 𝍢平	𝍤平 𝍢平	𝍥凶 𝍢平	𝍦吝 𝍢平	𝍧災 𝍢平	𝍨休 𝍢平
𝍠咎 𝍣平	𝍡祥 𝍣平	𝍢悔 𝍣平	𝍣吉 𝍣平	𝍤平 𝍣平	𝍥凶 𝍣平	𝍦吝 𝍣平	𝍧災 𝍣平	𝍨休 𝍣平
𝍠咎 𝍤吉	𝍡祥 𝍤吉	𝍢悔 𝍤吉	𝍣吉 𝍤元	𝍤平 𝍤吉	𝍥凶 𝍤吉	𝍦吝 𝍤吉	𝍧災 𝍤吉	𝍨休 𝍤吉
𝍠咎 𝍥平	𝍡祥 𝍥平	𝍢悔 𝍥平	𝍣吉 𝍥平	𝍤平 𝍥平	𝍥凶 𝍥平	𝍦吝 𝍥平	𝍧災 𝍥平	𝍨休 𝍥平
𝍠咎 𝍦平	𝍡祥 𝍦平	𝍢悔 𝍦平	𝍣吉 𝍦平	𝍤平 𝍦平	𝍥凶 𝍦平	𝍦吝 𝍦平	𝍧災 𝍦平	𝍨休 𝍦平
𝍠咎 𝍧平	𝍡祥 𝍧平	𝍢悔 𝍧平	𝍣吉 𝍧平	𝍤平 𝍧平	𝍥凶 𝍧平	𝍦吝 𝍧平	𝍧災 𝍧平	𝍨休 𝍧平
𝍠咎 𝍨平	𝍡祥 𝍨平	𝍢悔 𝍨平	𝍣吉 𝍨平	𝍤平 𝍨平	𝍥凶 𝍨平	𝍦吝 𝍨平	𝍧災 𝍨平	𝍨休 𝍨平

𝍠
𝍤中五之五，夏至，鹿角解。

中，赫赫大明，耀彼四鄰，君子持盈，小人毀成。

𝍠吉 𝍠平	𝍡平 𝍠平	𝍢祥 𝍠平	𝍣平 𝍠平	𝍤吉 𝍠平	𝍥悔 𝍠平	𝍦平 𝍠平	𝍧休 𝍠平	𝍨平 𝍠平
𝍠平 𝍡平	𝍡吉 𝍡平	𝍢平 𝍡平	𝍣平 𝍡平	𝍤吉 𝍡平	𝍥祥 𝍡平	𝍦休 𝍡平	𝍧平 𝍡平	𝍨悔 𝍡平
𝍠平 𝍢平	𝍡平 𝍢平	𝍢吉 𝍢平	𝍣休 𝍢平	𝍤吉 𝍢平	𝍥平 𝍢平	𝍦平 𝍢平	𝍧悔 𝍢平	𝍨祥 𝍢平
𝍠平 𝍣平	𝍡祥 𝍣平	𝍢悔 𝍣平	𝍣吉 𝍣平	𝍤吉 𝍣平	𝍥平 𝍣平	𝍦平 𝍣平	𝍧平 𝍣平	𝍨平 𝍣休
𝍠平 𝍤吉	𝍡平 𝍤吉	𝍢平 𝍤吉	𝍣平 𝍤吉	𝍤吉 𝍤元	𝍥平 𝍤吉	𝍦平 𝍤吉	𝍧平 𝍤吉	𝍨平 𝍤吉
𝍠休 𝍥平	𝍡平 𝍥平	𝍢平 𝍥平	𝍣平 𝍥平	𝍤吉 𝍥平	𝍥吉 𝍥平	𝍦悔 𝍥平	𝍧祥 𝍥平	𝍨平 𝍥平
𝍠祥 𝍦平	𝍡悔 𝍦平	𝍢平 𝍦平	𝍣平 𝍦平	𝍤吉 𝍦平	𝍥休 𝍦平	𝍦吉 𝍦平	𝍧平 𝍦平	𝍨平 𝍦平
𝍠悔 𝍧平	𝍡平 𝍧平	𝍢休 𝍧平	𝍣祥 𝍧平	𝍤吉 𝍧平	𝍥平 𝍧平	𝍦平 𝍧平	𝍧吉 𝍧平	𝍨平 𝍧平
𝍠平 𝍨平	𝍡休 𝍨平	𝍢平 𝍨平	𝍣悔 𝍨平	𝍤吉 𝍨平	𝍥平 𝍨平	𝍦祥 𝍨平	𝍧平 𝍨平	𝍨吉 𝍨平

𝍥
𝍤伏五之六，蜩始鳴。

伏，不聞不睹，君子戒懼，勿用娶女，利潛師，不利有攸往。

𝍠休 𝍠平	𝍡災 𝍠平	𝍢吝 𝍠平	𝍣凶 𝍠平	𝍤平 𝍠平	𝍥吉 𝍠平	𝍦悔 𝍠平	𝍧祥 𝍠平	𝍨咎 𝍠平
𝍠休 𝍡平	𝍡災 𝍡平	𝍢吝 𝍡平	𝍣凶 𝍡平	𝍤平 𝍡平	𝍥吉 𝍡平	𝍦悔 𝍡平	𝍧祥 𝍡平	𝍨咎 𝍡平
𝍠休 𝍢平	𝍡災 𝍢平	𝍢吝 𝍢平	𝍣凶 𝍢平	𝍤平 𝍢平	𝍥吉 𝍢平	𝍦悔 𝍢平	𝍧祥 𝍢平	𝍨咎 𝍢平
𝍠休 𝍣平	𝍡災 𝍣平	𝍢吝 𝍣平	𝍣凶 𝍣平	𝍤平 𝍣平	𝍥吉 𝍣平	𝍦悔 𝍣平	𝍧祥 𝍣平	𝍨咎 𝍣平
𝍠休 𝍤吉	𝍡災 𝍤吉	𝍢吝 𝍤吉	𝍣凶 𝍤吉	𝍤平 𝍤吉	𝍥吉 𝍤元	𝍦悔 𝍤吉	𝍧祥 𝍤吉	𝍨咎 𝍤吉
𝍠休 𝍥平	𝍡災 𝍥平	𝍢吝 𝍥平	𝍣凶 𝍥平	𝍤平 𝍥平	𝍥吉 𝍥平	𝍦悔 𝍥平	𝍧祥 𝍥平	𝍨咎 𝍥平
𝍠休 𝍦平	𝍡災 𝍦平	𝍢吝 𝍦平	𝍣凶 𝍦平	𝍤平 𝍦平	𝍥吉 𝍦平	𝍦悔 𝍦平	𝍧祥 𝍦平	𝍨咎 𝍦平
𝍠休 𝍧平	𝍡災 𝍧平	𝍢吝 𝍧平	𝍣凶 𝍧平	𝍤平 𝍧平	𝍥吉 𝍧平	𝍦悔 𝍧平	𝍧祥 𝍧平	𝍨咎 𝍧平
𝍠休 𝍨平	𝍡災 𝍨平	𝍢吝 𝍨平	𝍣凶 𝍨平	𝍤平 𝍨平	𝍥吉 𝍨平	𝍦悔 𝍨平	𝍧祥 𝍨平	𝍨咎 𝍨平

𝍦𝍤過五之七，半夏生。

過，罔淫于樂，君子戒懼，君子過厚，小人過薄，利涉大川。

𝍠祥 𝍠平	𝍠祥 𝍡平	𝍠祥 𝍢平	𝍠祥 𝍣平	𝍠祥 𝍤吉	𝍠祥 𝍥平	𝍠祥 𝍦平	𝍠祥 𝍧平	𝍠祥 𝍨平
𝍡悔 𝍠平	𝍡悔 𝍡平	𝍡悔 𝍢平	𝍡悔 𝍣平	𝍡悔 𝍤吉	𝍡悔 𝍥平	𝍡悔 𝍦平	𝍡悔 𝍧平	𝍡悔 𝍨平
𝍢凶 𝍠平	𝍢凶 𝍡平	𝍢凶 𝍢平	𝍢凶 𝍣平	𝍢凶 𝍤吉	𝍢凶 𝍥平	𝍢凶 𝍦平	𝍢凶 𝍧平	𝍢凶 𝍨平
𝍣咎 𝍠平	𝍣咎 𝍡平	𝍣咎 𝍢平	𝍣咎 𝍣平	𝍣咎 𝍤吉	𝍣咎 𝍥平	𝍣咎 𝍦平	𝍣咎 𝍧平	𝍣咎 𝍨平
𝍤平 𝍠平	𝍤平 𝍡平	𝍤平 𝍢平	𝍤平 𝍣平	𝍤平 𝍤吉	𝍤平 𝍥平	𝍤平 𝍦平	𝍤平 𝍧平	𝍤平 𝍨平
𝍥休 𝍠平	𝍥休 𝍡平	𝍥休 𝍢平	𝍥休 𝍣平	𝍥休 𝍤吉	𝍥休 𝍥平	𝍥休 𝍦平	𝍥休 𝍧平	𝍥休 𝍨平
𝍦吉 𝍠平	𝍦吉 𝍡平	𝍦吉 𝍢平	𝍦吉 𝍣平	𝍦吉 𝍤元	𝍦吉 𝍥平	𝍦吉 𝍦平	𝍦吉 𝍧平	𝍦吉 𝍨平
𝍧吝 𝍠平	𝍧吝 𝍡平	𝍧吝 𝍢平	𝍧吝 𝍣平	𝍧吝 𝍤吉	𝍧吝 𝍥平	𝍧吝 𝍦平	𝍧吝 𝍧平	𝍧吝 𝍨平
𝍨災 𝍠平	𝍨災 𝍡平	𝍨災 𝍢平	𝍨災 𝍣平	𝍨災 𝍤吉	𝍨災 𝍥平	𝍨災 𝍦平	𝍨災 𝍧平	𝍨災 𝍨平

𝍧𝍤疑五之八，小暑，温風至。

疑，有問有貳，君子用明，小人用罔，勿用決獄，凶。

𝍠悔 𝍠平	𝍠悔 𝍡平	𝍠悔 𝍢平	𝍠悔 𝍣平	𝍠悔 𝍤吉	𝍠悔 𝍥平	𝍠悔 𝍦平	𝍠悔 𝍧平	𝍠悔 𝍨平
𝍡凶 𝍠平	𝍡凶 𝍡平	𝍡凶 𝍢平	𝍡凶 𝍣平	𝍡凶 𝍤吉	𝍡凶 𝍥平	𝍡凶 𝍦平	𝍡凶 𝍧平	𝍡凶 𝍨平
𝍢休 𝍠平	𝍢休 𝍡平	𝍢休 𝍢平	𝍢休 𝍣平	𝍢休 𝍤吉	𝍢休 𝍥平	𝍢休 𝍦平	𝍢休 𝍧平	𝍢休 𝍨平
𝍣祥 𝍠平	𝍣祥 𝍡平	𝍣祥 𝍢平	𝍣祥 𝍣平	𝍣祥 𝍤吉	𝍣祥 𝍥平	𝍣祥 𝍦平	𝍣祥 𝍧平	𝍣祥 𝍨平
𝍤平 𝍠平	𝍤平 𝍡平	𝍤平 𝍢平	𝍤平 𝍣平	𝍤平 𝍤吉	𝍤平 𝍥平	𝍤平 𝍦平	𝍤平 𝍧平	𝍤平 𝍨平
𝍥災 𝍠平	𝍥災 𝍡平	𝍥災 𝍢平	𝍥災 𝍣平	𝍥災 𝍤吉	𝍥災 𝍥平	𝍥災 𝍦平	𝍥災 𝍧平	𝍥災 𝍨平
𝍦咎 𝍠平	𝍦咎 𝍡平	𝍦咎 𝍢平	𝍦咎 𝍣平	𝍦咎 𝍤吉	𝍦咎 𝍥平	𝍦咎 𝍦平	𝍦咎 𝍧平	𝍦咎 𝍨平
𝍧吉 𝍠平	𝍧吉 𝍡平	𝍧吉 𝍢平	𝍧吉 𝍣平	𝍧吉 𝍤元	𝍧吉 𝍥平	𝍧吉 𝍦平	𝍧吉 𝍧平	𝍧吉 𝍨平
𝍨吝 𝍠平	𝍨吝 𝍡平	𝍨吝 𝍢平	𝍨吝 𝍣平	𝍨吝 𝍤吉	𝍨吝 𝍥平	𝍨吝 𝍦平	𝍨吝 𝍧平	𝍨吝 𝍨平

𝍧𝍣寡　五之九。

寡，宜上不宜下，宜少不宜衆，君子寡過，不利婚媾。

𝍠凶 𝍠平	𝍡休 𝍠平	𝍢災 𝍠平	𝍣悔 𝍠平	𝍤平 𝍠平	𝍥吝 𝍠平	𝍦祥 𝍠平	𝍧咎 𝍠平	𝍨吉 𝍠平
𝍠凶 𝍡平	𝍡休 𝍡平	𝍢災 𝍡平	𝍣悔 𝍡平	𝍤平 𝍡平	𝍥吝 𝍡平	𝍦祥 𝍡平	𝍧咎 𝍡平	𝍨吉 𝍡平
𝍠凶 𝍢平	𝍡休 𝍢平	𝍢災 𝍢平	𝍣悔 𝍢平	𝍤平 𝍢平	𝍥吝 𝍢平	𝍦祥 𝍢平	𝍧咎 𝍢平	𝍨吉 𝍢平
𝍠凶 𝍣平	𝍡休 𝍣平	𝍢災 𝍣平	𝍣悔 𝍣平	𝍤平 𝍣平	𝍥吝 𝍣平	𝍦祥 𝍣平	𝍧咎 𝍣平	𝍨吉 𝍣平
𝍠凶 𝍤吉	𝍡休 𝍤吉	𝍢災 𝍤吉	𝍣悔 𝍤吉	𝍤平 𝍤吉	𝍥吝 𝍤吉	𝍦祥 𝍤吉	𝍧咎 𝍤吉	𝍨吉 𝍤元
𝍠凶 𝍥平	𝍡休 𝍥平	𝍢災 𝍥平	𝍣悔 𝍥平	𝍤平 𝍥平	𝍥吝 𝍥平	𝍦祥 𝍥平	𝍧咎 𝍥平	𝍨吉 𝍥平
𝍠凶 𝍦平	𝍡休 𝍦平	𝍢災 𝍦平	𝍣悔 𝍦平	𝍤平 𝍦平	𝍥吝 𝍦平	𝍦祥 𝍦平	𝍧咎 𝍦平	𝍨吉 𝍦平
𝍠凶 𝍧平	𝍡休 𝍧平	𝍢災 𝍧平	𝍣悔 𝍧平	𝍤平 𝍧平	𝍥吝 𝍧平	𝍦祥 𝍧平	𝍧咎 𝍧平	𝍨吉 𝍧平
𝍠凶 𝍨平	𝍡休 𝍨平	𝍢災 𝍨平	𝍣悔 𝍨平	𝍤平 𝍨平	𝍥吝 𝍨平	𝍦祥 𝍨平	𝍧咎 𝍨平	𝍨吉 𝍨平

𝍠𝍥飾　六之一，蟋蟀居壁。

飾，華文郁郁，貌恭作肅，君子愼獨。

𝍠吉 𝍠休	𝍡咎 𝍠休	𝍢祥 𝍠休	𝍣吝 𝍠休	𝍤平 𝍠休	𝍥悔 𝍠休	𝍦災 𝍠休	𝍧休 𝍠休	𝍨凶 𝍠休
𝍠吉 𝍡災	𝍡咎 𝍡災	𝍢祥 𝍡災	𝍣吝 𝍡災	𝍤平 𝍡災	𝍥悔 𝍡災	𝍦災 𝍡災	𝍧休 𝍡災	𝍨凶 𝍡災
𝍠吉 𝍢吝	𝍡咎 𝍢吝	𝍢祥 𝍢吝	𝍣吝 𝍢吝	𝍤平 𝍢吝	𝍥悔 𝍢吝	𝍦災 𝍢吝	𝍧休 𝍢吝	𝍨凶 𝍢吝
𝍠吉 𝍣凶	𝍡咎 𝍣凶	𝍢祥 𝍣凶	𝍣吝 𝍣凶	𝍤平 𝍣凶	𝍥悔 𝍣凶	𝍦災 𝍣凶	𝍧休 𝍣凶	𝍨凶 𝍣大
𝍠吉 𝍤平	𝍡咎 𝍤平	𝍢祥 𝍤平	𝍣吝 𝍤平	𝍤平 𝍤平	𝍥悔 𝍤平	𝍦災 𝍤平	𝍧休 𝍤平	𝍨凶 𝍤平
𝍠吉 𝍥元	𝍡咎 𝍥吉	𝍢祥 𝍥吉	𝍣吝 𝍥吉	𝍤平 𝍥吉	𝍥悔 𝍥吉	𝍦災 𝍥吉	𝍧休 𝍥吉	𝍨凶 𝍥吉
𝍠吉 𝍦悔	𝍡咎 𝍦悔	𝍢祥 𝍦悔	𝍣吝 𝍦悔	𝍤平 𝍦悔	𝍥悔 𝍦悔	𝍦災 𝍦悔	𝍧休 𝍦悔	𝍨凶 𝍦悔
𝍠吉 𝍧祥	𝍡咎 𝍧祥	𝍢祥 𝍧祥	𝍣吝 𝍧祥	𝍤平 𝍧祥	𝍥悔 𝍧祥	𝍦災 𝍧祥	𝍧休 𝍧祥	𝍨凶 𝍧祥
𝍠吉 𝍨咎	𝍡咎 𝍨咎	𝍢祥 𝍨咎	𝍣吝 𝍨咎	𝍤平 𝍨咎	𝍥悔 𝍨咎	𝍦災 𝍨咎	𝍧休 𝍨咎	𝍨凶 𝍨咎

𝍥𝍡戾六之二鷹乃學習。

戾，厲吉，曲能有誠，君子克明。

<table>
<tr><td>𝍠吝𝍠休</td><td>𝍡吉𝍠休</td><td>𝍢咎𝍠休</td><td>𝍣災𝍠休</td><td>𝍤平𝍠休</td><td>𝍥祥𝍠休</td><td>𝍦休𝍠休</td><td>𝍧凶𝍠休</td><td>𝍨悔𝍠休</td></tr>
<tr><td>𝍠吝𝍡災</td><td>𝍡吉𝍡災</td><td>𝍢咎𝍡災</td><td>𝍣災𝍡災</td><td>𝍤平𝍡災</td><td>𝍥祥𝍡災</td><td>𝍦休𝍡災</td><td>𝍧凶𝍡災</td><td>𝍨悔𝍡災</td></tr>
<tr><td>𝍠吝𝍢吝</td><td>𝍡吉𝍢吝</td><td>𝍢咎𝍢吝</td><td>𝍣災𝍢吝</td><td>𝍤平𝍢吝</td><td>𝍥祥𝍢吝</td><td>𝍦休𝍢吝</td><td>𝍧凶𝍢吝</td><td>𝍨悔𝍢吝</td></tr>
<tr><td>𝍠吝𝍣凶</td><td>𝍡吉𝍣凶</td><td>𝍢咎𝍣凶</td><td>𝍣災𝍣凶</td><td>𝍤平𝍣凶</td><td>𝍥祥𝍣凶</td><td>𝍦休𝍣凶</td><td>𝍧凶𝍣大</td><td>𝍨悔𝍣凶</td></tr>
<tr><td>𝍠吝𝍤平</td><td>𝍡吉𝍤平</td><td>𝍢咎𝍤平</td><td>𝍣災𝍤平</td><td>𝍤平𝍤平</td><td>𝍥祥𝍤平</td><td>𝍦休𝍤平</td><td>𝍧凶𝍤平</td><td>𝍨悔𝍤平</td></tr>
<tr><td>𝍠吝𝍥吉</td><td>𝍡吉𝍥元</td><td>𝍢咎𝍥吉</td><td>𝍣災𝍥吉</td><td>𝍤平𝍥吉</td><td>𝍥祥𝍥吉</td><td>𝍦休𝍥吉</td><td>𝍧凶𝍥吉</td><td>𝍨悔𝍥吉</td></tr>
<tr><td>𝍠吝𝍦悔</td><td>𝍡吉𝍦悔</td><td>𝍢咎𝍦悔</td><td>𝍣災𝍦悔</td><td>𝍤平𝍦悔</td><td>𝍥祥𝍦悔</td><td>𝍦休𝍦悔</td><td>𝍧凶𝍦悔</td><td>𝍨悔𝍦悔</td></tr>
<tr><td>𝍠吝𝍧祥</td><td>𝍡吉𝍧祥</td><td>𝍢咎𝍧祥</td><td>𝍣災𝍧祥</td><td>𝍤平𝍧祥</td><td>𝍥祥𝍧祥</td><td>𝍦休𝍧祥</td><td>𝍧凶𝍧祥</td><td>𝍨悔𝍧祥</td></tr>
<tr><td>𝍠吝𝍨咎</td><td>𝍡吉𝍨咎</td><td>𝍢咎𝍨咎</td><td>𝍣災𝍨咎</td><td>𝍤平𝍨咎</td><td>𝍥祥𝍨咎</td><td>𝍦休𝍨咎</td><td>𝍧凶𝍨咎</td><td>𝍨悔𝍨咎</td></tr>
</table>

𝍥𝍢虛六之三，大暑，腐草爲螢。

虛，理明而通，應物不窮，徇欲惟凶，不利爭訟。

<table>
<tr><td>𝍠災𝍠休</td><td>𝍡吝𝍠休</td><td>𝍢吉𝍠休</td><td>𝍣休𝍠休</td><td>𝍤平𝍠休</td><td>𝍥咎𝍠休</td><td>𝍦凶𝍠休</td><td>𝍧悔𝍠休</td><td>𝍨祥𝍠休</td></tr>
<tr><td>𝍠災𝍡災</td><td>𝍡吝𝍡災</td><td>𝍢吉𝍡災</td><td>𝍣休𝍡災</td><td>𝍤平𝍡災</td><td>𝍥咎𝍡災</td><td>𝍦凶𝍡災</td><td>𝍧悔𝍡災</td><td>𝍨祥𝍡災</td></tr>
<tr><td>𝍠災𝍢吝</td><td>𝍡吝𝍢吝</td><td>𝍢吉𝍢吝</td><td>𝍣休𝍢吝</td><td>𝍤平𝍢吝</td><td>𝍥咎𝍢吝</td><td>𝍦凶𝍢吝</td><td>𝍧悔𝍢吝</td><td>𝍨祥𝍢吝</td></tr>
<tr><td>𝍠災𝍣凶</td><td>𝍡吝𝍣凶</td><td>𝍢吉𝍣凶</td><td>𝍣休𝍣凶</td><td>𝍤平𝍣凶</td><td>𝍥咎𝍣凶</td><td>𝍦凶𝍣大</td><td>𝍧悔𝍣凶</td><td>𝍨祥𝍣凶</td></tr>
<tr><td>𝍠災𝍤平</td><td>𝍡吝𝍤平</td><td>𝍢吉𝍤平</td><td>𝍣休𝍤平</td><td>𝍤平𝍤平</td><td>𝍥咎𝍤平</td><td>𝍦凶𝍤平</td><td>𝍧悔𝍤平</td><td>𝍨祥𝍤平</td></tr>
<tr><td>𝍠災𝍥吉</td><td>𝍡吝𝍥吉</td><td>𝍢吉𝍥元</td><td>𝍣休𝍥吉</td><td>𝍤平𝍥吉</td><td>𝍥咎𝍥吉</td><td>𝍦凶𝍥吉</td><td>𝍧悔𝍥吉</td><td>𝍨祥𝍥吉</td></tr>
<tr><td>𝍠災𝍦悔</td><td>𝍡吝𝍦悔</td><td>𝍢吉𝍦悔</td><td>𝍣休𝍦悔</td><td>𝍤平𝍦悔</td><td>𝍥咎𝍦悔</td><td>𝍦凶𝍦悔</td><td>𝍧悔𝍦悔</td><td>𝍨祥𝍦悔</td></tr>
<tr><td>𝍠災𝍧祥</td><td>𝍡吝𝍧祥</td><td>𝍢吉𝍧祥</td><td>𝍣休𝍧祥</td><td>𝍤平𝍧祥</td><td>𝍥咎𝍧祥</td><td>𝍦凶𝍧祥</td><td>𝍧悔𝍧祥</td><td>𝍨祥𝍧祥</td></tr>
<tr><td>𝍠災𝍨咎</td><td>𝍡吝𝍨咎</td><td>𝍢吉𝍨咎</td><td>𝍣休𝍨咎</td><td>𝍤平𝍨咎</td><td>𝍥咎𝍨咎</td><td>𝍦凶𝍨咎</td><td>𝍧悔𝍨咎</td><td>𝍨祥𝍨咎</td></tr>
</table>

𝍣𝍥昧六之四，土潤溽暑。

昧，幽人貞吉，闇而章，悔而明，不利折獄。

𝍠咎𝍠休	𝍠咎𝍡災	𝍠咎𝍢吝	𝍠咎𝍣凶	𝍠咎𝍤平	𝍠咎𝍥吉	𝍠咎𝍦悔	𝍠咎𝍧祥	𝍠咎𝍨咎
𝍡祥𝍠休	𝍡祥𝍡災	𝍡祥𝍢吝	𝍡祥𝍣凶	𝍡祥𝍤平	𝍡祥𝍥吉	𝍡祥𝍦悔	𝍡祥𝍧祥	𝍡祥𝍨咎
𝍢悔𝍠休	𝍢悔𝍡災	𝍢悔𝍢吝	𝍢悔𝍣凶	𝍢悔𝍤平	𝍢悔𝍥吉	𝍢悔𝍦悔	𝍢悔𝍧祥	𝍢悔𝍨咎
𝍣吉𝍠休	𝍣吉𝍡災	𝍣吉𝍢吝	𝍣吉𝍣凶	𝍣吉𝍤平	𝍣吉𝍥元	𝍣吉𝍦悔	𝍣吉𝍧祥	𝍣吉𝍨咎
𝍤平𝍠休	𝍤平𝍡災	𝍤平𝍢吝	𝍤平𝍣凶	𝍤平𝍤平	𝍤平𝍥吉	𝍤平𝍦悔	𝍤平𝍧祥	𝍤平𝍨咎
𝍥凶𝍠休	𝍥凶𝍡災	𝍥凶𝍢吝	𝍥凶𝍣大	𝍥凶𝍤平	𝍥凶𝍥吉	𝍥凶𝍦悔	𝍥凶𝍧祥	𝍥凶𝍨咎
𝍦吝𝍠休	𝍦吝𝍡災	𝍦吝𝍢吝	𝍦吝𝍣凶	𝍦吝𝍤平	𝍦吝𝍥吉	𝍦吝𝍦悔	𝍦吝𝍧祥	𝍦吝𝍨咎
𝍧災𝍠休	𝍧災𝍡災	𝍧災𝍢吝	𝍧災𝍣凶	𝍧災𝍤平	𝍧災𝍥吉	𝍧災𝍦悔	𝍧災𝍧祥	𝍧災𝍨咎
𝍨休𝍠休	𝍨休𝍡災	𝍨休𝍢吝	𝍨休𝍣凶	𝍨休𝍤平	𝍨休𝍥吉	𝍨休𝍦悔	𝍨休𝍧祥	𝍨休𝍨咎

𝍤𝍥損六之五，大雨時行。

損，君子之過日以削，小人之性日以斲，遇雨吉，藥餌有喜。

𝍠平𝍠休	𝍠平𝍡災	𝍠平𝍢吝	𝍠平𝍣凶	𝍠平𝍤平	𝍠平𝍥吉	𝍠平𝍦悔	𝍠平𝍧祥	𝍠平𝍨咎
𝍡平𝍠休	𝍡平𝍡災	𝍡平𝍢吝	𝍡平𝍣凶	𝍡平𝍤平	𝍡平𝍥吉	𝍡平𝍦悔	𝍡平𝍧祥	𝍡平𝍨咎
𝍢平𝍠休	𝍢平𝍡災	𝍢平𝍢吝	𝍢平𝍣凶	𝍢平𝍤平	𝍢平𝍥吉	𝍢平𝍦悔	𝍢平𝍧祥	𝍢平𝍨咎
𝍣平𝍠休	𝍣平𝍡災	𝍣平𝍢吝	𝍣平𝍣凶	𝍣平𝍤平	𝍣平𝍥吉	𝍣平𝍦悔	𝍣平𝍧祥	𝍣平𝍨咎
𝍤吉𝍠休	𝍤吉𝍡災	𝍤吉𝍢吝	𝍤吉𝍣大	𝍤吉𝍤平	𝍤吉𝍥元	𝍤吉𝍦悔	𝍤吉𝍧祥	𝍤吉𝍨咎
𝍥平𝍠休	𝍥平𝍡災	𝍥平𝍢吝	𝍥平𝍣凶	𝍥平𝍤平	𝍥平𝍥吉	𝍥平𝍦悔	𝍥平𝍧祥	𝍥平𝍨咎
𝍦平𝍠休	𝍦平𝍡災	𝍦平𝍢吝	𝍦平𝍣凶	𝍦平𝍤平	𝍦平𝍥吉	𝍦平𝍦悔	𝍦平𝍧祥	𝍦平𝍨咎
𝍧平𝍠休	𝍧平𝍡災	𝍧平𝍢吝	𝍧平𝍣凶	𝍧平𝍤平	𝍧平𝍥吉	𝍧平𝍦悔	𝍧平𝍧祥	𝍧平𝍨咎
𝍨平𝍠休	𝍨平𝍡災	𝍨平𝍢吝	𝍨平𝍣凶	𝍨平𝍤平	𝍨平𝍥吉	𝍨平𝍦悔	𝍨平𝍧祥	𝍨平𝍨咎

𝍥𝍥用 六之六，立秋，涼風至。

用，利貞，有攸往吉，君子喻義，小人喻利，征伐有功，利決獄。

𝍠休𝍠休	𝍡災𝍠休	𝍢吝𝍠休	𝍣凶𝍠休	𝍤平𝍠休	𝍥吉𝍠休	𝍦悔𝍠休	𝍧祥𝍠休	𝍨咎𝍠休
𝍠休𝍡災	𝍡災𝍡災	𝍢吝𝍡災	𝍣凶𝍡災	𝍤平𝍡災	𝍥吉𝍡災	𝍦悔𝍡災	𝍧祥𝍡災	𝍨咎𝍡災
𝍠休𝍢吝	𝍡災𝍢吝	𝍢吝𝍢吝	𝍣凶𝍢吝	𝍤平𝍢吝	𝍥吉𝍢吝	𝍦悔𝍢吝	𝍧祥𝍢吝	𝍨咎𝍢吝
𝍠休𝍣凶	𝍡災𝍣凶	𝍢吝𝍣凶	𝍣凶𝍣大	𝍤平𝍣凶	𝍥吉𝍣凶	𝍦悔𝍣凶	𝍧祥𝍣凶	𝍨咎𝍣凶
𝍠休𝍤平	𝍡災𝍤平	𝍢吝𝍤平	𝍣凶𝍤平	𝍤平𝍤平	𝍥吉𝍤平	𝍦悔𝍤平	𝍧祥𝍤平	𝍨咎𝍤平
𝍠休𝍥吉	𝍡災𝍥吉	𝍢吝𝍥吉	𝍣凶𝍥吉	𝍤平𝍥吉	𝍥吉𝍥元	𝍦悔𝍥吉	𝍧祥𝍥吉	𝍨咎𝍥吉
𝍠休𝍦悔	𝍡災𝍦悔	𝍢吝𝍦悔	𝍣凶𝍦悔	𝍤平𝍦悔	𝍥吉𝍦悔	𝍦悔𝍦悔	𝍧祥𝍦悔	𝍨咎𝍦悔
𝍠休𝍧祥	𝍡災𝍧祥	𝍢吝𝍧祥	𝍣凶𝍧祥	𝍤平𝍧祥	𝍥吉𝍧祥	𝍦悔𝍧祥	𝍧祥𝍧祥	𝍨咎𝍧祥
𝍠休𝍨咎	𝍡災𝍨咎	𝍢吝𝍨咎	𝍣凶𝍨咎	𝍤平𝍨咎	𝍥吉𝍨咎	𝍦悔𝍨咎	𝍧祥𝍨咎	𝍨咎𝍨咎

𝍦𝍥卻 六之七，白露降。

卻，利行遯，反身以誠，不利有攸往，降責勿恤。

𝍠祥𝍠休	𝍡悔𝍠休	𝍢凶𝍠休	𝍣咎𝍠休	𝍤平𝍠休	𝍥休𝍠休	𝍦吉𝍠休	𝍧吝𝍠休	𝍨災𝍠休
𝍠祥𝍡災	𝍡悔𝍡災	𝍢凶𝍡災	𝍣咎𝍡災	𝍤平𝍡災	𝍥休𝍡災	𝍦吉𝍡災	𝍧吝𝍡災	𝍨災𝍡災
𝍠祥𝍢吝	𝍡悔𝍢吝	𝍢凶𝍢吝	𝍣咎𝍢吝	𝍤平𝍢吝	𝍥休𝍢吝	𝍦吉𝍢吝	𝍧吝𝍢吝	𝍨災𝍢吝
𝍠祥𝍣凶	𝍡悔𝍣凶	𝍢凶𝍣大	𝍣咎𝍣凶	𝍤平𝍣凶	𝍥休𝍣凶	𝍦吉𝍣凶	𝍧吝𝍣凶	𝍨災𝍣凶
𝍠祥𝍤平	𝍡悔𝍤平	𝍢凶𝍤平	𝍣咎𝍤平	𝍤平𝍤平	𝍥休𝍤平	𝍦吉𝍤平	𝍧吝𝍤平	𝍨災𝍤平
𝍠祥𝍥吉	𝍡悔𝍥吉	𝍢凶𝍥吉	𝍣咎𝍥吉	𝍤平𝍥吉	𝍥休𝍥吉	𝍦吉𝍥元	𝍧吝𝍥吉	𝍨災𝍥吉
𝍠祥𝍦悔	𝍡悔𝍦悔	𝍢凶𝍦悔	𝍣咎𝍦悔	𝍤平𝍦悔	𝍥休𝍦悔	𝍦吉𝍦悔	𝍧吝𝍦悔	𝍨災𝍦悔
𝍠祥𝍧祥	𝍡悔𝍧祥	𝍢凶𝍧祥	𝍣咎𝍧祥	𝍤平𝍧祥	𝍥休𝍧祥	𝍦吉𝍧祥	𝍧吝𝍧祥	𝍨災𝍧祥
𝍠祥𝍨咎	𝍡悔𝍨咎	𝍢凶𝍨咎	𝍣咎𝍨咎	𝍤平𝍨咎	𝍥休𝍨咎	𝍦吉𝍨咎	𝍧吝𝍨咎	𝍨災𝍨咎

𝍧𝍥翕六之八，寒蟬鳴。

翕，利徵師，會同吉，財聚民散，財散民聚。

𝍠𝍠 休悔	𝍡𝍠 災悔	𝍢𝍠 吝悔	𝍣𝍠 凶悔	𝍤𝍠 平悔	𝍥𝍠 吉悔	𝍦𝍠 悔悔	𝍧𝍠 祥悔	𝍨𝍠 咎悔
𝍠𝍡 休凶	𝍡𝍡 災凶	𝍢𝍡 吝凶	𝍣𝍡 大凶	𝍤𝍡 平凶	𝍥𝍡 吉凶	𝍦𝍡 悔凶	𝍧𝍡 祥凶	𝍨𝍡 咎凶
𝍠𝍢 休休	𝍡𝍢 災休	𝍢𝍢 吝休	𝍣𝍢 凶休	𝍤𝍢 平休	𝍥𝍢 吉休	𝍦𝍢 悔休	𝍧𝍢 祥休	𝍨𝍢 咎休
𝍠𝍣 休祥	𝍡𝍣 災祥	𝍢𝍣 吝祥	𝍣𝍣 凶祥	𝍤𝍣 平祥	𝍥𝍣 吉祥	𝍦𝍣 悔祥	𝍧𝍣 祥祥	𝍨𝍣 咎祥
𝍠𝍤 休平	𝍡𝍤 災平	𝍢𝍤 吝平	𝍣𝍤 凶平	𝍤𝍤 平平	𝍥𝍤 吉平	𝍦𝍤 悔平	𝍧𝍤 祥平	𝍨𝍤 咎平
𝍠𝍥 休災	𝍡𝍥 災災	𝍢𝍥 吝災	𝍣𝍥 凶災	𝍤𝍥 平災	𝍥𝍥 吉災	𝍦𝍥 悔災	𝍧𝍥 祥災	𝍨𝍥 咎災
𝍠𝍦 休咎	𝍡𝍦 災咎	𝍢𝍦 吝咎	𝍣𝍦 凶咎	𝍤𝍦 平咎	𝍥𝍦 吉咎	𝍦𝍦 悔咎	𝍧𝍦 祥咎	𝍨𝍦 咎咎
𝍠𝍧 休吉	𝍡𝍧 災吉	𝍢𝍧 吝吉	𝍣𝍧 凶吉	𝍤𝍧 平吉	𝍥𝍧 元吉	𝍦𝍧 悔吉	𝍧𝍧 祥吉	𝍨𝍧 咎吉
𝍠𝍨 休吝	𝍡𝍨 災吝	𝍢𝍨 吝吝	𝍣𝍨 凶吝	𝍤𝍨 平吝	𝍥𝍨 吉吝	𝍦𝍨 悔吝	𝍧𝍨 祥吝	𝍨𝍨 咎吝

𝍨𝍥遠六之九。

遠，利有攸往，不于其身，于其子孫，不于其家，于其國人。

𝍠𝍠 休凶	𝍡𝍠 災凶	𝍢𝍠 吝凶	𝍣𝍠 大凶	𝍤𝍠 平凶	𝍥𝍠 吉凶	𝍦𝍠 悔凶	𝍧𝍠 祥凶	𝍨𝍠 咎凶
𝍠𝍡 休休	𝍡𝍡 災休	𝍢𝍡 吝休	𝍣𝍡 凶休	𝍤𝍡 平休	𝍥𝍡 吉休	𝍦𝍡 悔休	𝍧𝍡 祥休	𝍨𝍡 咎休
𝍠𝍢 休災	𝍡𝍢 災災	𝍢𝍢 吝災	𝍣𝍢 凶災	𝍤𝍢 平災	𝍥𝍢 吉災	𝍦𝍢 悔災	𝍧𝍢 祥災	𝍨𝍢 咎災
𝍠𝍣 休悔	𝍡𝍣 災悔	𝍢𝍣 吝悔	𝍣𝍣 凶悔	𝍤𝍣 平悔	𝍥𝍣 吉悔	𝍦𝍣 悔悔	𝍧𝍣 祥悔	𝍨𝍣 咎悔
𝍠𝍤 休平	𝍡𝍤 災平	𝍢𝍤 吝平	𝍣𝍤 凶平	𝍤𝍤 平平	𝍥𝍤 吉平	𝍦𝍤 悔平	𝍧𝍤 祥平	𝍨𝍤 咎平
𝍠𝍥 休吝	𝍡𝍥 災吝	𝍢𝍥 吝吝	𝍣𝍥 凶吝	𝍤𝍥 平吝	𝍥𝍥 吉吝	𝍦𝍥 悔吝	𝍧𝍥 祥吝	𝍨𝍥 咎吝
𝍠𝍦 休祥	𝍡𝍦 災祥	𝍢𝍦 吝祥	𝍣𝍦 凶祥	𝍤𝍦 平祥	𝍥𝍦 吉祥	𝍦𝍦 悔祥	𝍧𝍦 祥祥	𝍨𝍦 咎祥
𝍠𝍧 休咎	𝍡𝍧 災咎	𝍢𝍧 吝咎	𝍣𝍧 凶咎	𝍤𝍧 平咎	𝍥𝍧 吉咎	𝍦𝍧 悔咎	𝍧𝍧 祥咎	𝍨𝍧 咎咎
𝍠𝍨 休吉	𝍡𝍨 災吉	𝍢𝍨 吝吉	𝍣𝍨 凶吉	𝍤𝍨 平吉	𝍥𝍨 元吉	𝍦𝍨 悔吉	𝍧𝍨 祥吉	𝍨𝍨 咎吉

𝍦𝍠迅七之一，處暑，鷹乃祭鳥。

迅，吉，雷風之欻，震撓萬物，君子威德，神化不測。

𝍠吉 𝍠祥	𝍡咎 𝍠祥	𝍢祥 𝍠祥	𝍣吝 𝍠祥	𝍤平 𝍠祥	𝍥悔 𝍠祥	𝍦災 𝍠祥	𝍧休 𝍠祥	𝍨凶 𝍠祥
𝍠吉 𝍡悔	𝍡咎 𝍡悔	𝍢祥 𝍡悔	𝍣吝 𝍡悔	𝍤平 𝍡悔	𝍥悔 𝍡悔	𝍦災 𝍡悔	𝍧休 𝍡悔	𝍨凶 𝍡悔
𝍠吉 𝍢凶	𝍡咎 𝍢凶	𝍢祥 𝍢凶	𝍣吝 𝍢凶	𝍤平 𝍢凶	𝍥悔 𝍢凶	𝍦災 𝍢凶	𝍧休 𝍢凶	𝍨凶 𝍢大
𝍠吉 𝍣咎	𝍡咎 𝍣咎	𝍢祥 𝍣咎	𝍣吝 𝍣咎	𝍤平 𝍣咎	𝍥悔 𝍣咎	𝍦災 𝍣咎	𝍧休 𝍣咎	𝍨凶 𝍣咎
𝍠吉 𝍤平	𝍡咎 𝍤平	𝍢祥 𝍤平	𝍣吝 𝍤平	𝍤平 𝍤平	𝍥悔 𝍤平	𝍦災 𝍤平	𝍧休 𝍤平	𝍨凶 𝍤平
𝍠吉 𝍥休	𝍡咎 𝍥休	𝍢祥 𝍥休	𝍣吝 𝍥休	𝍤平 𝍥休	𝍥悔 𝍥休	𝍦災 𝍥休	𝍧休 𝍥休	𝍨凶 𝍥休
𝍠吉 𝍦元	𝍡咎 𝍦吉	𝍢祥 𝍦吉	𝍣吝 𝍦吉	𝍤平 𝍦吉	𝍥悔 𝍦吉	𝍦災 𝍦吉	𝍧休 𝍦吉	𝍨凶 𝍦吉
𝍠吉 𝍧吝	𝍡咎 𝍧吝	𝍢祥 𝍧吝	𝍣吝 𝍧吝	𝍤平 𝍧吝	𝍥悔 𝍧吝	𝍦災 𝍧吝	𝍧休 𝍧吝	𝍨凶 𝍧吝
𝍠吉 𝍨災	𝍡咎 𝍨災	𝍢祥 𝍨災	𝍣吝 𝍨災	𝍤平 𝍨災	𝍥悔 𝍨災	𝍦災 𝍨災	𝍧休 𝍨災	𝍨凶 𝍨災

𝍦𝍡懼七之二，天地始肅。

懼，有孚愓厲，終吉，君子畏命，小人畏令，酒食譙樂凶。

𝍠吝 𝍠祥	𝍡吉 𝍠祥	𝍢咎 𝍠祥	𝍣災 𝍠祥	𝍤平 𝍠祥	𝍥祥 𝍠祥	𝍦休 𝍠祥	𝍧凶 𝍠祥	𝍨悔 𝍠祥
𝍠吝 𝍡悔	𝍡吉 𝍡悔	𝍢咎 𝍡悔	𝍣災 𝍡悔	𝍤平 𝍡悔	𝍥祥 𝍡悔	𝍦休 𝍡悔	𝍧凶 𝍡悔	𝍨悔 𝍡悔
𝍠吝 𝍢凶	𝍡吉 𝍢凶	𝍢咎 𝍢凶	𝍣災 𝍢凶	𝍤平 𝍢凶	𝍥祥 𝍢凶	𝍦休 𝍢凶	𝍧凶 𝍢大	𝍨悔 𝍢凶
𝍠吝 𝍣咎	𝍡吉 𝍣咎	𝍢咎 𝍣咎	𝍣災 𝍣咎	𝍤平 𝍣咎	𝍥祥 𝍣咎	𝍦休 𝍣咎	𝍧凶 𝍣咎	𝍨悔 𝍣咎
𝍠吝 𝍤平	𝍡吉 𝍤平	𝍢咎 𝍤平	𝍣災 𝍤平	𝍤平 𝍤平	𝍥祥 𝍤平	𝍦休 𝍤平	𝍧凶 𝍤平	𝍨悔 𝍤平
𝍠吝 𝍥休	𝍡吉 𝍥休	𝍢咎 𝍥休	𝍣災 𝍥休	𝍤平 𝍥休	𝍥祥 𝍥休	𝍦休 𝍥休	𝍧凶 𝍥休	𝍨悔 𝍥休
𝍠吝 𝍦吉	𝍡吉 𝍦元	𝍢咎 𝍦吉	𝍣災 𝍦吉	𝍤平 𝍦吉	𝍥祥 𝍦吉	𝍦休 𝍦吉	𝍧凶 𝍦吉	𝍨悔 𝍦吉
𝍠吝 𝍧吝	𝍡吉 𝍧吝	𝍢咎 𝍧吝	𝍣災 𝍧吝	𝍤平 𝍧吝	𝍥祥 𝍧吝	𝍦休 𝍧吝	𝍧凶 𝍧吝	𝍨悔 𝍧吝
𝍠吝 𝍨災	𝍡吉 𝍨災	𝍢咎 𝍨災	𝍣災 𝍨災	𝍤平 𝍨災	𝍥祥 𝍨災	𝍦休 𝍨災	𝍧凶 𝍨災	𝍨悔 𝍨災

𝍥𝍢除七之三，禾乃登。

除，稊稗既去，嘉穀斯登，不利作興，君子攸行。

𝍠災𝍠祥	𝍡吝𝍠祥	𝍢吉𝍠祥	𝍣休𝍠祥	𝍤平𝍠祥	𝍥咎𝍠祥	𝍦凶𝍠祥	𝍧悔𝍠祥	𝍨祥𝍠祥
𝍠災𝍡悔	𝍡吝𝍡悔	𝍢吉𝍡悔	𝍣休𝍡悔	𝍤平𝍡悔	𝍥咎𝍡悔	𝍦凶𝍡悔	𝍧悔𝍡悔	𝍨祥𝍡悔
𝍠災𝍢凶	𝍡吝𝍢凶	𝍢吉𝍢凶	𝍣休𝍢凶	𝍤平𝍢凶	𝍥咎𝍢凶	𝍦凶𝍢大	𝍧悔𝍢凶	𝍨祥𝍢凶
𝍠災𝍣咎	𝍡吝𝍣咎	𝍢吉𝍣咎	𝍣休𝍣咎	𝍤平𝍣咎	𝍥咎𝍣咎	𝍦凶𝍣咎	𝍧悔𝍣咎	𝍨祥𝍣咎
𝍠災𝍤平	𝍡吝𝍤平	𝍢吉𝍤平	𝍣休𝍤平	𝍤平𝍤平	𝍥咎𝍤平	𝍦凶𝍤平	𝍧悔𝍤平	𝍨祥𝍤平
𝍠災𝍥休	𝍡吝𝍥休	𝍢吉𝍥休	𝍣休𝍥休	𝍤平𝍥休	𝍥咎𝍥休	𝍦凶𝍥休	𝍧悔𝍥休	𝍨祥𝍥休
𝍠災𝍦吉	𝍡吝𝍦吉	𝍢吉𝍦元	𝍣休𝍦吉	𝍤平𝍦吉	𝍥咎𝍦吉	𝍦凶𝍦吉	𝍧悔𝍦吉	𝍨祥𝍦吉
𝍠災𝍧吝	𝍡吝𝍧吝	𝍢吉𝍧吝	𝍣休𝍧吝	𝍤平𝍧吝	𝍥咎𝍧吝	𝍦凶𝍧吝	𝍧悔𝍧吝	𝍨祥𝍧吝
𝍠災𝍨災	𝍡吝𝍨災	𝍢吉𝍨災	𝍣休𝍨災	𝍤平𝍨災	𝍥咎𝍨災	𝍦凶𝍨災	𝍧悔𝍨災	𝍨祥𝍨災

𝍥𝍣弱七之四，白露，鴻鴈來。

弱，丈人厲，小子吉，不附不植，附則附失，艱貞無咎。

𝍠咎𝍠祥	𝍡祥𝍠祥	𝍢悔𝍠祥	𝍣吉𝍠祥	𝍤平𝍠祥	𝍥凶𝍠祥	𝍦吝𝍠祥	𝍧災𝍠祥	𝍨休𝍠祥
𝍠咎𝍡悔	𝍡祥𝍡悔	𝍢悔𝍡悔	𝍣吉𝍡悔	𝍤平𝍡悔	𝍥凶𝍡悔	𝍦吝𝍡悔	𝍧災𝍡悔	𝍨休𝍡悔
𝍠咎𝍢凶	𝍡祥𝍢凶	𝍢悔𝍢凶	𝍣吉𝍢凶	𝍤平𝍢凶	𝍥凶𝍢大	𝍦吝𝍢凶	𝍧災𝍢凶	𝍨休𝍢凶
𝍠咎𝍣咎	𝍡祥𝍣咎	𝍢悔𝍣咎	𝍣吉𝍣咎	𝍤平𝍣咎	𝍥凶𝍣咎	𝍦吝𝍣咎	𝍧災𝍣咎	𝍨休𝍣咎
𝍠咎𝍤平	𝍡祥𝍤平	𝍢悔𝍤平	𝍣吉𝍤平	𝍤平𝍤平	𝍥凶𝍤平	𝍦吝𝍤平	𝍧災𝍤平	𝍨休𝍤平
𝍠咎𝍥休	𝍡祥𝍥休	𝍢悔𝍥休	𝍣吉𝍥休	𝍤平𝍥休	𝍥凶𝍥休	𝍦吝𝍥休	𝍧災𝍥休	𝍨休𝍥休
𝍠咎𝍦吉	𝍡祥𝍦吉	𝍢悔𝍦吉	𝍣吉𝍦元	𝍤平𝍦吉	𝍥凶𝍦吉	𝍦吝𝍦吉	𝍧災𝍦吉	𝍨休𝍦吉
𝍠咎𝍧吝	𝍡祥𝍧吝	𝍢悔𝍧吝	𝍣吉𝍧吝	𝍤平𝍧吝	𝍥凶𝍧吝	𝍦吝𝍧吝	𝍧災𝍧吝	𝍨休𝍧吝
𝍠咎𝍨災	𝍡祥𝍨災	𝍢悔𝍨災	𝍣吉𝍨災	𝍤平𝍨災	𝍥凶𝍨災	𝍦吝𝍨災	𝍧災𝍨災	𝍨休𝍨災

𝍤𝍦疾七之五，玄鳥歸。

疾，節飲食，謹起居，無攸害。

𝍠平 𝍠祥	𝍠平 𝍡悔	𝍠平 𝍢凶	𝍠平 𝍣咎	𝍠平 𝍤平	𝍠平 𝍥休	𝍠平 𝍦吉	𝍠平 𝍧吝	𝍠平 𝍨災
𝍡平 𝍠祥	𝍡平 𝍡悔	𝍡平 𝍢凶	𝍡平 𝍣咎	𝍡平 𝍤平	𝍡平 𝍥休	𝍡平 𝍦吉	𝍡平 𝍧吝	𝍡平 𝍨災
𝍢平 𝍠祥	𝍢平 𝍡悔	𝍢平 𝍢凶	𝍢平 𝍣咎	𝍢平 𝍤平	𝍢平 𝍥休	𝍢平 𝍦吉	𝍢平 𝍧吝	𝍢平 𝍨災
𝍣平 𝍠祥	𝍣平 𝍡悔	𝍣平 𝍢凶	𝍣平 𝍣咎	𝍣平 𝍤平	𝍣平 𝍥休	𝍣平 𝍦吉	𝍣平 𝍧吝	𝍣平 𝍨災
𝍤吉 𝍠祥	𝍤吉 𝍡悔	𝍤吉 𝍢大	𝍤吉 𝍣咎	𝍤吉 𝍤平	𝍤吉 𝍥休	𝍤吉 𝍦元	𝍤吉 𝍧吝	𝍤吉 𝍨災
𝍥平 𝍠祥	𝍥平 𝍡悔	𝍥平 𝍢凶	𝍥平 𝍣咎	𝍥平 𝍤平	𝍥平 𝍥休	𝍥平 𝍦吉	𝍥平 𝍧吝	𝍥平 𝍨災
𝍦平 𝍠祥	𝍦平 𝍡悔	𝍦平 𝍢凶	𝍦平 𝍣咎	𝍦平 𝍤平	𝍦平 𝍥休	𝍦平 𝍦吉	𝍦平 𝍧吝	𝍦平 𝍨災
𝍧平 𝍠祥	𝍧平 𝍡悔	𝍧平 𝍢凶	𝍧平 𝍣咎	𝍧平 𝍤平	𝍧平 𝍥休	𝍧平 𝍦吉	𝍧平 𝍧吝	𝍧平 𝍨災
𝍨平 𝍠祥	𝍨平 𝍡悔	𝍨平 𝍢凶	𝍨平 𝍣咎	𝍨平 𝍤平	𝍨平 𝍥休	𝍨平 𝍦吉	𝍨平 𝍧吝	𝍨平 𝍨災

𝍥𝍦競七之六，羣鳥養羞。

競，鳥走兔從，麥生茸茸，老夫丰容，爭訟逆凶。

𝍠休 𝍠祥	𝍠休 𝍡悔	𝍠休 𝍢凶	𝍠休 𝍣咎	𝍠休 𝍤平	𝍠休 𝍥休	𝍠休 𝍦吉	𝍠休 𝍧吝	𝍠休 𝍨災
𝍡災 𝍠祥	𝍡災 𝍡悔	𝍡災 𝍢凶	𝍡災 𝍣咎	𝍡災 𝍤平	𝍡災 𝍥休	𝍡災 𝍦吉	𝍡災 𝍧吝	𝍡災 𝍨災
𝍢吝 𝍠祥	𝍢吝 𝍡悔	𝍢吝 𝍢凶	𝍢吝 𝍣咎	𝍢吝 𝍤平	𝍢吝 𝍥休	𝍢吝 𝍦吉	𝍢吝 𝍧吝	𝍢吝 𝍨災
𝍣凶 𝍠祥	𝍣凶 𝍡悔	𝍣凶 𝍢大	𝍣凶 𝍣咎	𝍣凶 𝍤平	𝍣凶 𝍥休	𝍣凶 𝍦吉	𝍣凶 𝍧吝	𝍣凶 𝍨災
𝍤平 𝍠祥	𝍤平 𝍡悔	𝍤平 𝍢凶	𝍤平 𝍣咎	𝍤平 𝍤平	𝍤平 𝍥休	𝍤平 𝍦吉	𝍤平 𝍧吝	𝍤平 𝍨災
𝍥吉 𝍠祥	𝍥吉 𝍡悔	𝍥吉 𝍢凶	𝍥吉 𝍣咎	𝍥吉 𝍤平	𝍥吉 𝍥休	𝍥吉 𝍦元	𝍥吉 𝍧吝	𝍥吉 𝍨災
𝍦悔 𝍠祥	𝍦悔 𝍡悔	𝍦悔 𝍢凶	𝍦悔 𝍣咎	𝍦悔 𝍤平	𝍦悔 𝍥休	𝍦悔 𝍦吉	𝍦悔 𝍧吝	𝍦悔 𝍨災
𝍧祥 𝍠祥	𝍧祥 𝍡悔	𝍧祥 𝍢凶	𝍧祥 𝍣咎	𝍧祥 𝍤平	𝍧祥 𝍥休	𝍧祥 𝍦吉	𝍧祥 𝍧吝	𝍧祥 𝍨災
𝍨咎 𝍠祥	𝍨咎 𝍡悔	𝍨咎 𝍢凶	𝍨咎 𝍣咎	𝍨咎 𝍤平	𝍨咎 𝍥休	𝍨咎 𝍦吉	𝍨咎 𝍧吝	𝍨咎 𝍨災

𝍦𝍦𝍦分七之七，秋分，雷乃收聲。

分，長短均平，潮馳月盈，君子利貞，小人勿乘。

𝍠祥𝍠祥	𝍡侮𝍠祥	𝍢凶𝍠祥	𝍣咎𝍠祥	𝍤平𝍠祥	𝍥休𝍠祥	𝍦吉𝍠祥	𝍧吝𝍠祥	𝍨災𝍠祥
𝍠祥𝍡侮	𝍡侮𝍡侮	𝍢凶𝍡侮	𝍣咎𝍡侮	𝍤平𝍡侮	𝍥休𝍡侮	𝍦吉𝍡侮	𝍧吝𝍡侮	𝍨災𝍡侮
𝍠祥𝍢凶	𝍡侮𝍢凶	𝍢凶𝍢大	𝍣咎𝍢凶	𝍤平𝍢凶	𝍥休𝍢凶	𝍦吉𝍢凶	𝍧吝𝍢凶	𝍨災𝍢凶
𝍠祥𝍣咎	𝍡侮𝍣咎	𝍢凶𝍣咎	𝍣咎𝍣咎	𝍤平𝍣咎	𝍥休𝍣咎	𝍦吉𝍣咎	𝍧吝𝍣咎	𝍨災𝍣咎
𝍠祥𝍤平	𝍡侮𝍤平	𝍢凶𝍤平	𝍣咎𝍤平	𝍤平𝍤平	𝍥休𝍤平	𝍦吉𝍤平	𝍧吝𝍤平	𝍨災𝍤平
𝍠祥𝍥休	𝍡侮𝍥休	𝍢凶𝍥休	𝍣咎𝍥休	𝍤平𝍥休	𝍥休𝍥休	𝍦吉𝍥休	𝍧吝𝍥休	𝍨災𝍥休
𝍠祥𝍦吉	𝍡侮𝍦吉	𝍢凶𝍦吉	𝍣咎𝍦吉	𝍤平𝍦吉	𝍥休𝍦吉	𝍦吉𝍦元	𝍧吝𝍦吉	𝍨災𝍦吉
𝍠祥𝍧吝	𝍡侮𝍧吝	𝍢凶𝍧吝	𝍣咎𝍧吝	𝍤平𝍧吝	𝍥休𝍧吝	𝍦吉𝍧吝	𝍧吝𝍧吝	𝍨災𝍧吝
𝍠祥𝍨災	𝍡侮𝍨災	𝍢凶𝍨災	𝍣咎𝍨災	𝍤平𝍨災	𝍥休𝍨災	𝍦吉𝍨災	𝍧吝𝍨災	𝍨災𝍨災

𝍧𝍦𝍦訟七之八，蟄蟲坏户。

訟，內訟吉，勿有言，不利有攸往。

𝍠祥𝍡侮	𝍠祥𝍢凶	𝍠祥𝍥休	𝍠祥𝍠祥	𝍠祥𝍤平	𝍠祥𝍨災	𝍠祥𝍣咎	𝍠祥𝍦吉	𝍠祥𝍧吝
𝍡侮𝍡侮	𝍡侮𝍢凶	𝍡侮𝍥休	𝍡侮𝍠祥	𝍡侮𝍤平	𝍡侮𝍨災	𝍡侮𝍣咎	𝍡侮𝍦吉	𝍡侮𝍧吝
𝍢凶𝍡侮	𝍢大𝍢凶	𝍢凶𝍥休	𝍢凶𝍠祥	𝍢凶𝍤平	𝍢凶𝍨災	𝍢凶𝍣咎	𝍢凶𝍦吉	𝍢凶𝍧吝
𝍣咎𝍡侮	𝍣咎𝍢凶	𝍣咎𝍥休	𝍣咎𝍠祥	𝍣咎𝍤平	𝍣咎𝍨災	𝍣咎𝍣咎	𝍣咎𝍦吉	𝍣咎𝍧吝
𝍤平𝍡侮	𝍤平𝍢凶	𝍤平𝍥休	𝍤平𝍠祥	𝍤平𝍤平	𝍤平𝍨災	𝍤平𝍣咎	𝍤平𝍦吉	𝍤平𝍧吝
𝍥休𝍡侮	𝍥休𝍢凶	𝍥休𝍥休	𝍥休𝍠祥	𝍥休𝍤平	𝍥休𝍨災	𝍥休𝍣咎	𝍥休𝍦吉	𝍥休𝍧吝
𝍦吉𝍡侮	𝍦吉𝍢凶	𝍦吉𝍥休	𝍦吉𝍠祥	𝍦吉𝍤平	𝍦吉𝍨災	𝍦吉𝍣咎	𝍦元𝍦吉	𝍦吉𝍧吝
𝍧吝𝍡侮	𝍧吝𝍢凶	𝍧吝𝍥休	𝍧吝𝍠祥	𝍧吝𝍤平	𝍧吝𝍨災	𝍧吝𝍣咎	𝍧吝𝍦吉	𝍧吝𝍧吝
𝍨災𝍡侮	𝍨災𝍢凶	𝍨災𝍥休	𝍨災𝍠祥	𝍨災𝍤平	𝍨災𝍨災	𝍨災𝍣咎	𝍨災𝍦吉	𝍨災𝍧吝

〧〩收七之九。

收，一氣酋揫，百物斂收，君子反身，放心是求，斂藏吉。

〡凶〡祥	〢休〡祥	〣災〡祥	〤悔〡祥	〥平〡祥	〦吝〡祥	〧祥〡祥	〨咎〡祥	〩吉〡祥
〡凶〢悔	〢休〢悔	〣災〢悔	〤悔〢悔	〥平〢悔	〦吝〢悔	〧祥〢悔	〨咎〢悔	〩吉〢悔
〡凶〣大	〢休〣凶	〣災〣凶	〤悔〣凶	〥平〣凶	〦吝〣凶	〧祥〣凶	〨咎〣凶	〩吉〣凶
〡凶〤咎	〢休〤咎	〣災〤咎	〤悔〤咎	〥平〤咎	〦吝〤咎	〧祥〤咎	〨咎〤咎	〩吉〤咎
〡凶〥平	〢休〥平	〣災〥平	〤悔〥平	〥平〥平	〦吝〥平	〧祥〥平	〨咎〥平	〩吉〥平
〡凶〦休	〢休〦休	〣災〦休	〤悔〦休	〥平〦休	〦吝〦休	〧祥〦休	〨咎〦休	〩吉〦休
〡凶〧吉	〢休〧吉	〣災〧吉	〤悔〧吉	〥平〧吉	〦吝〧吉	〧祥〧吉	〨咎〧吉	〩吉〧元
〡凶〨吝	〢休〨吝	〣災〨吝	〤悔〨吝	〥平〨吝	〦吝〨吝	〧祥〨吝	〨咎〨吝	〩吉〨吝
〡凶〩災	〢休〩災	〣災〩災	〤悔〩災	〥平〩災	〦吝〩災	〧祥〩災	〨咎〩災	〩吉〩災

〨〡實八之一，水始涸。

實，碩果于叢，仁復于宮，應感不窮，永貞吉。

〡吉〡悔	〢咎〡悔	〣祥〡悔	〤吝〡悔	〥平〡悔	〦悔〡悔	〧災〡悔	〨休〡悔	〩凶〡悔
〡吉〢凶	〢咎〢凶	〣祥〢凶	〤吝〢凶	〥平〢凶	〦悔〢凶	〧災〢凶	〨休〢凶	〩凶〢大
〡吉〣休	〢咎〣休	〣祥〣休	〤吝〣休	〥平〣休	〦悔〣休	〧災〣休	〨休〣休	〩凶〣休
〡吉〤祥	〢咎〤祥	〣祥〤祥	〤吝〤祥	〥平〤祥	〦悔〤祥	〧災〤祥	〨休〤祥	〩凶〤祥
〡吉〥平	〢咎〥平	〣祥〥平	〤吝〥平	〥平〥平	〦悔〥平	〧災〥平	〨休〥平	〩凶〥平
〡吉〦災	〢咎〦災	〣祥〦災	〤吝〦災	〥平〦災	〦悔〦災	〧災〦災	〨休〦災	〩凶〦災
〡吉〧咎	〢咎〧咎	〣祥〧咎	〤吝〧咎	〥平〧咎	〦悔〧咎	〧災〧咎	〨休〧咎	〩凶〧咎
〡吉〨元	〢咎〨吉	〣祥〨吉	〤吝〨吉	〥平〨吉	〦悔〨吉	〧災〨吉	〨休〨吉	〩凶〨吉
〡吉〩吝	〢咎〩吝	〣祥〩吝	〤吝〩吝	〥平〩吝	〦悔〩吝	〧災〩吝	〨休〩吝	〩凶〩吝

𝍡𝍧賓八之二，寒露，鴻鴈來賓。

賓，俊民用章，觀國之光，利賓于王，大有吉慶。

𝍠吝𝍠悔	𝍡吉𝍠悔	𝍢咎𝍠悔	𝍣災𝍠悔	𝍤平𝍠悔	𝍥祥𝍠悔	𝍦休𝍠悔	𝍧凶𝍠悔	𝍨悔𝍠悔
𝍠吝𝍡凶	𝍡吉𝍡凶	𝍢咎𝍡凶	𝍣災𝍡凶	𝍤平𝍡凶	𝍥祥𝍡凶	𝍦休𝍡凶	𝍧凶𝍡大	𝍨悔𝍡凶
𝍠吝𝍢休	𝍡吉𝍢休	𝍢咎𝍢休	𝍣災𝍢休	𝍤平𝍢休	𝍥祥𝍢休	𝍦休𝍢休	𝍧凶𝍢休	𝍨悔𝍢休
𝍠吝𝍣祥	𝍡吉𝍣祥	𝍢咎𝍣祥	𝍣災𝍣祥	𝍤平𝍣祥	𝍥祥𝍣祥	𝍦休𝍣祥	𝍧凶𝍣祥	𝍨悔𝍣祥
𝍠吝𝍤平	𝍡吉𝍤平	𝍢咎𝍤平	𝍣災𝍤平	𝍤平𝍤平	𝍥祥𝍤平	𝍦休𝍤平	𝍧凶𝍤平	𝍨悔𝍤平
𝍠吝𝍥災	𝍡吉𝍥災	𝍢咎𝍥災	𝍣災𝍥災	𝍤平𝍥災	𝍥祥𝍥災	𝍦休𝍥災	𝍧凶𝍥災	𝍨悔𝍥災
𝍠吝𝍦咎	𝍡吉𝍦咎	𝍢咎𝍦咎	𝍣災𝍦咎	𝍤平𝍦咎	𝍥祥𝍦咎	𝍦休𝍦咎	𝍧凶𝍦咎	𝍨悔𝍦咎
𝍠吝𝍧吉	𝍡吉𝍧元	𝍢咎𝍧吉	𝍣災𝍧吉	𝍤平𝍧吉	𝍥祥𝍧吉	𝍦休𝍧吉	𝍧凶𝍧吉	𝍨悔𝍧吉
𝍠吝𝍨吝	𝍡吉𝍨吝	𝍢咎𝍨吝	𝍣災𝍨吝	𝍤平𝍨吝	𝍥祥𝍨吝	𝍦休𝍨吝	𝍧凶𝍨吝	𝍨悔𝍨吝

𝍢𝍧危八之三，爵入大水爲蛤。

危，厲，無咎，知險而懼，懼不失正，自天有命，不利涉大川。

𝍠災𝍠悔	𝍡吝𝍠悔	𝍢吉𝍠悔	𝍣休𝍠悔	𝍤平𝍠悔	𝍥咎𝍠悔	𝍦凶𝍠悔	𝍧悔𝍠悔	𝍨祥𝍠悔
𝍠災𝍡凶	𝍡吝𝍡凶	𝍢吉𝍡凶	𝍣休𝍡凶	𝍤平𝍡凶	𝍥咎𝍡凶	𝍦凶𝍡大	𝍧悔𝍡凶	𝍨祥𝍡凶
𝍠災𝍢休	𝍡吝𝍢休	𝍢吉𝍢休	𝍣休𝍢休	𝍤平𝍢休	𝍥咎𝍢休	𝍦凶𝍢休	𝍧悔𝍢休	𝍨祥𝍢休
𝍠災𝍣祥	𝍡吝𝍣祥	𝍢吉𝍣祥	𝍣休𝍣祥	𝍤平𝍣祥	𝍥咎𝍣祥	𝍦凶𝍣祥	𝍧悔𝍣祥	𝍨祥𝍣祥
𝍠災𝍤平	𝍡吝𝍤平	𝍢吉𝍤平	𝍣休𝍤平	𝍤平𝍤平	𝍥咎𝍤平	𝍦凶𝍤平	𝍧悔𝍤平	𝍨祥𝍤平
𝍠災𝍥災	𝍡吝𝍥災	𝍢吉𝍥災	𝍣休𝍥災	𝍤平𝍥災	𝍥咎𝍥災	𝍦凶𝍥災	𝍧悔𝍥災	𝍨祥𝍥災
𝍠災𝍦咎	𝍡吝𝍦咎	𝍢吉𝍦咎	𝍣休𝍦咎	𝍤平𝍦咎	𝍥咎𝍦咎	𝍦凶𝍦咎	𝍧悔𝍦咎	𝍨祥𝍦咎
𝍠災𝍧吉	𝍡吝𝍧吉	𝍢吉𝍧元	𝍣休𝍧吉	𝍤平𝍧吉	𝍥咎𝍧吉	𝍦凶𝍧吉	𝍧悔𝍧吉	𝍨祥𝍧吉
𝍠災𝍨吝	𝍡吝𝍨吝	𝍢吉𝍨吝	𝍣休𝍨吝	𝍤平𝍨吝	𝍥咎𝍨吝	𝍦凶𝍨吝	𝍧悔𝍨吝	𝍨祥𝍨吝

𝍣𝍧堅 八之四，鞠有黃華。

堅，利有攸往，剛健篤實，義之所出，物莫能屈，攻城陷陳凶。

𝍠咎𝍠悔	𝍡祥𝍠悔	𝍢悔𝍠悔	𝍣吉𝍠悔	𝍤平𝍠悔	𝍥凶𝍠悔	𝍦吝𝍠悔	𝍧災𝍠悔	𝍨休𝍠悔
𝍠咎𝍡凶	𝍡祥𝍡凶	𝍢悔𝍡凶	𝍣吉𝍡凶	𝍤平𝍡凶	𝍥凶𝍡大	𝍦吝𝍡凶	𝍧災𝍡凶	𝍨休𝍡凶
𝍠咎𝍢休	𝍡祥𝍢休	𝍢悔𝍢休	𝍣吉𝍢休	𝍤平𝍢休	𝍥凶𝍢休	𝍦吝𝍢休	𝍧災𝍢休	𝍨休𝍢休
𝍠咎𝍣祥	𝍡祥𝍣祥	𝍢悔𝍣祥	𝍣吉𝍣祥	𝍤平𝍣祥	𝍥凶𝍣祥	𝍦吝𝍣祥	𝍧災𝍣祥	𝍨休𝍣祥
𝍠咎𝍤平	𝍡祥𝍤平	𝍢悔𝍤平	𝍣吉𝍤平	𝍤平𝍤平	𝍥凶𝍤平	𝍦吝𝍤平	𝍧災𝍤平	𝍨休𝍤平
𝍠咎𝍥災	𝍡祥𝍥災	𝍢悔𝍥災	𝍣吉𝍥災	𝍤平𝍥災	𝍥凶𝍥災	𝍦吝𝍥災	𝍧災𝍥災	𝍨休𝍥災
𝍠咎𝍦咎	𝍡祥𝍦咎	𝍢悔𝍦咎	𝍣吉𝍦咎	𝍤平𝍦咎	𝍥凶𝍦咎	𝍦吝𝍦咎	𝍧災𝍦咎	𝍨休𝍦咎
𝍠咎𝍧吉	𝍡祥𝍧吉	𝍢悔𝍧吉	𝍣吉𝍧元	𝍤平𝍧吉	𝍥凶𝍧吉	𝍦吝𝍧吉	𝍧災𝍧吉	𝍨休𝍧吉
𝍠咎𝍨吝	𝍡祥𝍨吝	𝍢悔𝍨吝	𝍣吉𝍨吝	𝍤平𝍨吝	𝍥凶𝍨吝	𝍦吝𝍨吝	𝍧災𝍨吝	𝍨休𝍨吝

𝍤𝍧革 八之五，霜降，豺祭獸。

革利貞，從而革，通不塞，應時而亨，金道乃行，疾病凶。

𝍠平𝍠悔	𝍡平𝍠悔	𝍢平𝍠悔	𝍣平𝍠悔	𝍤吉𝍠悔	𝍥平𝍠悔	𝍦平𝍠悔	𝍧平𝍠悔	𝍨平𝍠悔
𝍠平𝍡凶	𝍡平𝍡凶	𝍢平𝍡凶	𝍣平𝍡凶	𝍤吉𝍡大	𝍥平𝍡凶	𝍦平𝍡凶	𝍧平𝍡凶	𝍨平𝍡凶
𝍠平𝍢休	𝍡平𝍢休	𝍢平𝍢休	𝍣平𝍢休	𝍤吉𝍢休	𝍥平𝍢休	𝍦平𝍢休	𝍧平𝍢休	𝍨平𝍢休
𝍠平𝍣祥	𝍡平𝍣祥	𝍢平𝍣祥	𝍣平𝍣祥	𝍤吉𝍣祥	𝍥平𝍣祥	𝍦平𝍣祥	𝍧平𝍣祥	𝍨平𝍣祥
𝍠平𝍤平	𝍡平𝍤平	𝍢平𝍤平	𝍣平𝍤平	𝍤吉𝍤平	𝍥平𝍤平	𝍦平𝍤平	𝍧平𝍤平	𝍨平𝍤平
𝍠平𝍥災	𝍡平𝍥災	𝍢平𝍥災	𝍣平𝍥災	𝍤吉𝍥災	𝍥平𝍥災	𝍦平𝍥災	𝍧平𝍥災	𝍨平𝍥災
𝍠平𝍦咎	𝍡平𝍦咎	𝍢平𝍦咎	𝍣平𝍦咎	𝍤吉𝍦咎	𝍥平𝍦咎	𝍦平𝍦咎	𝍧平𝍦咎	𝍨平𝍦咎
𝍠平𝍧吉	𝍡平𝍧吉	𝍢平𝍧吉	𝍣平𝍧吉	𝍤吉𝍧元	𝍥平𝍧吉	𝍦平𝍧吉	𝍧平𝍧吉	𝍨平𝍧吉
𝍠平𝍨吝	𝍡平𝍨吝	𝍢平𝍨吝	𝍣平𝍨吝	𝍤吉𝍨吝	𝍥平𝍨吝	𝍦平𝍨吝	𝍧平𝍨吝	𝍨平𝍨吝

𝍥𝍧報八之六，草木黃落。

報，祭祀吉，事不宜先，宜後，君子有慶。

𝍠休𝍠悔	𝍡災𝍠悔	𝍢吝𝍠悔	𝍣凶𝍠悔	𝍤平𝍠悔	𝍥吉𝍠悔	𝍦悔𝍠悔	𝍧祥𝍠悔	𝍨咎𝍠悔
𝍠休𝍡凶	𝍡災𝍡凶	𝍢吝𝍡凶	𝍣凶𝍡大	𝍤平𝍡凶	𝍥吉𝍡凶	𝍦悔𝍡凶	𝍧祥𝍡凶	𝍨咎𝍡凶
𝍠休𝍢休	𝍡災𝍢休	𝍢吝𝍢休	𝍣凶𝍢休	𝍤平𝍢休	𝍥吉𝍢休	𝍦悔𝍢休	𝍧祥𝍢休	𝍨咎𝍢休
𝍠休𝍣祥	𝍡災𝍣祥	𝍢吝𝍣祥	𝍣凶𝍣祥	𝍤平𝍣祥	𝍥吉𝍣祥	𝍦悔𝍣祥	𝍧祥𝍣祥	𝍨咎𝍣祥
𝍠休𝍤平	𝍡災𝍤平	𝍢吝𝍤平	𝍣凶𝍤平	𝍤平𝍤平	𝍥吉𝍤平	𝍦悔𝍤平	𝍧祥𝍤平	𝍨咎𝍤平
𝍠休𝍥災	𝍡災𝍥災	𝍢吝𝍥災	𝍣凶𝍥災	𝍤平𝍥災	𝍥吉𝍥災	𝍦悔𝍥災	𝍧祥𝍥災	𝍨咎𝍥災
𝍠休𝍦咎	𝍡災𝍦咎	𝍢吝𝍦咎	𝍣凶𝍦咎	𝍤平𝍦咎	𝍥吉𝍦咎	𝍦悔𝍦咎	𝍧祥𝍦咎	𝍨咎𝍦咎
𝍠休𝍧吉	𝍡災𝍧吉	𝍢吝𝍧吉	𝍣凶𝍧吉	𝍤平𝍧吉	𝍥吉𝍧元	𝍦悔𝍧吉	𝍧祥𝍧吉	𝍨咎𝍧吉
𝍠休𝍨吝	𝍡災𝍨吝	𝍢吝𝍨吝	𝍣凶𝍨吝	𝍤平𝍨吝	𝍥吉𝍨吝	𝍦悔𝍨吝	𝍧祥𝍨吝	𝍨咎𝍨吝

𝍦𝍧止八之七，螯蟲咸俯。

止，父慈子孝，兄友弟恭，思出位、越常凶，征吝。

𝍠祥𝍠悔	𝍡悔𝍠悔	𝍢凶𝍠悔	𝍣咎𝍠悔	𝍤平𝍠悔	𝍥休𝍠悔	𝍦吉𝍠悔	𝍧吝𝍠悔	𝍨災𝍠悔
𝍠祥𝍡凶	𝍡悔𝍡凶	𝍢凶𝍡大	𝍣咎𝍡凶	𝍤平𝍡凶	𝍥休𝍡凶	𝍦吉𝍡凶	𝍧吝𝍡凶	𝍨災𝍡凶
𝍠祥𝍢休	𝍡悔𝍢休	𝍢凶𝍢休	𝍣咎𝍢休	𝍤平𝍢休	𝍥休𝍢休	𝍦吉𝍢休	𝍧吝𝍢休	𝍨災𝍢休
𝍠祥𝍣祥	𝍡悔𝍣祥	𝍢凶𝍣祥	𝍣咎𝍣祥	𝍤平𝍣祥	𝍥休𝍣祥	𝍦吉𝍣祥	𝍧吝𝍣祥	𝍨災𝍣祥
𝍠祥𝍤平	𝍡悔𝍤平	𝍢凶𝍤平	𝍣咎𝍤平	𝍤平𝍤平	𝍥休𝍤平	𝍦吉𝍤平	𝍧吝𝍤平	𝍨災𝍤平
𝍠祥𝍥災	𝍡悔𝍥災	𝍢凶𝍥災	𝍣咎𝍥災	𝍤平𝍥災	𝍥休𝍥災	𝍦吉𝍥災	𝍧吝𝍥災	𝍨災𝍥災
𝍠祥𝍦咎	𝍡悔𝍦咎	𝍢凶𝍦咎	𝍣咎𝍦咎	𝍤平𝍦咎	𝍥休𝍦咎	𝍦吉𝍦咎	𝍧吝𝍦咎	𝍨災𝍦咎
𝍠祥𝍧吉	𝍡悔𝍧吉	𝍢凶𝍧吉	𝍣咎𝍧吉	𝍤平𝍧吉	𝍥休𝍧吉	𝍦吉𝍧元	𝍧吝𝍧吉	𝍨災𝍧吉
𝍠祥𝍨吝	𝍡悔𝍨吝	𝍢凶𝍨吝	𝍣咎𝍨吝	𝍤平𝍨吝	𝍥休𝍨吝	𝍦吉𝍨吝	𝍧吝𝍨吝	𝍨災𝍨吝

𝍧𝍧戎八之八，立冬，水始涸。

戎，貞吉，戰血玄黄，陽亢有傷，君子克滅，惟智之藏，利征伐。

𝍠悔𝍠悔	𝍡凶𝍠悔	𝍢休𝍠悔	𝍣祥𝍠悔	𝍤平𝍠悔	𝍥災𝍠悔	𝍦咎𝍠悔	𝍧吉𝍠悔	𝍨吝𝍠悔
𝍠悔𝍡凶	𝍡凶𝍡大	𝍢休𝍡凶	𝍣祥𝍡凶	𝍤平𝍡凶	𝍥災𝍡凶	𝍦咎𝍡凶	𝍧吉𝍡凶	𝍨吝𝍡凶
𝍠悔𝍢休	𝍡凶𝍢休	𝍢休𝍢休	𝍣祥𝍢休	𝍤平𝍢休	𝍥災𝍢休	𝍦咎𝍢休	𝍧吉𝍢休	𝍨吝𝍢休
𝍠悔𝍣祥	𝍡凶𝍣祥	𝍢休𝍣祥	𝍣祥𝍣祥	𝍤平𝍣祥	𝍥災𝍣祥	𝍦咎𝍣祥	𝍧吉𝍣祥	𝍨吝𝍣祥
𝍠悔𝍤平	𝍡凶𝍤平	𝍢休𝍤平	𝍣祥𝍤平	𝍤平𝍤平	𝍥災𝍤平	𝍦咎𝍤平	𝍧吉𝍤平	𝍨吝𝍤平
𝍠悔𝍥災	𝍡凶𝍥災	𝍢休𝍥災	𝍣祥𝍥災	𝍤平𝍥災	𝍥災𝍥災	𝍦咎𝍥災	𝍧吉𝍥災	𝍨吝𝍥災
𝍠悔𝍦咎	𝍡凶𝍦咎	𝍢休𝍦咎	𝍣祥𝍦咎	𝍤平𝍦咎	𝍥災𝍦咎	𝍦咎𝍦咎	𝍧吉𝍦咎	𝍨吝𝍦咎
𝍠悔𝍧吉	𝍡凶𝍧吉	𝍢休𝍧吉	𝍣祥𝍧吉	𝍤平𝍧吉	𝍥災𝍧吉	𝍦咎𝍧吉	𝍧吉𝍧元	𝍨吝𝍧吉
𝍠悔𝍨吝	𝍡凶𝍨吝	𝍢休𝍨吝	𝍣祥𝍨吝	𝍤平𝍨吝	𝍥災𝍨吝	𝍦咎𝍨吝	𝍧吉𝍨吝	𝍨吝𝍨吝

𝍧𝍨結八之九。

結，百穀其成，庶績其凝，履霜堅冰，婚媾吉，争訟凶。

𝍠凶𝍠悔	𝍡休𝍠悔	𝍢災𝍠悔	𝍣悔𝍠悔	𝍤平𝍠悔	𝍥吝𝍠悔	𝍦祥𝍠悔	𝍧咎𝍠悔	𝍨吉𝍠悔
𝍠凶𝍡大	𝍡休𝍡凶	𝍢災𝍡凶	𝍣悔𝍡凶	𝍤平𝍡凶	𝍥吝𝍡凶	𝍦祥𝍡凶	𝍧咎𝍡凶	𝍨吉𝍡凶
𝍠凶𝍢休	𝍡休𝍢休	𝍢災𝍢休	𝍣悔𝍢休	𝍤平𝍢休	𝍥吝𝍢休	𝍦祥𝍢休	𝍧咎𝍢休	𝍨吉𝍢休
𝍠凶𝍣祥	𝍡休𝍣祥	𝍢災𝍣祥	𝍣悔𝍣祥	𝍤平𝍣祥	𝍥吝𝍣祥	𝍦祥𝍣祥	𝍧咎𝍣祥	𝍨吉𝍣祥
𝍠凶𝍤平	𝍡休𝍤平	𝍢災𝍤平	𝍣悔𝍤平	𝍤平𝍤平	𝍥吝𝍤平	𝍦祥𝍤平	𝍧咎𝍤平	𝍨吉𝍤平
𝍠凶𝍥災	𝍡休𝍥災	𝍢災𝍥災	𝍣悔𝍥災	𝍤平𝍥災	𝍥吝𝍥災	𝍦祥𝍥災	𝍧咎𝍥災	𝍨吉𝍥災
𝍠凶𝍦咎	𝍡休𝍦咎	𝍢災𝍦咎	𝍣悔𝍦咎	𝍤平𝍦咎	𝍥吝𝍦咎	𝍦祥𝍦咎	𝍧咎𝍦咎	𝍨吉𝍦咎
𝍠凶𝍧吉	𝍡休𝍧吉	𝍢災𝍧吉	𝍣悔𝍧吉	𝍤平𝍧吉	𝍥吝𝍧吉	𝍦祥𝍧吉	𝍧咎𝍧吉	𝍨吉𝍧元
𝍠凶𝍨吝	𝍡休𝍨吝	𝍢災𝍨吝	𝍣悔𝍨吝	𝍤平𝍨吝	𝍥吝𝍨吝	𝍦祥𝍨吝	𝍧咎𝍨吝	𝍨吉𝍨吝

𝍠𝍢養九之一，地始凍。

養，惟心亨，求口實，大人大體，小人小體。

𝍠吉 𝍠凶	𝍡咎 𝍠凶	𝍢祥 𝍠凶	𝍣吝 𝍠凶	𝍤平 𝍠凶	𝍥悔 𝍠凶	𝍦災 𝍠凶	𝍧休 𝍠凶	𝍨凶 𝍠大
𝍠吉 𝍡休	𝍡咎 𝍡休	𝍢祥 𝍡休	𝍣吝 𝍡休	𝍤平 𝍡休	𝍥悔 𝍡休	𝍦災 𝍡休	𝍧休 𝍡休	𝍨凶 𝍡休
𝍠吉 𝍢災	𝍡咎 𝍢災	𝍢祥 𝍢災	𝍣吝 𝍢災	𝍤平 𝍢災	𝍥悔 𝍢災	𝍦災 𝍢災	𝍧休 𝍢災	𝍨凶 𝍢災
𝍠吉 𝍣悔	𝍡咎 𝍣悔	𝍢祥 𝍣悔	𝍣吝 𝍣悔	𝍤平 𝍣悔	𝍥悔 𝍣悔	𝍦災 𝍣悔	𝍧休 𝍣悔	𝍨凶 𝍣悔
𝍠吉 𝍤平	𝍡咎 𝍤平	𝍢祥 𝍤平	𝍣吝 𝍤平	𝍤平 𝍤平	𝍥悔 𝍤平	𝍦災 𝍤平	𝍧休 𝍤平	𝍨凶 𝍤平
𝍠吉 𝍥吝	𝍡咎 𝍥吝	𝍢祥 𝍥吝	𝍣吝 𝍥吝	𝍤平 𝍥吝	𝍥悔 𝍥吝	𝍦災 𝍥吝	𝍧休 𝍥吝	𝍨凶 𝍥吝
𝍠吉 𝍦祥	𝍡咎 𝍦祥	𝍢祥 𝍦祥	𝍣吝 𝍦祥	𝍤平 𝍦祥	𝍥悔 𝍦祥	𝍦災 𝍦祥	𝍧休 𝍦祥	𝍨凶 𝍦祥
𝍠吉 𝍧咎	𝍡咎 𝍧咎	𝍢祥 𝍧咎	𝍣吝 𝍧咎	𝍤平 𝍧咎	𝍥悔 𝍧咎	𝍦災 𝍧咎	𝍧休 𝍧咎	𝍨凶 𝍧咎
𝍠吉 𝍨元	𝍡咎 𝍨吉	𝍢祥 𝍨吉	𝍣吝 𝍨吉	𝍤平 𝍨吉	𝍥悔 𝍨吉	𝍦災 𝍨吉	𝍧休 𝍨吉	𝍨凶 𝍨吉

𝍡𝍨遇九之二，雉入大水爲蜃。

遇，吉，非龍非彲，非虎非羆，爲周之師，自天祐之。勿娶女，凶。

𝍠吝 𝍠凶	𝍡吉 𝍠凶	𝍢咎 𝍠凶	𝍣災 𝍠凶	𝍤平 𝍠凶	𝍥祥 𝍠凶	𝍦休 𝍠凶	𝍧凶 𝍠大	𝍨悔 𝍠凶
𝍠吝 𝍡休	𝍡吉 𝍡休	𝍢咎 𝍡休	𝍣災 𝍡休	𝍤平 𝍡休	𝍥祥 𝍡休	𝍦休 𝍡休	𝍧凶 𝍡休	𝍨悔 𝍡休
𝍠吝 𝍢災	𝍡吉 𝍢災	𝍢咎 𝍢災	𝍣災 𝍢災	𝍤平 𝍢災	𝍥祥 𝍢災	𝍦休 𝍢災	𝍧凶 𝍢災	𝍨悔 𝍢災
𝍠吝 𝍣悔	𝍡吉 𝍣悔	𝍢咎 𝍣悔	𝍣災 𝍣悔	𝍤平 𝍣悔	𝍥祥 𝍣悔	𝍦休 𝍣悔	𝍧凶 𝍣悔	𝍨悔 𝍣悔
𝍠吝 𝍤平	𝍡吉 𝍤平	𝍢咎 𝍤平	𝍣災 𝍤平	𝍤平 𝍤平	𝍥祥 𝍤平	𝍦休 𝍤平	𝍧凶 𝍤平	𝍨悔 𝍤平
𝍠吝 𝍥吝	𝍡吉 𝍥吝	𝍢咎 𝍥吝	𝍣災 𝍥吝	𝍤平 𝍥吝	𝍥祥 𝍥吝	𝍦休 𝍥吝	𝍧凶 𝍥吝	𝍨悔 𝍥吝
𝍠吝 𝍦祥	𝍡吉 𝍦祥	𝍢咎 𝍦祥	𝍣災 𝍦祥	𝍤平 𝍦祥	𝍥祥 𝍦祥	𝍦休 𝍦祥	𝍧凶 𝍦祥	𝍨悔 𝍦祥
𝍠吝 𝍧咎	𝍡吉 𝍧咎	𝍢咎 𝍧咎	𝍣災 𝍧咎	𝍤平 𝍧咎	𝍥祥 𝍧咎	𝍦休 𝍧咎	𝍧凶 𝍧咎	𝍨悔 𝍧咎
𝍠吝 𝍨吉	𝍡吉 𝍨元	𝍢咎 𝍨吉	𝍣災 𝍨吉	𝍤平 𝍨吉	𝍥祥 𝍨吉	𝍦休 𝍨吉	𝍧凶 𝍨吉	𝍨悔 𝍨吉

𝍨𝍢勝九之三，小雪，虹藏不見。

勝，厲貞吉，利涉大川，君子以智，小人以力。

𝍠災𝍠凶	𝍡吝𝍠凶	𝍢吉𝍠凶	𝍣休𝍠凶	𝍤平𝍠凶	𝍥咎𝍠凶	𝍦凶𝍠大	𝍧悔𝍠凶	𝍨祥𝍠凶
𝍠災𝍡休	𝍡吝𝍡休	𝍢吉𝍡休	𝍣休𝍡休	𝍤平𝍡休	𝍥咎𝍡休	𝍦凶𝍡休	𝍧悔𝍡休	𝍨祥𝍡休
𝍠災𝍢災	𝍡吝𝍢災	𝍢吉𝍢災	𝍣休𝍢災	𝍤平𝍢災	𝍥咎𝍢災	𝍦凶𝍢災	𝍧悔𝍢災	𝍨祥𝍢災
𝍠災𝍣悔	𝍡吝𝍣悔	𝍢吉𝍣悔	𝍣休𝍣悔	𝍤平𝍣悔	𝍥咎𝍣悔	𝍦凶𝍣悔	𝍧悔𝍣悔	𝍨祥𝍣悔
𝍠災𝍤平	𝍡吝𝍤平	𝍢吉𝍤平	𝍣休𝍤平	𝍤平𝍤平	𝍥咎𝍤平	𝍦凶𝍤平	𝍧悔𝍤平	𝍨祥𝍤平
𝍠災𝍥吝	𝍡吝𝍥吝	𝍢吉𝍥吝	𝍣休𝍥吝	𝍤平𝍥吝	𝍥咎𝍥吝	𝍦凶𝍥吝	𝍧悔𝍥吝	𝍨祥𝍥吝
𝍠災𝍦祥	𝍡吝𝍦祥	𝍢吉𝍦祥	𝍣休𝍦祥	𝍤平𝍦祥	𝍥咎𝍦祥	𝍦凶𝍦祥	𝍧悔𝍦祥	𝍨祥𝍦祥
𝍠災𝍧咎	𝍡吝𝍧咎	𝍢吉𝍧咎	𝍣休𝍧咎	𝍤平𝍧咎	𝍥咎𝍧咎	𝍦凶𝍧咎	𝍧悔𝍧咎	𝍨祥𝍧咎
𝍠災𝍨吉	𝍡吝𝍨吉	𝍢吉𝍨元	𝍣休𝍨吉	𝍤平𝍨吉	𝍥咎𝍨吉	𝍦凶𝍨吉	𝍧悔𝍨吉	𝍨祥𝍨吉

𝍨𝍣因九之四，天氣上升，地氣下降。

因，厲，利用獄，不利有攸往。

𝍠咎𝍠凶	𝍡祥𝍠凶	𝍢悔𝍠凶	𝍣吉𝍠凶	𝍤平𝍠凶	𝍥凶𝍠大	𝍦吝𝍠凶	𝍧災𝍠凶	𝍨休𝍠凶
𝍠咎𝍡休	𝍡祥𝍡休	𝍢悔𝍡休	𝍣吉𝍡休	𝍤平𝍡休	𝍥凶𝍡休	𝍦吝𝍡休	𝍧災𝍡休	𝍨休𝍡休
𝍠咎𝍢災	𝍡祥𝍢災	𝍢悔𝍢災	𝍣吉𝍢災	𝍤平𝍢災	𝍥凶𝍢災	𝍦吝𝍢災	𝍧災𝍢災	𝍨休𝍢災
𝍠咎𝍣悔	𝍡祥𝍣悔	𝍢悔𝍣悔	𝍣吉𝍣悔	𝍤平𝍣悔	𝍥凶𝍣悔	𝍦吝𝍣悔	𝍧災𝍣悔	𝍨休𝍣悔
𝍠咎𝍤平	𝍡祥𝍤平	𝍢悔𝍤平	𝍣吉𝍤平	𝍤平𝍤平	𝍥凶𝍤平	𝍦吝𝍤平	𝍧災𝍤平	𝍨休𝍤平
𝍠咎𝍥吝	𝍡祥𝍥吝	𝍢悔𝍥吝	𝍣吉𝍥吝	𝍤平𝍥吝	𝍥凶𝍥吝	𝍦吝𝍥吝	𝍧災𝍥吝	𝍨休𝍥吝
𝍠咎𝍦祥	𝍡祥𝍦祥	𝍢悔𝍦祥	𝍣吉𝍦祥	𝍤平𝍦祥	𝍥凶𝍦祥	𝍦吝𝍦祥	𝍧災𝍦祥	𝍨休𝍦祥
𝍠咎𝍧咎	𝍡祥𝍧咎	𝍢悔𝍧咎	𝍣吉𝍧咎	𝍤平𝍧咎	𝍥凶𝍧咎	𝍦吝𝍧咎	𝍧災𝍧咎	𝍨休𝍧咎
𝍠咎𝍨吉	𝍡祥𝍨吉	𝍢悔𝍨吉	𝍣吉𝍨元	𝍤平𝍨吉	𝍥凶𝍨吉	𝍦吝𝍨吉	𝍧災𝍨吉	𝍨休𝍨吉

𝍣𝍨壬九之五，閉塞而成冬。

壬，惟水之神，外暗內明，君子休休，小人包羞，妊娠吉。

𝍠平𝍠凶	𝍡平𝍠凶	𝍢平𝍠凶	𝍣平𝍠凶	𝍤吉𝍠大	𝍥平𝍠凶	𝍦平𝍠凶	𝍧平𝍠凶	𝍨平𝍠凶
𝍠平𝍡休	𝍡平𝍡休	𝍢平𝍡休	𝍣平𝍡休	𝍤吉𝍡休	𝍥平𝍡休	𝍦平𝍡休	𝍧平𝍡休	𝍨平𝍡休
𝍠平𝍢災	𝍡平𝍢災	𝍢平𝍢災	𝍣平𝍢災	𝍤吉𝍢災	𝍥平𝍢災	𝍦平𝍢災	𝍧平𝍢災	𝍨平𝍢災
𝍠平𝍣悔	𝍡平𝍣悔	𝍢平𝍣悔	𝍣平𝍣悔	𝍤吉𝍣悔	𝍥平𝍣悔	𝍦平𝍣悔	𝍧平𝍣悔	𝍨平𝍣悔
𝍠平𝍤平	𝍡平𝍤平	𝍢平𝍤平	𝍣平𝍤平	𝍤吉𝍤平	𝍥平𝍤平	𝍦平𝍤平	𝍧平𝍤平	𝍨平𝍤平
𝍠平𝍥吝	𝍡平𝍥吝	𝍢平𝍥吝	𝍣平𝍥吝	𝍤吉𝍥吝	𝍥平𝍥吝	𝍦平𝍥吝	𝍧平𝍥吝	𝍨平𝍥吝
𝍠平𝍦祥	𝍡平𝍦祥	𝍢平𝍦祥	𝍣平𝍦祥	𝍤吉𝍦祥	𝍥平𝍦祥	𝍦平𝍦祥	𝍧平𝍦祥	𝍨平𝍦祥
𝍠平𝍧咎	𝍡平𝍧咎	𝍢平𝍧咎	𝍣平𝍧咎	𝍤吉𝍧咎	𝍥平𝍧咎	𝍦平𝍧咎	𝍧平𝍧咎	𝍨平𝍧咎
𝍠平𝍨吉	𝍡平𝍨吉	𝍢平𝍨吉	𝍣平𝍨吉	𝍤吉𝍨元	𝍥平𝍨吉	𝍦平𝍨吉	𝍧平𝍨吉	𝍨平𝍨吉

𝍥𝍨固九之六，大雪，鶡旦不鳴。

固，正靜而一，爲物之極，龍蛇之蟄，不知不識吉。

𝍠休𝍠凶	𝍡災𝍠凶	𝍢吝𝍠凶	𝍣凶𝍠大	𝍤平𝍠凶	𝍥吉𝍠凶	𝍦悔𝍠凶	𝍧祥𝍠凶	𝍨咎𝍠凶
𝍠休𝍡休	𝍡災𝍡休	𝍢吝𝍡休	𝍣凶𝍡休	𝍤平𝍡休	𝍥吉𝍡休	𝍦悔𝍡休	𝍧祥𝍡休	𝍨咎𝍡休
𝍠休𝍢災	𝍡災𝍢災	𝍢吝𝍢災	𝍣凶𝍢災	𝍤平𝍢災	𝍥吉𝍢災	𝍦悔𝍢災	𝍧祥𝍢災	𝍨咎𝍢災
𝍠休𝍣悔	𝍡災𝍣悔	𝍢吝𝍣悔	𝍣凶𝍣悔	𝍤平𝍣悔	𝍥吉𝍣悔	𝍦悔𝍣悔	𝍧祥𝍣悔	𝍨咎𝍣悔
𝍠休𝍤平	𝍡災𝍤平	𝍢吝𝍤平	𝍣凶𝍤平	𝍤平𝍤平	𝍥吉𝍤平	𝍦悔𝍤平	𝍧悔𝍤平	𝍨咎𝍤平
𝍠休𝍥吝	𝍡災𝍥吝	𝍢吝𝍥吝	𝍣凶𝍥吝	𝍤平𝍥吝	𝍥吉𝍥吝	𝍦悔𝍥吝	𝍧悔𝍥吝	𝍨咎𝍥吝
𝍠休𝍦祥	𝍡災𝍦祥	𝍢吝𝍦祥	𝍣凶𝍦祥	𝍤平𝍦祥	𝍥吉𝍦祥	𝍦悔𝍦祥	𝍧悔𝍦祥	𝍨咎𝍦祥
𝍠休𝍧咎	𝍡災𝍧咎	𝍢吝𝍧咎	𝍣凶𝍧咎	𝍤平𝍧咎	𝍥吉𝍧咎	𝍦悔𝍧咎	𝍧悔𝍧咎	𝍨咎𝍧咎
𝍠休𝍨吉	𝍡災𝍨吉	𝍢吝𝍨吉	𝍣凶𝍨吉	𝍤平𝍨吉	𝍥吉𝍨元	𝍦悔𝍨吉	𝍧祥𝍨吉	𝍨咎𝍨吉

𝍦𝍨移 九之七，虎始交。

移，功成而退，居亢則悔，利有攸往，守常凶。

𝍠祥𝍠凶	𝍡悔𝍠凶	𝍢凶𝍠大	𝍣咎𝍠凶	𝍤平𝍠凶	𝍥休𝍠凶	𝍦吉𝍠凶	𝍧吝𝍠凶	𝍨災𝍠凶
𝍠祥𝍡休	𝍡悔𝍡休	𝍢凶𝍡休	𝍣咎𝍡休	𝍤平𝍡休	𝍥休𝍡休	𝍦吉𝍡休	𝍧吝𝍡休	𝍨災𝍡休
𝍠祥𝍢災	𝍡悔𝍢災	𝍢凶𝍢災	𝍣咎𝍢災	𝍤平𝍢災	𝍥休𝍢災	𝍦吉𝍢災	𝍧吝𝍢災	𝍨災𝍢災
𝍠祥𝍣悔	𝍡悔𝍣悔	𝍢凶𝍣悔	𝍣咎𝍣悔	𝍤平𝍣悔	𝍥休𝍣悔	𝍦吉𝍣悔	𝍧吝𝍣悔	𝍨災𝍣悔
𝍠祥𝍤平	𝍡悔𝍤平	𝍢凶𝍤平	𝍣咎𝍤平	𝍤平𝍤平	𝍥休𝍤平	𝍦吉𝍤平	𝍧吝𝍤平	𝍨災𝍤平
𝍠祥𝍥吝	𝍡悔𝍥吝	𝍢凶𝍥吝	𝍣咎𝍥吝	𝍤平𝍥吝	𝍥休𝍥吝	𝍦吉𝍥吝	𝍧吝𝍥吝	𝍨災𝍥吝
𝍠祥𝍦祥	𝍡悔𝍦祥	𝍢凶𝍦祥	𝍣咎𝍦祥	𝍤平𝍦祥	𝍥休𝍦祥	𝍦吉𝍦祥	𝍧吝𝍦祥	𝍨災𝍦祥
𝍠祥𝍧咎	𝍡悔𝍧咎	𝍢凶𝍧咎	𝍣咎𝍧咎	𝍤平𝍧咎	𝍥休𝍧咎	𝍦吉𝍧咎	𝍧吝𝍧咎	𝍨災𝍧咎
𝍠祥𝍨吉	𝍡悔𝍨吉	𝍢凶𝍨吉	𝍣咎𝍨吉	𝍤平𝍨吉	𝍥休𝍨吉	𝍦吉𝍨元	𝍧吝𝍨吉	𝍨災𝍨吉

𝍧𝍨墮 九之八，荔挺出。

墮，物極于上，必復于下，君子下下吉。

𝍠悔𝍠凶	𝍡凶𝍠大	𝍢休𝍠凶	𝍣祥𝍠凶	𝍤平𝍠凶	𝍥災𝍠凶	𝍦咎𝍠凶	𝍧吉𝍠凶	𝍨吝𝍠凶
𝍠悔𝍡休	𝍡凶𝍡休	𝍢休𝍡休	𝍣祥𝍡休	𝍤平𝍡休	𝍥災𝍡休	𝍦咎𝍡休	𝍧吉𝍡休	𝍨吝𝍡休
𝍠悔𝍢災	𝍡凶𝍢災	𝍢休𝍢災	𝍣祥𝍢災	𝍤平𝍢災	𝍥災𝍢災	𝍦咎𝍢災	𝍧吉𝍢災	𝍨吝𝍢災
𝍠悔𝍣悔	𝍡凶𝍣悔	𝍢休𝍣悔	𝍣祥𝍣悔	𝍤平𝍣悔	𝍥災𝍣悔	𝍦咎𝍣悔	𝍧吉𝍣悔	𝍨吝𝍣悔
𝍠悔𝍤平	𝍡凶𝍤平	𝍢休𝍤平	𝍣祥𝍤平	𝍤平𝍤平	𝍥災𝍤平	𝍦咎𝍤平	𝍧吉𝍤平	𝍨吝𝍤平
𝍠悔𝍥吝	𝍡凶𝍥吝	𝍢休𝍥吝	𝍣祥𝍥吝	𝍤平𝍥吝	𝍥災𝍥吝	𝍦咎𝍥吝	𝍧吉𝍥吝	𝍨吝𝍥吝
𝍠悔𝍦祥	𝍡凶𝍦祥	𝍢休𝍦祥	𝍣祥𝍦祥	𝍤平𝍦祥	𝍥災𝍦祥	𝍦咎𝍦祥	𝍧吉𝍦祥	𝍨吝𝍦祥
𝍠悔𝍧咎	𝍡凶𝍧咎	𝍢休𝍧咎	𝍣祥𝍧咎	𝍤平𝍧咎	𝍥災𝍧咎	𝍦咎𝍧咎	𝍧吉𝍧咎	𝍨吝𝍧咎
𝍠悔𝍨吉	𝍡凶𝍨吉	𝍢休𝍨吉	𝍣祥𝍨吉	𝍤平𝍨吉	𝍥災𝍨吉	𝍦咎𝍨吉	𝍧吉𝍨元	𝍨吝𝍨吉

𝍨𝍨終　九之九。

終，吉，茲闔之窮，斯闢之通，君子令終。

𝍠凶𝍠大	𝍠凶𝍡休	𝍠凶𝍢災	𝍠凶𝍣悔	𝍠凶𝍤平	𝍠凶𝍥吝	𝍠凶𝍦祥	𝍠凶𝍧咎	𝍠凶𝍨吉
𝍡休𝍠凶	𝍡休𝍡休	𝍡休𝍢災	𝍡休𝍣悔	𝍡休𝍤平	𝍡休𝍥吝	𝍡休𝍦祥	𝍡休𝍧咎	𝍡休𝍨吉
𝍢災𝍠凶	𝍢災𝍡休	𝍢災𝍢災	𝍢災𝍣悔	𝍢災𝍤平	𝍢災𝍥吝	𝍢災𝍦祥	𝍢災𝍧咎	𝍢災𝍨吉
𝍣悔𝍠凶	𝍣悔𝍡休	𝍣悔𝍢災	𝍣悔𝍣悔	𝍣悔𝍤平	𝍣悔𝍥吝	𝍣悔𝍦祥	𝍣悔𝍧咎	𝍣悔𝍨吉
𝍤平𝍠凶	𝍤平𝍡休	𝍤平𝍢災	𝍤平𝍣悔	𝍤平𝍤平	𝍤平𝍥吝	𝍤平𝍦祥	𝍤平𝍧咎	𝍤平𝍨吉
𝍥吝𝍠凶	𝍥吝𝍡休	𝍥吝𝍢災	𝍥吝𝍣悔	𝍥吝𝍤平	𝍥吝𝍥吝	𝍥吝𝍦祥	𝍥吝𝍧咎	𝍥吝𝍨吉
𝍦祥𝍠凶	𝍦祥𝍡休	𝍦祥𝍢災	𝍦祥𝍣悔	𝍦祥𝍤平	𝍦祥𝍥吝	𝍦祥𝍦祥	𝍦祥𝍧咎	𝍦祥𝍨吉
𝍧咎𝍠凶	𝍧咎𝍡休	𝍧咎𝍢災	𝍧咎𝍣悔	𝍧咎𝍤平	𝍧咎𝍥吝	𝍧咎𝍦祥	𝍧咎𝍧咎	𝍧咎𝍨吉
𝍨吉𝍠凶	𝍨吉𝍡休	𝍨吉𝍢災	𝍨吉𝍣悔	𝍨吉𝍤平	𝍨吉𝍥吝	𝍨吉𝍦祥	𝍨吉𝍧咎	𝍨吉𝍨元

附錄

黄東發日鈔曰：「經解惟書最多，至蔡九峯參合諸儒要説，嘗經朱文公訂正，其釋文義既視漢、唐爲精，其發指趣又視諸家爲的，書經至是而大明，如揭日月矣。」

黄瑞節曰：「易更四聖而象已著，範錫神禹而數不傳。九峯蔡氏撰皇極内篇數爲一書，于是有範數圖八十一章六千五百六十一變。西山真氏云『蔡氏範數與三聖之易同功』者是也。」

九峯同調

黄先生千能

黄千能，字必强，豐城人。刻意讀書，謂皇極九疇之統，漢儒舉以參五事，配六極，則失之妄，作皇極要論，又謂古今地理無一定之形，神禹疏河之故道，蕪沒而難考，作禹貢圖説。參江西通志。

九峯家學劉、李三傳。

教授蔡覺軒先生模

蔡模，字仲覺，九峯先生冢子也。淳祐四年，以丞相范鍾薦，謝方叔亦乞表異之，詔補迪功郎，添差本府教授。嘗輯文公所著書爲續近思録及易傳集解、大學衍説、論孟集疏、河洛探賾等書行世，學者稱爲覺軒先生。

文肅蔡久軒先生杭

蔡杭，字仲節，覺軒之弟也。紹定進士，主管刑工架閣文字。召試館職，遷祕書正字，陞校書郎，兼樞密院編修、諸王宮大小學教授。疏權姦不可復用，國本亟宜早定，帝善其言。累官至端明殿學士同知樞密院事，拜參知政事。卽乞骸，不伺報輒行，落職予祠。卒諡文簡，以犯祖諱，更諡文肅。

雲濠謹案：萬歷金華志云：「仲節，元定之孫，博通經史，邃于理學。淳祐十一年，知金華郡，亟躧北山、魯齋二先生之門，請爲主教麗澤。魯齋一出而婺之禮俗興。」

山長蔡靜軒先生權

蔡權，字仲平，九峯先生第三子也。聰明英毅，肄業于家庭，兄弟聯席，自相師友。覺軒爲續近思録、易傳集解、大學衍説、河洛探賾、論孟集疏等書，皆與先生參考，以至成編。以兄恩補承務郎。教授鄉閭，講明義理，獨處靜室幽軒，終日怡怡，學者稱之曰靜軒先生。參蔡氏九儒書。

梓材謹案：眞西山爲九峯墓表，稱「季子亦嗜學，授廬峯書院山長，訓誨人才」云。

九峯門人

朝奉陳先生光祖別見西山蔡氏學案。

忠簡劉冰壺先生欽

劉欽，字子時，建安人，九峯蔡氏弟子也。以蔭累官同知樞密院事。歸隱武夷，自號冰壺散人。謚忠簡。著尚書衍義。補。

何雲源先生□

何□，號雲源先生。劉習甫見先生，得建安二蔡易洪範之學，先生大器之，特授以微言妙旨。參上虞縣志。

梓材謹案：雲源何氏，學案劉習甫傳或傳寫作靈源。黄晉卿北山紀遊八首，其一爲靈源。靈源何氏，豈即北山何氏邪？姑識以俟考。

劉氏家學劉、李四傳。

劉先生涇

劉涇，忠簡子雲莊之後也。其跋胡氏易學啟蒙通釋曰：「嘗記兒時，經家庭授易，聞之先君子云：昔晦庵先生之講學于雲谷也，我先文簡雲莊兄弟與西山蔡先生父子從遊最久，講四書之餘，必及于易。舊藏雲莊所鈔諸經師説數鉅帙，兵燼之餘，其存者蓋千百之什一耳。一日，約无咎詹君、退齋熊君訪雲谷遺跡，適值新安胡君庭芳來訪，出一編見示，謂其父玉齋平生精力盡在此書。亟閲諦玩，見其論象説理，允爲明備，而其所援引，則雲谷當日及門之士遺言討論多在焉。」參經義考。

梓材謹案：潛庵學案陳石堂傳云：「建州劉純父聘主雲莊書院。」純父蓋卽先生之字。

何氏門人

司農劉先生漢傳

劉漢傳，字習甫，上虞人，户部侍郎漢弼之弟也。時有雲源何氏者，得建安二蔡易範之學，先生往從之，求其奥旨。初，先生以禄不逮親，絶意仕進，雲源勉之仕。年四十六，始舉進士。累官至監都進奏院。陛對，陳四事曰：崇聖學，闢異端，伸直氣，恤民隱。遷司農丞，守南康軍，改吉州，俱有聲。晉江西提舉時，長江失險，人心摇蕩，元兵日逼，先生捍禦要害，民恃以無恐，制書奬之，除直寶謨閣，尋知處州。遷兩浙運使吏部郎，力辭不受。已而晉司農卿奉祠。閒居十一年，知宋將亡，臨終索筆書曰：「生爲宋臣，死爲宋鬼。」所著有洪範奥旨、通鑑會評、止善集。

九峯續傳

鄉貢劉竹坪先生實翁附子震。

劉實翁，吉水人，元貢進士，號竹坪先生。子震，字庚振，元進士朝列大夫，知趙州，世稱蒼筤先生。竹坪、蒼筤治尚書有名，王充耘等皆出其門。元末丁亂，蒼筤舉宗奮義，日夜戰，其鄉閭門多戰死云。參解春雨集。

貞文黄存齋先生鎮成

黄鎮成，字元鎮，邵武人。年弱冠，卽厭棄榮利。延祐初，再試有司不合，築室城南，顔曰南田耕舍，慨然以聖賢道學自力，學者稱爲存齋先生。著尚書通考十卷、周易通義、中庸章旨。文宗天歷三年，執政者薦爲江西路儒學提舉，禄不及而卒，年七十有五。集賢議謚曰貞文處士。從黄氏補本録入。

隱君陳先生師凱

陳師凱，字道勇，南康人。隱居廬山，名其地曰東滙澤。撰尚書蔡傳旁通六卷。同上。

劉氏門人

同知王先生充耘

王充耘，字耕野，江西人。元統初，以書經成進士，授同知永新州事。尋棄官養母。晚益潛心尚書，考訂蔡傳，名曰讀書管見，凡二卷。外有書義主意、書義矜式各六卷。同上。

宋元學案卷六十八

北溪學案

黃宗羲原本　黃百家纂輯　全祖望修定

北溪學案表

陳淳——子榘
季氏壻。
晦翁、林氏門人。
延平、白水、籍溪、屏山再傳。
元城、龜山、譙氏、武夷、豫章三傳。
涑水、二程四傳。

陳沂

陽昭復——呂大圭——丘葵——呂椿
附師辛介甫。
吳平甫。

王昭——呂大圭見上楊氏門人。

蘇思恭
祖尊己。

黃必昌

黃以翼

卓琮
梁集
王雋
鄭思忱見下白石門人。
鄭思永
王次傳
江與權並見白石門人。
葉采別見木鐘學案。
邵甲
王震並見慈湖學案。
張應霆
李粦
朱右
鄭聞
謝升賢
貫齋講友。

陳易
王遇別見滄洲諸儒學案。

楊仕訓別見滄洲諸儒學案。並北溪講友。

蔡和
復之學侶。

蘇思恭

黄必昌

黄以翼

卓琮

王雋並見北溪門人。

鄭思忱

鄭思永

王次傳

江與權

北溪學案序録

祖望謹案：滄洲諸子，以北溪陳文安公爲晚出。其衞師門甚力，多所發明，然亦有操異同之見而失之過者。述北溪學案。梓材案：是卷學案，謝山修補甚詳，其稾具存。

朱林門人劉、李再傳。

文安陳北溪先生淳附子榘。

陳淳，字安卿，龍溪人。少習舉子業，林宗臣見而奇之，且曰：「此非聖賢事也。」因授以近思録。及文公守漳，請教。文公曰：「凡閱義理，必窮其原。」先生聞而爲學益力，日求所未至。文公數語人以「南來，吾道喜得陳淳」。後十年，復往見文公，陳其所得，時文公已寢疾，語之曰：「如今所學，已見本原，所闕者，下學之功爾。」自是所聞皆要切語，凡三月而文公卒。先生追思師訓，痛自裁抑，日積月累，義理貫通，洞見條緒。郡守以下，皆禮重之，時造其廬而請焉。嘉定九年，待試中都，歸遇嚴陵守鄭之悌，率僚屬延講郡庠。先生歎陸學張王，學問無原，全用禪家宗旨，認形氣之虛靈知覺爲天理之妙，不由窮理格物，而欲徑造上達之境，反託聖門以自標榜。乃發明吾道之體統，師友之淵源，用功之節目，讀書之次序，爲四章以示學者。明年，以特奏恩授迪功郎、泉州安溪主薄，未上而卒，年六十五。所著有論孟學庸口義、字義、詳講、禮、詩、女學等書。門人陳沂等録其語，號筠谷瀨口金山所聞。子榘又編次其文爲五十卷。修。

北溪語録

太極只是理，理本圓，故太極之體渾淪。以理言，則自末而本，自本而末，一聚一散，無所不極其至，自萬古之前，與萬古之後，無端無始，此渾淪太極之全體也。自其沖漠無朕，與天地萬物皆由是出，及天地萬物既由是出，又復沖漠無朕，此渾淪無極之妙用也。聖人一心渾淪太極之全體而酬酢萬變，無非太極流行之妙用。今學問工夫，須從萬事萬物中貫過，湊成一渾淪大本，又于渾淪大本中散爲萬事萬物，使無稍窒礙，然後實體得渾淪至極者在我，而大用不差矣。

太極只是總天地萬物之理而言，不可離天地萬物之外而別爲之論。又云：陳幾叟「月落川處處皆圓」之譬，亦正如此。

道流行天地之間，無所不在，無物不有。子思言「鳶飛」「魚躍」「上下察」以證之。程子謂子思「喫緊爲人，活潑潑地」者，正如顏子所謂「卓爾」，孟子所謂「躍如」之意，都是真見得這道理分明，故如此說。

若易所謂「一陰一陽之謂道」，孔子此處，是就造化根源上論。

道理二字，亦須有分別。萬古通行者，道也；萬古不易者，理也。

孟子道性善，從何而來？孔子繫辭曰：「一陰一陽之謂道，繼之者善也，成之者性也。」夫子所謂善，是就人物未生之前、造化源頭處說，孟子所謂性善，則是就「成之者性」處說，是人生以後事。其實，由造化源頭處有是「繼之者善」，然後「成之者性」時方能如是之善，則孟子之所謂善，實淵源于夫子所謂善者而來，而非有二本也。

仁只是天理生生之全體，無表裏動靜隱顯精粗之間。唯此心純是天理之公，而絕無一毫人欲之私，乃可以當其名。若一處有病痛，一事有欠闕，一念有間斷，則私意行而生理息，即頑痺不仁矣。

自孔門後，無識仁者。漢人只以恩愛說仁。韓子因遂以博愛爲仁。至程子而非之，而曰：「仁，性也；愛，情也。以愛爲仁，是以情爲性矣。」至哉，言乎！然自程子之言一出，門人又一向離愛言仁，而求之高遠，不知愛雖不可以名仁，而仁亦不能離乎愛也。上蔡遂專以知覺言仁。夫仁者，固能知覺，而謂知覺爲仁則不可。若能轉一步觀之，只知覺處純是天理，便是仁也。龜山又以萬物與我爲一爲仁。夫仁者，固與萬物爲一，然謂與萬物爲一爲仁則不可。若能轉一步觀之，只于與萬物爲一之前純是天理流行，便是仁也。呂氏克己銘又欲克去有己，須與萬物爲一體方爲仁。其視仁皆若曠蕩在外，都無統攝，其實如何得與萬物合一？洞然八荒，如何得皆在我闥之內？殊失孔門向來傳授心法本旨。至文公始以「心之德、愛之理」六字形容之，而仁之說始親切矣。

禮謂：「執虛如執盈，入虛如有人。」只就此二句體認持敬底工夫，意最親切。

恭是敬之見于外者，敬是恭之存于中者，然未有內無敬而外能恭者，亦未有外能恭而內無敬者。恭敬不是二物，如形影與忠信忠恕相關一般。

梓材謹案：此下有一條，別列示學者文。

道理初無玄妙，只在日用人事閒，但循序用功，便是有見。所謂下學上達者，須下學工夫到，乃可從事上達，然不可以此而安于小成也。夫盈天地閒，千條萬緒，是多少人事。聖人大成之地，千節萬目，是多少工夫。唯當開拓心胸，大作基址，須萬理明徹于胸中，將此心放在天地閒一例看，然後可以語孔、孟之樂。須明三代法度，通之于當今而無不宜，然後爲全儒，而可以語王佐事業。須運用酬酢，如探諸囊中而不匱，然後爲資之深，取之左右逢其原，而真爲己物矣。至于以天理人欲分數，而驗賓主進退之機，如好好色，惡惡臭，而爲天理人欲强弱之證，必使之于是是非非，如辨黑白，如遇鏌鋣干將，不容有騎牆不決之疑，則雖艱難險阻之中，無不從容自適，然後爲知之至而行之盡。此心之量極大，萬理無所不包，萬物無所不統。古人每言學必欲其博，孔子所以學不厭者，皆所以極盡乎此心無窮之量也。論語曰：「博學而篤志。」立志要定不要雜，要堅不要緩，如顏子曰：「舜何人也，予何人也。有爲者亦若是。」若曰：「文王，我師也，周公豈欺我哉？」皆以聖人自期，皆是能立志。孟子曰：「舜爲法于天下，可傳于後世，我猶未免爲鄉人也。是則可憂也。憂之如何？如舜而已矣。」孟子以舜自期，亦是能立志。

命字有二義，有以理言者，有以氣言者。其實理不外于氣。蓋二氣流行萬古，生生不息，不成只是空箇氣。必有主宰之者，曰理是也。然理非有離乎氣，只是就氣上指出箇理不離乎氣而爲言耳。

禮運言：「人者，陰陽之交，鬼神之會。」説得亦親切。此真聖賢之遺言，非漢儒所能言也。蓋天地間，無一物不是陰陽，則無一物不是鬼神。以上棃洲原本。

示學者文

求道過高者，宗師佛學，陵蔑經典，以爲明心見性，不必讀書，而蕩學者于空無之境。立論過卑者，又崇獎漢、唐，比附三代，以爲經世濟物，不必修德，而陷學者于功利之域。師友淵源。補。

聖門用工節目，其大要不過曰致知力行而已。致者，推之而至其極之謂。致其知者，所以明萬理于心而使之無所疑也。力者，勉焉而不敢怠之謂。力其行者，所以復萬善于己而使之無不備也。知不至，則真是真非無以辨，其行將何所適從！必有認人欲作天理而不自覺者矣。行不力，則雖精義入神，亦徒爲空言，而盛德至善竟何有于我哉！然二者亦非截然判先後爲二事也。故知之明，則行愈速，而行之力，則所知又益精矣。其所以爲致知力行之地者，必以敬爲主。敬者，主一無適之謂，聖賢所以貫動静、徹終始之功也。能敬，則中有涵養，而大本清明。由是而致知，則心與理相涵，而無頑冥之患矣！由是而力行，則身與事相安，而不復有扞格之病矣！用功節目。

北溪文集補。

仁者，固能好人，能惡人。然恐惡人之意常過寬，好人之意常過厚，惡人之意終較緩，好人之意終較速。

祖望謹案：此乃長者之言。然君子之惡惡，本以自警，則有如仇如探湯者。北溪但就待人一邊言之耳。

忠恕難截然分成兩段。發出忠底心，便是恕底事，做成恕底事，便是忠底心。聖人安得有憤！只是誠懇篤切，如恐不及，便是憤。惟真能憤，然後真得樂。

神發于陽，魄根于陰。心也者，麗陰陽而乘其氣，無間于動静，卽神之所會，而爲魄之主也。晝則陰伏藏而陽用事，陽主動，故神運魄隨而爲寤。夜則陽伏藏而陰用事，陰主静，故魄定神蟄而爲寐。神之運，故虚靈知覺之體灼然呈露，如一陽復後，萬物之有春意焉，而此心之于寤也，爲有主。神之蟄，故虚靈知覺之體沈然潛隱，悄無蹤跡，如純坤之月，萬物之生性，不可窺其眹焉，而此心之于寐也，爲無主。然其中實未嘗泯，而有不可測者存。呼之則應，警之則覺，是亦未嘗無主也。故自其大分言之，寤陽而寐陰，心之所以爲動静也。細而言之，寤之有思者，又動中之動，而爲陽之陽也。無思者，又動中之静，而爲陽之陰也。寐之有夢者，又静中之動，而爲陰之陽也。無夢者，又静中之静，而爲陰之陰也。又錯而言之，思有善與惡者，又動中動之陽明陰濁也。無思而善應與妄應者，又動中静之陽明陰濁也。夢之有正與邪者，又静中動之陽明陰濁也。無夢而易覺與難覺者，又静中静之陽明陰濁也。聖人與衆人動静則同，而所以爲陽明陰濁則異。人之學力，可以驗矣。

聖人知匡人之決不能害己，所以信天理之必然也，而又必有戒畏之心，所以盡天理之當然也。

「逝者如斯」，楊氏有不逝之説，亦猶中庸説「死而不亡」之意，皆是墮異端處。

周公請命，成王出郊，耿恭拜井庚，黔婁祈北辰，與王祥、姜詩等事，只爲天地間同此一氣，理所以統乎氣，而人心又爲之主，隨其所屬小大，但精誠所注，理强而氣充，自然有相感通，有若血脈之相關者。然人或有不能必其然者。蓋無不應者，理之常也。或不能必然者，非其常也。故君子惟自盡其所當爲，而不可覬其所難必。

人有淡然不逐物欲者，而亦不進于天理，蓋其質美而未學，所云者，止其粗，而未及精，止其顯，而未及隱，其不復天理處，便是人欲之根尚在，潛伏爲病，未能去之淨盡，而猶有陰拒天理于冥冥之閒，正如瘧疾，寒熱既退，而精神不爽，病猶在隱而未全退，蓋形氣尚爲主，天理尚爲客也。

「一日克己復禮」，當是時，顏子分上克己業過大半，所以夫子有一日之說。未爲徑快疏畧，而在顏子剛勇手段，一日亦真足承當。若在學者，工夫未曾一二，而輒欲試一日之說，安能頓然徹底淨盡。

曾點只是窺見聖人大意如此而已，固未能周晰乎體用之全，如顏子卓爾之地。而其所以實踐處，又無顏子縝密之功，故不免乎狂士。蓋有上達之資，而無下學之功。若以漆雕開比之，則開之意正欲實致其下學之功，而進乎上達者。在學者于點之趣味，固不可不涵泳于中。然所以致其力者，不可躐高以忽下，而當由下以達高，循開之所存，體回之所事。開之志既篤，回之功既竭，則點之所造，又不足言。

子路行處篤于點，平時胸懷磊落，不爲勢利拘，幾有灑然底意，如與狐貉立，與朋友共，無憾，其地位高矣！但其見處不及點，由此理而不知。

暴來者待之以遜，毀來者待之以靖，詐來者待之以誠，慢來者待之以恭。以上問目。

魂者，陽之靈，氣之發也。其分主動，所以行乎此身之中，隨所貫而無不生。魄者，陰之精，體之凝也。其分主靜，所以實乎此身之中，隨所注而無不定。參觀互考，魂中有魄，魄中有魂，無所不存。凡日用之所奮厲振作，通暢和樂，施爲經畫，思慮明覺者，魂之屬也。整齊嚴肅，安恬退止，持循執守，決斷記志者，魄之屬也。魂充魄聚，則心力强。心之神明精爽，則魂魄有統。人生始于氣感，則得魂爲先。既而體凝焉，則魄次之。又既生而神發焉，則魂主之。發而純一湛静，則魄主之。男則魂統魄，女則魄統魂。稟重厚者魄勝魂，賦輕清者魂勝魄。魂魄説。

死生無二理。能原其始而知所以生，則反其終而知所以死。無極之真，二五之精，妙合而凝，化生萬物，此所以生之始也。得是至精之氣而生，氣盡則死。得是至真之理，而其存也順，則其死也安。始終生死，如此而已。自未生之前，是理、氣爲天地間公共之物，非我所得與。既凝而生之後，始爲我所主，而有萬化之妙。及氣盡而死，則理亦隨之。一付之人化，又非我所能專有而常存不滅于冥漠之間也。今佛者曰：「未生之前，所謂我者固已具。既死之後，所謂我者未嘗亡。所以輪回生生于千萬億劫而無有窮已。」則是形潰而反于原，既屈者可復申，與造化消息闔闢之理殊不相合。且天堂地獄，明證昭昭，是天地間別有一種不虚不實之田地，可以載其境，別有一種不虚不實之磚瓦材木，可以結其居，與萬物有無虚實之性又不相符。福可以禱而得，罪可以賂而免，所以主宰乎幽陰者，猶爲私意之甚。觀此，雖愚者可以不惑矣。

人心之虚靈知覺，一而已。其由形氣而發者，以形氣爲主，而謂之人心。由理義而發者，以理義爲主，而謂之道心。飢思食，渴思飲，冬思裘，夏思葛，此皆人心也。視思明，聽思聰，言思忠，動思義，道心之謂也。二者固有脈絡，粲然于方寸之間而不相亂。自告子以生言性，則已指氣爲理，而不復有別。

今佛者以作用是性，以蠢動之類，皆有佛性，運水搬柴，無非妙用，專指人心之虛靈知覺而作弄之。明此爲明心，見此爲見性，悟此爲悟道，其甘苦食淡，停思絶想，嚴防痛抑，堅持力制，或有見于心，如秋月碧潭之潔者，遂以爲造到。而儒者見之，自顧有穢淨之殊，反爲歆慕，舍己學以從之，不知聖門自有「克己爲仁」瑩淨之境。所爲江、漢之濯，秋陽之暴，及光風霽月者，乃此心純是天理之公，而絶無一毫人欲之私，而彼之所謂月潭清潔者，特不過萬理俱空，而百念不生耳，相似而實不同也。心之所具者惟理，彼以理爲障礙，而悉欲空之，則所存者，特形氣之知覺，此是第一節差錯處。至于無君臣父子等大倫，乃其粗迹悖謬極顯處。心本活物，如何使之絶念不生！必欲絶之，死而後可。程子以爲，佛家有一個覺之理，自謂「敬以直内」，而無義以方外，則直内者亦非，正謂此也。以上似道之辨。

八條目中，格物之義最博，而誠意所關繫爲最要。雜著。

流俗舉子，且得開示以邪正大分而明白其入德之門，然後徐徐進以聖賢精密之功。西銘等文字，非可驟與之語而强聒之也。答李公晦。

學者先須堅立此志，嘗以顏子有爲若是者在念而自提撕，以孟子未免鄉人爲憂而自淬厲，不埋没，不退轉，然後循循㊀用功以副之。致知、力行二事，當齊頭著力並做，不是截然爲二事。先致知然後行，只是一套底事，行之不力，非行之罪，皆知之者不真。須見善真如好好色，見惡真如惡惡臭，然後爲知之至，而行之力，卽便在其中矣。

㊀「循循」，原本作「循知」，據龍本改。

知行不是兩截事，譬如行路，目視足履，豈能廢一。若瞽者不用目視，而專靠足履，寸步決不能行；跛者不用足履，而專靠目視，亦決無可至之處。

道理須要看得端的，不可畧見大意。是是非非，須如好色惡臭，確然不可移易，方透得大學「誠意」關，方到得孟子「居安」地位，方有牢固得力處，方可保成箇人，免禽獸之歸。若只依希半開半界，茫然不定，平居未接物時，猶未見做病，忽臨大利害境界，有大可羨可嗜可駭可懾，便不覺爲之潰亂變動，忽墮于非人類之域，而不自知，豈不可畏！

吾子所學，只欲博物洽聞，不欲爲志道據德工夫，殊不入顏、曾路來。古人謂「切問而近思」，又曰「審問之，愼思之」，今吾子不切不審而雜乎其問，不近不愼而泛乎其思，長編大帙都一滚來，是乃博問而遠思，殊非朴實頭地。

讀聖賢書，不必過用心求玄求妙于杳冥昏默之表，特于人事日用間，以其言一一切身體之。一一見得確然，不可移易，爲吾身中事，則雖艱難險阻之中，無不從容灑落，百鍊不爲之磨，九死不爲之悔，其中固自有所謂玄妙者，只心知獨悟，而非他人所能與。

太極卷子，各隨段訂正。但此等未到處，不必苦苦勞心過求，當反之吾身日用人事之切處。一動一靜，蓋莫非太極流行之實，非下學工夫，從千條萬緒中串過來，終非實見，亦安得存養而實有之，特恐復墮于莊、列之途而不自知。

制度名數，無非理義所寓，輕重疏密之閒，可見古人纖悉處。厭而置之，不幾墮釋、老空無之病乎！

所謂別尋一箇光輝底物，爲收藏之説，此正文公摘出異端心腹隱疾，以警學者，世儒多不免此。凡其窮高極遠，求玄語妙者，皆坐此病。吾儒所謂高遠，實不外于人事卑近，非窮諸天地萬物之表；所謂玄妙，實不離乎日用常行，非求諸空無不可涯涘之中。故精義妙道，須從千條萬緒中串過來；盛德至善，須從百窮九死中磨出來。六經、語、孟何嘗有一懸虛之説！以上答陳伯澡。

近思録第一卷，皆陰陽性命之藴，最爲難看，未可入頭便硬穿鑿去，且放緩亦無妨。第二卷至第五，皆切身用功處，最宜熟究。第十三卷，辨異端之説，十四明聖傳之統，參攷詳玩，俟有得焉，然後可以次第釋矣。通書簡奥，未可驟讀。史學亦且放緩，俟胸中權衡一定，方可及之，乃能真有以斷千古是非之情，而資異時盛大之用。答林司户。

文公表出近思録及四子，以爲初學入道之門，使人識聖門蹊逕，于此融會貫通，以作權度，去讀天下羣書，究人生萬事，非謂天下道理皆叢萃該備于此，可以向此取足，便安然兀坐，持循把守，以爲聖賢事業盡在此，無復他求，便可運用施爲，無往而不通，是大不然也。程子曰：「須大其心使開闊，如只孤孤單單窄窄狹狹去看道理，左動右礙，前觸後窒，更無長進之望矣。」答蘇德甫。

祖望謹案：此段甚佳。然愚謂四子之書，道理自無不該備，特博觀事變，誠有不可以此自畫者。前此大儒如尹和靖，持守甚固，卻是不教人讀書，得此説可以捄其流弊。

聖門工夫，自有次序，非如釋氏妄以一超直入之説，欺愚惑衆。須從下學，方可上達，格物致知，然後動容周旋無阻。陸學厭繁就簡，忽下趨高，陰竊釋氏之旨，陽託聖人之傳，最是大病。與姚安道。

承喻及「臨利害得喪，輒覺氣懾心動，爲身大患」，自非切己用功，何以及此。然去病當從根，則無遺種。大凡臨利害得喪，見其理不破，則于中不能無所疑；所養之氣，餒而不充，則于中不能無所懼。疑與懼交戰，心烏乎而不動！欲見事理之破者，在乎致知格物之功；欲養氣之充者，在乎集義之功。雖臨大變，當大任，應之無不從容矣。與鄭行之。

此一種門户，全用禪家宗旨祖述，那作用是性一説，將孟子所闢告子「生之謂性」底意重喚起來，指氣爲理，指人心爲道心，謂此物光輝燦爛，至靈至聖，天生完具，瀰滿世界，千萬億劫，不死不滅，凡性命道德、仁義禮智，都是此一物而異名，凡平時所以拳拳向内矜持者，不把作日用人事所當然，只是要保護那光輝燦爛，不死不滅底物事，是乃私意利心之尤，其狀甚有似于存養，而實非聖門爲己之學也。所主在此，故將下學工夫盡掃，合下直向聖人生知、安行地位上立，接引後進，亦直向聖人生知、安行地位上行。

其徒一二老輩，間有踐履好處者，此非由學力師訓之故，乃出于生質之篤厚而然，亦只是與道暗合，案之實不相符。以上答鄭節夫。

祖望謹案：此數語太過。

靜坐之説，異端與吾儒極相似而絶不同。道、佛二家亦小不同：道家以人之睡卧則精神莽董，行動則勞形搖精，故終日夜打坐，只是欲醒，定其精神魂魄，遊心于沖漠，以通仙靈，爲長生計；佛家以睡卧則心靈顛倒，行動則心靈走失，故終日夜打坐，只是欲空百念，絶萬想，以常存其千萬億劫不死不滅底心靈知識，使不至于迷錯箇輪回超生之路。此其所主，皆欲利之私，且違陰陽之經，咈人理之常，非所謂大中至正之道。若聖賢之所謂静坐者，蓋持敬之道，所以歛容體，息思慮，收放心，涵養本原，而爲酬酢之地，不欲終日役役，與事物相追逐。前輩所以喜人静坐爲善學，然亦未嘗終日偏靠于此。無事則静坐，有事則應接，故明道亦終日端坐如泥塑人，及接人則渾是一團和氣。若江西之學，不讀書，不窮理，只終日默坐澄心，正用佛家之説。在初學者，理未明，識未精，終日兀坐，是乃槁木死灰，其將何用！心不能無思，所思出于正，乃天理之形。思其所不當思，則爲坐馳。今欲終日默坐無所思，便自忽然有覺悟，寧有是理！以上答西蜀史杜諸友。

所喻病痛，有喜善嫉惡之心太勝，而包荒之量未洪，勇往直前之力有餘，而詳緩之意不足，卻是氣稟之偏，惟至于理義窮格昭明，氣質磨礲純粹，自無不各中其節矣。如一以包荒爲量，而其理不明，則混而無別，有妨乎智；一以詳緩爲意，而其理不明，則懦而無主，有害乎義，又不可以一定拘也。答陳遂父。

梓材謹案：謝山所録北溪文集六十條，今別列示學者文一條，又一條爲張應霆、李巽立傳于後，一條附録鄭聞傳後，又移入晦翁學案五條，移入東萊學案一條，移入象山學案五條，移入木鐘學案一條，移入滄洲諸儒二條，移入嶽麓諸儒二條，移入慈湖學案四條，移入槐堂諸儒三條，又一條分爲喻可中、顧平甫立傳。又案：謝山序録言先生衞師門甚力，亦有操異同之見而失之過者，自可合諸條而互見之也。

北溪講友

陳復之先生易

陳易，字復之，永春人。從朱文公學。文公嘗稱先生及北溪頗得蹊徑次第。同郡蔡白石累貽書請質。

郎中王東湖先生遇

料院楊先生仕訓并見滄洲諸儒學案。

復之學侶

堂長蔡白石先生和

蔡和，字廷傑，晉江人。心慕朱文公，以親老不能，勉陳易往受業，而以書請質之。居白石村，喪祭酌古今禮，鄉閭化之。真德秀守郡，李方子爲僚，議創書院于東湖，延先生爲堂長，會易鎮不果。號蔡白石。

北溪門人劉、李三傳。

推官陳貫齋先生沂

陳沂，字伯澡，一字貫齋，仙遊人，光祖之子，北溪陳氏弟子也。北溪稱其天姿粹潽，用功懇切，蓋高弟云。雲濠案：北溪集與先生書三卷、答問二十篇。官至新州推官。所著有讀易記。

梓材謹案：謝山學案底稾別爲先生一傳云：「篤志紫陽之學，以父命從北溪遊，而又徧參當世名儒碩士。嘗名其書室曰貫齋。北溪爲之記。」又云：「著大學論語說、讀易記等書。」仙遊縣志言先生徧參劉爚、廖德明、李方子、楊至諸先生之門，而北溪其所終身卒業者。凡一時及門之士，皆推爲嫡嗣云。

楊先生昭復

楊昭復，雲濠案：先生姓一作汪，一作黄，疑莫能定。閩人。師北溪，得朱子之傳。其門人曰吕大圭。補。

王潛軒先生昭

王昭，號潛軒，北溪弟子。爲鄉先生，吕圭叔少嗜學，師事焉。參通志堂經解序。

梓材謹案：先生與楊先生昭復並師北溪，其以楊昭復爲王昭復，蓋因同名昭，且同爲吕氏師，而誤爲一人也。

教授蘇省齋先生思恭祖尊己。

蘇思恭，字欽甫，雲濠案：謝山劄記云：「字德甫。」晉江人。祖尊己，以學行著。先生嘉定中登第。從陳北溪、蔡白石遊，篤意朱氏之學，踐履堅確，時然後言。除興化軍教授，以理義之實，革詞藻之華，士風翕然爲變。陳宓諸賢推重之。調韶州教授。有省齋文稾、曲江志。

州判黄先生必昌

黄必昌，字景文，雲濠案：景文一作京父。晉江人。從北溪學，又切磋于陳宓、潘柄二賢。有大學中庸講稾。嘉定中登第，判循州。補。

黄先生以翼

黄以翼，字宗台，泉州人，北溪陳氏弟子也。兼師蔡白石。析理精詣。暮年，學益博。所著有易說、禮說。補。

卓先生琮

卓琮，字廷瑞，永春人。嗜學堅苦，能暢北溪所授之旨。

梁先生集

梁集，字伯翔。

梓材謹案：陳復齋志北溪墓云：「北溪卒四年，其門人蘇思恭、梁集、陳沂以書抵莆陽謁志。」是先生爲北溪門人之證。又案：北溪集有答梁伯翔三書。

王先生雋

王雋，北溪學生。北溪卒，爲文奠之。參北溪文集附録。

鼓院鄭先生思忱

鄭先生思永

王先生次傳

江先生與權並見白石門人。

秘監葉平巖先生采別見木鐘學案。

王先生震並見慈湖學案。

邵顧齋先生甲

張先生應霆

李先生巽

張應霆、李巽，嚴州人。並學于北溪。北溪與鄭行之書云：「此間學者，皆江西之流。惟得張應霆一人，志趣未雜，一心樂聽講論，爲可望。近又得李巽，有志舍舊從新，爲可嘉。」補。

梓材謹案：北溪文集與鄭寺丞書作李犇，而與鄭行之書作李發，「發」與「犇」字相似，蓋傳寫之誤，作「犇」者是也。

朱先生右

朱右，字仁仲，嚴州人也。補。

雲濠謹案：謝山學案劄記有是條：「北溪爲朱仁仲字説有云：嘉定丁丑秋，過嚴陵，爲鄭使留在學講説。學徒朱君右者，甚拳拳于聽受，深有所警發，每自恨親炙之爲晚」云。

鄭先生聞

鄭聞，字行之。補。

雲濠謹案：北溪文集數與鄭行之書，先生名聞，字行之，蓋取「聞斯行之」之義。謝山學案劄記有：「鄭行，字聞之。」名字倒置，特爲正之。

附錄

北溪與嚴守鄭寺丞書曰：「象山一種學問，不止是竊禪家，乃全用禪家意旨。但以孔、孟歷代宗崇已極，不可貶剥，遂託其言以文。蓋其學雖或做入細工夫，與儒家内省處相近，而亦大段疏闊簡率，只是山林一苦行僧道輩氣象。所謂聖門切己存養省察精微嚴密之旨，彼烏足以知之！而況含糊不明理之蔽，必至于錯認人欲作天理而不自知。幸獲憑藉德音，爲之剖晰，于此閒得四人，若張應霆、朱右、李犇、鄭聞者，篤志爲道義之歸。鄭、張已識路脈不差，有可成之望，因以種聖學于一方，非細事也。」補。

梓材謹案：北溪是書上文云：「經過壽昌航頭，鄭生聞者，已伺候于道左。叩其所學來歷，平日惟在婺呂氏家塾從王深源爲學，卻好觀周、程、朱、呂之書。」又云「及得其書，大有警省。年方二十六，趣向甚正」云云。又北溪與先生書云：「書詞主象山，其根原差錯矣。子平日在呂氏家塾相講磨，東萊蓋友朱、張，師周、程而宗孔、孟者也，其子弟決不背其先學，爲異端之趣，不知子何從而得之？」是先生學出東萊而又爲象山之學者也。

貫齋講友

縣令謝恕齋先生升賢

謝升賢，字景芳，號恕齋，仙遊人。與陳沂爲友。端平中登第，官至循州興寧令。漕使方大琮、提刑楊大異皆薦先生宜充師儒之選。有太極圖、西銘、中庸、大學解，刻于濂泉書院。

白石門人

教授蘇省齋先生思恭

州判黄先生必昌

黄先生以翼

卓先生琮

王先生雋並見北溪門人。

鼓院鄭先生思忱

鄭思忱，字景千，安溪人。嘗從蔡白石遊。雲濠案：閩書：「先生授尚書于西溪李季，辨解析精詣，生徒常百數。」嘉定中登第，爲新興令，除遺利錢三百萬。知崇安縣，復均惠倉，以私籴面錢市糴實之。左遷浦城丞，真文忠公與語，知其賢，言于太守，復得仕知南恩州，辟浙東帥府參議官。雷變，上封事，言「士溺苞苴，習久難化，民坐困且盜，宜去暴卹貧，節用蓄力」。除監登聞院。參姓譜。

鄭先生思永

鄭思永，字景修，安溪人。好學篤行，蔡白石愛其樸粹，妻以女，俾從學終身。著易說。

王先生次傳

江先生與權合傳。

王次傳、江與權與鄭思忱、鄭思永、蘇思恭、卓琮、王雋、黄以翼、黄必昌皆白石門人。補。

雲濠謹案：泉州府志于蔡白石傳云：「一時如鄭思忱、思永、蘇思恭、王次傳、卓琮、王雋、黄以翼、江與權、黄必昌皆從北溪學。」是諸先生並兼從陳、蔡者也。

杨氏門人劉、李四傳。

知州吕樸鄉先生大圭

吕大圭，字圭叔，南安人，雲濠案：一本作「同安人，居樸鄉，因以爲號」。楊昭復弟子也。昭復之學，得之北溪陳氏，以接朱子，世號温陵截派。登進士，累官吏部員外郎、國子編修、實録檢討。官知漳州軍節制左翼屯戍軍馬，未行，蒲壽庚率知州田子真降元，捕先生，至令署降表，先生不可，變服逃入海，壽庚追殺之。所傳易經集解、春秋或問、學易管見。其説易，取陰陽對卦並論，如乾、坤作一論，夬、剥作一論之類。

王氏門人

知州吕樸鄉先生大圭見上楊氏門人。

吕氏門人劉、李五傳。

隱君丘釣磯先生葵附師辛介甫、吴平甫。

丘葵，字吉甫，同安人。有志朱子之學，初從辛介甫，繼從信州吴平甫受春秋，而親炙吕大圭、洪天錫之門。宋没，不應科舉，杜門勵學。居海嶼中，因自號釣磯翁。所著有易解義、書解義、詩口義、春秋通義、周禮補亡、四書日講。補。

周禮補亡自序

周禮一書，周公爲天地立心，爲生民立命，爲萬世開太平之書也。後世之君臣，每病于難行也，何居？葉水心謂周禮晚出，而劉歆遽行之，大壞矣，蘇綽又壞矣，王安石又壞矣。千四百年更三大壞，此後君臣病于難行。然則其終不可行乎？善乎真西山之言曰：「有周公之心，然後能行周禮。無周公之心而行之，則悖矣。」周公之心，何心也？堯、舜、禹、湯、文、武之心也。以是爲書，故能爲天地立心，爲生民立命，爲萬世開太平也。歆也，綽也，安石也，無周公之心，而欲行之，適所以壞之也。鄭、賈諸儒，析名物，辨制度，不爲無功，而聖人微旨，終莫之覩。惟洛之程氏，關中之張氏，新安之朱氏，其所論說，不過數條，獨得聖經精微之蘊。蓋程、張、朱氏之學，周公之學也，故能得周公之心，而是書實賴以明矣。今制以六經取士，乃置周官于不用，使天下之士習周禮者，皆棄而習他經，毋乃以冬官之缺爲不全書邪？夫冬官未嘗缺也，雜出于五官之屬，漢儒考古不深，遂以考工記補之。至宋淳熙間，臨川俞廷椿始著復古編，新安朱氏一見，以爲冬官不亡，考索甚當，鄭、賈以來，皆當斂衽退三舍也。嘉熙間，東嘉王次點又作周官補遺，由是周禮之六官始得爲全書矣。葵承二先生討論之後，加之參訂，的知冬官錯見于五官中，實未嘗亡，而太平大典渾然無失。欲刊之梓木，以廣其傳，是亦吾夫子存羊愛禮之意。萬一此經得入取士之科，而周公之心得暴白于天下後世，則是區區之願也。

唐、虞建官惟百，夏、商官倍，而周官至于三百六十。今觀成王時，周公以公兼太宰，召公以公兼宗伯，蘇忿生以公兼司寇。成王將崩，有召太保奭、芮伯、彤伯、畢公、衛侯、毛公，則是六卿中召公、畢公、毛公亦上兼三公矣。由是推之，先王之制，其職雖不廢，其官未必一一皆有。舉其大畧，如掌葛徵絺綌，掌染草徵染草，掌荼徵荼，掌炭徵炭，角人徵齒角，羽人徵毛羽，每官掌一事，無是事，未必有是官也。軍司馬、行司馬、戎僕、戎右，有軍旅則用之。甸祝、田僕有田獵則用之。有喪紀則用夏采、喪祝。有盟會則用詛祝。建邦國則用土方氏。來遠方之民則用懷方氏。先王豈能以禄食養無用之官，待有事然後用哉！亦臨事兼攝耳。故周官雖曰三百六十者，亦舉大數而言，不必皆六十也。今天官六十有三，地官七十有九，春官七十，夏官六十有九，秋官六十有六，冬官全無，漢儒以考工記補冬官。今據每官其屬六十，而天官羨三，地官羨十九，春官羨十，夏官羨九，秋官羨六，計其所羨者四十七官，此豈非司空之屬官雜在五官乎？秦火後，不無缺殘，冬官豈得全無？五官豈得有羨？夫自伯、禹作司空平水土以來，至周官之書，皆曰司空掌邦土，豈得以任土地之職歸之司徒？職方氏、形方氏、山師、川師、邍師之屬，豈得歸之司馬？大、小行人之職，豈得歸之春官？似此之類頗多，俞廷椿、王次點皆以爲冬官未嘗亡，錯見于五官中，余細考之，果未嘗亡也。真西山、趙庸齋皆以爲次點之訂義，有先儒之所未發，謂冬官未嘗亡，諸儒不能辯，自漢以來，强以考工記補之，未有言其非者。予今以五官之屬，其本文列于前，以俞、王二先生所删補者參訂，定爲六官之屬，書于後，則周官三百六十粲然在目，而冬官未嘗亡，信然矣。並從黄氏補本録入。

丘氏門人劉、李六傳。

呂先生椿

呂椿，字之壽，晉江人。從丘吉甫學。著尚書直解、春秋精義。從黄氏補本録入。

宋元學案卷六十九

滄洲諸儒學案上

黃宗羲原本　黃百家纂輯　全祖望補定

滄洲諸儒學案表

李燔——子舉——孫鑣
　　饒魯別爲雙峯學案。
　　趙范
　　趙葵——子溍
　　方暹別見勉齋學案。
　　宋斌見上晦翁門人。
　　許應庚別見雙峯學案。

張洽——子樆
　　子梩

廖德明——鄒應博

李方子——陳沂別見北溪學案。
　　　——牟子才別見鶴山學案。
　　　——葉采——陳天澤
　　　　陳沂別見北溪學案。

李文子

徐僑——王世傑——石一鰲——子定子
　　　　　　　　　　　——陳取青——子樵
　　　　　　　　　　　——黃溍——宋濂別見北山四先生學案。
　　　　　　　　　　　　　　——王禕
　　　　　　　　　　　　　　——戴良別見北山四先生學案。
　　　　　　　　　　　　　　——陳基
　　　　　　　　　　　　　　——劉涓別見北山四先生學案。
　　　　　　　　　　　　　　——蔣允升
　　　　　　　　　　　　　　——高明——李孝謙別見北山四先生學案。
　　　　　　　　　　　　　　　附弟誠。

李直方巘翁同調。——陳樵見上巘翁家學。
　　　　　　　——胡溓——李思齊

朱元龍

葉由庚

朱中

陳士允——徐黼

胡太和

劉爚——子垕——孫欽別見九峯學案。

從孫應季

熊慶胄

熊禾

胡一桂

並希泌講友。

陳沂別見北溪學案。

劉炳

劉剛中

程洵——董銖見上晦翁門人。

曹彥約

曹彥純

詹體仁——真德秀別爲西山真氏學案。

林夔孫——江萬里——陳偉器
父燈。　　　　　　└趙介如——汪華別見雙峯學案。
　　　　　　　　　　　　　　└燕公楠

劉南甫——從子由聖
古心學侶。└歐陽守道別爲巽齋學案。

傅伯成——子壅
　　　　└子康

黄灝

度正——趙景緯

任希夷

宋斌

黄酱

陳孔碩——子韡別見水心學案。
祖禧。
父衡。

陳孔夙

吳仁傑

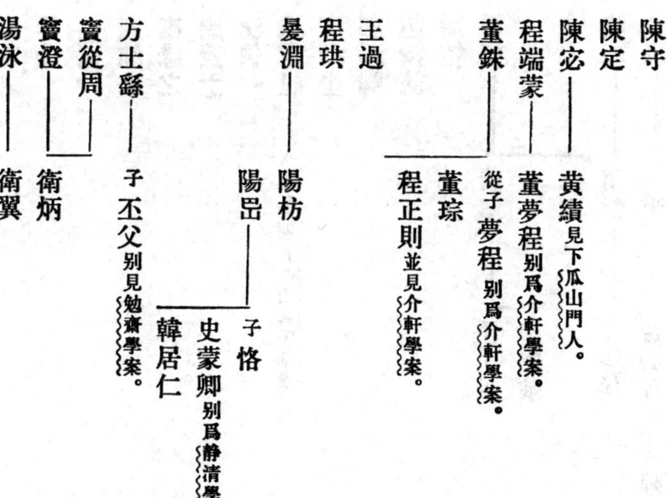

陳守
陳定
陳宓
黃績見下瓜山門人。
程端蒙
董夢程別爲介軒學案。
董銖
從子夢程別爲介軒學案。
董琮
程正則並見介軒學案。
王過
程珙
晏淵
陽枋
陽岊
子恪
史蒙卿別爲靜淸學案。
韓居仁
方士繇
子丕父別見勉齋學案。
竇從周
竇澄
衛炳
湯泳
衛翼
劉黻

李耆壽

趙綸

林湜

父師中。

應純之

應謙之

應茂之

沈侗

張宗説——江塤別見西山真氏學案。

李如圭

郭磊卿

趙汝談

潘植

潘柄——黄績——子仲元

　　　　　　——鄭獻翁

　　——蘇國台

滕璘——趙雷——子順孫

滕珙——子鉛——黄智孫——陳櫟——倪士毅

朱升
程存
葉大有
吴彬

程顯道

陳源長草窗同調。——子櫟見上草窗門人。

胡泳——黄輔別見勉齋學案。

李仁㞷

曾三聘

章康——胡淳

陳駿——子成父

歐陽謙之——歐陽守道別爲巽齋學案。

饒敏學

孫調

李閎祖

李相祖

李壯祖

王遇
父羽儀。
楊楫
楊方——孟渙別見槐堂諸儒學案。
楊復——李鑑別見勉齋學案。
李唐咨——陳思謙
林易簡
石洪慶
施允壽
趙師淵
趙師夏
楊至——陳沂別見北溪學案。
佘大雅
游儆
鄭可學
許升
劉炎——王侃
王佖並見北山四先生學案。

黄士毅

劉鏡

李東

方壬

方禾

方大壯

上官謐

傅誠

黄寅

梁琢

馮允中

吕勝己

楊仕訓

葉武子

俞聞中

吴英

黄孝恭

丘珏

饒幹

楊履正

孫枝——子起予

　　　子願質——孫璹

周謨

余宋傑

李煇

劉貢

李杞

李雄

宋之潤

宋之汪

潘友恭

杜斿

杜旝

鄭昭先

范念德

劉孟容

黎貴臣
林學蒙
徐寓
蔡念成
江默
戴蒙
程永奇
李季札
林至
嚴世文
楊與立
楊驤
楊道夫
徐昭然
姜大中
潘時舉——陳紹大別見北山四先生學案。
吴必大
劉砥——子子玠別見勉齋學案。

劉礪

王力行

吴壽昌

甘節

曾祖道

吴昶

陳文蔚——徐元杰別見西山真氏學案。

方誼

張顯父

孫自修

孫自新

孫自任

葉湜——子采見上果齋門人。

黄義勇

黄義剛

萬人傑

曹建

詹淵

符敍
童伯羽
龔蓋卿
李宗思
黄學臯
黄榦——饒魯別爲雙峯學案。
　　——李鑑別見勉齋學案。
廖晉卿
李伯誠
李周翰
劉定夫
賀善
並晦翁門人。延平、白水、籍溪、屏山再傳。元城、龜山、譙氏、武夷、豫章三傳。涑水、二程四傳。

丘富國——張諒
晦翁再傳。
張貢
鄭儀孫——張復

滄洲諸儒學案序録

祖望謹案：朱門授受，徧于南方，李敬子、張元德、廖槎溪、李果齋皆宿老也，其餘亦多下中之士，存之以附青雲耳。李、張諸子之書，吾不得而見之矣。述滄洲諸儒學案。梓材案：晦翁學派自西山蔡氏、勉齋、潛庵、木鐘、南湖、九峯、北溪諸學案而外，謝山序録並歸滄洲諸儒學案兩卷。今則門人入是卷，再傳以下入下卷。

晦翁門人劉、李再傳。

文定李宏齋先生燔附子舉、孫鑛。

李燔，字敬子，建昌人。紹熙元年第進士，授岳州教授，未上，往建陽從文公學。文公告以曾子宏毅之語，退而名其齋，以自儆焉。既至岳州，教士以古文六藝，不因時好。改襄陽。文公没，率同門會葬。時學禁方嚴，不爲少怵。九江守以遺逸薦，召赴都堂審察，力辭。守請爲白鹿書院堂長。除大理司直，又辭。尋添差江西運司幹辦公事，會洞寇亂，漕、帥各持其說。先生謂：「寇獨非民邪？」請自馳往，分兵守險，諭順逆禍福，寇皆帖服。修贛江堤，旱潦有備，洪州皆爲沃壤。時十四界會子新行，價日損。漕司欲視民税産物力，各令藏之，官爲封識，則價可增。先生與國子學録李誠之力争，不能止。又劄争之，漕司卽弛禁。薦改通判潭州。真文忠德秀爲長沙帥，一府之事，咸諮先生。不數月，歸。適史彌遠當國，廢皇子竑。歎曰：「三綱絶矣！」遂不復出。以直祕閣主管慶元至道宫。先生嘗曰：「凡人不必待仕宦方有功業，但隨力到處，有以及物，卽功業矣。」又嘗曰：「仕宦至卿相，不可失寒素體。」史臣李心傳論當時高士累召不起者，以先生爲海内第一。九江蔡念成稱先生心事如秋月。年七十卒，贈直華文閣，謚文定。録其子轝，補下州文學。孫鑣亦登第。方明父暹、饒伯輿魯、趙忠靖葵其門人也。

梓材謹案：宋史先生本傳云：「居家講道，學者宗之，與黄榦並稱曰黄、李。」

文憲張主一先生洽附子⿰木齒、樫。

張洽，字元德，清江人。少穎異，從文公學，博極羣書。嘗取管子「思之思之，又重思之，思之不通，鬼神將通之」之語，以爲窮理之要。時行社倉法，請于縣，貸常平米，建倉里中，鄉人利之。嘉定元年中第，授松滋尉。湖右經界弊甚，先生請行推排法，吏奸無所匿。改袁州司理參軍。尋知永新縣。湖南鄱寇作亂，雲濠案：鄱寇，史傳作郴寇。與縣接壤，民大恐。先生單車往，延見隅官，詢利害，犒之，寇竟不至。薦通判池州，數請祠。時袁甫提刑江東，以白鹿書院廢弛，招先生爲長，曰：「是先師之迹也，其可辭！」已，復謝病去。端平初，用薦召都堂審察，不赴，除祕書郎，尋遷著作佐郎。帝數問度正、葉味道曰：「張洽何時可到？」將處以說書，固辭，遂除直祕閣，主管建康崇禧觀。以疾乞致仕，卒，年七十七。卒後有旨除寶章閣。先生自少用力于敬，故以「主一」名齋。所著有春秋集注、春秋集傳、左氏蒙求、讀通鑑長編事略。子[illegible]、樫，賜同進士出身。

梓材謹案：先生謚文憲，見金仁山告王魯齋先生謚文。先生曾孫庭堅序先生春秋三書亦云。

吏部廖槎溪先生德明

廖德明，字子晦，順昌人。少學釋氏，及得楊龜山書，讀之大悟，遂受業文公之門。乾道五年進士。歷知莆田縣，通判潮州，知潯州，除廣西提點刑獄，移江西、廣東。復以直祕閣知廣州兼廣東經略，進直煥章閣，除吏部左選郎官。尋奉祠卒。先生初除潯州教授，爲學者講明心學之要。在南粵立師悟堂，刻朱子家禮及程氏諸書。公餘，延僚屬及諸生親爲講說，遠近化之。嘗語人以仕學之要曰：「德明自入仕至爲郡，惟用『三代直道而行』一句而已。」學禁方嚴，先生確守師說，不爲時論所變。所著有文公語錄、春秋會要、槎溪集行世。修。

通判李果齋先生方子
知州李耘叟先生文子合傳。

李方子，字公晦，邵武人。性端謹純篤，文公謂之曰：「觀公爲人，自是寡過，但寬大中要規矩，和緩中要果決。」遂以「果」名齋。居家竟日危坐，未嘗傾側。對賓客一語不妄發。嘗遊太學，學官李道傳屈官位輩行具刺就謁之。嘉定七年，廷㊀對擢第三，調泉州觀察推官。適真西山守泉，以師友禮之，郡政咸咨焉。暇則辯論經訓，每至夜分。故事，秩滿必先通書廟堂，先生獨不肯。史丞相彌遠聞之，怒，踰年，始除國子錄。無何，將選宮僚。或曰：「此真德秀黨也。」諷臺臣劾罷之。既歸，學者畢集。嘗曰：「吾于學問，雖未能周盡，然幸于大本有見處，此心常覺泰然，不爲物欲所漬爾。」起家通判辰州卒。其卒也，天子憫之，與一子恩澤。禮部尚書牟子才，其門人也。雲濠案：一本云：「先生所著，有傳道精語等書行世。真西山、袁蒙齋嘗進其禹貢解，授朝奉郎。」弟文子，字公謹，紹熙中進士，歷知縣、閩、潼州。亦從文公學，爲學者宗仰。修。

梓材謹案：公謹號耘叟。真西山題果齋所書鄭伯元詩後言「耘叟筆力超拔，甚似其兄，見之如見公晦」云。

附錄

陳北溪答陳伯澡書曰：「李公晦質輭弱，以騎牆爲便。講學務騎牆，而不必是非之太白；論事務騎牆，而不必義利之太分；行政務騎牆，而不必誅賞之太明；與人交務騎牆，而不必善惡之太察。熟此一線路，不知其病痛不少也。」補。

㊀「廷」字，原本作「延」，據宋史本傳改。

又曰：「世儒竊禪師之緒餘，以爲別有一物，光明迥超物表，固當麾之門牆之外。凡吾徒之畧于事而急于聞性與天道者，亦不可不戒。李公晦門下樂與緇黄來往，而又好觀楞嚴經解，恐其看他不破，未能脱此圈檻也。」補。

王深寧困學紀聞曰：「困九五曰『利用祭祀』。李公晦謂『明雖困于人，而幽可感于神』，豈不以人不能知而神獨知之乎？不求人知，而求天知，處困之道也！」補。

文清徐毅齋先生僑

徐僑，字崇甫，義烏人。從學呂東萊門人葉氏邽。登淳熙進士。調上饒縣簿。復登文公之門，文公稱其明白剛直，以「毅」名齋。嘗言：「文公之書，比年滿天下，不過割裂掇拾，以爲進取之資，求其專精篤實，能得其所言者蓋鮮。」由祕書正字、校書郎兼吴益王府教授。尋直寶謨閣、提點江東刑獄，以迕史彌遠劾罷。端平初，遷祕書少監、太常少卿。凡經奏對累數千言，皆感憤剴切，剖析理慾，分别黑白。帝數慰諭之，顧見其衣履弊垢，愀然曰：「卿可謂清貧矣。」賜以金帛，固辭。先生退而上疏，言所謂「貧者，乃邦本未建，疆宇日蹙，權幸用事，將帥非材；旱蝗相仍，盗賊並起；女謁、閹宦，蠹國膏肓，執政大臣，戕時蟊賊，比之于臣，未爲貧也。」帝爲之感動。經筵侍講，復開陳友愛大義，皇子竑得復爵邑。又請從祀周、程、張、朱，以趙汝愚侑食，寧宗皆如其言。金使至，無國書，先生論宜館之于外，迕時相意。丐休，遷工部侍郎，奉内祠兼侍讀。以疾申前請，改寶謨閣待制奉外祠。卒，謚文清。同邑葉由庚、朱中皆門人也。

雲濠謹案：梨洲學案原本，歸文清弟子朱先生元龍于東萊學案。謝山序録于麗澤諸儒學案云：「明招諸生，歷元至明未絶。」亦兼指文清所傳學派而言。顧文清卒業于晦翁，爲朱門高弟，數傳而後，如黄文獻諸先生多稱朱學，則文清學派宜入滄洲諸儒學案爲是矣。

文簡劉雲莊先生爚

劉爚，字晦伯，建陽人。與弟炳俱受學朱文公、吕成公之門。登乾道進士，調山陽簿，轉饒州録事參軍，遷連城令，改知閩縣。僞學禁興，歸武夷山講道讀書，築雲莊山房，爲終老之計。父憂服闋，調贛州坑冶司主管文字，差知德慶府，擢提舉廣東常平，遷湘西㊀提點刑獄，遷國子司業。奏言：「宋興，六經微旨，孔、孟遺言，自朱某發明于千載之後，以事父則孝，以事君則忠，世之所謂道學也。」請刊行所註學、庸、語、孟，以備勸講，及白鹿洞規示太學。俄兼國史編修、實録檢討，接伴金使于盱眙。還，言：「兩淮之地，宜加經理。約頃畝以授田，列溝洫以儲水，具田器，貸種糧，使相保護，使相糾率。鄉爲一團，里爲一隊，平居則耕，有警則守，力餘則戰，非止一時之利也。」帝嘉納之。進國子祭酒兼修注官，權兵部侍郎，封建陽縣開國男，賜食邑，兼太子左諭德，國史、實録院同修撰，試刑、工二部。奏乞絶金歲幣，罷遣賀正使，建制置使于歷陽，以援兩淮。進權工部尚書，封子爵，兼太子右庶子。卒，贈光禄大夫，賜

㊀「湘西」，宋史本傳作「浙西」。

諡文簡。著有奏議、史稿、經筵故事、講堂故事、雲莊外稿等集。

梓材謹案：先生爲籍溪高弟恆軒先生懋之子。真西山爲先生神道碑云：「公在家庭，耳濡目染，府君授以程氏書曰：『觀此可以爲學矣。』晦庵朱先生以道德爲學者師，公出入其門，切磨講貫者數十年，視他從遊之士爲最久，而所造爲獨深，其學粹然一出于正。」又云：「少習家訓，長得明師，又見四方前修鉅儒如南軒張宣公、東萊呂成公，皆與往復講論。」

侍郎劉睦堂先生炳

劉炳，字韜仲，建陽人。與兄文簡爚從文公遊。舉進士，累官兵部侍郎朝請大夫。著有四書問目。參閩書。

雲濠謹案：先生號睦堂。朱子答呂伯恭書云：「建人劉氏兄弟同預薦送，乃翁亦以免舉試禮部，皆欲見于門下。」是先生兄弟並及呂門之證。

縣丞劉琴軒先生剛中

劉剛中，字德言，光澤人。嘗讀老、莊、荀、揚之書，有所得，皆爲發明。及遊朱子之門，先生以所業請質。朱子曰：「老、莊書壞人心術。」自是篤志于道。朱子易其字曰近仁。與黃勉齋爲友。既歸，築室講學，號曰琴軒，四方人士翕然從之。薦于鄉，登嘉定四年進士，授漢陽簿，調蘭溪丞，卒。文公子侍郎在爲狀其行。邑士大夫舉祀鄉賢。有師友問答。雲濠案：先生所著，又有西溪奇語若干卷。

師友問答

剛中問先生曰：「義利之辨，爲吾儒第一關頭，學者講求有素，所見非不分明，及處事卻又糢糊，何也？」先生曰：「祇緣見不分明耳。若分明，如薰蕕觸鼻即聞，旨否入口即覺。」曰：「然則嚮所見爲義者非義，見爲利者非利乎？」曰：「此又何嘗不是。只見其大畧曰，此是義，此是利，究竟幾微分際，尚未甚黑白。」剛中曰：「幾微分際何在？」先生曰：「在公私閒。以公心出之，利亦是義，以私心出之，義亦是利。」剛中曰：「若是公私在心，義利在事，心不應事，事不應心，柰何？」先生曰：「大學戒自欺，求自慊，知之真，行之力，不待處分其事，一動念，早自義利判然。至若舍利取義，已屬事後應迹。」剛中心喜，稱快而退。

問：「爲學工夫，須是有起端處。人心之五常，猶天運之五行，迭相爲明，循環無端，初學復性，從那一端下手？」先生曰：「始條理者，智之事也。人而智，則見理明，恁地欲爲仁，便認真有箇仁，欲爲義，便認真有箇義，欲爲禮，便認真有箇禮，欲爲信，便認真有箇信。因物索照，審端用力，知得去向，自不迷于所往。易文言曰：『體仁足以長人，利物足以和義，嘉會足以合禮，貞固足以幹事。』仁義禮信而不及智者，智居乎其先也。」

問：「大學一書，包孕聖功王道，何以云初學入德之門？」先生曰：「凡人居處，有門必先有路，識得路，方到得門，到得門，方升得堂，入得室。大學綱領條目是門也，本末先後是路也，格、致、誠、正、修、齊、治、平是堂也，明、新、至善是室也。初學便學論語。望洋向若，無有涯涘，何如循途歷級，從容馴至？扶進高深，若不得其門而入，將倀倀乎其何之！」

問：「人不學，不知道。學在讀書上見，道在行事上見，必讀書然後可行事與？」先生曰：「固也。然學卽學其道，非作兩截。無論讀書，無論行事，恁地皆是道，恁地皆是學。果于經史典籍，潛心玩索，日用云爲，細意體察，自能窮天下之理，致吾心之知。豈談空説玄之謂道，鉤深索隱之謂學哉！」

問：「大學八工夫必先致知，致知在格物，敢請物恁底物？」先生曰：「此說程伊川言之甚善。所謂格物者，窮經應事，尚論古人之屬，無非用力之地。若舍此平易顯明之功，而必搜索于無形無迹之境，當前物理，反不能靡所遺矣。」

問：「伊川涵養，須是主敬，進學則在致知，主敬、致知殆亦非兩截事與？」先生曰：「主敬則心靜，致知則理明，心靜理明，知以涵養而益深沈。然敬，非終日危坐，游心淡泊，必有事焉。神不外馳，而説心研慮，時時有新得也。」

剛中每見善人，縱極愛敬，不過當面則然；見不善人，雖其人久不在，猶作十日惡。自知性情之偏，不知何以克治，使嫉惡之嚴，移而之好善之篤。先生曰：「人心本自有善，故投之以善則順；人心本自無惡，故投之以惡則逆。順受易忘，逆受難制，其勢然也。要惟是爾學問工夫未到，率其本然，未免過于忿激。若能以沖和者養成氣質，漸漸消融結習，自然寬厚平夷，好善惡惡，各適如其分量而止，而偏私悉化，德器亦自此深醇。」

問：「周子主靜，程子主敬，二說各願聞其大概。」先生曰：「屏思慮，絶紛擾，靜也。正衣冠，尊瞻視，敬也。致靜以虛，致敬以實，然此中皆有誠實工夫，豈摸形捉影而得！周子靜則禮先樂後，程子敬則自然和樂。和樂禮樂，非爾所及，但時時收斂，將身心攝入靜敬中，正心誠意，久之自有進步處。」

剛中出，思尊聞行知。柰一日之閒，聞而知之者分數多，尊而行之者分數少，因想「子路有聞，未之能行，唯恐有聞」，直是學不得底。先生曰：「天下事理，有爲吾所合知合行者，『聞斯行諸』可也。如此事知其當如此行，值事不我屬，如何拏定要行？若遇行事時，苦于窒礙，則又不可無知妄作，或商以師友，或證以古今，又何嘗不是尊所聞，行所知？」

敢告先生，某向年于衆情酬酢之地，口雖不言，私下一一對勘，常覺得自家儘有好處，别人儘有不好處。今雖漸減，亦時或微微有此意思。先生厲聲曰：「是慝也，是最不好，如何反說自家儘有好處！」剛中憮然爲閒曰：「先生何以教之？」先生曰：「攻其惡，無攻人之惡，非『修慝』與！」

問：「讀其書，想見其爲人。不敏讀書時，亦嘗掩卷沈吟思慕，愛悦其人，時時髣髴欲得見古人情狀，究不我與，何也？」先生莞爾而笑曰：「所謂想見者，想見其爲人，非想見其人也。我不在古人地位，亦不能到古人地位，要其所以爲人處，皆可師法。從容久坐，如對古人，須從古人行事上著意。彈琴見文王，十日得進，實實地有神相契合，柰何虛空摹擬，將千年已朽之骨，作栴檀佛像觀邪！」

問：「太極，極字不訓中，當作何解？」先生曰：「原極之所以得名，蓋取諸樞極、根極之義。今天樞、天根號北極，義可通也。太極者，陰陽之樞紐，萬物之根柢也。蓋極也，而太矣。」

問：「程子言仁曰心。譬如穀種，生之性便是仁，陽氣發處乃情也？」先生曰：「豈惟穀種。凡果實核內，其中心皆曰仁。」

問：「醫家謂手足痺痿曰不仁，其形象不與穀種、果核反對？」先生曰：「仁是性之生發流通者，穀種、果核能生發也，手足痺痿不流通也。」

問：「聖人垂訓教人，務須委備詳盡。先生獨不喜人繁瑣，豈謂語言文字太多，必至纏繞支離？」先生曰：「辭達而已矣。卽不纏繞支離，苟不達，累千萬句奚爲？程夫子亦謂立言宜蘊藉含蓄，毋使知德者厭，無德者惑。」

梓材謹案：學案原本所録師友問答二十三條，今移爲附録者二條，又移入伊川學案一條，移入橫渠學案一條，移入范呂諸儒一條，移入晦翁學案二條，移入蜀學略一條。

附録

晦翁居，先生侍。晦翁語先生曰：「子來從吾遊也，誰使之？」先生避席前跽曰：「曾王父河南開封府君使之也。府君官開封府尹，南渡，力阻講和不得，每恨不能雪恥報仇，歸隱墨田雲峯山下，易簀，屬後人曰：『閩自楊龜山倡道東南，進而益上，超羣儒而集大成，其在朱韋齋公子沈郎乎？爾輩可往就學。』」先生爲誦府君述懷詩曰：「撫心有恨辜君國，學道無成愧子孫。」晦翁嗟歎不已。

李方子、黄直卿與先生侍，晦翁左顧右盼，已而徐徐語先生曰：「爾輩用工夫，不要把合底事看得驚惶，只當做日用飲食，人生本應如此。元初離不得有事勿正，畧著一形象，生一計較，不急遽卽惰慢，忘助兩病徵，一時俱到矣。」

録參程允夫先生洵

程洵，字允夫，婺源人。晦庵内弟，就學于晦庵。再調廬陵録參，與新使君不協，臺章有「吉州知録程洵，亦是僞學之流」等語。先生與晦庵書曰：「某濫得美名，恐爲師門之辱。」晦庵答曰：「今日方見吾弟行止分明。」參道命録。

文簡曹昌谷先生彦約

曹先生彦純合傳。

曹彦約，字簡甫，都昌人。初事朱子于白鹿書院。又十四年，復見于嶽麓書院。淳熙進士，累遷知澧州，未上，以京湖宣撫薛叔似辟主管機宜。勉齋黄文肅公歎曰：「是偉人也，薛能得之，良不易，惜未能用之耳。」攝守漢陽。金人大入，棗陽、信陽被兵，而襄陽將帥内自相戕。先生絶江見薛，勉以持重，求土豪，得許卨俾總民兵，趙觀俾防水道，而党仲昇將宣撫軍屯城中。金人圍安陸，游騎至漢川。觀受方畧，結漁户守南河。金人至，逆擊，斬其先鋒，且遣死士焚其戰艦。大軍繼進，連戰，北復追擊之。時漢陽羣盜亦乘間起。及金人遁，捕盜盡平之。進秩二等，就知漢陽。宇文紹節爲宣撫，先生言：「不築棗陽，不足以守隨。守隨所以守德安。不築信陽，不足以守德安。守德安所以守黄。不築神馬坡、樊城，不足以守襄陽。守襄陽所以守光化。」又言：「荆、湖之勢，以鄂渚爲腹心，江陵、德安爲兩臂，其餘猶十指。襄州雖大，不過駢拇巨擘耳。若都統制在襄，則副都統制宜在江陵。」嘉定元年，詔求言，先生上封事，謂：「敵豈不以歲幣爲利？惟其所向輒應，所求輒得，以我爲易與而縱其欲。莫若遲留小使，督責邊備，假以歲月，當知真僞。設復大舉，則民固已怨，欲進而我已戒嚴，欲退而彼有叛兵，決勝可期也。」尋提舉湖北常平，兼權知鄂州，改提刑。已而以爲雲南㊀運判。先是，開禧三年，桂陽有盜，吏不以實聞。桂陽當湖南、江西、廣東三路之脊，山川險絶，盜窟其間。江西羣不逞相挺而起，東踐南、吉，西逼郴、衡，南蹂韶、石，北抵攸、環，數千里患之。明廷調江、鄂軍捕之，不得要領，而江西專務招安，詭降覆出，朝廷患之。會賊破安仁、茶陵、桂陽，進迫長沙之攸縣。中朝復下江西招安之令，先生持之不可，曰：「是犯衆怒，損國威。」詔以直祕閣充湖南安撫使知潭州。先生督諸將逼賊巢而屯。賊之諸長曰羅世傳、李孟一、李元礪、李新、李如松、胡友睦，而羅世傳尤黠。官軍擊破新，降如松，遂復桂陽。孟一復至，以有備，引去，攻樂平。官軍復擊破之，遁入寨，遂圍之。元礪來援。世傳密請圖之以自效，先生許之。世傳竟禽元礪。明年，破孟一，餘黨漸平，而世傳恃功，索賂無厭，不肯出峒。池州牧許俊駐吉之龍泉，頗結世傳，許以承襲。世傳乃以元礪獻。江西右司胡渠主之，請用世傳盡主諸峒，悉撤兩路戍兵。先生固争，乃以羅九遷者爲間，令友睦圖而殺之。世傳死而諸峒服。江西來争功，先生不之校也。尋上善後事宜，進直龍圖閣。五年，以吏部郎召。先是，宰相之弟守潭，兄子守吉，盜熾且及二郡，故亟以先生與王公居安代之。盜平，宰相以爲媿，且妒之，乃以右正言鄭昭先疏，寢召命，罷免。昭先亦嘗

㊀「雲南」，宋史本傳作「湖南」，當以史傳爲是。

學于朱子者也。先生徑歸，卜居南康，罕至城市。或謂宰相曰：「人言曹長沙與人争功，二年來無一字到廟堂，此豈競進者？」八年，除利州運判。知利州時，沔州都統制王大才驕横，制司董居誼不能馭之，反曲意承奉。先生以蜀邊諸司並列，兵權不一，有警則紛然奏議，理財者詆兵弱，握兵者咎財匱，乃作病夫議，陳之曰：「古之臨邊，求一賢者而盡付之兵權。兵權正則事體重，兵權專則號令一。今廟堂之上，患士大夫不奉行詔令，惡士大夫不恪守忠實，故雖信而用之，又以人參之，雖以事權付之，又從中馭以維繫之，致使知事者不敢任事，畏事者常至失事，猝有緩急，各持己見，兵權、財計互相歸咎。昔秦、隴以善戰聞天下，自吴氏世襲以來，握兵者志在于怙勢，不在于尊上，用兵者志在于誅貨，不在于息民。本原一壞，百病間出，至有世將已叛，而宣威不覺，四郡已割，而諸將不知。更化之後，逆黨既誅，而士俗人心其實未改。任軍官而領州事者，易成藩鎮之權；起行伍而立微效者，漸無階級之分。由阜郊以至宕昌、隴西、天水之地，其忠義民兵，利在戰鬬，緩急之際，固易鼓率。若其恃勇貪利，犯上作亂，則又不止于一軍而已。苟不正其本原，摩之以歲月，漸之以禮義，未見其可。今日之領帥權者，必當近邊境，必當擁親兵；有兵權者，必當領經費，必當寬用度。至于忠義之兵，又須有德者以爲統率，擇知書者以爲教導，如古人所謂教民而用之也。今議不出此，乃欲幸勝以爲功，苟安以求免，誤天下者，必此人也。」時朝論未以爲然。其後制閫雖暫徙利州，而兵賦異掌，卒莫能合。先生以病乞歸。次年拜江西安撫使，知隆興府。未幾，蜀邊被兵，内有張福、莫簡之變。朝論思前言，以户部侍郎召，尋以寶謨閣待制充四川制置使，兼知成都府。先生乞赴闕奏事，不報，移書廟堂，請對，又不允。蓋有憚其來者。

先生遂奏辭，改知福州。先生謂辭制置而受待制，于義未安，又辭。乃以集英殿修撰知潭州，又辭。乃奉祠。已而復待制。寶慶元年，以兵部侍郎召，入對，首勸講正學，防近習。次言：「當以慶歷、元祐聽言爲法，以紹聖、崇、觀諱言爲戒。年來有以賣直好名之説見奏對者，願倚忠直如蓍龜，去邪佞如蟊賊，其有阻撓讜言者，必加斥逐。」末言「宜敕邊吏愛民」。已而上封事曰：「陛下謹定省以侍長樂，開王社，篤天倫，孝友之行，宜足信于天下。然兄弟至親，猶誤于狂妄小人之手，而道路異説，猶襲于尺布不縫之謡。臣以爲，守法者，人臣之職也，施恩者，人主之柄也。漢文帝封淮南之二子，本朝太宗之所已行也。今若法之，雖不止謗而謗息矣。」又薦隆州布衣李心傳精史學。尋兼侍讀，遷禮部侍郎。又除寶謨閣直學士，奉祠，仍兼侍讀。嘗因進讀，言曰：「古人以德行爲才，十六才子自齊、聖、廣、淵、明、允、篤、誠、忠、肅、、恭、懿、宣、慈、惠、和皆德行之所發見。後世以欺詐暴虐爲才，如酆舒、知伯、盆成括皆以才稱，卒于敗事。其實本非才也。」鶴山魏文靖公同在從班，聞而歎服。次年遷兵部尚書，力辭，改寶章閣學士，知常德府。陛辭，獻唐張蘊古、趙師民二箴，請圖之座右，且言：「下情猶未通，横斂猶未革。」上曰：「其病安在？」公曰：「臺諫專論人主，不及時政，下情安得通？苞苴公行于都城則州縣横斂，無可疑者。」時相恨之。又言：「夷狄盜賊之患，惟在處置得宜。一曰守道，二曰固本，三曰通財，四曰稽衆，五曰愛民。」尋以病辭常德之行，奉祠得歸。自草遺表，其畧云：「望陛下精勤務學，恭儉修身，屈己以求直言，不惡其訐，守信以禦外侮，不邀其功，塞炎荒遷謫之門，絶饋遺往來之路，疾奸貪以寬民力，進恬退以厚士風。」詔加華文閣學士致仕。卒，謚文簡。所著有輿地綱目十五卷、昌谷類稿六十卷、經幄管見七卷。先生之在朱門，勉齋稱爲豪傑之士。蓋論學統，以勉齋爲第一，論經濟大畧，有以自見，以先生爲第一。兄彥純，亦學于朱子之門。修。

龍圖詹元善先生體仁

詹體仁，字元善，浦城人。隆興元年進士第，爲晉江丞。宰相梁克家薦于朝，入爲太常博士，攝金部郎官。光宗卽位，除户部員外郎、湖廣總領，就陞司農少卿。奏蠲諸郡賦輸積欠百餘萬。除太常少卿。陛對，首陳父子主恩之説，謂：「易于家人之後，次之以睽，睽之上九曰：『見豕負塗，載鬼一車，先張之弧，後脱之弧，匪寇婚媾，往，遇雨則吉。』夫疑極而惑，凡所見者皆以爲寇，而不知實其親也。孔子釋之曰：『遇雨則吉，羣疑亡也。』蓋人倫天理，有間隔而無斷絶，方其未通也，湮鬱煩潰，若不可以終日；及其醒然而悟，泮然而釋，如遇雨然，何其和説而條暢也。」時上久不過重華宫，故引易「睽孤」之義，以開廣聖意。後除太府卿，尋直龍圖閣。開禧二年卒。先生少從朱子學，以存誠慎獨爲主，爲文悉根諸理。周益公必大嘗疏薦三十餘人，皆當世名士，先生與焉。郡人真西山早從之遊，嘗問居官涖民之法，先生以盡心平心告之，「盡心則無媿，平心則無偏」。當世服其確論。雲濠案：謝山學案底本有云：「詹元善所著有象數總義、詹司農集。」

梓材謹案：先生亦爲劉屏山門人。考宋史先生本傳，言先生父慥與胡宏、劉子翬遊，則屏山固其父執也。

詹元善語補。

「惟皇上帝，降衷于下民，若有恆性，克綏厥猷惟后」。此卽「天命之謂性，率性之謂道，修道之謂教」也。

雲濠謹案：先生遺集載此語，續云：「人能知此，則知觀書之要，而無穿鑿之患矣。」

縣尉林蒙谷先生夔孫

林夔孫，字子武，古田人。從朱文公遊。嘉定中特奏名爲縣尉。著有中庸章句。參閩書

雲濠謹案：福州府志載先生著又有書本義、蒙谷集，蓋先生號蒙谷。見萬姓統譜。

忠簡傅竹隱先生伯成

傅伯成，字景初，晉江人，忠肅公察之孫，直祕閣自得之子也。少從文公學。隆興初，與兄伯壽同登第。慶元間，爲太府寺丞，力言呂祖儉不當貶，朱熹不可目以僞學。又言：「朋黨之弊，起于人主好惡之偏。」出知漳州，一以律己愛民爲本，推文公遺意行之。召除工部侍郎。火災，陳三事，曰失人心，曰隳軍政，曰啟邊釁。朝議欲納金人之畔降者，先生言，不宜輕棄信誓。中丞鄧友龍劾罷之。嘉定更化，召對，面論「前日失之戰，今日失之和。今之策雖以和爲主，宜暇日爲戰守之備」。權戶部侍郎㊀，拜左

㊀「權戶部侍郎」，宋史本傳乃指史彌遠。

諫議大夫，抗疏十有三，皆軍國大義。史彌遠密諭以當共政，使有所彈劾，先生曰：「豈可傾人以爲利哉！」疏乞詔大臣以公滅私。改權吏部侍郎。俄補郡。八年，召，不至。理宗即位，加寶謨閣直學士，予祠，乃進「昭明天常，扶持人極」之說。尋召除寶文閣學士，奉内祠。胡夢昱坐論濟王冤狀貶，抗疏力論，不報。加龍圖閣學士。先生純實無妄，表裏洞達，每稱人善，不啻如己出，語及奸邪聲色俱厲。嘗慕尸諫，疾革疏草，亟命繕寫，朝服而逝。端平中，謚忠簡。初授明州教授，以年少嫌以師自居，日與諸生論質往復，後多成才。修。

雲濠謹案：先生年八十四卒，著有竹隱居士集三十卷、奏議十卷、耄志六卷。見泉州府志。

提舉黃西坡先生灝

黃灝，字商伯，都昌人。登進士第，教授隆興府，知德化縣，薦除登聞鼓院，遷太常寺簿。論「今禮教廢闕，請敕有司取政和冠昏喪葬儀，及司馬光、高閌等書參訂行之」。除太府寺丞，出知常州，提舉本路常平。奏乞併閣秋苗，不俟報行之。言者罪其專，移居筠州，削兩秩，而從其蠲閣之請，起知信州，改廣西轉運判官，移廣東提點刑獄，皆不赴，卒。先生性行端飭，以孝友稱。文公守南康，執弟子禮。文公没，黨禁方厲，先生單車往赴，徘徊不忍去者久之。修。

侍郎度性善先生正

度正，字周卿，合州人。少從朱子學。紹熙進士，官至禮部侍郎。太廟災，獻二說，其一用朱子之議，其一因宋朝廟制而參朱子之議：「自西徂東爲一列，每室之後，别爲一室，以藏祧廟之主，各依昭穆次序。後世穆之祧主藏太祖廟，昭之祧主藏太宗廟。仁、高二宗爲百世不遷之宗，藏亦如之，前爲兩室，三年祫享，則帷帳幕之，通爲一室，盡出諸廟及祧主，並爲一列，合食其上。于本朝制度，初無更革，頗得三年大祫之義。」著有性善堂文集。

宣獻任斯庵先生希夷

任希夷，字伯起，邵武人。雲濠案：一本云：「其先眉州人，祖賢臣，始居邵武。」第進士，調浦城簿。從文公學，文公器之曰：「伯起，開濟士也。」開禧初，爲太常簿，奏乞編次紹興以來禮書。從之。累遷禮部尚書，奏周敦頤及二程百代絶學之倡，乞賜謚。其後周謚元，程謚純、謚正，皆先生發之。權參知政事，時史彌遠柄國久，執政皆具員，識者頗譏其拱默。謚宣獻。修。

布衣宋先生斌

宋斌，袁州人。少從黄勉齋、李宏齋登朱子之門。學禁方嚴，羈旅困沮，年且八十，趙清敏興㦏延之，事以父行，奏乞用旌禮布衣故事。卒，葬西湖上，歲一祭之，則其賢可知矣。

知州黄復齋先生㽦

黄㽦，字子耕，分寧人。嘗從文公遊。舉太學進士，歷官大理寺簿、軍器監丞，後知台州。上蔡子孫居台者既播越流落，先生求之民間，收而教之。勤苦夙夜，郡稱平治。遷袁州，卒。著有復齋集。

修撰陳北山先生孔碩 祖禧。父衡。

陳先生孔夙合傳。

陳孔碩，字膚仲，侯官人。祖禧、父衡，皆爲晦翁所稱許。先生少即以聖賢自期。既從南軒、東萊學，後偕其兄孔夙事晦翁。著中庸大學解、北山集，學者稱爲北山先生。官祕閣修撰。子韡，從葉水心遊。

國録吴螽隱先生仁傑

吴仁傑，字斗南，一字南英，自號螽隱。其先洛陽人，居崑山。博洽經史，講學于朱子之門。登淳熙進士第，歷羅田令、國子學録。有古周易、洪範辯圖、漢書刊誤補遺等書。

將作陳先生守

陳守，字師中，莆田人。父丞相俊卿，嘗館朱子于白湖仰止堂，使子弟受業焉。先生寬宏剛直，朱子題其書室曰「敬恕」，且爲之銘。以父蔭補官，歷太常寺丞、工部員外郎。凡六授郡符，三持使節，俱以廉清特稱。晚爲將作監，卒。參道南源委。

承奉陳先生定

陳定，字師德，莆田人，丞相信安公俊卿第三子。奏授右承奉郎。年十三，已知古人爲己之學，而不屑爲舉子之文。以信安命，請業于晦庵。年二十五卒。參朱子文集。

直閣陳復齋先生宓

陳宓，字師復，莆田人，丞相信安公之第四子也。少從其兄守、定同遊文公之門。長從黃勉齋榦。嘗爲朱墨銘，以驗理欲分寸之多寡，謂朱屬陽，墨屬陰。以蔭歷泉州南安鹽稅，主管南外睦宗院，知安溪縣。嘉定七年，入監進奏院，遷軍器監簿。上言三事：一宮闈儀範未正，二朝廷權柄分奪，三政令刑賞舛逆。又言：「人主之德貴乎明，大臣之心貴乎公，臺諫之言貴乎直。」出知南康軍，歲大祲，奏蠲其賦十九，令流民羣集就役，以築江隄，給食活之。與諸生講論白鹿書院。改知南劒州，復大旱，蠲宿逋十數萬，弛新輸三之一。又創延平書院，倣白鹿洞規。無何，請致仕，直祕閣主管崇禧觀卒。自言「居官期如顏真卿，居家期如陶潛」。又深愛諸葛亮「家無餘財，庫無餘帛」。庶乎能蹈其語者。端平初，御史王遂追論其直，宜褒以勸天下，贈直龍圖閣。所著有論語註義問答、春秋三傳鈔、續通鑑綱目〔一〕、唐史贅疣諸書。

〔一〕「續通鑑綱目」，宋史本傳作「續通鑑綱目」。

雲濠謹案：一本云：「先生與黄直卿、李敬子同入廬山，盤旋玉淵、三峽間，俯仰文公舊迹。家居作仰止堂，像文公于其中。又築滄州草堂，與諸生講學。直卿暮年論當世志道之士，真西山、李貫之及先生三人而已。」

太學程蒙齋先生端蒙

程端蒙，字正思，號蒙齋，鄱陽人。師江先生介。雲濠案：江先生見龜山學案。已而受業于文公。淳熙七年，鄉貢補太學生，對策不合，罷歸。

百家謹案：新安爲朱子之學者不乏人，而以程蒙齋爲首。蒙齋之後，山屋以節著，雙湖以經術顯，其後文獻蒸蒸矣。

性理字訓

天理流行，賦予萬物，是之謂命。人所稟受，莫非至善，是之謂性。主于吾身，統乎性情，是之謂心。感物而動，斯性之欲，是之謂情。爲性之質，剛柔、强弱、善惡分焉，是之謂才。心之所之，趨向期必，皆由是焉，是之謂志。爲木之神，在人則愛之理，其發則惻隱之情，是之謂仁。爲金之神，在人則宜之理，其發則羞惡之情，是之謂義。爲火之神，在人則恭之理，其發則辭遜之情，是之謂禮。爲水之神，在人則別之理，其發則是非之情，是之謂智。人倫事物當然之理，是之謂道。行此之道，有得于心，是之謂德。真實無妄，是之謂誠。循物無違，是之謂信。發己自盡，是之謂忠。推己及物，是之謂恕。無所偏倚，是之謂中。發必中節，是之謂和。主一無適，是之謂敬。始終不二，是之謂一。善事父母，是之謂孝。善事兄長，是之謂悌。天命流行，自然之理，人所稟受，五性具焉，是曰天理。人性感物，不能無欲，耳目鼻口，斯欲之動，是曰人欲。無爲而爲，天理所宜，是之謂誼。有爲而爲，人欲之私，是之謂利。純粹無妄，天理之名，是之謂善。兇暴無道，不善之名，是之謂惡。物我兼照，擴然無私，是之謂公。蔽于有我，不能大公，是之謂私。凡此字訓，蒐輯舊聞。嗟爾小子，敬之戒之。克循其名，深惟其義，以達于長，以會于學，審問明辨，精思篤行，孜孜勉焉，聖可賢致。

附錄

朱子曰：「小學字訓甚佳，言語雖不多，卻是一部大爾雅。」

縣尉董槃澗先生銖

董銖，字叔重，稱槃澗先生，德興人。學于朱子。登嘉定進士，授迪功郎、婺州金華尉。黃勉齋誌其墓。雲濠案：江西通志：「先生所著有性理注解、易注。」從子夢程傳其學。

梓材謹案：程、董二先生，爲介軒所自出，原底冠介軒卷，特介軒學案當斷自介軒，故二先生及王拙齋並入是卷。

程董二先生學則補。

居處必恭。

居有常處，序坐以齒。凡坐必直身正體，毋箕踞傾倚，交脛搖足。寢必後長者，既寢勿言，當晝勿寢。

步立必正。

行必徐，立必拱，必後長者，毋背所尊，毋踐閾，毋跛倚。

視聽必端。

毋淫視，毋傾聽。

言語必謹。

致詳審，重然諾，肅聲氣。毋輕毋誕，毋戲謔諠譁，毋及鄉里人物長短及市井鄙俚無益之談。

容貌必莊。

必端嚴凝重，勿輕易放肆，勿粗豪狠傲，勿輕有喜怒。

衣冠必整。

勿爲詭異華靡，毋致垢弊簡率。雖燕處不得袒裼露頂，雖盛暑不得輒去鞋襪。

飲食必節。

毋求飽，毋貪味。食必以時，毋恥惡食。非節假及尊命不得飲，飲不過三爵，勿至醉。

出入必省。

非尊長呼喚，師長使令，及己有急幹，不得輒出學門。出必告，反必面，出不易方，入不踰期。

讀書必專一。

必正心肅容，以計徧數。徧數已足，而未成誦，必須成誦。徧數未足，雖已成誦，必滿徧數。

書已熟，方讀一書，毋務泛觀，毋務强記。非聖賢之書勿讀，無益之文勿觀。

寫字必楷敬。

勿草，勿欹傾。

几席必整齊。

位置有倫，簡帙不亂，書筒衣篋，必謹扃鑰。

相呼必以齒。

年長倍者以丈，十年長者以兄，年相若者以字，勿以爾汝。書問稱謂亦如之。

附錄

朱子跋學則曰：「道不遠人，理不外事，故古之教者，自其能食能言，而所以訓導整齊之者，莫不有法，而况家塾黨庠術序之間乎。彼其學者，所以入孝出弟，行謹言信，羣居終日，德進業修，而暴慢放肆之氣，不設于身體者，由此故也。是書蓋有古人小學之遺意焉。凡爲庠塾之師者，能以是而率其徒，則所謂成人有德，小子有造者，將復見于今日矣。于以助成后王降德之意，豈不美哉！」

王拙齋先生過

王過，字幼觀，德興人也。從學朱子。德興學宮三賢祠，槃澗第一，程次之，其一即先生也。學者稱爲拙齋先生，與程、董稱三先生。

程柳湖先生珙

程珙，字仲璧，蒙齋先生之從曾孫也。亦登文公之門。著有易說。

雲濠謹案：先生號柳湖。

曼蓮塘先生淵

曼淵，字亞夫，號蓮塘，涪陵人。西晉中郎將曼清之後。世世居襄陽，後徙居蜀，家培坪山。受業文公。所著有孟子註，今佚。門人陽枋、陽岊。

方遠庵先生士繇

方士繇，字伯謨，莆田人。父豐之，仕至監豐國鎮，朱子稱其詩豪壯。先生少孤，依母邵武呂氏。已而徙居崇安，從朱子遊。聰明絶人，持以謙厚。嘗累試場屋，不利，棄舉子業，專以講學授徒爲事。六經皆通，尤長于易。紹熙間，朱子門人有至行在者，公卿延致惟恐後。先生在遠聞之，曰：「異時必爲學者禍。」未幾，僞禁果作。又嘗勸朱子少著書，以朱子教人讀集註爲未然。其憂深思遠類此。所爲詩尤温潤，有遠庵集。

祖望謹案：方伯謩，一名伯休。移居，依文公于建陽。文公與黄勉齋手書曰：「伯謩不幸，未去時亦安静明了，但可惜後來廢學，身後但有詩數篇耳。」則方之所造可見。其安静明了，或得之二氏者也。王深寧目爲高弟，蓋據放翁所作墓誌云。

竇先生從周

竇先生澄合傳。

竇從周，字文卿，丹陽人也。生長田里，衣食自給。其爲人醇朴，深居簡出，足不及城市。年過五十，從游默齋學。後聞朱子講席之盛，即裹糧從之。其弟澄，字叔清，負笈以隨。漫塘劉文清公嘗稱之曰：「竇君求道之切，世所罕見。近世吴門葉元老，忘其年之長，往從鶴山于渠陽，可以比之。」漫塘之初志于學，源流頗自文卿兄弟，其後始從默齋，而京口一帶，向未嘗宗朱、張之學，導山導水，實自文卿，而漫塘大之。嘗有盗入其居，睥睨久之，無所得，既而始悟其爲先生之居也，相與謂曰：「無驚此公。」即去。朱子聞之，笑曰：「此所謂蠻貊可行者也。」先生之弟子曰衛炳。補。

庶官湯静一先生泳

湯泳，字叔永，丹陽人也，稱静一先生，江淮制置使東野之孫。潤州學者，自竇氏兄弟從朱子遊，繼之者爲先生。始仕官，未上而卒。漫塘以前輩嚴事之。其弟子曰衛翼。補。

劉靜春先生黻

劉黻，字季文，一字靜春，廬陵人。學于朱子之門。真西山雅重之，嘗謂人曰：「吾輩所言，皆是皮膚，惟靜春能道其骨髓。若靜坐山中十年，庶幾敢望靜春耳。」然先生晚年頗不滿其師中庸章句之說，以是與西山多不合。其論曰：「惟天之命，於穆不已，惟人受天地之中以生，故謂之性，而貴于物焉。湯誥曰：『惟皇上帝，降衷于下民，若有恆性。』吾夫子曰：『天地之性人爲貴。』是則人之性，豈物之所得而儗哉！中庸曰：『天命之謂性，率性之謂道。』是專言乎人，而不雜乎物也。或者謂必兼人物而言之，似也而差也。古先聖賢言性命，有兼人物而言者，有專以人言者。易曰：『各正性命。』是乃兼人物而言之。然既曰各有不同，則人物之分，亦自昭昭。假如天命之性，亦兼人物而言，則犬之性猶牛之性，牛之性猶人之性，當如告子之見矣。」因著爲就正録。西山力與之爭，先生終不以爲然。每見，必力持其說。西山引觴解之曰：「生平竊笑漢儒聚訟，吾儕豈可又爲後世所笑！姑各行所學而已。」補。

梓材謹案：有與先生同名氏者，字聲伯，樂清人。知慶元時，請建慈湖書院。見宋史。又案：清江劉子澄，居廬陵，號靜春。是廬陵劉氏有兩靜春也。

知州李先生耆壽

李耆壽，字南公，江陵人也。累官知達州。先生嘗學于朱子，又嘗學于陸子。其通判沔州時，金人正閬蜀，沔守帥師出，乃攝州事。流民數十萬，滿野抄掠。截借西河所運帑緡以給之，斥闘候，增棧道，收潰散。次年，會師捄大安，制府檄之巴州招降巴山盜權興等。出知隆慶府，知遂州，皆有聲。以言者罷。及起家守達，尤崇教化。初先生之嫡母無子，撫之爲子，而生母王氏被出，先生不知也。嫡母卒，其父告之，先生奔走四方以求之，得之襄陽之雁汊，迎歸侍養二十餘年，人以爲難。補。

安撫趙時齋先生綸

趙綸，字君任，忠簡公鼎曾孫也。五歲誦書，入耳不忘。年十九，從朱子于富沙。趙忠定公汝愚以忠簡故，召先生兄弟語，曰：「遠器也。」白上，以忠簡恩，用之爲澧州安鄉令。以義勇平羣盜，宣撫使吳獵上其功，改安撫機宜文字。時議散遣沿邊忠義，或慮召變，制置使李大性委之先生。至則果騷動，推誠諭之，竟帖然，而識拔其帥孟宗政、扈再興等數人，後皆爲名將。改知益陽縣，已而通判江陵，皆有聲。嘉定九年，遷知信陽軍。金人入寇，先生疾馳至郡，繞城濬隍，蒐軍實，勵將士，拔袁海于囚，拔董思明于野，授以帥。兵薄城下，擐胄登堞，矢石雨發。金人知有備，拔柵，以火攻。先生遣康孝先帥死士潛出，抵金人帳，斃其酋，注首槊上。金人棄攻具走。俄而復至。先生固守，調諸軍，列柵淮堧，間出遊騎以誘之。一日，乘勝逐，金人大潰，俘獲無算，盡以隸軍。次年，諜知金人又治兵，先生豫定諸軍之出戰者，巡徼者，列柵而守者，并城中之分門而守者。金人至，及其未定，急擊之，斬馘多。金人以二萬人環城，以萬人阻東諸山而陳。先生親督戰，軍士一當十。金人敗走。又明年，浮、光、棗陽被圍。光山破，先生曰：「是吾唇齒也。」光守乞師，先生遣思明與海援之，而使從間道入光，約表裏相應。未至，餉司檄移師防江，先生不可。金人乘勝入梅林，列柵據關，取倉粟，江上大震。先生急召思明倍道抵關，束馬山谷間，步出，攀木緣崖，魚貫而行三十餘里，設伏于隘，中途禽金人之爲候者，遂拔柵，入爇其酋之臥帳。金人蒼黄奔迸，思明軍士憑高蹴之，呼聲震山谷，奪其旗幟書敕牛馬雜畜，盡得前此官軍所遺資仗，并難民之陷軍者，而淮西之師亦集，遂解浮、光之圍。先生本宰相家兒，素心喜應進士舉，而累督軍輒捷如宿將。然嫉妒亦自此而起，論功以直祕閣仍守信陽。俄而以直焕章閣充淮西安撫使，知廬州，又改湖北安撫使，知江陵府。未至，言者論罷之。明年，奉祠。尋知其無罪也，復以直焕章閣充淮西安撫使，知廬州，而先生已卒。其家矮屋五楹，不蔽風雨。所著有時齋集二十卷。補。

直閣林盤隱先生湜父師中。

林湜，字正甫，長溪人。父中奉大夫師中，迎師于蜀，得師先生以歸，學者常數百人，中奉爲高弟。先生從朱子遊，舉紹興進士，除監察御史，疏言：「陛下托股肱于宰執，而除授皆小人；寄耳目于臺諫，而彈擊皆君子。治亂之大，無過于此。」時論多之。寧宗卽位，以太府少卿使金。金主賜之衣，先生不服。金人曰：「君命何可慢也！」先生曰：「宋正統相承，羣官服視其品，今易左衽，有死而已！」金人趣之謝，先生盛服入謝，金主不能屈。使還，寧宗獎之，遷司農卿。韓侂冑用事，呂子約貶嶺外，先生謂余丞相端禮曰：「此叔世事也。執奏收回，大臣之責，丞相可不勉乎！」于是不能安于朝，出爲湖北運副，奉祠。已而知泉州，又奉祠。進直龍圖閣。有盤隱類稿十卷。補。

梓材謹案：水心誌先生墓云：「朱公元晦旣謫，士諱其學，公執弟子禮不變。未歿數月，猶走書問疑義」云。

侍郎應先生純之

應先生謙之合傳。

應先生茂之合傳。

應純之，字純甫，永康人，吏部侍郎孟明子也。與兄謙之、茂之俱從朱子。嘉定三年進士，知楚州兼京東經畧安撫使。李金來歸，請大舉復中原，時相史彌遠不聽。晉兵部侍郎，持節如故。金人入寇，力戰死之。補。

沈先生僩

沈僩，字仲莊，永嘉人。學于朱子，精地理。補。

推官張玉峯先生宗説

張宗説，字巖夫，崇安人也。學于朱子，厚德爲鄉里所重。紹興五年，有盜焚掠井邑，自西而東，至張氏之境而返。又五年，復作，自東而西，亦及張氏之境而返。咸曰：「此長者所居也，毋犯。」以累舉恩受官，而朱子適忤韓侂胄罷歸，先生率僚友送諸武夷，會于精舍，語及時事，感憤激烈。朱子喟然曰：「巖夫真可與語。」爲之張飲盡歡，且書樂府一闋，命門人歌以贈。調歸州推官，未上，致仕。自號玉峯逸老。其壻卽江塤也。補。

撫幹李先生如圭

李如圭，字寶之，廬陵人。紹熙癸丑進士，福建撫幹。文公與之校定禮經。所著有集釋古禮十七卷、釋宮一卷、儀禮綱目一卷。鶴山稱其密緻，而惜其鄭、賈之言是信。補。

正肅郭兌齋先生磊卿

郭磊卿，字子奇，仙居人。嘉定七年進士。端平初，拜右正言，尋擢右史，彈劾權倖，無所避。初理宗微時，與鄞人余天錫善，既卽位，擢至執政，而人材猥劣，朝論不與。先生劾之，章凡三上，天錫竟罷去。史嵩之怙權不法，先生疏已具，俟召對奏之，而爲嵩之耳目所得，亟除先生起居郎。先生憤不得言，徑出國門求去。先生與徐元杰、劉漢弼等號端平六君子。卒，謚正肅，立正諫坊以旌之。參赤城新志。

雲濠謹案：謝山劄記云：「郭磊卿有兌齋集。」

文懿趙南塘先生汝談

趙汝談，字履常，大梁人，温州守汝讜之兄也。雲濠案：咸淳臨安志云：「太宗八世孫，居餘杭。」登淳熙進士。丞相周必大得其文，語參知政事施師點曰：「是子他日有大名于世。」嘗從朱子訂疑義十數條，朱子嗟異之。以江西安撫使幹辦佐丞相趙忠定公汝愚定大策，忠定欲驟以詞掖處之，力辭去。及忠定去國，先生兄弟罹黨禍斥去。後以安慶府教授召試，擢正字，歷遷知無爲軍，循聲卓著。金人內變，獻料敵備邊二策，改知溫州。未幾，改外宗正，族屬皆望風而化。寧宗崩，以哀痛得疾。賀理宗表，力寓勸戒。陳碩曰：「此諫書也。」數丐祠，史彌遠不許，迺杜門著述。端平初，以禮部郎累遷至權刑部尚書。方先生爲講官，因講論語，而言漢元帝恭儉無過，惟剛不克改，明不能繹，優柔不斷，而業遂衰，蓋亦有爲而言。嗣以所注易進講，忤時宰意。然所言多稱上旨，上謂「卿文學高世，宜代予言」，先生卒以老祈免。及卒，轉兩官。遺表上，又轉四官。雲濠案：咸淳臨安志：「嘉熙元年卒，景定四年謚文懿。」先生天資絶人，沈思高識，自少至老，無一日去書策。其論易，以爲爲占者作；書堯、舜二典宜合爲一，禹功只施于河、洛，洪範非箕子作；詩不以小序爲信；禮記雜出諸生之手；周禮疑傳會女主之書。要亦卓絶特立之見。其爲文章有天巧。常論「韓非、李斯皆有荀卿之才，惟其富貴利欲之心重，故世得而賤之；惟卿獨能守其身，不苟希合，士何可不自重哉。」所著有易、書、詩、論語、孟子、周禮、禮記、荀子、莊子、通鑑、杜詩注。參史傳。

梓材謹案：先生號南塘，見直齋書録解題。

附錄

先生謂真西山曰：「當思所以謀當路者，無徒議之而已。」西山答曰：「公爲宗臣，則固當然。德秀不過朝廷一論思之臣耳。」補。

潘立之先生植

潘植，字立之，懷安人。世業儒，先生承家學，尤喜從鄉閭善士遊。後聞朱子講道武夷，非他師所及，遂與弟柄負笈而往拜焉。先生工于文，尤嗜史學，上下數千年，貫穿出入，未嘗射策決科。兄弟皆以弱冠摳衣有道，厲志前修。家居，日以濂、洛諸書相磨礲，暇則接武林壑間，徜徉觴詠，怡怡如也。參黄勉齋集。

梓材謹案：宋有與先生同名氏者，字子醇，安正人，嘗著易說。

潘瓜山先生柄

潘柄，字謙之，立之弟。年十六，即有志于道，與立之往事朱子于武夷。朱子以所學授之。嘗言：「凡人之心，不存則亡，而無不存不亡之時，故一息之頃，不加提省，則淪于亡而不自覺。天下之事，不是則非，而無不是不非之處，故一事之微，不加精察，則陷于惡而不自知。」學者稱瓜山先生。著有易解、尚書解。參道南源委。

朝奉滕溪齋先生璘

滕璘，字德粹，婺源人。與弟珙俱從朱子遊，造詣深邃，薦舉于鄉，入太學。淳熙甲科，調鄞縣尉，教授鄂州，改除四川制置司幹官。韓侂胄當國，或勸先生一見，可得掌政。先生曰：「彼以僞學誣一世儒宗，以邪黨錮天下善士，顧可干進乎！」後知嵊縣，值歲饑，奉行荒政，多全活。廟堂欲處之班列，終不肯爲韓屈，徑從銓曹註慶元簽判及主管官告院，以病奉祠。未幾，倅隆興，兩爲帥司參議，官至朝奉大夫。遺文有溪齋類稿三十卷。參姓譜。

縣令滕德章先生珙

滕珙，字德章，婺源人，德粹之弟。入太學，登淳熙進士。終合肥令。與德粹齊名。同上。

雲濠謹案：江南通志載先生令合肥，有仁政。

隱君胡洞源先生泳

胡泳，字伯量，建昌人，文公之高第弟子也。不樂仕進，學者翕然尊之，稱爲洞源先生。著有四書衍說。

雲濠謹案：白鹿洞志載先生云：「稱桐柏先生。」「桐柏」「洞源」字形相類，未知孰是。

忠節曾先生三聘

曾三聘，字無逸，新淦人，三復弟。幼有異質，日記千言。乾道間，由進士累官祕書郎。光宗時，三上疏指陳時事。黨論興，坐重劾。卒，贈直龍圖閣，謚忠節。參姓譜。

梓材謹案：解學士爲胡貞婦傳贊，言先生事朱子，爲門人高第弟子。

聘君章雪崖先生康附門人胡淳。

章康，字季思，吳縣人。安貧樂道，居城西，人稱之曰聘君。嘗問學于朱子，默有所契。年七十，步履如飛。或訝其有方外之遇，問之，曰：「吾師聖賢，無外學也。」淳祐五年卒，年七十九。郡人胡淳從之遊，歲時致醪醴薪米。所著雪崖文集十卷、詩集五十卷。淳字以初。參姑蘇志。

附錄

車玉峯腳氣集曰：「章雪崖，平江隱君子也。不曾見晦翁，而時時有書問道。晦翁答書見存。有時常高聲云：『世紛如何汩没得自家！』可以見其胸中之所存也。顧齋胡丈淳嘗從之。予每書此句于扇上。」

縣丞陳仁齋先生駿附子成父。

陳駿，字敏仲，寧德人。舉進士。登朱文公之門。著毛詩筆義，未及脱稿而卒。號仁齋。子成父。

雲濠謹案：道南源委載先生中乾道進士，除大冶丞，著論語、孟子筆義。

歐陽先生謙之

歐陽謙之，字希遜，廬陵人。嘗遊朱子之門。參儒林宗派。

梓材謹案：朱子大全集答先生書三，文文山之師歐陽巽齋，殆即其後人，而萬氏儒林宗派以文山爲先生門人，恐誤也。

縣令饒先生敏學

饒敏學，昭武人，朱文公高弟也。知黔陽縣。

孫龍坡先生調

孫調，字和卿，長溪人。其學得朱文公之傳，以排擯佛、老，推明聖經爲本。所著有册府一百卷，易詩書解、中庸發題共五十卷，浩齋稿三卷。學者稱爲龍坡先生。卒，祠于學。

帥幹李綱齋先生閎祖

李閎祖，字守約，光澤人，濱老呂之子。先生早受學家庭。已而與其二弟從朱子講學，篤志學問，强力精思，論議切實，朱子置之西塾訓諸孫，爲編中庸章句或問輯畧。第嘉定辛未進士，調静江府臨桂簿，提刑方信儒、漕使陳孔碩咸咨以臺事。暇日詣學與諸生講解，士習不變。辟古田令，改廣西帥幹，勤慎明恕，諸司論薦改秩，未赴卒。黄勉齋、李宏齋、張主一、陳北溪皆敬重之。勉齋嘗祭以文，極痛悼焉。自號綱齋。有問答十卷。

李先生相祖

李相祖，字時可，守約之弟。在朱門辨質詳明，用心精切，嘗以朱子之命，編書説三十卷。

縣尉李先生壯祖

李壯祖，字處謙。與守約同登第。調閩清尉。朱子亦嘉其有志。真西山嘗以典刑人物薦之。

郎中王東湖先生遇父羽儀。

王遇，字子合，龍溪人。父羽儀，衢州通判，博學有文。先生第乾道進士。受學于朱、張、吕之門，而與廖槎溪、黄勉齋、陳北溪友善。歷長樂令，通判贛州，薦章交上。時韓侂胄當國，先生不少貶以求售。侂胄敗，召爲太學博士，除諸王宮教授。以常州大旱，命爲守。講求荒政，民無流殍。又究致旱之由，開掘太湖水之侵塞于富家者。浙東饑，復詔提舉常平事。入對，極論時弊，至官，力言計竈買鹽之非策。除大宗正丞，遷右司郎中，以考校殿廬卒。著有論孟講義、兩漢博議及文集。號東湖先生。

附録

子合嘗問學問之道何先，象山曰：「親師友，去己之不美也。人資質有美惡，得師友琢磨，知己之不美而改之。」子合曰：「是。請益。」不答。象山曰：「子合要某説性善性惡，伊、洛、釋、老此等話不副其求，故曰是而已。吾欲其理會此説，所以不答。」象山語録。

漕使楊悦堂先生楫

楊楫，字通老，長溪人。師事朱文公。累官司農寺簿，奏劄論進君子退小人，勿徇左右之請，以重中書之權。飭執政之臣，可否相濟，以任憂責，奬廉静之操，絶奔競之風。除國子博士，臺臣或干以私，答曰：「臺有紀綱，學有規矩，當各守其職。」尋出知安慶，移湖南提刑、江西運判。卒，祠于學。所著有奏議、悦堂文集。參姓譜。

梓材謹案：萬姓通譜中本云：「與楊方、楊簡俱師事朱文公爲高弟，時號『三楊』。」楊提刑方見後。慈湖則非朱子門人。謝山奉臨川帖子云：「若羅文恭公點、劉少保伯正、李參政性傳、楊漕使楫俱以集中偶有過從，而遽爲著録，並列文恭之子爲再傳之徒，愚皆未敢以爲然。蓋此乃作考亭淵源録者之失。凡係朱子同時講學之人，行輩稍次，輒稱爲弟子，其意欲以夸其門牆之盛，而不知此諸儒所不受，亦朱子所不敢居也。」據此，則先生當非朱門弟子，或在講友之列。然攷黄勉齋記楊恭老敦義堂云：「吾與通老從遊于夫子之門二十年矣，通老長于吾十年，而首與之交相好也。」則先生嘗受業于朱門矣。恭老，通老兄，名梓。

提刑楊淡軒先生方

楊方，字子直，長汀人。清修篤孝，行己拔俗。隆興初登第。平生心慕朱子。調弋陽尉，還道崇安，參謁面受所傳而歸。趙忠定汝愚帥蜀，辟機宜。忠定尋薦于朝，召對，擢宗正寺簿。丐外，通判吉州，知建昌軍，召除編修官。首乞朝重華宫，辭甚懇切，寧宗立，除祕書郎，出知吉州。僞學禁興，坐趙、朱黨，罷居贛州。閉門讀書，自號淡軒。黨禁解，起家知撫州。未幾奉祠，嘉定更化，召爲侍右郎官，進考功郎官。不三月，復積忤以去。踰再歲，除直寶謨閣、廣西提刑。卒于象州。

堂長楊信齋先生復

楊復，字志仁，福安人。受業朱文公之門，與黄榦相友善。真西山帥閩，嘗創貴德堂于郡學以延之。學者稱曰信齋先生。著祭禮十四卷、儀禮圖十四帙。又有家禮雜説附註二卷。

進士李堯卿先生唐咨

李唐咨，字堯卿，龍溪人。與州學正石洪慶、林易簡、施允壽皆以旦評推重。朱文公守郡，延于學，爲諸生楷式。牒云：「唐咨、易簡，或究索淵微，或持循雅飭，察其志行，久益可觀。允壽、洪慶，皆以耆艾之年，進學不倦，强毅方正，衆所嚴憚。」

學正林先生易簡

林易簡，字一之，漳州貢士也。文公守漳，與同郡進士李唐咨並延至學宮。參道南源委。

梓材謹案：陳北溪有辯林一之動静書，又與林一之書。

學正石先生洪慶

學正施先生允壽合傳。

石洪慶，字子餘，臨漳人。與同郡施允壽，字伯和，先後爲本州學正。朱子守漳日，復並延至學云。同上。

附錄

洪慶將歸，朱子召入與語曰：「此去但存養，要這箇道理分明。常在這裏，久自有覺，覺後自有此物洞然，貫通圓轉。」乃舉孟子「求放心」「操則存」兩節，及明道語錄中「聖賢教人千言萬語，下學上達」一條云：「自古聖賢教人也，只就這裏上用功。所謂『放心』者，不是走作向別處，蓋一瞬目間便不見，才覺得便又在面前。不是苦難收拾，公且自去提撕，便見得。」又曰：「如合要『下學』工夫，且須端莊存養，獨觀昭曠之原，不須全費工夫鑽紙上語。待存養得此中昭明洞達，自覺無許多窒礙，恁時方取文字來看，則自然有意味，道理自然透徹，遇事時自然迎刃而解，皆無許多病痛。此等語不可對諸人說，恐他不肯去看文字，又不是了。且教他看文字，撞來撞去，將來自有撞著處。凡看文字，非是要理會文字，正要理會自家性分上事。學者須要主一，主一常要心存在這裏，方可做工夫。如人須尋箇屋子住，至于爲農工商賈，方惟其所之。住若無箇屋子，如小人趁得百錢，亦無歸宿。孟子說『求其放心』，已是兩截。如常知得心存這裏，則心自不放。」又云：「無事時，須要知得此心。不知此心，卻似睡困，都不濟事。今看文字，又理會義理不出，亦只緣主一工夫欠缺。」

常丞趙訥齋先生師淵

趙師淵，字幾道，號訥齋，黄巖人。乾道八年進士。嘗從朱文公遊，與之論校綱目，前後凡八書。歷官衢、南劍、寧海軍推官。趙丞相汝愚以從班薦與職事官，會趙以讒斥，遂翩然東歸，益就所學，積十餘年不仕。暨詔申前命，以母病添差通判温州，入主將作簿、司農太常丞，以論成肅后山陵事不合而去。參赤城新志。

梓材謹案：袁蒙齋甫爲先生壻。蒙齋誌趙宜人壙云：「訥齋當代端人，與先正獻公爲友。」

朝奉趙遠庵先生師夏

趙師夏，字致道，號遠庵，訥齋之弟。紹熙元年進士，歷官朝奉大夫。亦從文公遊，悉得奥旨。以循天理、任智力論曾點、子路言志，以心性情辨儒、釋，及論荀卿性惡禮僞之失，又作誠幾善惡圖，以明周子之意，一證胡子之失，皆爲文公所許。王魯齋嘗稱其理一分殊之跋，得龜山以來一派宗旨甚的。參台州府志。

楊至之先生至

楊至，字至之，晉江人。遊朱文公之門，與清漳李唐咨皆文彩發越，燦然可觀。蔡西山妻以孫女。

有文公語録二卷。

余先生大雅

游先生儆合傳。

余大雅，字正叔，順昌人。與劍浦游敬仲同時從朱子遊。雲濠案：敬仲名儆，敬仲其字也。一作名敬仲，字遠叔。每見必告以簡約切實工夫，而要其歸于求放心一言。先生嘗有詩云：「三見先生道愈尊，言提切切始能安。如今抉破本根說，不作從前料想看。有物有常須自盡，中倫中慮覺猶難。願言克己工夫熟，便得周旋事仰鑽。」朱子深與其進。有朱子語録一卷。

司户鄭持齋先生可學

鄭可學，字子上，莆田人，自號持齋。受學于朱子，以稟性卞急，力于懲忿上做工夫，久之，最得精要。面命問答，率前賢所未發，四方來學者，朱子多使質正焉。朱子知漳州，延至西塾。其後，删定大學一編，曰：「此書欲付託得人，惟子上足以當之。」前後三奉大對，晚以特科調衡州司户。著春秋博議十卷，三朝北盟舉要一卷、師說十卷。初，先生在臨安，欲往見陸子静，或云：「吾友方學，不可見，見之必歸參禪。」先生以此遂止。

許存齋先生升

許升，字順之，同安人。遊朱文公之門。文公來爲簿，從遊最早，恬澹無欲。及文公去任，復從遊于建陽。及卒，文公作文祭之。雲濠案：閩書：「先生所著有孟氏說、禮記文解、易解等書。」

梓材謹案：先生朱子語類多載其問答之語，其字順之也。朱子爲之序，又爲作存齋記云：「許生升之。」是先生一名升之也。

劉撝堂先生炎

劉炎，字潛夫，邵武人。遊朱子之門。朱子卒，先生祭以文，有云：「凜然若銜馭之甚嚴，泰然若方行之無畔。蓋久而後得之，又何止流行乎四時，而昭示乎河、漢。」

黄壺山先生士毅

黄士毅，字子洪，號壺山，莆田人，徙居吳。幼知嗜學，爲向上事業。方慶元詆誹道學，先生徒步趨閩，師朱文公。命日觀一書，夜叩所見，告以静坐勿雜，喚醒勿昏。居數月，授以大學章句，終其身從事于斯。著述甚富，類註儀禮、譔次文公書說七卷、文集一百五十卷，又因語録成言，分門序次，爲語類一百三十八卷。嘗言：「孔、孟之道，至周、程而復明，至朱子而大明。」識者以爲知言。

劉先生鏡

劉鏡，字叔光，崇安人。從朱文公學，稱高弟。

縣令李先生東

李東，字子賢，邵武人，丞相綱族孫。受學朱子，號精敏。登紹熙進士弟，爲廬陵簿。秩滿，周公必大餞以詩云：「地跨江、閩秀氣兼，玉成界尺直方廉。撫曹久處習鹽齒，高士惟知孫子嚴。」遷知萬安縣，黄勉齋以書薦于漕使楊楫，乞委以事而觀其能。

主簿方先生壬

方壬，字若水，莆田人，耕道耒之弟也。梓材案：先生亦元寀曾孫，當是耕道從弟。淳熙中，遊太學，往返建安，必造謁朱子，至必留月餘。擢第爲漳州長泰簿。時朱子爲守，辟先生主學。條上講説、課試、差補等十事，朱子令諸邑倣之。每見民間疾苦，悉別白爲朱子言之。後朱子召還，出大學章句，俾刊示學者。

方先生禾

方禾，字耕叟，耕道之弟也。嘗與朱子書曰：「禾敢問改過行己之方，願先生賜之一二言，使禾自此得朝夕從事于斯，口誦心維，知所敬畏，庶幾前姦之不復邇，比之㊀古人盤銘書紳之義」云。朱子答曰：「夫子有言：『弟子入則孝，出則弟，謹而信，汎愛衆而親仁，行有餘力則以學文。』其言雖約，其在耕叟今

㊀「之」字，原本作「其」，據龍本改。

日改過修己之方，莫切于此，則耕叟勉旃，它未有以告也。」參朱子别集。

方履齋先生大壯

方大壯，字履之，莆田人。少好學，不踐場屋，專心求道。朱子之莆，先生舉所學就正焉，得其親傳面命之意，日與同志講明。自號履齋，朱子爲書其額。

縣令上官先生謐

上官謐，字安國，邵武人，東京副留守悟之孫。從朱子遊。以祖蔭授會昌東尉，調永州推官。簡易不深刻，永人懷之。遷四會令卒。

常博傅先生誠

傅誠，字至叔，仙遊人。嘗從朱文公遊。淳熙中登第，由□陽令召提轄文思院，充江、淮督府幕官時參政張巖爲都督，著述皆出先生。嘉定初除國子博士，遷太常博士。輪對深憂國勢不振力勸寧宗奮起治功，言甚鯁切。一日登對，忽卒于殿下。

黃先生寅

黃寅，字直翁，邵武人。少時飄蕩豪爽，方士繇語之曰：「以子之方俊，何善不可爲！乃甘心里巷，以辱其身邪？」先生感泣，問過可改否。曰：「惟狂克念作聖。」于是奮勵修飭，登朱子之門，問學精詣言行準繩，鄉人敬歎之。

梁先生琢

梁琢，字文叔，邵武人。從遊于朱文公，刻志勵學。所論爲學工夫，及體氣魂魄鬼神之説，文公多許可之。又輯文公語録、澹臺石刻。

縣尉馮見齋先生允中

馮允中，字作肅，邵武人。從學于朱子。所論懲創後生妄作之弊，及敬義性情心術之説甚善，朱子多許之。嘗名其所居曰「見齋」云。

雲濠謹案：黄文獻誌馮君墓云：「馮氏之先，在唐有延珍，當廣明之亂，以勳王功至銀青光禄大夫上柱國。杜陵佚入宋，久未有顯者。十一世孫允中，受學考亭朱子之門，始以儒起家，爲道州寧遠縣尉。」是可見先生之仕履矣。

朝請呂渭川先生勝己

呂勝己，字季克。父祉，居建陽，以尚書護合肥軍死義，敕葬邵武之樵嵐，因家焉。先生從張南軒、朱晦翁講學，晦翁爲和東堂九詠詩。工隸書，得漢法。仕爲湖南幹官，歷倅江州，知杭州，官至朝請大夫。自號渭川居士。

料院楊尹叔先生仕訓

楊仕訓，字尹叔，漳浦人。從朱文公遊。醇静警敏，刻勵自奮，務求聖賢遺意而躬行之。由太學擢第，調永福令。留意學校，更定祭器，修立社稷風雨壇。推誠以待物，邑人士誦德不釋口，諸臺亦以愷悌慈祥、聽訟平允薦之。會湖廣總領請于朝，願得廉靖吏以董軍餉，差監鄂州糧料院，踰月卒。同學黄榦、陳淳皆深痛惜之。

修撰葉息庵先生武子

葉武子，字成之，邵武人。受學朱子，補太學生。朝議有欲以韓侂胄首和敵者，先生曰：「奸臣首不足惜，如國體何？」率同舍叩閽，力争之。嘉定甲戌，擢甲科，調郴州教授，一以白鹿洞學規爲諸生準程，刻四書集註章句以授之。歷國子正，知處州，入爲宗學博士。嘗以福建保長催科害民，陛對，論罷之。進直寶謨閣。平生所得，于易爲多。其言曰：「易之道，莫大于時。時有二義：有在外之時，有在我之時。人之出處，須先論在我者。我之時可動，然後論在外之時。若我之時未然，在外之時縱佳，亦不暇論其存乎我者與！」淳祐初，先生雅志恬退，掛冠日久，加直龍圖閣，尋加祕閣修撰卒。

梓材謹案：宋文憲集葉氏先祠記言：「先生字誠之。」是爲息庵先生。且言：「其知處州，有異政。一年嘉禾生，二年麥秀兩岐，三年瑞芝産于庭。」

知州俞先生聞中

俞聞中，字夢達，邵武人。從學朱子。登淳熙八年進士第。累官知黎州，悉意撫字，民夷感恩。

進士吴先生英

吴英，字茂實，邵武人。紹興三十年第進士。從學朱子。有論語問答畧。

黄先生孝恭

黄孝恭，字令裕，邵武人。從朱子學，治身嚴整，起居有常度，論著確實。

丘先生珏

丘珏，字玉父，邵武人。從朱子學。有主敬問答。學禁嚴，遂謝場屋。

知軍饒先生幹

饒幹，字廷老，邵武人。淳熙進士。調知長沙縣，適朱文公爲守，先生夙興治事，暇即聽講。後知懷安軍卒。有爲之銘者曰：「能磨琢而器吾之玉乎？則心皇皇如不足。能恒赫而丹吾之轂乎？則足縮縮如不欲。故樂也不加若性，而污也不懼其辱，是謂善學朱氏者，蓋不惟其名而實之篤。

楊先生履正

楊履正，字子順，晋江人。朱文公門人。生徒數百人。

監嶽孫吉甫先生枝附子起予。

孫枝，字吉甫，鄞縣人。父允從鄉先生沈簽判銖學。先生與簽判子焕亦相友善，又登朱子之門，梓材案：柳待制貫爲先生孫臨海令墓志云：「南嶽早從宣獻樓公、端憲沈公、正獻袁公遊，及見徽國文公而證其所受，遂學雄文，望于一時。所著書曰海上稿。」學問益精粹。袁絜齋曰：「初謂子善爲文，不意造理乃爾。」寧宗卽位，上書極言天下大計不見省。嘉定七年，與子起予同登進士第。先生父時尚無恙，郡守程覃表其里曰「重桂」，鄉人榮之。先生卓邁有知畧，自秦、隴、荆、湘達于淮海，凡險要阨塞，若指諸掌，于邊事軍謀亦練習。淮帥延致幕府，先生以禄不及親，辭不就，以迪功郎監潭州南嶽廟。起予爲昭武參軍，郡卒譟于庭，起予往諭之，卒羅拜曰：「孫司户清廉官，不得犯。」入朝爲監察御史，至太常少卿。次子願質。參至正四明志。

周先生謨

周謨，字舜弼，建陽人。少警敏嗜學，兩預鄉薦。朱子守南康，先生執贄登門，盡棄其學而學焉。南康抵武夷且千里，有重岡複嶺之阻，先生從學不怠。及朱子守臨漳，去武夷又千餘里，先生復往求卒業。既歸，温繹所聞，以書請益，朱子答曰：「講學益勤，持守不懈，深慰所望。當此歲寒，不易其操，尤不易得。」朱子没，僞禁且嚴，先生徒步會葬，并于康、廬間發鄉人受業者率其徒講學，迭爲季集，彼此規正，緜歷歲月，不少怠。性孝友，治喪用古禮，斥去浮屠、老子法，鄉人多效之。卒，黄勉齋誌其墓曰：「舜弼之學，足以取信鄉人，使吾師之道，講習不輟，斯文之不至湮晦，舜弼之力也。」參黄勉齋集。

余先生宋傑

余宋傑，字伯秀，建昌人。朱子授易弟子。參經義考。

李先生煇

李煇，字晦叔，建昌人。朱子授易、詩、禮弟子。同上。

隱君劉先生賁

劉賁，字炳文，建昌人。與周舜弼、余伯秀、李晦叔同學于朱子之門，並有時名，不求仕進。

李木川先生杞

李杞，字良仲，平江人。號木川。慶元元年，韓侂胄欲逐趙忠定，因以盡除天下之不附己者，名以僞學。朱文公去國，寓西湖靈芝寺，送者漸少，惟先生獨從，叩請得窮理之學。有紫陽正傳校行于世。參四朝聞見録。

梓材謹案：朱子實記著録姓氏録、甲寅問答者，先生也。宋又有與先生同姓名者，字子材，眉山人，著謙齋周易詳解二十卷。見經義考。

李先生雄

李雄，平江人。朱子弟子。補。

梓材謹案：先生與沐川李先生並質疑義于康叔臨，是二先生又爲康氏門人也。

宋先生之潤

宋先生之汪合傳。

宋之潤，字澤之；之汪，字容之，雙流人。與其兄深之之源問學于朱子。朱子答書有曰：「及承深之，遂承遺澤，卽登仕版，以究先公欲行未盡之志，而澤之、容之亦將讀書求志，以承家學之傳，皆所深望，而垂問勤懇，又見不自滿足之意」云。參朱子文集。

梓材謹案：深之又學于清江劉氏。詳見清江學案。

撫幹潘先生友恭

潘友恭，字恭叔，金華人。與兄端叔友端並學于朱子。爲江、淮宣撫使司幹。參會稽續志。

祕閣杜先生斿

杜斿，字叔高，金華人。嘗問道于朱子，與辛幼安諸人遊。端平初，以布衣召入祕閣校讐。參吳禮部集。

梓材謹案：萬姓統譜言：「先生召入館閣，年八十餘矣。」朝野雜記誤爲杜福。

杜先生旝

杜旝，字幼高，金華五高之一也。著有粹裘集十卷。葉正則序之曰：「此文自經史諸子皆有論辯，學之博矣。論辯不苟是非，必折之于正，又所謂篤矣。」參葉水心集。

文靖鄭日湖先生昭先

鄭昭先，字景明，閩縣人。初主浦城簿，歎曰：「僥倖一第，問學未悉。」遂遊朱子之門。遷知歸安縣，民咸愛之。累官知樞密院事，兼參知政事，進右丞相。參姓譜。

雲濠謹案：閩書載先生字景紹，卒，謚文靖，有日湖遺稿五十卷。

帥機范伯崇先生念德

范念德，字伯崇，建安人，知泉州如圭之子。從學朱子，讀書深潛温厚。官吉州録參，累遷江東帥機。朱子嘗得先生所著雜説，謂之曰：「持守不差，見理漸明。」後朱子疾且革，爲書屬其子在與先生及黄勉齋，又拳拳于勉學，及修正禮書爲言云。同上。

梓材謹案：先生娶劉白水先生之次女，與文公爲寮壻。

劉先生孟容

劉孟容，字公度，隆興人，靜春先生子澄之族人也。舊從學于子澄，亦嘗學于陸子。嘗以書勸朱子弗爲講學之争，朱子答以「臨川近説愈肆，荆舒祠記曾見之否？此等議論，皆學問偏枯、見識昏迷之故」。而私意又從而激之：「若公度之説行，則此等事無人管矣。」又貽書云：「建昌士子過此者多，方究得彼中道理端的是異端，誤人不少。向見賢者亦頗好之，近亦覺其非否？」

梓材謹案：先生爲公非先生攽之玄孫，于靜春爲族子，葢始學于靜春，而又師朱子者。父龜年朝奉郎，朱子表其墓。

黎先生貴臣

黎貴臣，醴陵人。從朱子受業，講明道學，士類多宗之。參姓譜。

林先生學蒙

林學蒙，一名羽，字正卿，永福人。從朱文公學。因築室龍門庵，講明道德性命之旨，鄉人師之。同上。

徐盤洲先生寓

徐寓，字居父，永嘉人。朱子稱其務學求師，志尚堅確。參戴氏銑説。

雲濠謹案：真西山誌包履常墓，稱先生爲盤洲叟。

隱君蔡先生念成

蔡念成，字元思，德安人。文公守南康時，講學于白鹿洞，先生從之遊。隱居求志，樂道不仕。文公没，心喪三年。又以事文公者事黄直卿而卒業焉。晚與同門數人，每季月一集，以相切磋，如此者三十年，州閭服行其化。參江西人物志。

縣令江德功先生默

江默，字德功，崇安人。知建寧縣。

雲濠謹案：姓譜：「先生乾道五年進士。嘗從朱文公遊。有易訓解、四書訓詁各六卷。」

縣尉戴養伯先生蒙

戴蒙，字養伯，永嘉人。更名埜。登紹熙進士。調麗水尉，棄官從朱子于武夷。參温州府志。

程格齋先生永奇

程永奇，字次卿，休寧人，先之子。朱子門人，稱格齋先生。

李先生季札

李季札，字季子，婺源人，參仲繒之子。從朱子學，有問答，見朱子語録。著有近思續録、字訓續編諸書。參徽州府志。

録所聞晦庵先生語

讀書著意玩味，方見得義理從文字中迸出。

讀書閒暇且靜坐，庶幾心平氣和，可以思索義理。

看文字當看大意，又看句語中何字是切要。孟子謂「仁義禮智根于心」，只根字甚有意。如此用心，義理自出。

人只一心，識得此心，便無走作，雖不加防閑，此心常在。

問存心。曰：「存心不在紙上寫底，且體認自家心是何物。聖賢說得極分曉，孟子恐後人不識，又說四端于此，尤好玩索。」

再問存心。曰：「非是別將事物存心。孔子曰：『居處恭，執事敬，與人忠。』便是存心之法。說話覺得不是，便莫說，做事覺得不是，便莫做，亦是存心之法。」

大學「在明明德」一句，當常常提撕。能如此，便有進步處。蓋其原自此發見，人只一心爲本，存得此心于事物，方知有脈絡貫通處。

問「明明德」。曰：「人皆有箇明處，但爲物欲所蔽。剔撥去了，只就明處漸明將去。然須致知格物，方有進步處，識得本來是甚麼物。」問：「程子謂致知節目如何？」曰：「如此理會也未可，須存得此心，卻逐節子思索，自然有箇覺處。如諺所謂冷灰裏豆爆。」

學者解論語，多是硬說，須習熟，然後有箇入頭處。

問「道之以德，齊之以禮」。曰：「資質好底便化，不好底須立箇制度。教人在裏面件件是禮，後世專用以刑，然不用刑，亦無此理。但聖人先以德禮，到合用處，亦不容已。『有恥且格』，只將格字做至字看，至是真箇有到處，如『王格有廟』、『格于上帝』之格。如遷善遠罪，真箇是遠罪。有勉強做底，便是不至。」

問聖人十年工夫。曰：「不須理會這箇，且理會志于學。能志學，許多科級，須著還我。」

問「下學上達」，聖人恐不自下學中來。曰：「不要說高了。聖人高，後學者如何企及？越說得聖人低，越有意思。『十五志學』一章，全在志于學上，當思自家是志于學與否？學是學箇甚？如此存心，念念不放，自然有所得也。『三十而立』，謂把捉得定。世間事物，皆搖動我不得，如富貴威武貧賤是也。『不惑』，謂識得這箇道理，合東便東，合西便西，了然于中。『知天命』便是『不惑』。到知處，是知其所以然，如事親必孝，事君必忠之類。『耳順』是不思而得，如臨事迎刃而解，自然中節，不待思索。『所欲不踰矩』，是不勉而中。」

孟子曰：「求其放心而已矣。」當于未放之前看如何，已放之後看如何，復得了又看是如何。作三節看後，自然習熟此心，不至于放。

惻隱羞惡辭讓是非，情也。仁義禮智，性也。心，統性情者也。端，緒也。因情之發露，而後性之本然者可得而見。

說仁，只看孺子將入井時，尤好體認。

義是箇毅然說話，如利刃著物。

四端本諸人心，皆因所寓而後發見。

問「萬物皆備于我」。曰：「未當如此，須從『孟子見梁惠王』看起，卻漸漸進步。如看論語，豈可只理會『吾道一以貫之』一句？須先自學而篇，漸漸浸灌，到純熟處，其閒義理卻自然出。中必有庸，庸必有中，能究此，而後可以發諸運用。」

聰察便是知，強毅便是勇。

天之運轉不窮，所以爲「天行健」。

天有春夏秋冬，地有金木水火，人有仁義禮智，皆以四者相爲用也。

問：「伊川見人静坐，如何便歎其善學？」曰：「這卻是一箇總要處。」

問滿腔子是惻隱之心。曰：「此心軀殼，謂之腔子。能于此身知有痛，便見于應接方有箇是與不是。」

爲血氣所使者，只是客氣，惟于性理説話涵泳，自然臨事有別。進取得失之念放輕，卻將聖賢格言研窮考究，若悠悠地似做不做，如捕風捉影，有甚長進！今日是這箇人，明日也是這箇人。

梓材謹案：録語第一條移入晦翁學案。

祕書林先生至

林至，字德久，華亭人。官祕書郎。登朱子之門。著有易裨傳。

隱君嚴亨父先生世文

嚴世文，字時亨，一字亨父，新喻人。隱居不仕，師事朱子。有疑義問答往復書帖。參新喻縣志。

附錄

問五行之生各一其性。朱子答曰：「氣質是陰陽五行。所爲性，卽是太極之全體。但論氣質之性，則此全體墮在此質之中爾，非別有一性。」

問明道言人生而静以上不容說。朱子答曰：「人生而静，是未發時，以上卽是人物未生之時，不可謂性。才謂之性，便是人生以後。此理墮在形氣之中，不全是性之本體矣！然其本體又未嘗外此，要人卽此而見得其不雜于此者爾。易大傳言繼善，是指未生之前，孟子言性善，是指已生之後，雖曰已生，然其本體初不相雜也。」

縣令楊船山先生與立

楊與立，字子權，浦城人。受業朱子之門。嘗知處州遂昌縣，因家于蘭溪。以道淑人，學者多宗之，稱爲船山先生。雲濠案：福建通志誤作鉛山先生。所著有朱子語畧二十卷。參蘭溪縣志。

梓材謹案：儒林宗派：「朱子門人楊黼，字與立，浦城人。」又：「楊與立，字子權，蘭溪人。」蓋卽一人而分載之。

楊先生驤

楊驤，字子節，與立從弟。朱子授易、禮弟子。參經義考。

楊先生道夫

楊道夫，字仲思，與立從弟。朱子授易、詩、禮弟子。同上。

梓材謹案：朱子嘗教先生「思是天地，有心無心」。見晦翁學案。

徐先生昭然

徐昭然，字子融，鉛山人。朱子與蔡季通書謂：「鉛山徐子融，老成有守。嘗作小學。欲延之家塾，爲諸子師範」云。參朱子文集。

姜先生大中

姜大中，字叔權。朱子授易弟子。參經義考。

教授潘先生時舉

潘時舉，字子善，臨海人。從晦庵遊，有聞必記。其辨析六經疑義及問學大端，多爲師門稱許。每喜靜坐，晦庵云：「專務靜坐，又恐墮落那一邊去。只是虛著此心，隨動隨靜，無時無處不致其戒慎恐懼之力，則自然主宰分明，義理昭著矣。」先生服膺師語，造詣日深，故其論「求放心」有云：「日來覺得此理真無内外，外面有跬步不合道理，便覺此心已放。」嘉定十五年，以上舍釋褐，終無爲軍教授。參台學源流。

縣丞吴先生必大

吴必大，字伯豐，興國人。以父任補官，爲吉水丞。屬權指朱文公爲僞學，遂致仕。先生早事張南軒、吕東萊，晚師文公，深究理學，議論操守，爲儒林所重。參姓譜。

童科劉履之先生砥

劉砥，字履之，長樂人，世南之子。六歲日誦千言，至覽忠孝大節，輒激發感慨。十歲通九經傳記，能綴詞賦。乾道間，與其弟礪俱中童子科。嘗讀釋、老書，曰：「此不足習。」乃治舉子業。又曰：「此不宜專習。」因徧取伊洛諸儒書讀之，有見，遂率其弟登朱文公之門。文公嘉其篤志敏學，授先天太極圖傳，充然有得。文公晚修禮書，先生預編次。以時方攻道學，遂無復仕進意。與蔡西山、黄直卿相友善。年四十五卒。所編有王朝禮、論語孟子解，皆未脱稾。同上。

童科劉用之先生礪

劉礪，字用之，砥之弟。幼穎悟孝弟，中童子科。後受學于朱文公。文公嘗曰：「履之兄弟御差勝，若更加功，或可望耳。」與黄直卿最友善。及禁僞學，志尚愈篤。蔡西山編置道州，先生與其兄餞賮甚厚。年四十七卒。同上。

王先生力行

王力行，字近思，同安人。遊朱文公之門，苦學善問，深得其旨趣。嘗著朱氏傳授支派圖。

吴先生壽昌

吴壽昌，字大年，邵武人。初謁佛者疏山，喜談禪學。後遊晦庵先生之門。著問答畧，嘗論張、吕二先生，謂：「南軒非壽昌所敢知。東萊博學多識則有之，守約恐未也。」朱子深然之。

甘吉甫先生節

甘節，字吉甫，臨川人。文公高弟。

曾先生祖道

曾祖道，字宅之，廬陵人，劉子澄之徒也。嘗師象山，其後爲朱子之學。有云陸先生與祖道言：「目能視，耳能聽，鼻能知臭，口能知味，心能思，手足能運動，如何更要存誠持敬，硬將一物去治一物？風浴詠歸，自是吾子家風。」祖道言：「此恐非初學所到地位。」陸子曰：「吾子有之，而必欲外鑠以爲本，可惜也。」其後爲象山之學者辯之，以象山答宅之書，今見載集中，但言存誠持敬二語。存字上古有考，若持字則後人之言，是陸子未嘗如宅之所云。然孟子嘗言存心，亦言持志，則陸子謂持敬爲杜撰者，其說亦過。

徵君吳友堂先生昶

吳昶，字叔夏，號友堂，休寧人。淳熙丙申，文公以掃墓歸婺源，先生率先執經館下。久之，僞學禁作，弟子多更名他師，而先生徒步走寒泉精舍就正所學。所著有易論、書說，文公深嘉許之。

雲濠謹案：歙縣志稱先生安貧守道，意薄進取，徵爲郡校書郎，弗就。

迪功陳克齋先生文蔚

陳文蔚，字才卿，稱克齋先生，上饒人。因同鄉余正叔得師朱子。其學以求誠爲本，以躬行實踐爲事。以著尚書解注有益治道，詔補迪功郎。書成，賦詩云：「水飲已忘三月味，囊中真乏一錢儲。屢空本是我家事，贏得閒身且著書。」洵有道之言也。徐忠愍公元杰，其門人也。

方先生誼

方誼，字賓王，嘉禾人。問學于朱子。朱子答周南仲書有云：「方賓王每書來，説得道理，儘有歸著，知與遊從，可謂得友。恐今已歸嘉禾也。」參朱子文集。

張先生顯父

張顯父，字敬之，南劒人。朱子弟子。著經說。補。

孫先生自修

孫先生自新合傳。

孫先生自任合傳。

孫自修，字敬甫，宣城人。偕從弟自新、自任從朱子遊。時正學久衰，先生兄弟獨知尊嚮，時論韙之。朱子嘗貽書商搉傳訓。既没，先生追記池録一卷，附載朱子語録。參姓譜。

縣令葉子是先生湜

葉湜，字子是，建安人。以父任調新化簿，去尉寧都，歷安仁令以卒。壯歲遊朱文公之門，得以直養氣之説，故其爲人磊落明白，無所回隱。每自謂：「平生與賓客言者，皆可以語妻子。」嘗與真西山同僚，西山稱其「堅彊有特操，介直弗顧私，遇事無難意，處劇亡勸容。」其之安仁也，爲政一出于寛平。居常語人曰：「先義而後利，先教而後刑，此吾所聞于真公者也，吾其敢違邪！」參真西山文集。

堂長黄先生義勇

黄先生義剛合傳。

黄義勇，字去私，臨川人。從文公武夷精舍，爲白鹿洞堂長。黄勉齋嘗曰：「向來問學之士，彫落殆盡，江西則甘吉甫、黄去私兄弟、張元德，不過數人爾。」弟義剛，字毅然，事文公最久，議論尤有根據。嘗敍所聞曰「先師德言」。參江西人物志。

萬先生人傑

萬人傑，字正淳，大冶人。陸文達公爲興國教授，即來受學。旋事文安公于槐堂。象山嘗言：「吾門惟曹立之、萬正淳可不爲利害所動。」已而先生見朱子于南康，亦力稱之，先生遂爲朱子之學。

曹无妄先生建

曹建，字立之，餘干人，學者稱爲无妄先生。初從沙隨程氏，繼從陸氏兄弟，最後乃從朱子于南康。其所欲見而不得者，南軒張氏而已。朱子序其言道：「非一聞可悟，一超可入也。循下學之則，加窮理之功，由淺而深，由近而遠，則庶乎其可矣。今必先期于一悟，而遂至棄百事以趨之，吾恐未悟之閒，狼狽也已甚。此其晚歲用力之標的程度也。」象山言其「天資甚高，因讀書用心之過成疾。其後疾與學相爲消長。某與蕩滌，則胸中快活明白，病亦隨減。一聞他人言語，又復昏蔽，病亦隨發。如此者不一。有告之以某乃釋氏之學，渠平生惡釋、老如仇讐，于是盡叛某之説，湊合元晦説話，不相見，以至于死」。

梓材謹案：一本云：「先生早卒，朱子爲表其墓。表中言先生于陸子異同之處，陸子門人見而不喜。朱、陸異同之釁，蓋亦其一事」云。

附錄

曹立之有書于象山曰：「願先生且將孝弟忠信誨人。」象山曰：「立之之謬如此！孝弟忠信如何説『且將』！」象山語錄。

輅院詹景憲先生淵

詹淵，字景憲，崇安人。調清江户曹掾。江西俗尚嚚訟，有數年不決者，先生一閲之皆得其情。于是環十一府之民，有求質于有司者，皆請屬先生，曰：「寧爲户曹非，不願他官直。」官至差監車輅院。

梓材謹案：真西山爲先生墓誌云：「景憲少時，奮然以學自力。既壯，從朱文公遊，得修己治人之大致。」

符先生敍

符敍，字舜功，建昌人。初問學于象山。象山遺傅㊀子淵書言：「其妄肆無知之談，子淵不得不任其責。」其答先生書亦多微詞。其後先生師朱子，嘗言陸子不喜説性，蓋亦不以槐堂弟子自名者矣。

童敬義先生伯羽

童伯羽，字蜚卿，甌寧人。師事朱文公。文公嘗造訪之，名其堂曰「敬義」。先生以道自任，化行鄉

㊀「傅」字，原本作「傳」，形近而誤，今改。

里，時人以敬義先生稱之。著有四書訓解。參閩書。

正言襲先生蓋卿

襲蓋卿，字夢錫，常寧人。以明經擢第。往師朱文公，明義理之學。入諫垣爲右正言，以直道事君。參姓譜。

梓材謹案：先生嘗官小司成。朱子池州語録蓋其所著。又與王居仁同時執經南軒之門。謝山困學紀聞三箋于周子静條亦云：「襲蓋卿，南軒弟子。」

教授李先生宗思

李宗思，字伯諫，建安人。其教授蘄學也，文公送之曰：「與伯諫遊而講于斯也，亦三年矣。凡持守之要，玩索之端，巨細精粗，蓋已無所不論。今使之言，其又何以加此。然有一焉，主敬致知，摧驕破吝，謹之于細微雜亂之域，而養之于虛閒静一之中，則雖屢言之，而豈患乎其瀆哉！」參讀書工程述語。

附錄

張南軒與朱子書曰：「蘄州之説，淺陋不足動人，自是伯諫天資低所致。若臨川其説方熾，此尤可慮者，吾曹惟當勉其在己，果得無一毫滲漏，自是孚信，有非口舌所能遽挽回也。」

梓材謹案：臨川蓋指陸子。金溪隸撫州，本三國吳臨川郡。蘄州謂李周翰。

縣丞黄先生學臯

黄學臯，字習之，龍溪人。通經史，尤長詩、書、春秋。南宮對策，有曰：「愚獨愛伊川，請改試爲課。」及制尊賢堂、待賓齋，與時論不合，有司大書曰：「此必僞學之流。」黜之。久而擢第，再轉鄱陽丞。李性傳延入郡齋，校勘朱文公續語録。又著評古一册，補註東坡詩集，上之諸司，論薦調泉州察推，需次于家，郡守屈置于學，以訓諸生。參姓譜。

學士黄尚質先生幹

黄幹，字尚質，長溪人。師事文公。著述甚富。餘干饒魯、寧德李鑑皆師之。著有誨鑑語、五經講義、四書紀聞。官至直學士。參道南源委。

廖先生晉卿

廖晉卿，朱子門人。參儒林宗派。

附録

廖晉卿請問所讀書。朱子云：「公心放已久，精神收拾未定，且收斂精神，方可商量讀書。」

李先生伯誠

李伯誠，朱子門人。參儒林宗派。

附錄

李伯誠曰：「打坐時意味也好。」朱子曰：「坐時固是好，須是臨事接物，長如坐底時方好。」

李先生周翰

李周翰，朱子門人。參儒林宗派。

附錄

張南軒與朱子書曰：「季克寄得蘄州李士人周翰一文來，殊無統紀，本之釋氏。伯諫爲其所轉，可慮可慮！」

梓材謹案：李伯諫教授于蘄，南軒云「爲其所轉」，則先生蘄州人也。

劉先生定夫

劉定夫，朱子門人。參儒林宗派。

附録

陸象山言：「定夫時宏大磊落，常常如此時好。但莫被枝葉累倒了，須是工夫孜孜不懈，乃得。若少懈，舊習又來。」

賀先生善

賀善。

梓材謹案：先生與黄勉齋、李果齋爲同門友，争朱子綱目非未成之書，則亦受業朱門者也。

宋元學案卷七十

滄洲諸儒學案下

黄宗羲原本　黄百家纂輯　全祖望補定

宏齋門人劉、李三傳。

文元饒雙峯先生魯別爲雙峯學案。

忠敏趙先生范

趙范，字武仲，衡山人，忠肅公方子。與弟忠靖葵俱有大志。少從鄭清之、牟子才學，從父軍中。嘉定間，嘗與忠靖殲金人于高頭。累官知揚州、淮東安撫副使，屢立戰功，進工部尚書沿江制置副使。後爲京湖安撫制置使，兼知襄陽。卒，謚忠敏。參姓譜。

忠靖趙庸齋先生葵

趙葵，字南仲，忠敏弟也。以功累官知滁州。度李全必叛，乃聚兵爲戰守計。及全寇揚州，先生率衆與戰，出奇破之，斬全以歸。淳祐中，進端明殿學士，知潭州。後拜右丞相，兼樞密使，封魯國公。先生有英武之才，累立大勳，朝廷倚之爲重者二十年。卒，贈太傅，謚忠靖。子溍。同上。

梓材謹案：宋史先生本傳：「與兄范俱有志事功，父方器之，聘鄭清之、牟㊀子才爲之師，又遣從南康李燔爲有用之學。」是先生固李敬子弟子也。

方連雲先生暹別見勉齋學案。

布衣宋先生斌見上晦翁門人。

進士許先生應庚別見雙峯學案。

槎溪門人

提刑鄒先生應博

鄒應博，泰寧人。受學于廖槎溪。開禧初，登第。寶慶中，監行在都進院。奏對，謂：「書曰：『人心惟危，道心惟微。惟精惟一，允執厥中。』朱熹謂人不能無人心，亦未嘗無道心。人心者，如飲食男女、好樂忿懥之類是也。若無此，則何以爲人乎！惟其縱而不知檢，則逐物而遷，故曰『人心惟危』也。道心者，良能良知也，而此心必甚微而難見。聖人充吾良能良知之心，使天理流行而昭著，則人心自入于檢防之中也。」嘗知婺州、蘇州，提點江南西路刑獄，爲真西山所薦云。

㊀「牟」字，原本作「全」，據宋史趙葵傳改。

推官陳貫齋先生沂別見北溪學案。

果齋門人

清忠牟存齋先生子才別見鶴山學案。

縣令葉先生采

葉采，建安人，安仁令子是之仲子也。鄉貢進士。壻于李公晦，從公晦問學，得其指歸。參真文忠集。

梓材謹案：學案原底于葉平巖傳云：「初事節齋，後事方子。」方子即公晦。蓋宋有兩葉采，事節齋者平巖，事公晦者先生，因同名而誤及之耳。又案：先生嘗爲昌化宰。見胡石塘所作陳孝子傳。

推官陳貫齋先生沂別見北溪學案。

毅齋門人

祕書王唐卿先生世傑

王世傑，字唐卿，義烏人。官祕書丞。初徐文清公倡道丹溪上，及門者或仕或不仕，皆時聞人。文清之學，蓋親得于考亭，而先生則有得于文清者也。參黄文獻集。

左司朱勵志先生元龍

朱元龍，字景雲，義烏人。嘉定十六年進士，歷除宗正丞，兼權左司郎官。宦官陳恂益求建節，事下都司議。先生擬曰：「優異内官，寵賚節鉞，雖出于特恩，主張國是，愛惜名器，必由于公論。不可。」宰臣傳旨，令改擬。對曰：「吾職可罷，筆不可改也。」有宗室與民論圩田，衆莫敢決。先生曰：「于法，品官不許佃民田，奈何天子屬籍之親，乃争田訟邪？」毅然決之。時議括兩淮浮鹽，先生謂：「朝廷而行商賈之事，廟堂而踵諸閫之規，使史氏書曰：『括浮鹽，自今日始。』不可。」又兩上封事，自宫禁朝廷以及百官萬民皆痛切言之。先是，史嵩之在督府，先生劾其殺富民王倫爲非，已而嵩之入相，遂斥去，予祠。參王華川集。

雲濠謹案：王忠文嘗序先生左司集云：「始公受學鄉先生毅齋徐公僑，又從四明絜齋袁公遊。」公之學蓋會朱、陸之異以爲同。其予祠也，家居十年以卒，又稱先生爲厲志先生。「厲志」一作「勵志」。

葉通齋先生由庚

葉由庚，字成甫，義烏人。生而口吃，嗜讀書。試有司不中，遂絶意進取。時徐文清倡明朱子之學，先生執經從之。文清授以中、誠、仁、命、性、心六字之説。與金華何北山、王魯齋辯析理學，不立異，不苟同，虚己精索，必求真是之歸。其誨學者曰：「古之人知行並進，若纏蔽于文字間，待其知至而後行，是終無可行之日也。」人以爲名言。學者稱通齋先生。

鄉貢朱先生中

朱中，義烏人，徐文清弟子。著太極演説、經世補遺。補。

雲濠謹案：先生宋鄉貢進士，爲文清高第弟子。見宋潛溪所銘先生孫裕軒墓碣。

雲莊家學

知州劉静齋先生爗

劉爗，字伯醇，建陽人，雲莊之子，自號静齋。補承務郎，知江寧縣，辟制置司幕官。以收李全功，轉朝請大夫，知常州、衡州，移南劍州，以疾不赴，與學徒熊竹谷輩講道終其身。參姓譜。

雲莊門人

推官陳貫齋先生沂别見北溪學案。

允夫門人

縣尉董槃澗先生銖見上晦庵門人。

元善門人

文忠真西山先生德秀别爲西山真氏學案。

蒙谷門人

文忠江古心先生萬里父燡。附門人陳偉器。

江萬里，字子遠，都昌人。自其父燡始業儒。先生少神雋，有鋒穎，連舉于鄉。入太學，有聲。理宗在潛邸，嘗書其姓名几硯閒。以舍選出身，歷知吉州，創白鷺洲書院。權知隆興府，創宗濂書院。遷考功郎官，命旋寢。久之，以駕部郎官召，遷尚右兼侍講。史嵩之罷相，拜監察御史，仍兼侍講。未幾，遷右正言、殿中侍御史。又遷待御史，未及拜。先生器望清峻，論議風采，傾動一時，帝眷注尤厚。既而坐騰謗閒廢者十有二年。後陸德輿嘗辨其非辜于帝前。賈似道宣撫兩浙，辟參謀官。歷遷刑部侍郎，兼國子祭酒、侍讀。入對，遷權吏部尚書，又拜端明殿學士、同簽書樞密院事兼太子賓客。隨以言者去官。後以原職知建寧府，知福州兼福建安撫使。度宗即位，召同知樞密院事，又兼權參知政事。先生始雖俛仰容默，然性峭直，臨事不能無言。似道常惡其輕發，故每入不能久在位。似道以去要君，帝初即位，呼爲師相，至涕泣拜留之。先生以身掖帝云：「自古無此君臣禮，陛下不可拜，似道不可復言去。」似道不知所爲，下殿舉笏謝曰：「微公，似道幾爲千古罪人。」然以此言忌之。帝在講筵，每問經史疑義及古人姓名，似道不能對，先生常從旁代對。時王夫人頗知書，帝語夫人以爲笑。似道聞之，積慙怒，謀逐之。先生四丐祠，不候報出關。加資政殿大學士、知慶元府兼沿海制置使，不拜，予祠。後二年，知太平州兼提領江、淮茶鹽兼江東轉運使，召拜參知政事，進封南康郡公。既至，拜左丞相，兼樞密使。

丐祠，加觀文殿大學士知福州，辭，依舊職，提舉洞霄宫。又授知潭州、湖南安撫大使，加特進，尋予祠。時咸淳九年，先生年七十有六矣。明年，元兵渡江，先生隱草野間，爲遊騎所執，大訢，欲自戕，既而脱歸。始先生聞襄、樊失守，鑿池芝山後圃，扁其亭曰「止水」，人莫諭其意。及聞警，執門人陳偉器手曰：「大勢不可支，余雖不在位，當與國爲存亡。」及饒州城破，軍士執其弟萬頃，索金銀不得，支解之。先生竟赴止水死。事聞，贈太傅、益國公。後加贈太師，謚文忠。參史傳。

梓材謹案：儒林宗派以先生爲林子武門人。

古心學侶

縣令劉月澗先生南甫附從子由聖。

劉南甫，字山立，號月澗，吉水人。年十七，以治尚書擢嘉熙二年進士第。爲縣安遠，能去淫祠，人稱神明。警敏絶倫，最爲江丞相萬里所重。歐陽巽齋雖與爲輩行，然師事之。其學傳于從子□□，字由聖，號方壺先生。參解春雨集。

梓材謹案：吉水縣志載先生嘗講學白鷺書院。書院爲江丞相所創，則先生本古心學侶也。

竹隱家學

知州傅先生壅

傅壅，字仲珍，忠簡之子。慶元中登第。知崇安縣，創均惠倉，增學田，立義冢，邑人爲立祠。用課最，歷大理寺丞。審寃獄得實，卿以下患之。臺諫劾罷。旋以獄直知南劍州，改漳州。先是，忠簡兄弟相繼守漳，先生治如其父，邦人安之。徙撫州，以都官郎召，未至，卒。

徽猷傅先生康

傅康，字仲良，忠簡之子。以父任知古田縣，猾胥匿簿書，賦入日少，先生籍其家，出所匿，復得實，邑計以饒。爲司農寺丞，知汀州。時兄仲珍守漳，其父往來就養，鄉人榮之。徙南劍，發奸擿伏，吏不敢欺，累進司農少卿，兼左司諫，練熟典章，上甚材之。晚知袁州，直徽猷閣致仕。

性善門人

文安趙星渚先生景緯

趙景緯，字德父，於潛人。少勤學，弱冠得周、程諸書讀之，恨不及登朱子之門。朱子門人葉味道謂之曰：「度正，吾黨中第一人。」遂往見，首誨以求放心爲本。由是往來葉、度之閒，研索益精。入太學，登淳祐進士第。授江陰軍教授，諸生守其矩度。丁母憂，以禄不逮養，服闋不調。作讀易庵懸霤山。每進華秩，必固辭。歷知台州，兩辭，不許，趣命益嚴。至郡，以化民成俗爲先務，取陳述古諭俗文書示諸邑，且自爲之説，使其民更相告諭、諷誦、服行，期無失墜。約束官吏擾民五事。取孝經庶人章爲四言，詠贊其義，使朝夕歌之，至有爲之感涕者。舉遺逸車若水、林正心于朝。旌孝行，作訓孝文以勵其俗。

平重刑，懲譁訐，治豪橫。建黄巖縣社倉六十有六。其善政不可殫載。進考功郎，四辭新命，且乞于赤城、桐柏之間，采藥著書，庶幾有補後學，使病廢之身不爲無用于聖世，不許。御批兼崇政殿説書，三辭，不許。乃造朝，侍緝熙殿，以易進講，論「聖人體元之妙在惟幾，人君得此，則天下有治而無亂，人事有吉而無凶矣」。又曰：「惕厲祗懼，乃天心之所存。聖人先處于憂，故能無憂，先處以危，故能無危；若乃先自處于安樂，則憂危乘之矣。」又論監司守令，「舉刺不當，不足以服天下之心」。砉出于柳，先生應詔上封事。拜太府少卿，以直敷文閣知嘉興府，辭，乞奉祠，不許。拜宗正少卿，兼侍講，乞祠還家，御筆趣行，除兼權工部侍郎，時又命兼權中書舍人，三辭，不許。以禮記進講，開陳敬恕之義。封還濫恩詞頭，帝從之。進權禮部侍郎，兼修玉牒，再辭，不許。進聖學四箴：一曰惜日力以致其勤，二曰精體認以充其知，三曰屏嗜好以專其業，四曰謹行事以驗其用。授集英殿修撰、知建寧府。召爲中書舍人，進顯文閣待制，乞祠，遂差提舉玉隆萬壽宮。未幾，疾作，謝醫卻藥，曰：「使我清心以順天命，毋重惱我懷。」拱手三揖而卒。詔特贈四官至中奉大夫，謚文安。參史傳。

梓材謹案：先生號星渚，見車玉峯所作台州新斸五邑坊場河渡錢記。

北山家學

忠肅陳先生韡別見水心學案。

復齋門人

山長黃德遠先生績見下瓜山門人。

蒙齋門人

州判董介軒先生夢程別爲介軒學案。

槃澗家學

州判董介軒先生夢程別爲介軒學案。

槃澗門人

董復齋先生琮

程古山先生正則並見介軒學案。

蓮塘門人

進士陽字溪先生枋

陽枋，號字溪，稱大陽先生。有易說。

梓材謹案：先生銅梁人，淳祐中進士。見四川總志。又案大陽五世孫有撰玉井易説者，佚其名。

陽存齋先生岊

陽岊，號存齋，稱小陽先生。有易説。

梓材謹案：大、小陽先生及韓禮部傳，原與静清同卷，爲四明朱門學案之一，謝山改定爲静清學案，静清以上，併入是卷。

遠庵家學

方先生丕父別見勉齋學案。

二竇門人

衛先生炳

衛炳，字晦仲，句容人也。從二竇兄弟遊，不爲今學，而爲古學，落落不苟。二竇嘗介之以見漫塘稱「其氣肅而言質，空谷足音」。顧早卒，君子惜之。補。

靜一門人

衛先生翼

衛翼，字翼之，句容人。從湯静一遊，即晦仲從兄弟也。漫塘稱其有遠韻。補。

玉峯門人

知軍江先生塤

別見西山真氏學案。

瓜山門人

山長黄德遠先生績

黄績，字德遠，莆田人。初遊淮、浙，徧參諸老。已而從陳師復、潘謙之二子遊。及二子卒，同門友築東湖書堂，而請田于官以祀之，讀約聚講如二子規約，由是學者皆就正于先生。郡守推入尊德堂，以繼劉彌昭，又辟充涵江書院山長。先生以「獨不懼」名齋。所著有四書遺説、近思録義類。

蘇先生國台

蘇國台，仙遊人，辰州守權子。從潘柄講學。補。

溪齋門人

趙省之先生雷

趙雷，字省之，縉雲人。滕溪齋弟子。參儒林宗派。

德章家學

縣令滕萬菊先生鉛

滕鉛，字和叔，婺源人，合肥令德章之子。爲安仁令。所得所授，學有源委。注尚書行于世。參姓譜。

洞源門人

黄先生輔別見勉齋學案。

監税李先生仁𡌴

李仁𡌴，字載叔，德興人也，直焕章閣駿之子。官鎮江都税院監。從胡伯量學，二十八歲而卒。漫塘劉文清公志其墓曰：「載叔來金壇，伯量與偕。載叔出語稍易，舉事稍偏，伯量必正色折之，載叔斂衽謝惟謹。平生所見後生敬事師友，未有如載叔者。伯量去，人謂『載叔稍自適矣』。載叔對曰：『方胡先生在，吾飲酒過三酌輒醉，醉而安寢，恃以無失。及先生去，吾飲不醉，然其寐也，憂其不能無失。吾敢以離羣索居爲樂也哉！』其初至金壇，得一室蕭寺中，僅容兩几，廪無繼粟，庖無繼肉，人謂當重不堪，而載叔不之戚也。比憲檄下，令入幕，載叔反以侵官出位爲戒，遲回久之。求益于其友，則載叔之死，豈徒李氏失一佳子弟哉！」補。

歐陽家學

著作歐陽巽齋先生守道別爲巽齋學案。

淡軒門人

運判孟先生渙別見槐堂諸儒學案。

信齋門人

提舉李先生鑑別見勉齋學案。

堯卿門人

鄉舉陳先生思謙

陳思謙，字退之，龍溪人。學問該博，教授後學，嘗魁鄉薦。著春秋三傳會同及列國類編，朱文公喜之，因語其門人李唐咨以女妻焉。

至之門人

推官陳貫齋先生沂別見北溪學案。

㧑堂門人

王立齋先生侃

運使王敬巖先生㣧並見北山四先生學案。

吉甫家學

侍郎孫先生顧質附子璹。

孫顧質，鄞縣人，吉甫次子。紹定五年進士第，後中教官科，終工部侍郎。子璹，字壽朋，知臨海縣，奉母在官。元兵至，母子俱蹈難死。丞相葉夢鼎、尚書王應麟嘗以文章薦之。參至正四明志。

履之家學

劉先生子玠別見勉齋學案。

克齋門人

忠愍徐先生元杰別見西山真氏學案。

子是家學

縣令葉先生采見上果齋門人。

尙質門人

文元饒雙峯先生魯別爲雙峯學案。

提舉李先生鑑別見勉齋學案。

晦翁再傳

簽判丘行可先生富國

丘富國，字行可，建安人。受業朱子之門人。簽判端陽㈠。所著有周易輯解十卷、易學說約五篇、經世遺書三卷。雲濠案：道南源委云：「登淳祐進士。」又云：「著周易輯解、經世補遺、易學說約，發明朱子宗旨。」宋亡，先生高蹈不仕。修。

庸齋家學劉、李四傳。

知府趙冰壺先生湆

㈠「端陽」，疑當爲「端州」。

趙溍，字元晉，號冰壺，葵之子也。咸淳中，嘗知建寧府。著有養痾漫筆一卷。參四庫書目提要。

葉氏門人

陳玉巖先生天澤

陳天澤，字澤民，一字玉巖，昌化人，葉采弟子。

唐卿門人

石蟠松先生一鰲

石一鰲，字晉卿，義烏人，祕書丞王世傑弟子。雲濠案：黃晉卿表先生墓云：「少受業于王君著訥，既又從祕丞遊。」世傑則徐文清弟子也，覃思于易。所著有周易互言總論十卷。補。

梓材謹案：先生號蟠松，見王海日許氏四傳堂記。

靜齋家學

忠簡劉冰壺先生欽別見九峯學案。

主簿劉希泌先生應李

劉應李，字希泌，雲莊弟炳之孫也。初名桀。登咸淳進士，調建陽主簿。入元不仕，退與熊勿軒、胡庭芳講道于洪源山，共居十有二年。後建化龍書院于莒潭，聚徒講授，學者多集。參姓譜。

梓材謹案：儒林宗派列先生于靜齋之門，蓋以韜仲之孫而受學于靜齋者也。

靜齋門人

熊竹谷先生慶胄別見西山眞氏學案。

希泌講友

參軍熊勿軒先生禾別見潛庵學案。

鄉舉胡雙湖先生一桂別見介軒學案。

古心門人

州判趙元道先生介如

趙介如，字元道，浮梁人。從江古心遊，其學靜深有本。登寶祐進士，通判饒州。元起爲雙溪書院山長，從者甚衆。參江西人物志。

月澗門人

著作歐陽巽齋先生守道別爲巽齋學案。

小陽家學

陽以齋先生恪

陽恪，號以齋，蜀人。理宗三十九年，爲蜀舉首。其父存齋之學，得之朱子高弟涪陵晏氏淵。先生有春秋夏時考正一編，凡三十四條。其説謂是堯典定時成歲之後，四時十二月之序，一定不移，虞、夏、商、周皆因之。春秋時皆夏正之時，月皆夏正之月，謂夏時冠周月之説非是。參張氏春王正月考。

梓材謹案：先生爲小陽先生之子，史靜清師之。見宋史史彌鞏傳。然向之述學派者，皆以靜清爲大、小陽之傳。

小陽門人

教授史靜清先生蒙卿別爲靜清學案。

禮部韓先生居仁

韓居仁，字君美，本開封人也。後居明州。仕至禮部郎中。學于小陽先生岊。嘗官慶元經歷，講學甚醇，本堂謂「其指易之全體大用，以祛破碎，脈詩之深源正流，以洗浮薄」。又極稱儒術。吏治有惠政。于慶元，嘗周視城渠水脈，疏之瀹之，既西至它山，于堰于閘，完故立新，遂無旱澇之患。深寧王尚書序其事，而尤與程敬叔相契。補。

德遠家學

參議黄四如先生仲元

黄仲元，字善甫，涵江山長績之子。咸淳中登第，陸秀夫薦充益王府撰述官，除武學諭、太常博士，兼閩、廣宣撫司機宜，改國子主簿，兼福建招捕司參議，皆不赴。宋亡，改其名曰淵，字天叟，又改其四如之號，而以「韻鄉贅翁彦安」爲稱。窮居稽古，深入理奥，率以向上自處，不忝其父。年八十二卒。有四如講稿、經史辨疑、四如文稿。參姓譜。

德遠門人

推官鄭先生獻翁

鄭獻翁，字帝臣，莆田人。從黄德遠遊。咸淳初登第，仕至漳州推官。元既改物，與仲元諸人俱以宿儒爲郡人模範。

省之家學

參政趙格齋先生順孫

趙順孫，字和仲，縉雲人也。韓王普之後。父雷學于溪齋滕氏，授以尊所聞集，遂傳其子。先生既長，謂朱子之微言奥旨，散出于門人所記録者，莫克互見，乃采集以爲四書纂疏，學者盛傳之。淳祐十年進士，自祕書郎五遷至侍御史，皆兼講讀之職，凡日食震電水火爲災，必援據經傳及累朝故實爲危亡可畏之説，隨時致戒。時帑藏朽乏，而人主不知，汰侈日甚，先生疏奏者八，面奏者三，謂：「周官九式，冢宰實總之。今之大臣，乃學陳平之不知錢穀，非也。真宗常令三司具中外錢穀大數，陳恕以天子富于春秋，若知府庫充實，恐生侈心。恕慮先朝知其有，臣慮陛下不知其無也。」度宗不以爲忤，令諸司條具以聞。又言内廷之帑，不可輕發，恩賞之濫，有所謂特除、特轉、特補、特贈者，不可輕徇。庶僚上殿，專以瑣細對揚，當申儆之，以革習諛之風。乞召洪天錫、陳宗禮、陳宜中還言職。薦湯漢、李伯玉、何基、徐宗仁、吕圻、歐陽守道、吕大圭。劾龔日升昏鄙。美人楊氏父死甫踰旬，進封淑妃，先生言當念其蓼莪之感，請以期年，雖不從，而竟得過卒哭者。久之，謝堂與其弟垕皆以戚畹驕横，先生力言之，堂免侍從，垕以節度使罷奉朝請。度宗雅重先生，而賈似道方當國，先生累陳買田變楮之弊，又劾罷其姪廣德守蕃世，似道怒甚。先生丐去，度宗不允。又言：「新宫之建，議毁民廬，未知師臣相臣有諫玉清昭應如王旦者否？」似道益怒，上章乞骸。先生亦丐去，除吏部侍郎，兼祭酒，同修國史，仍兼侍讀。先生猶不自安，求去益力，遂以顯文閣待制知平江府，兼淮、浙發運使。時以夏初，即徵民租，先生爲設法糴二千萬斛以入庾，而豫徵之法以免。築學道書院以講學。復召爲吏部侍郎，晉尚書，兼侍讀。請急援襄陽，因述許翰之言：「治世諱危亡之事，而不諱危亡之言；亂世諱危亡之言，而不諱危亡之事。人臣知危亡而不言，則人主處危亡而不知。」又曰：「端平失襄而卒復之。今日之事，與端平異，不急援，禍至無日。」度宗爲愀然變色，似道笑曰：「縱襄陽失守，豈遽危亡！此書生腐語耳。」六年，攝同簽書樞密院事，進簽書，兼權參政。八年，同知院事，兼參政。馬丞相廷鸞去位，度宗欲用先生爲右揆，兼元樞，先生歎曰：「吾其爲張悌矣！」已降麻，會病得辭，以資政殿大學士提舉洞霄宮，舟次富陽，歎曰：「一病足勝二十四考矣。」十年，起爲福建安撫使，兼知福州，爲州民代輸税錢四十餘萬。知時事不可爲，亟歸，憂憤疾篤，不復御藥，而三宮北上矣。又九浹旬而卒。所著自四書纂疏外，有近思録精義、孝宗繫年録、中興名臣言行録、格齋集。學者稱爲格齋先生。補。

萬菊門人

黄草窗先生智孫

黄智孫，字常甫，休寧人，稱草窗先生。學于萬菊滕氏，而定宇之師也。補。

梓材謹案：汪氏炎昶狀陳定宇行略云：「後從鄉先生黄公常甫遊，黄公之學，出于星溪萬菊滕先生。滕之先璘、珙二伯仲，皆爲朱子高弟。」是先生爲萬菊弟子之證，亦可知萬菊爲二滕後人，蓋即安仁令云。

草窗同調

陳復齋先生源長

陳源長，字復之，休寧人，定宇之父也。力學不倦，以麟經教授，師之者衆，有董生下帷之風。參定宇集附録。

梓材謹案：先生本名履長，晚年更名源長，從學者號之曰復齋。見定宇所述先世事略。

子善所傳

陳西山先生紹大別見北山四先生學案。

行可門人

翰林張先生諒

張先生貢合傳。

張諒，字子京，建安人。與弟貢學易于丘行可。著經史事類書澤三十卷。後贈翰林應奉文字。貢字壯夫。

賢良鄭翠屏先生儀孫

鄭儀孫，建安人，號翠屏。從丘行可學易。咸淳中，以賢良舉。少帝北行，先生退而著書，作易說、大學中庸章句、史學蒙求箋註、性理字訓。郡守吳某率幕屬迎于學，師事之。

蟠松家學劉、李五傳。

孝子石先生定子

石定子，字安叔，義烏人，一鰲子。端敏純孝，繼母朱，性嚴毅，先生奉養不倦，無愠色者三十年。參兩浙名賢録。

蟠松門人

國學陳巖翁先生取青

陳取青，東陽人。受學石一鰲，慷慨有志節。子樵。百家記。

雲濠謹案：東陽縣志載先生云：「其先居睦之富春，宋中葉來徙邑之太平里。先生國學進士，與聞考亭之學，自號聞巖翁。」

文獻黄文貞先生溍

黄溍，字晉卿，義烏人。先生生而俊異，比成童，授以書詩，不一月成誦。迨長，以文名于四方。登延祐進士第，累轉國子博士，視弟子如朋交，未始以師道自尊，輕納人拜，而來學者滋益恭，業成而仕，皆有聞于世。出爲江、浙等處儒學提舉。先生年始六十七，不俟引年。亟上納禄侍親之請，絶江徑歸。俄以祕書少監致仕，未幾，除翰林直學士、知制誥同修國史。兼經筵官，執經進講者三十有二，帝嘉其忠，數出金織紋段賜之。陞轉至中奉大夫。旋上章求歸，不俟報而行，帝聞之，遣使追還京師，復爲前官。

久之，始得謝南還。卒，年八十一。累贈參知政事，追封江夏郡公，謚曰文獻。先生天資介特，在外唯以清白爲治。及升朝行，挺立無所附，足不登鉅公勢人之門，君子稱其清風高節，如冰壺三尺，纖塵弗汙。然剛中少容，觸物或弦急霆震，若未易涯涘，一旋踵間，煦如陽春。先生之學，博極天下之書，而約之于至精，剖析經史疑難，及古今因革制度名物之訓，旁引曲證，多先儒所未發。文辭布置謹嚴，援據精切，俯仰雍容，不大聲色，譬之澄湖不波，一碧萬頃，魚鼈蛟龍，潛伏不動，而淵然之光，不可犯。所著書，有日損齋稾二十五卷、義烏志七卷、筆記一卷。參史傳。

梓材謹案：儒林宗派以先生爲石氏門人。宋潛溪狀先生行實，言其「常著弔諸葛武侯辭，太學內舍劉應龜見而歎之，因留受業。又從仙華山隱者方鳳遊」。是先生又爲劉氏、方氏門人也。楊鐵崖誌其墓云：「與其徒私謚曰文貞先生。」

巖翁同調

隱君李復庵先生直方

李直方，字德方，東陽人。少以世業治尚書，舉進士不第，退治伊(一)洛之學。宋末，隱居教授。其受業弟子陳樵與胡滚、陳士允皆以文學知名。晚歲家益貧，與其弟子耦耕南山之麓，人皆以龐德公擬之。參金華先民傳。

雲濠謹案：隆慶東陽志載「先生一名幼直，字良佐。爲人沈毅方介」。又言「其所著書百餘篇，皆未竟，惟易象敷解爲全書。至元中，録故上書言宋丞相者，至其家，則焚且久矣」。金華府志云：「學者稱復庵先生。」

(一)「伊」字，原本作「河」，據龍本改。

元道門人

隱君汪東山先生華別見雙峯學案。

右丞燕先生公楠

燕公楠，字國材，建昌人。十歲能屬文，居父喪，廬墓三年。再貢于鄉，不第，後以連帥辟，五遷至通判贛州事。元世祖既平江南，帥臣板授同知贛州事。後召至上都，奏對稱旨，賜名賽因囊加帶，命參大政，辭，乞補外。累拜江浙、湖廣行省右丞。召還朝以卒。參史傳。

梓材謹案：先生爲宋禮部侍郎肅七世孫，與汪東山爲同門友，亦趙氏弟子也。著有五峯集十五卷。見程雪樓所作神道碑。

草窗門人

鄉舉陳定宇先生櫟

陳櫟，字壽翁，一字定宇，晚稱東阜老人，徽之休寧人。學以朱子爲宗。所著有百一易畧、四書發明、書傳纂疏、禮記集義等書。時雙湖、東阜最稱宿儒。延祐初，詔以科舉取士，有司强之鄉闈，中選，竟不復赴禮部。先生性孝友剛介，日用之間，動中禮法，善誘學者，江東士人就學草廬者，盡遣而歸。先生年八十三卒。修。

梓材謹案：汪氏爲定宇行狀云：「其爲學得于家庭之講貫爲多，最後始從鄉先生黄常甫遊。」

定宇文集

書載帝王之治，而治本于道，道本于心。道安在？曰在中。心安在？曰在敬。揖讓放伐、制度詳畧等事雖不同，而同于中，欽、恭、寅、祗、愼、畏等字雖不同，而同于敬，求道于心之敬，求道于治之中，詳説反約，書之大旨，不外是矣。況諸經全體上下千數百年之治迹，二帝三王之淵懿，皆在于書，稽古者，舍是經奚先哉！孔子所定，半已遺逸，厥今所存，出漢儒口授，孔宅壁藏，錯簡斷編，當闕疑者何限。自有註解以來，三四百家，朱子晚年始命門人集傳之，惜所訂正，三篇而止。本朝科舉興行，諸經四書，壹是以朱子爲宗，書宗蔡傳，固亦宜然。櫟不揆晚學，三十年前，嘗編書解折衷，以羽翼蔡傳，亡友胡庭芳見而許可，又勉以即蔡傳而纂疏之，遂加博采精究，方克成編，期與四方學者共之。書傳纂疏序。

程松谷先生顯道

程顯道，號松谷，婺源人也。有孝經衍義。嘗刲股救親，水漿不入口三日。哭哀于墓，書「銜恤」二字于扇，蔬食終三年。定宇以爲「不言躬行之士」，亦草窗弟子也。補。

復齋家學

鄉舉陳定宇先生櫟見上草窗門人。

翠屏門人

知事張先生復

張復，字伯陽，建安人。仕元爲建寧路知事。師事鄭翠屏，學易得丘氏之傳，嘗輯諸儒論議，編性理遺書十四卷。

犧翁家學劉、李六傳。

隱君陳鹿皮先生樵

陳樵，字君采，取青之子。好以鹿皮爲衣，自號鹿皮子。先生學于家庭，又從李直方受五經大義。其性沈敏嗜學，獨取遺經精思，逾四十年，心領神會，自以聖賢大指可識，乃入東白山大霞洞中著書。其微詞奥義，多前儒未經道。虞伯生、黄晉卿、歐陽圭齋輩皆向慕，以爲不可及。宋潛溪志其墓，稱爲「東陽隱君子」。百家記。

文貞門人

文憲宋潛溪先生濂別見北山四先生學案。

忠文王華川先生禕

王禕，字子充，義烏人。幼秀爽奇敏，師事黄晉卿。元政亂，先生爲書數千言，上時宰，危素、張起巖並薦，不報，隱青巖山著書。明洪武初，授江西儒學提舉司校理，遷起居注，同知南康府事，召修元史，爲總裁官。書成，擢翰林待制，兼國史編修。奉使雲南，爲梁王把都所害。其遺文有華川集、玉堂雜著諸書。正統間，追贈翰林學士，謚忠文。參人物考。

提舉戴九靈先生良別見北山四先生學案。

陳夷白先生基

陳基，字敬初，臨海人也。黄晉卿高弟，學者稱夷白先生。補。

隱君劉青村先生涓別見北山四先生學案。

學正蔣先生允升

蔣允升，字季高，東陽人，貞節先生元之子也。幼穎異，長益自力于學。貞節性嚴毅，教訓甚篤，延方先生麟、李先生亦于家爲之師，凡天人性命之奥，禮樂名物度數之詳，悉得于耳提面命，而會其指歸。貞節與兩先生繼歿，先生束書入懷歸山中，博考而精思之。所有既富，發爲文章，動合法度。會黄侍講致政家居，先生爰登其門。嘗試有司不合，遂棄其業弗爲。部使者舉其茂材，當得官，未報而卒，年二十九。所著有時敏齋稾。參王忠文集。

梓材謹案：宋濳溪志貞節墓言「先生嘗從黄文獻公遊，有文，用薦者授慶元路儒學正。」

都事高則誠先生明附弟誠。

高明，字則誠，永嘉人。自少以博學稱。一日歎曰：「人不專一經取第，雖博奚爲？」乃自奮讀春秋，識聖人大義，屬文操筆立就。登至正乙酉第，授處州録事。數忤權貴，謝病去。除福建行省都事，道經慶元，方氏竊據強留幕下，力辭不從，卧病卒。所著有柔克齋集二十卷。弟誠，字則明，亦有文名。時號「高氏兩難」。參姓譜。

雲濠謹案：温州舊志載東海趙汸嘗稱其學博而深，才高而贍。隆慶東陽志則稱其從義烏㊀黄文獻，蓋亦黄氏門人也。

復庵門人

隱君陳鹿皮先生樵見上巙翁家學。

徵君胡蔗庵先生淢附門人李思齊、徐翽、胡太和。

胡淢，字景雲，號蔗庵，東陽人。與陳樵、陳士允從李直方遊。耽嗜六經，兼通子史，學問深邃，文章典雅，長于詩賦，尤善表啟。其詩似李長吉，有元一代作者，鹿皮子外，惟景雲氏。家居授徒，李思齊、徐翽、胡太和皆從之遊。生平篤于實行，動必以禮，言論風采，師表一時。朱編修廉稱爲隱君子。洪

㊀「義烏」，原本誤作「烏傷」，今改。黄溍字文獻，義烏人。

武初，以薦授史館，命已下，卒。所著有愴鳴集。參東陽縣志。

陳先生士允

陳士允，東陽人。從李直方遊。爲人古樸迂遠，不趨勢利，閉户讀書，深明易旨。尤慮學者未易讀程、朱傳義，乃輯諸家所著爲集註。同上。

定宇門人

隱君倪道川先生士毅

倪士毅，字仲宏，隱居徽州祁門山，定宇陳氏弟子也，學者稱爲道川先生。生平事親至孝，接物以誠，非仁義道德之説，素論定于郡先師朱子者，不以教人，故黟人信其言而尊其行。與趙東山、汪環谷朝夕講學，時稱「新安三有道」。嘗言：「朱子四書集註既行，當時儒者懼後學誦習之難，因各爲詮解。」于是勉齋有通釋；而采語録附于大學章句之下，始自西山真氏，名曰「集義」；祝氏宗道四書附録，放而成之；格齋趙氏有纂疏；克齋吴氏有集成；定宇陳氏有發明；雲峯胡氏有四書通；仁山金氏有指義。由宋迄元，不下數十家，而義理未爲明備，著四書輯釋三十六卷，環谷爲之序。修。

朱子綱目凡例序

朱子綱目之作，權度精切，而筆削謹嚴，先輩論之詳矣，贊不待贅。惟凡例世尚罕傳，學者于書法有未窺其要者。至元後戊寅冬，友人朱平仲晏歸自泗濱。明年春，出其所録之本，謂得于趙公繼清貿翁之子嘉績凝。始獲披閱，遂節録之。暇日詳觀，因轉相傳録，而不能無小誤，惜未有他本以參校，乃隨所可知，正其錯簡二條，漏誤衍文共三十餘字，以寄建安劉叔簡錦文刊之坊中，與四方學者共之。又記昔受學于先師陳定宇先生時，得李氏綱目論一篇，實能發朱子此書之大旨，而見者亦少，今併録以附于後。蓋凡例當與綱目並行，而李氏綱目論當與尹氏綱目發明並行。若綱目及尹氏之書，皆盛行矣，故願以是二書備傳之，苟能相與講習，則朱子繼春秋之筆，焕然以明，其于世教，豈曰小補。

學士朱楓林先生升

程先生存合傳。

朱升，字允升，號楓林，休寧人。從定宇學，又師黄楚望。五經皆有旁註，而易尤詳，别有前圖二卷。元末舉鄉薦，爲池州學正。盜起，隱石門。雲濠案：先生明徵爲侍講學士。又同邑程存，亦定宇弟子，著太極圖説。修。

易前圖説

案：邵子此詩，取先天八卦圓圖，指其緘要景象，而示人以履運處身之道也。邵子平日所以爲教，妙在一動一静之間，詩之天根、月窟正指此也。所謂天地者，指坤、震二卦之間而言。坤、震之間，陰既極矣，微陽將生。將生之微陽，天所生之根也。所謂月窟者，指乾、巽二卦之間而言。乾、巽之間，陽既極矣，微陰將生。將生之微陰，月所出之窟也。陰陽一元氣，非有二也。動而陽，靜而陰，更相禪代，無有窮已。天之寒暑，時之晝夜，人之呼吸，物之榮枯，其著者也。方其動而陽也，非全無陰，陽漸盛則陰漸微。及其靜而陰也，非全無陽，陰漸盛則陽漸微。盛之極者消，則微之極者息矣，知此則知坤、震之間，乃乾之靜專既極而動直之初也，故曰天根，乾、巽之間，乃坤之靜翕既極而動闢之初也，故曰月窟。凡草木之甲坼，必先根而後萌。坤、震之間，在圖之下方，其象厚地之下。天包地外，地下有天，札根之所著愈深，則萌之所發者愈暢，天根之名所以立也。月之魄，受日之光，其無光處，月之本體也。乾、巽之間，在圖之上方，其象中天之上。月望而午，盈極而虧，而月之本體無光者，始微出于此，月窟之名所以立也。氣機闔闢，流行不息，而人物生焉。氣之流行，其陰陽消長固不齊，人物囿乎其中，其純駁美惡，豈能齊乎！以吾身而處乎人物之中，必也下極乎動靜之間，如足之躡天根，上極乎動靜之間，如手之探月窟，真有見乎氣機之消息流行者，而後人物之生所以不齊者，可得而喻矣。見之明，體之熟，則其所以撫世酬物者，必有其道矣。所謂三十六宮，指八卦之畫爲言。剛畫奇一爲一宮，柔畫耦一爲二宮，八卦二十四畫，共三十六宮。陽宮十二，陰宮二十四，三十六宮不皆春也。以耳目聰明之身，而探月窟，躡天根，知物識人，而灼見其不齊也。而以無所繫累之間，心來往乎其間，翫對待之象，以施泛應之用，畫之對則皆一奇一耦也，卦之對則皆三陽三陰也，如是則泛而應，曲而當。三十六宮，陽宮不暑，陰宮不寒，無適而非春也。天根、月窟、三十六宮，易之象也。知物識人間來往都是春，則其占也。此邵子胸中之全易，而凡學者所當以爲己易者也。昔人于此詩遇字逢字，翫而未審，誤以六十四卦圖復、姤二卦言之，或又有偏泥于歸根内丹之説者，是以本指未徹，愚故詳之，以附于易旁注前圖之後云。三十六宫圖説。

按：自甲至癸者，十日之名也。日有十，而卦以八，以八納十，故乾、坤二卦，始終包羅之，而納甲、乙、壬、癸之四日。甲、壬陽日，乾納之，乙、癸陰日，坤納之也。其間六日，三男納其陽，三女納其陰，六子之卦，各得乾、坤之一畫者也。又艮納丙、兑納丁者，氣之方行者也，少男女納之，猶日之未午，歲之方夏時也。震納庚、巽納辛者，質之已凝者也，長男女納之，猶日之過午，歲之既秋時也。坎、離中男女納戊、己于正中，有不待言者矣。易家納甲意本如此。其見于經，則蠱之「先甲」「後甲」，巽之「先庚」「後庚」，與革之「己日乃孚」而已。世言易卦納甲，本于參同契，今以其書考之，則以月之明魄多少，取象于卦畫，而以所見方位爲所納之甲，二者皆非也。夫既以乾三畫純陽爲望，以坤三畫純陰爲晦，則其明魄消長，當以五夜當一畫，若是則震當爲初五夜之月，而非生明，兑當爲初十夜之月，而非上弦也。望後巽、艮準此。此月之明魄，既與所言卦畫不類矣。又地之方位，甲庚相對，既以望夕之月爲乾而出甲，則初生之月，不見于庚矣。上下弦之昏旦，同見于南方之中，亦初無上弦見丁、下弦見丙之異也。大抵月之行天，一歲十二月間，其昏朏出見之地，夜夜推移，不襲其位，惟有春秋二分，黄道與赤道相踏，又須氣朔分齊，則其朔望昏朏出見，乃有定位可指，而不可以言納甲之理也。參同契乃是整齊一歲一月一日之造化，以明吾心之造化，姑借易以言之，大概約畧取象云爾，而非以説易也。八卦納甲圖説。

葉先生大有

葉大有，字謙甫，定宇之甥。嘗稱「其入有悟門，其進有實地」。補。

吴先生彬

吴彬，字仲文，定宇之甥。其問答見定宇集。補。

則誠門人劉、李七傳。

處士李先生孝謙別見北山四先生學案。

宋元學案卷七十一

嶽麓諸儒學案

黃宗羲原本　黃百家纂輯　全祖望補定

嶽麓諸儒學案表

胡大時

彭龜年——子欽——孫泫別見二江諸儒學案。
　　　　子鉉

吳獵

游九言——劉宰——黃復
　　　　王遂——黃震別爲東發學案。
　　　　竇從周別見滄洲諸儒學案。
　　　　鄭節夫

游九功

周奭

趙善佐

簡克己

吳倫

蔣復

陳琦

鍾如愚

張巽

父寓。

王居仁

趙方——子范

子葵別見滄洲諸儒學案。

梁子强

鍾炤之

蔣元夫

沈有開

曾搏

父信道。

宋文仲

宋剛仲
吳儆
曹集
蘇權——子國台別見滄洲諸儒學案。
周去非—從子端朝
謝用賓
蕭佐
李壁——高崇別見鶴山學案。
李𡌴
劉强學
宋甡——子自適
潘友端
並南軒門人。
五峯、劉氏、王氏、紫巖再傳。
龜山、和靖、譙氏、武夷、得全三傳。
二程、元城、子文四傳。

嶽麓諸儒學案序録

祖望謹案：宣公身後，湖湘弟子有從止齋、岷隱遊者。然如彭忠肅公之節概，吴文定公之勛名，二游、文清、莊簡公之德器，以至胡盤谷輩，嶽麓之巨子也。再傳而得漫塘、實齋。誰謂張氏之後弱于朱乎！述嶽麓諸儒學案。梓材案：是卷與下卷皆南軒學派，惟是卷多受學湖湘，下卷則講學蜀中爲異耳。

南軒門人胡、劉再傳。

胡季隨先生大時

胡大時，字季隨，崇安人，五峯季子。雲濠案：序録嶽麓巨子胡盤谷當卽先生。南軒從學于五峯，先生從學于南軒，南軒以女妻之。湖湘學者以先生與吴畏齋爲第一。南軒卒，其弟子盡歸止齋，先生亦受業焉。又往來于朱子，問難不遺餘力。或説季隨才敏，朱子曰：「須確實有志，而才敏方可，若小小聰悟，亦徒然。」最後師象山。象山作荆公祠記，朱子譏之，先生獨以爲荆公復生，亦無以自解。先生于象山最稱相得云。梓材謹案：先生與周允升、宋深之相聚，從戴監廟遊。見朱子答深之書。是先生又及岷隱之門矣。

湖南答問

學者問曰：「延平先生語録有曰：『大抵學者多爲私欲所分，故用力不精，不見其效。若欲進步，須打斷諸路頭，静坐默識，使其泥滓漸漸消去。』又云：『静坐時收拾將來，看是如何，便如此就偏處著理會。』又云：『學者有未祛處，只求諸心。思索有窒礙處，及于日用動静之間有咈戾處，便于此致思，求其所以然者。』又云：『大凡只于微處充擴之，方見礙者大爾。』又引上蔡語云：『凡事必有根，必須有用處尋討要用處，將來斬斷便没事。此語可時時經心。』又云：『静中看喜怒哀樂未發時作何氣象，不惟于進學有功，兼亦是養心之要。』觀此數説，真得聖賢用功緊要處。但其間有一段云：『學者之病，在于未有灑然冰釋凍解處，縱有力持守，不過只是苟免顯然尤悔而已，恐不足道也。』竊恐所謂灑然冰釋凍解處，必于理皆透徹，而所知極其精妙，方能爾也。學者既未能爾，又不可以急迫求之，只得且持守優柔饜飫，以俟其自得。如能顯然免于尤悔，其功力亦可進矣。若直以爲不足道，恐太甚也。」大時答曰：「所謂灑然冰釋凍解，只是通透灑落之意。學者須常令胸中通透灑落，則讀書爲學，皆通透灑落，而道理易進，持守亦有味矣。若但能苟免顯然尤悔，則途之人亦能之，誠不足爲學者道也。且其能苟免顯然尤悔，則胸中之所潛藏隱伏者，固不爲少，而亦不足以言學矣。」

學者問曰：「遺書曰：『須是大其心使開闊，譬如爲九層之臺，須大做根脚方得。』恐大其心胸時，卻無收斂縝密的意思則如何？」大時答曰：「心目不可不開闊，工夫不可不縝密。」

學者問曰：「遺書曰：『執事須是敬，又不可矜持太過。』竊謂學者之于敬，常懼其放倒。既未能從容到自然處，恐寧過于矜持，亦不妨也。」大時答曰：「頃年劉仲本亦曾舉此條以爲問，蓋嘗答之曰：『敬是除病之大藥，矜持是病之旁證，藥力既到，病勢既退，則旁證亦除矣。』」

學者問曰：「遺書曰：『有諸中必形諸外，唯恐不直內，直內則外必方。』至論釋氏之學，則謂：『于敬以直內則有之，義以方外則未之有也。』又似以敬義內外爲兩事矣。竊謂釋氏之學，亦未有能敬以直內，若有此，則吾儒之所謂『必有事焉』者，自不容去之也。」大時答曰：「前一段，其意之所重，在『有諸中必形諸外』上，後一段，其意之所重，在『義以方外』上。且謂其『敬以直內』上『則有之』，味『有之』二字，則非遽許之以爲與吾儒之學所謂敬者便可同日而語矣。」

學者問曰：「遺書曰：『釋氏只曰止，安知止乎？釋氏無實，譬之以管窺天，只務直上去，惟見一偏。』又卻有曰：『釋氏只到止處，無用處，無禮義。』竊謂既無實，惟見一偏，則其學皆憑虛鑿空，無依據矣，安可謂其到止處而責之以有用、有禮義乎？」大時答曰：「釋氏曰止，安知止乎？此以吾學之所謂止而論之也。禪學只到止處，無用處，無禮義。此止字，就其學之所謂止而論之也。」

學者問曰：「遺書曰：『孟子曰：「盡其心者，知其性也。」彼所謂識心見性是已。若存心養性一段事，則無矣。』竊謂此段事，釋氏固無之。然所謂識心見性，恐亦與孟子盡心知性不同。盡心者，物格知至，積習貫通，盡得此生生無窮之體，故知性之稟于天者，蓋無不具也。釋氏不立文字，一超直入，恐未能盡其心而知其性之全也。」大時答曰：「釋氏云識心見性，與孟子之盡心知性固是不同，彼所謂識心見性之云，蓋亦就其學而言之爾，若存心養性一段則無矣之云，所以甚言吾學與釋氏不同也。」

學者問曰：「遺書曰：『學者所貴聞道，若執經而問，但廣聞見而已。』竊謂執經而問，雖止于廣聞見而已，須精心究此，而後道由是而可得也，不然恐未免于說空說悟之弊矣。」大時答曰：「所謂『學者所貴聞道，若執經而問，但廣聞見而已』，蓋爲尋行數墨而無所發明者設，而來諭之云謂必須深究乎此，然後可以聞道，則亦俱墮于一偏矣。」

學者問曰：「遺書曰：『根本須先培壅，然後可立趨向。』竊謂學者必須先審其趨向，而後根本可培壅，不然恐無入頭處。」大時答曰：「必先培其根本，然後審其趨向，猶作室焉，亦必先有基址，然後可定所向也。」

學者問曰：「遺書曰：『誠然後能敬，未及誠時，須敬而後能誠。』學者如何便能誠，恐不若專主于敬而後能誠也。」大時答曰：「誠者，天之道也，而實然之理，亦可以言誠。敬，道之成則聖人矣，而齋嚴肅亦可以言敬。此兩事者，皆學者所當用力也。」

學者問曰：「遺書曰：『只外面有些罅隙，便走了。』學者能日用間常切操存，則可漸無此患矣。」大時答曰：「其中充實，則其外無罅隙矣。」

學者問曰：「樂記曰：『人生而靜，天之性也，感于物而動，性之欲也。』五峯有曰：『昧天性感物而動者，凡愚也。』向來朋友中有疑此說，謂靜必有動，然其動未有不感于物者。所謂性之欲者，恐指已發而不可無者爲言，若以爲人欲，則性中無此。五峯乃專以感物而動爲言，昧天性而歸于凡愚，何也？」大時答曰：「按本語云：『知天性感物而通者，聖人也；察天性感物而節者，君子也；昧天性感物而動者，凡愚也。』曰知，曰察，曰昧，其辨了然矣。今既不察乎此，而反其語而言，乃以感物而動爲昧天性者，失其旨矣。」學者又曰：「『曰知，曰察，曰昧，其辨固了然，但鄙意猶有未安者。感物而動爾，樂記固止云：『感物而動，性之欲也。』初未嘗有聖人、君子、凡愚之分，通與節之說。今五峯乃云：『知天性感物而通者，聖人也；察天性感物而節者，君子也；昧天性感物而動者，凡愚也。』是不以感物而動爲有得也。更請垂誨。」大時答曰：「『人生而靜，天之性也，感于物而動，性之欲也，物格知至，然後好惡形焉。好惡無節于內，知誘于外，不能反躬，天理滅矣。夫物之感人無窮，而人之好惡無節，則是物至而人化于物也。人化于物者，滅天理而窮人欲者也。』觀其下文，明白如此，則知先賢之言爲不可易矣。且昧『感于物而動，性之欲也』兩句，亦有何好，而必欲舍其正意而曲爲之說，以主張之乎？程子云：『寂然不動，感而遂通天下之故者，天理具備，元無少欠，不爲堯存，不爲桀亡，父子君臣，常理不易，何曾動來。因不動，故言寂然不動。感而遂通天下，便感非自外來也。』又曰：『寂然不動，萬象森然已具。感則只是內感，不是外面將一箇物來感于此也。』又曰：『寂然不動，感而遂通，此言人分上事。若論道，則萬理皆具，更不說感與未感。』又曰：『蓋人、萬物皆備，遇事時各因其心之所重者，更互而出，纔見得這事重，便有這事出。若能物各付物，則便自不出來也。』以此四條之所論者而推之，益知先賢之言不可易，而所謂『感物而動，性之欲』者，不必曲爲之說，以主張之矣。湘山詩云：『聖人感物靜，所發無不正。衆人感物動，動與物欲競。』殆亦與聖賢之意相爲表裏云爾。」

附錄

南軒答季隨書曰：「遺書所謂未容輕議者，非是爲尊讓前輩。蓋未易明，不應乘快便據目前斷殺。若果下工夫，方覺其未易也。只據前人所辨，亦須自家胸中見得精神乃可，不然，只是隨人贊歎而已。頃年編希顔録，如莊子諸書所載顔子事多削去。先生云：『諸説亦須玩味，于未精當中求精當，不可便容易指以爲非而削之。』此事是終身事，天地日月長久，今十二年，愈覺斯言之有味。願吾友篤沈潛之功，以輕易爲戒。」補。

忠肅彭止堂先生龜年

彭龜年，字子壽，清江人。得程氏易讀之，至忘寢食。從南軒質疑而學益明。登乾道五年進士第，授宜春尉、安福丞。用薦爲太學博士，累轉兼嘉王府直講，除起居舍人。寧宗立，遷中書舍人，尋陞吏部侍郎，兼侍讀。慶元二年落職。嘉泰初，復官，奉祠。開禧二年，以寶謨閣待制致仕。卒，謚忠肅。先生言：「大學格物致知之外，非别有所謂誠意、正心、修身、齊家、治國、平天下之道。」其疏于各條之下者，即格物致知之事，未嘗有闕文也。又言：「大本者，即此理之存，達道者，即此理之行，未有極其中而不和者，未有天地位而萬物不育者，不必分説。時中者，以其全得此理，故無時而不中，非是就時上取中也。」皆與集註不同。雲濠案：先生著有止堂集二十卷。

文定吳畏齋先生獵

吳獵，字德夫，醴陵人也，學者稱爲畏齋先生，遷居善化。年二十三，見張宣公，稱其宏裕疏暢，曰：「吾道知不孤矣。」先生謂聖賢教人莫先于求仁，乃以孔門問答及周、程以來諸儒凡言仁者，萃類疏析以請正，宣公是之。以進士主平南簿。宣公帥廣西，檄攝靜江教授。劉焞代宣公，辟爲司屬。李接作亂，連陷州縣，先生以方畧復鬱林，言于焞曰：「有罪不誅，有勞不賞，師所以久不克也。」焞乃大會將士，録鬱林之功，而誅南流尉等數人，一軍皆用命，不踰時禽接，六州八縣盡平。磔接于市，膾其心肝，以祭死事者。南流尉者，宰相王淮甥也。初，盜之起，焞責刑獄司佚捕，轉運司分餉，二司懼且怨，至是欲中先生以並中焞，且迎宰相意，乃劾先生。焞上疏争之。先生適以憂去，焞亦改鎮湖北，刑、漕二司遂劾先生左遷，並及焞罷之。焞亦尋卒。先生服闋，上書爲焞訟冤，言「六州之功，犯不測者四，爲其難者六；且臣今不忍負劉焞，乃不負陛下也」。不報。先生時當赴漵浦令，以焞冤未白，不行。趙雄、林栗趣之，乃赴。明年，調桂陽軍酒庫監，賑荒有勞，趙雄薦之。紹熙四年，知無錫縣，陳文節公止齋言其平李接之功，訟劉焞之義，桂陽荒政之勤，召赴都堂。尋召試館職，先生對曰：「大義不明，而委兵民于交病之地，此今日所患也。靖康之禍，天地之大變，而古今之所無。使南渡以來，君臣上下，朝思夕勉，如句踐之報吳，田單之復齊，則將必其將，兵必其兵，上無賄取倖得之門，下無虛籍冗費之敝，民力庶其有瘳。而紹興以來，厄于權臣之和議，乾道以來，格于幾會之未集，馴至于今，又非前比，以偷安爲和平，以不事事爲安静，天經地義，陷溺而不知，竭州縣之力，以養不耕不戰之軍，不惟不可用于外，亦未保其恬然于内也。」除祕書省正字。六月，召姜特立，先生率同列上封事，命隆寢。秋九月，率三館之士請過重華宫，不報。冬十月，與同列三上疏，不報。又自上疏諫，不報。又因慶節奏曰：「慈福有八十之太母，重華有垂白之二親，不于此時問安上壽，何以慰二宫之心？」五年春，白宰相，乞召朱子、楊誠齋。夏四月，又率同列上封事，請過宫。又自上疏極言之，不報。時止齋亦以争過宫不從，求去，先生爲書留之曰：「今天下安危之機，已判然可見，而未聞有叩頭流血、牽裾折檻之士，方且曰『是不宜激，激則已甚』。公不于此時有所奮發，爲士大夫倡，第潔身而去，不欲歸過君父，身雖退，奚益？」止齋改容謝之。寧宗即位，遷校書郎。俄除御史。其冬，以災異陳五事：一曰居喪次以答神人之心，二曰審最殿以徼宗社之福，三曰寢御札以專廟堂之責，四曰體乾綱以强主德，五曰建皇極以正人心。是時韓侂胄已用事，累以御批行，故先生及之。有詔侍從臺諫言事，先生請廣之，百執事悉許盡言。上將移御大内，先生上疏畧曰：「壽皇破漢、魏以來之薄俗，爲高宗服三年之喪，陛下輕棄喪次，無以慰在天之靈。況大母春秋高，壽成又當大變之後，皆悲切而不自聊。今陛下在行宫，瞻前顧後，猶有憑恃，一旦舍之以去，兩宫何以爲懷？陛下卽位以來，未見上皇，其閒必有幾微曲折，非外庭小臣所能盡言者。陛下宜篤勵精神，俟上皇和豫，徐爲祇見之謀，何苦爲是趣迫之舉。而況行殿之次，三年之喪，所以祈天永命之意，實肇基立本乎此。」其後御札日盛，復上疏曰：「陛下臨御未數月，今日出一紙去宰相，明日出一紙去諫臣，其他令由中出，不知其幾。昨日又聞侍講朱熹以御札畀祠禄，中外惶駭，謂事不出于中書，是謂亂政。熹當世老儒，清議所出，陛下無謂天下爲一人私有，而用舍之間，輕易快意。」尋駁史浩謚，集議孝廟配享，先生謂：「艱難以來，首倡大義，不與賊俱生，不以成敗利鈍異其心者，張浚一人而已。孝宗皇帝規恢之念，一飯不忘。歷考相臣，始終此念，足以上配孝宗在天之靈，亦惟張浚一人。」議不合，求去，外除江西運判。半載罷歸。于是學禁正興，先生入慶元黨籍。五年，學禁稍弛，復官，奉祠。嘉泰三年，除廣西運判，改知鄂州，尋以户部員外郎總領湖廣、江西、京西財賦。時則有開邊之議，金人諜知增戍。先生移書當路，請號召沿邊忠義人以保疆埸，刺軍中子弟以補軍實，增棗陽、信陽之戍以備衝突，分屯陽羅五關以捍武昌，杜越境誘竊以謹邊隙，選試良家子以衞府庫。且謂：「金懲紹興末年之敗，今其來必出荆、襄，宜有儲峙。」乃並輸湖南米于襄陽，得五十萬石，芻豆倍且過之。又以湖北漕司和糴米三十萬石，分輸荆、郢、安、信四郡。又儲銀一百萬兩爲軍費，拔董逵、孟宗政、柴發等，其後皆爲名將。而襄、安、郢之圍，卒賴儲峙之力，人心不搖。閏月，召赴行在奏事。尋除祕書少監，對言：「臣所聞于師友者，唯大義是究，未嘗舍是而言他。今縱未能一舉以大快神人之憤，亦宜簡收人才，蒐練軍實，使一日有一日之積，一歲有一歲之功。其次招勇敢，葺險要，廣召募，明間諜。光、鄂當經理，江、黄當增戍，于良家子中增爵賞，以募間探，擇近臣授之節制，視前請加贍。」又言：「恢復之計，必先内後外，日積月累，使規模先全，異論不搖。侂胄方鋭意覬期用兵、弗聽也。」乃以上流告饑，除祕閣修撰，知江陵，理賑貸事，辟黄公勉齋爲司屬。先生念金人萬一窺襄陽，則荆州爲天下劇，方高氏有國，嘗以三海爲水防，乃大發緡錢，首築金鑾、内湖、通濟、保安四櫃，以達于上海，而注之中海；拱辰、長林、藥山、棗林四櫃，以達于下海；

又分高沙、東奬之流，由寸金隄外歷南紀、楚望諸門，東滙于沙市爲南海。又于赤湖城西南，遏走馬湖、熨斗陂之水，西北注李公櫃，水勢四合，高可注而下，卑可限戎馬，深可舟，淺不可揭。隄上有路，路端有隘，而隄穴以相灌注。其後金人東至竟陵，北窺荆門，而不敢窺江陵者以此。又請募茶商水手，調荆、岳、鼎、澧義勇防城。是冬，金人犯棗陽，先生謂棗失則郢重，郢重則荆危，請調兵援之。未報，金人已圍襄陽、德安。乃以二千人援郢，以一千三百人會百頃，義勇千人援襄陽。有詔節制軍馬。金人迫竟陵，遣張榮以八百人援之。又招神馬陂潰軍得萬人，以三千人援襄陽，以八百人援德安。有詔除寶謨閣待制、京湖宣撫使。竟陵將魏友諒乞濟師，以一千五百人應之。又遣章彥珍、金安世各將五百人駐龍涴灘。又使馬瑾以一千四百人再援竟陵，遣應城將董逵、郝恩各將兵援郢，陳椅以四千人守荆門。張榮敗死于竟陵，金人圍郢，而吴曦反書至。會魏公鶴山罷官歸，道出江陵，先生留爲參議官，委以西事。募死士入郢，令王宗廉以死守，而調諸軍分道夾擊，始解郢州之圍。乃督諸軍自京山進援德安，而自黄陂約山砦諸軍進解襄陽之圍。始爲西討之計，以軍扼秭歸、巫山，立栅石門，控均、房之險，轉夔、峽之粟，以待王師。又募得衢士趙師濟，令往説夔州僞帥禄禧。于是寧宗除先生刑部侍郎，手詔付以西討之事。而安丙誅曦，露布至夔州，亦誅禧。先生並上其功，請厚其賞。當事之毁，荆、湖人情岌岌，微先生支拄之。事且殆，寧宗乃復以手詔令先生諭蜀，且商善後之事。自夔趨沔，與安丙定議，區畫分屯。首奏楊震仲死節，李好義有大功，皆應賜謚立祠，劾蔣介不忠。將歸報，會除敷文閣直學士，即授四川安撫制置使兼知成都府。先生列上倡義之士十有五人，守節二十九人，去官二十三人，受僞命九人。又上人材五十二人，請養成之，以爲異日用。又請蠲賦役，以幸蜀民。其畧曰：「竊惟蜀之利病，莫甚于賦斂，姑以養兵言之。歲有二千萬之供，取民百端，未易毛舉。鹽課之在建炎八十萬緡，後改行引法，遞增至四百萬，今雖數數寬減，尚存二百餘萬緡。酒課在建炎一百四十萬緡，後改場店法，遞增至六百九十餘萬，今寬減之餘，尚存四百餘萬。茶產本無幾，元豐、紹興增倍以來，今二百餘萬緡。布估不過六州，天聖時，每疋給以本錢，建炎不給本錢，而疋二千，今一百三十七萬緡，以至二百萬緡。畸零之錢，與三十萬緡激賞之絹，當時固云『軍興暫科，事已卽罷』，其後取之自如，展轉滋甚。異時養兵費二千萬緡，今已增倍至五千萬矣，不知何以爲繼。兩界錢已五千萬緡，今又添印五百萬，且增一界又二千四百萬緡，不知子母何以相權。重以逆吳之變，總取之積，耗于妄賞，關外轉輸，焚毀殆盡。今平賊之後，諸軍累資俱高，每歲俸給增添，何啻二百萬緡。軍興之際，起夫運糧，固不可絶。地遠者出夫庸，是亦權時之宜，然有令人寒心者。臣始至巫山，士民遮道，謂巫山科夫五百，每夫爲錢八十緡。以鄙小之縣，刀耕火種裁自給，而輸緡四萬，餘可類推。方軍事之殷，非財莫濟，顧以蠲減之議爲獻，似不知時宜者。顧廟堂之上，明詔侍從郎省之臣，有懇惻愛民、備諳蜀事者，相與討論，行下宣制總司，研窮節目，條列利病，凡無名之供，煩重之賦，一切蠲減，庶幾與民更始，咸被實德。祈天永命，無越于斯。」時不能行。嘉定元年，至成都，祀周、程于學宫，配以朱、張，與士子講正學。先生以蜀之楮幣，舊號交子，隨閏更易，曰兑界役，以二千五六百萬爲界，惟兩界並行，今增印至八千萬緡，漸不可繼，與宣撫使總領所共請，以帑金三萬兩，銀一百五十萬兩，更自朝廷賣僧牒，收回增數。未報，而總領所忽下令于利州收兑，人情皇駴，先生截留九十三界新引五百萬，就成都置局，且諭民以收兑不盡之數，行吊如故，浮議遂止。然自是與餉臣不諧。有詔召赴行在，會羌人寇邊，尋請降，先生謂「但須增戍防守」，而安丙必欲擊之，反敗，自是與丙亦不諧。次年東歸，荆之士民夾道迎拜，像而祠之。先生嘆曰：「吾昔守此，正南圍未解，西禍又作，嘗指天誓心，幸得濟事。卽幅巾歸里，今又累年矣。」乃上疏請休，徑歸長沙，而臺臣乘間論之，落職。尋奉祠。次年，卒，詔復學士，謚文定，恩卹如制。先生聞言必復，見義必爲，勇不可奪，而未嘗有盛氣矜色。聞人之過曰：「此必非其本心也，盍徐察之。」有善不翅己出。其在荆南也，外而幕府十餘人，內而士友十餘人，賓客之往來不絕。每旦卽出見投獻利害者，以大紫袋貯之，歸輒以示人曰：「又得一囊。」送之書院之士友，令參考之。又會通以幕府之議論。將晚，士友及幕府各以所見來告。初與和齊斟酌而求其當，然後從而行之。閒舉酒一二觴，夜漏數行而後退，則以言語慰藉諸人，察其有無而周卹之。以是事無不知，知無不行。勉齋嘗曰：「近日圖維國事，善資于人，未有如吳公者也。」鶴山亦曰：「吳公之碩大寬深，山嶽鎮而江河流也。」修。

祖望謹案：先生畏齊集六十卷，今無存者。宋史本傳甚畧，不足以詳其本末。如先生者，有得于宣公求仁之學，而施之于經綸之大者，非區區迂儒章句之陋。而其好用善人，則宰相材也。惜乎！宋不能大受之，以極其施焉。

文清游默齋先生九言

游九言，字誠之，初名九思，建陽人。十歲爲文詆秦檜，及長，鋭志當世。初筮古田尉，入監文思院，被旨視行在災傷，歸白都堂，放苗八分以上。張宣公帥廣西，辟幕下。宣公弟杓帥金陵，復辟撫幹。時禁方嚴，先生記上元縣明道祠痛譏之。調全椒令。開禧初，爲淮西安撫機宜，尋知光化軍，充荆、鄂宣撫參謀官。卒，贈直龍圖閣，謚文清。先生始學于宣公，宣公教以求放心，久之有得。嘗序太極圖曰：「周子以無極加太極，何也？方其寂然無思，萬善未發，是無極也。雖云未發，而此心昭然，靈源不昧，是太極也。欲知太極，先識吾心。」讀者稱之，號默齋先生。參閩書。

梓材謹案：南軒文集答先生問忠信諸條，先生自名九思。朱子文集答先生三書，旁注九言。蓋一原名，一改名爾。

雲濠謹案：謝山跋攝山游文清公默齋題名云：「默齋兄弟，並爲張氏湖湘高弟，而授其學于漫塘劉公。宋史不著漫塘之學所出，非也。」

附錄

劉漫堂吳氏義堂記曰：「默齋先生釋孟子善推所爲之言，曰：『推者，自近而推之，若水盈科而後進，若近有所遺，則遠必不行。』」補。

莊簡游受齋先生九功

游九功，字勉之，建陽人。用蔭補官。嘉定中，與元失利，先生知金州，將兵備禦，收復鄰疆，除湖北運判，知鄂州。召爲兵部郎官，入見，首言「守邊必先結人心」，又言：「征役無已，以資苞苴囊橐，而民心失。將帥朘削，功賞不以時下，而軍心失。倚仗諛佞，諱疾忌醫，而士夫之心失。」出知泉州。端平初，召爲司農少卿，疏論「奸貪多佚罰，諸賢或號召未至」。又論沿邊夫役之弊。兼樞密副都承旨，知慶元，以循吏稱。入權刑部侍郎，丐祠，再召，不赴，除待制加寶謨閣直學士。先生清慎廉恪，與兄九言自爲師友，講明理學，號受齋先生。寶祐中，謚莊簡。參姓譜。

鄉舉周斂㊀齋先生奭

周奭，字允升，湘鄉人。乾道間，鄉薦再舉，不第。南軒問：「天與太極何如？」先生曰：「天可言配，太極不可言合。天，形體也；太極，性也。惟聖人能盡性，人極所以立。」南軒以爲然。題其亭曰斂齋。

梓材謹案：先生又及戴岷隱之門。說見胡季隨傳後。

知州趙先生善佐

趙善佐，字佐卿，邵武人。以宗室子授將樂丞，累官知泰州、常德府、贛州，卒官。雲濠案：先生別傳：「奉法愛民，以勤儉自約飭，不妄費公帑，干請無所應。在贛踰年卒，民哀思之。」著有易疑問答。先生嘗受學于南軒，亦嘗從

㊀「斂」字，原本作「飲」，據龍本改。下同。

朱子遊。修。

簡先生克己

簡克己，南海人，不求仕進。

吳先生倫

吳倫，字子常，零陵人也。南軒帥江陵，以先生從，臨終，謂先生曰：「蟬蛻人欲之私，春容天理之妙。」補。

蔣淡巖先生復

蔣復，汝行，零陵人。隱居東山，介然自守，非其人不與交也。所著有淡巖文集。零陵之從南軒者，先生與吳倫最有名。修。

機宜陳克齋先生琦

陳琦，字擇之，號克齋，臨江人也。乾道進士。張于湖招入幕，因從南軒遊，進進日新，南軒甚屬意焉。主衡陽簿，有殺人于野，而主名不立，提刑鄭丙責主者急。吏迹一驛卒，其襜有血，掠訊誣伏。先生疑之，診尸，得死者裯，署曰「羅仲美」，乃懸之衢。有見之者曰：「吾子也。與吾族子餘皆商，今乃死邪。」先生即命逮餘，一訊而服。蓋仲美貲倍于餘，以此致死。而驛卒乃得白。南軒帥桂林，復招入幕。邕州歲市大理馬，馬來已二千里，傳致諸軍，又數千里，多道死。先生令修圉而飼之，瘠者止，良者行，後者至，先者發，自是馬無耗者。遷贛縣丞，政最，知興國縣。留衞公帥蜀，辟爲機宜。初，蜀之民私以楮券爲貨，謂之交子。至天聖中，官始榷之。再歲一易，謂之交界。其後有司因以爲弊，凡券之微壞者，皆没入之，不賂不易。蜀之民爲屯十有八，所隸之將三，士之廩給，當折物爲錢，必視其所屯之地，稱其土物之直，以直之低昂，爲錢之多寡，故米之估，則龍州得仙關之半，絹之估，則興元得西和州三之一，銀之估，則大安得龍州之半而過之，乃有軍在某州，反用他州之估者。衞公憂之，謀于先生，杜交界之奸，以信楮券，平廩給之估，以慰士心，蜀人大說。朝議欲用爲郡，會病卒，論者惜之。先生負用世才，遇事迎刃而解，事至不拒，事定亦不自有其功，與人絶無崖岸，而亦不詭從也。修。

祖望謹案：南軒弟子，多留心經濟之學，其最顯者爲吴畏齋、游默齋，而克齋亦其流亞云。

附録

□□□曰：「陳擇之通曉民事，但講論多有成説爲礙。」

山長鍾先生如愚

鍾如愚，字師顔，湘潭人，南軒之弟子也。年十六，以書問仁，因留受業。弱冠中進士科，刻意學而不仕。晚官嶺海，引年而歸，除南嶽書院山長，監南嶽廟。

張錦溪先生巽父寓。

張巽，字子文，泉州人。父寓，知臨江軍，嘗與南軒共學，遣先生從之遊。時晦翁之學盛行，惠安劉鏡，晦翁之及門也，先生數往問之，未能釋然，曰：「恐晦翁之教，不止是也。」乃走武夷謁晦翁，以所嘗與南軒講論中和之旨告之，曰：「此某與南軒晚年畫一工夫。」臨別，又請教，晦翁曰：「南軒記嶽麓，某記石鼓，合而觀之，知所用力矣。」先生退而喜曰：「吾謂其不止是也。」既歸，日從事于涵養體察，久益明淨。或勸其著述，曰：「于所聞所知，尚未能加意，安敢妄作。」有草堂在錦溪，稱錦溪先生。

進士王先生居仁

王居仁，字習隱，常寧人也。嘗與襲蓋卿同學于南軒，登進士。補。

忠肅趙先生方

趙方，字彥直，衡山人。早從南軒學。梓材案：李臨川先生數南軒弟子，謂趙方未必可指爲受業。見謝山李臨川帖子二。攷宋史本傳云：「父棠，少從胡宏學，嘗見張浚于督府，浚奇之，命子栻與棠交，方遂從栻學。」是明言忠肅爲南軒弟子。史傳又言：「其提舉京西常平時，劉光祖以耆德爲帥，方事以師禮，自言吾性太剛，每見劉公，使人更和緩。」是忠肅又以後溪爲師矣。淳熙中，舉進士，歷知青陽縣，告其守臣史彌遠曰：「催科不擾，是催科中撫字。刑罰無差，是刑罰中教化。」以爲名言。又知隨州、江陵府。寧宗時，知襄陽府，諜知金人謀犯境，上疏力陳不可和者七，戰議遂定。

其後累敗金人，進至顯謨閣直學士、太中大夫、刑部尚書。俄得疾，進徽猷閣學士、京湖制置大使，力疾犒師，第其功，上之。病革，曰：「未死一日，當立一日紀綱。」引扈再興卧內，勉以協心報國。貽書宰相，論疆埸大計。尋卒，是夕有大星隕于襄陽。贈太師，謚忠肅。先生起儒生，帥邊十年，以戰爲守，合官民兵爲一體，通制總司爲一家。其歿也，人皆惜之。先生嘗問相業于劉靜春淸之，對以留意人才，故知名士皆拔爲大吏，諸名將多在麾下，推誠擢任，能致其死力云。

教授梁先生子强

梁子强，字仁伯，不知何所人也。南軒高弟。嘗官潭州教授。補。

縣令鍾先生炤之

鍾炤之，字彥昭，樂平人也。紹興進士，爲善化尉，司教宜陽，遷宿松令。從南軒遊，南軒手書淇澳一章，期以「學問到，則天理明，而本心立」。先生服膺終身，所至，士民皆愛敬之。補。

蔣先生元夫

蔣元夫，淸湘人也。從南軒遊，亦嘗學于象山。補。

直閣沈先生有開

沈有開，字應先，常州人也。少嗜學，志其大者。張宣公守嚴州，士從之遊者尚少，先生首執贄焉。

時呂成公亦仕嚴，喜曰：「吾一日得二師。」已而二公入京，先生又從之。薛艮齋、陳止齋至常，先生又從之，訪經制之學，而歸宿于求仁，遂謝去。文字華藻，涣然有得，時人罕知之者，而先生有以自樂，不顧也。晚乃奏名上舍，教授處州，歷遷工部、刑部架閣文字至太學博士，與諸生講學罷，杜門讀書。爲樞密院編修，兼實録院檢討，進祕書丞。先生不事請謁，留衛公異之，延之問當世事，先生爲言：「淳熙末年，知名之士多滯下僚，當振拔之。」于是衛公令先生條具人才，簡用之，士氣頓奮。衛公以此得人望，然先生未嘗以之告人也。久而稍稍知之，而不悦者遂忌之。以著作郎充嘉王府贊讀，兼兵部郎。先生進講，反復于君子小人之際。寧宗卽位，先生與于趙忠定公之謀，遷起居舍人、起居郎，皆兼侍講。時嘉邸故宫僚多，時時宣入禁中賜坐，問國家大事及民間疾苦，于是忌者益恐，以爲先生輩且大用，乃合力相與謀所以排之者，首以危語中之。先是，光宗不肯過宫，中外洶洶。或傳先生在忠定座云：「外間傳嘉王出判福州，許國公判明州，王軍士庶已擁戴相公。」先生固未嘗有是言，忌者遂摭以入告，于是遂得七十餘紙，皆忠定賓客也。彭龜年、徐誼、曾三聘與焉。且將置獄治之，直閣蔡璉所爲也。范仲藝等力解之，乃已。家居十年，起知徽州，奉使江東，連疏求去。復以知太平州，遂乞致仕，詔加直龍圖閣。家居又十年而卒。水心銘其墓，謂：「先生之學，不衒于繁而守其要，可謂善言德行者矣。」補。

撫幹曾先生撙父信道。

曾撙，字節夫，建昌人。其父信道，以學問識度爲呂紫微輩推重。先生隆興元年進士。從南軒遊。補。

附録

南軒與曾節夫撫幹書曰：「左右天資之美，閒處正宜進步工夫，不可悠悠。且須察自家偏處，自聲容氣色上細細檢察。向在長沙，或者多疑左右以爲簡忽，此雖是愛憎不同，要之致得人如此看，亦是自家未盡涵養變化，異日願有觀焉。」

縣令宋先生文仲

宋文仲，字伯華，安陸人也。景文之後，寓居衡陽。南軒高弟。其知長沙縣時，止齋爲漕使，將薦之，曰：「具官有通務之才，而發于謙和；有及物之志，而安于静退。蓋文仲雖生長南土，其家學則中原文獻也。頃丞萍鄉，藹有名譽。方臣假守桂陽，得其爲人，就訪之，而文仲嘗爲桂陽録事參軍，授臣本軍會稽録一卷，臣遵行之，所以能蠲除宿負，罷弛斜科，不得罪于其民者，文仲之助也。尋領使事，訪以九郡利病，無不周知。前者倉司糴補諸郡米僅十萬斛，今者漕司蠲殘亦數萬緡，皆文仲發之。臣以爲文仲雖衡陽人，實國士也。」召赴都堂審察，其後不知官位所至。補。

縣令宋先生剛仲

宋剛仲，字仲潛，文仲弟。亦從南軒。嘗知高安，與兄齊名。補。

文肅吴竹洲先生儆

吴儆，初名偁，字益恭，號竹洲，休寧人。紹興進士，歷知泰州。晦庵、南軒、東萊、龍川、梭山、石湖、止齋皆與之友善。其倅邕也，南軒以書告晦庵曰：「吴益恭忠義果斷，緩急可仗，未見其匹。」及歸，而得對南軒書「孔子之剛」、「曾子之勇」、「南方之强」三章以諗别。既又以書相勞于中都。先生以親老請祠，餘閒與從遊，窮經論史，考德訂業，分齋肄業，如安定湖學之法以爲教。卒謚文肅。參竹洲集附録。

雲濠謹案：儒林宗派列先生于南軒門人。程篁墩序先生文集，言其知邕州時，南軒方經略嶺右，而先生獲受教焉。

知軍曹先生集

曹集，不知何所人也。其知南康軍時，楊誠齋薦之曰：「具官胄出世家，躬服寒素，少從名儒張栻講道，以爲士君子之學，不過一實字。再列朝班，皆在六部，不事干謁，不肯附麗，皆以爲迂。及知南康，其政一遵朱熹之舊，如乞均減星子一縣豫賣，如輟郡庾以教育白鹿書院生徒，皆朱熹欲爲而未及盡行者。南康地褊民貧，每歲流徙不絶，今皆安集，無有愁嘆。望賜旌擢，以爲良吏愛民之勸。」誠齋是疏，所薦三人，其一爲王道夫，其一爲徐居厚，而先生參之，賢可知矣。因嘆南軒弟子脱落者，蓋不止十七也。補。

知州蘇先生權

蘇權，字元中，仙遊人。侍父洸官賓州，因學于南軒。淳熙中登第，歷梧州推官，調福州教授，改秩知餘干縣，終辰州守。有春秋解三卷。補。

通判周先生去非

周去非者，永嘉人，浮沚先生族孫也。學于南軒，嘗從之桂林。有嶺外代答十卷，所記皆桂林事也。成隆興癸未進士，通判紹興府。補。

法曹謝先生用賓

謝用賓，祁陽人也。少跌宕負才氣，嘗讀南軒晞顏録而慕之，造謁門下，求一言可以行之終身者。南軒曰：「其敬乎！」自是守之不替。以特奏名任横州法曹。補。

蕭定夫先生佐

蕭佐，字定夫，湘鄉人也。其父爲黎才翁壻，故從五峯胡氏學，而于張宣公爲同門，先生因受業于宣公，授以居敬之旨。朱子帥長沙，先生以進德之説請益，曰：「守先師之訓十五年矣，今見先生，如見先師也。」鶴山嘗爲作師友堂銘。

文懿李雁胡先生壁

李壁，字季章，自號雁湖居士，眉之丹稜人，文簡公燾第三子也。先生少英悟，日誦萬餘言，屬辭精博，周益公見而異之，曰：「此『謫仙』才也。」孝宗嘗問文簡：「卿諸子孰可用？」文簡以先生對。以父任入官，後登進士第。召試爲正字。寧宗朝，累遷禮部尚書參知政事，兼同知樞密院事。葉紹翁四朝聞見録稱：「開禧初，韓平原欲興兵，遣張嗣古覘敵，張還，大拂韓旨。復遣先生，先生還，與張異詞。階是進政府」云云。是先生附和平原，以致顯要，令人歎文字之爲虚車。然其争丘宗卿之賢，用張威以平寇亂，雖功不足掩罪，而知人之明，則不容没也。嘉定時卒，謚文懿。先生嗜學如飢渴，羣經百氏，搜抉靡遺，于典章制度尤綜練。所著有雁湖集一百卷、消塵録㊀三卷、中興戰功録三卷、中興奏議若干卷、内外制二十卷、援毫録八十卷、臨汝閒書百五十卷。先生父子與弟文肅埴皆以文學知名，蜀人比之三蘇云。參史傳。

雲濠謹案：謝山劄記文懿有雁湖集、消塵録、臨汝閒書百餘卷。

梓材謹案：真西山跋劉静春與南軒帖云：「是歲淳熙戊戌，眉山參政李公年甫冠，其季今制閫侍郎十有八耳，静春皆以蜀中師表許之，又屬宣公成就之。」侍郎謂文肅，參政即先生也。據此，則在南軒門者，不獨文肅矣。

附録

□□□曰：「大參薨背，海内褫氣。方其壯年，鋭于立事。議論豈無少差，要于大義無媿。中間維持善類，破除姦黨，厥功不細。至于淹貫古今，臨事商搉，憂國憂君，一飯不忘，今世如斯人者幾希。」補。

㊀「消塵録」，宋史本傳作「涓塵録」。

文肅李悅齋先生𡌴

李𡌴，字季允，丹稜人，文簡第七子也，學者稱爲悅齋先生。文簡以史學傳家，七子俱有文名，而雁湖與先生最達。受業于樓迂齋、劉靜春，遂從張南軒遊。時先生求道甚銳，南軒戒以勿急于求成，自是循序而進。紹熙庚戌進士，聲華籍甚。以召試爲館職，廷對忠讜，累官至知潼川府，改知常德府，以安靜爲治。當時蜀患未靖，潰卒内訌，先生繕兵訓戒，盜不敢犯，卒以自斃。改知夔州，時與士子講學，夔人愛之。内召累遷爲禮部侍郎。理宗眷倚甚至。將引之參豫，而先生正色立朝，持論侃侃，政府忌之。出爲沿江制置副使，兼知鄂州。金人犯蘄，黄甫退，朝議將總領所招親效軍、强勇軍、參商軍皆隸制司，而制司又別有帳前一軍，其漢口舟師則鄂州守所屬也。先生以諸軍皆因烏合之衆，未訓未練，而舟師亦惰于講習，大爲振刷，武昌士氣始奮。然先生卒與諸司争曲直不相能，請罷，詔知遂寧府。遂寧，故文簡、文懿所治，有遺愛，聞先生至，曰：「吾舊郎君也。」其政不肅而成。蜀事日壞，朝臣亦多不顧往者，乃以先生爲四川制置使，兼知成都府。漫塘劉文清公貽之書曰：「制使以世家子帥梓里，人望所屬，甚不易副，此政府内懼，爲諉以分責，尚謹旃哉。」然先生以安靜鎮之，蜀中稍治。已而以禮部尚書召還。淳祐元年，奏請以周、程、張子從祀。又言：「王安石雖罷享，而因循未黜，乞亟進三人者以易之。」詔可。梓材案：先生以嘉熙二年卒，淳祐在嘉熙之後，當是端平元年，故其次年詔議胡、孫、邵、歐、周、馬、蘇、張、二程十人從祀孔子廟廷。累遷資政殿學士，知眉州。卒，謚文肅。先生父子兄弟以文章著，眉人比之三蘇。後溪劉文節公爲老泉請賜謚，雁湖助之，故得一字之典曰「文」。或譖先生曰：「吾子卽他日之卯君也。」然先生立朝，始終一節，不肯詭隨，所以終不登二府者，有得于伊洛之正傳，而其所至，皆有吏聲，要屬有用之才，固不徒以文章，亦非迂談道學者比也。所著有李文肅集。蓋元祐有洛、蜀之爭，二百年中，其學終莫能合，及後溪與先生兄弟出，鶴山繼之，遂合其統焉。時蜀有張福之亂，逐制使，戕總領，剽殺縱橫，吏或死或逃，無敢抗者，已殘削且及潼。先生疾馳至任，提刑曹叔遠方謀死守，見先生至，大喜。亟集義壯，治諸縣隍堞，設木隔礮，凡可以壞賊之具，無不集，上下激厲，賊覘知有備，取他道去。先生之兄文懿守遂，亦盛爲禦賊之計。用是以困賊使自斃，而成都亦以此得安。城西牛頭山極險，先生謂叔遠曰：「昔者相里貴據此山以攻城，幾爲所破，今可委此山于城外邪？」乃跨山包之，通西溪之渠，以達武江，而天險爲城中所有，遂恃之無恐。從蔣氏所藏稾底録入。

附錄

□□□曰：「侍郎疇昔立朝，稍稍附致，則立致卿相；在鄂渚日，置是非不問，則亦可緩西歸，而一節凜然，可謂不媿出處之義者。」補。

祖望謹案：時季允以鄂州制置副使改知遂寧，尋改四川制置。遂寧，巽巖所舊治也。又案：時漫堂薦荆門張元簡。荆湖機幕羅愚，文恭子。

運判劉退庵先生强學

劉强學，字行父，衢之西安人也，刑部侍郎穎之子。侍郎受知張忠獻公，令與其子宣公爲友，其後嶽麓之教大興。宣公帥泉州，令彪先生德美掌書院事，先生既納拜宣公，授以伊洛源流，而德美又爲言其詳甚悉。以太學生奏補官，累遷至知南康軍。饑民嘯聚爲亂，向多以招安得官者，姦宄益蠹之，至是復嘯聚。先生大發粟賑之，而僇其幸亂始禍者。建祠以祀周、程，以近思録教士子。擢爲廣東提刑，改運判，尋爲湖北提刑。嘗曰：「今吏多骫法以活人，此東坡所謂『外邀雪冤之賞，內希陰德之報』者也，豈辟以止辟之意！」故先生于獄事最盡心焉。尋復改運判以卒。先生學有原本，嘗誦孟子「求在我」之言，以之名齋。又自署曰「退庵」。其于仕宦，泊如也。補。

鹽事宋西園先生甡附子自適。

宋甡，字茂叔，金華人也。初從吕成公學，論通鑑貫穿不窮，成公大奇之。已而學于宣公，卓然自立。成紹熙進士，主高安簿。江西帥漕如王公藺、丘公崈、尤公袤皆重之，引爲上客。丘公使金，引爲書狀官。歸，除融州掾。秩滿，辟爲廣西鹽事司主管官，諸司亦皆拭目待之。周益公稱之曰：「茂叔氣象和平，論議堅正，明敏足以決事，廉勤足以厲俗。」其于經史，皆究本原。年四十餘卒官，君子惜之。先生雅工爲詩，嘗次放翁韻曰：「欲求平易多成拙，稍涉新奇卻未工。得句直須參造化，此身何必問窮通。」西山謂先生詩之閒淡，蓋亦得之宣公者多。子自適，字亦佳。補。

學博潘先生友端

潘友端，字端叔，金華人。年十七，即從張、呂。補。

雲濠謹案：會稽續志載：「先生淳熙甲辰進士，爲太學博士。」

彭氏家學胡、劉三傳。

知州彭澹齋先生欽

彭欽，字仲恭，一字仲敬，忠肅公龜年子也。以任入官，忠肅作初笓箴勉之曰：「處事必公，舉職必勤，馭吏以正，撫民以仁。誠以事天，和以接人。惟儉與廉，治家及身。」嘉定四年，以忠肅恩擢軍器監主簿。次年，輪對，其畧曰：「人才者，治功之本；學術者，人才之本。今貪冒奔競，欺罔苟且，爲害極矣。古人幼學壯行，本諸仁義忠信，後世專以科目取士，所學非所行，所行非所學。宜明示好惡，風勵四方，時于科舉之外，表顯實行以激昂之。」尋乞外，通判嘉興，移潭州。所至，監司皆薦之，而京西制使趙方尤力。差知峽州，練軍實，譏間諜，戮盜魁，正祀典，卒爲忌者所中，被劾奉祠。鶴山魏文靖公深惜之。先生嘗自書座右曰：「懲忿如摧山，窒欲如填壑。遷善如風速，改過如雷烈。」所著有澹齋自鏡一卷、愛蓮堂官箴一卷。補。

直閣彭先生鉉

彭鉉，字仲誠，忠肅次子。以父澤録用，嘗爲寧都幹辦，累知贛州，蠲逋賦二十萬，擢直寶謨閣、湖南漕。所著臨川可否録、備寇議事録。參臨江府志。

梓材謹案：謝山原底于南軒學案卷端劄記云：「廣東提刑彭鉉，即仲誠否？」

彭先生泣別見二江諸儒學案。

游氏門人

文清劉漫塘先生宰

劉宰，字平國，號漫塘，金壇人也。紹熙元年進士，主江陵簿，調真州司法。詔「仕者非僞學，不讀周、程等書，才得考試」，先生喟然歎曰：「平生所學者何？首可斷，此狀不可得。」卒弗與。累進直顯謨閣，主管玉局觀。召奏事，訖不爲起。尋卒，謚文清。先生隱居三十年，平生無嗜好，惟書靡所不讀。既竭日力，猶坐以待，雖博考訓注，而自得之爲貴。有漫塘集、語録行世。參史傳。

祖望謹案：先生宋史有傳，顧不詳其學術之源流。潤州舊志則曰：「先生與王正肅遂同受學勉齋。」予考之，乃默齋游氏弟子，非勉齋也。先生少志伊洛之學，其時丹陽有竇文卿兄弟、湯叔永皆嘗從晦翁遊，從之講習，顧未嘗稱弟子。及與周南仲爲同年，又從之問水心之學。至于慈湖，則雖未嘗登門，而亦究心于其説。最後尉江寧，乃得默齋而師之。然則先生當爲南軒再傳也。先生文集序中俱是鶻突説過，不知何故。觀先生于默齋稱夫子，于勉齋稱丈，則可見矣。宋史又畧其諫史、鄭二相之大節，而序其任郵之小事，不知何以草率至此。時朝臣喬行簡等皆薦之，禮部侍郎袁燮又舉先生自代，史彌堅奉祠家居，亦薦之。

祖望又案：漫塘本有語録十卷，吴禮部師道嘗跋之，而惜文集之不得見。今予得見其前集，而遍求語録，未有得也。漫塘尚有後集并京口耆舊傳，今亦亡。

漫塘文集

勿止二字，一是聖學之門，一爲聖學堂奥。止者，至善之地，不可有加。勿之後工夫甚多，方到得止地。來諭所謂資勿之義，以止其妄。竊謂未然。人能止于至善，則妄去矣。如何？回滕主簿。

世間無求于人，亦有兩：有可爲世用，而不屑求者；亦有自知其不可用，而不敢求者。若某真是自知不可，故甘心屏處。回趙御幹。

有身之窮達，有道之窮達。古人固有疏水終身，而曳紫紆朱不能終日者。窮達果安在哉！回惲上舍。

世道既降，中行之士益少，世間一種立仗馬、轅下駒，置不足道。東京諸賢，視此身如秋葉，而欲手援一世之溺，斯亦奇矣。然率意行之，少有長慮卻顧，相與切磋，如聖門所謂臨事而懼，好謀而成，則後日之事，亦非計之得也。抑嘗讀黄叔度、郭林宗傳，有契焉，欲學之，未能也。回友。

前輩風流不可及，然到叩門乞食處，便覺氣象衰索，須要不到此地乃得。回友。

惟今之士，巧于進，而拙于退，知所以奉其身，而不知所以重其身。回袁大著甫。

文以氣爲主。年來士大夫苟于榮進，冒于貨賄，否則喔咿嚅唲，如事婦人，類皆奄奄無生氣，文亦隨之。通徐申。

士友當親，而賢否不可不辨。財利當遠，而會計不可不明。折獄以情，毋爲私意所牽。薦士以才，毋爲權要所奪。當言則言，不視時而退縮。可去則去，不計利而遲回。贈王實齋。

□□□焉而不□□□。無謂去□□而不計後來。贈權溧水張佳。

史直翁、錢師魏皆世所謂善官者。直翁平生持殺人之戒，必欲吾手不殺一人。其鎭三山，凡故殺、謀殺、劫殺，一切求其説而出之，三山之人至今傳以爲笑。師魏以抉弱抑强爲事，其守京口，小人識其意，衣敝衣，飾虛詞，呻吟啼號，以謁于郡。郡不加詰，信而行之，善良驚懼，有破家者。此皆立説之過。此皆立説之過，如緩催科非不美，而小人乘之，或因循于可以輸納之時，而狼狽于杼柚既空之後；輕刑罰非不美，而或至于善無所伸，惡無所懲。吾汲汲于正名分，彼則借名分以爲欺；吾拳拳于別流品，彼則冒流品以見惑。若事至而應，可緩可急，或重或輕，酌而行之，則吏不能窺，民不能乘。政説。

古昔盛時，家有塾，黨有庠，遂有序，朝夕所講明，皆五典之敍于天，四端之根于心，六德六行之施諸日用，故平居則孝弟忠信，和順輯睦，有警則幼思衞長，下思衞上，其衆不約而同，其今不嚴而治，蓋發于天理之自然，本于人心之至公。故衞靈問陳，孔子答以俎豆，擧本以見末也。獻馘必于泮宮，報本而反始也。或者謂夫子不答靈公之問，過矣。梁縣學記。

祭法「有功于民則祀之，能禦大災則祀之，能捍大患則祀之」，以其生有是功，故死不忘也。今也生無其人而崇其祀，死無所考而爲之辭，則王制所謂「假于鬼神以疑衆」，而可乞靈乎？否也？新淦縣社壇記。

梓材謹案：謝山所録漫塘文集二十二條，今移爲附録一條，又爲游默齋附録一條，王實齋附録一條，又一條爲黄教授立傳于後，又移入涑水學案一條，移入晦翁學案一條，移入水心學案一條，移入嶽麓諸儒一條，移入槐堂諸儒一條，移入鶴山學案一條。

附録

辭通判建康謝史丞相書云：「宰荷大丞相特達之知，而病縶其足，惟大丞相曲貸之。重受生成之賜，抑聞施必有報，物之常理。竊有私憂過計，或可裨議論之所未及。欽惟大丞相于先越王秉國鈞軸，其位遇同；輔導先帝，翼贊嗣皇，其眷倚同。先越王再處台司，不俟溫席，晚歲駕安車，策靈壽杖，爲孝皇一出，天下顒顒，謂『且留相天子』，曾未幾時，卽榮衮繡之歸，是以福禄壽考，極于人臣，德業勳勞，傳于子嗣。今大丞相弼亮兩朝，十九年矣，而不敢一日失此重負，自同于先越王，何哉？豈非以勛名已盛，權勢已隆，欲奉身而退，不可得乎？竊謂爲此説者，左右前後自爲身計者之謀，非所以爲大丞相計也。夫當上下未有厭斁之心，一朝褰裳而去，主上必曰：『是嘗建大功，定大業，禮不可以不隆。』公卿百執事亦曰：『是嘗持國家紀常，守朝廷法度，待士大夫以至公無私，禮不可以不厚。』恩誼終始，身名兩全，萬世之下，歆豔嘆慕，以爲不可及。今議不出此，而惟狃目前，咈然忿異議之來，而幸其同則止，戚然慮事變之作，而幸其平則止，縻之以爵禄，而恩意有時而窮，壓之以刑威，而勢力有時而屈，防之以知術，而事常出于意料之表。當是時，左右前後之人，志得意滿，皆將自擇其身之利，而大丞相獨誰與同其憂乎？宰病廢以來，得自適其適，雖無爵位之安，而危不迫其身，憂不入其心，每欲持此以獻于有位者而無其階。伏念左右前後之人，希容悦者多，能直致其辭者寡，輒因敍謝，裁具申獻，儻幸致座側，時一致思，是大丞相拔士疏賤，不爲無益，宰受大丞相超擢之恩，不爲無報。不然，異時追憾左右之不能盡言，宰亦有悔不及矣。大丞相果能從赤松之遊，尋緑野之勝，從容天台、四明之間，以訪先越王經行之舊，某雖衰疾，不任衣冠，猶冀幅巾裋褐，拜謁道左，以自附于賓客之下陳，不勝愛助之至。」

祖望謹案：彌遠遜詞答之。

徐太常丞謝鄭丞相云：「宰病乃棄官，夫豈潔身而去！少而不學，亦非應變之長，期不負于陶成，惟少殫于忠告。不可失者，惟中原今日之機會，不可摇者，尤南渡累朝之本根，豈應恃一二才俊之人，而輕用億萬生靈之命。且空帑庾之陳積，以供軍旅之急需，已凜乎乏爨之憂，況遲之經久之給。諺曰，及此閒暇，儲之會通。或新敵捷出而因糧，或姦民乘間而投隙，竊恐方來之患，有非偷度可知。直敕臨邊之臣，先爲固圉之計，必我疆我理，舉無太息之聲，庶自北自西，皆起來蘇之望，又況建議者甫離脣吻之間，而間諜者洞見腹心之蘊，要須申戒，飭謹隄防。愧書生之不識時務，幸智者之或擇狂言。」

祖望謹案：時清之先以書勸行，先生答之。

既喪師，先生貽書李尚書臺曰：「三京之入，但乘其虚，頒賞之厚，震蕩耳目。汝、蔡之敗，喪失幾何，而悉委不問，豈不欲四方之知邪？」

先生志夫人墓曰：「予繼室梁氏，家故奉佛，其來猶私以像設自隨，時若有所諷誦。予旣與論釋、老之害道，及鬼神之實理，怳若有悟，自是遂絕。」

蒙齋袁正肅公銘墓，謂其「德慮周密，才力精謹，坐之廟堂，可以躋世三代，任之方面，可以折衝千里，拔乎流俗，銖視軒冕」。

正肅王實齋先生遂

王遂，字去非，號實齋，金壇人。嘉泰初進士，爲監察御史，疏奏極論進君子退小人，遷右正言。後以華文閣直學士知隆興府。召還，特權工部尚書。先生與劉漫塘宰素同志，漫塘嘗稱先生爲文雄健，無世俗浮靡之氣云。卒謚正肅。參姓譜。

祖望謹案：實齋本字穎叔，西山改爲去非。其云勉齋弟子，亦非也。

附錄

劉漫塘送王穎叔官富陽曰：「穎叔尚論古人，今且親至坡仙眠后之地，予欲以坡仙生平高節勁氣，寧甘心困躓，不一首肯奸諛，爲穎叔法，以風流放逸，不屑就繩墨，未免小異于程門，爲穎叔戒。」

寶先生從周別見滄洲諸儒學案。

鄭先生節夫

鄭節夫，嘗往從游默齋遊，劉漫塘送之曰：「予尉江寧時，建安游夫子實在帥幕。將別，夫子蹙然曰：『世惟作好人難，作凡人易。』予問其故。夫子曰：『凡人世不之重，亦不之責，苟有一言一行，則亟稱之曰：「是人乃能是。」故易。好人則一言一動皆常中節，曰：「是固應耳。」萬一涉于疑似之閒，則責備至矣。故難。』如節夫者，信爲好人，而不爲游夫子之所憂者乎！」補。

附錄

陳北溪與書曰：「知爲四明之行，彼持敬苦行一節，誠可欽羨。然所持者只是一箇死敬，所苦者只是一箇死行，只是禪家宗派已。易數千言，無一句是嚴陵。詹郎中乃其明儕，九峯寺僧惠覺者，詹郎中悟道時，嘗造請證印，得朝聞夕死一言，不勝欣榮。其平日從遊趨向如此，願三思焉。」

又答趙季仁書曰：「載伯話別，道及節夫已求書爲四明之行，可謂狂妄。載伯又說，袁侍郎欲著書尊其師，全是禪宗，假如推尊之極，亦不過傳燈錄上添一位耳。若說去聖千五百年，得其傳者惟象山，但見其無忌憚之甚，一大笑也。」

趙氏家學

忠敏趙先生范

忠靖趙庸齋先生葵並見滄洲諸儒學案。

蘇氏家學

蘇先生國台別見滄洲諸儒學案。

周氏家學

忠文周先生端朝

周端朝，字子静，永嘉人。嘉定進士。其學本出于仲父去非，得南軒之傳。已而學于蔡行之，于百氏無不通，尤熟于典故。又學于葉水心。又嘗學于劉後溪、趙昌甫。或以爲晦翁弟子者，非也。趙忠定公去國，天爲雨血，京師人以盆盎貯之殷然。先生爲太學生，帥其儕叩麗正門。侂胄欲斬其爲首者，寧宗不可，但使聽讀而已。是時爲首者六人，而先生受禍尤酷。初大理令聽讀于衢州，已次半道，侂胄矯旨再入大理，先生自分必死，果百輩拷掠欲斃之，然卒不死。復聽讀于信州，從章泉遊。已而押歸本貫，尋有詔聽自便，侂胄終忌之，先生避之入蜀，從後溪遊。蓋自上書後，轉徙者十七年，授徒自給。侂胄誅，有詔褒録，免解策進士，爲國録。先生性介，以女妻富陽令之子，親迎之夕，有持謁生刺以入者，先生曰：「暮矣！來朝于崇化堂當相見。」諸生曰：「我來爲國録事，非私也。有書在此。」書入，則述令爲史氏私人，恐先生官職駸駸天下，以爲出于婣亞之力。先生愕然，則已奏樂行酒，亟告女以其故。

女素嫺禮教，遽稱疾，請展日行禮，令子登車惘然。已而先生以女廢疾請停昏，令訴于臺，罷先生所居官，于是終彌遠之世二十三年，浮沈下吏。復入爲國博，不十年至侍從。端平開邊，力争之，于是丐去。論者謂「先生一不合于侂胄，再不合于彌遠，三不合于清之，雖官至九列，蕭然孤榻，不營一椽」。有負郭田五十畝，捐以與兄。其卒也，謚忠文。修。

李氏門人

知州高先生崇別見鶴山學案。

劉氏門人胡、劉四傳。

教授黄先生復

黄復，官高郵教授。嘗請學于漫塘，漫塘答其書曰：「今人患在言不顧行，行不顧言，口誦堯、舜，行如市人，得喪分于目前而惑，取舍定于俄頃而亂，甚至奪攘而不忌，相傾相詐而不知恥，則雖日從先生長者遊，不過如先朝邢恕輩，是亦小人而已。執事有志斯道，而例及于衰孱，歸而求之，有餘師，僕方將觀焉。」補。

王氏門人

文潔黄於越先生震别爲東發學案。

宋元學案卷七十二

二江諸儒學案全祖望補本

二江諸儒學案表

宇文紹節——程公説

　　　　　　程公碩

　　　　　　程公許

陳概

附兄槩。

楊知章——子子謨

李修己——子義山——彭汯

張仕佺

范仲黼——蘇在鎔

　　　　　張鈞

范子長——師遇
　　　——高載

范子該——魏了翁別爲鶴山學案。
　　　　范氏所傳。
　　　　范大治
　　　　范氏續傳。

范蓀

宋德之——高崇別見鶴山學案。
並南軒門人。五峯、劉氏、王氏、紫巖再傳。龜山、和靖、譙氏、武夷、得全三傳。二程、元城、子文四傳。

虞剛簡——從子兟別見鶴山學案。
　　　　曾孫汲別見草廬學案。

程遇孫

附兄壬孫。

薛紱

鄧諫從

張方

並南軒私淑。

黄裳——楊泰之

平甫講友。　父虞仲。

二江諸儒學案序録

祖望謹案：宣公居長沙之二水，而蜀中反疏。然自宇文挺臣、范文叔、陳平甫傳之入蜀，二江之講舍不下長沙。黄兼山、楊浩齋、程滄洲砥柱岷、峨，蜀學之盛，終出于宣公之緒。述二江諸儒學案。梓材案：蜀中之爲張學者，謝山盡入是卷，其有本非蜀人，而相與講學蜀中者，亦附焉。

南軒門人胡、劉再傳。

忠惠宇文顧齋先生紹節

宇文紹節，字挺臣，成都人。祖虛中，簽書樞密院事。父師瑗，顯謨閣待制。父子皆以使北死，無子，孝宗愍之，命先生以族子爲之後，補官仕州縣。既第進士，累遷寶謨閣待制，知廬州。時韓侂胄方議用兵，先生至郡，議修築古城，創造砦柵，專爲固圉計。淮西運判鄧友龍諂于侂胄，謂先生但爲城守，徒耗財力，無益于事。侂胄以書讓之，先生復書謂：「公有復讎之志，而無復讎之畧；有開邊之害，而無開邊之利。」侂胄得書不樂，乃以李爽代之。召爲兵部侍郎兼中書舍人、直學士院，以寶文閣待制知鎮江府。吳曦據蜀，趣先生赴闕，任以西討之事。先生至，謂大臣曰：「今進攻，則瞿唐一關，彼必固守；若駐軍荆南，徒損威望。聞隨軍轉運安丙者，素懷忠義，若授以密旨，必能討賊成功。」大臣用其言，遣丙所親，以帛書達上意，丙卒誅曦。權兵部尚書，未幾，除華文閣學士、湖北京西宣撫使、知江陵府。統制官高悅在戍所，肆爲殺掠，遠近苦之。先生召寘帳前，收其部曲。俄有訴悅縱所部爲寇者，先生杖殺之，兵民皆歡。陞寶文閣學士，試吏部尚書，尋除端明殿學士、簽書樞密院事。安丙宣撫四川，或言丙有異志，語聞，廷臣欲易丙。先生曰：「方誅曦初，安丙一搖足，全蜀非國家有，顧不以此時爲利，今乃有他邪？吾願以百口保丙。」丙卒不易。朝廷于蜀事多所咨訪，先生審而後言，皆周悉事情。嘉定六年正月甲午卒，訃聞，上嗟悼，爲改日朝享，進資政殿學士致仕，又贈七官爲少師，非常典也。謚曰忠惠。參史傳。

進士陳平甫先生概附兄栗。

陳概，字平甫，普城人也。乾道進士，對策慷慨，魏艮齋讀而奇之，告以「君鄉有張敬夫者，醇儒也」，先生遂以書問學，與兄栗同刻志于聖賢之道。予讀南軒集答平甫書及所作潔白堂記，蓋友朋之列。其時蜀士除宇文樞密外，尚未有從南軒遊者，平甫請益最先。自是范文叔、范季才始負笈從之，則皆平甫倡導之功也，而宋史竟以平甫爲南軒門人，或者請益既久，遂執弟子之禮乎？平甫之官爵，無從攷見，而兼山黄氏之源流實由此出。淳熙、嘉定而後，蜀士宵續燈、雨聚笠以從事于南軒之書，湖、湘間反不如也。然則平甫之功大矣。平甫嘗言于南軒，欲自漢、唐以來諸儒之嘉言懿行萃爲一編，以明道統，又欲訪周、程、張子之後人而周卹之，惜其著述之無所傳也。修。

楊雲山先生知章

楊知章，潼川人，號雲山老人。累舉不仕，而得張宣公之學于廣漢。歸而喜以授其子，曰：「欲造聖門，當從此入，造深養熟，内外合一，治己治人之道，備于此矣。」

知州李先生修己

李修己，字思永，豐城人也。乾道進士，參與國軍事。陸復齋爲教授，盡告以躬行之説，謂「當息其已學，求所未學」，遂知聖賢源流。已而得見朱子，學益進。先生故與彭止堂爲同年相善，因介紹之，從南軒遊。兩令寧鄉、衡陽，皆有聲，當路多薦之。將召，以哭趙忠定公，忤宰相，通判成都府。二江范月舟者，南軒高弟也，方聚同志講學，先生與上下其議論。時蜀中後進盛從事于南軒之教，而先生與延平張仕佺子真參焉。尋知成州。韓侂胄聞其名，使人諷其附己，先生笑而不答，竟不得召。先生居官，一介不取，而友愛任卹，不計有無，故歿無私蓄。有李成州集十卷。子義山。

通判張先生仕佺

張仕佺，字子真，延平人，南軒高弟。

雲濠謹案：朱子爲先生父左司維墓志云：「公字振綱，一字仲欽，劍浦人。紹興八年進士，官至左司郎中，屢與權幸忤，致仕卒。子士佺，通判融州，從張敬夫，宦㈠學有聞，驗其操執器能，信其有似公者。」據此，則先生之學問淵源可攷矣。

知州范月舟先生仲黼

范仲黼，字文叔，成都人，正獻公祖禹之後也。仕至通直郎，爲國子博士，兼皇姪許國公府教授。初南軒雖蜀産，而居湖、湘，其學未甚通于蜀。先生始從南軒學，杜門十年，不汲汲于進取。鶴山謂其「剖析精微，羅絡隱遁，直接五峯之傳」。晦翁、東萊皆推敬之。後以著作郎知彭州，學者稱爲月舟先生。晚年講學二江之上，南軒之教遂大行于蜀中。其時二江有九先生之目，謂范蓀、范子長、范子該與先生皆成都人，薛紱、鄧諫從皆漢嘉人，虞剛簡、程遇孫仁壽人，宋德之唐安人。或亦有未及事南軒者，皆從

㈠「宦」字，原本作「官」，據龍本改。

先生私淑得之，而南昌李修己、延平張仕佺亦同講習其間。修。

梓材謹案：此傳與陳先生平甫傳，梨洲原本在南軒學案，自謝山修改，以入是卷。

知州范雙流先生子長

范先生子該合傳。

范子長，字少才，成都人也，二江先生從子。與其弟子該，字少約，同遊南軒之門。以進士官太學，有要人慕而候之，先生避焉。鶴山魏文靖公嘗序其事，所云「閉干木之門，或謂迫斯可見，瞰陽貨之餽，乃復拜以其亡」是也。嘉泰末，北闕門鴟尾及省部相次災，先是赤眚爲沴，太陰犯權星，天子避殿求言，先生與李仲衍、趙全道、魏鶴山皆上疏極陳韓侂胄之惡，以爲爵及輿隸，權移主上，請退之。侂胄大怒，諸公相繼罷官。吳曦告變，上頗思諸正人言，有詔召蜀中三人，時侂胄尚未死，先生與鶴山皆謝不赴，惟李季允至。已而更化，又召蜀中三人，先生亦與鶴山豫焉，史彌遠忌之。先生至京，不得入對，以吏部郎知瀘州。瀘爲夷境，酋長楊粲請開白錦堡，爲錦州前帥許奕持之，未得寢而奕去，先生力言其不可，乃置平泉寨以鎮之，夷人不敢妄動，瀘以大治。然卒不得入朝，以殿撰知崇寧。鶴山之初志學也，由先生兄弟及薛符溪以得門户，及入中原，始友李敬子、輔潛庵。今語學派者，莫知淵源所自出，而蜀中之爲南軒高弟者，皆泯然無傳。文獻不足，可勝嘆哉！少約與陳同甫善。

知州范華陽先生蓀

范蓀，字季才，成都人也。乾、淳以後，南軒之學盛于蜀中，范文叔爲之魁，而范少才、少約與先生並稱嫡傳，時人謂之四范。仁壽虞提刑剛簡，嘗請先生講學滄江書院。鶴山魏文靖公初爲考索記問之學，先生以斂華就實語之，故鶴山之稱先生有曰：「學本誠一，論不籧篨，自浩氣養心以求道腴，不茹剛吐柔而求聲利，了翁敢不勉希前輩，益勵後圖，或可代諸老先生之對，庶不貽吾黨小子之羞者也。」太府李㮣薦士于朝，曰黄公裳、李公舜臣與先生。由太府寺簿晉大理寺丞，累官宗正寺丞，知邛州。

知州宋彭山先生德之

宋德之，字正仲，唐安人也。慶元二年，外省第一，爲山南道掌書記。召除國子正，遷武學博士，與諸生論八陳本乎八卦，皆動物也，奇正之變，往來而不窮，知此然後可以致勝。遷樞密院編修。嘉泰末，平原已有開邊之説，而外人未之知也，會赤眚見，太陰犯權星，未浹旬而北門鴟尾災，延及省部，天子下詔，求言于士，多指平原之横，以及時政諸弊而已。先生謂：「離爲火，爲日，爲甲冑；坎爲水，爲月，爲盜，爲隱伏。故火失其性，赤氣見，濫炎起，則憂在戎兵之事；水失其性，太陰失度犯權，則憂在隱伏之盜。」因陳七事，且曰：「人火小變不足慮，天象變，臣竊危之。」是歲，沿邊帥守始盡用武臣，吳曦既久在蜀，皇甫斌在襄陽㊀，郭倪、李爽在兩淮，先生又進言：「敵未動而輕變祖宗之舊制，命武臣帥邊，以自

㊀「襄陽」，宋史本傳作「襄漢」。

貽患。晉叛將、唐藩鎮之禍將起。」又言：「蜀帥權重，宜及今防微。」侂胄惡之。先生請外，有留之者，還太常丞。次年，出知閬州。吴曦變作，託傷足以避事。曦誅，始赴閬，而楊后用事，侂胄殛，邊事大壞，無不如先生之言者。擢本路提刑。安沂公丙素有不快于先生，以不俟代者至，輒用觀察使印涖事，劾先生傲視君命，詔降一官，歷湖南、湖北提刑，入爲兵部郎。時中朝頗疑沂公，史彌遠以問先生，對曰：「蜀無安丙，朝廷已無蜀。夫人有大功，不敢以私嫌毁之。」執政不悦。未幾，罷官，沂公嘆曰：「嗟乎！丙不知正仲，正仲知丙；丙負正仲，正仲不負丙。」乃遣人請昏，先生謝之，論者益服其公。已而起知眉州卒。先生學于南軒之門，少與范文叔輩講道，故其風節凜然，而所養極粹，惜乎未竟其用云。

南軒私淑

提刑虞滄江先生剛簡

虞剛簡，字仲易，一字子韶，仁壽人，忠肅公允文孫也。爲趙文定公雄壻。文定子昱，志士也，好讀周、程、張、邵、吕、謝、楊、尹之書，先生因知學統所在，潛心體認。以郊恩任官，再舉禮部，歷仕知華陽縣。二江范教授仲黼者，南軒先生高弟也，方會文講學，以明湖、湘之緒，先生因是得和齊斟酌，盡聞胡文定公父子以至南軒所討論于嶽麓者，而致精焉。喟然嘆曰：「洙泗之學，堯、舜以來之學也，伊洛之學，洙泗之學也，而乃以爲一家之言乎！」凡再知永康軍，招諸生講學，境爲大治。以安撫使黄疇若薦，召赴都堂，不果，奉祠。未幾，起用，未上，遭劾罷。嘉定十一年，詔知簡州。金人犯邊，制置使董居誼辟爲參議官。先生經濟之畧，得之家傳，至是固辭不行。或曰：「將王事何？」先生黽勉從之。請收人才，厚軍犒，以結士心，抽還忠義人之配内郡者，以紓邊人之憤，又請緩科三路鏹夫之直，皆得施行。大散關陷，東路帥李貴遁去，天水一帶皆被兵，西路帥莫肯行，先生慨然請往，次魚關，遂自移金平，督帥前進，人心恟恟，先生謂曰：「我師既出，敵必不能越大安。」已而大安果以勦敵聞。會居誼召還，先生亦抵簡。利州潰卒作亂，由果、閬以趨簡，大書其幟曰「破簡入西川」。時先生至任甫五日，驚奔相屬。閣學劉文節公方家居，貽書相約效死。先生阻江固守，賊知有備，去之，而張威歸軍過城下，賑其匱乏，軍士大喜。劉文節上言剛簡保守一城，遮蔽西川，遂有夔州提刑之命，兼提舉常平，俄改利州。先生召軍帥劉昌祖謀曰：「必復皁郊、湫池，然後敵氣可奪，雖圖秦、鞏可也。」昌祖曰：「諾。」遣人焚湫池之糧，遂復之。先生曰：「未也。」時樞府慮生事，每以越境爲戒，昌祖猶豫不敢行。先生督之如南谷，遣其親將進屯皁郊，于是階、鳳、成、和之民皆荷戈赴之，得兵三十萬，軍聲動天地。內薄乘障，斃其大將郭贇，敵之壻也。先生得皁郊之捷，正欲擣秦州，有以密劄勒昌祖還者，忠義人大憤，散而爲盜，皁郊復受兵。先生夜出撫定士民，復募軍擣鞏，之青野原以牽制之，敵師始退。于是先生請集保甲之民以爲守禦，三年之間，團集三十九萬二千餘人，自是閬、蜀有備。又請修屯田之利，而墾田百餘萬，邊儲以足。魏文靖公除工部侍郎，舉以自代，不報。先生與制置使鄭損不相得。損，小人也。先生乃上歸休之請，五上報可。既歸，而損竟誣劾先生罷祠。先生罷之三年，而損棄階、成五州，先生猶貽書諸司，力言不可，其始終憂國如此。是年卒。所著有易傳、論語解、詩說。尤致精者易，本邵子之學，參以周、程諸書及湨上朱氏説論，著十有六年，不以示人。卜居成都之合江。范季才蘩，梓材案：「蘩」當作「蓀」，即華陽先生。謝山稿有華陽別傳，云：「滄江先生虞剛簡亦師事之。」亦南軒高弟也，爲題曰滄江書院。學者稱爲滄江先生。長沙吳制使德夫曰：「湖中親炙胡、張者多，而得其學如此者鮮矣。」魏文靖公稱其學，以爲「由博致約，浩然獨得」云。先生以故相之孫，著效危疆，顧未嘗得登朝，一展其抱負，君子于是知宋之終于不競也。先生論學之大旨曰：「乾之九二，龍德而正中，庸言之信，庸行之謹，閑邪存其誠，而坤之六二，言敬以直內，然則中庸誠敬，是乃天地自然之則，古今至實之理，帝王所以扶世之極，聖賢所以明德新民，未有不由之者。」楊伯昌聞之嘆服，張亨泉先生方亦同學易于滄江。

漕使程先生遇孫附兄壬孫。

程遇孫，字叔達，仁壽人也。累官太常寺丞、潼川漕使。少年雄于文，已而折節爲南軒之學。范文叔居二江，所謂九先生者，先生其一也。先生有兄壬孫，官至雅州簽判，亦躬行君子，與先生最友愛。及卒于官，貽書以玉環爲訣。先生每見玉環，則嗚咽流涕，其至性如此。

祕書薛符谿先生紱

通判鄧先生諫從合傳。

薛紱，字仲章，龍游人也。于書無所不讀，嘗見朱子所注楚詞，于黄棘之柱策，以爲策杖黄塵荆棘之間，笑曰：「楚王初盟秦于黄棘，再盟于武關而被執，故原其禍始耳。」其知黎州，州爲羣蠻所居，而能與起其民，築玉淵書院以講學，學者稱爲符谿先生，二江講學九子之一也。史彌遠既死，鶴山魏文靖公嘗以後進禮上之書曰：「如執事者，在今寡儔，嘗欲一拜下風，因循不果。起家爲吏，益遠聲華，聖學不講，士棄其德性之知，以怵于見聞之陋，其酣身利禄者，固無足言也。稍知自好者，亦以纂詞緝句爲學問之極功，俗流世敗，莫知正救，乃至養疴枕席，卧制四海，舉朝薦紳之士，奔走後先，莫以爲非。今天去積年之疾，是治亂安危之幾也，或爲地節之親政，或爲天寶之踵亂，皆未可知也。而朝會無白首大儒可備顧問，則天下事誠未可知也。某欲乞身以去，卒酬讀書之願，未知見日，臨紙悄然。」鶴山又題其則堂詩云：「卓哉符谿老，吾道資禦捍。萬殊錯標中，獨識一理貫。反躬事省察，憤世興寤嘆。揭闡斯則，絶識陋秦、漢。」以進士由成都教授召爲祕書郎。廷對，極言韓侂胄之奸，坐劾去。所著有則書十卷，皆談易理，鶴山自以爲不及。同時有鄧諫從者，字元卿，亦漢嘉人，亦豫二江九子之一。嘗通判黎州。見于周益公集。不知其後官階所至。

提刑張亨泉先生方

張方，字義立，資中人也。二江范氏、滄江虞氏講明南軒之學，先生與焉。以慶元進士官簡州教授，爲諸生痛陳佛、老之妄，使不惑于趨向。其于時學徇名失實、好高忘本之弊，尤痛切入膏肓。歷知邛州、眉州、果州，遷直祕閣、四川制置使參議官。充利、夔、成都路提刑，刻去墨吏數人。又開新渠，以殺三江之怒，疏條急務六事，皆直陳時政之失。又疏言大本大綱，大勢大務，聞者悚栗。改帥漢中，以兵復天漢、武休、虎頭之險，蠲錢三十萬緡，米二千斛，給田以卹死節之家。進尚書兵部郎，以母老乞歸養，用郊恩官其弟。鶴山魏文靖公極重之，學者稱爲亨泉先生。有亨泉稿一百卷。予讀鶴山祭先生文，則先生以母喪哀毁不起者。

平甫講友

忠文黄兼山先生裳

黄裳，字文叔，普城人。少穎異，能屬文。第進士。調閬州新井尉，未赴，罹外艱。邑子從受業，先生語以經義，又爲之講解。其後學益詣，悉焚其稿。服闋，授巴州通江尉，三年杜門，潛究經傳，出入古今，默而精思，或達旦不寐，人與語，若無聞然。于是剖微析幽，宏深四達，文譽日甚。總領趙公公説聞其名，俾諸子從之遊。光宗即位，制帥留公正薦五士，公爲之首。進對，謂「中興規模與守城㊀不同」，因論大利害，凡數千言，上極異之。除大學博士，進祕書郎。遷嘉王府翊善，每勸講，必援古證今。嘗作八圖以獻，曰太極圖，曰三才正性，曰天文，曰地理，曰王霸學術，曰九流學術，曰帝王紹運，而終之以百官文武。每曰：「爲學之道，當體之于身，本之于心，總宜以心爲嚴師。于心有一毫不安者，皆所不可爲也。」紹熙二年二月，雷雪交作，先生上封事，語特切深，擢起居舍人。未幾，瘡發于背，少瘥，即奏「人

㊀「城」字，宋史本傳作「成」。

君納諫，不可執以己私，因私心而生勝心，因勝心而生忿心，是以臺諫不得其職而去」。上頷之。先生見王向學日益，因作渾天儀、輿地圖，勉以進學如天之運行不息。居數月，除中書舍人，尋除給事中，進侍講，貴近一限以法。後值侍臣進用不當，繳論甚切，遷兵部侍郎，先生不受命，乞去，改除顯謨閣待制，仍爲翊善。太上見嘉王學問殊進，謂先生曰：「此皆卿力也。」先生曰：「臣伎止此。朱熹四十年學問，陛下宜收召，使備寮屬。」且言蜀士楊輔、劉光祖相繼在選，可充學官，上嘉納焉。時上以憂疑成疾，不過重華宮，先生苦諫。及壽皇不豫，復抗聲切諫，隨以號泣，宮門閉，掩涕而出。自是先生瘡復作，連章請外，不報，乃移疾闕外。聞壽皇遺詔，亟入臨，瘡遂大作。寧宗即位，不能朝，再除給事中，改禮部尚書兼侍講。入謝奏曰：「孔子曰：『有始有卒者，其惟聖人乎！』詩曰：『靡不有初，鮮克有終。』所謂有始有卒者，由其持心之一也。」反覆告誡，一主此意。蓋先生絕筆之作也。先生三歲病瘡，以國事積憂，遂至不起，年四十九，贈資政殿學士，謚忠文。先生爲人，簡易端純。每講讀，隨事納忠，氣平而辭切，事該而理盡。與人言，傾盡底蘊。恥一書不讀，一物不知。所爲文，明白條達，有王府講義(一)及兼山集。雲濠案：宋志稱兼山集四十卷。論天人之理，性命之源，皆足以發明伊洛之旨。嘗與其鄉人陳平甫兄弟講學。平甫，南軒高弟也，師友淵源蓋有自來云。參樓攻媿集。

雲濠謹案：宋黄先生裳有二。一字冕仲，南平人。元豐五年進士第一，累官禮部尚書。所著有演山集六十卷。

(一)「王府講義」，宋史本傳作「王府春秋講義」。

宇文門人胡、劉三傳。

教授程克齋先生公説

程公説，字伯剛，眉山人。積學苦志，以春秋經傳倣司馬遷書爲年表、世譜、歷法、天文、五行、地理、禮樂、征伐、官制諸書，自周、魯而下，及諸小國夷狄，皆彙次之，時有所論發明，成一家之學。卒年三十七。參直齋書録解題。

謝山程氏春秋分記序曰：「南軒先生講學湘中，蜀人多從之，而范文叔、宇文正甫最著。眉人程克齋兄弟並遊于宇文之門，而克齋之學最醇。所著春秋分記九十卷，左氏始終三十六卷、通例二十卷、比事十卷，又纂輯諸儒説爲春秋精義，未成而卒。別有詩古文詞二十卷、語録二卷、士訓一卷、程氏大宗譜十二卷，弗盡傳也。獨分記則其弟滄洲闡學上之祕府，行于世。克齋官邛州教授，方爲此書，未卒業，聞吳曦以蜀叛，毀車馬，棄衣冠，抱經逃歸，奉其父入山。時其次弟仲遜亦掌教益昌，誓不屈賊。而克齋悒悒尤甚，遂病。病中急就其所著，幸得成編而卒，年尚未四十也。

掌教程先生公碩

程公碩，字仲逊。兄弟三人，皆以科第進。先生嘗掌教益昌。同上。

龍學程滄洲先生公許

程公許，字季與，一字希穎，克齋先生之弟。由進士積官至權刑部尚書。生平沖澹寡欲，人不得干以私。與故相史嵩之不合，鄭清之尤忌之，所建多格不行。其知袁州時，新周茂叔祠，葺南軒書院，聘宿儒胡安之爲諸生講説。及婺州召還，疏請復京學類申之法，以養士氣。清之嗾言者劾之，出知隆興，未拜命而卒。贈龍圖閣學士、宣奉大夫。所著有塵缶集、雲濠案：四庫書目滄洲塵缶編十四卷。內外制、奏議、奉常擬謚、掖垣繳奏、金革講義、進故事行世。參史傳。

楊氏家學

祕閣楊浩齋先生子謨

楊子謨，字伯昌，潼川人也。其父雲山老人，得張宣公之學，以授先生。先生朝夕究圖，凝然一室，往往踰月不出户，自是默識聖賢下學上達之序，動静語默不違乎誠。淳熙七年省試，胡文靖公晉臣得其文，以爲有格君氣象，列優等。入對，孝宗發策問之。曰：「帝王躬行之道㊀，莫大于學。學者，政事之本也。欲極乎學之用，不可不求其要。何謂要？行之以至誠，要之以不息是也。大學之道，自正心誠意以至乎平天下，中庸之道，自尊賢以至于來遠人，皆不外乎至誠之一言。臣不知陛下之躬行，誠

㊀「道」字，原本作「學」，據龍本改。

與？未與？試以天人之應，而卜陛下之誠，而知容有未至也。」又曰：「臣聞之道路，謂陛下左右近習之人，雖無顯然害治之迹，而諂諛欺矯，實繁有徒。故凡速于求售者，率造宦寺之門，珠玉錦繡，以充苞苴，絡繹于道，而陛下有所不知，此非細患也。」孝宗嘉其直，擢置甲科第八，累官通判成都府。吏部侍郎李壁舉以自代，權發遣黎州，適有吳曦之亂，誓以死守。移書方請討賊，願以義勇爲前驅，無應之者。而曦所遣逆黨至成都，分遣其將至黎，先生以計遣之。使又至，先生與之文移，遷延以待其變。而曦已誅，以薦召入對。首論「權臣誤國，叛將干紀，願鑒遄往之已事，開維新之令圖」。其二論「皇太子既正儲宮之統，宜使親正人，授正學。王者之學，果何學也？大學之所謂正心，中庸之所謂慎獨是也，惟輔導得人，而後有所受」。其三「乞招填黎州土軍，分番上寨，給緡糴粟，以備緩急」。除吏部郎，因轉對，請于淮上、荆、襄、關表、漢中空閒之地，招募軍民雜耕，以省運餉，節濫賜，捐内帑，以充糴緡，以收末楮。嚴責州郡實常平之儲，歸廣惠倉，以備凶歉。罷軍興一切科斂之法，復師旅饑荒之地，以紓民力。又曰：「民之困苦極矣！易失者人心，難諶者天意。修人事以符天意，其要在養民。」除軍器監，復兼侍左郎官，上言：「學術，國家之壽脈，公論，天下之元氣，所以扶持皇極，主張國是者，必歸諸此。更化以來，衆正之路方啟，而羣枉之門漸開，善類雖進，而忠鯁之士有相繼引去者矣，姦黨雖斥，而夤緣勢要有拂拭敍用者矣。君子小人猶薰蕕不可同器，今顧欲調停參用之，幾何不爲國家之禍！」寧宗蹙額頷首者久之，而小人側目矣。先生知不容，請補外，除太理少卿。有坐僞告者，事連中官，先生移文内省索贓，小人忿恨。除直華文閣提刑成都，再兼知嘉定府，皆有善政。尋請老，進直徽猷閣奉祠。起知隆州，不止。卧家十年，召赴行在，屯田郎度正貽書强起之，力辭，詔晉祕閣修撰致仕。先生自奉祠，講學于雲山書院，與諸生敷陳論、孟、學、庸大義。平生不輕著述，欲使人精體實踐以造于得。其遺文有浩齋退稿四十卷。

李氏家學

中正李後林先生義山

李義山，字伯高，豐城人，知成州修己之子。嘉定十三年進士，授大宗正兼金部。輪對，言「爲善不可有疑心，去惡不可有悔心」，并陳「進善不能無疑者三，去惡不能無悔者三」，由是罷出知吉州。後以湖南提舉攝帥漕。楚俗尚鬼，有妖覡譚法祖假禍福惑人，先生曰：「此張角、孫恩之漸也。」斬法祖，燬其祠。歷階至中正大夫。所著有後林遺稾、思過録。參江西通志。

梓材謹案：萬姓通譜以先生爲嘉魚人，且言其師事朱仲晦、張敬夫。儒林宗派因之，以列于朱、張之門。梨洲學案原本，亦存其名于南軒門人。攷先生爲嘉定庚辰進士。魏鶴山誌其母蔣恭人墓言：「先生逾冠擢乙科。」當生于慶元間，而朱子卽卒于慶元庚申，南軒先生卒于淳熙庚子，其不及事朱、張明矣。故爲易著于南軒再傳云。

月舟門人

常幹蘇先生在鎔

蘇在鎔，字和父，郫人。受學范文叔之門，淹貫諸書。晚而斂華就實，以主敬教學者，其精神氣貌，能使惰者肅，譁者默，毋敢慢焉。以進士官魏城縣丞。縣民仇其長官，鼓衆入城，將爲亂。先生聞變，挺身出諭之，民爲散去。長官得免死，顧反以是忌之，先生卽引去。其後爲潼川常平司幹，以白冤獄忤上官，遂請致仕。剛決不撓，不媿其師友之教者也。退居七年，益講學。臨終，以五峯遺書授其子曰：「此吾從范先生得之，手自讎校，汝可細觀，當自得之。」題詩而逝。補。

提刑張先生釣

張釣，字子和，江源人也。少厲名行，一時鉅人元夫率從請益。孫巖老松壽，蜀名儒也，尤器之。受業范文叔之門。光宗初政，以布衣上書，論「國家大恥，列聖深仇，踰六十年而未復」，其言沈痛。又言：「古有四禍，中宮、外戚、閹寺、朋黨，而夷狄不與焉」。紹熙四年大對，首言「舉朝克己，而後可以論一人進德之機」，末謂「皇子萬世攸繫，豈可以世俗學者之事責之」。有司第爲舉首，尋置乙科，主西鄉簿，調爲隆州教授。已而知什邡縣，大書堂上曰：「奉公如上帝，克己如勍敵，愛民如赤子，防吏如餓狼。」境內稱治。通判瀘州，吳曦之亂，守川陸以待王師。開禧三年，以李參政雁湖薦，召對。先生奏曰：「陛下初卽位，劉光祖嘗以五箴進讀，至思箴，陛下作而曰：『當從原頭上理會。』大哉王言！天下國家之大本也。乃陛下所謂原者，皆爲一權臣所湮，而使天地人之憤，塞乎天地之內，抑鬱不得申，以兆其變。因祀隱喪，而禮樂之原湮；以臣掩君，而忠孝之原湮；殺賢進姦，而威福之原湮；廢經反常，而學術之原湮；相恐以權，相招以利，而命義之原湮；主竊于前，僕貨于後，而爵賞之原湮。湮法度之原，而本朝美意盡廢；

湮廉恥之原，而人才良心盡壞。陛下即其所湮者，以爲規模之要，其序有六：一者體乾而總萬化之目，二者法祖以還舊制之良，三者用禮樂之實以破曩日之餘氛，四者修仁義之實以淪曩日之乖氣，五者救活生靈以補權臣之掊戮，六者振厲士夫以補權臣之斵喪，則原之湮者徹，何物驕敵，能勝陛下澄源進德之功哉。」其二曰：「今日之最急者，莫如活百姓。蜀中自紹興末年以來，一塵不警，百姓歲輸贍軍近二千萬緡。洎權臣忽開邊，于大饑之後，用度繁興，內郡廩庾取之無顆粒之積，調夫繁夥，倍于常賦，激賞畸零，既減又復，陛下赤子，或死于餒，或死于兵，可謂已極。若非陛下以愛肌膚之心愛百姓，以畏夷狄之心畏百姓，使此念充塞彌滿，以起天地悔禍之心，則國家豈不岌岌。然今亦不過取之天，取之人，取之地，以爲吾用而已。取之天者，欲使實德散爲雨暘，雨暘結爲百穀。取之人者，當散權臣之家貲，以拯百姓之窮困。取之地者，欲舉鄭剛中營田之法，爲蜀民除對糴之害。推之荆、襄，以及南、淮，無不可行。」其三曰：「天地之間，惟忠義二字，以之經天文，使三光不失其序，以之緯地理，使岳瀆不失其宗，以之立人極，使彝倫不失其道。惟陛下力行君師之職于一身，以起忠孝之心于天下，苟欲更化，莫此爲切。不然，何以謂之化也。」除太常寺簿，遷國子監丞。以旱求直言，上書謂：「陛下當求之一己，不可求之天地。」因條更化之説一，更弊之説六。遷太常丞。嘉定三年輪對，言：「仰視俯察，以見天心未復，近采遠取，而見民情不寧，泝大計所自，而貨源欲窮，聽四方動息，而寇憂難置，皆人所難受者。」除祕書丞兼兵部郎，以君臣父子夫婦之大倫爲上精言之，然皆不能用也。先生乃請外，除潼川提刑，力行常平，以甦民困。已而罷爲運判，尋奉祠卒。

孝子師先生遇

師遇，字厚卿，成都人也，二江先生范文叔之壻。有篤行，紹定元年被貢，以母疾不就。嘗禱于上下神祇曰：「苟造物許一嵗名于進士籍，則貤祿吾母，俾壽且寧，不願仕也。」已而母卒，踰三年，成進士。以前誓不欲仕，親黨强之，乃受官。歸而得疾，嘆曰：「是蓋食言，以干天怒也。」遂致仕。生平守南軒之教，至爲醇固。

雙流門人

縣令高先生載別見鶴山學案。

范氏所傳

文靖魏鶴山先生了翁別爲鶴山學案。

宋氏門人

知州高先生崇別見鶴山學案。

虞氏家學

虞先生㽦別見鶴山學案。

黄氏門人

大理楊克齋先生泰之父虞仲。

楊泰之，字叔正，青神人也，祕閣修撰虞仲子。世有家學，少受業于黄兼山，藏書數萬卷，手自讐校，卧不設榻者幾十年。以躬行自矢，舉世聲利，無足動心。初以郊恩補官，已而奏名類省試。吳曦叛，先生方攝成都教授，安撫使楊輔集議，先生昌言：「今日之事，當計順逆，不當計禍福。正名討罪，曷爲不克。不然，願與閣下死此以報國。」輔不能用，先生致其事而去。曦誅，其事上聞，詔起爲羅江丞。吳獵論蜀，先生上書曰：「吳曦爲亂，而士大大不從，必不敢發。既亂而有抗之者，必猶有所憚。夫亂者，曦之爲也，亂所以成，則士大夫之爲也。」于是安丙薦諸朝曰：「蜀中名儒楊虞仲之子，當逆臣之變，勉有位者無動；言不用，拂衣而去。使得尺寸之柄，必能見危致命。」詔赴都堂，以親老辭，特授知廣安軍。丁艱。免喪，知富順監，三日卽告寮吏士民，其勤攻吾之闕，發廩粟以濟民。知普州，蠲賦二萬，減省浮用以輸邊，又二萬，賑貧半之。安丙再薦之，召赴行在，而先生固辭。知果州，減浮費以蘇民困，如普州時，一切禮饋，貯之庫，以賑貧。寶慶二年，再召入對。首請「法天行健，奮發英斷，總攬威權，無牽于私意，奪于邪説，以救蠱敝」。次謂「本朝德澤，邇來斲喪無餘，民無常心，何恃爲國」。次論「陛下以直言求人，而以直言罪之，言路益梗，士氣益消」。上奇之，除工部郎中。時真、魏諸公方相次去國，人方縮舌，而先生自遠方來，首及之，言事者稍吐氣。已而又輪對，言：「三十年間，士大夫之説有三，爲安静，爲用中，爲更化。安靜則苟偷也，用中則模棱也，更化則紕政尚多，何更之有！」又謂：「兵端作于開禧之初，民力未困，故常心未失。今民力已窮，常心喪矣。」識者以爲篤論。遷軍器監，入對，謂：「去歲風雨爲暴，水潦潰溢，此陰盛陽微之徵。而臺臣諉曰霅川水患之慘，桀之餘烈也。嗚呼，尚忍言哉！」又言：「疫氣僨作，盜賊肆行，淮、楚之間，狐狸跳梁，徵狀日異，不可謂細故也。願進君子，退小人，一掃賄賂貪墨之習，而爲禮義廉恥之歸。」上首肯之，除大理少卿。先生遂申前說，謂：「巴陵追降之命，重于違羣臣，而輕于絕友愛。不思天倫之至痛，乃曰『不當立後，以貽他日憂』，何示人之不廣乎？」又曰：「今日不言，後必有言之者。與其追恤于後，固不若舉行于今也。」初，先生三被召，再申命；四辭不得，乃至。甫三月，即求歸，未得。是日，詔以直寶謨閣、知重慶府。先生遺書宰相，謂：「呂夷簡末年，孫沔上書，謂『天下將有土崩瓦解之勢，是張禹不獨生于漢，李林甫且復見于今』。」又引其先相國越王事勉之，聞者爲之變色。先生嘗以宰相生辰壽之詩，有云：「潭潭仗台鼎，既閱二十年。治效何悠悠，民瘼殊未痊。近甸饑餒接，三垂烽火連。人意苦不紓，生理絕可憐。」先生之得罪于權相者非一，而獨免于禍，則亦幸也。其治重慶，豈弟如普、果二州時。期年乞歸，先生時已病，道卒。所著有克齋集百卷、大易要言二十卷、論語解三十卷、老子解二卷、雜著五卷、類集經史百餘卷。南軒私淑之傳，以先生爲第一。宋史列之儒林，而不知其源流所自，且于其大節，亦尚未詳，爲可惜也。

伯高門人胡、劉四傳。

彭先生汯

彭汯，清江人，忠肅孫。李義山卽忠肅長子欽壻，而先生又爲義山壻。

范氏續傳

縣丞范先生大冶

范大冶者，成都人也。幼時常及從學滄江書塾。官崇仁丞。宋亡，不仕。與學者語，舉書傳，常連卷數千百言，不遺一字。天文、地理、律曆、姓氏、職官，一問輒數千百言不止。虞集猶及見之，當是華陽之後人也。

虞氏續傳

編修虞井齋先生汲別見草廬學案。

宋元學案卷七十三

麗澤諸儒學案

黄宗羲原本　黄百家纂輯　全祖望補定

麗澤諸儒學案表

葉邽
　子榮發——孫霖——曾孫審言
　徐僑別見滄洲諸儒學案。

樓昉
　李壁
　李𡌴並見滄洲諸儒學案。
　王撝
　　子應麟別爲深寧學案
　　子應鳳別見深寧學案。
　鄭清之
　　趙范
　　趙葵並見滄洲諸儒學案。
　應傜
　　附弟𠍸。

樓昞

葛洪

喬行簡

李誠之

王介——子埜別見西山真氏學案。

喬夢符

王瀚——子柏別爲北山四先生學案。

王洽

石範

朱質

葉秀發

潘景憲

潘景愈

潘景夔

潘景尹

鄒補之

杜旟

戚如琥——孫紹——曾孫象祖——玄孫崇僧別見北山四先生學案。

戚如圭　附師王元章。
戚如玉
夏明誠
鄭宗强
汪淳
汪大度——孫開之别見北山四先生學案。
汪大章
汪大亨
汪大明
黄涣
父敦義。
黄謙
陳黼
詹儀之
邢世材
郭澄
胡子廉

康文虎
康文豹
趙善談
趙彥秬
羊永德——子哲
李大同
時瀾——子少章
時澐
郭頤
鞏豐
鞏嶸
鞏峴
周介
彭仲剛
盧汝琰
盧汝琯
樓孟愷
樓仲愷

樓叔愷

樓季愷

汪仲儀

郭粹中

父口。

郭敏中

郭允中

郭時中

葉誕

徐文虎

父時乂。

陳錫

徐侃

徐倬

王深源——鄭聞別見北溪學案。

並東萊門人。

白水、玉山、三山、芮氏再傳。

元城、龜山、譙氏、武夷、紫

微、橫浦二傳。涑水、二程、滎陽、了翁、廌山、和靖四傳。

麗澤諸儒學案序録

祖望謹案：明招學者，自成公下世，忠公繼之，由是遞傳不替。其與嶽麓之澤，並稱克世。長沙之陷，嶽麓諸生荷戈登陴，死者十九，惜乎姓名多無攷。而明招諸生歷元至明未絶，四百年文獻之所寄也。述麗澤諸儒學案。梓材案：東萊學派，二支最盛，一自徐文清再傳而至黄文獻、王忠文，一自王文憲再傳而至柳文肅、宋文憲，皆兼朱學，爲有明開一代學緒之盛，故謝山云「四百年文獻之所寄」云。

東萊門人林、汪再傳。

主簿葉先生邽

葉邽，字子應，金華人。大冶主簿，受業吕成公之門。以所得于成公者授徐文清公僑。文清後爲朱文公門人高弟，而于先生執弟子禮，没身不衰。參黄文獻集。

雲濠謹案：文獻集未舉先生之字，其字子應，見吳正傳所題徐文清手書雖真後，且稱爲鄉先生云。

軍守樓迂齋先生昉

樓先生昞合傳。

樓昉，字晹叔，號迂齋，鄞縣人。與弟昞俱以文名。雲濠案：先生弟字季文。從東萊于婺。嘗以其學教授鄉里，從遊者數百人。李悅齋學士、王厚齋尚書，其高弟也。後守興化軍卒。梓材謹案：李悅齋爲紹熙庚戌進士，厚齋尚書以嘉定癸未生，相去三十四年，且其父溫州已是幼從迂齋，尚書未必再及樓門。王厚齋云云，當是王厚齋尚書之父之譌脫耳。

端獻葛先生洪

葛洪，字容父，東陽人。從呂成公學。登進士第，歷官爲尚書員外郎。上書言：「今之將帥，非必奮不顧死，冒水火，蹈白刃，而後謂之忠也。第職思其憂謂之忠，公爾忘私謂之忠，純實不欺謂之忠。乞嚴飭將帥，申儆㈠軍實。」累遷參知政事，封東陽郡公。援王素諫仁宗御王德用進女事，以止備嬪御，世多稱之。卒，謚端獻。杜清獻範稱其侃侃有大臣風。有奏議、雜著二十四卷。

㈠「儆」字，宋史本傳作「斂」。

文惠喬孔山先生行簡

喬行簡，字壽朋，東陽人。學于呂成公之門。登紹熙進士，歷宗正少卿、祕書監、權工部侍郎，兼國子司業，兼史院，兼侍講。理宗即位，貽書丞相，請法孝宗行三年喪。應詔上書曰：「求賢、求言二詔之頒，果能確守初意，則人才振而治本立，國威張而姦宄銷。臣竊觀近事，似或不然。其所召者，非久無宦情決不肯來之人，則年已衰暮決不可來之人耳。彼風節素著、廉介有守者，論薦雖多，固未嘗收拾而召之也。」端平二年，朝議收復三京，又上疏曰：「臣不憂出師之無功，而憂事力之不可繼。有功而至于不可繼，則其憂深矣。自古英君，必先治內而後治外。陛下視今日內治，其已舉乎？其未舉乎？」不聽，師果敗績。進知樞密院事。後加少師、保寧軍節度使、醴泉觀使，封魯國公。卒于家，年八十六，謚文惠。先生歷練老成，識量宏遠，居官無所不言。好薦士，多至顯達。至于舉錢時、吳如愚，又皆當時隱逸之賢者。所著有周禮總說、孔山文集。

正節李先生誠之

李誠之，字茂欽，東陽人。受學于東萊。釋褐爲饒州教授。歷知蘄州。金人犯淮南，黃州不保，力戰死之。先生嘗謂真西山曰：「篤信好學，守死善道，吾輩八字箴也。」至是果不負所學。贈朝散大夫、祕閣修撰，封正節侯。

謝山答諸生問思復堂集帖曰：「西河謂宋儒講學者，無一死節。夫宋儒死節多矣！蘄州死事，李誠之最，在理、度二朝忠臣之先，東萊之高弟也。歐陽巽齋爲朱門世嫡，其弟子爲文山，徐徑畈爲陸氏世嫡，其弟子爲叠山，二公爲宋之大忠，其生平未嘗有語録行世，故莫知其爲朱、陸之私淑者。文山尤不羈，留情聲色，而孰知其遠有源流也。是豈空疏之徒所得語此。況朱子後人有浚，南軒後人有唐，而趙良淳者，雙峯之高弟也，許月卿者，鶴山之高弟也，其餘如唐震、呂大圭之徒，不勝屈指，而曰無一死節，是夢中囈語也。潭州之陷，嶽麓三舍諸生，荷戈登陴，死者尤多，史臣不能博訪，附之李芾傳後，今乃反見謗皾于妄人，可爲軒渠。」

忠簡王渾尺先生介

王介，字元石，金華人。從朱文公與呂成公遊。紹熙元年，廷對，陳時弊，光宗嘉其直，擢居第三人。歷國子録。上久不朝重華宫，先生上疏極諫。孝宗崩，又力請過宫執喪，言甚激切，人歎其忠。寧宗立，以忤韓侂胄，坐劾奉祠。久之，累遷國子祭酒。會旱，詔求直言，先生手疏論時政，又言：「漢法，天地降災，策免丞相，乞命史彌遠終喪。」後以集英殿修撰知襄陽府、京西安撫使。以疾奉祠卒，謚忠簡。子埜，從真西山遊。

梓材謹案：姑蘇志載：「先生爲郡人，徙起居舍人，出知嘉興府，又尹臨安，改知慶元府。卒年五十六。」又言：「先生初學于呂東萊，徙居金華，娶鄭僑女。僑實壻汪玉山應辰。故其問學有源委。」蓋本真西山所作墓誌。西山又言：「先生子埜，裒其平生所爲詩文、奏議、外制、春秋臆説、通鑑解，標爲渾尺集。」蓋先生嘗自號渾尺居士，取后山詩「雖有千丈清，不如一尺渾」意也。

御史喬先生夢符

喬夢符，字世用，東陽人。嘗從東萊學。淳熙二年進士，知歙縣。有大逵當水衝，居民歲苦霖，先生爲築堤鑿渠，人免水患，號喬公街。後除大理正，奉旨鞫郭倬獄于宿州，不畏權勢，進監察御史。參金華先民傳。

朝奉王定菴先生瀚

王瀚，字伯海，金華人，龜山弟子，師愈之子，而文憲公柏之父也。師呂成公，亦逮事朱文公。仕至朝奉郎，主管建昌軍僊都觀。參可言集考。

梓材謹案：先生號定菴，金仁山題魯齋文集目後云：「僊都公早從麗澤，又以通家子登滄洲之門。」朱子別集棲賢磨崖題名有門人丁克、王翰，王翰蓋卽先生。翰、瀚古今字爾。

縣令王先生洽

王洽，字伯禮，金華人，侍講師愈之子。天資粹雅，操行潔修。嘗知當塗縣，真西山薦狀言：「其爲邑也，心平愛人，用刑督賦，常有不得已之意，士民稱誦，翕然一詞」云。參真西山集。

梓材謹案：宋史道學王柏傳：「父瀚兄弟，皆及朱、呂之門。」是先生爲東萊弟子之證。

通判石先生範

石範，字宗卿，浦江人。從東萊遊。以進士尉奉化，歲饑，貧民將爲變，先生賑之，不誅一夫而定。遷知婺源縣，有月樁錢二萬，皆取之民，先生請蠲其十之二。俄權通判袁州，峒獠弄兵，袁當其衝，先生攝州事，練軍旅，廣儲蓄，博訪守禦之策，峒獠不敢近。轉通判泉州卒。參浦陽人物記。

侍郎朱先生質

朱質，字仲文，義烏人。受學于成公及唐説齋仲友。中紹熙進士第二人，累官至右正言、左司諫兼侍讀，權吏部侍郎。著有易説舉要。

知軍葉南坡先生秀發

葉秀發，字茂叔，金華人。師事東萊。以進士爲慶元府教授。著論語講義以訓諸弟子，一時鉅儒皆相器重，願與之交，而楊慈湖簡問難尤詳，謂得所啓發。後知高郵軍。

雲濠謹案：宋景濂爲先生傳，言：「其師事吕東萊、唐説齋，極深性理之學。以餘爲文，輒擢慶元丙辰進士第。弟子慕之，從其學者，歲至數百人。」又言：「其教授慶元時，與之交者，慈湖而外，則樓攻媿、史獨善、樓迂齋、鄭安晚、袁絜齋也。」又言：「學者尊之曰南坡先生。所著有易説、周禮説及論語講義等書。」

梓材謹案：宋世葉秀發有二。其一仁和人，名時，字秀發，官龍圖閣學士，謚文康。

教授潘先生景憲

潘景憲，字叔度，金華人。九歲以童子貢京師。後入太學，益自刻厲，學官汪玉山、芮國器、王梅溪皆推重焉。隆興元年進士，請爲南嶽祠官。秩滿，力請太平教授。遠次以歸，始爲浮屠說。既而學于東萊先生。與東萊同年而齒長，聞其論説行身探道之意，慨然感悟，遂棄所學學焉。父喪服除，不復仕，日遊呂氏之門，誦詩讀書，旁貫史氏，尤盡心于程易。朱晦翁子壻，其壻也。參朱子文集。

太學潘先生景愈

潘景愈，字叔昌，叔度之弟。嘗爲太學解魁。年三十餘，甚有志趣。東萊稱其有意務實。參東萊遺集。

潘先生景夔

潘先生景尹合傳。

潘景夔、景尹，松陽人。其父朝散好謙，篤于教子，越數百里，遣從東萊遊，且謀徙家于婺，以便其學。同上。

府判鄒先生補之

鄒補之，字公袞，開化人。受業朱、呂之門。淳熙初舉進士，判江寧府。著有春秋語孟注、兵書解、宋朝職掌等書。參浙江通志。

薦辟杜橋齋先生旟

杜旟，字伯高，金華人。登成公之門，同時陸務觀、陳君舉、葉正則、陳同甫咸稱其文。淳熙、開禧間，兩以制科薦。所著有橋齋集。參姓譜。

知州戚貞白先生如琥

戚如琥，字少白，金華人。從呂東萊遊，篤于修齊之道。以進士授郴州教授，遷國子博士。出知台州，尋改袁州，政績大著，甫受代而卒，門人私謚曰貞白先生。從兄如圭、如玉，皆從東萊遊。同上。

雲濠謹案：金華府志載先生云：「其學務以修身齊家見諸實用，不爲空言，東萊每歎異之。」

縣尉戚先生如圭

進士戚先生如玉合傳。

戚如圭，金華人。以進士爲嵊縣尉。弟如玉，亦遊太學。母周氏，晚時觀書，輒能舉大義。嘗讀上蔡語録，顧諸子曰：「既不爲禄利，復不求人知，斯所謂問學者邪！」其期諸子如此。參東萊遺集。

梓材謹案：黄文獻志道一山長戚君墓言：「二先生連起進士乾道、淳熙間。」

推官夏先生明誠

夏明誠，字敬仲，金華人。其學本自呂東萊，而自負甚高。登慶元丙辰進士第三人，一爲安慶推官，遂致仕。嘗作八詠樓賦序，直斥沈休文爲是樓之辱，吴禮部敬卿特稱之。百家記。

朝請鄭坦溪先生宗强

鄭宗强，字南夫，金華人。遊于東萊之門，講貫理道，篤志根源。蔡久軒稱其學業精深，履行純篤。後以朝請大夫致仕。著有坦溪集行世。參金華府志。

教授汪先生淳

汪淳，金華人。受業東萊，勵志于學。授吉州教授，講學者咸歸重焉。參浙江通志。

汪獨善先生大度

汪約叟先生大章合傳。

汪大度，字時法，金華人。受業于呂東萊。慶元初，大愚觸權奸貶韶州，先生往送之。伴送者凌辱大愚，先生以義折之，直欲與之坐獄。從至貶所，久之乃還，經紀其家事甚至。晦翁致書深加歎敬。弟大章，號約叟，亦從東萊遊。大愚之卒也，約叟距秋試纔四日，舍之就道，護喪以歸。參金華先民傳。

梓材謹案：時法，號獨善。吳禮部跋汪元思固窮集云：「大愚謫廬陵，獨善裂裳裹足送之。後徙卒高安。其弟約叟，輟試往護其喪。兄弟遂以義聞。」士大夫王忠文公跋大愚帖，則謂「時法，人稱爲西山先生」。而儒林宗派又以西山屬之其兄大亨，恐誤。梓材又案：東萊爲汪灌慶衍墓志云：「男五：大任、大亨、大度、大明、大聲。大度、大明久從予遊。」據此則約叟大章之于獨善蓋從弟也。

汪先生大亨

汪先生大明合傳。

汪大亨，字時升，汪大明，字時晦，西山先生大度之兄也。皆成公門人。參王忠文集。

州守黃先生渙父敦義。

黃先生謙合傳。

黃渙，字德亨，光澤人。父敦義，以六經教子，七子皆有成立。先生志篤學博，嘗從呂東萊遊。淳熙戊戌，南省第二人。後守岳州，罷厨傳，蠲魚税，毀淫祠。卒年八十。兄謙，字德柄，亦遊朱、呂之門。補。

著作陳先生黼

陳黼，字斯士，東陽人。少從呂東萊遊。永康林大中聞其賢，妻以女，先生未嘗倚爲重也。淳熙八年，登進士。不汲汲進取，以恬静自守。林欲召爲樞密院，先生力辭。嘉定元年，大中卒，乃遷國子博士、著作郎。凡三十年，偃蹇宦途，而不改其樂。後丐祠歸，貧無室廬，僦居永康以終。參東陽縣志。

侍郎詹先生儀之

詹儀之，字體仁，遂安人也。張宣公守嚴州，東萊分教，先生俱從之遊。又嘗從朱文公問學。累官吏部侍郎，知静江府。已而以蜚語謫袁州。光宗登極，以其嘗爲宫寮，許自便。時閩中有詹元善者，亦朱氏弟子也，而以體仁爲名。補。

附錄

□□□曰：「詹體仁，慤實肯講學，不易得，但未免弱，蓋膽薄而少決。今日善類多有此病，每力振之，以此思剛明之質，誠不易得。」

又曰：「舊在嚴陵，體仁頗惑佛學。今卻不然，亦得伯恭之力。」

又曰：「豈第愛民，凡事可以商量，趨向甚正□□□學。」並補。

縣丞邢先生世材

邢世材，字邦用。其先自青州徙汴，紹興間，始家會稽。先生既舉進士，得官，盡棄故學，偏從長者遊。深思力索，有所未達，憤悱見于辭色，退則汲汲求踐其所聞。于東萊有連，從之講學非一日。出爲南康軍司户參軍，遷從政郎、金華縣丞，未上，卒于家，年三十七。參東萊遺集。

主簿郭先生澄

郭澄，字伯清，東陽人。以父將仕郎良臣，紹興末，軍興，入貲佐縣官者賜爵，視任子補將仕郎，調南昌、黄巖主簿，皆不行。先生少時，將仕奇其敏悟，爲築西園舍，旁延名士講授。鄉之秀民願請業者，悉聚而館焉。先生既用力于學，益知師友之可親。辭氣悃穎，未嘗不以善其身、迪其族、衣被其鄉閭爲主。退而驗其語，隨其力之所至，皆有以自見云。同上。

梓材謹案：説齋學案吴主簿傳云：「郭氏有西園、南湖、石洞三書院，招延吕成公、薛象先之徒教授子弟。」先生爲西園學者，是亦吕、薛門人也。

雲濠謹案：葉水心誌先生父將仕墓，言：「其嘗使先生出從大師，歸而與其師學。」又言：「先生静而敏，所論質皆能記憶，所舉發皆能推見。所得非一師，爲之師者，多自以爲不及也。」又案：陳龍川爲郭德鄰哀詞云：「德鄰之子曰澄伯清者，歷從一世士君子遊。」德鄰，先生父字。惜先生所得諸師，多不可考見云。

胡先生子廉

胡子廉者，淳安人。博極羣籍，不屑科舉之學。從東萊先生遊，終身不仕。補。

康先生文虎

康先生文豹合傳。

康文虎，字炳道，與弟文豹，字蔚道，皆東萊弟子。補。

梓材謹案：謝山奉臨川帖子五引大愚遊候濤山記云：「康炳道兄弟會于王季和家。」謝山自注如是。

安撫趙先生善談

趙善談，東萊門人。官安撫。

通判趙先生彥秬

趙彥秬，字周錫，東陽人。師事呂東萊。擢取應科，授右選。精春秋左氏傳，作發微一百篇以進，上嘉之。旋借和州觀察使充接伴副使。隆興元年登進士第，換宣義郎。終眉州通判。

通判羊先生永德

羊永德，縉雲人。紹興進士，官奉議郎、徽州通判。師事成公。著春秋發微。子哲，見括蒼彙紀。

尚書李先生大同

李大同，字從仲，東陽人。學于成公與朱文公之門。登嘉定進士第，官至工部尚書，以寶謨閣直學士知平江府。有羣經講義。

朝散時南堂先生瀾

時先生澐合傳。

時瀾，字子瀾，蘭溪人。師呂東萊。淳熙辛丑進士，累官朝散郎，通判台州。東萊輯書說，自秦誓泝洛誥，未畢而卒，先生補完之。有南堂集若干卷。兄澐，字子雲，亦師東萊。著尚書周官餘論，未成，卒。參金華賢達傳。

監簿郭固齋先生頤

郭頤，字養正，嚴之壽昌人也。進士。從東萊先生遊。官至軍器監主簿。學者稱固齋先生。補。

提轄鞏栗齋先生豐

鞏豐，字仲至，號栗齋。其先鄆州須城人，渡江爲婺州武義人。少遊成公之門。淳熙進士，嘗知臨安縣，稍遷提轄左藏庫卒。葉水心銘其墓。

祖望謹案：胡紘以高科求進，不得，怨忠定。鞏栗齋亦以舍選前列訴京鏜。京之對之，無異忠定，而栗齋極歎鏜言之是，反自引咎，毫無怨尤。

司封鞏厚齋先生嶸

鞏先生峴合傳。

鞏嶸，字仲同，梓材案：水心爲仲至墓志云：「季氏仲同。」栗齋弟也。淳熙二年進士，累官至太學博士、大理寺丞。上書言：「兵端不可開。」忤宰相，出知嚴州。陛辭，力言「外攘當先內修」，已而直祕閣，歷遷司封郎，奉祠致仕。先生靜正夷博，居官未嘗澤辭色貫聲光以媒進，而儒術吏治，所至皆有聲。詳見洪平齋墓志。所著有厚齋集八十卷。先生之母楊氏，通毛詩、論語、孝經，知大義，故自長子峴而下，皆知師東萊，傳正學，有聞于時。惟峴失其事，而不別爲之傳。補。

梓材謹案：水心文集楊夫人墓表云：「嫁東平鞏法。鞏君死，夫人年二十六，子長曰豐，三歲，幼嶸也，始生。」是楊止二子。所謂長子峴，豈卽栗齋之改名邪？然又謂峴失其事，何也？疑楊夫人爲鞏君繼室，長子峴當是前夫人之子，故不之數耳。

周先生介

周介，字叔謹，括蒼人也。從東萊、晦翁遊。補。

提舉彭先生仲剛

彭仲剛，字子復，平陽人也。乾、淳之際，永嘉儒者林立，而平陽稍爲別派，徐忠文公子宜以心學起，其說合于金溪，王信州道甫以事功之學起，其說合于永康，先生偏遊其間。及以進士釋褐，主金華簿，始聞麗澤之教，東萊謂「其用力甚鋭」。先生之學，不事論説，以實踐爲宗旨，尤有吏才。衢州大水，憲司檄下金華，令先生往覆視。先生請曰：「衢水高者出屋垝，殺稼溺人，行道共知，既再檢實矣。猶往覆視者，防吏之欺，將使民實得食也。然恐待覆視，而民已死矣。」憲司感其言，卽出米恣所賑。移臨海令，均其民之力役，圖縣鄉之地，幾都幾保，合爲一圖，而物數其地之所有。有以圖上者，先生曰：「善。猶有遺。」其人曰：「無。」先生指曰：「某地方嶺有某某居之，某地有松林水步，今胡失之？」某人大驚，不知先生何以得之也。由是整廢墜甚多。先生善聽訟，然不自以爲明，每諭之曰：「雖訟而直，所屈多矣。」民愛信之，訟爲衰止。提刑薦其政，召付都堂審察，授兩浙運司均斛官。以近臣薦，召爲詳定一司敕令所删定官，遷國子監丞。以試進士與知舉者忤，罷官。已而起知全州。時陳公君舉、詹公元善任漕使，首爲減月椿錢十三四，先生又減繁費以甦民力。然後戢豫借，寬省限，商税止取正錢，帶納者蠲其大半，輸租得自槩量，吏胥不敢取斛面。而擇其耆老之有學行者，師長其子弟，先生于聽政之暇，親執經而教之。以外艱歸。凡先生所至，去後無不思者。紹熙五年，明、越大饑，特令先生爲常平提舉，蓋且向用矣。是年病卒。葉水心曰：「子復之爲學，以爲非同聲趣和所能至也，故不敢以意之爲是，而獨以力之能者試之。常左經而右律，目驗而耳覈，考實以任重，先難以致遠。非其心之所通，雖誠聞之，不苟從也；非其行之所至，雖審知，猶慭置之，故其材爲實材，德爲實德。此先生之學之大致也。」先生不著書，賴有水心之文，得以見其本末云。補。

盧先生汝琰

盧先生汝瑨合傳。

盧汝琰、汝瑨，淳安人，子權大經之叔季子也。東萊爲新定校官，季子實綴弟子員，後其叔介季以見東萊，蓋叔季遊居數年。參東萊遺集。

樓先生孟愷

樓先生仲愷合傳。

樓先生叔愷合傳。

樓先生季愷合傳。

樓孟愷、仲愷、叔愷、季愷，義烏人。並從東萊遊。父蘊卒，東萊志其墓。同上。

汪先生仲儀

汪仲儀，金華人。嘗從東萊遊。母卒，請銘于東萊。同上。

縣尉郭先生粹中父□。

主簿郭先生敏中合傳。

鄉貢郭先生允中合傳。

鄉貢郭先生時中合傳。

郭粹中、敏中、允中、時中，武夷人，朝散大夫、户部員外郎、知常州、總領湖廣、京西財賦某之諸子也。東萊與户部遊再世，諸子相從講學。粹中嘗爲龍游尉，敏中主江山簿，允中、時中皆應進士舉。同上。

縣令葉先生誕

葉誕，字必大，蘭溪人。乾道進士。從東萊遊。嘗主清江簿。其父卒，東萊爲之志墓。官至吴縣令。同上。

徐先生文虎父時乂。

徐文虎，分水人。從東萊遊，相與居者數年。其父時乂趣之從師友講習甚篤。同上。

陳先生錫

陳錫，烏傷人。嘗執經于東萊。同上。

徐先生侃

徐先生倬合傳。

徐侃、徐倬、義烏人，文清公僑之兄也。皆學于呂成公，而文清師事朱子。參王忠文集。

王先生深源

王深源，婺州人，東萊之徒也。鄭聞在呂氏家塾從先生爲學。參陳北溪集。

梓材謹案：東萊學案監嶽祖泰傳「語其友王深厚」，深厚當作深原，原爲源之本字，蓋因原而譌爲厚爾。

葉氏家學林、汪三傳。

隱君葉先生榮發

教授葉先生霖合傳。

葉榮發，金華人。其父邽爲徐文清公師。先生深自韜晦，罕與物接。子霖，始復以家學授徒。端明殿學士王埜知南康軍，葉聞咸敬禮焉。官終蘭溪儒學教授。

州同葉先生審言

葉審言，字謹翁，金華人，蘭溪教授霖之子。先生於書，無所不讀，卓然自立，父子相爲師友。嘗仕浦江、義烏二縣教諭，所至以興壞起廢爲務。任衢州之明正書院山長，復道流冒占之田二百餘畝。及爲吉水教授，士論翕然。主晉江簿，同寮有與之不合者，力搆陷之。使者得其寃狀而莫能直，竟去官。改婺州路司獄，以年請老，詔晉秩同知瑞安州致仕。先生學以寡欲爲宗，治家有法。吉凶諸禮，一遵成公家範，曰：「吾有所受之也。」室廬再厄于火，僑寓唐氏説齋精舍。久之，乃得老屋數椽。教子之餘，日以種蒔爲事，所入不足自給，處之晏然。卒之日，有書數卷，田數畝而已。許文懿公謙、柳待制貫、吳禮部師道、張修撰樞，皆雅重之。

葉氏門人

文清徐毅齋先生僑 別見滄洲諸儒學案。

樓氏門人

文懿李雁湖先生壁

文肅李悦齋先生𡌴 並見嶽麓諸儒學案。

知州王先生撝

王撝，字謙父，其先浚儀人，徙居于鄞。先生博學耿介，爲樓迂齋高弟，復從史獨善遊，文藝深醇，善議論。壯歲，試詞學科不中，輒棄去，自誓曰：「他日必令二子業有成。」後登進士第，同年余天錫參知政事，屬教其子弟，歲終致束脩以謝，先生不受，拱而言曰：「二兒習詞學，鄉里無完書，願從公求尺牘。」往借周益公、傅內翰、番陽三洪公暨往昔習詞學者凡二十餘家所藏書，余欣然許之。後二子果俱中詞科。爲安吉丞，攝令長興，捐俸周水災。再攝新城，爲貧民完賦。遷國子正、將作監主簿，通判婺州。御史劉晉之誣衢州掾盧囚受賕，先生得實，力白其誣，晉之不敢犯。晉之蓋史相黨人也。後攝郡去日，以羨財留于官。改祕書丞，守徽州。遷吏部郎中，兼崇政殿説書，疏言：「羣臣遜志之言，多逆耳矯拂，實未之見。」其議剴切，深中時病。後直祕閣，知温州。淳祐十一年，上書「汲古傳忠」，又書「竹林」二字賜之。明年卒，年六十九。子應麟、應鳳。參延祐四明志。

忠定鄭安晚先生清之

鄭清之，字德源，雲濠案：先生初名燮，字文叔，別號安晚。鄞縣人。少從樓迂齋學，能文，樓攻媿亟加稱賞。登嘉泰進士第，調峽州教授。帥趙方嚴重，勒許可，先生往白事，爲置酒，命其子范、葵出拜，拔先生無答拜，且曰：「他日願以二子相累。」遷國子學録。理宗即位，累官至參知政事。史衛王卒，先生爲右丞相，慨然以天下爲己任，召還真西山等十五人，雲濠案：十五人者，真文忠與魏文靖了翁、崔清獻與之、李文肅埴、徐文清僑、趙尚書汝談、尤尚書焴、游觀文似、洪忠文咨夔、王正肅遂、李文清宗勉、杜清獻範、徐忠簡清叟、袁正肅甫、李觀文韶也。時號「小元祐」。遺逸如劉漫塘、趙章泉皆見旌異。入洛師潰，乞罷，不可，拜左丞相。丐去益力，授觀文殿大學士、提舉洞霄宮，封申國公，賜御書「輔德明謨之閣」。淳祐四年，拜少保兼侍讀。五年，拜少傅，進少師、奉國軍節度使，賜第于西湖之漁莊。進讀仁皇訓典，謂：「仁祖之仁厚，發爲英明；孝宗之英明，本于仁厚。二者相須，此仁祖、孝宗之所以爲盛也。」六年，拜太保。七年，拜太傅、右丞相。先生方放浪湖山，每寓僧刹。帝勉諭有加，軍國事仍自先生決之。十一年，感疾，乞罷政。拜太傅、保寧軍節度使充醴泉觀使，進封齊國公致仕。卒，贈尚書令，追封魏郡王，謚忠定。先生不好立異，湯仲能巾嘗論事侵之，及再相，仲能求去，先生曰：「己欲作君子，使誰爲小人。」力挽留之。徐清叟嘗論列先生，乃引之共政。先生與彌遠議，立理宗，駸駸至宰輔，然端平之間召用正人，先生之力也。參史傳。

參政應茸芷先生𦾔附弟𠈁。

應𦾔，字之道，昌國人。刻志于學，嘗從樓迂齋遊，文聲日振。嘉定十六年，試南省第一，遂舉進士，爲臨江軍教授。歷遷祕書郎，請早建太子。入對，帝問星變，先生請「修實德以答天戒」。帝問藏書，請「訪先儒解經注史」，因及程迥、張根書皆有益世教。帝善之。淳祐初，遷宗正寺丞。端平開邊兵敗，先生預議邊事，坐斥。後復用，以起居舍人權兵、吏二部侍郎，兼直學士院掌內制。理宗一夕召之草麻，夜四鼓，五制皆就，帝奇其才。翌日，拜翰林學士。八年，授同知樞密院事。九年，拜參知政事，封臨海郡侯。以疾乞歸，卒于家。弟𠈁，字自得，六歲能詩。紹定四年進士，調烏程尉。議毀淫祠，獨存徐孺子廟。鄰邑有沈氏兄弟訟財，郡檄自得案實，自得委曲開諭。適沈子魁鄉薦，因賦詩儆之。兄弟感悟，爭遂息。仕至文林郎。參史傳、寧波府志。

謝山翁洲書院記曰：「應參政葺芷由昌國遷鄞，其貴也，建翁洲書院于故居，以興起後進，穆陵賜御書以榜之。元時以昌國爲州書院，置山長，參政之孫全軒領之，因祀葺芷于中，而以其子蘭坡附焉。其後又增祀全軒。詳見應奎翁碑記中。明時，以倭難廢。昌國隸定海，書院亦圮。今昌國復置縣，改定海曰鎮海，而以昌國稱定海，于是復立翁洲書院。奎翁曰：『翁洲爲海外諸番所觀聽，使爲彼之徒，推其尊禮仙佛之念，而知尊孔子之道，廓其求聞清淨寂滅之念，而返諸六籍之學，則其有補于聖教者，固非淺也。』」奎翁之言至矣，予更何以益之。但考穆陵之時，甬東書院實與翁洲並置，甬東出于安晚，其與葺芷皆迂齋之徒也，故二公並以文章名。

忠簡家學

簽樞王潛齋先生埜別見西山真氏學案。

朝奉家學

文憲王魯齋先生柏別見北山四先生學案。

羊氏家學

羊先生哲

羊哲，永德子。師呂成公之子伯愚，問學該博，才思深遠。著指南集。參括蒼彙紀。

時氏家學

書記時所性先生少章

時少章，字天彝，號所性，金華人。父朝散郎瀾。師事呂東萊。先生天才絕出，博極羣書，談經多出新意，而子史學尤精，詩由盛唐而追漢、魏，文泝宋東都以前而逮古作者。吳師道稱其「峻潔精工，豈惟雄視吾邦，蓋一代之偉人也」。由鄉貢入太學，年踰五十，登寶祐進士，由麗水主簿，歷諸教授山長。用薦擢史館檢閱，有忌者，改授保寧節度掌書記。所著有易、詩、書、論、孟大義六十卷、雜詩文數千篇，總名所性集。參金華先民傳。

王氏門人

鄭先生聞別見北溪學案。

王氏家學林、汪四傳。

尚書王厚齋先生應麟別爲深寧學案。

常博王默齋先生應鳳別見深寧學案。

鄭氏門人

忠敏趙先生范

忠靖趙庸齋先生葵並見滄洲諸儒學案。

戚氏家學

隱君戚貞孝先生紹

戚紹，婺州人，知袁州，如琥之孫也。入元，隱居不仕。同志之士相與號爲貞孝先生。參黄文獻集。

教諭戚先生象祖附師王元章。

戚象祖，字性傳，貞孝先生之子。少服家庭之訓，弱冠師事王元章，益達于命義。年幾五十，乃用舉者得東陽縣學教諭，遷紹興之和靖書院山長。年未七十，輒求致仕，弗許。復用爲信之道一書院山長。訖辭不受，僑居永康之太平。同上。

戚朝陽先生崇僧別見北山四先生學案。

汪氏家學

汪先生開之別見北山四先生學案。

宋元學案卷七十四

慈湖學案

黄宗羲原本　黄百家纂輯　全祖望補定

慈湖學案表

楊簡——五世孫芮——六世孫伯純——七世孫圭
老楊子。
象山門人。
——子恪
袁甫別見絜齋學案。
馮興宗
馮國壽
史彌忠
父漸。
史彌堅——子賓之別見丘劉諸儒學案。
史彌鞏——孫蒙卿別爲静清學案。
王撝別見麗澤諸儒學案。
史彌林

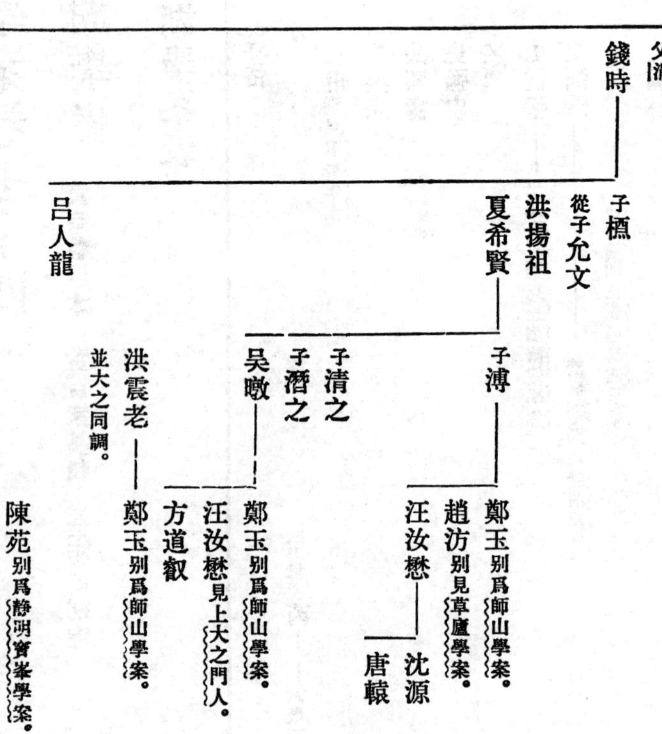

錢時 父渭。
子樵
從子允文
洪揚祖
夏希賢
子溥
鄭玉 別爲師山學案。
趙汸 別見草廬學案。
汪汝懋
沈源
唐𩋨
子清之
子潛之
吳暾
鄭玉 別爲師山學案。
汪汝懋 見上大之門人。
方道叡
洪震老 並大之同調。
鄭玉 別爲師山學案。
呂人龍
陳苑 別爲靜明寶峯學案。
以下慈湖、融堂續傳。

宋夢鼎

魯淵

洪源——子瑛

張復宋、魯同調。

洪夢炎——族孫賾——汪汝懋見上大之門人。

史守之

史定之

陳塤——子蒙

張端義見上慈湖門人。

全謙孫——從子者

父汝梅。

附兄鼎孫。

弟頤孫。

全晉孫——子彥——黃潤玉詳見明儒學案。

族子整

桂萬榮——子錫孫

四世孫同德

桂彥良別見靜明寶峯學案。

桂瑮

並石坡續傳。

童居易——子鍾——孫金

附師李彝、王休。

子鉉

曹漢炎

嚴畏

黃震別爲東發學案。

曹、嚴講友。

趙彥械

曾熠

鄒近仁——子曾

鄒夢遇

葉祐之——張端義見上慈湖門人。

徐鳳

曹夙

張渭

張汾

孫明仲
沈翬
許孚
朱介
魏椝
沈民獻——四世孫煇卿——五世孫源見下遯齋門人。
劉厚南
舒銑別見廣平定川學案。
方溥
王子庸
馬樸——子燮見上慈湖門人。
馬應之
馬燮
王琦——鍾季正
舒益
洪簡
舒衍別見絜齋學案。
吳塡

吴坰
余元發
鍾宏
曹正
邵甲——子大椿——鄭棠
王震
鄭節夫別見嶽麓諸儒學案。
顧平甫別見槐堂諸儒學案。
張端義
王晉老
何元壽
傅正夫
傅大原別見説齋學案。
薛疑之——子璩㊀
夏希賢
洪揚祖並見融堂門人。

㊀「璩」字，原本作「據」，據龍本改。

錢槱見下融堂家學。

趙與篙——孫偕別爲寶峯學案。

私淑真德秀別爲西山真氏學案。

劉宰別見嶽麓諸儒學案。

舒璘

沈煥並爲廣平定川學案。

袁燮別爲絜齋學案。

韓宜卿別見清江學案。

蔣存誠

沈文彪——子民獻見上㊀慈湖門人。

湯建

並慈湖講友。

葉秀發別見麗澤諸儒學。

韓度別見清江學案。

並慈湖學侶。

㊀「上」字，原本作「下」，據龍本改。

慈湖學案序録

祖望謹案：象山之門，必以甬上四先生爲首，蓋本乾、淳諸老一輩也。而壞其教者實慈湖。然慈湖之言不可盡從，而行則可師。黄勉齋曰：「楊敬仲集皆德人之言也，而未聞道。」予因采其最粹且平易者，以志去短集長之意，則固有質之聖人而不謬者。述慈湖學案。梓材案：慈湖學派，梨洲原本附列金溪學案，自謝山始别爲慈湖學案。

象山門人

文元楊慈湖先生簡

楊簡，字敬仲，慈溪人。乾道五年進士，調富陽主簿。嘗反觀，覺天地萬物通爲一體，非吾心外事。陸象山至富陽，夜集雙明閣，象山數提本心二字，先生問：「何謂本心？」象山曰：「君今日所聽扇訟，彼訟扇者，必有一是，有一非。若見得孰是孰非，卽決定爲某甲是，某乙非，非本心而何？」先生聞之，忽覺此心澄然清明，亟問曰：「止如斯邪？」象山厲聲答曰：「更何有也？」先生退，拱坐達旦，質明納拜，遂稱弟子。已而沿檄宿山間，觀書有疑，終夜不能寐，曈曈欲曉，灑然如有物脱去，此心益明。淳熙元年，母喪去官，營葬車廏，更覺日用酬應，未能無礙。沉思屢日，一事偶觸，始大悟變化云爲之旨，交錯萬變，而虚明寂然。服除，補紹興府理掾，差浙西撫幹。知嵊縣，外艱不赴。起知樂平，召爲國子博士，以争趙汝愚之去，主管台州崇道觀。嘉泰四年，權發遣全州，未上，論罷，主管仙都觀。嘉定元年，累遷至著作佐郎兼兵部郎官。三年，除著作郎，遷將作少監。面奏：「陛下自信此心卽大道乎？」寧宗曰：「然。」問：「日用如何？」寧宗曰：「止學定耳。」先生謂：「定無用學，但不起意，自然靜定，是非賢否自明。」他日，又言：「陛下意念不起，已覺如太虛乎？」寧宗曰：「是如此。」問：「賢否是非歷歷明照否？」寧宗曰：「朕已照破。」先生頓首爲天下賀。出知温州，督賦之吏，不入縣庭，但移文罷妓籍，訪賢人，崇孝養而已。架鑼戟門，令投牒者自鳴，鳴卽引入，剖決無時。縣官賢否，卽雜訪之，小民之至庭下者，言人人同，乃行黜陟。其待僚屬，方據案書判，有喏于庭者，無問誰何，卽釋筆拱答。務以德化感人，民日悅服。除駕部員外郎，改工部，除軍器監、將作監兼國史院編修官、實録院檢討官，丐祠而歸，以寶謨閣學士、慈溪縣男、太中大夫致仕。寶慶二年卒，年八十六，謚文元。築室德潤湖上，更名慈湖，遐方僻嶠，婦人孺子，亦知有所謂慈湖先生也。所著有甲藁、乙藁、冠記、昏記、喪禮家記、家祭記、釋菜禮記、已易、啟蔽等書。

慈湖己易

易者，己也，非有他也。以易爲書，不以易爲己，不可也。以易爲天地之變化，不以易爲己之變化，不可也。天地，我之天地；變化，我之變化，非他物也。私者裂之，私者，自小也。包犧氏欲形容易是己，不可得，畫而爲一。於戲！是可以形容吾體之似矣。又謂是雖足以形容吾體，而吾體之中，又有變化之殊焉，又無以形容之，畫而爲⚋。一者，吾之一也，⚋者，吾之⚋也，可畫而不可言也，可以默識而不可以加知也。一者，吾之全也，⚋者，吾之分也。全卽分也，分卽全也。自生民以來，未有能識吾之全者。惟覩夫蒼蒼而清明而在上，始能言者，名之曰天。又覩夫隤然而博厚而在下，又名之曰地。清明者，吾之清明；博厚者，吾之博厚，而人不自知也。人不自知，而相與指名曰，彼天也，彼地也，如不自知其爲我之手足，而曰彼手也，彼足也，如不自知其爲己之耳目鼻口，而曰彼耳目也，彼鼻口也，是無惑乎？自生民以來，面牆者比比，而不如是昏之甚者，見謂聰明也。夫所以爲我者，毋曰血氣形貌而已也，吾性澄然清明而非物，吾性洞然無際而非量，天者，吾性中之象，地者，吾性中之形，故曰「在天成象，在地成形」，皆我之所爲也，混融無內外，貫通無異殊，觀一畫，其指昭昭矣。厥後又繫之辭曰，乾，「乾健也」，言乎千變萬化，不可紀極，往古來今，無所終窮，而吾體之剛健，未始有改也；言乎可指之象，則所謂天者是也。天卽乾健者也，天卽一畫之所似者也，天卽己也，天卽易也。地者，天中之有形者也，吾之血氣形骸，乃清濁陰陽之氣合而成之者也，吾未見夫天與地與人之有三也。三者，形也。一者，性也，亦曰道也，又曰易也，名言之不同，而其實一體也。故夫乾彖之言，擧萬物之流行變化，皆在其中，而六十四卦之義，盡備于乾之一卦矣。自清濁分，人物生，男女形，萬物之在天下，未嘗不兩曰天與地，曰晝與夜，曰夫與婦，曰君與臣，曰尊與卑，曰大與小，曰貴與賤，曰剛與柔，曰動與靜，曰善與惡，曰進與退，曰實與虛。博觀縱觀，何者非兩？⚋者，所以象此者也。又繫之辭曰，坤，「坤順也」，明乎地、與妻、與臣、與柔之類也，然非有二道也。坤者，兩畫之乾；乾者，一畫之坤也，故曰「天地之道一，

「其爲物不貳，則其生物不測」。又曰：「明此以南面，堯之所以爲君也。明此以北面，舜之所以爲臣也。」又曰：「吾道一以貫之。」則夫乾、坤之彖，雖有大哉至哉之辨，以明君臣上下之分，而無二元也。坤爻又曰：「直方大。」又曰：「以大終也。」又以明大與至之無二旨，乾與坤之無二道也。乾何以三「一」也？天，此物也，人，此物也，地，此物也，無二一也，無二已也，皆我之爲也。坤何以三「--」也？天有陰陽、日月、明晦也，地有剛柔、高下、流止也，人有君臣、夫婦、貴賤、善惡也。☳，天下固有如此者也，聖人繫之辭曰「震」，明乎如此者，陽爲主，自下而動且起也，此我之變態也。☴，天下固有如此者也，聖人繫之辭曰「巽」，明乎如此者，陰爲主，陰入于下，柔隨之類也，此又我之變態也。☵，天下又有如此者也，聖人繫之辭曰「坎」，言陽陷乎兩陰之中，內陽而外陰，水之類也，此我之坎也。☲，天下又有如此者也，聖人繫之辭曰「離」，言陰柔不能以自立，麗乎兩剛，又有陽而中虛，爲火之類也，此我之離也。天下又有☶者，陽剛止截乎其上，故繫之辭曰「艮」，艮，止也，明乎我之止也。天下又有☱者，陰柔發散乎其外，故繫之辭曰「兑」，兑，説也，明乎我之説也。舉天地、萬物、萬化、萬理皆一而已矣，舉天地、萬物、萬化、萬理皆乾而已矣。坤者，乾之兩，非乾之外復有坤也。震、巽、坎、離、艮、兑又乾之交錯散殊，非乾之外復有此六物也，皆吾之變化也。不以天地、萬物、萬化、萬理爲己，而惟執耳目鼻口四肢爲己，是剖吾之全體，而裂取分寸之膚也，是梏于血氣，而自私也，自小也，非吾之軀止于六尺七尺而已也。坐井而觀天，不知天之大也。坐血氣而觀己，不知己之廣也。元亨利貞，吾之四德也，吾本無此四者之殊，人之言之者自殊爾。人推吾之始，名之曰元，又曰仁；言吾之通，名之曰亨，又曰禮；言吾之利，名之曰利，又曰義，言吾之正，名之曰貞，又曰固。指吾之剛爲九，指吾之柔爲六，指吾之清濁爲天地，指吾之震、巽爲雷風，指吾之坎、離爲水火，指吾之艮、兑爲山澤，又指吾之變而化之、錯而通之者爲六十四卦三百八十四爻；以吾之照臨爲日月，以吾之變通爲四時，以吾之散殊于清濁之兩閒者爲萬物，以吾之視爲目，以吾之聽爲耳，以吾之噬爲口，以吾之握爲手，以吾之行爲足，以吾之思慮爲心；言吾之變化云爲深不可測謂之神，言吾心之本曰性，言性之妙不可致詰、不可以人爲加焉曰命。得此謂之德，由此謂之道，其覺謂之仁，其宜謂之義，其履謂之禮，其明謂之智，其昏謂之愚，其不實謂之僞，其得謂之吉，其失謂之凶，其補過謂无咎，其忻然謂之喜，其慘然謂之憂，悔其非謂之悔，嗇而小謂之吝，其不偏不過謂之中，其非邪謂之正，其盡焉謂之聖，其未盡焉謂之賢㊀，言乎其變謂之易，言乎其無所不通謂之道，言乎無二謂之一。今謂之己，謂之己者，亦非離乎六尺而復有妙己也，一也。二之者，私也，梏也。安得無私與梏者而告之？姑即六尺而細究之。目能視，所以能視者何物？耳能聽，所以能聽者何物？口能噬，所以能噬者何物？鼻能嗅，所以能嗅者何物？手能運用屈伸，所以能運用屈伸者何物？足能步趨，所以能步趨者何物？血氣能周流，所以能周流者何物？心能思慮，所以能思慮者何物？目可見也，其視不可見。耳可見也，其聽不可見。口可見，噬者不可見。鼻可見，嗅者不可見。手足可見，其運動步趨者不可見。血氣可見，其使之周流者不可見。心之爲臟可見，其能思慮者不可見。其可見者，有大有小，有彼有此，有縱有横，有高有下，不可得而一。其不可見者，不大不小，不彼不此，不縱不横，不高不下，

㊀此句原本「未」「謂」二字互倒，據上下文義改。

不可得而二。視與聽若不一，其不可見則一。視、聽與嗌、嗅若不一，其不可見則一。運用、止趨、周流、思慮若不一，其不可見則一。是不可見者，在視非視，在聽非聽，在嗌非嗌，在嗅非嗅，在運用屈伸非運用屈伸，在步趨非步趨，在周流非周流，在思慮非思慮。視如此，聽如此，嗌如此，嗅如此，運用如此，步趨如此，周流如此，思慮如此，不思慮亦如此。晝如此，夜如此，寐如此，寤如此，生如此，死如此，天如此，地如此，日月如此，四時如此，鬼神如此，行如此，止如此，古如此，今如此，前如此，後如此，彼如此，此如此，萬如此，一如此，聖人如此，衆人如此。自有而不自察也，終身由之而不知其道也，爲聖者不加，爲愚者不損也。自明也，自昏也，此未嘗昏，此未嘗明也。或者蔽之，二之，自以爲昏、爲明也。昏則二，明則一，明因昏而立名，不有昏者，明無自而名也，昏明皆人也，皆名也，非天也。天即道，天即乾，天即易，天即人。天與人亦名也。大傳曰：「鼓萬物而不與聖人同憂。」此非先聖之言也。憂即天，萬物即天，孔門之徒，聞聖人之言而差之，以己意參其間，而有是言也，此非吾孔子之言也。「吾道一以貫之」，此孔子之言也。其曰：「易與天地準。」此亦非孔子之言也。何以明之？天地即易也，幽明本無故，不必曰仰觀俯察而後知其故也。死生本無說，不必原始要終而後知其說也。是皆非吾孔子之言也，其徒之已說也。神即易，道即善，其曰：「繼之者善也」，離而二之也。離道以善，莊周陷溺乎虛無之學也，非聖人之大道也。孔子曰：「易其至矣乎！」夫易，聖人所以崇德而廣業也，此孔子之言也。聖人即易也，德業即易也，繼曰：「天地設位，而易行乎其中」，又非孔子之言也。何者？離易與天地而二之也。子曰之下，其言多善，閒有微礙者，傳録紀述者之差也，其大旨則善也。不繫之子曰者，其言多不善，非聖人之言故也。乾卽易，坤卽易，其曰「乾、坤毀則無以見易，易不可見，則乾、坤或幾乎息」，又曰「形而上者謂之道，形而下者謂之器」，其非聖言，斷斷如白黑、如一二之易辨也。凡如此類，不可勝紀，善學易者，求諸己，不求諸書。古聖作易，凡以開吾心之明而已，不求諸己，而求諸書，其不明古聖之所指也甚矣。自古聖指東，學者求西，讀書者滿天下，省己者千無一，萬無一。孔氏之門，學者不知其幾，而日至者無幾也，月至者又無幾也，三月不違者，顏氏子一人而已，他日子夏、子張、子游以有若似聖人矣，而況于不在孔門者乎！幸有一曾子獨不然，曰：「不可。江、漢以濯之，秋陽以暴之，皜皜乎不可尚已！」此豈訓詁之所能解也？知之者，自知也，不可以語人也。所可得而語人者，曰「吾無行而不與二三子者」而已，終不可得言也。曰「吾有知乎哉？無知也」而已，實無得以告人也。何爲其然也？尚不可得而思也，矧可得而言也？尚不可得而有也，矧可得而知也？然則昏者亦不思而遂已可乎？曰，正恐不能遂已。誠遂已，則不學之良能，不慮之良知，我所自有也；仁義禮智，我所自有也，萬善自備也，百非自絕也，意必固我無自而生也，雖堯、舜、禹、湯、文、武、周公、孔子何以異于是！雖然，思亦何害于事？箕子曰：「思曰睿。」孔子曰：「學而不思則罔。」周公仰而思之，夜以繼日，思亦何害于吾事也？庸言之信，庸行之謹，不可以精粗論也。儆戒無虞，罔失法度，正易道之妙也。堯、舜「允執厥中」，執此也，兢兢業業，弗敢怠也。禹之克艱，不敢易也。湯改過不吝，去其不善而復于善也。文王翼翼，小心也。信吾信，謹吾謹，儆戒吾儆戒，執吾執，兢兢吾兢兢，業業吾業業，艱吾艱，改吾改，翼翼吾翼翼，無二我也，無二易也。既曰「天下何思何慮」，而又曰執，曰兢兢業業，曰艱，曰改過，曰翼翼，無思無慮者，固如此乎？但兢兢，但業業，但克艱而弗易，但改過，但翼翼，方兢兢業業克艱而不易時，此心果可得而見乎？果不可得而見乎？果動乎？果不動乎？特未之察耳。似動而不移也，似變而未嘗改也。不改不移，謂之寂然不動可也，謂之無思無慮可也，謂之不疾而速、不行而至可也，此天下之至動也，此天下之至賾也。象也者，像此者也，爻也者，做此者也，非賾自賾、動自動也，一物而殊名也，一人而姓名字行之不同也。此非沈虚陷寂者之所能識也，亦非憧憧往來者之所能知也，然而至易也，至簡也。或者自以爲難，近取諸身，殊不遠也。身猶遠耳，近取諸心，卽此心而已矣。曾子傳之曰：「夫子之道，忠恕而已。」孟子學之曰：「仁，人心也。」又曰：「惻隱之心，人皆有之，羞惡之心，人皆有之。」又曰：「今人乍見孺子將入于井，皆有怵惕惻隱之心，非所以内交于孺子之父母也，非所以要譽于鄉黨朋友也。」於戲！此足以指明人心之本良矣，而學者往往遂領孟子之意，而不復疑其有他者，千萬而不一二也。故孟子言必稱堯、舜，于以知孟子之言雖諄諄，而當時之聽之者多藐藐。此道甚明甚易甚簡，而人自疑自惑不信。使當時聞言而遂信者衆，必不至勞孟子諄諄如此也。能識惻隱之眞心于孺子將入井之時，則何思何慮之妙，人人之所自有也；純誠洞白之質，人人之所自有也；廣大無疆之體，人人之所自有也。此心常見于日用飲食之閒，造次顚沛之閒，而人不自省也。孔子曰：「造次必于是，顚沛必于是。」子思曰：「道也者。不可須臾離也，可離非道也。」當曰道也者，未始須臾離也，非曰造次閒爲之，顚沛閒爲之。無須臾而不爲也，是心本一也，無二也，無嘗斷而復續也，無嚮也不如是而今如是也，無嚮也如是而今不如是也。晝夜一也，古今一也，少壯不強而衰老不弱也。可強可弱者血氣也，無強無弱者心也，有斷有續者思慮也，無斷無續者心也。能明此心，則思慮有斷續，而吾心無斷續，血氣有強弱，而吾心無強弱，有思無思，而吾心無二。不能明此心，則以思慮爲心，雖欲無斷續，不可得矣！以血氣爲己，雖欲無強弱，不可得矣，雖欲造次于是，顛沛于是，無須臾不于是，勉強從事，不須臾而罷矣。況于造次乎！況于顛沛乎！書曰：「作德心逸日休，作僞心勞日拙。」如此則亦僞而已矣，非誠也。孔子曰：「主忠信。」忠信者，誠實而已，無他妙也，而聖人以是爲主本。或者過而索之，外而求之，必反失。忠信之心，即道心，即仁義禮智之心，即不勉而中、不思而得之心，通于一，萬事畢，差之毫釐，繆以千里。不遠復，此心復也；頻復頻放而頻反也，亦危矣！然已復則如常矣，无咎也。得此則吉，失此則凶，無虞他日之吉凶，但觀一念慮之得失。當乾之初而不肯潛，此心放也。當五而不能飛，此心固也。當三而不惕，此心慢也。當四而不疑，此心止也。循吾本心以往，則能飛能潛，能疑能惕，能用天下之九，亦能用天下之六，能盡通天下之故，仕止久速，一合其宜，周旋曲折，各當其可，非勤勞而爲之也，吾心中自有如是十百千萬散殊之正義也。禮儀三百，威儀三千，非吾心外物也，故曰：「性之德也，含內外之道也，故時措之宜也。」言乎其自宜也，非求乎宜者也。孔子曰：「道不遠人。人之爲道而遠人，不可以爲道。」人之爲道，似善矣，而孔子截截斷斷甚言其不可。孟子窺之亦曰：「人之所不學而能者，其良能也；所不慮而知者，其良知也。孩提之童，無不知愛其親者，及其長也，無不知敬其兄也。」此豈計度而圖之也？此豈擬議而成之也？擬議而成其變化，此非聖人之言也，學者之臆說也。孰知夫「君子終日乾乾」而非意也？「頻復」「獨復」而非反也？「利于不息之貞」而非升也？「震來虩虩」非懼也？「其亡其亡」非慮也？「何天之衢亨」非通也？「括囊无咎无譽」非閉也？「三日不食」非窮也？「揚于王庭」非得志也？「介于石」非止也？「出門同人」非往也？若終日用之，而鬼神莫我識也，聖智莫我測也，雖我亦有所不自知，而況于他人乎！如秋陽之暴，至白而無瑕也。如江、漢之濯，至潔而無滓也。混混乎無涯無畔無始無終也，天地非大也，毫髮非小也，晝非明也，夜非晦也，往非古也，此非今也，他日非後也，鳶飛戾天非鳶也，魚躍于淵非魚也，天下被日月之明照，而不知其自我也，天下霑雨露之潤，而不知其自我也，天下畏雷霆之威，而不知其自我也，日夜行乎我己之中，而以爲他物也，其曰「範圍天地」、「發育萬物」也，非過論也。孔子曰：「哀樂相生，雖使正明目而視之，不得而見也，傾耳而聽之，不得而聞也。」哀樂必有形，哭笑必有聲，而曰不可見，不可聞，何也？此非心思之所能及也，非言語之所能載也，我之所自有也，而不可知也，不可識也。書不盡言，言不盡意，未有知近而不知遠也，未有知小而不知大也，遠近一物也，小大無二體也。閨門之內，若近而實遠也，若小而實大也，卽敬卽愛，無不通矣，有倫有敘，無不同矣，放之東海之東而凖也，放之西海之西而凖也，放之南海之南而凖也，放之北海之北而凖也，不可思也，不可遠也。

絕四記

人心自明，人心自靈，意起我立，必固礙塞，始喪其明，始失其靈。孔子日與門弟子從容問答，其諄諄告戒，止絕學者之病，大畧有四：曰意，曰必，曰固，曰我。門弟子有一于此，聖人必止絕之。毋者，止絶之辭，知夫人皆有至靈至明，廣大聖智之性，不假外求，不由外得，自本自根，自神自明，微生意焉，故蔽之有必焉，故蔽之有固焉，故蔽之有我焉，故蔽之昏，蔽之端，盡由于此，故每每隨其病之所形，而止絶之，曰毋如此，毋如此。聖人不能以道與人，能去人之蔽爾，如太虛未始不清明，有雲氣焉，故蔽之，去其雲氣，則清明矣。夫清明之性，人之所自有，不求而獲，不取而得，故中庸曰：「誠者，自成也，」而道，自道也。」孟子曰：「惻隱之心，人皆有之，羞惡之心，人皆有之，恭敬之心，人皆有之，是非之心，人皆有之。」仁義禮智非由外鑠，我固有之也。何謂意？微起焉，皆謂之意，微止焉，皆謂之意。意之爲狀，不可勝窮，有利有害，有是有非，有進有退，有虛有實，有多有寡，有散有合，有依有違，有前有後，有上有下，有體有用，有本有末，有此有彼，有動有靜，有今有古，若此之類，雖窮日之力，窮年之力，縱説横説，廣説備説，不可得而盡。然則心與意奚辨？是二者未始不一，蔽者自不一。一則爲心，二則爲意，直則爲心，支則爲意，通則爲心，阻則爲意。直心直用，不識不知，變化云爲，豈支豈離？感通無窮，匪思匪爲，孟子明心，孔子毋意，意毋則此心明矣。心不必言，亦不可言。不得已而有言，孔子不言心，惟絶學者之意，而猶曰「予欲無言」，則知言亦起病，言亦起意，姑曰毋意。聖人尚不欲言，恐學者又起無意之意也。離意求心，未脱乎意。直心直意，匪合匪離，誠實無他，道心獨妙。匪學匪索，匪粗匪精，一猶贅辭，二何足論！十百千萬，至于無窮，無始無終，非衆非寡，姑假以言，謂之一貫。愈辯愈支，愈説愈離，不説猶離，況于費辭。善説何辭？實德何爲？雖爲非爲，我自有之。不可度思，矧可射思。周公仰而思之，夜以繼日，非意也。孔子臨事而懼，好謀而成，非意也。此心之靈，明踰日月，其照臨有甚于日月之照臨。日月能照容光之地，不能照蔀屋之下，此心之神，無所不通，此心之明，無所不照，昭昭如鑑，不假致察，美惡自明，洪纖自辨，故孔子曰：「不逆詐，不億不信，抑亦先覺。」夫不逆不億而自覺者，光明之所照也，無以逆億爲也。嗚呼！孔子亦可謂善于發明道心之妙矣！亦大明白矣！而能領吾孔子之旨者有幾？鑑未嘗有美惡，而亦未嘗無美惡，鑑未嘗有洪纖，而亦未嘗無洪纖，吾心未嘗有是非利害，而亦未嘗無是非利害，人心之妙，曲折萬變，如四時之錯行，如日月之代明，何可勝窮，何可形容，豈與夫費思力索、窮終身之力而茫然者同！何謂必？必亦意之必，必如此，必不如彼，必欲如彼，必不欲如此。大道無方，奚可指定？以爲道在此則不在彼乎？以爲道在彼則不在此乎？必信必果，無乃不可，斷斷必必，自離自失。何謂固？固亦意之固，固守而不通，其道必窮，固守而不化，其道亦下。孔子嘗曰：「我則異于是，無可無不可。」又曰：「吾有知乎哉！無知也。」可不可尚無，而況于固乎？尚無所知，而況于固乎？何爲我？我亦意之我，意生，故我立，意不生，我亦不立。自幼而乳，曰我乳，長而食，曰我食，衣曰我衣，行我行，坐我坐，讀書我讀書，仕宦我仕宦，名聲我名聲，行藝我行藝，牢堅如鐵，不亦如塊，不亦如氣，不亦如虛。不知方意念未作時，洞焉寂焉，無尚不立，何者爲我！雖意念既作，至于深切時，亦未嘗不洞焉寂焉，無尚不立，何者爲我！蓋有學者，自以爲意、必、固、我咸無，而未免乎行我行，坐我坐，則何以能範圍天地，發育萬物？非聖人獨能範圍，而學者不能也，非聖人獨能發育，而學者不能也，聖人獨得我心之同然爾，聖人先覺，學者後覺爾。一日覺之，此心無體，清明無際，本與天地同範圍，無內外，發育無疆界。學者喜動喜進，喜作喜有，不墮于意，則墮于必，不墮于固，則墮于我。墮此四者之中，不勝其多，故先聖隨其所墮，而正救之，止絕之，其誨亦隨以多，他日門弟子欲記其事，每事而書，則不勝其書，總而記于此。某卽其所記，推見當日之事情，坦然灼然，而先儒未有發揮其然者。先儒豈不知毋義非無，而必以毋爲無者，謂此非學者所及，惟聖人可以當之，故不得不改其義爲無，而獨歸之孔子。先儒不自明己之心，不自信己之心，故亦不信學者之心。吁！賊天下萬世之良心，迷惑天下萬世至靈至明之心，其罪爲大。某大懼先聖朝夕諄諄告戒切至之本旨隱沒而不白，使後學意態滋蔓，荆棘滋植，塞萬世入道之門，不得已故書。

梓材謹案：以上二篇，梨洲原本謝山序錄云：「采其最粹且平易者。」知此外尚多采錄，蓋其藁未全。

附錄

陳北溪答陳師復書曰：「浙間年來象山之學甚旺，由其門人有楊、袁貴顯，據要津唱之，不讀書，不窮理，專做打坐工夫，求形體之運動知覺者以爲妙訣，又假託聖人之言，牽就釋意，以文蓋之。慈湖纔見伊川語，便怒形于色，朋徒私相尊號爲祖師，以爲真有得于千載不傳之正統。嚴陵有詹、喻輩護法，其或讀書，卻讀語孟精義，而不肯讀集註，讀中庸集解，而不肯讀章句或問，讀河南遺書，而不肯讀近思錄，讀通書，而不肯讀太極圖，而讀通書只讀白本，不肯讀文公解本。某極口爲之明白剖晰，邦人始有知邪正所由分者，異端曲學，贓證暴露。」補。

又答陳伯澡書曰：「楊敬仲持循篤而講貫畧。」補。

袁蒙齋記樂平文元遺書閣曰：「慈湖先生平生履踐無一瑕玷，處閨門如對大賓，在闇室如臨上帝。年登耄耋，兢兢敬謹，未嘗須臾放逸。學先生者，學此而已。若夫掇拾遺論，依放近似，而實未有得，乃先生之所深戒也。差之毫釐，繆以千里，敬之哉！」補。

王深寧困學紀聞曰：「慈湖謂『文士之言，止可謂之巧言』。」補。

宗羲案：象山說顏子克己之學，非如常人克去一切忿慾利害之私，蓋欲于意念所起處將來克去，故慈湖以不起意爲宗，是師門之的傳也。而考亭謂除去不好底意見則可，若好底意見，須是存留，畢竟欲除意見，則所行之事，皆不得已去做，才做便忘，所以目視霄漢，悠悠過日下梢，只成得箇狂妄也。案慈湖之告君曰：「此心卽道，惟起乎意則失之。起利心焉則差，起私心焉則差，起權心焉則差。作好焉，作惡焉，凡有所不安于心焉皆差。卽此虛明不起意之心，以行勿損勿益，自然無所不照。」然則不起意之旨亦畧可識矣，又何曾若考亭之言邪！但慈湖工夫入細，不能如象山一切經傳有所未得處，便硬說鬪倒，此又學象山而過者也。

祖望謹案：慈湖嘗改定太極圖，以爲周子之說詳，簡之說易，蓋亦不取無極之說，以爲道始于太極而已。

謝山碧沚楊文元公書院記曰：「文元之學，先儒論之多矣。或疑發明本心，陸氏但以爲入門，而文元遂以爲究竟，故文元爲陸氏功臣。而失其傳者亦有之。愚以爲未盡然。夫論人之學，當觀其行，不徒以其言。文元之齋明嚴恪，其生平踐履，蓋涑水、橫渠一輩人。曰誠，曰明，曰孝弟，曰忠信，聖學之全，無以加矣。特以當時學者沈溺于章句之學，而不知所以自拔，故爲本心之説，以提醒之，蓋誠欲導其迷途而使之悟，而非謂此一悟之外，更無餘也。而不善學者，乃憑此虛空之知覺，欲以浴沂風雩之天機，屏當一切，是豈文元之究竟哉！」

雲濠謹案：謝山又爲淳熙四先生祠堂碑文云：「慈湖齋明嚴恪，非禮不動，生平未嘗作一草字，固非恃扇訟一悟以爲究竟也。」又云：「慈湖于諸經俱有所著，垂老，更欲修羣書以屏邪説而未就。」

慈湖講友

文靖舒廣平先生璘

端憲沈定川先生煥並爲廣平定川學案。

正獻袁絜齋先生燮別爲絜齋學案。

韓先生宜卿別見清江學案。

太學蔣先生存誠

蔣存誠，字秉信，鄞縣人，金紫少子珽之孫也。爲慈湖先生講學之友。聞歌有省，德性清明。其卒也，慈湖爲誌其墓。補。

沈清遐先生文彪

沈文彪，鄞縣人，號清退居士。以奥學峻行，與慈湖爲忘年交。補。

湯藝堂先生建

湯建，字達可，樂清人。不爲制舉業。天文地理，古今制度，考覈精詳，篤意兢省，深造理窟，學者稱藝堂先生。夙興必齋沐讀易一卦，鼓瑟自娛。所著詩衍義、論語老子二解、藝堂文集。修。

梓材謹案：梨洲原本列先生傳于陳止齋之門，謝山修之，並不明著其受學止齋。温州府志載先生以其學授徒，又稱其「退與朋友商論，欣欣自得，年踰八十卒」，亦未詳其師承。朱氏經義考引胡一桂説，言先生交于楊慈湖，著有周易筮傳，則以爲慈湖講友可也，故自止齋學案移列于此。

慈湖學侶

知軍葉先生秀發別見麗澤諸儒學案。

隱君韓蕺山先生度別見清江學案。

慈湖家學象山再傳。

承務楊磐齋先生恪

楊恪，字叔謹，慈湖長子。慈湖爲作磐齋記。官承務郎、沿海制置司準備差遣。錢融堂稱其克承家學，勉進未艾云。參慈湖遺書。

慈湖門人

正肅袁蒙齋先生甫別見絜齋學案。

堂長馮先生興宗

馮先生國壽合傳。

馮興宗，字振甫，慈溪人，慈湖高弟。于書無所不讀。每聆誨言，輒心領神會。袁蒙齋甫持節江左，延爲象山書院堂長，羣士信嚮。蓋先生忠信篤敬，毫髮無僞，訓警懇至，語自肺腑流出，故人之感悟者亦倍深切。慈湖誘掖後進，許與固多，至其稱先生，謂于聖道獨有啟發，晚益融貫，表裏洞然，殆知及而進於仁守者矣。其卒也，蒙齋爲誌其墓。從弟國壽，梓材案：慈湖遺書有冄馮似宗壽樓文昌詩，未知即國壽否。亦師事慈湖，時號二馮，未竟其學，早卒。參袁蒙齋集。

梓材謹案：蒙齋言：「先生居慶元之慈溪七世矣。」蒙齋集又有先生言行記云：「築室金川之湖濱，蓬户甕牖，氣浩如也。」

文靖史自齋先生彌忠父漸。

史彌忠，字良叔，鄞縣人。第進士，初爲鄂州咸寧尉。官滿歸里，橐中裝，視之官時良多，其父漸怒，先生懼，召里人畢集，悉發篋以示，皆書帙也。監文思院門，以慈湖薦，宰廬陵，有能名。後守南安，會盜甫平，爲政尚安輯，蠲白撰錢以便民。守吉州，治如南安，蠲田租十有八萬。閩寇大作，提舉福建常平鹽茶事，薦陳韡爲招捕。事定，功賞一不受，真西山遺書美之。時從弟彌遠久在相位，數勸其歸。年未七十，首乞致仕，以子爲丞相，累除資政殿學士，贈少師，謚文靖。參延祐四明志。

忠宣史滄洲先生彌堅

史彌堅，字固叔，忠定浩幼子，文靖之從弟也。與諸兄並學于慈湖。以軍器監尹臨安，兄彌遠入相，以嫌出爲潭州湖南安撫使，平湖寇羅孟傳，守建寧，行義倉法，真西山紀其政績。守鎮江，力薦劉漫塘于朝。以兄久在相位，數勸歸，不聽，遂食祠禄于家。十六年，以資政殿學士卒，謚忠宣。吴鶴林泳行詞有云：「在熙寧則不黨于熙寧，如安國之于安石。在元祐則不趨于元祐，如大臨之于大防。」同上。

附錄

□□□曰：「予嘉定初年，官浙東鹺幕，時史丞相以禮部，滄洲以浙漕，同案視壽成山陵，昆仲職位未至大相遠。及丞相當國，以尚書處滄洲，誠未爲過，而滄洲懇辭，十數不止，丞相亦終不强之，天下仰其高。溧水在太學，以丞相故，不得成校定者累年。及既出官，循序而進，未嘗超躐。在溧水爲郡所抑，自他人處之，干造物，求速化，溧水終安之。此某所以于二公願執鞭而不可得也。」補。

又曰：「滄洲以丞相親嫌，卷懷而去，海内觖望。聞其當國勢危疑、人心涣散之際，有言人所難言者。」補。

華文史獨善先生彌鞏

史彌鞏，字南叔，文靖從弟也。從慈湖遊，好學彊記。入太學，升上舍。時衛王柄國，寄理不獲試，淹抑十載，始登進士第。李悦齋㙜開鄂閫，辟諳幕府事。壽昌戍卒失律，欲盡誅其亂者，乃誅倡者一人，軍心感服。端平初，入監都進奏院。轉對，有護蜀保江之奏。嘉熙元年，都城火，先生應詔上書，謂：「天倫之變，世孰無之？洪咨夔所以蒙陛下殊知者，謂『霅川之變，非濟邸之本心，濟邸之死，非陛下之本心』，其言深契聖心耳。以先帝之子，陛下之兄，乃使不能安其體魄于地下，豈不干和氣，召災異乎？」出提點江東刑獄。歲旱，饒、信、南康三郡大祲，俾鼇户爲五，甲乙以等第振糶，丙爲自給，丁糶而戊濟，全活百餘萬口。徽民操戈刦人財，逮捕，法曹以不傷人論罪。先生曰：「持兵爲盜，貸之，是滋盜也。」推情重者僇數人，一道以寧。饒州兵籍溢數，請汰冗兵。令下，營門大譟。呼諸校謂曰：「汰不當，許自陳，敢譁者斬。」咸叩頭請罪，諸營帖然，廩給亦大省。召爲司封郎中，以兄子入相，引嫌丐祠，遂以直華文閣提舉崇禧觀。里居，絶口不道時事。卒，年八十。真西山嘗曰：「史南叔不登宗袞之門者三十年，未仕爲其寄理，已仕則爲其排擯，皭然不污有如此。」參史傳。

附録

□□□曰：「溧水惠書，敍述平生，有擺脱世務，退然以寒畯自處之意。」補。

史和旨先生彌林父涓。

史彌林，號和旨，文惠同産弟删定涓之子也。文惠之存，删定獨能辭其官不拜，而恬然用累舉恩致禄以終其身。删定没，授官者必欲以貤其子，先生又辭不拜。參戴剡源集。

梓材謹案：和旨先生與饒州君定之，皆楊、袁門人之傑然者。見謝山所作甬東静清書院記。文惠即忠定之初謚也。

帥屬錢融堂先生時

錢時，字子是，淳安人。慈湖高弟。讀書不爲世儒之習。以易冠漕司，既而絶意科舉，究竟理學。江東提刑袁蒙齋甫建象山書院，招主講席，學者興起，大抵發明人心，指擿痛決，聞者皆有得焉。丞相喬行簡薦之，授祕閣校勘。詔守臣以其所著書來上。未幾，出佐浙東倉幕。召入史館檢閲。以江東帥屬歸。所著書有周易釋傳、尚書演義、學詩四書管見、春秋大旨、兩漢筆記、蜀阜集、冠昬記、百行冠冕集。人稱爲融堂先生。

新安州學講義

顔淵問仁。子曰：「克己復禮爲仁，一日克己復禮，天下歸仁焉。爲仁由己，而由人乎哉？」顔淵曰：「請問其目。」子曰：「非禮勿視，非禮勿聽，非禮勿言，非禮勿動。」顔淵曰：「回雖不敏，請事斯語矣。」洙泗問仁，隨問而答，縱横參錯，初無異旨，然其地步各有淺深，而所以教之者，不容于躐等。至此一章，明白洞達，精詳的切，此先聖特以語顏氏子歟！仁，人心也。此心卽仁，虛明渾融，本無虧闕，爲意所動，始失其所以爲仁，爲物所遷始失其所以爲仁，爲習所移始失其所以爲仁，爲欲所縱始失其所以爲仁，狂迷顛到，醉生夢死，昏昏憒憒，日用而不知，皆己私爲之窟宅，非本心然也。先聖曰：「改而止。」又曰：「過以改除。」夫所謂用力于仁者，果安所用其力哉，用力于克己而已。如月之明，雲翳之卽昏，如水之清，泥滓之卽渾。雲散天空，淵澄海淨，則其本清本明者固自無恙。禮者，天則之不可踰者也，一踰此，則無非己私。有一毫己私，卽不足以爲禮，有一毫非禮，卽不足以爲仁。先聖于此，不曰克己爲仁，而曰「克己復禮爲仁」，非于禮之外而他有所謂仁也，曰「復禮爲仁」者，所以明復禮之卽仁也。大哉，禮乎！分而爲天地者此也，轉而爲陰陽者此也，變而爲四時者此也，列而爲鬼神者此也，此卽本心之妙，卽所謂仁也。克己卽復禮矣，復禮卽爲仁矣。夫以天地之廣大，陰陽之闔闢，四時之運行，鬼神之變化，而此禮實爲之則。一日克己，豁然清明，道心大同，範圍無外，謂之天下歸仁，良不爲過。然而此事斷斷在我，實非他人所能致力。古訓每曰自强，曰自修，曰自成，曰自牧，曰自昭，明德皆由己之謂。若不由己，其見必不決，其進必不勇，其發必不果，其行必不力，必摇于外誘，必亂于意見，必動于浮論虛說，支離纏繞，必不能斷割，故態惡習必不能掃除，俍俍然中無定守，而欲倚人言爲之主宰，必不能特達。先聖既以克己答顏淵之問，遂斷斷曰：「爲仁由己。」又斷斷曰：「而由人乎哉，」所以截外馳之路，使之彷徨四顧，略無倚仗，而斬截決裂，一斷諸己也。一斷諸己，直心而用，無所回撓，安得受制于外物也哉！顏子至此，聞言不疑，卽求就實工夫，而請問其目，其爲問也密矣。人之日用，應酬萬端，舉不外乎視聽言動。之四者，名四實一，無非天則。非禮則勿，是之謂克。雖然，不特接于目而後爲視也，暗室屋漏，一念之邪，而不正之色，已雜然乎在目，知其非禮，隨卽泯然，則視無所蔽矣。不特接于耳而後爲聽也，暗室屋漏，一念之妄，而不正之聲已譁然乎在耳，知其非禮，隨卽泯然，則聽無所蔽矣。以至于言，以至于動，不特宣之于口，發之于事，而後見也，念慮隱微之地，大明澄照，微過則改，則言動無所蔽矣。克己工夫，全在一勿字上，行之而熟，守之而純，變化虛明，畧無所累，則雖縱目而視，縱耳而聽，肆口而言，隨感而動，安往而非仁哉！顏子方皇皇然欲從末由，發鑽堅、仰高之歎，一聞斯語，如旅而歸，請事之言，其應如響。是以「有不善未嘗不知，知之未嘗復行」，「不遷怒，不貳過」，以至「三月不違」，無往而非事斯語之時矣。故以顏氏之子，其殆庶幾乎！

附錄

趙寶峯示子弟曰：「錢某小人，行己著書，趨時悖道，罔衆干名，乃斯文中所當誅斥。史臣乃贅某于道統之後，未知其似是而非。」補。

梓材謹案：是說與本傳相背，謝山蓋以爲然，故于石坡書院記亦有微辭云。

司農洪默齋先生夢炎

洪夢炎，字季思，淳安人。寶慶元年進士。端平閒，禁軍搆逆，命先生延諭。既受旨，索飲至醉，卧省廡下，徐以單騎入軍，或引斧砍其導卒，血濺衣而色不爲動，曉以逆順，皆安堵聽命。會高沙軍變，命先生綏之。至維、揚,閫帥趙葵詭以指日可破,先生曰:「攻討者,制閫之大義,撫諭者,天朝之至恩,殊恩曲赦,非愛閧卒、愛百姓也。」遂入城宣詔,進叛酋,開以自新之路,一軍以安。尋以大宗丞贊浙幕,召拜司農,差知衢州,卒于任。著有文集二十四卷、奏録三卷、高沙撫録、荆襄語槀各一卷。參萬曆嚴州志。

梓材謹案:先生號默齋。嘗以桃源酒官入郡幕。爲本一族祖,與融堂並登慈湖之門。詳見本一傳。先生父承務郎瑛,袁蒙齋誌其墓。

朝奉史先生守之

史守之,字子仁,忠定之孫,忠宣之從子也。先生未嘗見陸子,而從楊敬仲、袁和叔遊,得于私淑所聞。仲父彌遠當國,先生心弗善也,作升聞録以寓規諫。退居月湖之陽,遂以朝奉大夫致仕,寧宗御書「碧沚」二字賜之。彌遠甚畏之,每有所作,輒戒其家,勿使十一郎雲濠案:一作「十二郎」。知之。補。

祖望謹案:史子仁居碧沚,不與時諧,以道自任。所著書曰世學,以闢異端爲第一義,別署「九六子」。

梓材謹案:謝山答萬編修問史學士諸公遺事帖子云:「子仁,方叔之子。心非叔父所爲,中年避世遠嫌,退居月湖之松島,杜門講學。又學古文于樓攻媿。方叔名彌大,吏部侍郎忠定長子。」

知州史先生定之

史定之，鄞縣人。嘉定閒，知饒州，廣濬城隍。著鄉飲酒儀、太極圖論、易贊著説、饒州志二卷。參饒州府志。

梓材謹案：先生亦楊、袁高弟，忠定第二子，彌正之子也。

司業陳習庵先生塤

陳塤，字和仲，鄞縣人。嘉定十年，登進士第，調黃州教授。喪父毁瘠，考古禮行之，歎曰：「俗學不足學。」乃師事慈湖，攻苦食淡，晝夜不怠。再調處州教授。累官至太常博士，獨爲袁絜齋議謚，餘皆閣筆。論政切直，史彌遠問之曰：「吾甥殆好名邪？」先生曰：「好名，孟子所不取也。夫求士于三代之上，惟恐其好名；求士于三代之下，惟恐其不好名耳。」出判嘉興府。彌遠卒，召爲樞密編修官。尋守衢州，監司閩、浙者久之。入爲國子司業。知温州，未上而罷。卧疾，抽架上書占之，得呂東萊文集，其墓誌曰：「祖謙生于丁巳歲，没于辛丑歲。」先生曰：「異哉！我生于慶元丁巳，今歲在辛丑，于是一甲矣。吾死矣夫！」

附錄

史彌遠爲先生母黨舅氏，先生于轉運司及禮部兩試第一，彌遠當國，將爲先生謀加恩數，先生卻之。

教授處州，理宗求直言，先生上封事，直聲聞天下。爲學録、爲宗正寺簿，俱奏對，盡言切直。賈貴妃入内，先生又言：「乞去君側之蠱媚，以正君德。」彌遠駭曰：「吾甥殆好名邪？」先生云云。爲太常博士，朱端常子乞謚，先生曰：「端常居臺諫則逐善類，爲藩牧則務刻剥，宜得惡謚曰『榮愿』。」

先生嘗與御史蔣峴講中庸不合，判福建㊀，爲峴所刻。

謝山同谷三先生書院記曰：「吾鄉前輩，于朱、呂、陸三家之學並有傳者，而陸學最先楊、袁、舒、沈，江右弟子莫之或京。楊、袁尤多昌明之功，顧其大弟子自袁正肅公而外，陳侍郎習庵其最也。」

直閣桂石坡先生萬榮附從子錫孫。

桂萬榮，字夢協，慈溪人。以進士授餘干尉。邑多豪右，先生一以紀律繩之。馭民則用慈愛，子弟獲訓迪者，恥爲不善。秩滿，民乞留，調建康司理參軍。鄉人史彌遠爲相，欲招致之，先生以分定固辭。差主管户部架閣，除太學正。輪對，奏絶敵、選將二事。除武學博士，改宗學，出判平江府。累官直祕閣，遷尚書右郎，除直寶章閣奉祠歸。先生嘗問道慈湖，慈湖告以「心之精神是謂聖」，梓材案：是語本孔叢子。遂築石坡書院，讀書其中。從子錫孫，通春秋，十歲試童子科，號爲神童。登紹定進士，歷官御史兼崇政殿説書，忤旨罷。尋以集英殿修撰召，不起。參寧波府志。

㊀「建」字，原本作「運」，形近而誤，今改。

謝山石坡書院記曰：「慈湖弟子徧于大江以南，宋史舉其都講爲融堂錢氏。予嘗攷之，特以其著述耳。若其最能昌明師門之緒者，莫如鄞之正肅袁公、蒙齋侍郎陳公、習庵及慈之桂公石坡。顧袁、陳以名位著，而桂稍晦。今慈湖東山之麓有石坡書院，即當年所講學也。桂氏自石坡以後，世守慈湖家法，明初尚有如容齋之敦樸，長史之深醇，古香之精博，文修之伉直，聲聞不墜，至今六百餘年，猶有奉慈湖之祀者，香火可爲遠矣。石坡講學之語，實本師說，曰明誠，曰孝弟，曰顏子四勿，曰曾子三省。其言樸質無華葉，蓋以躬行爲務，非徒從事于口耳，故其生平踐履，大類慈湖。宋史言：『慈湖簿富陽，日講論語、孝經，民遂無訟；石坡尉餘干，民之聞教者恥爲不善。慈湖守温州，力行周官任卹之教，豪富爭勸勉；石坡在南康，感化驕軍，知以衞民爲務。慈湖，史氏累召不出；石坡方嚮用，力辭史氏之招，丐祠終老。』方石坡之官平江也，朱侍郎在知府事，征輸鹽課急迫，牽連拘繫甚繁。石坡力言其無辜，爲請寬不得，乃挾行牀至獄中，願與所拘繫者同處。侍郎不得已，縱遣之。論者以爲，石坡不愧其師，而侍郎有慚其父。其所請絶敵、選將諸奏，皆名言也。嗚呼！慈湖之心學，苟非驗之躬行，誠無以審其實得焉否。今觀石坡之造詣，有爲有守，豈非眞儒也哉！石坡晚年，最爲耆壽，東浙推爲楊門碩果，並于蒙齋、習庵，蓋其道之尊如此。」

郡守童杜洲先生居易附師李聳、王休。

童居易，字行簡，慈溪人也。嘗從鄉先生李聳學古文，又學小戴禮于校書郎王休。一日參楊敬仲，與語，大奇之，遂舍所學學焉。登嘉定十六年進士。鄭忠定清之柄國，舉補登仕郎。朝議欲使諸路置買浮鹽司，除擬已定，先生詣執政歷陳利害，命遂寢。相國趙忠靖葵開閫淮東，以先生攝天長簿。時諸路屯兵，每棗熟，禁民採取，民失其利。先生上書乞弛其禁，旁九郡皆獲免。既而元兵攻城急，邑令與主將不協，軍民疑阻，先生力爲陳解，遂協力捍防，城賴以全。調諸暨簿，惡少攻剽爲姦，尉莫能致，先生以計悉擒之。上績課最，轉宣義郎知邵武之泰寧，移判夔州。遷太學博士，以身爲教，學者仰之。以言會子事忤上，出判吉州。未幾，遷本州同知。陞中奉大夫，知廣東德慶府，蠻獠雜居，民悍難化，先生撫以愷悌，三載，民樂耕桑，門不夜闔，獄囚屢空。尋上章乞歸，居杜洲之濱，學者從之，稱杜洲先生。參寧波府志。

謝山杜洲六先生書院記曰：「慈溪縣鳴鶴鄉者，杜洲童先生居易家焉。慈湖世嫡弟子，石坡而外，卽推童氏，累代不替，諸家學録中所未有也。書院則先生之孫副尉金始肇造之，而得朝命于其子桂。嘉與顧嵩之、吾鄞孫元蒙俱來爲山長。其時甬上書院多設長者，而以杜洲爲最盛。有先聖碑亭，有禮殿，有講堂，有六齋：曰志道，曰尚德，曰復禮，曰守約，曰愼獨，曰養浩。其中爲慈湖祠，旁爲六先生祠。有書庫，有祭器。門廊庖湢，纖悉畢備。有田租以資學者。蓋彷彿四大書院規制而爲之耳，意良厚矣。」

尚書趙先生彥械

趙彦悈，字元道，餘姚人。累官吏部尚書，兼給事中，以華文閣直學士知平江府卒。先生言：「人疑象山爲禪，是未之思也。誠意正心以至治國平天下，原于致知二字，禪矣乎？」其題己易曰：「聖人之易，不離先生此書，不離斯人篤好欲刊之心，不離刊者之手，不離觀者之目，不離誦者之口，不離聽者之耳，又不離不刊不觀不誦不聽者之耳目手口。斯旨也，先生實有覺于事親從兄、喜怒哀樂、兢兢業業、日用之閒。」

曾先生熠

曾熠，字定遠，廬陵人。得慈湖己易、閒居解二書刊之。謂西銘之意，認天地爲一家，己易一書，悟天地爲一己，其流行發見，精粗必備，厥功益大。然先生之意，欲學者于良知良能苗裔之發見，體察而用力。慈湖以爲，才言體察，是未信此心之卽道也。先生復問曰：「平常正直之心，雖人所固有，然汩没㪷喪憧憧利欲之塗，須體察于膠擾之中，而後能不失。今懼其起意也，不敢體察，坐聽是心之所發，則天理與人欲並行，何以洞識乎？」慈湖答曰：「定遠猶未覺未信也。易曰：『百姓日用而不知。』日用豈無膠擾？膠擾乃變化，卽天地之風雨晦冥也。君子見善則遷，有過則改，改卽足矣。故孔子曰：『改而止。』改而不止，是謂正其心反成起意耳。」先生乃喟然曰：「今而後知此心虚明，萬理萬化盡在其中。君子所以用力于仁，學而不厭者，必有事焉，初非臆度料想之謂也。

縣丞鄒歸軒先生近仁附子曾。

鄒近仁，字魯卿，一字季友，德興人。以特恩爲靜江法曹，再調龍陽丞。問學于慈湖，與語，從容良久，卽了然無疑滯。嘉定二年，疾革，語其子曾曰：「吾心甚明，無事可言，爾曹修身學道則爲孝矣。」言訖而瞑。雲濠案：先生子曾，字伯傳。慈湖云：「因元祥而亦覺。」所著有歸軒集。先生一再語頓覺，人告之過，斂衽受教。所當爲，不畏强禦。非道非義，一介不取。修。

附錄

先生父尉建德，甫三歲，生母去，又五歲，父卒，嫡母董氏撫之。先生思其生母，不敢言。又三十年，董氏卒，乃求之，謂兄弟曰：「近仁方寸亂矣。」詣建德物色多端，竟不獲。時先生同母弟永之，出繼董氏，宰濡須，先生涉江訪之，亦不知。乃反建德，私自念曰：「吾生母，鄧宣教女也。」乃求户籍閲之，則尚有鄧宣教户，大喜。及入鄧鄉，而鄧氏已無人矣。兩足尰折，旁皇不復能去。一鄰婦聞而蹙然，出謂先生曰：「妾亦鄧女也。前此記有姑流離自外歸，後適九華童氏，儻斯人乎？」如其言求之，果在焉。先生相抱流涕。留數日，謀奉以歸，其生母不可，乃出金以奉母。歸而問慈湖以處之之道，慈湖曰：「歲時往省可矣。」補。

鄉貢鄒艮齋先生夢遇

鄒夢遇，字子祥，雲濠案：子祥一作元祥。樂平人也。從祖近仁，慈湖高弟，故先生亦從學焉。慈湖嘗曰：「自孔子没，學者陷溺于文詞論議，喪本靈而事意見，寥寥二千載，自知自信者少，若夢遇者，其庶幾乎？」又曰：「心之精神是謂聖，百姓日用而不知。鄒氏二子，其殆知之者乎？」二字艮齋。慈湖知樂平，先生以鄉貢生從容接論，久之而有覺。隔礙未除，慈湖益導之，遂徹底澄明。其言曰：「事親從兄之間，不思不勉，無非實地，變化云爲，張弛闔闢，宇宙在吾手。」又曰：「渾然之中，品節調理，粲然以列。」又曰：「人皆以兀坐端默爲静，吾獨以步趨應酬爲静；人皆以步趨應酬爲動，吾獨以兀坐端默爲動。」嘉定四年，赴禮闈而疾作，將卒，歌曰：「嘉木扶疏兮，鳥鳴關關。暑風舒徐兮，庭中閒閒。起視天宇兮，浩乎虛澄。」修。

鄉貢葉同庵先生祐之

葉祐之，字元吉，雲濠案：一本名元吉，字祐之。吴縣人。弱冠鄉貢，有志于學，凡先儒所是者，依而行，而訶者必戒，如是者十有七年，終未相應。得慈湖絶四記讀之，知此心明白廣大，異乎先儒繳繞回曲之説，自是讀書行己，不敢起意。寐中聞更鼓聲而覺，全身流汗，失聲歎曰：「此非鼓聲，皆本體光明變化，而目前常若有一物。」慈湖至吴，先生摳衣求教，一聞慈湖言，其物泯然不見。慈湖之詩曰：「元吉三更非鼓聲，慈湖一夜聽鵝鳴。是同是異難聲説，何慮何思自混成。爐炭幾番來煖熱，天牕一點吐圓明。起來又覩無窮景，水檻澄光萬里清。」學者稱爲同庵先生。忍窮四十年，一日，酣飲極醉而卒。以手鈔詩一卷，付其內弟張端義，且自爲跋，引李長吉詩爲中表投厠中以誚之。端義以師事先生，不敢用中表禮也。修。

附錄

元吉儀矩峻潔，癯然如玉樹。家素貧，典衣賣書，潛心性理之學。誦諸尊宿語録，先後次序數百言。尤工于詩，其喜而作云：「木葉臨風皆好色，稻田流水亦新聲。」佳句也。補。

祕監徐先生鳳

徐鳳，字子儀，浦城人。生四歲，知讀書，七歲能屬文，十四五閱古今書畧徧，二十第進士，累得國子監書庫官。始先生試博學宏辭，垂中矣，以一字疑而黜，及是再試，又以一事疑而黜，朝論雜然稱詘。官至朝散大夫、祕書少監，直顯謨閣，知贛州。嘉定十七年卒，年四十八。其教授温州，温多士，爲東南最，而好訾議，難帖服。先生年甫二十餘，渾然端且重，善開迪，不嚴而威，名卿大夫爭遣子弟從之遊，至他郡縣士亦輻湊。更三太守，皆敬之。慈湖謂：「可與語道。」著有內制十卷、十箴一卷、文集二十卷。參真西山文集。

曹先生夙

曹夙，字叔達，餘干人。見慈湖于縣庠，聞其提唱，晝忘食，夜忘寢，旬有四五日而忽覺。

張先生渭

張先生汾合傳。

張渭，字渭叔，張汾，字清叔，新昌人。渭叔少有俊譽，富户欲妻以女，笑不顧。師事呂大愚及慈湖，以僞學罷歸。渭叔、清叔皆不遠數百里問學，慈湖告之曰：「心之精神是謂聖，孟子『仁，人心也』。人心卽道，故舜曰道心。日用平常之心卽道，故聖人曰中庸。庸，常也。于平常而起意，始差始放逸。」渭叔領會無疑，及歸而有覺。嘉定元年卒，年三十七。

里正孫先生明仲

孫明仲，富春人。慈湖爲富陽簿，先生從學，聞「執事敬」一言，日夜從事，至右手運用，左手猶拱，其專如此。如此者閱兩旬。時召爲里正，公移方急，而日出入阡陌，奔走應辦，憂勞申苦則甚矣，而實未嘗微動也。紹熙三年卒。

沈先生罕

沈罕，字元吉，嘉禾人也。學于慈湖，稱上弟，與吳之葉元吉齊名。補。

徵君許止齋先生孚

進士朱先生介合傳。

布衣魏先生槼合傳。

許孚，字□□，號止齋，昌國人也。與徐都曹恭先爲同里。受業楊文元公，終身不仕。以孝義倡鄉閭，屢徵不赴。其時昌國儒者尚有朱進士介、魏布衣槼，皆爲楊、袁之學者。補。

沈先生民獻

沈民獻，鄞縣人，清退居士文彪子。清退嘗別築亭館，招慈湖講學其中，命先生執經問難于其間。補。

朝請劉寶山先生厚南

劉厚南，字子固，慈溪人，沈清退壻也。與民獻皆事慈湖。嘉定進士，授瑞安尉。邑瀕海，多盜，先生涖政慈惠，盜遂息。慈湖出守温州，以其勤于奉職，奏之，累階進秩，皆有能聲。以國子博士召館下，喜得師。會日食，詔求直言，上疏有云：「陛下自登大寶，今將二紀，凡懼災罪己，導人使諫，不知幾詔，叩閽投匭，應詔來諫，不知幾疏，求言于今日，人未必不指爲玩，獻言于今日，人未必不視爲常，惟因言以見于用，尊聞以行所知，斯爲得之。」言極剴切，帝加奬諭，遷著作郎，轉朝散大夫，知台州，轉朝請大夫致仕卒。參寧波府志。

雲濠謹案：先生號賓山。見程撫州士龍所作行狀。

舒先生銑別見廣平定川學案。

方先生溥

方溥，字成大，樂平人。慈湖有「誠確正直」之譽。補。

王先生子庸

王子庸，錢塘人。慈湖爲浙西撫屬，先生問學，自謂有疑。慈湖告以「不假更求，本無可疑」。先生曰：「非不知之，而疑自若也。」積十八九年，淑景揚輝，躍然如脱，從此不復疑矣。再見請益，慈湖曰：「云何？」先生曰：「意猶有所未盡。」慈湖曰：「習氣之未易消釋也。如此猶有未盡者，意也，先聖之所止絕也。止絕此意者，又意也，又先聖之所止絕也。即疑即意，何思何慮，縱心盡意，匪動匪止，孝于親，友于兄弟，信于友，恂恂于鄉里，自先聖曰：『吾無知也。』而某亦安得所知以告子庸也？」

主簿馬先生樸

馬先生應之合傳。

馬先生燮合傳。

馬樸，字季文，樂平人，主廣昌簿；猶子應之，字定翁；子燮，字敬叔，俱受學于慈湖。許以「有得」。且曰：「武城宰得人矣。」敬叔尤有得于持敬之説。

學官王先生琦

王琦，字表文，與余永之元發皆樂平人。慈湖稱先生爲直友，而永之亦有志者。先生爲學官，永之亦以薦入仕。

舒先生益

舒益，字裕父，樂平人也。慈湖嘗訓之曰：「孔子且發憤忘食，況後學之昏。能無隨物而遷，其日夜思省己過，兢兢而已。」其後慈湖稱之，以爲度越流輩。補。

縣令洪先生簡

洪簡，字子斐，雲濠案：一作子裴。樂平人，忠宣公皓曾孫也。以任子知茶陵縣。慈湖先生稱之曰：

「子斐于道有覺，若在孔門曾皙父子之儔也。」補。

舒先生衍 別見絜齋學案。

吴先生塤

吴先生坰 合傳。

吴塤，字仲和，樂平人。與弟坰，俱學于慈湖。嘗曰：「塤敏，不踰月而至矣。坰踰年亦當知德。」坰字仲郊。補。

庶官余先生元發

余元發，字永之，樂平人也。學于慈湖。母卒，不能舉葬。洪文敏公贈之序曰：「永之葬母求助，而于士夫不仁之粟，又以義不受，以故僕僕經年。予爲之悲傷其意。昔李方叔亦以葬親之故，乞憐于東坡。東坡以一馬與之，且爲立券曰：『如有好事能周君，肯捐二十萬錢，則并券付之。』予老退無閑馬，又不能虚立二十萬券，坐視元發之急，嘆息而已。」後以薦入仕。補。

學録鍾了齋先生宏

鍾宏，字遠之，一字子虚，樂平人。慈湖爲邑宰，從之遊。嘉定進士，官太學録。雲濠案：江西人物志：「先生以進士主建德簿，再任貴溪丞，著惠政。同門袁蒙齋表諸朝，稱其學有淵源，實得故閣學楊簡之傳。由兩浙漕屬入爲太學録。供職甫一月，謁告省親，累擢皆不起。」所著有論語約說、了齋綴槀。

縣尉曹先生正

曹正，字性之，樂平人。鍾宏稱其「寂靜弗忘，酬應非擾」。亦慈湖高弟也。官永明尉。補。

邵先生甲

邵甲，壽昌人也。慈湖弟子，嘗與陳北溪論學不合。補。

梓材謹案：謝山所補槀底，載先生號顧齋。又言其門人曰鄭棠，字景召，明初尚存。考嚴陵志，顧齋乃先生子大椿之號，鄭爲顧齋門人，爲慈湖三傳弟子，不得爲先生門人，故別載之。

附錄

北溪與之書曰：「賢者講鬼神之事，偏執異端死而不亡之說，滯而不化，續出江西至言，乃知賢者病根所在，而于諸老先生之言，枉用許多工夫。」補。

王先生震

王震，嚴陵人。陳北溪稱其九歲已能文，十二三已志道。又言其學淵源祖象山。北溪寓嚴陵郡學，先生欲往四明求師，北溪因作「謹所之」以贈之。參北溪文集。

附錄

北溪與之書曰：「四明持敬苦行一節爲可美，而學術議論只是一老禪伯，看之不破，寧無潰亂，極爲良資美質痛惜。」補。

鄭先生節夫別見嶽麓諸儒學案。

顧先生平甫別見槐堂諸儒學案。

直言張荃翁先生端義

張端義，字正夫，鄭州人也。居于吳，卽朱長文樂圃故址。少讀書，兼習技擊。嘗師項平齋于荊南。一時耆艾如慈湖、説齋、鶴山、菊坡、習庵皆從之遊，而尤服膺其中表葉元吉，亦慈湖高弟也。愛作詩，兼工詞。其賦蜨云：「不因花退盡，必是夢殘時。」極爲時所傳誦。書其圃曰「江湖且過」，用浮屠家所謂且過寮也。端平更化，應詔上第一書。次年，再應詔，上第二書。三年，明堂震，應詔上第三書。有詔龍州安置。執政謂：「詔以直言，罪以直言，非祖制。」得免。乃自笑曰：「故事，宰執、侍從用安置，庶官用居住，士子用聽讀，軍將用自效，予小臣，而用大臣之法乎。」晚自號荃翁。所著有荃翁集，亡矣。又有雜記曰貴耳集，今存。顧其論真文忠公晚節不終，失民望，則有足與黄氏日鈔相證明者，惜其亦惑于浮屠之言耳。補。

王先生晉老

王晉老，字子康，樂平人，樞密剛中孫也。以任子仕。從慈湖遊。

州守何先生元壽

何元壽。補。

謝山司馬温公光州祠堂碑跋曰：「宋紹定中，州守何元壽所建，節推葉祐之爲之記。祐之乃慈湖先生門人也。元壽向但知其爲吴産，而不知其淵源。及讀祐之碑文，有云：『蘇公君蒿悽愴之論，固也。詩曰：「鳧鷖在涇，公尸來燕來寧。」祐之因是詩悟中庸之旨，曰：「微之顯，誠之不可揜也。」慈湖夫子嘆以爲千古不傳之妙。夫子没，絶口不敢道者，五年于兹。何侯亦夫子之門人也，因公之祠，敢復誦之。』乃知元壽亦出慈湖之門。」

傅先生正夫

傅正夫，佚其名，建昌人，象山高弟，子淵之從子也。爲慈湖門人。慈湖卒，將葬，先生不遠千里，訪真西山于粵山之麓，以銘爲請。參真西山集。

梓材謹案：先生有所録慈湖訓語，西山跋云：「非正夫之心與先生之心通貫爲一，豈能傳之簡牘，不失其真哉！然則先生之言，固有功于後學，而正夫所録，又有功于先生者也。」是先生爲慈湖高弟。又絜齋先生訓語，亦先生所録，而西山跋之，則先生又爲絜齋弟子矣。絜齋集中，有贈先生書，勉其善學慈湖之學。絜齋又跋子淵兄弟行實，有子淵化行百里，不勞施爲，自然感動，和父居官，率由此道。子野老于韋布，其子正夫親炙慈湖，有得于中，氣脈相續，無有間斷云云。

傅先生大原附見說齋學案。

薛玉成先生疑之

薛疑之，字季常，號玉成，永嘉人。薛氏世學蓋三百年，先生學于慈湖，刊華據實，猶程以緒餘。僞學禁興，隻手衞道。著伊洛源流，各爲譜傳。又以弓冶授其子云。參林霽山集。

梓材謹案：先生平陽人。宋俞文豹吹劍錄外集云：「永嘉玉成先生薛季常疑之作伊洛源流譜，自孔子、子思、顏、曾、孟子至濂溪周子以下，凡九十餘傳。慶元間，書始成，而學禁正嚴，樓攻媿題其端曰：『玉成以吾道方屯，恐數十年後，老成彫喪，後生小子，不知根柢，耳濡目染，日變而不復還，故作此書。』」林霽山集未言其名與字，卽據吹劍集補之。

隱君夏自然先生希賢

正字洪錦溪先生揚祖並見融堂門人。

錢誠甫先生槱見下融堂家學。

少師趙節齋與簒

趙與簒，字德淵，湖州人。嘉定十三年進士，累官至觀文殿學士，歷知七府。景定元年卒，贈少師。

嘗見慈湖而問曰：「某于日用應酬，都無一事，只未知歸宿之地。」慈湖曰：「心之精神是謂聖，人皆有是心，心未嘗不聖，何必更求歸宿。求歸宿，乃起意，反害道。」德淵奉教終身。

宗羲案：慈湖所傳，皆以明悟爲主，故其言曰：「此一二十年以來，覺者踰百人矣，古未之見，吾道其亨乎。」然考之自錢融堂、陳和仲以外，未必皆爲豪傑之士也，而況于聖賢乎。史所載趙與箎以聚斂稱，而慈湖謂其已覺，何也？夫所謂覺者，識得本體之謂也。象山以是爲始功，而慈湖以是爲究竟，此慈湖之失其傳也。

附錄

德淵知平湖，嘉熙四年大饑，分場設粥，以寓公方萬里爲長者，請董其役，全活者數萬人。寶祐三年，再守，修舉學校，行飲射禮。尹臨安十三年，城中見口計日食文思院米三千石，嘗籍北關米船，每日四千石入城則米價減，二千石則價貴，適入三千石則價平，無不中者，乃于鹽橋置平糴倉，二十有八歲，儲浙西米六十萬石，皆精鑿，視米價貴，輒平糴之，竟十三年中，民食其惠。補。

謝山奉臨川帖子四曰：「讀陸子學譜至趙與箎、袁韶傳，心有疑焉。四先生之講學吾甬，句東無不從之遊者，故其中不無非種之苗。慈湖弟子則有史丞相彌遠及與箎，絜齋弟子則有袁參政韶，卽史嵩之亦嘗與和仲講學閣下。學譜于史氏一相不録，而趙、袁則裒然大書，但與箎少年，慈湖所以許可者甚備。觀其因求師之故，自苕霅遷居從學，是慕道誠勇矣。自其尹臨安以後，則大改素行，而本傳紀之不詳。」又曰：「吾鄉自元延祐、至正以至明成化，舊志并滎陽、南山文獻諸録，皆不爲與憲作傳，至嘉靖志始有之，時則其裔孫有爲達官者故也。與憲原籍青田。永樂處州府志有與憲傳，亦言其善理財以佐國用，而又言其尹京，善發擿，有趙廣漢之風。愚謂宋季之臨安，亦豈可以廣漢之治治之者，不過借此以恣其聚歛之威而已。至袁韶本傳，不詳其過，而卷末總論，以爲時相私人，其見于諸家奏疏者，皆指以爲彌遠之黨，似皆不當爲之諱者也。且大儒之門下，不必竟無不肖，前之則有朱子之傅伯壽，又前之則有楊文靖公之陸棠，又前之則有程子之邢恕。與其進，不與其退，斯亦聖賢之所無如何也。

慈湖私淑

文忠真西山先生德秀別爲西山真氏學案。

文清劉漫堂先生宰別見嶽麓諸儒學案。

清退家學

沈先生民獻見上慈湖門人。

滄洲家學象山三傳。

通奉史先生賓之別見丘劉諸儒學案。

獨善門人

知州王先生撝 別見麗澤諸儒學案。

融堂家學

錢誠甫先生槱

錢槱，字誠甫，融堂之子。慈湖嘗曰：「誠甫近于嘉定十有二年元夕後一日有覺，至晦日，又大通。」又贈言曰：「誠甫遠訪從容，近月問答亦詳矣。」將歸，侍，復求言。「孔子曰：『天有四時，春秋冬夏，風雨霜露，無非教也。地載神氣，神氣風霆，風霆流形，庶物露生，無非教也。』誠甫領斯教也，毋或昏。」參慈湖遺書。

縣令錢竹間先生允文

錢允文，淳安人也，融堂從子。咸淳九年進士，武岡令。傳其家門之學，學者稱爲竹間先生。修。

融堂門人

正字洪錦溪先生揚祖。

洪揚祖，字季揚，嚴州人也。徧從慈湖、絜齋遊，而卒業于融堂。累官至正字，輪對者三。以講學正心誠意爲啟沃，學者稱爲錦溪先生。有集，漫塘雅稱之。修。

梓材謹案：梨洲原本金溪學案附傳，謂：「先生淳安人，袁甫之門人也。」據此則先生嘗從袁氏父子遊也。

隱君夏自然先生希賢

夏希賢，字自然，淳安人也。融堂弟子。雲濠案：一本作慈湖弟子。攷嚴陵志，言先生之學，嘗會其極于象山、慈湖之要，未言受學于慈湖。究明性理，洞見本原，杜門不出者三十餘年。家無隔宿之儲，而泰然自如，學者皆稱爲自然先生。三子皆承其學，而仲子溥最著。補。

庶官呂鳳山先生人龍

呂人龍，字首之，淳安人。景定進士。融堂之高弟也。胸次灑落，日與學者指點浴沂風雩之樂。仕止小官。學者稱爲鳳山先生。有集。修。

習庵家學

侍郎陳先生蒙

陳蒙，字□□，和仲子。年十八，上書萬言，論國事。爲太府寺主簿。入對，言賈似道爲相時國政闕失，貶建昌軍簿，録其家，惟青氈耳。德祐初，以刑部侍郎召，不赴，卒。參史傳。

習庵門人

直言張荃翁先生端義見上慈湖門人。

全真志先生謙孫父汝梅。附兄鼎孫、弟頤孫。

全本心先生晉孫合傳。

全謙孫，字真志，鄞縣人。與弟晉孫，字本心，皆學于陳侍郎和仲之門，爲陸文安公、楊文元公私淑高弟。其再傳爲黄南山，明初大儒也。自先生父葴和汝梅，伯兄本然鼎孫，以及季弟頤孫，本然子者，三世置義田以贍其宗，謂之「義田六老」。補。

杜洲家學

童松簷先生鐘

童聲伯先生鋐合傳。

童鐘，號松簷，杜洲子也。弟鋐，號聲伯。爲杜洲六先生之二。參鮚埼亭集外編。

謝山杜洲六先生書院記曰：「六先生者，首杜洲；次松簷，蓋杜洲子鐘也；次懋山曹山長漢炎，則杜洲之徒，最稱耆宿，曾掌慈湖書院者也；次東發黄提刑，及與杜洲講道者也；次草堂嚴高士畏，亦杜洲之徒也；次聲伯，松簷弟鉉也。曹、黄、嚴三氏，其居在鳴鶴鄉中，當日聚處于講堂最多，故並祀之。」

副尉童先生金

童金，字子丹，慈溪人，杜洲先生之孫也。至元間，以才能薦，授進義副尉，歲督海運。秩滿，扁所居曰「一間」，即先廬側築室百餘楹爲義塾，割腴田四頃，延名師以淑來學。參兩浙名賢録。

杜洲門人

堂長曹懋山先生漢炎

曹漢炎，字久可，慈溪人也。慈湖、杜洲二院堂長。補。

高士嚴草堂先生畏

嚴畏，號草堂。亦杜洲之徒也。參鮚埼亭集外編。

梓材謹案：先生慈溪人，紹熙年右榜進士，謝山稱之曰「高士」。

曹嚴講友

文潔黄於越先生震別爲東發學案。

同庵門人

直言張荃翁先生端義見上慈湖門人。

馬氏家學

馬先生燮見上慈湖門人。

王氏門人

鍾先生季正

鍾季正者，樂平人也。從王琦遊，嘗跋慈湖謝過遺墨云：「慈湖以訂頑二字用諸文告，先生謂：『良知良能，人皆可爲堯、舜，請無以頑斥。』慈湖亟改，自謝不謹。嗚呼！今之令有慈湖否？今之友有先生否？」補。

邵氏家學

教諭邵顧齋先生大椿

邵大椿，字春叟，壽昌人也。號顧齋。梓材案：謝山原稿作顧齋之子，此從嚴陵志改正。所著有四書講義。官爲龍遊教諭。元初，士子宗之。補。

玉成家學

薦舉薛先生璩

薛璩，字叔容，平陽人也。其父受業于慈湖，而先生所著孔子集語二十卷。又著宅揆成鑑，嘗進之朝，時人稱之。補。

雲濠謹案：溫州府志：「先生名據。淳祐閒，臺省交薦，賜出身。嘗爲天保采薇末議二卷。」

獨善續傳象山四傳。

教授史果齋先生蒙卿別爲靜清學案。

自然家學

教授夏大之先生溥

夏溥，字大之，自然先生仲子。博通經學，兼工詩，爲安定書院山長，一以安定學規課士。遷龍興教授。鄭師山學于淳安，自言得大之啟發之功。趙東山亦嘗師之。其詩自成一家，當時稱爲夏體，而東山謂其大似誠齋。師山亦稱其古文。先生在龍興與道園善。補。

夏先生清之

夏先生潛之

夏清之、潛之，大之兄弟，皆承家學。參嚴陵志。

大之同調

修撰吴朝陽先生暾

吴暾，字朝陽，淳安人也。八歲能詩文，留心性理之學。嚴陵自融堂講學後，弟子極盛。入元，則夏自然爲大師，而先生接之而出，以春秋教授，成泰定進士。其官番陽也，土貢皆以金，然非滇中蘘金則不中格，民苦之，先生力言于朝，始得以常金入貢。陞鎮平尹，兼知軍事，轉峽州路經歷，所至皆有聲。未幾，解印綬去，授徒講學，以終其身。追贈翰林修撰。先生弟子最盛。鄭師山之侍其父于淳安也，受業三年，其後師山雖爲朱子之學，然追溯生平得力，必曰自朝陽先生云。所著有吴修撰集。補。

隱君洪復翁先生震老

洪震老，字復翁，淳安人也。私淑慈湖之學。延祐中，以薦入上都。與時相書，陳時事，鯁直不諱。已而棄去，隱居不仕。講道授徒，尤長于詩，有曰：「白波九道自流雪，青玉一峯長拄天。」世盛傳之。所著有觀光集一卷。鄭師山之學于淳安也，嘗曰：「朝陽先生，吾師之；復翁、大之二先生，吾所資而事之，本一，吾友之。」補。

楊錢續傳

隱君陳靜明先生苑 別爲靜明寶峯學案。

知州宋先生夢鼎

宋夢鼎，字翔仲，淳安人也。私淑慈湖、融堂之學。至順進士，累官知奉化州。補。

提舉魯岐山先生淵

魯淵，字道源，淳安人也，學者稱爲岐山先生。私淑慈湖、融堂之學。成至正進士，出爲華亭丞。新安失守，行省檄先生與監郡脫脫引兵而西，焚賊壘六十餘，遂會大軍于新安，與富山巡檢邵仲華共守豪嶺。賊再犯，衆驚將潰，先生以忠義相激，始定。已而終敗，爲賊所得，守節不屈，被羈于白石源，先生吟詠自若，豫作自祭文，誓以必死。其後賊敗，先生得逃，復歸華亭，以春秋傳學者。起爲浙江儒學副提舉，以疾歸。洪武初，累徵不起。所著有春秋節傳、策府樞要。補。

教授洪先生源 附子璵。

洪源，字子泉，淳安人也。私淑慈湖、融堂之學。洪武中，以薦舉入太學，授安仁教諭。其謂諸生曰：「講學須明，聞道須行，無騖于外，以叨虛名。」歷滁州、邵武、福州，學者極盛。侍郎璵，其子也。補。

宋魯同調

司訓張書隱先生復

張復，字明善，淳安人也。德性宏毅，尤精春秋之學，太守聘爲學宮司訓，學者稱爲書隱先生。所著有春秋中的一卷。時與吳朝陽、宋夢鼎、魯道原齊名，曰「四先生」。補。

默齋續傳

洪本一先生贖

洪贖，字君實，其後字本一，淳安人也。淳安自融堂爲慈湖高弟，而先生之族祖夢炎亦登其門，故淳安之士，皆爲慈湖之學。先生少肆力于羣書，延祐中，慕太史公之所爲，將北遊燕、薊，以求中原文獻之盛，涉江抵維、揚，有感而止。歸而遊于杭、越之間。周仁榮、杜本、柯九思、張翥皆名士也，雅重先生。柯公爲文宗所向用，以書招之，欲以國子助教處之。先生答曰：「嚴陵山水以子陵顯，吾將買扁舟、荷草笠以追其躅。」至正十二年，平章以兵討紅巾于新安，將校欲自淳安以西自耀兵以樹威。先生上謁，爲陳脅從罔治之説，所以招徠人心。平章是之，欲留先生以自助。力辭不得，乃往，甫一日，竟以疾歸。是冬，元帥退軍新安，先生上書謂：「自新安至淳安，一卻二百里，非古人退無疾走之謂。幸而寇不我追，若乘勝而來，我之退，何時已。」又說以單車克復新安之策，不能用也。先生爲學，要于本領端序，不使支離曲碎，破壞心術。嘗語學者曰：「爲學當以求仁爲先。聖人言仁雖多，然皆因門弟子之問，隨其淺深高下而答之，獨『里仁爲美』以下七章，皆夫子之所自言，門人以其序而記之。知記言之有序，則知求仁之有方矣。」其說甚長。其所著曰庸言藁，諸經皆有考釋。鄭師山方遊淳安，與先生善，自謂得往復討論之功。其後再見于錢唐，師山已爲朱子之學，漸不同矣。然師山銘先生之墓，則曰：「是天下之公言，不以此而廢彼也。」補。

眞志家學

全味道先生耆

全耆，鄞縣人，本然長子，而眞志先生之從子也。受學于眞志，自署味道子。補。

本心家學

徵君全遯翁先生彥

全彥，號遯翁，本心先生子也。本心傳慈湖之學，以世其家。先生爲洪武中徵士，辭不就，而傳其學于南山黃氏。南山嘗曰：「吾幸識理趣于稺年者，皆吾師遯翁先生之教也。」補。

隱君全修齋先生整

全整，字修齋，本然、本心二先生族子也。少受業于二先生，修明慈湖之學，而受詩于丁鶴竿之門。有明草昧初開，士争趨風雲之會，而先生獨承先人之教，不樂仕進。其所居在剡源第五曲，曰三石草堂。永樂初，徵修永樂大典不就。年八十餘卒。所著有三石山房集四卷。補。

顧齋門人

鄭先生棠

鄭棠，字景召，邵顧齋門人。明初尚存。補。

節齋續傳

隱君趙寶峯先生偕別爲寶峯學案。

慈湖續傳

徵君楊小隱先生芮附子伯純、孫圭。

楊芮，字大章，慈溪人，文元五世孫。文行素優，性尤坦易，好施，衣食僅自給，少有餘，則分賑其貧者，非義不苟取與。元學士危素、御史余嘉賓交薦，不起。洪武初，有司特起之，以病不行。子伯純，授南康都昌縣丞。孫圭，知南陽郟縣。世篤先訓，不喪所守。參成化四明志。

梓材謹案：先生號小隱。見烏春草文集。

雲濠謹案：寶雲堂集有寶峯先生送楊大章往江西詩，因尋訪先世楊文元公遺書云。

大之門人象山五傳。

隱君鄭師山先生玉別爲師山學案。

隱君趙東山先生汸別見草廬學案。

縣尹汪遯齋先生汝懋

汪汝懋，字以敬，本歙人，後徙淳安。其父斗建，受業方蛟峯之門，而先生從遊吴朝陽、夏大之、洪本一三君之門。以鄉薦爲推官，攝淳安縣事。尋爲定海縣尹，以慈恕簡靜稱，而折獄如神明，境内無冤。此縣多虎，或入市郭爲民害，先生齋戒禱之社，明日，居民見虎浮江去。嘗宿南鄉廣嚴寺，夜聞虎聲，衣冠起禱之，詰朝，有虎死山中。張承旨翥記其事。暇則與諸生講學。在定海凡五年，以老病請致仕，不許。先生一夕扁舟宵遁，客于鄞之沈氏，因講學焉。所著有春秋大義百卷、深衣圖考三卷、禮學幼範四卷、善行啟蒙四卷、歷代紀年四卷、山居四要四卷、遯齋稾三十卷。其弟子曰沈源、唐轅，皆鄞人。補。

朝陽門人

隱君鄭師山先生玉別爲師山學案。

縣尹汪遯齋先生汝懋見上大之門人。

員外方愚泉先生道叡

方道叡，字以愚，淳安人也，蛟峯曾孫。受學朝陽之門。以春秋召，成至順進士，授翰林編修，入史局。出爲嘉興推官，再調杭州判官，以歸，尋除江西行省員外郎。明初，再召不出。所著有春秋集釋十卷、愚泉詩稾十卷、文説二卷、詩説一卷。補。

復翁門人

隱君鄭師山先生玉別爲師山學案。

本一門人

縣尹汪遯齋先生汝懋見上大之門人。

遯翁門人

僉憲黄南山先生潤玉詳見明儒學案。

石坡續傳

教授桂容齋先生同德

桂同德，慈溪人，石坡先生萬榮四世孫。謹厚敦樸，篤信好學，聞于遠邇，請益者無虚日。教授郡庠，以德行爲本，懇懇言曰：「窮經窮史，固學者事，而入孝出弟，尤所當先。今日之孝，即他日之忠，忠孝兩全，人道備矣。」故一時親炙其教者，咸有成立。所著有容齋集。參兩浙名賢録。

文裕桂清溪先生彦良別見寶峯學案。

桂古香先生璙

桂璙，字懷英，慈溪人。倜儻不羣，詩書充積。方正學慕其名，不遠數百里而至。及與議論，驚服。既卒，學者尊之曰古香先生。參慈谿縣志。

清遐續傳

沈先生輝卿

沈輝卿，字明大，鄞縣人，清遐居士五世孫，而民獻之玄孫也。沈氏累世富饒，至先生而家益落，能削衣貶食，以度艱虞，儉設薄施，以致充裕。其子源，將從禄藩閫，先生斥之曰：「吾家以詩禮相傳，棄儒而即吏，非吾志也。」立止之。參戴九靈集。

沈先生源見下遯齋門人。

遯齋門人

沈先生源

唐先生轅合傳。

沈源，鄞縣人，清遐居士六世孫，明大之子。唐轅，明大壻。皆事汪遯齋。補。

梓材謹案：戴九靈志明大墓云：「使其子源與其壻唐轅受業于定海尹汪汝懋以敬之門，後又延致以敬于家，俾子若壻以卒業焉。」是先生之從遯齋非一時矣。又案：唐先生字伯度，句章人。嘗率其弟輪，字仲規；轂，字叔直；輻，字季齊，學于戴九靈。九靈爲作唐氏四子字說。其父復禮，以擅匿官鹺事被陷，執拘以歸京師。伯度請代父梏，叔直又奪而代之。叔直抵京，近臣奏其非罪，免歸，九靈又爲作唐二子傳。

宋元學案卷七十五

絜齋學案

黃宗羲原本　黃百家纂輯　全祖望補定

絜齋學案表

袁燮（東萊、復齋、象山門人。白水、玉山、三山、芮氏、襄陵再傳。元城、龜山、譙氏、武夷、紫微、橫浦三傳。涑水、明道、伊川、滎陽、了
- 子肅
- 子甫
  - 孫褒
    - 曾孫裒
- 洪揚祖（別見慈湖學案。）
- 陳宗禮
- 真志道（別見西山真氏學案。）
- 朱元龍（別見滄洲諸儒學案。）
- 史彌忠
- 史彌堅
- 史彌鞏
- 史彌林
- 史守之

翁、|廌山、和靖四傳。

史定之並見慈湖學案。
胡誼
胡謙
朱震
徐愿
舒衍
孫枝別見滄洲諸儒學案。
朱介
魏椝
洪揚祖
傅正夫並見慈湖學案。
鄭節夫別見嶽麓諸儒學案。
邵叔誼別見槐堂諸儒學案。
袁韶
　曾孫桷別見深寧學案。
私淑真德秀別爲西山真氏學案。
　劉宰別見嶽麓諸儒學案。

陳傅良別爲止齋學案。

舒璘

沈煥並爲廣平定川學案。

楊簡別爲慈湖學案。

趙師淵別見滄洲諸儒學案。

並絜齋講友。

絜齋學案序録

祖望謹案:慈湖之與絜齋,不可連類而語。慈湖泛濫夾雜,而絜齋之言有繩矩,東發先我言之矣。述絜齋學案。梓材案:絜齋學派,梨洲本亦附金溪學案,謝山始別爲絜齋學案。又案:絜齋一作潔齋。潔,經典多作絜,省文爾。

呂陸門人汪、許再傳。

正獻袁絜齋先生燮

袁燮,字和叔,鄞縣人,知處州轂之玄孫也。先生生而端粹專静,乳媪置槃水其前,玩視終日,夜卧常醒然。少長,讀東都黨錮傳,慨然以名節自期。乾道初,入太學,時陸復齋九齡爲學録,先生望其德容肅然,亟親炙之。同里沈叔晦、楊敬仲、舒元質皆聚于學,朝夕相切磨。登淳熙辛丑進士第,授江陰尉。寧宗卽位,爲太學正。是時黨禁興,朱文公及趙忠定汝愚等相次去國,先生亦以論去。久之,歷司封郎官，因對，言：「陛下追思彭龜年，臨朝太息。今正人端士不乏，願常存此心，急聞愷切，崇獎樸直，天下何憂不治。」爲國子祭酒，延見諸生，必迪以反躬切己，忠信篤實爲道本。每言人心與天地一本，精思以得之，兢業以守之，則與天地相似。聞者竦然有得，士氣益振。爲禮部侍郎，史彌遠主和議，先生與同鄉相好與力争，被論罷。後知溫州，進直學士，奉祠卒。疾革，猶著述弗倦。或勸之少休，先生曰：「吾以此爲笙鏞莞磬，不知其勞也。」初，先生遇象山于都城，象山即指本心洞徹通貫，先生遂師事，而研精覃思，有所未合，不敢自信。居一日，豁然大悟，因筆于書曰：「以心求道，萬別千差，通體吾道，道不在他。」慈湖與先生同師，造道亦同，而每稱先生之覺爲不可及。學者稱之不以爵氏，而曰絜齋先生。賜謚正獻。子甫。

雲濠案：先生伯子喬，嘗録家庭所聞，爲絜齋家塾書鈔十卷，四庫收入經部，釐爲十二卷。又絜齋集二十四卷。

梓材謹案：真西山爲先生行狀云：「東萊呂成公，接中原文獻之正傳，公從之遊，所得益富。永嘉陳公傅良，明舊章，達世變，公與從容考訂，細大靡遺。」是先生嘗師東萊，友止齋，而究其所歸宿者，則象山也。先生訓語爲建昌傅正夫所録，見西山文集。

絜齋粹言

人生天地間，所以超然獨貴于物者，以是心爾。心者，人之大本也。此心存，則雖賤而可貴；不存，則雖貴而可賤。

大哉，心乎！與天地一本，精思以得之，兢業以守之，則與天地相似。

直者，天德。人所以生也，本心之良，未嘗不直。回曲繚繞，不勝其多端者，非本然也。

中庸曰：「天地之道，可一言而盡也。其爲物不貳，則其生物不測。」大雅曰：「上帝臨汝，無貳爾心。」維此大本，不必他求，卓然不貳，萬善咸具。古人所以兢兢業業，不敢少懈者，懼其貳也。

心本不偏，制行而原于心，斯不偏矣。

道不遠人，本心卽道。知其道之如是，循而行之，可謂不差矣。然未能爲一，則猶有間也。執柯伐柯，睨而視之，猶以爲遠，謂其未能無間，則雖近猶遠爾。惟夫全體渾融，了無間隔，則善之至也。吾道一以貫之，非吾以一貫之也。舜由仁義行，非行仁義，若致力以行之，則猶與仁義爲二也。

人心至神，翳之以欲，則不神矣。

此心此理，貫通融會，美在其中，不勞外索。

凡身外之物，皆可以寡求而易足。惟此身與天地並，廣大高明，我固有之，朝夕磨勵，必欲追古人而與俱。若徒儕于凡庸，而曰是亦人爾，則吾所不敢也。

觀內不如觀外，觀物不如自觀。補。

附錄

王深寧困學紀聞曰：「呂成公讀論語『躬自厚而薄責于人』，遂終身無暴怒。絜齋見象山讀康誥，有感悟，反己切責，若無所容。前輩切己省察如此。」補。

又曰：「絜齋先生爲樓，名以『是亦』，曰：『直不高大爾，是亦樓也。』以至山石花木，衣服飲食，貨財隸役，亦莫不然。至于宦情亦薄，曰：『直不高顯爾，是亦仕也。凡身外之物，皆可以寡求而易足。惟此身與天地並，廣大高明，我固有之，朝夕磨礪，必欲追古人而與俱。若徒儕于凡庸，而曰是亦人爾，則吾所不敢也。』」補。

百家謹案：真西山言：「絜齋之葬，慈湖銘之，其大節摹寫盡矣。」考之慈湖遺書，無有也。即舒廣平墓誌，亦慈湖所作，廣平言行録載之，而遺書亦闕。古來文集既多不傳，傳者又復不全若此，可嘆哉！

謝山城南書院記曰：「四先生之中，長庚曉日最光顯于暮年者，文元與正獻也，而文元之教，不如正獻之密。蓋槐堂論學之宗旨，以發明本心爲入門，而非其全力。正獻之言有曰：『學貴自得，心明則本立，是其入門也。』又曰：『精思以得之，兢業以守之，是其全力也。』槐堂弟子多守前説，以爲究竟，是其稍有所見，卽以爲道在是，而一往蹈空，流于狂禪。以文元之齊明盛服，非禮不動，豈謂于操持之功有闕，而其教多以明心爲言？蓋有見于當時學者陷溺功利，沈錮詞章，極重難返之勢，必以提醒爲要，故其説偏重而不自知其疏，豈意諸弟子輩不善用之，反謂其師嘗大悟幾十，小悟幾十，泛濫洋溢，直如異端，而并文元之學而誣之，可爲浩歎者也！使其如正獻之教，寧有是乎？正獻之奉祠而歸，日從事于著書。或請小閒，則曰：『吾以之爲笙鏞筦磬，不知其勞。』其答文靖諸子書，惓惓以多識前言往行，豈非與建安之教相脗合乎？且夫有宋以來，大儒林立，其子弟能守其緒言者甚多，而再世並爲大儒則不概見。蓋前惟武夷胡氏、籍溪、致堂、五峯、茅堂，連枝接業，以大文定之傳。其後惟袁氏實生正肅，以爲晚宋無先之者，則書院之建也，微特非袁氏之學統所得而私，抑豈吾鄉之學統所得私哉？」

雲濠謹案：謝山爲四先生祠堂碑文云：「絜齋謂，當通知古今。學者但慕高遠，不覽古今，最爲害事。」又爲碑陰文云：「絜齋之父通議公，予曾見甕牖閒評一書，特説部耳。至其折節忘年，問道于定川，因使絜齋嚴事之，則知其從事于躬行之實，非徒洽聞者流也。通議名文，其所著又有名賢碎事手鈔三十巨帙，無一字不楷。見絜齋所作墓表。」

絜齋講友

文節陳止齋先生傅良別爲止齋學案。

文靖舒廣平先生璘

端憲沈定川先生煥並爲廣平定川學案。

文元楊慈湖先生簡別爲慈湖學案。

常丞趙訥齋先生師淵別見滄洲諸儒學案。

絜齋家學汪、許三傳。

少卿袁晉齋先生肅

袁肅，字□□，絜齋之子也。從廣平于新安，其後知名于世。

梓材謹案：先生號晉齋，慶元五年進士，官至少卿，嘗知江州。蒙齋文集有和晉齋兄韻云：「晉齋作詩，誨語勤劬。觀詩末章，苟兄警余。」又和晉齋兄韻三章，其首章云：「不愛金章紫綬紆，欣然玉局自安居。」其卒章云：「家塾提綱屬晉齋，絜齋氣脈遠乎哉。」

正肅袁蒙齋先生甫

袁甫，字廣微，絜齋之子也。嘉定七年進士第一，累官權兵部尚書。卒，贈通奉大夫，謚正肅。少服父訓，謂「學者當師聖人，以自得爲貴。」又從慈湖問學，自謂「吾觀草木之發生，聽禽鳥之和鳴，與我心契，其樂無涯」云。著有蒙齋中庸講義四卷，所闡多陸氏宗旨。陳宗禮、洪揚祖，其門人也。修。

經筵講義

子曰：「君子成人之美，不成人之惡。」

臣聞，欲善惡惡，人人所同，此上帝降衷之良心也。今語人曰，汝爲天下之善人，則莫不躍然而喜。推己欲善之心，人之有善，則必喜談而樂道之，又從而左右羽翼之，惟恐其美之不成也。又語人曰，汝爲天下之惡人，則莫不拂然而怒。推己惡惡之心，人之有惡，則必哀矜而憫念之，又從而訓誨正救之，惟恐其惡之終成也。此其用心，洞洞乎其公也，休休乎其大也，是真可以爲君子人也。乃若小人則反是。人之有美，惟恐其成也，嫉之壞之而已耳。人之有惡，惟恐其不成也，誤之陷之而已耳。此其用心，知有己而不知有人，知有私而不知有公，是真可以謂之小人也。嗚呼！人主每病于君子小人之難察也，豈知觀人之道，不必觀諸他，而當觀諸心。人孰無善善惡惡之心哉，能視人猶己者則爲君子，不能視人如己者則爲小人，此觀人之法也。

曾子曰：「君子以文會友，以友輔仁。」

臣聞，聖門所謂文者，非詞華之謂也。夫子曰：「文王既沒，文不在兹乎？」顔淵曰：「博我以文。」所謂文者，卽道也。彝倫之懿，粲然相接者，皆文也。三千三百，待人以行者，皆文也。孔子振木鐸于衰周，正將以續斯文之將墜耳。一時以文會友，莫盛于洙泗。麗澤之兑，何往而非斯文之講習哉！既曰文，而又曰仁，同乎？異乎？曰，文者，其所著見，而仁者，其根本，名異而實同也。會之以文，蓋所以輔吾之仁也。聖人切切于求仁，造次顛沛，未嘗暫舍，終食之間，未嘗或違。孔子告顔淵曰：「爲仁由己，而由人乎哉？」蓋言爲仁專在乎反己，己不自力，他人奚預焉？今曾子取友以爲仁，亦曰輔之而已，雖用力在己，而又得良輔，則切磋琢磨之益日增，而克己復禮之功亦多助矣。噫！後世師友之道不明，學者但知雕蟲篆刻，破碎經旨，以是爲文，所謂輔仁者，漠然不知爲何事！平居既無講貫之素，一旦出而事君，不仁而在高位，斲喪國脈，戕賊師友，皆不仁者之爲也，爲國家者，果何賴于若人哉！然則，修明師友講習之學，豈非人主之急務乎？

顔淵問仁。子曰：「克己復禮爲仁，一日克己復禮，天下歸仁焉。爲仁由己，而由人乎哉？」顔淵曰：「請問其目。」子曰：「非禮勿視，非禮勿聽，非禮勿言，非禮勿動。」顔淵曰：「回雖不敏，請事斯語矣。」

臣案，顏淵問仁，孔子告以克己復禮。夫具耳目口鼻四肢百骸而有此身，此身本與天地相似，與萬物一體，如之何而克己？曰，己與天地萬物本無隔也，而認八尺之軀爲己，則與天地萬物始隔矣，故惟克己，則洞然大公，不見有己矣。何謂克？曰，以艮卦所謂「艮其背，不獲其身，行其庭，不見其人」觀之，則是內不見己，外不見物，而克己之義瞭然矣。克己何以能復禮？曰，禮者，周流貫通乎天地萬物之間，無體無方，無不周徧。人惟認㊀八尺之軀爲己，于是去禮始遠。苟不認己爲己，則天高地下，萬物散殊，皆禮也。吾亦天地萬物中一物耳，無往非禮，而何有于己哉！故不克己則禮失，既克己則禮復。又發明之曰：「一日克己復禮，天下歸仁焉。」玩「一日」字，正所謂「朝聞道」也，正所謂「我欲仁，斯仁至矣」。凡人昏昏于物欲之中，如醉如夢，一日勇決，無牽制，無拘滯，無二三，此身與天地萬物了無阻隔，人卽己也，己卽人也，天地萬物，皆非形軀之所能間也，故曰「天下歸仁焉」，言天下皆在吾仁之內也。禮之復也，非是外復，仁之歸也，非是外歸，本一而非二也。又發明之曰：「爲仁由己，而由人乎哉？」前之己而曰克，此之己而曰由，豈有二己哉？曰，非有二己也，塵去鑑明，而卽此鑑也，雲消月皎，而卽此月也。未克己之前，雲也，塵也，皆蔽我、累我者也，烏可以不克？既克己之後，月也，鑑也，本如是光明，本如是瑩潔，動靜闔闢，變化運用，何所不可，故曰「由」，言爲仁在我而已，豈由他人哉！顏淵既領會夫子之大旨，而猶問其目者，蓋聖門師弟子之間，學聚問辨，不造其極不止也。克己復禮，特大綱也，又有條目焉，所以再叩夫子。夫子舉視、聽、言、動四者告之，蓋四者卽己內事也。己視、己聽、己

㊀「認」字，原本作「恐」，據龍本改。

言、己動皆己也，然微有非禮，則是爲己所蔽也，爲己所累也。夫惟非禮則勿視，非禮則勿聽，非禮則勿言，非禮則勿動，無斯須頃刻不在禮中，則是耳目鼻口心知百體皆由順正以行，至此尚何己之足累哉！顏淵即慨然承當此任曰：「請事斯語。」事云者，言從事于此也。聞聖言而不能行者，不足以言事矣。嗚呼！顏淵陋巷匹夫耳，聖師勤勤啟發，猶有天下歸仁之言，況人主奄有四海，必欲人人皆歸吾仁，可不奮一日克己之勇，置此身于禮度之中哉！如曰此事由人而不由己，則雖聖人，亦無所用其力矣。

仲弓問仁。子曰：「出門如見大賓，使民如承大祭。己所不欲，勿施于人。在邦無怨，在家無怨。」仲弓曰：「雍雖不敏，請事斯語矣。」

臣觀夫子答仲弓問仁，與答顏子之意，一也。說者但知夫子告顏子以克己復禮，而不知告仲弓者，亦克己復禮，而初無異旨也。禮器曰：「一獻之禮，不足以大饗，大饗之禮，不足以大旅，大旅具矣，不足以饗帝。」夫大祭之禮，至于饗帝則無以復加，此可以觀禮矣。仲尼燕居曰：「兩君相見，揖讓而入門，入門而縣興，揖讓而升堂，升堂而樂闋，下管象武，夏籥序興，陳其薦俎，序其禮樂，備其百官，如此而後君子知仁焉。」夫大賓之禮，至于兩君相見，則無以復加，此又可以觀禮矣。此章所謂大祭、大賓者，皆禮之盛也。一出門之間，而儼然如見大賓，一使民之際，而肅然如承大祭，當是之時，此心之清明靜瑩爲何如哉？故曰「如此而後君子知仁焉」。而春秋左氏傳載臼季之言亦曰：「出門如賓，使民如祭，仁之則也。」由是言之，仁、禮本一源，禮在是，仁即在是矣。而人之所以不能動合乎禮者，何也？有我之私累之也。人有不欲而施于我，我必有所不平，我有不欲，而可施于人乎？通人、己爲一，則己之所不欲，人亦不欲也，非人之所欲者，斷斷乎不可施于人，如是，則此心洞然大公，了無間隔，施之于家邦，人人在春風和氣之內，而又何怨之有？然則，勿施不欲，卽克之謂，大祭大賓，卽復禮之謂，而邦家無怨，卽所謂天下歸仁，夫子之告仲弓，卽其告顏子之旨也。回、雍皆在德行之科，足以傳夫子之道，故雍也請事斯語，亦奮然承當，與顏淵一同。熟誦此章，深味厥旨，于無怨一語，尤當玩索，蓋怨不在大，亦不在小，小人怨汝詈汝，則皇自敬德，爲國家而使一夫有怨心，則足以感傷和氣矣。欲人之無怨，惟仁者能之，而爲仁之要，不外乎克己復禮。聖人垂訓萬世，其明白的切如此。

蒙齋文集補。

慈湖先生之訓曰：「舜曰道心，明心卽道也。何道也？熙帝之載，亮采惠疇，凡流行乎事物之間，理當如是，而不容不如是者，何往非帝載乎？非道心乎？從五典，敘百揆，穆四門，納大麓，是帝載也，皆道心也。察璣衡，覲羣后，舉元凱，去四凶，是帝載也，皆道心也。舜命禹昌言，禹自敘刊木濬川，暨稷、益播奏艱鮮，與凡懋遷之事，是帝載也，皆道心也。嗚呼！果可以有精粗、本末論哉？果可以無精粗、本末論哉？果可以置有無、精粗、本末之論哉？」樂平楊文元公遺書閣記。

梓材謹案：謝山所録蒙齋文集二條，其一條移入慈湖學案。

雲濠謹案：謝山輯二袁先生文鈔引曰，二公之文頗相肖，較之慈湖則平正，而視廣平尤暢達焉，其在南宋亦名家也。清容居士在元文中爲眉目，接剡源之文統，然觀其集，源流頗自二公而出。清容之祖衞公，絜齋之徒也，衞公得師而不能傳其學，而清容亦僅傳其文云。

附錄

蒙齋題慈雲閣詩曰：「不見慈湖二十年，憂心如醉復如顛。我來忽見慈雲閣，恍若慈湖現我前。」補

絜齋門人

左司朱勵志先生元龍別見滄洲諸儒學案。

文清史自齋先生彌忠

忠宣史滄洲先生彌堅

華文史獨善先生彌鞏

史和旨先生彌林

朝奉史先生守之

知州史先生定之並見慈湖學案。

胡先生誼

胡先生謙合傳。

胡誼，字正之，胡謙，字牧之，奉化人，師事絜齋兄弟，文學皆爲鄉黨表式。

宗羲案：真西山言與袁肅同年，視絜齋爲丈人行，而于其德學則願師焉。是絜齋門人之盛亦可知也，而簡編殘缺，安得起故老而問之？梓材案：梨洲原本惟二胡先生與朱左司、袁彦淳爲絜齋門人，故有是語。

朱坦齋先生震

朱震，字震之，號坦齋，安吉人也。少從父宦青陽，朱子一見奇之。受業于絜齋袁氏。嘗與友人論顏子一間未達，曰：「以心體之，其間自見。」或論持敬，先生以爲，只須言存誠。晚年嘯傲林泉，讀書自樂，義理精洽。有益泉集二十卷。補。

都曹徐先生愿

徐愿，字恭先，昌國人也。開禧進士。受業袁正獻公之門爲高弟，蒙齋昆友俱推服之，故其學爲有本。其任福建提舉，勘定黃勇之難。所至涖事精勤，而操守介潔，出其緒餘爲文辭，亦超出流輩。補。

舒先生衎

舒衎，原名沂，字仲與，鄞縣人。初從袁正獻公遊，氣貌清臞，若不勝衣，而志念殊不碌碌。習禮經，作舉子業，屬辭奔放，不爲場屋程度所窘束。正獻甚異之，曰：「此子未易量也。」與之深語，益知其勉自植立、修身進德之要，未嘗忘于心。嘗登名禮部，試輒不利，發憤讀書，青燈熒然，夜分未寢。正獻謂其非徒擷菁華裔筆端而止，古人堂奥，將策而進焉。後親炙沈端憲、楊文元二公，又從東萊、呂忠公了約質疑請益，聞見日廣，智識日明，而踐履不倦。色養以孝聞，侍疾彌旬，衣不解帶，執喪哀毀，寢處不離次，蔬食三年。兄弟自爲師友，非義理不談。論古人物，分別邪正，如辨黑白。聞善人爲時用則喜，苟非其人，憂見于色。表裏真淳，鄉黨信重之，稱其賢，無異辭。參絜齋文集。

監嶽孫先生枝 別見滄洲諸儒學案。

進士朱先生介

布衣魏先生渠

正字洪錦溪先生揚祖

傅先生正夫 並見慈湖學案。

鄭先生節夫 別見嶽麓諸儒學案。

機宜邵先生叔誼 別見槐堂諸儒學案。

太師袁彦淳韶

袁韶，字彦淳，鄞縣人。淳熙中進士，官左司郎中。常爲判官，使者不敢慢語。後爲浙西制置使。卒，贈太師、越國公。

謝山跋宋史袁韶列傳曰：袁越公韶爲執政，世皆指爲史氏之私人，而卒以史氏忌其逼己而去，蓋嘗考其事而不得也。延祐志云:「李全反山陽,時相欲以静鎮,公言:『揚失守則京口不可保,淮將如崔福、卞整皆可用。』適崔以閫命來,樞府公夜與同見。故事相府無暮謁者。公力言崔可用,相疑不悦,卒罷政歸。」是傳出于越公曾孫清容之手,宋史亦本此。及讀清容集,則公尹行都,築射圃,以馮將軍射法,每旬校閲。山陽弄兵,公責時相不發兵坐視,以至去國。于時領兵殿巖者幾欲承受風旨,襲夏震事以報私恩,然則史、袁相逼,果有不可言者,讀宋史者所不知也。越公少爲絜齋之徒,不能承其師傳,呈身史氏,以登二府,其晚節思扼其吭而代之,進退無據,雖所争山陽事,史屈袁申,然以越公之本末言之,要非君子也。

絜齋私淑

文忠真西山先生德秀別爲西山真氏學案。

文清劉漫堂先生宰別見嶽麓諸儒學案。

蒙齋門人汪、許五傳。

正字洪錦溪先生揚祖別見慈湖學案。

文定陳先生宗禮

陳宗禮,字立之,南豐人。少貧力學,從袁蒙齋遊。登淳祐進士,積官至參知政事。理宗時,嘗言星變在修德布政，以回天意。度宗卽位，上疏言：「恭儉之德，自上躬始；清白之規，自宮禁始。」上曰：「孝宗家法，惟賞善罰惡爲尤謹。」因言：「有功不賞，有罪不罰，雖堯、舜不能治天下，信不可不謹。」又言：「天命人心，因其警戒而加敬畏，天命未有不可回，因其未墜而加綏定，人心未嘗不可回。」及卒，贈開府儀同三司，追封盱江郡侯，謚文定。所著有寄懷斐稾、曲轅散木集、兩朝奏議、經筵講義、經史明辯、管見、人物論。參史傳。

監稅真先生志道別見西山真氏學案。

蒙齋續傳

教授袁先生裒父傒。

袁裒，字德平，絜齋之曾孫，蒙齋之孫也。父傒，通判潭州。先生以安定書院山長授海鹽州儒學教授，未拜而卒。族子清容桷表其墓曰：「方至元十五、六年間，故家猶亡恙，時君年二十，桷年十四、五，私相議曰，宦族久當圮，宜蘄爲傳遠計。未幾，正獻宅火，留城南，遂各盡晝夜，濬源鉤思，探索幽隱，以黜陳辭爲己任。考閩、蜀、東浙、永嘉、湖南、江西之儒，先合其異同，不在士貴耳，雜書襲訛，輒言行者尊之，吾與子所當辨。更二十年，各宦遊四方，君以憂窶困躓，酒酣語豪，卒不少貶折，詩筆益温雅简

㊀「詩」字，原本作「有」，據龍本改。

潔。察其學，猶以昔所言自任。」參清容居士集。

梓材謹案：謝山學案劄記云，袁裒有贈仇仁近詩。攷兩浙名賢録，仁近名遠，號山村，爲溧陽州教授，工詩文。

彦淳續傳

文清袁清容先生桷別見深寧學案。

宋元學案卷七十六

廣平定川學案

黃宗羲原本　黃百家纂輯　全祖望補定

廣平定川學案表

舒璘（德觀子。重持之壻。晦翁、南軒、東萊、象山、老楊門人。延平、白水、籍溪、屏山、五峯、紫巖、庇民、息齋、劉氏、王氏、玉山、三山、芮氏再傳。元城、龜山、和靖、譙氏、武夷、）
- 子鈃
- 子鉦
- 子銑
- 子鍇
- 子鏮

李元白
- 從孫津——李淯孫
- 從孫澥
- 子以稱
- 子以制
- 安劉
- 王良學別見深寧學案。

待全、紫微、豫章、橫浦三傳。
涑水、明道、伊川、滎陽、了翁、廌山、子文四傳。

袁肅別見絜齋學案。
羅子有
鄧夢真
汪行簡
戴泳

舒琥
廣平兄。

舒琪——諸葛生
廣平弟。
並象山門人。

沈煥——子傳曾
公權子。
復齋門人。
大涵、襄陵再傳。
伊川三傳。
子魯曾
子省曾
子敏曾
竺大年
舒衍別見絜齋學案。
舒銗見上廣平家學。
呂喬年別見東萊學案。

沈炳
定川弟。

象山門人。

楊簡別爲慈湖學案。

袁燮別爲絜齋學案。

呂祖儉別見東萊學案。

廣平、定川講友。

楊琛

廣平同調。

廣平定川學案序録

祖望謹案：楊、袁之年輩後于舒、沈，而其傳反盛，豈以舒、沈之名位下之與？嘻！是亦有之。然舒、沈之平實，又過于楊、袁也。四先生中，沈先生師復齋，宋史混而列之。述廣平定川學案。梓材案：舒、沈二先生，梨洲本並在金溪學案，謝山始立爲廣平定川學案。

張陸門人胡、汪再傳。

文靖舒廣平先生璘

舒璘，字元質，一字元賓，奉化人也。婦翁爲同里童大定，楊文靖公弟子也，故先生少得聞伊洛之說。先生狀貌不踰中人，而雅有大志，恥以一善自名。每自循省，苟不聞道，何以爲人？汲汲乎如飢者之索食。遊太學，結交皆良友。時張宣公宦中都，請益焉，有所開警。朱子與呂成公講學于婺，徒步往從之，以書告其家曰：「敝牀疏席，總是佳趣；櫛風沐雨，反爲美境。」又與其兄琥、弟琪同受業陸子之門，兄弟皆頓有省悟，先生則曰：「吾非能一蹴而至其域也，吾惟朝夕于斯，刻苦磨厲，改過遷善，日有新功，亦可以弗畔云爾。」于是躬行愈力，德性益明。其學以篤實不欺爲主。成乾道八年進士，爲江西轉運司幹官。有忌之者，望風心議，及與之處，了無疑間。教授徽州，徽之士習久壞，先生奮然曰：「士之美惡，獨不在我乎！」則以身率之，教以日用常行之道，諸生漸知所向方。先生不憚勤勞，日日詣講，隆冬酷暑，未嘗少怠。築風雩亭，以時會集，暮夜亦間往。日有講求涵泳之功，質有頑鈍不善者，循循善誘，不敢加忿疾，端棨矱以感格之。謂諸生曰：「某亦幼不知學，及壯入成均，藉師友發玥，以拯淪胥之患。今欲以其所同然者，公之君輩。」新安宿儒楚椿、汪廷佑等，先生以書幣延之爲學正。有辭不至者，卑詞宛轉託其親友以致之，使學者知所矜式。又著詩、禮二解以授學者。時沈公叔晦爲國録，先生曰：「師道尊嚴，吾不如叔晦，若啟迪後進，吾不敢多遜。」于是司業汪逵首欲薦先生。或謂舉員已足，逵曰：「吾職當舉教官，舍元質其誰先？」卒薦之。留丞相正曰：「天下第一教官也。」而徽人亦曰：「吾鄉學問之途，賴先生窒而復通。」先生素以天下爲己任，雖居冷官，未嘗忘世事。時時爲徽之牧守言荒政、茶鹽、常平、義倉、役法，皆鑿鑿可見之施行。牧守雖不能盡用，間有所採。尤留心中朝治亂之故。樓宣獻公授舍人，先生貽之書曰：「十月震雹，甚異，大防當思所以爲宗社久安計，不致以賀詞進。」寧宗卽位，先生貽徐忠文公書曰：「聞山陵地尚未定，聞大安宮只就南內，又聞新君猶未得躬問寢禮，不審遲疑何故？某憂國之念搖搖如懸旌。」又曰：「民命病極矣！水災甚廣，中朝曾作利害事拈出否？」又貽陳郎中英仲書曰：「集賢總百官，晦翁侍講席，諸君子亦次第位乎朝矣，而傳聞時政尚猶泮渙。事固不可以驟，然今日諸賢大約回護之功多，而誠實之意少，上焉者議論不切事情，下焉者祇欲相安無事，雖有憂國之心，未有善後之機，日復一日，機不再來，甚可憂也。」及聞諸公多求退，先生又貽之書曰：「某不勝杞國野人之憂。若皆相時潔身以退，緩急將誰任？」已而朱文公等相繼去國，先生歎曰：「吾輩短氣矣！」呂忠公南竄，先生貽之書曰：「所冀緝熙學力，不磷不緇，否泰循環，吾道未必終窮也。」蓋先生之惓惓世道者如此。初，諸公欲薦，先生皆力止之曰：「是非吾志也。」其後，自禮部尚書尤袤以下，推挽者衆，不得已，受之，然不稱門生，嘗答諸舉主書曰：「利欲之移人，孔門自顏、閔之外，如仲弓、子夏、子路、子張之徒皆未免。厥後，士益失己，僥倖于富貴利達者衆，而孟軻氏灼見義理之原，欲挽其弊而返之，于是有龍斷之喻，墦間之喻，鑽穴之喻，所以起天下羞惡之心，而世莫之聽，上之所謂旁求俊彥既喪，下之所謂素位而行又乖，故上則挾富貴以臨下，下亦冒廉恥而干上，薦之者既自以爲恩于彼，而受者亦以爲恩于我，遂使聖人舉賢之公道，一變而爲干禄之私情。拜爵公朝，謝恩私室，門生恩府之稱，自唐以來數百年，名卿大夫亦未能變。豈不曰，人皆有欲貴之心，人應有報德之事，彼既以知己遇我，吾不委己而歸之，非人情歟！抑不知古人之事上，苟理義相同則志意交孚，其合也，講道于一堂，其暌也，晤對于千里，出處用舍，禍福利害，其關節脈理之相應，雖無私情之感，而斷金之利，蓋有終其身而不忘者。苟其舍是，而必欲委己以露其感恩之狀，所舉賢邪？知己之報，固當不然，見利則逝，見便則奪，而亦何恩之有？蓋勢利之交出乎情，道誼之交出乎理，情易變，理難忘也。」諸舉主得書，亦雅重之。遷平陽縣，以太守政頗苛，舉民病上告，辭嚴義正，太守爲之改容。聽斷訟獄，人服其平。踰年，自喜曰：「簿書鞅掌，幸不至以勞斲喪本心，蒙雜而著，聖言豈欺我哉！」秩滿，通判宜州，未赴，卒，徽之士子祠之學宮。楊文元公嘗曰：「元質孝友忠實，道心融明。」袁正獻公則曰：「元質平生發于言語，率由中出，未嘗見其一語之妄，所謂『有孚盈缶』者。」樓宣獻公亦曰：「元質如熙然之陽春。」所著有詩學發微、詩禮講解、廣平類藁。雲濠案：史傳詩禮講解作于教授新安時，今佚。文靖集二卷行世。淳祐中，賜謚文靖。先生嘗自言，樸拙不能文章，然淳祐詔正文體，特舉先生文，稱其厚重質實，以爲世鵠。予求得其類藁殘本，讀之，則固德人之言也。五子，曰銗、鉦、銑、錯、鐻，皆能傳其家學，未嘗一毫苟求。銗爲沈端憲壻。銑爲楊文元壻。修。

祖望謹案：甬上四先生之傳，陸學袁、楊以顯達，其教大行，然較其年齒資格，則在舒、沈之下。宋史作舒沈傳，寂寥短簡，不足以見其底蘊。梨洲始求得廣平類藁殘編，其中有足資考證者，予因據之，別爲舒傳。又近得定川言行録，因據之，別爲沈傳。微特學案所闕，他日有重修宋史者，亦將有所采也夫。

廣平類稾

成物之道，咸在吾己，我念無虧，精神必契，一或有欠，無限格言，總成虛語，端知爲己之學，誠不宜一毫有虧損也。

持敬之説，某素所不取。我心不安，強自體認，強自束縛，如篾箍桶，如藤束薪，一旦斷決，散漫不可收拾，理所宜然，夫子教人，何嘗如是？入孝出弟，言忠信，行篤敬，出門如見賓，使民如承祭，此等在孩提便可致力，從事無斁，則此心不放，此理自明。以上答葉養源。

家庭鄰里，蕩子弟耳目者不少，所藉以浸灌者，特指授間示之言行規矩，俾觀感于精神之妙。同上。補。

此身不過天地間數十年之物，而昭然理義，蓋千古不磨，平時要著明處，不可以數十年之物而失其所謂不磨者。與吕子約。

本原既明，是處流出，以是裕身則寡過，以是讀書則畜德，以是齊家則和，以是處事則當。答袁恭安。

郡庠規模，只如家塾，日導其良心，俾與聖賢不異，就日用間知簡易明白處，與之講究，勉焉孜孜，不敢責效。同上。補。

平時以聖賢經書、前輩議論粧裹作人，自己良心先不明白，一旦處外境不動，難矣哉！答劉淳之。

書曰:「德惟純一,動罔不吉。」純一是心,乃克主善,善爲吾主,動靜㊀皆應,雖酬酢萬事,罔有他適,則向之所謂雜者,自無所容立矣。不然,雖外境若相宜,而失己殊甚,欲其日新,難矣!答趙公夫。

宗羲案:廣平之集,久不傳矣,近得之其子孫。所論常平茶鹽、保長、義倉、荒政,皆鑿鑿可見之行事,而言學者甚寡,則其遺逸者尚多也。今删節一二,亦可以知其大概矣。

梓材謹案:梨洲所録廣平類稾八條,今以其一條移附西美傳後,又一條移入晦翁學案。又謝山續録二十一條,今移附沈季文傳後一條,又爲羅子有立傳一條,又移入徐陳諸儒一條。

象山行狀載有子、伊川事,鄙意謂,此等未易輕以告人,人情欺蔽,道心不著,不知者,徒生矛盾,既知之,彼自能辨。此間尊晦翁學甚篤,某不暇與議,良心既明,往往不告而知,用是益知自反,不敢尤人。與楊敬仲。以下補。

祖望謹案:此條不無可議,末二句則聖學之至醇者。

某人去國彈章,與所聞皆合,不知此老何事至此?隨物變遷,學問不見實地,吾儕正自可畏,相與勉進,以堅己道爲幸。與袁和叔。

吾友筆下取科第有餘,然所歉不在此,只大本未明,故筆下多□□□□。耳根易熟,要須成德爲行,乃爲實地。答楊叔中。

與世不偶,此不在他人,更須自反。使在我日用嚴密,人當自信,若彼此立見,非無我之道。

㊀「静」字,原本作「靜」,據龍本改。

六經旨趣深長，平時學有根源，發之自不可揜。近人欲務新奇，巧于穿鑿，輕躁浮露，殊乏器識。以上通答都漕。

吾㊀兄趣向甚佳，更乞相與切磋，毋逐外，毋守氣，反觀內省，以充厥德。與江司法。

平生荷師友箴警，至頑不入處，雖叱罵亦欣受。答徐主簿。

人之良心，本自明白，特患無所感發。一朝省悟，邪念釋除，志慮所關，莫非至善。

爵祿甚輕，名義爲重。以上與樓大防。

窮達外境，無累厥心。與黃子耕。

良心之粹，昭如日月，無怠惰鹵莽之念，則聖賢可策而到。與汪清卿。

人心易明亦易惰。與徐子宜。

朋友在利達者，類不滿人意，故□宦不敢入都。□□□□。

平生志趣，不敢爲矯激事，但覺汲汲于利祿，求薦與夫委身人門，皆中心所不安，故不爲。答薛象先。

好樂貪羨之心掃除不盡，是心終不獲與聖賢同。蓋天之付與于我者，其良心之粹，無好樂，無貪羨，擴然大公，惟理之順，聖賢先獲我心之同然，故窮達用舍，安于理義之常。謝傅漕薦舉劄子。

祖望謹案：先生有謝薦舉啟云：「欲貴，雖人心所同，枉道則君子所恥。苟非其義，而祿以千

㊀「吾」字，原本作「吴」，據龍本改。

馴，寧爲之範，而不獲一禽。故道可爲邦，甘居陋巷，人爭言志，獨樂舞雩，固非矯激以沽名，是乃從容而就義。某質則甚陋，學不自强，尚論古人，雖信有爲亦若是，退省終日，欲求寡過而未能。一覘頹風，益乖雅志，富貴是所欲，亦何至求龍斷而登？妻妾尚知羞，又豈可乞墦間之祭？方將辭尊居卑，而辭富居貧，敢意以賢詔祿，而以功詔爵？忽蒙特達，莫稱獎提，所到未可量，殆使益堅其素履，我心不可轉，庶幾無負于殊知。若乃私第公朝，古人至戒，門生恩府，叔世鄙辭，既非先進所樂聞，亦豈後生之敢效！」先生不以文自命，然如此駢語，非浮溪野處所能爲也。

謝山廣平先生類稾序曰：「舒文靖公之學，得于其婦翁童持之，故楊文靖公高弟也。文靖未成進士，又受業于張公南軒，因徧求益于晦翁、東萊，而卒業于存齋。四先生之中，莫若文靖之淵源爲最博，其行亦最尊。其生平所著詩說、禮說，皆爲經學之宗，廣平類稾則其文也。寶慶志云：『嘉定初，朝廷革文弊，選前輩之文以範後學，舒文靖公實冠編首。世知文靖之理學，而不知其文爲當時宗仰若此。』當文靖時，巨公元夫甚多，乃以其文冠者，蓋其心氣和平，而議論質實，足以消詭誕之習俗。嘗聞諸淸容之言，以爲淳熙以後，多竊取國策、莊周之詞，事遽起而輟，語未畢而更，斷續鉤棘，荒唐變幻，淪胥而莫能以捄，斯其所以亟取于文靖之文也。夫行狀稱文靖于舉主無稱門生者，今觀其謝薦諸啟，皆引古誼以相規，大儒風節，不肯少屈如此，是豈可以區區文字目之哉！」

雲濠謹案：謝山爲四先生祠堂碑文云：「廣平經術深于詩、禮，而尤爲吾鄉說詩大宗。」又案：謝山奉臨川帖子一曰：「舒公廣平之在陸氏，猶朱子之有勉齋也，聞人有詆朱子者，廣平輒戒以不可輕議，則必欲排朱以申陸者，非真有得于陸可知。」

象山門人

鄉貢舒先生琥

舒琥，字西美，文靖兄也，鄉貢進士，共學于陸子。兄弟家居，講貫若合符契，罔有差別，陸子稱其樸茂無他蹊徑云。

附錄

廣平答劉淳之書曰：「西美先兄進學之初，親庭甚喜。先妣未能無疑，一日問曰：『爲學儘好，萬一飢餓，如之何？』曰：『飢餓自當順受，若不知學，必須隕穫失措，寡廉鮮恥，惟知學乃能安于義命，隨順區處，終不至喪身失節。子曰：「君子固窮，小人窮斯濫矣。」』妣氏聞之，乃釋然大喜。」補。

舒先生琪

舒琪，字元英，文靖弟也，共學于陸子。家居教授鄉曲子弟，亹亹可觀，慈湖雅重之。

復齋門人焦、許再傳。

端憲沈定川先生煥

沈煥，字叔晦，定海人也。父鎮東簽判銖，嘗受業焦氏，以私淑程子之學，里中奉爲人師。先生少卽潛心經籍，精神靜專，未嘗騖于末習。頎而美髯，偉儀觀，尊瞻視，音吐渇暢，試入太學。時師友道喪，學校絕無講磨之功，先生始一振其弊。臨川陸文達公九齡同在齋舍，先生以師禮事之，文達曰：「叔晦挺然任道之資也。」益以取友爲急，嘗曰：「此天子學校，英俊所萃，當擇賢而親，不可固閉。」有初入學者，告以同遊中可爲師爲友者甚悉。時謂先生開師友講習之端，得古人相勸爲善之義。僉判每對客，先生拱立其旁，或侍酒則竟席不敢卻。簽判性嚴，不合意卽誨飭之。先生自以資稟剛勁，非所以侍庭闈，疾自砭劑，大書「祭義深愛和氣婉容愉色」數字于壁，自觀省焉。門人弟子決疑請益者，自遠而至，啟告簡嚴，初若不可親，已而昏者明，柔者立，鄙吝者意消，師道益尊。授上虞尉，府檄所委，非其義不往，帥亦不敢強。未嘗遣吏輕至民家，政聲以最著。或傳參知龔茂良意，令往見之，卒不赴。調揚州教授，未上，除學錄。先是，教官不甚與諸生接，先生以所躬行者淑諸人，旦暮延見，司業不樂也。又言「三舍取士，當參以平日譽望，不當秖決于一試」，司業不以爲然，先生持之自如。會充殿試考官，序立庭下，孝宗偉其貌，遣內侍問姓名，而丞相趙雄盛稱先生居官匪懈，以諷切其餘，忌者滋甚。或謂先生姑營職，道未可行也。歎曰：「道與職豈有二乎！」因發策試諸生，引孟子之言曰：「立乎人之本朝而道不行，恥也。今赧然愧于中者，可無其人乎？」于是聞者俱恨，嗾御史言先生與長官爭議，非安靜者，宜少裁抑之，以養其器，他日更拔用之，遂外補高郵軍教授。居官僅八十日，方會食監中，夷然不驚，敘別而去，謂同事曰：「吾豈不知詭隨苟容以取光寵？朝夕兢兢，淪胥是憂，故不爲也。」初，先生之與司業爭也，或謂司業深情厚貌，宜少防之，先生曰：「司業遇我厚，豈敢逆詐哉！既得罪，乃知下石者不獨一人也，而司業與焉。先生曰：「果厚貌深情乎？」亦無怨也。充浙東安撫司幹官，高宗山陵，有司次舍供帳酒食之需，供給不暇，先生以爲：「國有大戚，而臣子宴樂飲酒自如，安乎？」亟言于安撫鄭汝諧，卽屬先生條奏，且薦爲修奉官。先生移書御史，謂當先治喪紀，使貴戚公卿之心動，則芟舍菲食自安，不煩彈刻，需索自絶。于是治吏之並緣爲奸者，追償率斂者。歲旱，分賑上虞、餘姚，無復流殍。部使者與大帥交章薦，侍從亦請召之，孝宗猶記其風度，曰：「是向爲學官，人物甚偉者乎？」將用之，而丞相趙雄已去，小人百計思阻之，乃作爲朋黨論，列圖爲三，疏士大夫三十四人姓名于下，某已去，某猶在，以爲先生所作，欲激衆怒而共排之，謗議果喧。有一從臣以百口保其不然，得稍息，而從此不復召矣。改知婺源，三省合前後薦章以聞，詔遷通判舒州。待缺里居，與鄉老史文惠王浩、汪莊靖公大猷舉行義田，文惠割其竹洲之別業以居先生。尋病，不廢讀書。垂絶，拳拳以母老爲念、善類彫零爲憂。丞相周必大聞其訃曰：「追思立朝不能推賢揚善，予愧叔晦，益者三友，叔晦不予愧也。」先生于辭受取舍尤嚴。嘗遊中都，其帥雅知先生，以其貧，欲厚貽之，先生曰：「義不可受，來則難卻。」卽日出關。故人典方面，贈以金，先生曰：「向也閒居，嘗受君賜，今有微禄，不當兼受。」富人欲以女妻先生子，固辭之。永嘉薛象先在太學，頽然衆人中，無知之者，先生一見稱之，以爲學問見地在行輩中無其匹，聞者未信，其後果有盛名。所著有定川集五卷。寧宗官其子省曾。理宗贈直華文閣，賜諡端憲。修。

宗羲案：楊簡、舒璘、袁燮、沈煥，所謂明州四先生也。慈湖每提「心之精神謂之聖」一語，而絜齋之告君，亦曰「古者大有爲之君所以根源治道者，一言以蔽之，此心之精神而已」，可以覩四先生學術之同矣。文信國云:「廣平之學,春風和平;定川之學,秋霜肅凝。瞻彼慈湖,雲閒月澄;瞻彼絜齋,玉澤冰瑩。一時師友,聚于東浙。嗚呼,盛哉!」

祖望謹案:甬上四先生之傳陸學,楊、袁、舒皆自文安,而沈自文達,宋史混而列之,非也。四先生之遺文,亦惟沈集絶不可見,惜夫!

定川言行編袁正獻公所輯。補。

吾儕生長偏方,聞見狹陋,不得明師畏友,切磋以究之,安能自知不足?前無大敵,短兵便爲長技,甚可懼也。

學者工夫,當自閨門始,其餘皆末也。今人驟得美名,隨卽湮没者,由其學無本,不于閨房用力焉。故曰,工夫不實,自謂見道,秖是自欺。

晝觀諸妻子,夜卜諸夢寐,兩者無愧,始可言學。

啜菽飲水,貧寒所不免,惟盡其歡則可。盡歡二字,學者當熟味之。

嬰兒戲于親旁,呼之則至,撫之則悦,了無間隔。學者此心常存,可謂孝矣。

錢盡再來,事幾一失,不可復得,李宰相絳之言也。

吾儒急務,立大本,明大義耳。本不立,義不明,雖討論時務條目何爲?

學者無以精神凋喪于陋巷偏僻之習。

梓材謹案:謝山所録定川説九條,其末條移入晦翁學案。

附錄

袁絜齋狀其行曰：「考君生平大節，寧終身固窮獨善，而不肯苟同于衆，寧齟齬與時不合，而不肯少更其守，凜然清風，振聳頹俗，使時見用，必能震朝廷之綱，折奸回之萌，屹立中流，爲世砥柱，亦可爲難矣。然世之知君者，如此而已。至于日進其德，駸駸自期于純全博大者，鮮能知之。君雖人品高明，而其中未安，不苟自恕，知非改過，踐履篤實，其始面目嚴冷，清不容物，久久寬平，可敬可親。面攻人之短，退揚人之善，切磋如争，歡愛如媚，古所謂直而温，毅而宏者，殆庶幾乎。始居家塾，非聖哲書，未嘗誦習，及遊太學亦然。嘗作詩箴其友曰：『爲學未能識肩背，讀書萬卷空亡羊。』每稱陶靖節讀書不求甚解，會意欣然忘食，此真讀書者，史籍傳記，采取至約。後與東萊呂公伯仲極辯古今，始知周覽博考之益。凡世變之推移，治道之體統，聖君賢相之經綸事僕，孜孜講求，日益深廣，有足以開物成務者，其可敬也夫！」又編言行曰：「君天資高邁，語勁而氣充，足以祛人鄙吝之習，養人正大之氣。憂國發于至誠，語及時事，常頻顣，處心積慮，未嘗不在斯世。始予與君還往時，方務記覽，恥一不知，日夜勞苦，君爲予言：『吾儒之學，在植根本，無妄敝其精神。』予恍然異之。聽君議論，宏大平直，坦乎如九軌通衢，而反視予所習者，縈紆繚繞，直荒蹊曲徑而已。乃盡棄其舊業，精思一意，求所爲根本者，君又爲予引之諸師友間，以恢廣其所未至。君之成就友朋，而大有功于吾道者若此。」

雲濠謹案：謝山爲四先生祠堂碑文云：「定川與東萊兄弟極辯古今，閎覽博考。晚年，雖病中不廢觀書。」

象山門人

徵君沈先生炳

沈炳，字季文，端憲之弟也。年未四十，棄去場屋，師事象山，務窮性理。趙忠定公以遺逸薦之，不就，固窮終身。補。

附錄

舒廣平答季文書曰：「所示太極説，謂易之極即心之極，甚善。人皆有此極，而不自明，無他，私念障之也。」補。

謝山竹洲三先生書院記曰：「竹洲在鄞西湖之南，蓋十洲之一。三先生，沈端憲公暨其弟徵君季文參之以金華呂忠公也。史忠定王歸老，御賜竹洲一曲，壽皇爲書『四明洞天』之闕以題之，即所稱真隱觀者也。忠定最與端憲厚，故割宅以居之，而徵君亦授徒于忠定觀中，于是端憲兄弟並居湖上。其時忠公方爲吾鄉倉監，昕夕與端憲兄弟晤，顧公治在城東，還往爲勞。有船場官王季和者，忠公友也，曰：『是易耳。』乃以場木爲製船。每忠公輿至，輒泛棹直抵湖上。端憲從水閣望見之，輒呼徵君曰：『大愚來矣。』相與出迓于岸上，或竟入講堂，討論終日，或同泛湖上。忠公爲詩以紀之曰，『湖光拍天浮竹洲，隱然一面城之幽。中有高士披素裘，我欲從之恐淹留。探囊百金辦扁舟，又煩我友著意修。微風一動生波頭，飛棹來往倦則休』是也。方端憲遊明招山中，忠公之兄成公尚無恙，相與極辯古今，以求周覽博攷之益，凡世變之推移，治道之體統，聖君賢相之經綸事業，孜孜講論，日益深廣，期于開物成務而後已，則夫忠公之來，所以商量舊學而證明新得，當不知其若何也。端憲之父簽判，故程門私淑弟子，端憲則受陸文達公之傳，而徵君師文安，其兄弟分宗二陸，宋史竟以端憲系之文安門下，誤也。端憲尤睦于成公，及其家居，忠公又官于鄞，切磋倍篤，故沈氏之學，實兼得明招一派，而世罕知之者。」

舒沈講友

文元楊慈湖先生簡別爲慈湖學案。

正獻袁絜齋先生燮別爲絜齋學案。

忠公呂大愚先生祖儉別見東萊學案。

廣平同調

博士楊先生琛

楊琛，字獻子，奉化人。負器識，富文學，紹熙四年進士。嘗爲江東提刑司幹辦公事。經學淵源，鄱陽士多師事焉。拜國子博士，召試館職。時韓侂胄專政，遂拂袖歸，杜口不言時事。端平初，特官其子斯立。參寧波府志。

廣平家學胡、汪三傳。

學士舒先生鈃

舒鈃，字和仲，文靖之長子，純仲其弟也。袁正獻公嘗與先生書曰：「賢昆仲朝夕歡聚，浸淫磨礱，有日新之益，此乃兄弟爲友朋也，甚善。更宜日課一經一史尤佳。學者但慕高遠，不覽古今，最爲害事。子路曰：『何必讀書，然後爲學？』夫子曰：『是故惡夫佞者。』是雖聖人，于書不敢廢，況他人乎。純仲近讀何書，更在賢伯氏稈督之耳。」補。

祖望謹案：正獻公與先生帖，蓋在守江州之時。帖尾諄諄勸讀書，嘗見延祐、慶元志中。載正獻一帖，亦答舒氏兄弟者，大畧與此相同。深戒學者鶩高遠而不覽古今，此是當時爲陸學者之習氣，正獻及之，不一而足，可以知陸學本不如此，及其流弊至于如此，則是傅子淵、包顯道之徒有以致之，而楊、袁不爾也，故延祐志所載帖，極稱慈湖之讀書，此帖正可彼此互相證明。陸學精處，正在戒學者之束書不觀，游談無根，學者可不戒乎！

舒先生鉦

舒先生銑合傳。

舒先生鍇合傳。

舒先生鐻合傳。

舒鉦、舒銑、舒鍇、舒鐻皆文靖子，而和仲之弟。文靖既没，諸子壹遵先訓，秩然有倫，相勉以善道，鄉黨中以爲儀表云。參袁絜齋集。

梓材謹案：文靖之子有字敬仲、字純仲者，未知于四先生何當也。

廣平門人

博士李三江先生元白附子以稱、以制。

李元白，字景平，本奉化人，遷居鄞之三江口。其大父佾，烈士也。建炎之難，張俊、劉洪道棄郡走，蔣安義迎降，列城瓦解，佾奮然曰：「河北二十四郡，豈無人乎？」因與董之邵、任戬共起義兵于奉化之泉口。女真兵至，三戰三卻之，奉化以是得完。事定不言功，而恩賞亦弗及。至先生，始以儒術起。初，受業于蔡文懿公幼學，傳其經制之學。已而受業廣平。文懿爲舍人，以先生上世起兵事聞，進論其功，有詔贈佾修武郎。先生累官至國子博士，深于詩、禮。其論荒政賑卹，極有條理，皆得之廣平者也。三江舊有李朝散祠，蓋先生講學之地，元時尚存。鄭真嘗言于當事重葺之，而今不可問矣。先生子以稱、以制、以益，從弟㊀□伯誨、伯森，皆踵世科，而以稱與先生同登第，時人傳爲佳話。以制嘗爲徽州

㊀「弟」字，原本作「第」，據龍本改。

教官，人皆稱其有廣平遺法。

少卿袁晉齋先生肅別見絜齋學案。

羅先生子有

羅子有，新安諸生之一也。廣平與徐子宜書有云：「羅氏子進學不怠，向所得，全是釋，今轉得甚端的。」補。

鄧先生夢真

汪先生行簡合傳。

戴先生泳合傳。

鄧夢真、汪行簡、戴泳與羅子有皆廣平之徒也。廣平在新安與慈湖書言：「與學中諸生，自得羅子有、鄧夢真、汪行簡、戴泳，皆有起發可進。」今皆不可考矣。

元英門人象山再傳。

諸葛先生□

梓材謹案：謝山奉臨川帖子五引呂大愚遊候濤山記云：「舒元英亦與其徒諸葛生來。元英，廣平弟也。」攷諸葛氏爲越中藏書三家之一，後以其書入四明。四明志：「紹熙元年，進士諸葛安節，貫紹興，與豐宅之同榜。」宅之與元英爲同門，嘉定十三年進士。諸葛十朋，安節從子，元英之徒，當即其人。

定川家學焦、許三傳。

沈先生傳曾

迪功沈先生魯曾合傳。

別駕沈先生省曾合傳。

沈先生敏曾合傳。

沈傳曾、魯曾、省曾、敏曾，並叔晦子。皆業儒，傳父業。魯曾改名木山，用本宗蔭爲迪功郎。參周益公集。

雲濠謹案：省曾爲端憲第三子，字智甫，官別駕，袁蒙齋嘗贈以序，爲言端憲之宏智淵識。

定川門人

竺先生大年

竺大年，字耕道，奉化人。性行嚴重，長于說禮，鄉人皆化之，爲沈氏之入室也。著有禮記訂義。楊琪銘其墓。

宗羲案：竺氏先世服田，大年之父竺頎始遣其子從師。他日喜而語舒廣平曰：「諸子自得師，粗厲之習，變而爲儒雅，暴慢之氣，轉而爲温厚，非曩日比矣。」蓋頎之意亦淺鮮矣，而豈知追源學脈者，乃及大年哉！然則，人亦何必羡夫貴仕也。

舒先生衍別見絜齋學案。

舒先生鈃見上廣平家學。

呂先生喬年別見東萊學案。

舒氏續傳

郡守舒先生津

太學舒先生澥合傳。

舒津，字通叟，文靖之從孫也。登景定三年進士第，遷太學博士，知平江府。弟澥，字平叟，景定八年入太學。通叟讀書績學，平叟清苦獨立，皆傳其家學者也。補。

三江門人象山三傳。

吏部安先生劉

安劉，汴人，居鄞之小溪。以詩義冠多士，善清言，三歷祕丞郎官。嘗爲賈相客，而以科名自持，卒不得用。按先生官至吏部，其詩學得慶源輔氏之傳。補。

梓材謹案：是傳本之袁清容師友淵源録。謝山詩話以先生爲廣平再傳弟子，蓋三江門人也。

王先生良學別見深寧學案。

通叟門人胡、汪五傳。

州判李霽峯先生洧孫

李洧孫，字甫山，寧海人。師事舒通叟。登宋咸淳甲戌進士第，授迪功郎、黄州司户參軍，未上而宋亡。大德六年，爲杭州儒學教授，以黄巖州判致仕。人稱爲霽峯先生。修。

宋元學案卷七十七

槐堂諸儒學案

黃宗羲原本　黃百家纂輯　全祖望補定

槐堂諸儒學案表

傅夢泉——從子道夫
　　　　從子正夫　別見慈湖學案。

陳苑別爲靜明寶峯學案。
曾潭續傳。

鄧約禮——子泳
　　　　傅子雲見上象山門人。

鄧遠

傅子雲——葉夢得

黃叔豐

張商佐

熊鑑

黃裳

彭興宗——陸持之別見象山學案。

詹阜民——喻仲可
——顧平甫

利元吉

陳去華

諸葛千能——高公亮

諸葛受之

石斗文

石宗昭——鍾穎

石余亭——黃奇孫別見滄庵學案。

石氏續傳。

孫應時——史彌堅別見慈湖學案。
——胡衍見下崇禮家學。

胡拱

胡撙——子衛
——子衍

陳剛
朱桴
朱泰卿
李伯敏
符初
周清叟
嚴滋
林夢英
張孝直
饒延年
鄒斌——吳淵
　　　——吳潛
趙師雍
趙師蒧
包揚——子恢
包約
包遜——羅必元見下𩣡塘門人。
高商老

孟渙

李雲

豐有俊

潘友文

張明之

周良

董德修

危稹——羅必元

　　　　羅晉君

　　　　柴中守別見丘劉諸儒學案。

　　　　歐陽鎮——羅晉君見上鼇塘門人。

　　　　馮曾

　　　　並北谷講友。

吳紹古

章節夫

游元

高宗商

李肅——子復見上象山門人。

李復

徐子石——弟元德

晁百談

王允文

黄枏

父文晟。

黄椿

黄桀

俞廷椿

邵叔誼——子魯子

繆文子

江泰之

徐仲誠

趙子新

丘元壽

□顯仲

劉堯夫

並象山門人。

危和　　羅必元
驪塘學侶。　　羅晉君並見驪塘門人。

槐堂諸儒學案序録

祖望謹案：槐堂之學，莫盛于吾甬上，而江西反不逮。如曾潭，如琴山，以及黄、鄧之徒，今其緒言渺矣！甬上之西，尚有嚴陵，亦一大支也。述槐堂諸儒學案。梓材案：金溪學派自吾鄉諸家慈湖、絜齋、廣平、定川而外，謝山序録盡歸槐堂諸儒學案。嚴陵一支，自錢融堂而盛。融堂爲慈湖高第，故併入慈湖。

象山門人

通判傅曾潭先生夢泉

傅夢泉，字子淵，號若水，建昌南城人。雲濠案：一本作盱江人。爲人機警敏悟，疏通洞達，學于象山。雲濠案：南城志云：「嘗遊陸象山、朱晦庵、張南軒之門。」自言「少時知舉業，觀書不過資意見，後因困志知返」。適陳剛自槐堂歸，因問象山所以教人者，剛曰：「首尾一月，先生諄諄只言辨志。又言古者入學一年，早知離經辨志，今日有終其身而不知自辨者，可哀也已。」先生私心識之。一日，讀孟子公孫丑章，忽然心與相應，胸中豁然，尚未知下手處。及見象山，始盡知入德之方，謂剛曰：「陸先生教人辨志，只在義利。嘗謂人曰：『人生天地間，自有卓卓不可磨滅者在，果能于此涵養，于此擴充，良心善端，交易橫發，塞乎宇宙，貫乎古今。』」象山論及門之士，以先生爲第一。登淳熙二年進士，分教衡陽，士人歸之者衆，太守亦加禮焉。有一二同官，頗與違言，先生處之裕如也。時陳止齋爲漕使，先生與之講學，止齋心折其言。象山臨卒前數日，或自衡陽來，呈先生與周平園論道五書，象山嘆曰：「子淵擒龍打鳳手也！」宰寧都，邑號難治，先生一化以道，不踰年，俗大變。平園以爲有西漢循吏之風。遷清江判，卒于官。所著有石鼓文。嘗講學曾潭之滸，學者稱曾潭先生。先生性地剛毅，然多偏，自言初見象山，卽聞艮背行庭之教。已而，見張南軒于荆州，見朱子于南康，不安于象山之説者十年，及在衡陽乃深信之。先生于朱子尤多相左。象山言其疏節闊目，佳處在此，其病處亦在此。及其卒也，或言其以喪心而死。然真西山跋其行狀，謂「先生之卒，縣大夫繪像祠于學而祀之。其後四十餘年，部使者以其學行聞于朝，有詔建祠于邑之玉虛觀側」，則喪心之言，不足信也。修。

附錄

張南軒與朱元晦書曰：「澧州教授傅夢泉來相見，乃是陸子静上足，剛介有立，但所論學，多類揚眉瞬目之機。子静此病，曾磨切之否？亦殊可懼。」補。

又曰：「夢泉守師説甚力。此人若肯聽人平章，他日恐有可望。」補。

宗羲案：陸子之在象山五年間，弟子屬籍者至數千人，何其盛哉！然其學脈流傳，偏在浙東，此外則傅夢泉而已，故朱子曰：「浙東學者，多子靜門人，類能卓然自立，相見之次，便毅然有不可犯之色。然則，此數千人者，固多旅進旅退之徒耳。今傳數十人于此，其槩可睹矣。」

推官鄧直齋先生約禮附子泳。

鄧先生遠合傳。

鄧約禮，字文範，本盱江人，以壻于李侍郎橘園，遂家臨川。橘園于陸子爲前輩，而論學最契，故先生與其妻弟肅皆師象山，在槐堂中稱齋長。有求見象山者，象山或令先從先生問學。登淳熙五年進士，官德化丞，兼攝邑事，葺理凋敝，得民心。象山貽書當路，盛稱其治。爲温州教授，與葉水心相得甚懽。調常德府推官，卒于官。先生篤于庸行，嘗謂人曰：「某得一官，但能少濟諸貧困兄弟耳。」象山嘗稱：「夢泉宏大，約禮細密。」學者稱直齋先生。先生嘗與同門生利元吉彙建昌自有科舉以來進士爲題名碑，而請朱子爲之記，且言願發明國家所以教人取士之意，有異于古，欲使學者讀之而知所警。朱子甚善其言，因謂：「二君蓋皆嘗有所學，而得其所貴于己者，但推其説以告于鄉之後進，使之因所感發，以求夫古人之所以教者，盡心而有得焉，則聲名文字之盛，彼將有所不屑，而況不義之富貴也？」説者但見朱子晚年多排象山，然觀記中之語，則其以公義相取者，又未嘗不在也。元吉，紹熙元年進士。先生次子泳，字德栽，嘉定十三年進士。累官淮西帥幕。措置江防，佐大帥孟珙解齊安圍，功第一。歷遷刑部侍郎。所至以廉見稱。晚年坐累遷謫，自號巽坡先生。羣從有名遠者，亦師陸子。修。

主簿傅琴山先生子雲

傅子雲，字季魯，號琴山，金溪人。成童，登象山門，以其少，使先從鄧文範，尋晉弟子之位。象山歸自京師，先生亦入太學，道相值，共泛桐江，答問如響應。天山精舍成，學者坐以齒，先生在末席，象山令設一席于旁，時命先生代講。或頗疑之，象山曰：「子雲天下英才也。」及出守荊門，使居精舍，象山執手語之曰：「書院事，俱以相付，其爲我善永薪傳。」謂諸生曰：「吾遠守小郡，不能爲諸君掃清氛翳，幸有季魯在，願相親近。」象山嘗謂先生骨相寒薄，道雖明，恐不得行。晚奉大對，葛丞相邲期以首選不果，先生曰：「場屋之得失窮達不與焉，終身之窮達賢否不與焉。」時人以爲名言。主甌寧簿，決訟必傅經義，人人服之。先生嘗作保社議，其中言鄭康成註周禮，半是緯語，半是莽制，可取者甚少。象山最是其言。紹定四年，袁甫持節西江，修明象山之學，爲建象山書院，時槐堂高足惟先生在，巋然上座。所著有易傳、論語集傳、中庸大學解、童子指義、離騷經解。撫州守葉夢得，故先生弟子，建三陸祠于金溪，以先生配。修。

黄先生叔豐

張先生商佐合傳。

熊先生鑑合傳。

黄叔豐，字元吉，金溪人，象山仲兄九敍之壻。師事象山最久，象山詳其及門之士，首傅子淵，次鄧文範，次即先生。善學不自發問，每誘致諸生來授學，令其各以疑義前請，而從旁聽之。象山知荆門軍，先生從之，記所答問之語，題曰「荆州日録」。時陳止齋始以漕至，貽書象山論學，而傅子淵亦分教衡陽，先生往焉。止齋初有疑于子淵之言，及先生至，始深信之。象山嘗曰：「元吉相從一十五年，最得老夫鍛鍊之力。其前數年方逐外，中間數年换入一意見窠窟，去數年换入安樂窠窟，去近年痛加鍛鍊，始壁立無依傍。」而同門生嚴松直言先生之學，當出子淵之上。先生諸寮壻張商佐，字輔之；周清叟，字廉夫；熊鑑，字□□，俱師象山，而廉夫所記陸子語録最佳。修。

郡守黄先生裳

黄裳，字元吉，寧德人。少有奇節，師事象山。應淳熙二年武舉，魁南宫。三歷郡守，俸入多以給親舊。任子恩，必先其兄之子而後己子。

梓材謹案：梨洲原本，此下有「不自發問」、「與陳止齋講學」、「象山鍛鍊」等語，皆屬金溪黄元吉事，蓋因其同字「元吉」而誤。

彭世昌先生興宗

彭興宗，字世昌，金溪人。受業槐堂文安，令其教授諸子，稱其有法。淳熙十四年，文安奉祠歸家，先生登應天山，樂之，因爲建一精舍，以居文安，即所謂「象山」者也。文安既卒，先生以丙辰訪朱子于家。問其何故而來，先生以書院頗少書籍，因購書故至此。朱子曰：「緊要書亦不須幾卷，某向來愛如此，其後思聚者必散，何必役于物。」自文安論心學以來，議者多以爲不講讀書之功，然朱子告先生語，卻合文安之旨，世人不盡知也。先生之行，朱子又贈之以詩曰：「象山聞說是君開，雲水參天瀑響雷。好去山頭且堅坐，等閒莫要下山來。」以時方嚴黨禁也。修。

祖望謹案：劉季章嘗言告子是孟子弟子，世昌曰：「孟子于弟子皆姓名之，告子獨稱子，蓋同時著書之人。」象山于告子之說，亦未嘗深非之。而或有省處，考亭謂其滿腔子是禪，蓋以此，則先生晚年亦爲朱學矣。

知州詹默信先生阜民

詹阜民，字子南，梓材案：先生號默信，見其門人喻可中傳。遂安人。累官宗正寺丞，兼駕部郎中，知徽州府。先生初見象山，象山言：「後世學者，溺于文義，知見繳繞，蔽惑愈甚。」先生退而盡屏諸書。後來疑其不可，問之，象山曰：「某何嘗不教人讀書？」他日侍坐，象山曰：「學者能常閉目亦佳。」先生遂學靜坐，夜以繼日，如此者半月。一日下樓，忽覺此心已復澄瑩中立，竊異之，擬質象山，象山曰：「子何以束縛如此？」乃自吟曰：「翼乎如鴻毛遇順風，沛乎若巨魚縱大壑，豈不快哉！」先生釋然。

附錄

陳北溪答趙季仁書曰：「象山本得自光老，道光，號佛照。今楊、袁門下，多是引接僧道等人來往，以爲覺者甚多。此問九峯僧覺惠者，詹、喻、顧皆以其得道之故，與之爲朋。詹悟道時，嘗謂他證印法門傳度從來如此。然則，此一家學問，分明是空門宗派，縱待説得精微玄妙，不過是彌近理而大亂真。」補。

祖望謹案：子南以淳熙六年侍學于陸子，自言初見請教大旨，以當識義利公私之辨。又案：子南嘗從張南軒遊，以所類洙泗言仁者察之，終不能仁，及見陸子，始解。然子南所言，漸近頓悟，絶類慈湖遺書中語，是乃陸子之學所以招後人之議者。

縣丞利先生元吉

利元吉，字文伯，盱江人，文安高弟也。梓材案：先生紹熙元年進士。互見鄧直齋傳。佐邑金溪，文安子伯微將師事之，先生謝不敢。參魏鶴山集。

陳先生去華

陳去華，廣中人。象山問之尋常與點一段，如何理會，答以理會未得。屢問，屢答如前。象山强之，説曰：「三子只是事上著到，曾點卻在這裏著到。」象山詰之曰：「向道理會不得，今又卻理會得。」從此頓有省。自敍「聽話一月，前十日聽得所言皆同，後十日所言大異，又後十日與前所言皆同」，囚作十詩而別。是時，廣中皆得南軒之教，謂之南方之學，先生歸而變之，學人謂之北方之學。

進士諸葛誠之先生千能

諸葛受之先生□合傳。

諸葛千能，字誠之，會稽人。淳熙進士。以乾道八年見陸子，遂學業焉。先生嘗以書貽朱子，論曹立之墓表事，欲解兩家之争。先生有兄字受之，佚其名，亦師陸子。同邑胡達材，亦以乾道八年侍陸子，稱其資質甚美，天常亦厚。及其問學，以爲若有神明在上、在左右，則陸子非之。修。

宗羲案：諸葛誠之問學于朱、陸，二家相難，誠之以學徒競辯爲非，言之于晦翁，亦悵然其言也。象山言誠之嗜學甚篤，又有筋力，朋友間尤所賴者。

梓材謹案：謝山爲俞默翁傳云：「山陰胡達材兄弟亦師象山，而諸葛誠之往來諸儒之間。」又奉臨川帖子二明言諸葛誠之非陸子之徒，而其修傳云云，蓋據象山年譜而言。

附錄

□□□曰：「誠之資質確實，有志世故，心實愛㊀之，但恐未免爲才使。」補。

又曰：「誠之明決有力，向來良得其助，但義理儘少涵泳，辭色間多與人忤。」補。

又曰：「誠之誠長進，但向來相聚，見其病多在矜之一字，嘗力告之，若不痛于此下工夫，則思慮雖親切，終必失之。」補。

㊀「愛」字，原本作「受」，據龍本改。

知軍石天民先生斗文

石斗文，字天民，新昌人也。隆興進士，臨安府學教授。史丞相薦其學行，遷樞密院編修。上書論曰：「朝事譬之千金之家，必嚴大門，以司出入。一旦疑守者而創開便門，不知其私之滋，甚于大門也。」知武岡軍。補。

侍從石應之先生宗昭

石宗昭，字應之，新昌人，與兄斗文同問學于朱、呂、陸三氏之門。初爲象山所喜，復惑于異說，而祭東萊之文以爲「石火電光，是區區者之不足恃」，象山見之，駭其迷繆，尋先生異時書問一束封之，題曰「石應之公案」。已而會于臨安，以公案示之，先生欲持去，象山曰：「不可。觀足下神思，今不能辨此。此書非吾相對剖決，亦長物耳。」以進士第授無爲軍教授，積官至侍從。象山謂高宗商曰：「觀應之容貌言論，與曩者判若二人，今遂居臺閣，益令人憐之耳。」

祖望謹案：石應之由祕書正字直華文閣侍御史，公揆孫也。公揆以劾秦檜廢，然嘗攻伊川之道。

判軍孫燭湖先生應時

孫應時，字季和，餘姚人也，學者稱爲燭湖先生。父介，胡宗伋高弟，以古道著，所稱雪齋先生者也。先生八歲能文，師事象山，以進士尉黃巖。朱子持常平節，一見即與定交。任滿，士民欲置田宅留居之，辭不受。丘忠定公帥蜀，辟先生以行。是時，吳氏世將，蜀人畏之。會吳挺疾，忠定遣先生視之，以覘其軍情。挺盛有所贈，先生辭不受，歸告忠定曰：「挺行且死，然其子曦必叛，宜因其死，遣統制權領其軍，而檄總領楊輔兼利州安撫以節制之，別選將才，以革其世將之弊。」忠定然之。及挺死，如其策。知常熟縣，已代矣，太守以私憾掊摭之，謂其負倉粟三千斛，其實前令積逋也，士民爭擔負爲償，而太守愈不喜，竟坐貶秩。尋起判邵武軍，未赴卒。其後，吳曦復入蜀，竟叛。朝臣訟言先生問學深醇，行誼修飭，見微慮遠，能爲國家弭患，請錄其後。詔補其子下州文學。先生家門雍睦，合膳同居，所稱「世友堂」者也。修。

宗羲案：季和問學于朱、陸之間，而所師者則陸也。

附錄

季和改常熟令，大興教化，立子游祠，朱子記之，以爲武城絃歌之化，復見于今。

季和以乾道八年見陸子，其後親詣槐堂受業，亦嘗問學于朱子。

中散胡達材先生拱

胡拱，字達材，東浙人。象山言：「其資甚美，天常亦厚，但前此講學，用心多馳騖于外，而未知自反。」

梓材謹案：姚江胡氏譜載，先生爲紹興壬午鄉舉，贈中散大夫。

提舉胡崇禮先生撙

胡撙，字崇禮，達材之弟。質性類于其兄，孫燭湖稱：「其天資如古人，樂善急義若嗜欲。」官至浙西提舉茶鹽司幹辦。二子：衞，衍。修。

教授陳先生剛

陳剛，字正己，盱江人。雲濠案：一作建昌之歐江人。以進士官教授。初見象山而歸，傅子淵問之，先生曰：「先生諄諄只言辨志。」象山言「涵養是主人翁，省察是奴婢」，先生不以爲然。象山曰：「足下才氣邁往，而學失其道，凡所經營馳騖者，皆適以病其心耳。」晦庵謂學者曰：「象山之喜正己者何事？」葉賀孫曰：「喜其有才。」

祖望謹案：正己早與劉淳叟同師陸子，甚稱許之。已而先生遊浙中，師同甫，又師東萊，陸子貽止齋書，嘆其半塗異志，慕用才術者也。朱子亦深不喜之，言其輕薄資質，本自勞攘，又爲同甫、伯恭教以權數，其叛陸子，于諸人爲最甚。其録象山論學之語示人，謂顏子悟道，後于仲弓；孟子無如告子何；易繫辭決非夫子作。朱子謂正己甚乖，蓋卽譏其輕薄之習。今觀陸子集中，全無此等議論。

朱㊀先生桴

朱桴，字濟道，金溪人，與其弟亨道泰卿，年皆長于象山，而師事之。先生言「象山所以誨人者，深切著明，大概是令人求放心，不復以言語文字爲意。其有意作文者，令收拾精神，涵養德性，根本既正，不患不能作文矣。」一日，問「自見先生後，臨事惟恐有失，反不能如前之勇決」，象山曰：「子即今自立，正坐拱手，自作主宰，萬物皆備于我，有何欠闕！」先生嘗與象山、亨道同與鵝湖之會，亨道以元晦不能無我，不能如伯恭之虚中也。

附錄

朱濟道力稱贊文王，象山謂曰：「文王不可輕贊，須是識得文王，方可稱贊。」濟道云：「文王聖人，誠非某所能識。」曰：「識得朱濟道，便是文王。」

朱先生泰卿

朱泰卿，字亨道，金溪人，與其兄濟道，偕事象山先生。嘗從鵝湖之會，謂「朱子欲人先博覽而後返之守約，象山欲先發明其本心而後使之博覽，以此不合，然發明之説，未可誣也。元晦見二詩有不平語，似未能無我。」又曰：「伯恭慮陸與朱議論猶有異同，欲會歸于一，其意甚善，然伯恭蓋有志于此，謂

㊀「朱」字，原本作「李」，據龍本改。下同。

自得，則未也。」先生之言，在象山弟子中，蓋亦錚錚者，視濟道當過之。然直言東萊未能自得，亦似乎易其言。先生之自得者，其已足與東萊角乎？象山弟子坐累在此。修。

李好古先生伯敏

符先生初合傳。

李伯敏，字敏求，一字好古，高安人也。少時嘗與其宗人交訟于官，劉靜春清之見之，爲説易之訟、家人二卦，先生瞿然，卽以訟貲市程傳歸，遂爲學者。先生又嘗以書通問朱子，朱子答云：「向來見陸删定所聞如何？若以爲然，當用其言，專心致志，庶幾可以有得，不當復引他説以分其志。若有所疑，亦當且就此處商量，不當遽舍所受而遠求也。東問西聽，以致皇惑，徒資口耳，空長枝葉，是以有問而未敢對也。」先生得書，遂終身爲象山之學，不復名他師。同時有符初者，字復仲，蓋符敍之族人也，亦師象山，而以書問朱子，答云：「見陸丈回書，其言明當，且就所持守，自見功效，不須多疑多問，郤轉迷惑也。」修。

宗羲案：敏求問下手工夫，象山曰：「能知天地之所以予我者，至貴至厚，自然遠于非僻。」敏求曰：「非僻未嘗敢爲。」象山曰：「此是硬制將來，甚費力。」敏求曰：「以今年較之去年，殊無寸進。」象山曰：「當爲者，有時而不能爲，不當爲者，有時而爲之，此是不長進。若泛然求進，不過欲以己先人，此是勝心。」他日，謂敏求曰：「吾友近來精神都死，郤無向來亹亹之意，不是懈怠，便是被異説壞了。夫人學問，當有日新之功。今吾友守定，如何得活！」敏求由是精進。嘗有詩云：「紛紛枝葉漫推尋，到底根株只在心。莫笑無絃陶靖節，箇中三嘆有遺音。」象山首肯之。

附錄

問伯敏云：「作文如何？」伯敏云：「近日讀得原道等書，猶未成誦，但茫然無入處。」先生云：「左傳深于韓、柳，未易入，且讀蘇文可也。此外別有進否？吾友之志要如何？」伯敏云：「所望成人，目今未嘗敢廢防閑。」先生云：「如何樣防閑？」伯敏云：「爲其所當爲。」先生云：「雖聖人不過如是。但吾友近來精神都死，卻無向來亹亹之意，不是懈怠，便是被異說壞了。夫人學問，當有日新之功，死卻便不是。邵堯夫詩云：『當鍛鍊時分勁挺，到磨礲處發光輝。』磨礲鍛鍊，方得此理明，如川之增，如木之茂，自然日進無已。今吾友死守定，如何會爲所當爲？防閑，古人亦有之，但他底防閑，與吾友別，吾友是硬把捉。告子硬把捉，直到不動心處，豈非難事？只是依舊不是。某平日與兄說話，從天而下，從肝肺中流出，是自家有底物事，何嘗硬把捉？吾兄中間亦云有快活時，如今何故如此？」伯敏云：「固有適意時，亦知自家固有根本，原不待把捉，只是不能久，防閑稍寬，便爲物欲所害。」先生云：「此則罪在不長久上，卻如何硬把捉？種種費力，便是有時得意，亦是偶然。」伯敏云：「卻常思量不把捉，無下手處。」先生云：「何不早問？只此一事，是當爲不當爲。當爲底一件大事不肯做，更說甚底！某平日與老兄說底話，想都忘了？」伯敏云：「先生常語以求放心立志，皆歷歷可記。」先生云：「如今正是放其心而不知求也，若果能立，如何到這般田地！」伯敏云：「如何立？」先生云：「立是你立，卻問我如何立！若立得住，何須把捉？孔門惟顏、曾傳道，他未有聞，蓋顏、曾從裏面出來，他人外面入去。今所傳者，乃子夏、子張之徒，外入之學。曾子所傳，至孟子不復傳矣。吾友卻不理會根本，只理會文字。實大聲宏，若根本壯，怕不會做文字！今吾友文字自文字，學問自學問，若此不已，豈止兩段，將百碎。」問：「近日日用常行覺精健否？胸中快活否？」伯敏云：「近日别事不管，只理會，我亦有適意時。」先生云：「此便是學問根源也。若能無懈怠，暗室屋漏亦如此，造次必于是，顛沛必于是，何患不成！故云，君子以自昭明德。古之學者爲己，所以自昭其明德，今之學者只用心于枝葉，不求實處。孟子云：『盡其心者，知其性。知其性，則知天矣。』伯敏云心即是一箇心，某之心，吾友之心，上而千百載聖賢之心，下而千百載復有一聖賢，其心亦只如此。心之體甚大，若能盡我之心，便與天同。爲學只是理會此。誠者自成也，而道自道也，何嘗騰口說！」伯敏云：「如何是盡心？性才心情，如何分别？」先生云：「如吾友此言，又是枝葉。雖然，此非吾友之過，蓋舉世之弊。今之學者，讀書只是解字，更不求血脈。且如情性心才，都只是一般物事，言偶不同耳。」伯敏云「莫是同出而異名否？」先生曰：「不須得說，說著便不是，將來只是騰口說，爲人不爲己。若理會得自家實處，他日自明。若必欲說時，則在天者爲性，在人者爲心，此蓋隨吾友而言，其實不須如此，只是要盡去爲心之累者。如吾友適意時，卽今便是『牛山之木』一段，血脈只在仁義上。所以令吾友讀此者，蓋欲吾友知斧斤之害㊀其材，有以警戒其心。『日夜之所息』，息者，歇也，又曰生息，蓋人之良心，爲斧

㊀「害」字，原本作「善」，據龍本改。

斤所害，夜間方得歇息。若夜間得息時，則平旦好惡，與常人甚相遠。惟旦晝所爲，梏亡不止，到後來夜間，亦不能得息，夢寐顛倒，思慮紛亂，以致淪爲禽獸，人見其如此，以爲未嘗有才焉，此豈人之情也哉？只與理會實處就心上理會，俗諺云：『癡人面前不得說夢。』又曰：『獅子咬人，狂狗逐塊。』以土打獅子，便徑來咬人，若打狗，狗狂只去。理會七聖賢急于教人，故以情以性以心以才說與人，如何泥得。若老兄與別人說定，是說如何樣是心，如何樣是性、情與才，如此分明說得好，剗地不干我事，須是血脈骨髓理會實處始得。凡讀書皆如此。」又問養氣一段，先生云：「此尤當求血脈，只要理會『我善養吾浩然之氣』，當吾友適意時，別事不理會時，便是浩然。養而無害，則『塞乎天地之間』。『是集義所生者，非義襲而取之也』。蓋孟子當時與告子說，告子之意，『不得于言，勿求于心』，是外面硬把捉底。要之，亦是孔門別派，將來也會成，只是終不自然。孟子出于子思，則是涵養成就者，故曰『是集義所生者』。孟子之言，大抵皆因當時之人，處己太卑，而視聖人太高。不惟處己太卑，而亦以此處人，如『是何足與言仁義也』之語，可見不知天之予我者，其初未嘗不同，如未嘗有才焉之類，皆以爲才乃聖賢所有，我之所無，不敢承當著，故孟子說此乃人人都有，自爲斧斤所害，所以淪胥爲禽獸，若能涵養此心，便是聖賢。讀孟子須當理會他所以立言之意，血脈不明，沈溺章句，何益！」

伯敏云：「伯敏于此心能剛制其非，只是持之不久耳。」先生云：「只剛制于外，而不內思其本，涵養之功不至。若得心下明白正當，何須剛制？且如在此說話，使忽有美色在前，老兄必無悅色之心。若心常似如今，何須剛制？」並象山語錄。

周先生清叟

周清叟，字廉夫。雲濠案：一作周廉夫，字清叟，黄元吉叔豐之僚壻也，同師象山。所記象山語，多論書、易。其祭象山文有云：「天爲斯文，乃生先生。指學者之膏肓，示入聖之門庭。不繳繞而支離，誠坦然而可行。暴之以秋陽之白，濯之以江、漢之清。繼孟子之絶學，舍先生其誰能。」

縣丞嚴守軒先生滋

嚴滋，字泰伯，臨川人。端重明敏，象山嘗曰：「始吾聞泰伯賢，今觀其氣象，聽其談論，乃可與適道者。」累擧進士不第，嘗著十論，叩閽言事，不得用。郡守禮請爲學正，大新講舍，屬周平園記之。晚主彬陽簿，調縣丞。嘉定八年，列狀請于本州，以象山謚法爲言，卒得賜云。所著有寄松牕稾、守軒草録、東征雜著。修。

附録

象山言：「泰伯只是好勝，見一好事便直前。余以爲，即做得亦不是，事好，心卻不好。」

袐丞林山房先生夢英

林夢英，字叔虎，一字子應，大父自閩清徙臨川。先生與象山年相若，而篤信其學，遂師事之。登淳熙二年進士，授祁陽簿，再調衡州法曹，所至整飭嚴明，爲部使者及郡守所知。每遇改官，五剡俱集。知武陵縣，大修學宮教士。太守嘗延至郡庠講學，誨諸生曰：「今之士，涉獵以爲博，組繪以爲工，淪胥陷溺，本心日喪，何學之云。」聞者感發。通判靖州，討平洞蠻。知武岡軍，未上，退居城西金石臺，建樓藏書，徜徉其間。薛叔似辟爲安撫司參議官，甫六月，隨司罷歸。召除國子監丞，遷宗正丞，權工部郎，又遷祕書丞，權司封郎。奉祠歸，年踰八十，學者稱山房先生。修。

張先生孝直

張孝直，字英甫，臨川人。性孝友，恬于利欲。師事象山，窮理最密。其于先儒經學，心有未安，雖伊洛諸儒議論，亦不肯爲苟同。晚年與章節夫齊名，蔡介軒亦重之。梓材案：蔡介軒疑是蔡久軒，傳寫之譌。卒年七十七。所著有周易、詩、書、語、孟、中庸口義五十餘篇，又有要言渾象原意、雜詩等藏于家。修。

隱君饒止翁先生延年

饒延年，字伯永，號止翁，崇仁彭原人，家臨川。魁岸倜儻，初師文達公子壽。繼師象山，嘗稱其開豁有力量。先生淹貫經學，旁究律曆、方輿、技數之書，真西山極重之。隱居不仕。值歲歉，穀價翔涌，先生以錢米和糴，指天自誓：「穀價定于此矣。」捧斗概量，以米中錢數爲準。時斗米百錢，而先生所得僅六十五，遂爲定價，鄉人德之。太守欲薦于朝，固辭而止。紹定三年，以避寇難卒于金陵。雲濠案：梨洲原本云「明燭焚香，趺坐而逝，年八十一。」訃至，太守爲位于寺，哭之。魏華甫題其石曰：「有宋長者饒止翁之墓。」修。

司石鄒南堂先生斌

鄒斌，字俊甫，臨川人。博記敏識。初受學于李德章。陸氏門牆之盛，自德章師文達公復齋始，而先生爲德章高弟。尋得鄧名世春秋學，嘗應省試，士多未省汶陽田所由失，先生曰：「陽虎居鄆，入于讙以叛，遄以奔喪，經不書，諱之也。」一日，見象山問平日何學，以求放心對，一語契合。鵞湖之會，先生從行。登嘉定四年進士，授德安司户。黄榦守漢陽，貽書叩所學，答曰：「人能識孟子第一義，然後可以死見象山而不辱其門。」制使使經理三關，措置有方。初，開禧間，金犯應城，進士陸桂迎降之，邑免于屠，會宣司補官事覺，先生以春秋誅心之法定其罪。至決魚湖訟，平漢陽獄，皆當人心。制使欲薦之，留于幕府，辭曰：「制使性剛，某亦性剛，恐不相容。」漕使吴柔勝命二子淵、潛往師之。丞耒陽武岡，有寃獄，辭連州縣，先生勘契咸服，辜人稱神明。袁蒙齋甫作象山書院，欲延先生主其事，以老病辭。端平更化，趙汝談薦之，有旨都堂審察，不赴，除嶽祠致仕。所居南堂，藏書萬卷，陸子之門稱多學者，秖先生一人而已。有南堂槀，學者稱南堂先生。修。

直閣趙先生師雍

趙先生師蒧合傳。

趙師雍，字然道，黄巖人。淳熙十四年進士。雲濠案：台州府志：「然道官至朝議大夫、直寶章閣。」與弟師蒧，字詠道，倶師陸子，亦兼學于朱子。先生嘗言：「諸公傷于著書，而其心反有所蔽。」意指朱子。陸子聞而非之，以爲「必其心先有蔽，而言之蔽因之，故敢于著書，豈可言因著書而反蔽其心」。陸子卒，先生致書朱子，言惜不及見兩家論辯有所底止。朱子答之，有「敝⊖帚千金」之語，蓋亦諷之。先生兄師淵，字幾道，即爲朱子修綱目者。弟師夏，字致道，則朱子孫壻也。近作考亭淵源録者，目先生爲叛徒。據先生之學，原是陸子分位多，然其于朱子，不過意見不盡合，今置之胡紘、傅伯壽之列，則繆矣。修。

包克堂先生揚

包先生約合傳。

包先生遜合。

包揚，字顯道，號克堂，南城人。雲濠案：一作建陽人。兄約，字詳道，弟遜，字敏道，皆師象山。初，先生在南豐時，嘗詆朱子，有「讀書講學，充塞仁義」之語。朱子以告象山，象山亦大駭，答以「此公好立虛論，須相見時，稍減其性」。後遺先生書，責其怪。及象山卒，先生率其生徒，詣朱子精舍中，執弟子禮。蔡季通之貶也，朱子將爲經營，先生以福禍已定，不必徒加勞擾，朱子善之。然先生嘗葺朱子語爲四卷，今多載入語類中。其間有先生平日之言，託于朱子，如所載胡子知言一章，以書爲溺心志之大穽

⊖「敝」，原本作「蔽」，據龍本改。

者。後黎靖德編朱子語，始削去之。象山嘗曰：「某何嘗教人不讀書。」故一聞先生在南豐時之語，斥之不遺餘力，而先生少時之見，埋藏八識田中，且欲以誣朱子，是真陸氏弟子之失傳者，固宜後世之人直言文安師弟以讀書爲大禁也。斂道喜譚禪，見劉後村集。修。

宗羲案：包顯道、詳道、斂道同學于朱、陸，而趨向于陸者分數爲多。

州守高先生商老

高商老，括蒼人。登進士第，歷官至撫州守。刻象山集并其兄復齋集于郡學。自言：「嘗從象山遊，頗自奮勵。今老矣，學不加進，然而默識心通，豈欺我哉！」初，先生知宜興縣，時朱子社倉之法新奉詔施行，間有應者，莫能遠也。先生實始爲之，而治故瀆，疏積水，以防水旱；新縣中社稷之位，并作風雨雷師于其側，以虔祀事；又修學宮，籍閒田，以爲廩，斥長橋僦金以附益之。朱子皆爲之記。又稱其能教人從事于爲己之學，而不汲汲乎誇多鬬靡之習，以追時好而取世資，蓋亦深許其學也。先生守撫州時，嘗辟黃榦爲清江令云。修。

通判孟先生渙

孟渙，字濟父，自澶淵徙臨川。淳熙二年進士，授徽州教授、淮西總所幹官，知華容縣，通判陽州，知荆門軍，奏罷馬粱、歷口、新店三稅務，蠲削浮征，人皆德之。再知饒州，除倉部員外郎，不赴。除廣東提舉，遷運判，調奏利民五事，皆見施行。官未滿，乞納禄奉祠卒。先生性孝友，執喪三年，雖有疾，不敢飲酒食肉；田廬遜諸弟；外舅芮氏無嗣，族人分其貲，留以待先生，先生曰：「此芮氏物，吾何與焉。」居官未嘗飾廚傳，以公清方正見稱。先生少學于臨汀楊方，又學文于莆田劉夙兄弟，長師象山。補。

李先生雲

李雲者，興國人也，將家子。少時，欲合數百人爲盜，一日，見象山，翻然自悔，遂請業焉。亦嘗往見朱子，朱子以書告象山曰：「李子誠不易知向學，但亦漸覺好高。鄙意且欲其著實，看得目前道理事物分明，將來不失將家之舊，庶幾有用。若便如此談玄説妙，卻恐多無所成，反壞其天性，氣質卻未必如乃翁，樸實頭地，無有許多勞攘也。」先生復見用于畢再遇帳下，稱良將。其家祠祀象山，以報其成就之恩。補。

軍帥豐先生有俊

豐有俊，字宅之，鄞縣人。學于象山。先生常遊酒家，偶見小妓，疑其爲故人女，累目之。酒罷，女入曰：「豐官人識妾否？」詰之，果故人女。先生曰：「子且需之。」先生與臨安尹有契，明日以告之，曰：「吾僅有錢百千，從公更貸二百千，以爲嫁費。」尹嘉其誼，卽召入府，厚奩具嫁。尹卽王宣子佐也。補。

謝山跋豐宅之傳曰：「四明諸志俱不爲豐吏部立傳，秪上虞志有之，然不能具其顛末。吏部爲槐堂高弟，而傳不言其承學統。其贖孤女事，見行營雜録，而傳不言其篤行。案後村哭吏部詩曰：

『江表依公稍自強，訃聞朝野共淒涼。』又曰：『麤移北府兵皆散，笳返西州宅已荒。』又曰：『康時才業未全伸，晚建油幢白髮新。畚土爲城塵滿面，握拳猶戰膽通身。』則吏部由京朝官出守藩時，蓋開禧、嘉定之間，江、淮方有兵事，而吏部蓋有勛績者也。其夢吏部詩曰：『老猶奮筆排和議，病尚登陴募敢兵。天奪偉人關氣數，時無好漢共功名。』又曰：『朝給賻錢方掩骨，家無餘帛可爲衾。』然則吏部之節壯矣，其廉又可知也。他日當博訪其事，附之宋史。」

提舉潘先生友文

潘友文，字文叔，金華人，德鄘時之從子。象山稱其「慈祥懇惻，一意師慕善人，服行善事」。嘉定中，官至提舉福建常平茶鹽公事。先生亦嘗貽朱子書論學，有「不敢向外馳求，不作空言解會」之語，亦槐堂之教也。補。

張先生明之

張明之，字誠子，貴溪人，世居龍虎山中。父琬，爲高宗扈從勞臣，先生其四子也。先生之母周氏，爲陸氏中表兄弟，故先生從象山。先生有才氣，象山嘗貽書，謂其鄉人有斷斷不可志祿動之意，雖不必學爲鄉原，而迫切糾急之失，所當戒云。補。

進士周先生良

周良，字元忠，南城人。嘉定七年進士。其師象山最久，象山謂其「心志專誠，故與言者必有感動；行檢嚴整，故與處者必有絶行」。應天山書院既成，象山與彭興宗書曰：「世昌相信之意甚篤，鄙意每欲世昌降意與元忠講切。元忠之學固未可謂便是，然其篤實躬行之日久，有非泛泛所能及者。其所長處，如某亦就而取決焉，世昌未易輕之也。」先生亦嘗問學于朱子，所謂把持此心，一念忽生，則此心反爲所引去者也。平時尤與羅樞密點善。補。

隱君董心齋先生德修

董德修，字仲修，樂安人也。三赴漕試不第，遂絶意仕進，曰：「吾族自有顯庸者矣，何必入官！」隱居力學，終日靜坐，潛心理窟，從之遊者，多有成就，學者稱曰心齋先生。補。

知州危驪塘先生稹

危稹，字逢吉，臨川人。舊名科，淳熙進士，孝宗更名稹。歷知潮州、漳州卒，學者稱爲驪塘先生。嘗遊陸子之門。陸子嘗問學者曰：「有自信處否？」對曰：「只是信幾箇『子曰』。」陸子徐語之曰：「漢儒幾个杜撰『子曰』，足下信得過否？」學者不能對。問曰：「先生所信者若何？」曰：「九淵只是信此心。」驪塘嘆曰：「學子所對所問亦佳，只是象山又高一著。此老極是機辯，然亦嫌其近于禪也。」補。

祖望謹案：驪塘此言，則晚年非純爲陸子者。

梓材謹案：萬姓統譜言：「先生以詩名著，歷屯田郎官。上言國家治亂之故，忤用事者，出知漳州。後歸與鄉老爲率真會。」

所著有巽齋集。蟾塘和，其弟也。」又案：謝山劄記有驪塘説一條，今移入龍川學案。

幹辦吴先生紹古

吴紹古，字子嗣，安仁人也。從象山遊，任茶鹽幹辦官。補。

梓材謹案：先生創齋，象山與之書云：「草廬在二池之間，欲名以『濯纓』，當爲書之。其一池曰『浸月』。」見象山年譜。

章從軒先生節夫

章節夫，字仲制，學者稱從軒先生，臨川人。從陸子在象山中，終日不倦，以夜繼之，陸子嘗勉以「硬豎脊梁，深造遠到」。先生嘗取朱、陸辭異旨同之處，集而疏之，名曰修和管見。晚年，從學者益衆。著書數十萬言，皆發明諸經之旨。蓋自朱、陸爭辯以來，陳止齋、葉正則皆嘗欲調和之，卒莫能得，先生之書，實爲趙東山諸人之祖。補。

縣丞游先生元

游元，字淳夫，撫州人，直祕閣經之曾孫。爲人外和易而中介特，讀書必求古人用心之所在。尤深于易，嘗讀坎卦有契，幾忘寢食。服膺象山之學，論議平實，爲文健贍。以進士主安化簿，攝邑事，以理學訓士子，議減泉司鐵課以利民。邑鄰溪洞，凡訟闕風化，必懇惻開諭，令其愧服。調縣丞，以長子鑾主南嶽祠，就養卒。陸氏門人自傅、鄧諸子而外，以鄒南堂、章從軒與先生爲著。補。

教授高先生宗商

高宗商，字應朝，浙江人也。乾道八年侍學，尤與楊敬仲、舒元賓相契。常任邕川教授。朱子與詹元善書曰：「高教授所留意學校甚善，渠從子静學，有意爲己，必能開導其後。」先生以講義寄示朱子，朱子謂其「發明深切，遠方學者，得所未悉，必有感動而興起者。然但可謂初學一時之計，當更教以日用平常意思，涵養玩索工夫，弗使流于欲速助長之病。」先生之官邕川，楊敬仲方在浙西，蓋淳熙十年以前也。其官階所至未考。補。

教授李仲欽先生肅

李先生復合傳。

李肅，字仲欽，橘園侍郎浩之子。其先世自南城徙臨川。橘園在高、孝兩朝爲名臣，然最服象山之學。象山少年無意應舉，橘園力勸，始以周禮應試。先生少讀史記至晏子御者，曰：「以富貴驕人者，雖妻子亦笑之邪！」人服其識。登淳熙八年進士，授漢州司户，攝理掾獄，以平反稱。調江西運使帳司，秩滿，例有送還錢，卻不受，當事因以廉吏舉，先生笑曰：「是足爲廉乎？」監文思院中門，調衡州教授，訓士諄至，齋舍無所容，則闢武侯祠以居之。子復，字信仲，亦隨其父學于象山。補。

知州徐先生子石附弟元德。

徐子石，字勁仲，臨川人。性簡易，力學，嘗聽象山講集義義襲之說，具有省發。與范應鈴爲文字交。登慶元五年進士，主閩簿，再調鄂州録事參軍。講邊防，著外治論十三篇上之。授西外宗教，改知溧陽，判光州，薦統領萬文勝可用。逆全寇淮，欲窺浮、光，先生與太守嚴備，賊不敢犯。知賀州，陛辭，極言保邦防邊之要，上首肯，改幹辦諸司審計，丐外，得澧州而卒。先生視貨利若有所浼，不以窶貧少有所動。其居室壁間，無非前輩訓戒之詞。所著有西銘章句雜著。弟元德，字静甫，學于其兄，寶慶二年進士，漢梁令。補。

知軍晁先生百談

晁百談，雲濠案：西江人物志作伯談。字元默，臨川人，太中大夫詠之曾孫。深于春秋。登淳熙二年進士，授吉州教授。周平園稱其文，主管官告院，時權臣開邊，先生輪對，言「内修不可忽，大舉不可輕，當舉剛正士以強本朝」。丐外，知南康軍，陛辭，猶以除戎器飭邊備爲言。至郡，適旱蝗後，首罷科率之令，貴粟薄征，民無流徙。會奉祠，杖屨游廬阜，賦詩集爲歸田雜著。再起知道州，嘆曰：「吾嘗慕元結爲春陵，當使萬物吐氣，惜老矣，恐不能踐斯言也。」入仕籍四十年，家無餘財。有帶川集二十卷。先生學于象山，其授受言論不可考。補。

進士王先生允文

王允文，字文伯，豐城人。乾道中進士。從象山遊，尤爲彭子壽所知。嘗介之于楊誠齋，示以所作虞雍公碑，有「諒彼高宗」之語，先生引詩「諒彼武王」正之，誠齋謝曰：「一字之師也」子壽以論韓侂胄死貶所。嘉定初，先生袖諫章謁樓攻媿于京師，具劄籲寃，攻媿爲請于上，得邀贈卹，時人義之。有棲碧類稾。補。

黄先生榯父文晟。

黄先生椿合傳。

黄先生桀合傳。

黄榯，字達材，南豐人。其父文晟，篤學高行，當世稱壺隱先生，嘗與象山通書論學，故先生與其弟椿，字康年，桀，字彦文，並學于象山。先是，壺隱嘗得李延平所授朱子講義，鈔成一卷，其後先生請朱子跋之云。彦文最爲陸子所稱，嘗令其誦屈子「覽冀州兮有餘，横四海兮安窮」之語，以厲其益壯之志。補。

梓材謹案：先生父，字世成，象山誌其墓，謂「余不識世成，而得其爲人。比十數年，辱余以書，無曠時，若所嚴事」云。

縣令俞先生廷椿

俞廷椿，字壽翁，臨川人。乾道八年，主南安簿，調懷安，兩易古田令。秩滿，充金國禮物官。還，特旨差江西安撫使幹。會大治奸民盜鑄，因緣生變，大帥及漕使奏爲節制軍馬。先生廣布耳目，以獲盜爲鄉導，凡十八日平之。復富民監。再除新淦令。先生師事象山，倜儻多大志，博通經術，嘗言「周禮司空之官，多散見于五官之屬，先儒汩陳之，故因司空之後，而六官之譌誤，亦遂可以類考。」著復古編。其使金而還也，因紀次其道路所經山川、人物與夫言語、事物之可考據以備采聞者，爲北轅録。補。

機宜邵先生叔誼

邵叔誼，雲濠案：朱子文集作叔義。象山之徒也。官機宜。象山嘗與之書云：「君子之道，夫婦之愚不肖，可以與知能行。唐、周之時，康衢擊壤之民，中林施罝之夫，亦帝堯、文王所不能外也。」又云：「今謂之學問思辨，而于此不能深切著明，依憑空言，傳著意見，增疣益贅，助勝崇私，重其狷忿，長其負恃，蒙蔽至理，扞格至言，自以爲是，没世不復，此其爲罪，浮于自暴自棄之人矣。」又與之書云：「蓋後世學者之病，多好事無益之言，假令記憶言辭盡無差爽，猶無益而有害，況大乖其實，盡失其實邪！」又云：「茲得來示，方知窒塞如初。此乃向來不得真實師友講貫傳授，類皆虚見空言，徒增繆妄。今能盡棄前非，務明正理，則此心之靈，此理之明，誰得而蔽之？又云：「得元晦書，其蔽殊未解，然其辭氣窘束，或恐可療也。」參象山文集。

繆先生文子

繆文子，象山之徒也。嘗云：「某始初來見先生，若發蒙然。再見先生，覺心不快活，凡事亦自持，只恐到昏時，自理會不得。」象山云：「見得明時，何持之有。人之于耳，要聽卽聽，不要聽則否，于目亦然，何獨于心而不由我乎？」

附錄

象山語錄曰：「繆文子資質亦費力，慕外尤殢，每見他退去，一似不能脫羅網者。天之所以予我者，至大至剛，至直至平至公，如此私小做甚底！人須是放教此心公平正直。無偏無黨，王道蕩蕩；無黨無偏，王道平平；無反無側，王道正直。某今日作包顯道書云：『古人之學，不求聲名，不較勝負，不恃才智，不矜功能；今人之學，正坐反此耳。』」

又曰：「人須是閒時大綱思量，宇宙之間，如此廣闊，吾身立于其中，須大做一箇人。文子云：『某嘗思量，我是一箇人，豈可不爲人，卻爲草木禽獸？』先生云：『如此便又細了。只要大綱思，且如「天命之謂性」，天之所以命我者，不殊乎天，須是放教規模廣大。若尋常思量得，臨事時自省大，不到得被陷溺了。』」

江先生泰之

江泰之，亦象山之徒。嘗問：「某每懲忿窒慾，求其放心，然能暫而不能久，請教。」象山答曰：「但懲忿窒慾，未是學問事。便懲窒得全無後，也未是學。學者須是明理，須是知學，然後說得懲窒。知學後懲窒，與常人懲窒不同，常人懲窒，只是就事就末。」

徐先生仲誠

徐仲誠，□□人。嘗請教于象山，象山使思孟子「萬物皆備于我矣。反身而誠，樂莫大焉」一章。仲誠處槐堂一月，一日，問之云：「仲誠思得孟子如何？」仲誠答曰：「如鏡中看花。」答云：「見得仲誠也是如此。」顧左右曰：「仲誠真善自述者。」因說與云：「此事不在他求，只在仲誠身上。」既又微笑而言曰：「已是分明說了也。」少間，仲誠因問中庸以何爲要語。答曰：「我與汝說內，汝只管說外。」良久，曰：「句句是要語。」梭山曰：「『博學之，審問之，慎思之，明辨之，篤行之』，此是要語。」象山答曰：「未知學，博學箇什麼，審問箇什麼，慎思箇什麼，明辨箇什麼，篤行箇什麼！」

趙先生子新

趙子新，亦象山之徒也。象山稱歎其美質，謂：「人莫不有夸示己能之心，子新爲人稱揚，反生羞愧，人莫不有好進之心，子新恬淡，雖推之不前；人皆惡人言己之短，子新惟恐人不以其失爲告。羣居終日，默然端坐，陰有以消夫氣習之澆漓者多矣，可謂人中之一瑞，但不能進境，可憂耳。」或云：「年亦未壯。」答云：「莫道未也，二十歲來。」一日，子新至，語之曰：「莫堆堆地，須發揚。車前不能令人軒，車後不能令人輕，何不發揚！」

丘先生元壽

丘元壽，邵武人。從象山聽語累日，自言少時獨喜看伊川語録。象山曰：「一見足下，知留意學問，且從事伊川學者。既好古如此，居鄉與誰遊處？」元壽對以「賦性冷淡，與人寡合」。象山云：「莫有令嗣延師否？」元壽對以「延師，亦不相契，止是託之二子耳。」象山云：「既是如此，平生懷抱欲説底話，分付與誰？」元壽對以「無分付處。有時按視田園老農老圃，雖不識字，喜其真情，四時之間，與之相酬酢居多耳」。象山顧學者笑曰：「以邵武許多士人，而不能有以契元壽之心，契心者乃出于農圃之人，如此是士大夫儒者視農圃間人不能無愧矣。」象山因言：「世間一種恣情縱慾之人，雖太狼狽，其過易于拯救，卻是好人剗地難理會。」嚴松云：「如丘丈之賢，先生還有力及之否？」象山云：「元壽甚佳，但恐其不大耳。人皆可以爲堯、舜，堯、舜與人同耳，但恐不能爲堯、舜之大也。」元壽連日聽教，方自慶快，且云：「天下之樂，無以加于此。」至是，忽局蹴變色而答曰：「荷先生教愛之篤，但某自度無此力量，誠不敢僭易。」象山云：「元壽道無此力量，錯説了。元壽平日之力量，乃堯、舜之力量，元壽自不知耳。」元壽默然。

梓材謹案：此從梨洲所節象山語録移入爲傳。語録原本：「元壽默然愈惑，退。嚴松別之，元壽自述自聽教于先生甚樂，今胸中忽如有物以梗之者，姑鈔先生文集，歸而求之，再來承教。」傳文未足，備録之。

□先生顯仲

□顯仲，佚其氏。嘗問象山云：「某何故多昏？」象山曰：「人氣稟清濁不同，只是完養不逐物。即隨清明，纔一逐物，便昏睡了。顯仲好懸斷，都是妄意。人心有病，須是剝落，剝落得一番，即一番清明，後隨起來，又剝落，又清明，須是剝落得淨盡方是。」

梓材謹案：以上六先生，並移象山語録而爲之傳。

通判劉淳叟堯夫

劉堯夫，字淳叟，金溪人。年十七，師象山第三兄庸齋，尋師文達，最後師文安。嘗好閉目靜坐。乾道己丑，入太學，四試兩優，遂釋褐，時號走馬上舍。淳熙二年進士，除國子正，遷太博。陛對，極言時相之失，以爲「天子有私人，則外廷有具位，外廷有具位，則公卿有他徑」。又口奏治天下在明辨乎邪正是非之大者。退朝，上目送之曰：「監司須得此人。」時楊誠齋薦士于王淮，列朱子等六十人，淳叟與焉，謂其立朝敢言。劉光祖亦極稱之，言其排斥權倖甚勇。通判隆興府。已而淳叟忽背象山之學，言其大謬。朱子責之，以爲「子靜之學卽有未當，堯夫不可如此詆之。是其質薄」。淳叟尋學禪，遂爲僧，陸子深嘆惜之。未幾卒。所著有井蘘齋集。補。

謝山奉臨川帖子二曰：「撫州府志言：『淳叟以隆興通判卒官。而或傳其晚年嘗爲僧。觀陸子與止齋書，言其冒暑歸自臨江，病痢踰旬不起，可哀。此卽年來避遠師友，倒行逆施，極可悼念。』春夏之間，某近抵城闉，見其卧病，方將俟其有瘳，大振拔之，不謂遂成長往。然則府志卒官之說，似諱其事而爲之辭者，不然，何以有歸病城闉之語也？朱子謂：『淳叟不意變常至此。某向往奏事時，來相見，極口說陸子靜之學大謬，某因詰之云：「若子靜學術，自當付之公論，公何得如此說他？」此亦見他質薄。然其初間深信之，畢竟自家不知人。』然則淳叟先已叛陸子之學，後乃歸佛乘耳。攷淳叟年十七卽爲陸子弟子，始師庸齋，繼師復齋，其于槐堂講席之誼最深，故朱子責之以薄也。朱子又言：『向年過江西與子壽對語，淳叟獨去後面角頭坐，都不管，學道家打坐，某斥之曰：「便是某與陸丈言不足聽，亦有數年之長，何故作怪？」愚嘗謂陸子之教學者，諄諄以親師取友爲事，且令人從事于九容，而弟子輩多反之，雖以高足，若傅子淵，俱有未免。』斯所以累與朱子相左，要不可謂非弟子之失傳也。陸子嘗論門下之士，以爲淳叟知過最早。今觀草廬所作井蘖齋集序，稱淳叟天資超特，人物偉然，而深悲其早逵，不得久于親師，有微詞焉，則其叛教亦早也。淳叟之判隆興，事跡不著，而朱子論治三吏事云：『淳叟太掀揭，故生事。』是卽陸子所云：『淳叟事殊駭聽，以爲後生客氣者也。』淳叟與陳教授正己爲莫逆交，正己初學于陸子，已而學于同甫，已而又學于東萊，最後亦與淳叟同學佛，然朱子謂：『當淳叟用功時，過于正己，故及其狼狽也，甚于正己。』則以淳叟直爲僧，而正己不過學其學也。淳叟初爲誠齋所薦，得預于六十人之列，稱其立朝敢言，風節固非苟然，孰意其末造之遷喬入谷，一至于此。是又與石應之、曹立之諸君之以意見不同而更學于他人者，不可同年而語。」

驪塘學侶

主簿危蟾塘先生和

危和，字應祥，臨川人，驪塘之弟。開禧乙丑進士，主上元簿，再調隆興之南昌，未至官而卒，年六十四。先生與袁蒙齋善。其在上元也，簿舍爲明道舊遊，大闢祠宇，廣養士員，真西山爲記其事。始築書堂于臨川，取陶靖節語，自號閒静居士。參袁蒙齋集。

梓材謹案：先生又號蟾塘。見劉後村大全集。

曾潭家學象山再傳。

傅先生道夫

傅道夫，子淵從子，正夫之兄也。嘗問答于慈湖。參魏鶴山集。

附錄

慈湖遺傅道夫書云：「濂溪、明道、康節所覺未全，伊川未覺，道夫昆仲皆覺。」補。

傅先生正夫別見慈湖學案。

直齋門人

主簿傅琴山先生子雲見上象山門人。

琴山門人

知州葉是齋先生夢得

葉夢得，貴溪人，號是齋，琴山之徒也。由進士授祕書丞。建石林書院，延盧玉溪、陸梭山講學其中。有著述行于世。參江西人物志。

梓材謹案：先生與吳人字少蘊、號石林者同姓名。黃文潔云：「先生知撫州日，嘗刻琴山文于郡齋。」

世昌門人

迪功陸先生持之別見象山學案。

默信門人

喻先生仲可

喻仲可，字可中，嚴陵人。陳北溪與黃寅仲書稱「喻可中資質極是純粹，惜乎學問一偏，纏肌入骨，無可轉回者。初問相訪，開懷說其學問來歷。及詹郎中悟道一段，殊無隱情。與他詳細剖析，確然固執。其祭詹文道：『孟子千五百年後，得其傳者惟象山。象山之傳惟默信。』末說默信未嘗死，全用佛、莊死而不忘底意，更何暇責」云。默信即詹也。補。

梓材謹案：先生又爲趙復齋高第弟子。復齋著易說，先生爲之跋，言復齋疾革時入省，復齋謂曰：「余病中見處其有進，始知平時之言無一句用得，亦無一句用不得。」

附錄

陳北溪答李公晦書曰：「浙間年來象山之學甚旺，以楊、袁爲陸門上足。嚴陵前輩有趙復齋、詹郎中者，爲此學種下種子。趙、詹雖已爲古人，而中輩有喻、顧二人者，又繼之護衛，少年多爲薰染。大抵全用禪家意旨，使人終日默坐，以求本心，更不讀書窮理。」

祖望謹案：此段詆陸學都似有病。

文答黃先之書曰：「嚴陵喻丈者，舊雖造師門，而後卻爲象山之學。趙復齋者，舊雖來往師門，後亦從此學。士之爲薰染者，長者有顧平甫，少者有邵甲、王震。」

顧先生平甫

顧平甫，喻可中之流也。北溪與黃寅仲書云：「平甫資質亦莊靜，叩其所學，乃詹、楊所傳授。欲因其偏而爲之救，絕口不出一言，累叩，但又手唱喏而已，又不如可中之無隱，其堅默如此。」補。

誠之門人

高先生公亮

高公亮，字和叔，餘姚人也。父國任，篤學信道，及登尹和靖、高思齋之門，力行所聞，窮老不衰。先生師事諸葛誠之，從淳熙問諸先生長者遊，咸嘉其志業。參孫燭湖集。

應之門人

知軍鍾先生穎

鍾穎，字元達，丹陽人也。石應之弟子，從事于有用之學。金人內犯，豊有俊帥淮西，薦其強敏廉白。時先生通判濠州，行守事，招來山東策應之士，資其策力，預從餉司得十萬石米，因修城練兵以待之。食有餘而幣不足，乃創憑由以待之。俟道通，易以官楮。已而，金人至，內固城守，外成曹莊之捷，自是凡三至濠，皆不得逞。召赴都堂，已而，知建昌軍，以疾不能赴。詳見漫塘劉文清公所作墓志。補。

燭湖門人

忠宣史滄洲先生彌堅別見慈湖學案。

知軍胡先生衍見下崇禮家學。

崇禮家學

侍郎胡先生衛
知軍胡先生衍合傳。

胡衛，字衛道，累官禮部侍郎。弟衍，字衍道，知溧陽軍。皆胡撙子。補。

梓材謹案：衍道，一字晉遠，孫燭湖先生之壻也，蓋即受學于燭湖。胡氏譜載其爲嘉定辛未進士，知漢陽軍事。但謂贈中散大夫拱之子云。

南堂門人

參政吴退庵先生淵

吴淵，字道夫，宣城人，祕閣修撰柔勝之子也。幼端重力學。五歲喪母，哀慕如成人。嘉定七年進士，調建德簿，丞相史彌遠與之語，欲授以開化丞，先生對曰：「甫得一官，何敢躁進？」彌遠改容，不復强。丁父憂，詔起復，力辭，不許，復辭，且貽書政府曰：「人道莫大于事親，事親莫大于送死，冒哀求榮，大節掃地，何以事君」時丞相史嵩之方起復，或曰：「語得無礙乎？」先生不顧。服除，差浙東提舉茶鹽司幹辦公事。進權工部侍郎，歷知太平州，兼江東轉運使，兩淮民流徙入境者四十餘萬，慰撫而賙濟之，境内肅然。又知隆興府，歲大歉，講行荒政，全活者七十八萬九千餘人。知鎮江府，歲亦大祲，因先生全活又六十五萬餘人。丁母憂,服除,歷遷兵部尚書、知平江府兼浙西、兩淮發運使。歲又大祲,因先生全活者四十二萬餘人。拜資政殿大學士,封金陵侯,賜「衮繡堂」「忠勤樓」大字,進爵爲公。丐祠,復起爲觀文殿學士。寶祐五年,拜參知政事。卒,贈少師。參史傳。

丞相吴履齋先生潛

吴潛,字毅夫,參政淵之弟。嘉定十年進士第一。紹定四年,都城火,先生疏請「修省恐懼」,以同天變。又貽書丞相史彌遠論事,以「格君心」爲先。端平初,歷官至江東安撫留守。嘗陳九事曰:顧天命,植國本,篤人倫,正學術,廣畜人才,實恤民力,邊事當鑒前轍,楮幣當權新制,盗賊當探禍端。以直論忤時相,罷奉千秋鴻禧祠。改祕閣修撰。後以工部侍郎知慶元府兼沿海制置使,建築隄堰,以備旱潦,至今民食其利。及知臨安府,乃論艱屯蹇困之時,非反身修德,無以求亨通之理。淳祐十一年,由紹興府入爲參知政事,拜右丞相兼樞密使。明年,以水災乞解機政。又四年,授沿海制置大使,判慶元府。累章乞歸田里,進封慶國公,判寧國府。還家,以醴泉觀使兼侍讀,召入對,論畏天命,結民心,進賢士,通下情。帝嘉納。拜特進、左丞相,進封許國公。鄂州被兵,疏劾丁大全等。論國家安危治亂之原,由近年公道晦蝕,私意横流,仁賢空虧,名節喪敗,忠嘉絶響,諛佞成風。時羣小側目,國事日非。適將立度宗爲太子,先生密奏云:「臣無彌遠之材,忠王無陛下之福。」帝怒,先生以沈炎論劾落職,責循州安置。賈似道使武人劉宗申毒之。先生鑿井卧榻下,毒無從入。復開宴趣赴,辭之者再。不數日,移庵就先生，遂得疾，曰：「吾將逝矣，夜必雷風大作。」已而果然。四鼓開霽，撰遺表，作詩頌，端坐而逝。時景定三年五月也。循人聞之，咨嗟悲慟。德祐元年，復官贈少師。著有履齋遺集。雲濠案：先生遺集四卷，采入四庫集部。先生四綰郡組，所至民不能忘。其在政府，時時以畜人材、儲邊防爲亟。遺疏雖不盡傳，然其與史彌遠諸書，具載集中，猶想見嶽嶽不撓之概。詩詞激昂悽切，在南宋亦不失爲佳手，是固不但其人品足重矣。同上。

祖望謹案：吳毅夫疏言徐庚金等事曰：「強敵入我堂奧，奸黨猶在衽席，外廷紛紛，蓋爲社稷。陛下若以正人不當收召，則是君子不足恃，六經不足信，而孔、孟之道可廢。萬一宗社輕搖，恐天下後世書之曰『亡國自臣潛始』。」上爲之斂容，而隙由此開。

克堂家學

文肅包先生恢

包恢，字宏父。父揚、世父約、叔父遜皆從朱、陸二子學。先生弱冠，卽聞心性之旨。成嘉定十三年進士。累以軍功擢知台州，誅妖僧號「活佛」者。及知建寧，嚴禁淫祠，民俗丕變。數膺劇郡，所至破豪猾，去姦民，治蠱獄，課盆鹽，政聲赫然。積官至刑部尚書，簽書樞密院事，封南城縣侯。以資政殿學士致仕。卒，年八十七，贈少保，謚文肅。先生在理宗時，經筵奏對，誠意懇惻，至身心之要，未嘗不從容諄至。度宗至比先生爲程顥、程頤。少時文譽藉甚，既登仕籍，轉爲功業所掩。史傳亦不及其著作。元劉壎隱居通議稱先生學爲時師表，爲文下筆汪洋，根據義理，由其學力深厚，不可涯涘，故推重于後進如此。著有周禮六官辯、敝帚槀畧等書。參史傳。

敏道門人

寶章羅北谷先生必元見下驪塘門人。

驪塘門人

寶章羅北谷先生必元

羅必元，字亨父，進賢人。嘉定中進士，累官撫州司法。真西山入參大政，先生移書謂：「老醫嘗云，傷寒壞證，惟獨參湯可救。先生其今之獨參湯乎？」通判贛州，上疏論賈似道。後以直寶章閣致仕。參姓譜。

雲濠謹案：先生自號北谷山人。劉後村大全集先生墓誌云：「公少師驪塘危公、蟾塘危公，壯爲性理之學，與柴中守、歐陽鎮、馮曾講切。」是則先生之師友可見矣。

梓材謹案：宋史先生本傳云：「卒年九十一。」且言：「先生嘗從危稹、包遜學，最爲有淵源，見理甚明，風節甚高，至今人猶尊慕之。」則先生又爲包氏門人也。

羅先生晉君

羅晉君，字晉伯，進賢人，寶章必元從子也。早從危驪塘稹、蟾塘和、柴蒙堂中守、歐陽東谷鎮學。

所居東偏萬竹中作樓，聚書萬卷，扁曰「經訓」，江古心萬里記之。參劉後村集。

北谷講友

柴蒙堂先生中守別見丘劉諸儒學案。

歐陽東谷先生鎮

歐陽鎮，字伯禹，號東谷。嘗遺陸伯微書，自謂「于象山之學有會心處」。馮聖與、吴規甫亦極稱之。清修篤孝，臨終翛然。參袁蒙齋集。

梓材謹案：蒙齋文集止稱歐陽伯禹。攷之劉後村集誌羅北谷文，蓋卽東谷先生鎮也。又案：蒙齋所稱馮聖與，卽後村集之馮曾爾。

馮先生曾

馮曾，字聖與。

仲欽家學

李先生復見上象山門人。

機宣家學

邵先生魯子

邵魯子，其父從陸子、袁絜齋遊。劉漫塘送之序云：「今之學者，喜立言以自見。夫太極氣之始，大衍洪範數之元，不爲之圖未易曉，而近世精一之傳有圖，心性之分有圖，皆爲蛇畫足。」

梓材謹案：謝山節録漫塘集此條而識云：「魯子恐是邵機宜之子，故云其父從陸子、袁絜齋遊。當查。」今姑如其說，補爲之傳，以俟再考。

蟾塘門人

寶章羅北谷先生必元

羅先生晉君並見驪塘門人。

東谷門人

羅先生晉君見上驪塘門人。

曾潭續傳

隱君陳静明先生苑別爲静明寶峯學案。

石氏續傳

州屬石遯翁先生余亨

石余亨，字成己，新昌人也。石氏世爲講學家，先生守先緒。以咸淳進士官明、衢二州。見宋且亡，棄去，隱沃洲，自號休休翁。丙子之亂，轉徙萬山，嘆曰：「吾家累世傳正學，雲濠案：兩浙名賢録作「吾家更八九世皆不失素業」。至予身益窮。然不死于盜賊，得奉遺體以從先人于九原，幸矣！」又號遯翁，且爲銘曰：「膠膠乎，申申乎！將久存以瘁予形乎？寧亟歸以全吾真乎？悲夫！」時以致曲先生並稱云。補。

遯翁門人

黄先生奇孫別見濳庵學案。